BIBLIOTHECA VICTORINA
XII

BIBLIOTHECA VICTORINA

subsidia ad historiam canonicorum regularium investigandam

edenda curaverunt
Patrick GAUTIER DALCHÉ ★ Luc JOCQUÉ ★ Patrice SICARD

XII

LE *MEMORIALE HISTORIARUM* DE JEAN DE SAINT-VICTOR

BREPOLS

BIBLIOTHECA VICTORINA
XII

Isabelle GUYOT-BACHY

LE *MEMORIALE HISTORIARUM* DE JEAN DE SAINT-VICTOR

UN HISTORIEN ET SA COMMUNAUTÉ AU DÉBUT DU XIVe SIÈCLE

2000

BREPOLS

Pour Lorianne,
Timothée et Claire-Emilie

Dépôt légal: septembre 2000
D/2000/0095/8
ISBN 2-503-50984-3

AVANT-PROPOS

Cette redécouverte du *Memoriale historiarum* et de son auteur m'a été proposée, il y a une dizaine d'années, par Bernard Guenée. Depuis, il a guidé mon travail sans jamais me ménager ni son écoute attentive ni sa bienveillance. Qu'il trouve ici l'expression de ma profonde reconnaissance. Au sein de son séminaire, à l'Ecole Pratique des Hautes Etudes, je me suis enrichie de la réflexion des uns et des autres. Les remarques et conseils prodigués par Claude Gauvard, Mireille Chazan, Pascale Bourgain et Jean-Marie Moeglin lors de la soutenance de la thèse (le 20 juin 1996) et en bien d'autres occasions auront permis, du moins je l'espère, de rectifier ou d'approfondir certains points de ce travail. Je dois à l'aide amicale et aux compétences codicologiques et philologiques de Carla Bozzolo et de Dominique Poirel d'avoir pu réaliser l'étude préalable et indispensable des manuscrits. Valérie Jouët et Philippe Faure ont bien voulu se prêter à la tâche austère de la relecture. Quant aux miens, qui ont accepté de vivre au quotidien chaque étape de cette entreprise en m'entourant de leur affection, qu'ils sachent que ce livre est aussi un peu le leur.

SIGLES ET ABRÉVIATIONS

ABSHF	–	Annuaire Bulletin de la Société de l'histoire de France.
AHDLMA	–	Archives d'histoire doctrinale et littéraire du Moyen Age.
AA SS	–	Acta Sanctorum.
AESC	–	Annales. Economies. Sociétés. Civilisations.
BEC	–	Bibliothèque de l'Ecole des Chartes.
BEFAR	–	Bibliothèque de l'Ecole française d'Athènes et de Rome.
BPH	–	Bulletin philologique et historique (jusqu'à 1610) du Comité des travaux historiques et scientifiques.
BSHPIF	–	Bulletin de la Société de l'histoire de Paris et de l'Ile-de-France.
Cab. des Mss.	–	Delisle (L.), *Le cabinet des manuscrits de la Bibliothèque impériale (nationale)*, 3 vol., Paris, 1861-1881.
CRAIBL	–	Comptes rendus de l'Académie des Inscriptions et Belles-Lettres.
DLF	–	*Dictionnaire des lettres françaises. Le Moyen Age*, G. Hasenohr, M. Zink, (Dir.), Paris, 1992.
DNB	–	*Dictionary of National Biography*, 63 vol., Londres, 1885-1901 et Oxford, 1901-1985.
DS	–	Dictionnaire de Spiritualité.
DTC	–	Dictionnaire de Théologie catholique.
HLF	–	Histoire littéraire de la France.
JS	–	Journal des Savants.
MEFRM	–	Mélanges de l'Ecole française de Rome. Moyen Age-Temps Modernes.
MGH, AA	–	Monumenta Germaniae historica, Auctores antiquissimi.
MGH, SRM	–	Monumenta Germaniae historica, Scriptores rerum Merovingicarum.
MGH, SS	–	Monumenta Germaniae historica, Scriptores.

MSHPIF	–	Mémoires de la Société de l'histoire de Paris et de l'Ile-de-France.
Mss datés	–	*Catalogue des manuscrits en écriture latine portant des indications de date, de lieu ou de copistes,* Ch. SAMARAN (Dir.) 6 vol., Paris, 1959-1968.
PL	–	Patrologie latine de l'abbé Migne.
PTEC	–	Positions des thèses de l'Ecole nationale des Chartes.
RH	–	Revue historique.
RHC	–	Recueil des historiens des croisades.
RHF	–	Recueil des historiens des Gaules et de la France.
RMAL	–	Revue du Moyen Age latin.
RTAM	–	Recherches de Théologie ancienne et médiévale.
SHMESP	–	Société des Historiens médiévistes de l'Enseignement Supérieur public.

INTRODUCTION

Dans la production historiographique de la fin du Moyen Age le *Memoriale historiarum* de Jean de Saint-Victor peut se prévaloir d'une honnête réputation. Jamais, depuis le XVIIᵉ siècle, la trace n'en a été perdue. Le nom de l'auteur, le titre de l'œuvre figurent dans tous les catalogues et ouvrages qui recensent et inventorient ce type de littérature. Cette présence maintenue jusqu'à aujourd'hui dans la mémoire érudite, Jean la doit aussi aux grandes entreprises d'édition de documents anciens inaugurées par Dom Mabillon. Dès la première moitié du XVIIᵉ siècle des extraits de sa chronique furent ainsi publiés, parfois sans que l'anonymat soit levé : rédigeant en 1627 une histoire de la translation et des miracles de saint Exupère, Jean Bocquet, chanoine de l'église de Corbeil, reprend un passage du *Memoriale* qu'il dit avoir tiré *ex annalibus*[1] ; les vies de Clément V et de Jean XXII (jusqu'en 1322) publiées d'abord par François Bosquet en 1632[2], suivi par Etienne Baluze en 1693[3], étaient en fait une compilation non annoncée de passages empruntés pour partie au texte de Jean de Saint-Victor. Entre temps, André Duchesne attirait l'attention sur le *Memoriale* en publiant quelques folios du *Tractatus de divisione regnorum* dans ses *Historiae Francorum scriptores coaetanei* (1636)[4], sans cependant préciser quel(s) manuscrit(s) il avait pu consulter ni apporter beaucoup de renseignements sur l'auteur de sa source. Jean de Launoy en 1646 empruntait à son tour au *Memoriale* trois passages qu'il reproduisit dans sa *Dissertatio* sur saint Bruno. C'était bien le témoignage de Jean de Saint-Victor qu'il recherchait (il intitule son chapitre XVII : *testimonium Joannis de Sancto Victore*),

---

[1] *AA SS*, Aug., I, p. 52-55. Le passage cité est celui où Jean mentionne les miracles ayant eu lieu sur le tombeau de saint Exupère en 1317, 1318 et 1319, BnF, lat. 15011, fol. 193v.

[2] Fr. BOSQUET, *Pontificum romanorum e Gallia oriundi et qui in ea sederunt historia ab anno 1305 ad annum 1394*, Paris, 1632.

[3] E. BALUZE, *Vitae paparum Avenionensium*, Paris, 1693.

[4] A. DUCHESNE, *Historiae Francorum scriptores coaetanei*, I (1636), p. 128-134.

soulignant les limites de cet auteur qui n'avait rien dit d'un miracle s'étant produit au cours des funérailles du saint[5].

Mais il fallut encore attendre deux siècles pour que la dernière partie de la chronique, couvrant les année 1289-1322, fasse l'objet d'une édition imprimée. Ceci fut l'œuvre en 1855 de Joseph-Daniel Guigniaut et Natalis de Wailly dans le tome XXI du *Recueil des historiens des Gaules et de la France*[6]. Si ces deux éditeurs ont publié un texte (dans lequel ils ont effectué quelques coupures) présentant les variantes de plusieurs manuscrits et paré de notes, leur introduction reste très limitée. L'identité de l'auteur, ses sources, ses méthodes de travail n'ont pas retenu leur attention. Néanmoins, on ne peut nier l'utilité de leur travail. Cette édition avait le mérite d'exister, elle facilita sérieusement la tâche des historiens. Dès lors, le recours au *Memoriale* à des fins documentaires se développa. Edgar Boutaric s'en servit pour préparer son livre sur *La France sous Philippe le Bel*, paru en 1861, de même que Charles-Victor Langlois pour son *Philippe III le Hardi* en 1887 et Paul Lehugeur pour son *Philippe V le Long* publié dix ans plus tard. Au début du xxe siècle, Fourier Bonnard et sa monographie sur Saint-Victor[7] renvoyèrent à plusieurs reprises à la chronique de Jean. Plus proches de nous, les deux ouvrages que Jean Favier consacra à quinze ans de distance à Enguerran de Marigny et à Philippe le Bel, firent maintes fois appel au témoignage du victorin[8].

Ces emprunts répétés avaient sans doute été confortés par le jugement porté sur le *Memoriale* par Auguste Molinier au début de notre siècle. Il affirmait en effet que cette chronique était l'une des meilleures de son temps[9]. Avec soixante-quinze ans de recul Jean Favier exprima une opinion semblable, reconnaissant dans le récit de Jean de Saint-Victor l'intérêt d'un témoignage personnel[10]. En fait, tous ces historiens se sont servi de la chronique du victorin parce

---

[5] J. DE LAUNOY, *Defensa romani breviarii correctio circa historiam sancti Brunonis seu de vera causa secessus s. Brunonis in eremum dissertatio*, Paris, 1646, p. 61-64. Cet emprunt est mentionné par Charles Samaran, *Jean de Saint-Victor, chroniqueur*, in : *HLF*, 41 (1981), p. 1-23, ici p. 9.

[6] J. GUIGNIAUT et N. DE WAILLY (Ed.), *Excerpta e Memoriali historiarum auctore Johanne Parisiensi Sancti Victoris Parisiensis canonico regulari*, in : *RHF*, XXI, p. 630-675.

[7] F. BONNARD, *Histoire de l'abbaye royale et de l'ordre des chanoines réguliers de Saint-Victor de Paris*, 2 vol., Paris, 1904-1908.

[8] J. FAVIER, *Un conseiller de Philippe le Bel : Enguerran de Marigny*, Paris, 1963 ; du même auteur, *Philippe le Bel*, Paris, 1978.

[9] A. MOLINIER, *Les sources de l'histoire de France au Moyen Age*, III (1903), p. 193, n°2854.

[10] J. FAVIER, *Philippe le Bel, op. cit.*, p. 535.

qu'elle leur paraissait – à juste titre – apporter des éléments originaux permettant d'éclairer les années-charnières du règne de Philippe le Bel et de sa succession. Tous ont, plus ou moins, indiqué quand et où Jean se démarquait des autres chroniqueurs mais ils n'ont guère poussé plus avant leur analyse du texte et leur enquête sur son auteur. Ils ont surtout négligé tout le récit en amont des années 1280. Jean de Saint-Victor a été victime de l'intérêt porté aux dernières années de sa chronique, victime de la richesse de son témoignage personnel. Le témoin a occulté l'historien. Il est d'ailleurs significatif de remarquer combien les études autour du *Memoriale* sont rares et tardives. Les notices érudites évoquées plus haut fournissent des informations plus que succinctes. Les historiens qui ont utilisé la chronique n'ont pas consacré plus de quelques lignes à sa présentation. En fait, il faut attendre 1917 et Guillaume Mollat dans son *Etude critique sur les Vitae paparum Avenionensium* pour avoir une étude sérieuse comprenant une description des manuscrits (mais il n'en connaît que six), un rappel de ce que l'on pouvait savoir de l'auteur, un relevé – partiel – des sources et en particulier une comparaison avec la chronique rimée de Geoffroi de Paris. Mais, son travail, lié à la réédition des *Vitae paparum Avenionensium* d'Etienne Baluze, ne considérait toujours que les dernières années de la chronique, faisant abstraction du reste de l'œuvre.

C'est finalement Charles Samaran qui, en 1981, rassemble pour le tome 41 de *L'Histoire littéraire de la France* un dossier d'une vingtaine de pages sur Jean de Saint-Victor et son *Memoriale historiarum*[11]. Il recense et présente la quasi-totalité des manuscrits. Il est surtout le premier à considérer l'œuvre dans son ensemble, à s'efforcer à travers son étude des manuscrits d'en reconstituer le plan, le projet. Il juge nécessaire d'en montrer l'origine en éditant le prologue, d'en montrer les prolongements en évoquant les continuations. Cet article, disons-le, a été le point de départ de la présente étude et ces quelques lignes d'introduction sont une occasion de reconnaître la dette contractée à l'égard du grand érudit. Néanmoins, à lire et relire ce dossier établi par Charles Samaran, la conviction s'est faite plus forte de la nécessité d'une reprise. Il y avait quelques affirmations à discuter, un certain nombre d'erreurs à corriger. Si les unes et les autres ont parfois retardé la recherche ou l'ont entraînée sur des voies sans issue, elles l'ont le plus souvent stimulée. Par ailleurs, Charles Samaran lui-même avait laissé la porte ouverte à une étude plus approfondie.

---

[11] Ch. SAMARAN, *art. cit.*, p. 1-23.

Délimitant le champ de son article, il écartait d'emblée l'examen de
la chronique universelle et des techniques historiographiques de son
auteur et, concentrant son attention, lui aussi, sur la dernière partie
de l'œuvre, il entendait «relever les passages dans lesquels (Jean) avait
pu révéler son état d'esprit, donner la mesure de son originalité, permettre d'apprécier la qualité de son information, préciser, volontairement ou non, les étapes de composition de son ouvrage, donner
enfin, volontairement ou non, les moyens de percer, au moins par
hypothèse, son anonymat»[12]. En fait, c'est ce dernier point, celui de
l'identité de l'auteur, qui paraît être au cœur de sa recherche. Paradoxalement, le principal reproche que l'on peut, avec un prudent respect, formuler à l'égard de cet article, est d'être resté dans la ligne des
notices érudites alors même qu'il aurait fallu le replacer dans le cadre
des perspectives qu'ouvrait au même moment le renouveau de l'historiographie.

Car, comme l'explique Bernard Guenée dans l'introduction de
son livre *Histoire et culture historique de l'Occident médiéval,* le feu cou-
vait depuis longtemps sous la cendre[13]. L'histoire de l'historiographie
moderne est un mouvement qui s'inscrit dans la longue durée. Lentement, elle a pris conscience de son objet, lentement elle s'est forgée
des outils telle la codicologie – qui doit tant et jusqu'à son nom à
Charles Samaran –, ou encore l'histoire des bibliothèques. A la fin
des années cinquante, alors que la continuité de la tradition historique depuis Homère jusqu'à nos jours est affirmée[14], paraissent les
premiers travaux scientifiques sur l'historiographie médiévale menés
selon une méthodologie renouvelée afin de répondre à de nouvelles
problématiques. Il serait fastidieux de les énumérer mais peut-être
peut-on rappeler l'Ecole allemande et l'étude pionnière que consacra
aux chroniques universelles Anna Dorothea von den Brincken[15]. Peu
à peu le nombre de ces études augmenta, les années soixante-dix les
virent se multiplier[16]. C'est au cours de cette décennie que Bernard
Guenée entreprit une série d'études préparatoires qui aboutirent en

---

[12] Ch. SAMARAN, *art. cit.,* p. 5.

[13] B. GUENÉE, *Histoire et culture historique dans l'Occident médiéval,* Paris, 1980,
2e éd., 1991, p. 9-17, ici p. 15.

[14] B. GUENÉE, *op. cit.,* p. 16, évoque Marc Bloch et ses *Annales,* les historiens catho-
liques tels Etienne Gilson et Henri-Irénée Marrou. Il cite un article que publia ce dernier
dans le n°217 de la *Revue Historique* en 1957.

[15] A. D. VON DEN BRINCKEN, *Studien zur lateinischen Weltchronistik bis in das Zeitalter
Ottos von Freising,* Düsseldorf, 1957.

[16] Voir la bibliographie proposée par B. GUENÉE, *op. cit.,* p. 371-409 et en particulier le § 2 intitulé *Généralités.*

1980 à la publication d'*Histoire et culture historique dans l'Occident médiéval*. Cet essai paraît très exactement au moment où Charles Samaran rédige son article pour l'*Histoire littéraire de la France*. Le décalage entre les deux textes est manifeste : si on sent entre les lignes écrites par le vieil érudit les influences de l'historiographie moderne qu'il avait tant contribué à faire naître[17], le temps, les forces lui ont sans doute fait défaut pour en tirer tout le profit. Avec cet article, Jean de Saint-Victor a peut-être manqué de peu son entrée dans le nouveau monde des historiens médiévaux. Il ne figure pas non plus parmi les quelques auteurs dont Bernard Guenée indique les éditions et la bibliographie.

Le victorin n'est pourtant pas un inconnu ou un oublié de la science historiographique et de ses nouvelles préoccupations. Il constitue l'un des exemples traités par Bernard Guenée dans un article de 1973 sur les différents genres historiques pratiqués par les historiens du Moyen Age et, à ce titre, il réapparaît brièvement dans *Histoire et culture historique*[18]. Karl Heinrich Krüger le retient dans son corpus de chroniques universelles[19]. Dans le tome XI que le monumental *Grundriss des Romanischen Literaturen des Mittelalters* consacre à la littérature historiographique des origines à 1500[20], le *Memoriale historiarum* est classé parmi les écrits historiographiques encyclopédistes et universalistes sans faire pour autant l'objet d'une notice propre. En revanche, deux études, menées dans le sillage de la synthèse-plaidoyer de Bernard Guenée, ont examiné sur des points précis le texte de Jean de Saint-Victor. Mireille Chazan, lors d'une communication au colloque réuni à Paris en 1989 sur *l'Historiographie médiévale en Europe*[21], a analysé la vision de l'Empire proposée par le *Memoriale*.

---

[17] Son nom revient huit fois dans l'orientation bibliographique proposée dans la première édition d'*Histoire et culture historique* de Bernard Guenée.

[18] B. GUENÉE, *Histoires, annales et chroniques. Essai sur les genres historiques au Moyen Age*, in : *AESC*, 28, 4 (juill.-août 1973), p. 997-1016, ici p. 1008 et *op. cit.*, p. 206.

[19] K. H. KRÜGER, *Die Universalchroniken* (*Typologie des sources du Moyen Age occidental*, 16), Turnhout, 1976, p. 43-45.

[20] *Grundriss der romanischen literaturen des Mittelalters*, XI, 1, Heidelberg, 1986, p. 399.

[21] M. SCHMIDT-CHAZAN, *L'idée d'empire dans le Memoriale historiarum de Jean de Saint-Victor*, in : J.-Ph. GENET (Ed.), *L'historiographie médiévale en Europe*. Actes du colloque organisé par la Fondation Européenne de la Science au Centre de Recherches Historiques et Juridiques de l'Université Paris I du 29 mars au 1er avril 1989, CNRS, Paris, 1991, p. 301-319. Voir aussi la thèse de M. CHAZAN, *L'Empire et l'histoire universelle de Sigebert de Gembloux à Jean de Saint-Victor (XIIᵉ-XIVᵉ siècle)*, Paris, 1999. Cet ouvrage a été consulté dans sa version dactylographiée et sera cité dans le reste de mon étude sous son titre initial *L'idée d'Empire dans les chroniques universelles écrites en France de la fin du XIIᵉ siècle au début du XIVᵉ siècle* (1995) avec la pagination correspondante.

Patrick Gautier Dalché, lui, s'est intéressé à l'important développement que Jean de Saint-Victor a consacré à la description de l'*orbis terrarum* : il a montré les relations entre ce passage du *Memoriale* et la *Descriptio mappe mundi* de Hugues de Saint-Victor. Confronté à l'article de Charles Samaran, il en a constaté et rectifié quelques erreurs[22]. Mais quel que soit leur intérêt, et dans leur domaine respectif et comme pierres apportées à la connaissance de l'historiographie médiévale, ces contributions ne prétendent ni l'une ni l'autre constituer des études d'ensemble sur Jean de Saint-Victor et son œuvre.

Le travail présenté ici s'inscrit évidemment dans le cadre défini par la longue réflexion et les travaux évoqués ci-dessus, il y a puisé problématiques et méthodologie. Il a été conçu dès le début comme une monographie destinée d'une part à combler le manque constaté d'une étude généraliste sur le *Memoriale historiarum,* d'autre part à proposer un maillon dans la reconstitution entamée depuis une vingtaine d'années de la chaîne et de la communauté des historiens du Moyen Age. Venant à la suite de Vincent de Beauvais[23] et de Géraud de Frachet[24] qui illustrent le XIIIᵉ siècle, précédant Paulin de Venise[25] pour le XIVᵉ siècle ou Robert Gaguin[26] au XVᵉ siècle, contemporain de Bernard Gui[27] et de l'école historiographique qui travaille à Saint-Denis autour de Guillaume de Nangis[28], l'œuvre de Jean de Saint-Victor représente un point de comparaison, une étape charnière.

Cette étude a suivi le plan désormais classique qui consiste à considérer l'œuvre comme une personne dont on suivrait le cours de la

---

[22] P. Gautier Dalché, *La Descriptio mappe mundi de Hugues de Saint-Victor : retractatio et addimenta,* in : J. Longère (Ed.), *L'abbaye parisienne de Saint-Victor au Moyen Age* (*Bibliotheca victorina*, 1), Paris-Turnhout, 1991, p. 143-179.

[23] Il serait trop long d'énumérer tous les travaux menés par les chercheurs de l'ARTEM de Nancy sur l'œuvre de Vincent de Beauvais. On trouvera dans la bibliographie ceux qui ont servi à cette étude.

[24] R. Rech, *Géraud de Frachet : l'engagement d'un historien au XIIIᵉ siècle. Edition de sa Chronique universelle,* Thèse de l'Ecole nationale des Chartes, 1993.

[25] I. Heullant-Donat, *«Ab origine mundi». Fra Elemosina et Paolino da Venezia : deux franciscains italiens et l'histoire universelle au XIVᵉ siècle* (thèse 1994), (à paraître, Rome, *BEFAR*).

[26] Fr. Collard, *Un historien au travail à la fin du XVᵉ siècle : Robert Gaguin* (*Travaux d'Humanisme et de Renaissance*, 301), Paris, 1996.

[27] *Bernard Gui et son monde* (Cahiers de Fanjeaux, 16), Toulouse, 1981. Voir en particulier l'article d'A.-M. Lamarrigue, *Les méthodes historiques de Bernard Gui, d'après les chroniques des rois de France,* p. 205-220, et du même auteur, *Bernard Gui (1261-1331), un historien et sa méthode,* Paris, 1999.

[28] G. M. Spiegel, *The Chronicle Tradition of Saint-Denis : A Survey,* Brookline, Mass., et Leyde, 1978.

vie de la conception à la mort. Chaque étape est sous-tendue par une problématique dont la résolution a nécessité la mise en place de méthodes particulières propres à surmonter les obstacles que les questions soulevaient.

Il fallait dans un premier temps aborder le *Memoriale* en replaçant son auteur dans son environnement matériel et intellectuel afin de comprendre la genèse de l'œuvre. A ce stade, c'est l'absence de sources extérieures au texte, ou leurs lacunes, qui ont constitué la principale difficulté. Les archives, déjà largement exploitées par Fourier Bonnard pour son *Histoire de l'abbaye royale et de l'ordre des chanoines réguliers de Saint-Victor de Paris,* n'ont guère livré d'informations supplémentaires. Quant aux travaux des historiens, ils ont visiblement délaissé cette période de l'histoire victorine pour centrer toute leur attention sur les débuts de l'ordre et l'époque glorieuse de Hugues et de Richard. Il est tacitement et de longue date entendu qu'il n'y a pas grand chose à dire de Saint-Victor au xive siècle. Toute la question était de savoir comment une œuvre d'une telle ampleur avait été possible dans un contexte en apparence peu favorable. Après avoir tenté de tirer au maximum profit de la monographie de Fourier Bonnard et de ce que d'autres pouvaient, ici ou là, apporter, la réponse est finalement venue de l'examen de la chronique elle-même. Un détour préalable par la codicologie a paru indispensable. En effet, une vision globale de la tradition manuscrite, construite à partir de l'analyse de chaque témoin connu, pouvait seule constituer une base sérieuse à la suite de la recherche. Elle a permis de mettre en évidence l'existence, ignorée jusque là^[29], de deux versions du *Memoriale historiarum.* La prise en compte de ce nouvel élément a bien sûr bouleversé les premières réflexions mais elle a aussi confirmé l'intérêt de l'étude entreprise. Ces deux états du texte obligeaient à considérer l'œuvre dans une gestation longue et complexe, à travers laquelle on allait pouvoir déceler le travail de toute une équipe avec à sa tête un maître d'œuvre. A partir de là, il devenait clair que ce projet historiographique avait bénéficié d'un constant soutien de toute la communauté et de son abbé, témoignant à coup sûr, par les moyens mis en œuvre, d'une vitalité insoupçonnée chez les victorins dans le premier tiers du xive siècle.

---

[29] Charles Samaran ne la soupçonnait pas. Patrick Gautier Dalché, qui a réexaminé cette tradition manuscrite, évoque trois formes de la chronique mais ne prend pas en compte la version du manuscrit Ars. 1117. Seule, Marie-Louise Auger avait repéré l'existence de deux versions du prologue. Elle m'a ainsi mise sur la bonne voie. Qu'elle en soit très vivement remerciée.

La seconde partie de l'étude est toute entière consacrée à ce travail du maître d'œuvre entouré de son équipe, à suivre pas à pas «ce
lent effort ingrat et obscur qui permet à l'historien de découvrir et
reconstruire le passé dans la vérité»[30]. Il fallut déjouer les pièges des
sources qui en cachaient d'autres[31], deviner celles que l'auteur tai-
sait soigneusement, vérifier celles qu'il revendiquait ... La liste établie ne prétend pas à l'exhaustivité, – la recherche aurait pu être
sans fin –, mais elle a constitué une base de travail largement suffisante, permettant d'évaluer la culture de Jean de Saint-Victor et de
repérer les lieux et les moyens de son information. La bibliothèque
de l'abbaye est ainsi apparue comme un instrument privilégié qui
n'excluait pas pour autant une certaine ouverture sur l'extérieur.
Cette étape du travail a tiré grand profit des travaux sur l'histoire
des bibliothèques et en particulier de ceux menés depuis une
dizaine d'années sur celle des victorins[32]. En retour, l'usage que
Jean de Saint-Victor fait de la bibliothèque de son abbaye peut
éclairer une période pour laquelle on avait jusque-là assez peu
d'éléments.

Une fois la quête des sources achevée, il a été possible d'imaginer
l'historien et son équipe dans leurs travaux préparatoires, de repérer
les choix opérés parmi les sources, de comprendre le traitement
qu'elles subirent avant d'être intégrées dans un ensemble soigneusement composé. Car au terme de cette seconde partie, c'est sans
doute la remarquable maîtrise de l'ouvrage qu'il faut retenir. Elle se
manifeste sous deux formes : l'une intellectuelle, marquée à la fois
par la permanence de certains choix et la capacité à se remettre en
question, l'autre, plus technique, qui dévoile les différents stades de
l'élaboration, la tâche spécialisée assignée à certains, la «patte» de
l'auteur que l'on retrouve à chacune de ces étapes, son style d'écriture enfin qui transparaît dans la rédaction finale. La conservation de
deux états du texte a sollicité toute l'attention et guidé la réflexion.

---

[30] B. Guenée, *op. cit.*, p. 73.

[31] Pour reprendre l'expression de Marie-Louise Auger, *Une source peut en cacher une
autre: l'exemple des Grandes Chroniques de Bretaigne d'Alain Bouchart*, in: M. Parisse
(Ed.), *L'écrit dans la société médiévale, Textes en hommage à Lucie Fossier*, Paris, 1991, p.
269-274.

[32] G. Ouy, *Les manuscrits de l'abbaye Saint-Victor. Catalogue établi sur la base du répertoire de Claude de Grandrue (1514)*, (*Bibliotheca Victorina*, 10), 2 vol., Turnhout, 1999;
pour les débuts de cette bibliothèque, voir les travaux de Françoise Gasparri, particulièrement *Scriptorium et bureau d'écriture de l'abbaye Saint-Victor de Paris*, in: J. Longère
(Ed.), *L'abbaye parisienne de Saint-Victor au Moyen Age* (*Bibliotheca Victorina*, 1), Turnhout, 1991, p. 119-141.

Bien souvent, cependant s'est fait sentir le regret d'une édition complète du *Memoriale*. La fréquentation des manuscrits et l'estimation faite par Charles Samaran[33] expliquent que l'on ait reculé devant cette entreprise monstrueuse. Néanmoins seule sa réalisation aurait permis une étude lexicographique soutenue par l'outil informatique. En son absence, force a été de recourir à des techniques plus artisanales, de centrer bien souvent les sondages sur la seule partie éditée.

Cette absence d'édition a aussi été le principal handicap du troisième temps de ce travail. Il s'agissait, après avoir cerné la matière historique et compris l'élaboration de l'ouvrage, d'en saisir le sens profond. La parole a d'abord été donnée à l'auteur et ce qu'il voulait bien dire de son projet a été écouté à travers la lecture du prologue. Puis, il fallait s'interroger sur l'étiquette de «chronique universelle» que l'historiographie moderne paraît avoir unanimement attribué au *Memoriale historiarum*. En quoi l'œuvre de Jean de Saint-Victor avait-elle bien été fondue dans le moule des chroniques universelles? Ici plus qu'ailleurs la composition complexe de l'œuvre, la révision du projet initial entraient en ligne de compte : pouvait-on appliquer l'appellation d'«histoire universelle» à la première version? Si oui, les formes adoptées étaient-elles les mêmes? Reprenant la définition proposée par Anna Dorothea von den Brincken et vulgarisée par Karl Heinrich Krüger[34], le texte a donc été parcouru sous ses deux états et dans ses deux dimensions, spatiale et temporelle. A cette occasion, à travers la seconde version, le géographe s'est dessiné derrière l'historien, faisant preuve de connaissances encyclopédiques et d'un réel intérêt pour cette discipline. En chemin, de l'une à l'autre version, l'originalité d'une réflexion personnelle sur la place respective de l'Eglise et de l'Empire dans cette histoire universelle s'est également fait jour. Mais on a bien vite touché du doigt les limites de l'universalité[35] et deux thèmes plus proches de l'auteur sont apparus, auxquels il attache une importance différente : l'histoire de son abbaye qui occupe une place secondaire mais pleine de sens à une époque où Saint-Victor se sent menacée dans ses privilèges ; le royaume de France, dont les origines et le destin politique paraissent prendre une place croissante, au terme de la réflexion sur l'histoire universelle.

---

[33] Charles Samaran estime qu'une édition imprimée représenterait plusieurs milliers de pages in-8°, *art. cit.*, p. 5.

[34] K. H. KRÜGER, *op. cit.*, p. 13-16.

[35] Pour reprendre le titre de la communication de H. W. GOETZ, *On the universality of universal history*, in : J.-Ph. GENET (Dir.), *L'historiographie médiévale en Europe*. Actes du colloque organisé par la Fondation Européenne pour la Science (Paris 29 mars-1er avril 1989), Paris, 1991, p. 247-261.

Néanmoins, le choix d'une perspective résolument historiographique, ainsi que l'existence de recherches plus spécifiques sur ce thème, menées simultanément à la présente étude, ont abouti à laisser cet aspect de l'œuvre en état de chantier. Seule la comparaison plus poussée avec des œuvres contemporaines ou légèrement en amont, appuyée sur les travaux qui leur ont été consacrés, permettra de mesurer pleinement l'originalité de la pensée de Jean de Saint-Victor. Dans ce domaine, les remarques ne sont donc, pour le moment, que des esquisses.

Il ne restait plus alors qu'à suivre le destin du *Memoriale* une fois échappé des mains de son auteur. Celui-ci avait-il souhaité, organisé la diffusion de son texte? Ses frères victorins relayèrent-ils ses éventuels efforts? Au premier abord le faible nombre de manuscrits conservés incitait à un constat d'échec de la diffusion. Ce jugement était-il sans appel? Pour tenter une réponse, on a observé l'histoire du texte en aval de sa rédaction : ce moment à partir duquel le *Memoriale* a été continué, interpolé, est devenu à son tour une source ; parallèlement, les indices fournis par les ex-libris et autres marques de possesseurs, les catalogues de bibliothèques, les fichiers codicologiques ont permis de reconstituer en partie l'histoire des manuscrits ou du moins de suivre le parcours de certains d'entre eux. Ces résultats inégaux, fragmentaires, mis bout à bout livrent des aperçus sur le devenir de l'œuvre du victorin : on peut tracer un espace de diffusion, un public appartenant à un milieu assez homogène se dessine, on voit les lecteurs s'approprier le texte, l'investir matériellement et intellectuellement, poser sur lui différentes grilles de lecture. Jean de Saint-Victor prend alors sa véritable place dans la longue chaîne des historiens médiévaux et son *Memoriale historiarum* la sienne dans la culture historique que le Moyen Age s'est progressivement forgée et dont héritèrent les générations qui suivirent et se succédèrent jusqu'à nous.

JEAN,
CHANOINE DE SAINT-VICTOR

INTRODUCTION

Un texte d'histoire, comme toute autre œuvre, ne peut être compris indépendamment de son auteur et du milieu qui l'a vu naître. Cette première partie devrait donc, tout naturellement, s'intituler «l'auteur, sa vie, son œuvre». Il y a là une démarche communément acceptée qui veut que l'on expose d'abord la vie de l'auteur, que l'on décrive le contexte matériel, spirituel, intellectuel dans lequel il vit et travaille, avant d'aborder l'œuvre en elle-même.

Dans le cas du *Memoriale historiarum* cette méthode a paru peu sûre, voire périlleuse en raison, en particulier, de la rareté des travaux scientifiques sur Jean de Saint-Victor et les victorins au XIVe siècle, ainsi que du trop grand silence des archives. Les uns et les autres offrent une image assez terne de cette période de l'histoire victorine, image qui aurait pu déformer l'approche de l'œuvre. La question qui devait guider cette première étape de l'étude était au contraire la suivante : si Saint-Victor connaît au début du XIVe siècle un certain déclin, – ou du moins une certaine stagnation –, comment peut-on expliquer la rédaction du *Memoriale historiarum*? La présence, indiscutable, de cette œuvre paraît une raison suffisante pour relire l'histoire des chanoines de Saint-Victor.

Une inversion des étapes de la recherche a alors semblé la seule garante d'une approche moins incertaine. Les chapitres qui suivent traiteront d'abord de l'œuvre en partant de ses éléments les plus matériels (les manuscrits) pour remonter progressivement jusqu'à la compréhension de sa genèse. Puis, après un bref détour par le regard porté par les érudits sur le texte et son auteur, sera abordé le milieu d'origine et d'élaboration, l'abbaye parisienne de Saint-Victor au XIVe siècle. Alors seulement il sera possible de questionner le *Memoriale* sur son auteur. Cette première partie pourrait donc s'intituler : «une œuvre, un milieu, un auteur».

CHAPITRE I

Des manuscrits à l'œuvre

L a genèse d'une œuvre ne peut se comprendre sans la prise en
compte de l'ensemble de sa tradition manuscrite. Plusieurs des
historiens qui, par le passé, se sont intéressés à Jean de Saint-Victor
et au *Memoriale historiarum*, ont dressé des listes de manuscrits et en
ont donné des descriptions plus ou moins développées. L'une des
plus exhaustives de ces listes est sans doute celle établie par Charles
Samaran[1]. Ce dernier avait largement fait son profit des notices élaborées pour quelques manuscrits par Guillaume Mollat en appendice
à son *Etude critique sur les Vitae paparum Avenionensium*[2]. Ses propres
recherches et en particulier sa bonne connaissance de l'érudition
antérieure lui permirent d'en ajouter six autres à la liste[3]. Mais sans
les avoir toujours directement examinés, d'où certaines erreurs dans
la rédaction de ses notices et surtout l'ignorance de certaines variantes. Des corrections ont été apportées par Patrick Gautier Dalché en
appendice à un article consacré à la *Descriptio Mappe Mundi* de
Hugues de Saint-Victor[4]. L'auteur y signalait en outre quatre autres
témoins du *Memoriale*.

---

[1] Ch. SAMARAN, *Jean de Saint-Victor, chroniqueur*, in: *HLF*, 41 (1981), p. 1-30 et notices
des manuscrits données en appendice p. 27-32.

[2] G. MOLLAT, *Etude critique sur les «Vitae paparum Avenionensium» d'Etienne Baluze*,
Paris 1917, appendice II, p. 551-554. Guillaume Mollat ne connaît alors que six manuscrits correspondant à ceux que appelés ici *C, E, H* (cote 936 erronée), *I, L* et *M*. Tous
ces manuscrits sont conservés à Paris.

[3] *A, B, D, F, G* et *J*, Ch. SAMARAN, *art. cit.*, p. 11.

[4] P. GAUTIER DALCHÉ, *La Descriptio mappe mundi de Hugues de Saint-Victor: retractatio et addimenta*, in: J. LONGÈRE (Ed.), *L'abbaye parisienne de Saint-Victor au Moyen Age*
(*Bibliotheca Victorina*, 1), Turnhout, 1991, p. 143-179, appendice II, p. 166-168: *Les
versions du Memoriale historiarum: analyse sommaire*.

Mais il n'était dans l'intention d'aucun de ces historiens de présenter une analyse complète des manuscrits conservés, chacun poursuivant en fait un projet plus spécifique : édition des vies de Clément V et Jean XXII pour le premier, article de fond sur l'auteur et son œuvre pour le second, intérêt centré sur les chapitres consacrés à la géographie pour le troisième. Tout en tirant tout le profit possible de ces travaux antérieurs, il fallait donc reprendre la liste et aborder à nouveau l'examen codicologique de chaque manuscrit. Disons-le d'emblée : l'enquête n'a pas révélé de nouveaux témoins, mais elle a repéré la trace d'un manuscrit aujourd'hui disparu et qui appartenait à la bibliothèque de Saint-Magloire de Paris au début du XVᵉ siècle. Bref, nous connaissons à présent dix-huit manuscrits dont une douzaine seulement sont médiévaux. En revanche, l'étude codicologique a mis en relief le rôle de certains témoins dans la conception de l'œuvre, sa lente édification et sa diffusion.

A – La tradition manuscrite

Les notices présentées ci-dessous sont regroupées en deux catégories. La première rassemble les manuscrits antérieurs au XVᵉ siècle et fournit les matériaux fondamentaux pour étudier la genèse de l'œuvre. Chaque notice précise la datation du manuscrit et détaille son contenu : l'incipit et l'explicit de chaque élément important du texte est donné, le titre est mis en vedette, les crochets carrés signalent les cas où le copiste tait le nom de l'auteur ; les titres, les rubriques, les intitulés de début et de fin donnés par le copiste sont transcrits en italique. Vient ensuite une description matérielle plus ou moins développée selon l'intérêt du manuscrit et les conditions de son examen ; en revanche, les marques d'appartenance ou de provenance ont été relevées le plus soigneusement possible. Chaque notice se clôt sur les principales références bibliographiques concernant le manuscrit.

La seconde catégorie regroupe les manuscrits postérieurs au XVIᵉ siècle. Les descriptions sont volontairement plus succinctes : on insiste surtout sur les extraits qui furent choisis en vue des éditions. Ces manuscrits sont avant tout des témoins de l'érudition des XVIᵉ-XVIIIᵉ siècles et de son approche des textes historiques médiévaux.

1. Les manuscrits médiévaux

a) Paris, Bibliothèque de l'Arsenal 1117A

– Volume composé de deux manuscrits : A, XIVe siècle, premier tiers, et B (fol. 288-395) XIIe siècle, d'après l'écriture.

– fol. 1-287v : MEMORIALE HISTORIARUM, «*Incipit memoriale historiarum*». (*A*) «Labilis est hominum memoria ... – cepit fratrem suum comitem Radulphum ...» – mutilé de la fin ;

fol. 288 : Boèce, LIBER DE TRINITATE, «Investigatam diutissime questionem ... – ut non tam nostra inventa quam furta esse credantur.» ;

fol. 304 : Gilbert de la Porrée, commentaire sur le LIBER DE TRINITATE de Boèce ;

fol. 394-395 : extraits sur la Trinité.

– Parchemin. 287 fol. à longues lignes. 260 × 170 mm. Cahiers : 36 quaternions numérotés en chiffres romains. Initiales rubriquées et filigranées[5]. Reliure en veau brun moderne.

– La composition de ce recueil est sans doute le fait des carmes de la place Maubert ou de la rue de Vaugirard. Quant à l'ouvrage de Jean de Saint-Victor, Jean Golein, provincial des carmes, le prête à Nicolas de Lespoisse le 17 nov. 1400 ; en 1405, Nicolas de Lespoisse restitue l'exemplaire à la bibliothèque du couvent des carmes après la mort de Jean Golein : *Iste cronice sunt magistri Iohanni Goulain, qui eas adcommodavit magistro Nicolao de Lespoisses XVII[m] diem novembris anno Domini 1400. Magister Nicholaus eas redidit conventui parisiensi 1405 post mortem magistri Iohannis Goulain* (fol 287v) (signature) : Cette mention est visible à la fin du fol. 287v sur laquelle on note également au bas du folio une indication de cahier «XXXVI[us]». La fin du manuscrit serait donc perdue dès le début du XVe siècle. Au fol. 1, ex-libris de la bibliothèque du couvent des carmes déchaussés Saint-Joseph, place Maubert à Paris, fin XVe ou début XVIe siècle.

– A. Franklin, *La bibliothèque des carmes de la place Maubert*, in : *Bulletin du bibliophile*, 16 (1865), p. 18-26 ; L. Delisle, *Cab. des Mss.*, I, p. 286-287 ; *Scriptorium* 22 (1968), p. 134, n° 224 ; J. Nepote, *Jean Golein (1325-1403) : étude du milieu social et biographie, précédées d'une contribution à l'étude de l'évolution du recrutement de la faculté de théologie de l'Université de Paris dans la seconde moitié du* XIVe *siècle*, Thèse de 3e cycle dactylographiée, Paris, 1976 ; Ch. Samaran, *Jean de Saint-Victor, chroniqueur*, in : *HLF*, 41 (1981), p. 29.

b) Paris, Bibliothèque nationale de France, latin 15010
(D 5? – BBB2 – Cf 26 – 449 – 819 – 582).

– fin XIIIe siècle-début XIVe siècle (fol. 163-312); XIVe siècle, première moitié (fol. 1-162) ; début XVe siècle (fol. 313-356/357).

– fol. 1-162v : MEMORIALE HISTORIARUM, «*Memoriale historiarum prima pars et* (*B*) *prime partis liber primus et libri primi capitulum primum de creatione celi et terre et*

---

[5] François Avril m'a suggéré que la décoration dénotait un travail d'artisan parisien des années 1320-1330.

angelorum. In exordio rerum et inicio creaturarum ... -Explicit ubi finis est primi libri hujus prime partis.»
Le texte, divisé en cent soixante-dix chapitres, va de la création du monde à la mort de Joseph en Egypte. Il contient une description de toute la terre.

fol. 163-310r : [Vincent de Beauvais, SPECULUM HISTORIALE] (II-V), «Gressus est postea vir... – scripsit etiam Salustius» ;

fol. 310v-312v : table alphabétique des chapitres des livres II à IV du *Speculum historiale* ;

fol. 315-335 : les sept paroles du Christ en croix ;

fol. 335-336 : Sermon d'Etienne de Tournai, QUIS CONSURGET MIHI ...

– Parchemin. 357 fol. (d'après la table, les fol. de garde 358 et 359 manquent) à longues lignes. 250 × 175 mm. Cahiers : 20 quaternions numérotés (sauf le 11ᵉ) avec réclame. Reliure du xvíᵉ siècle, parchemin réemployé sur ais de carton.

– fol. 2 dans la marge inférieure, ex-libris et armes de Saint-Victor. Les victorins ont sans doute réuni les trois éléments à la fin du xvᵉ siècle.

– F. Bonnard, *Histoire de l'abbaye royale et de l'ordre des chanoines réguliers de Saint-Victor de Paris*, 2 vol., Paris, 1904-1908, I, p. XXVI, 112 et p. 352 n. 3 et 4 ; J. Châtillon, *RMAL*, 4, (1948), p. 365 ; R. Baron, in : *RTAM*, 22 (1955), p. 56 n. 5 ; Ch. Samaran, *art. cit.*, p. 27 ; G. OUY, *Les manuscrits de l'abbaye de Saint-Victor. Catalogue établi sur la base du répertoire de Claude de Grandrue (1514)*, (*Bibliotheca Victorina*, 10), Paris, 1999, II, p. 438 (BBB 2) ; P. Gautier Dalché, *La Descriptio mappe mundi de Hugues de Saint-Victor : retractatio et addimenta*, in : J. Longère (Ed.), *L'abbaye parisienne de Saint-Victor au Moyen Age*, (*Bibliotheca Victorina* 1), Turnhout, 1991, p. 166.

c) *Paris, Bibliothèque nationale de France, latin 15011*
   (BBB 1 – Cg 19 – 448 – 818 – 581).

– xivᵉ siècle, avant 1335[6] (sauf fol. 495-559 : ca 1465[7]).

– fol. s. n.-3r : texte anonyme, «Moyses cum viginti esset annorum ... – quia in eo natus fuisset Iulius». Chronique depuis la mort de Moïse jusqu'à Marc Antoine ;

fol. 3 r-v : Table alphabétique de l'*exordium* (fol. 5-35v) ;

fol. 5-494 : [MEMORIALE HISTORIARUM], «Labilis est hominum memoria ... – *(C)* perpeti sine causa» ;

fol. 495-552 : Une continuation du *Memoriale* couvrant les règnes pontificaux de Benoît XII (1334) à Paul II (1464), «*Finis Memorialis historiarum*», «Benedictus papa XIIᵘˢ ... – nacione Venatus (*sic*) papa modernus».

– Parchemin. 552 fol. à longues lignes. 220 × 155 mm. Cahiers : 43, en général des sénions, dont les cinq premiers sont foliotés en chiffres romains au recto. Les cahiers 5 (fol. 41-48), 7 (fol. 61-68) et 8 (fol. 69-76) sont des quaternions. En tête, un quaternion aux folios non numérotés contenant un texte

---

[6] C'est à dire avant la translation du corps de Hugues de Saint-Victor puisque ce fait n'est pas mentionné à la suite du récit de la sépulture du maître victorin (fol. 384r) comme c'est le cas dans *E*.

[7] *Mss datés*, III, 677.

rédigé d'une toute petite écriture différente de l'ensemble. Le cahier 36 (fol. 398-410v) comporte un folio rajouté (404) au bas duquel on lit la signature : *Petrus Maugret*. Le texte, écrit d'une main différente de celle du reste du cahier, ne couvre que le recto de ce folio et un tiers environ du verso. A sa suite une main du xve siècle a écrit : *Rex Anglie Richardus sicut regi Philippo promiserat pro altera sororum etc... ut infra invenies in pagina sequentia ad talem signum I°*. Ce folio supplémentaire aurait donc pu être ajouté au moment de la reliure finale de l'ensemble du manuscrit. Tous les cahiers sont numérotés et signés à l'exception des deux derniers, les 42 (fol. 471-482) et 43 (fol. 483-494).

L'écriture est une minuscule semi-cursive qui présente des caractéristiques personnelles et paraît contemporaine du récit. La chronique qui se terminait d'abord en 1308, a été complétée par une main unique pour les années 1309-1322. Cet exemplaire est considéré par l'ensemble des historiens modernes comme le manuscrit le plus ancien[8]. On peut même penser qu'il s'agit d'un manuscrit d'auteur : le texte est copié de différentes mains, mais les corrections sont portées en revanche d'une même main ; ces corrections, ainsi que les nombreux ajouts portés dans les marges, sont intégrés à l'intérieur du texte dans les manuscrits postérieurs ; l'avant-dernier folio, le 493, a été déchiré, puis rabouté et complété par une écriture plus tardive. Ce manuscrit, qui ne comporte aucune décoration, est davantage un manuscrit de travail qu'une édition. Reliure xviie siècle pleine peau en veau avec filets dorés.

– Composé de deux éléments réunis à la fin du xve siècle, le manuscrit ne paraît pas avoir quitté l'abbaye Saint-Victor de Paris dont on trouve des ex-libris au premier folio non numéroté, au fol. 4, au fol. 494v.

fol. 494 : signatures du xve siècle : *P. Maigreti, Petrus Maigret* comme au fol. 404.

– L. Delisle, *Inventaire des manuscrits latins de l'abbaye de Saint-Victor conservés à la Bibliothèque impériale sous les numéros 14232-15175 du Fonds latin*, in : *BEC*, 4 (1869) ; R. Baron, *art. cit.*, p. 56, n. 5 ; Id., in : *Revue Hist. Eccl.*, 51 (1956), p. 925 n. 5 ; J. Miethke, *Zur Herkunft Hugos von St. Viktor*, in : *Archiv für Kulturgeschichte*, 54 (1972), p. 241-261, ici p. 255 n. 80 ; V. Kohler, *Mélanges Orient latin*, 1906, p. 365 ; mention de la sépulture de Maurice de Sully à Saint-Victor de Paris, texte latin cité par J. Châtillon, in : *AHDLMA*, 40 (1965), p. 51 n.7 ; Ch. Samaran, *art. cit.*, p. 27-28 ; P. Gautier Dalché, *art. cit.*, p. 166-167 ; G. Ouy, *op. cit.*, p. 437-438 (BBB 1).

d) *Vatican, Bibliothèque Apostolique, Reg. lat. 595 (H 49, 268)*

– xive siècle, première moitié.

– fol.1 : texte anonyme, «Moyses cum centum viginti esset annorum ... – quia in eo natus fuisset Iulius» ;

fol. 8r-v : table alphabétique de l'*exordium* ;

fol. 9/I-319 : [MEMORIALE HISTORIARUM], «Labilis est hominum memoria ...   *(D)* – perpeti sine causa.»

---

[8] Ch. SAMARAN, *art. cit.*, p. 27-28. L'auteur reprend les conclusions de ceux qui l'ont précédé, en particulier G. MOLLAT, *op. cit.*, p. 84-101.

– Parchemin. 319 fol. à longues lignes ; 30 à 42 lignes écrites (le dernier feuillet est préparé pour 37 lignes). 245 x 160 mm (sauf les fol. lxiii et lxiv et cxv-cxvi et cxix-cxx qui ont un format légèrement inférieur). Cahiers : 29. Ce sont d'abord des quaternions (1 à 9), des quinions (10 et 11) ; puis viennent des sénions interrompus deux fois par des septénions (cahiers 25 et 28). Tous sont signés. La foliotation est en chiffres romains sauf les neuf premiers folios qui ne sont pas numérotés). La main est d'une écriture du XIVe siècle, encore très proche des écritures du XIIIe siècle.

– On ne sait rien de son histoire[9] sinon qu'il a été donné à Paul Petau en 1610[10] par Nicolas Le Fèvre (1544-1612), précepteur d'Henri de Bourbon, prince de Condé, puis du futur Louis XIII ; fol. 9 (main de Paul Petau) : *P. Petavii dono Nic. Fabri ;* fol. 9 (toujours de la main de Paul Petau) : *Hic liber est meus, dono Nic. Fabri, Petavius.* Il passe ensuite dans les collections de la reine Christine de Suède et enfin dans celles de la Bibliothèque Vaticane. On relève sur ses marges quelques notes de lecteurs des XVIe et XVIIe siècles, dont deux de Petau au fol. 9 : *Memoriale historiarum per canonicum regularem Sancti Victoris, qui eruditus est, compactus et diligens ;* ... (le début a été rogné par le relieur) *habuit Vignierius* (Jérôme Vignier[11]), *cujus frequenter testimonium datur ... et habetur in Bibl. publ. Cantabrigae p. 68. Item p. 71 ejusdem bibl. Catal. ponitur Jo. Parisiensis Historia Universalis vel Memoriale historiarum usque ad annum 1322, cuius liber dicitur ab hoc in principio differre, tantum in reliquis pene similis ...*

– Ch. Samaran, *art. cit.* p. 28-29.

e) *Paris, Bibliothèque nationale de France, latin 14626 (P15 ? ou P 5 ?; AAA 15; 306; 459).*

– XIVe siècle, d'après l'écriture, sûrement après 1335[12].

– fol. 1-395 : [MEMORIALE HISTORIARUM], «Labilis est hominum memoria ... – (E) perpeti sine causa.».

– Parchemin. 395 fol. à longues lignes. 295 × 205 mm. Cahiers : 32 sénions et un quinion (fol. 374-383v) signés et numérotés en chiffres arabes entourés de deux points. La numérotation des folios est erronée : on passe du fol. 302 au fol. 304 sans rupture du texte. Grosse minuscule ronde, assez bien calligra-

---

[9] Fol. 1 : (main du XVIe ou XVIIe siècle) : «Emptus a Natali bibliopola juxta collegium Calvi». Charles Samaran, *art. cit.*, p. 29, émet l'hypothèse qu'il pourrait s'agir de la main de Nicolas Le Fèvre.

[10] Cette date est suggérée par un extrait du *Tractatus de fundatione* de Jean de Thoulouze (ms BnF, lat. 14677, fol. 111) : «Nomen authoris, ad hoc usque tempus nobis ignotum, posteris notum fieri voluit vir clarissimus D. Paulus Petavius...senator nitidissimus ex limine ms. codicis sui quem J. Picardo nostro anno 1610 ostendit.» Ce texte est rapporté par Charles Samaran, *art. cit.*, p.14. Jean Picard, originaire de Beauvais, avait fait profession à Saint-Victor en 1596, il y a occupé la fonction de bibliothécaire ; il est également l'auteur d'annales manuscrites sur sa maison. Il meurt en 1615.

[11] Art. *Jérôme Vignier*, in : *Biographie universelle ancienne et moderne*, 43, col. 381-382.

[12] Fol. 294, mention de la sépulture de Hugues de Saint-Victor : «...sepultusque est in claustro iuxta introitum ecclesie Sancti Victori sed post translatum in choro coram magno altari a parte australi anno domini MCCCXXXV.»

phiée, imitant l'écriture bolonaise. Initiales filigranées, œuvre d'un amateur. Reliure basane mégissée sur ais de bois avec marques de clous, antérieure au xvie siècle.

– Ex-libris et armes de Saint-Victor. Ce manuscrit fut probablement réservé à l'usage des victorins et de ceux qui fréquentaient leur bibliothèque. Au fol. Av, table de Claude de Grandrue et la mention suivante : *Liber dictus Memoriale historiarum, cronice scilicet a mundi exordio usque ad annum Nativitatis Domini 1322.*

– J. Châtillon, *art. cit.* (1948), p. 365 ; F. Bonnard, *op. cit.*, I, p. 352 n. 3 ; Ch.-H. Haskins, *Studies in Mediaeval Culture*, New York, 1929, 2e éd., 1965, p. 222-223, n. 7 ; J. Miethke, *art. cit.*, p. 255 n. 80 et 81 ; Ch. Samaran, *art. cit.*, p. 28 ; M. Paulmier-Foucart et M. Schmidt-Chazan, *La datation dans les chroniques universelles françaises du XIIe au XIVe siècle*, in : *CRAIBL*, nov.-déc.1982, p. 801 ; M. Schmidt-Chazan, *L'idée d'empire dans le Memoriale historiarum de Jean de Saint-Victor*, in : J.-Ph. Genet (Ed.), *L'historiographie médiévale en Europe.* Actes du colloque organisé par la Fondation européenne pour la Science au Centre de Recherches historiques et juridiques de l'Université de Paris I du 29 mars au 1er avril 1989, Paris, 1991, p. 301-319, ici p. 301 n. 4 ; G. Ouy, *op. cit.* p. 437 (AAA 15).

f) Cambridge, University Library, Ii-2-18 (DB 2 ; 239 ; 1751).

– xive siècle, troisième quart, ou début du xve siècle.

– [MEMORIALE HISTORIARUM], «Labilis est hominum memoria ... – perpeti sine   (*F*) causa.»

– Parchemin. 311 fol. sur deux colonnes de 47 lignes. Cahiers : 26 sénions numérotés suivant les lettres de l'alphabet, quelques-uns signés d'une réclame. Numérotation moderne des feuillets mais aussi pagination en rouge, due sans doute au secrétaire de Matthieu Parker. Au cahier k, indications de mauvais assemblage : fol. 256v : *verte unum folium* ; fol. 257v : *quaere supra 2° folio quia hic est interpositio* ; fol. 261v : *verte unum folium ad tale signum* + (fol. 263) ; fol. 262v : *Verte unum folium infra ad tale signum* o-o (fol. 264) ; fol. 263v : *quaere supra ad duo folia ad tale signum* -o. Ecriture courante probablement française. Décoration parisienne d'une main sans doute non professionnelle. Initiale filigranée du xve siècle.

– A appartenu à Matthieu Parker qui l'offrit en 1574 à la bibliothèque de l'université ; fol.1 : *Mattheus Cantuariensis 1574.* Au revers de la couverture, Jocelin, secrétaire de Parker, a écrit : *Hic liber quamvis in principio differt a libro qui Historia Universalis Johannis Parisiensis dicitur (G), tamen in fine habentur eadem verba et sic fere in medio processu omnia consimilia*; fol. de garde (main du xvie siècle) : *Carmen Iohannis Leylandi Londinensis*

Historie quicumque velit cognoscere laudes
Eximias nostro carmine, doctus erit.
Quod sol ethero prestat, pulcherrimus orbi
Historia humanis usibus hoc tribuit.

Sur le même fol. de garde : *Memoriale historiarum in quo author descripsit originem diversarum gentium et regnorum a tempore diluvii ad usque annum Domini 1321.*

On relève, tout au long du manuscrit, les annotations au crayon rouge de Matthieu Parker[13].

– *A Catalogue of the Manuscripts preserved in the Library of the University of Cambridge*, III (1858), p. 387-388 ; Ch. Samaran, *art. cit.*, p. 29.

g) *Cambridge, Corpus Christi College 60 (B 8 (cote Parker), B 87, T James 20).*

– Fin xive ou début xve siècle[14].

– Revers du folio de garde : *Iohannes Parisiensis historia universalis vel memoriale historiarum*

– fol. 1-22 : [MEMORIALE HISTORIARUM], «In exordio rerum et inicio creaturarum...– qui in eruditione et scientia scripturarum eiecto Israele quintus annus. Hec Ieronimus». Première partie, ch. 1-31 ;

– fol. 22-289 : [MEMORIALE HISTORIARUM], «Videamus nunc specialiter de (*G*) diversarum origine gentium ac regnorum quantum sequendo vestigia maiorum ... – perpeti sine causa». Prologue absent. (fol. 258-282 : interpolation d'un autre texte pour la période 1301-1302) ;

– fol. 290v : TABULA PROGENIUM FRANCIE. Ascendance d'Edouard Ier, avec commentaire en français[15].

– Parchemin. 289 fol. + 1 sur deux colonnes marquées a, b, c, d (verso-recto). 310 × 240 mm. Cahiers : 23 sénions signés de réclames. Les folios sont numérotés par des chiffres arabes entourés de deux points, régulièrement jusqu'au fol. 264v ; puis, la numérotation saute directement au fol. 278. Il paraît manquer un cahier correspondant à la partie de la chronique couvrant les événements du début de l'année 1303 à mai 1309 (mort de Charles II de Sicile). Les folios 278 et 288v ont été inversés. Une seule main excepté au fol. 290. Marques de correcteur. Nombreux dessins en marge dont des manicules.

– Copié à Saint-Victor ? De nombreuses notes «victorines»[16] laissent à penser que ce manuscrit, comme le précédent, est parvenu en Angleterre par le réseau victorin. Peut-être a-t-il séjourné dans un prieuré du sud de ce pays[17]. Au fol. 39, la mention *Io. Beyk* suivie de *Jesus have mercy of me* pourrait désigner un personnage originaire du Lincolnshire, admis au King's College de Cambridge entre 1445 et 1456[18]. On rencontre également un Io. Beyck, prébendier à Bilton dans

---

[13] R. I. PAGE, *Matthew Parker, archbischop of Canterbury, and his books* (*The Sandars lectures in bibliography for 1990*), Kalamazoo (MI), 1993.

[14] Fin xive siècle d'après N. WILKINS, *Catalogue des manuscrits français de la bibliothèque Parker (Parker Library)*, Cambridge, 1993, p. 40.

[15] N. WILKINS, *op. cit.*, p. 40.

[16] Fol. 215-216 en haut et dans les marges : «Hugo de Sancto Victore; Richardus nacione scotus post prior Sancti Victoris ; Nota passim hoc pro vita et operibus Hugonis de S. Victore ; sunt nota passim vita et operibus Richardi de Sancto Victore; pulchrum miraculum de Hugonis saluto.»

[17] La plupart des manuscrits rassemblés par Matthieu Parker viennent du sud-est de l'Angleterre. M. R. JAMES, *The sources of archbishop Parker's collection of manuscripts at Cambridge Corpus Christi College*, Cambridge, Antiquarian Society, 1899, pensait, quant à lui, reconnaître dans la foliotation de ces deux manuscrits celle en usage à Bury Saint-Edmunds.

[18] A. B. EMDEN, *Biographical Register of the University of Cambridge to 1500*, Cambridge, 1963.

le diocèse d'York[19], sans que l'on puisse affirmer qu'il s'agisse du même individu. Ce Io. Beck pourrait enfin être apparenté à Antoine Beck dont la famille
trouve ses racines dans le Yorkshire[20]. En fait l'histoire de ce manuscrit reste
fort obscure jusqu'à son arrivée dans la bibliothèque de Matthieu Parker qui le
légua à sa mort au Corpus Christi College. Sur les folios de garde, on relève
plusieurs mentions de la main de son secrétaire Jocelin :

> *Hic liber quamvis in principio differt a libro qui Memoriale historiarum dicitur,*
> *tamen in fine habentur eadem verba et sic fere in medio processu omnia consimi-*
> *lia, hic liber habet 22 fol. plura».* Au verso du dernier folio (main du XVIe
> siècle) : *«Liber iste vocatur collectorium hystoriarum quia in eo collecta sunt uti-*
> *liora et notabiliora excerpta, primo de ystoriis sacre scripture, deinde sentencie*
> *Ethimologiarum Romanorum, Gallicanorum, Anglicorum ab origine mundi*
> *usque ad annum domini 1322, gesta pontificum a primo papa sancto Petro*
> *usque ad papam Iohannem XXII.*

– M. R. James, *The sources of archbishop Parker's collection of Mss. at Corpus
Christi College Cambridge,* in : *Camb. Antiq. Soc.,* 1899 ; Id., *A descriptive catalogue of the mss. in the library of Corpus Christi College Cambridge,* I, Cambridge,
1912, p. 125-126 ; Ch. Samaran, *art. cit.,* p. 28 ; P. Gautier Dalché, *art. cit.,* p.
167-168 ; N. Wilkins, *Catalogue des manuscrits français de la bibliothèque Parker,*
Cambridge, 1993, p. 40.

h) Paris, Bibliothèque de l'Arsenal, 986 (Bibliothèque du Collège de Navarre A 234).

– XVe siècle, avant 1434[21], voire premier quart du quinzième siècle[22].
– fol. A-I : table des matières établie par Jacques de Camphin, «In presenti
tabula ... – Comes Nivernensis. «Explicit Tabula Memorialis Historiarum
compilata et scripta per Jacobum de Camphin, clericum Attrebatensis dyocesis ad instancias domini Johannis Fabri presbiteri curati Sancti Lupi de Bromilia Senonensis dyocesis quem Dominus dignetur custodire in statu salutifero
et omnes suos. Amen.»

---

[19] J. LE NEVE, *Fasti Ecclesiae Anglicanae 1300-1541,* VI, 33, Londres, 1963.

[20] Cette dernière hypothèse m'a été proposée par Jean-Claude Thiolier que je remercie vivement.

[21] En haut du dernier folio de garde, note de la main de Jean Le Fèvre : «L'an MIIII[c]
XXXIV receupt maistre Meheust de Boilly, marreglier de Saint Landri en la cité de Paris, ou nom de ladicte eglise et du curé de maistre Germain Rapin a cause de xvii s. p.
de rente pris chacun ans sus une maison devant Saint Lieffroy sur ce qeust devoir, de
laquelle somme je curé de Saint Landri ay receu XIIII s. pour la moitié le XIIIe jour de
juillet l'an dessusdit.»

[22] Ce manuscrit possède un filigrane représentant un chat accroupi. Or, ce motif est
employé à cette date dans plusieurs villes dont Paris, cf. C.-M. BRIQUET, *Les filigranes.
Dictionnaire historique des marques du papier,* 4 vol., Leipzig, 1923, n° 3553-3559.

fol. 1-266v : [MEMORIALE HISTORIARUM], «Labilis est hominum memoria ... (*H*)
– perpeti sine causa».
–　Papier (sauf le dernier fol. de garde en parchemin). 270 fol. à deux colonnes + 2 fol. encartés (a et b), et 10 fol. de garde A-J. 393 × 274 mm. Cahiers :
27 sénions (sauf le premier, un quinion, (fol. A-J), et le dernier, un ternion
(fol. 264-270) ; tous comportent une réclame, parfois décorée à l'encre noire
rehaussée de jaune. Les cahiers sont signés selon l'alphabet latin. Plusieurs
mains contemporaines en écriture bâtarde homogène. Initiale filigranée au
début du texte. Reliure moderne.
–　L'ensemble du manuscrit (table + texte du *Memoriale*) a vraisemblablement été copié par Jacques de Camphin, ou du moins sous sa direction, à la
demande de Jean Le Fèvre. En 1440, après la mort de celui-ci, le livre est
vendu par les exécuteurs testamentaires : «Istum librum emi ab executoribus
testamenti defuncti domini Io. Fabri, curati ecclesie Sancti Landerici, abbatis-
que magne confratrie, anno Domini M°CCCC°XL° in mense iunii.» (fol.
270). La signature est raturée mais on devine nettement *P. Breban*, nom que
l'on retrouve en haut de ce même feuillet et de la même main ; en face, sur le
feuillet de garde, une mention presque effacée : *hic liber est Petro Braban*. Or,
les Breban ou Braban sont une famille parisienne bien connue. Tout au long
du xvᵉ siècle, on retrouve ces changeurs au sein de la Cour des aides et à
l'échevinage. Pierre apparaît en 1431 dans les statuts de la Grande Confrérie
Notre-Dame-aux-Prêtres-et-aux-Bourgeois de Paris, aux côtés de Jean Le
Fèvre[23]. Il est alors prévôt de cette confrérie. Il a dû faire l'acquisition du
Memoriale historiarum à la mort de son confrère.
　　Entre 1440 et 1488, le manuscrit eut d'autres propriétaires si l'on en croit
les essais de plume sur le premier feuillet, peut-être un prénom, *Simon*, suivi
de la mention *Bonus artifex*. Ceci ne permet pas d'identifier le personnage. En
1488, le manuscrit est vendu à Ambroise de Cambrai, alors chancelier de
l'université de Paris, par un certain maître Jean Helé, chanoine de Saint-
Merry, fol. 266v : *Est Ambrosii de Cambray juris utriusque doctoris [...] quem emit*
precio quadraginta solidorum Parisiensium a magistro Iohanne Hele, canonico S.
Mederici Parisiensis, die XI aprilis 1488 ante Pascha. Signé A. de Cambray, avec
seing manuel. Ce même Ambroise de Cambrai le légua avec une partie de sa
bibliothèque au Collège de Navarre où il avait été étudiant. Cette donation est
indiquée sur le premier et le dernier feuillets du manuscrit par ces mots tracés
de la main même d'Ambroise de Cambrai : *Pro libraria regalis collegii Campa-*
niae alias Navarrae Parisiensis fundati[24]. Quelques annotations de la main
d'Ambroise de Cambrai surtout dans les dernières pages de l'ouvrage. Notes
marginales de Jean de Launoy, auteur de l'*Histoire du collège de Navarre*

---

[23] A. J. V. Le Roux de Lincy, *Recherches sur la Grande Confrérie Notre-Dame aux prê-*
tres et bourgeois de la ville de Paris, in : *Mémoires de la Société des Antiquaires de France*, 17
(1844), p. 85-103.
[24] Voir pour cette question, I. Chiavassa-Gouron, *Les lectures des maîtres et des étu-*
diants du collège de Navarre (1380-1520), un aspect de la vie intellectuelle à l'université de Pa-
ris au xvᵉ siècle, Thèse de l'Ecole des Chartes multigraphiée, 1985. Voir aussi L. Delisle,
Cab. des Mss., II, p. 253-255.

(1682), en particulier fol.186, note signée : *de Launoy baccal. 1630*. Ce même personnage a rédigé la note introductive des fol. a-b.

– H. Martin, *Catalogue des manuscrits de la bibliothèque de l'Arsenal*, Paris, 1886, p. 209 ; E. Baluze,*Vitae paparum Avenionensium*, éd. G. Mollat, Paris, I, 1916, p. 552-553 ; Ch. Samaran, *art. cit.*, p. 30 ; I. Chiavassa-Gouron, *Les lectures des maîtres et des étudiants du collège de Navarre (1380-1520), un aspect de la vie intellectuelle à l'université de Paris au XV* siècle*, Thèse de l'Ecole des Chartes multigraphiée, 1985 ; Fr. Collard, *Un historien au travail à la fin du XV* siècle : Robert Gaguin*, Genève, 1996, p. 125-126.

i) Paris, Bibliothèque nationale de France, latin 4949 (Blancs-Manteaux n°21; 4725).

– XVe siècle, après 1464, date finale de la continuation latine du *Memoriale*.

– fol.1 : *Cronice compilate in monasterio Sancti Victoris Parisiensis et Memoriale historiarum appelatur*

fol.1-3r : texte anonyme, «Moyses cum centum viginti esset annorum ... – quia in eo natus fuisset Iulius» ;

fol. 3v-4 : la table alphabétique de l'*exordium* ;

fol. 4v-152v : MEMORIALE HISTORIARUM, «Labilis est hominum memoria ...   (*I*) – perpeti sine causa.» ;

fol. 152v-173 : continuation latine. *«Finis Memorialis historiarum que vero sequuntur ex diversis collegi usque ad modernum papam Paulum II*^{um}*. Benedictus XII*^{us} *papa ... – nacione Venatus (sic) papa modernus»*.

– Parchemin. 1 + 179 fol. à longues lignes. 480 × 280 mm. Cahiers : sénions puis quinions, certains numérotés avec des lettres de l'alphabet. Changement de main au fol. 106. Reliure basane moderne, portant au dos deux L et fleurs de lys.

– Sans doute copié à Saint-Victor (cf. folio 1) mais ne comporte pas d'ex-libris de cette abbaye. A ensuite appartenu à la bibliothèque des Blancs-Manteaux[25]. Au recto du fol. de garde une main du XVIIe siècle a noté : *Annales victoriani qui prima manu ad annum 1322 perducuntur, secunda ad annum 1464* .

– L. Lacabane, in : *BEC*, 3 (1841-2, 1ere série), p. 7 n 1 et p. 8 n. 1 ; E. Baluze, *op. cit.*, p. 552 ; Ch. Samaran, *art. cit.*, p. 29.

j) Paris, Bibliothèque nationale de France, latin 4941 (G 44; 4916)

– 1484, selon le colophon du fol. 360v[26].

– fol. 1-14 : «De Gallis Senonensibus ... – Explicit tabula memorialis historiarum». Table générale de Jacques de Camphin sur deux colonnes, sans introduction ni renvois aux numéros de page ;

---

[25] L. DELISLE, *Cab. des Mss.*, II, p. 241.

[26] «Hec presente chronices (sic) Christo invente, finite sunt per Me Guilleomme le Breton in vigilia ascensione Domini anno 1484, die vicesima sexta maii, pro et nomine agnaci mei Hugoni le Breton, in legibus licenciati, locotenensis baillivi Nivernensis». *Colophons des mss occidentaux*, II, n° 5952 ; *Mss datés*, II, p. 249 et pl. CLXIV.

fol. 16-360v : MEMORIALE HISTORIARUM. «Labilis est hominum memoria ... *(J)*
– perpeti sine causa».
– Parchemin. 360 fol. à longues lignes. 330 x 240 mm. Cahiers : 45 quaternions. Le folio 1/aI manque. Dans le 2e cahier, les fol. 14v-15 sont vierges. Le
fol. 360 est inséré dans le 45e cahier. Les cahiers sont signés d'une lettre de
l'alphabet (on passe de a à c mais le texte est complet). Au fol.16, après la
table, début d'une foliotation en chiffres romains qui se poursuit jusqu'au fol.
266 (fol. CCLX). Foliotation moderne. Trois mains utilisent une *libraria* semi-
cursive : fol. 1-95v, fol. 96-265[27], fol. 266- 360. La dernière partie semble
copiée par Guillaume le Breton qui a supervisé l'ensemble. Reliure XVIIe siècle
maroquin à trois fleurs de lys.
Au fol. 16, initiale historiée (un scribe – ou un historien – à sa table de travail). Décoration marginale à rinceaux et comportant un animal.
– Hugues Le Breton, pour qui il a été copié et dont la signature figure au bas
du dernier folio. Dans la bordure du fol. 16, ébauche d'un écu (deux bandes
noires horizontales) qui pourrait être celui des Le Breton : *D'azur à une fasce
d'argent côtoyée de deux burelles de sable*. Ce manuscrit a plus tard appartenu à
Alexandre Petau, puis à Mazarin.
– A. Büchler, in : *Archiv*, 1 (1819), p. 317, qui le signale comme un manuscrit comportant des sources pour l'histoire allemande ; Ch. Samaran, *art. cit.*,
p. 30.

k) Saint-Omer, Bibliothèque municipale 709 (138)

– Manuscrit composite, milieu et fin XVe siècle[28]. Cinq filigranes : les quatre
premiers renvoient tous à une période allant de 1440 à1460 et à un espace
géographique assez proche de Paris[29]. Le dernier, représentant la lettre Y sur-
montée d'une croix, est difficile à identifier avec certitude. Il appartiendrait à
un groupe employé entre 1442 et 1527 non seulement à Paris mais aussi dans
tout le nord de la France et de l'Europe : Belgique, Pays-Bas, Allemagne.
– fol. B-J : Table générale de Jacques de Camphin complète. «In presenti
tabula talis servabitur ordo ... – Explicit tabula memorialis historiarum». Pas
de référence à l'auteur de la table. Le copiste a également omis de reporter la
foliotation correspondante.
fol.1, dans la marge du haut : *Memoriale omnium historiarum a principio
mundi usque ad tempore sequentia*.
fol. 1-7 : l'*exordium* (avec table) est précédé du texte «Moyses cum centum
viginti esset annorum» ;

---

[27] Cette main pourrait correspondre à celle d'un des scribes de *K* (Saint-Omer 709).
[28] A. BONDÉELLE-SOUCHIER, *Bibliothèques cisterciennes dans la France médiévale, répertoire des abbayes d'hommes*, CNRS, Paris 1991, p. 88, le date du XVe siècle.
[29] C.-M. BRIQUET, *op. cit.*, une ancre, n°391 ; un blason avec une couronne et trois
fleurs de lys, n°1680 ou 1681 ; une grande fleur de lys, n°6909 ; une arbalète, n°726. Le
cinquième, représentant peut-être la lettre Y, n'a malheureusement pas pu être identifié,
ce qui regrettable car on le rencontre à la fin du manuscrit, dans la partie comprenant la
continuation sur la vie des papes.

fol. 7v-293 : MEMORIALE HISTORIARUM. «Labilis est hominum memoria ... – (K)
perpeti sine causa.» ;

fol. 293-335 : continuation latine jusqu'en 1386. «*Finis memoriale (sic)his-
toriarum est hic. Que vero sequuntur ex diversis collegi usque ad modernum papam
Paulum II*ᵐ˙ Benedictus XII*ᵘˢ papa ... – Cui successit in regno Iohannes, dux
Gerundensis*».

–   Papier. 11 fol. + 332 à longues lignes. Les dimensions des feuillets varient
d'un cahier à l'autre. Le fol. 283 manque, les fol. 284-7 sont coupés, le fol.
293v est vierge, les deux derniers fol. (336 et 337) sont déchirés. Composition
des cahiers très variée : du ternion au septénion. Les sénions ont en général des
réclames de fin de cahier, les autres non. Traces de numérotation aux cahiers
b (fol.7-17v), m (fol. 108-119v), n (fol.120-133v), o (fol. 134-145v). Foliotation en chiffres romains à partir du fol.1 (les premiers fol. de la table ne sont
pas compris dans cette foliotation). Foliotation moderne. Plusieurs encres.
Trois à quatre mains se relaient tout au long de l'ouvrage : main a (fol. A-K,
102-107v, 277-293, 319-332), main b (7-8v, 19-34v, 48v-49v) etc... ; les
changements d'écriture correspondent le plus souvent à des changements de
cahiers. Ceci pourrait indiquer une organisation de la copie en atelier. Ecriture
cursive. Reliure moderne.

Au fol. K :

παντων μετρον αριστον
omnium mensura optima,
plus serait trop

une signature : «*Ludovicus Talesius, alias du Taillis, 1552*» ; une autre signature :
«Hanorque» suivie de maximes : «Trop ne vaut, mediocritas optima, ne quid
nimis, cela sans plus, de peu assez ...»
–   L'abbaye cistercienne de Clairmarais[30].
–   L. Delisle, *Cab. des Mss*, II (1874), p. 355 ; Catalogue de la bibliothèque
municipale de Saint-Omer, *Bibl. des départements*, III, 1861, p. 312 ; P. Gautier Dalché, *art. cit.*, p.168 ; A. Bondéelle-Souchier, *Bibliothèques cisterciennes
dans la France médiévale, répertoire des abbayes d'hommes*, Paris 1991, p. 88.

l) Paris, Bibliothèque Sainte-Geneviève, 516 (E. e. L ; G L. I fol)

–   Fin xv*ᵉ*[31] ou premier tiers du xvi*ᵉ* siècle d'après les filigranes[32].
–   fol. 1-8v : table générale des matières de Jacques de Camphin ; il en manque le début (1*ᵉʳᵉ* mention : Othon I*ᵉʳ*). Le copiste renvoie aux folios correspon-
dants en regroupant les différents éléments d'un même fol. par des accolades
(lignes multifides) rouges.

fol. 1 : *Memoriale historiarum a Julio Cesare ad annum Christi 1320.*

---

[30] H. DE LAPLANE, *L'abbaye de Clairmarais*, 2 vol., Saint-Omer, 1868.
[31] Date donnée par G. MOLLAT, *op. cit.*, p. 552, Ch. SAMARAN, *art. cit.*, p. 31 à la
suite de Ch. KOHLER, *Catalogue des manuscrits de la Bibliothèque Sainte-Geneviève*, Paris,
1893, p. 269.
[32] Pour Sainte Geneviève 516, cf. C.-M. Briquet, *op. cit.*, III, 9424-9425 : papier fabriqué à Troyes de 1516-1519.

fol. 9-468v : MEMORIALE HISTORIARUM. «Labilis est hominum memoria ... – *(L)*
Sanctum Germanum de Pratis ubi recepti sunt». Manque la table de l'*exordium*.

– Papier. 474 fol. à longues lignes. 280 × 195 mm. Cahiers : 37 sénions sauf 2 quinions (les premiers fol. non numérotés et blancs ; fol. 381-390v) et 4 septénions (fol.137-150v ; 235-248v ; 249-262v ; 391-404v). Tous portent une réclame. Fol. 365 déchiré. Foliotation initiale en rouge et en chiffres romains. Le texte est organisé en paragraphes séparés par des *bouts-de-ligne* et est rubriqué. Fol. 1-468v : une seule main. Les fol. 468v-474 sont complétés par une main du XVIIe siècle. Reliure veau moderne.

– Pourrait avoir été copié au sein de l'abbaye de Sainte-Geneviève et y être constamment demeuré. C'est le dernier représentant de l'intégralité de l'œuvre, qui ne sera plus copiée ensuite que partiellement.

– J. Lelong, *Bibliothèque historique de la France*, Paris, 1768, II, p. 166, n°16985 ; C. Kohler, *Catalogue des manuscrits de la Bibliothèque Sainte-Geneviève*, I, Paris, 1893, p. 269 ; E. Baluze, *op. cit.*, p. 552-553 ; Ch. Samaran, *art. cit.*, p. 31.

Le manuscrit de Saint-Magloire

A ces manuscrits médiévaux actuellement conservés, il faut encore ajouter un manuscrit aujourd'hui disparu mais dont l'existence est attestée au début du XVe dans la bibliothèque des bénédictins de Saint-Magloire.

On en trouve la trace dans les archives du procès du chef de saint Denis rassemblées et présentées dans un article publié en 1885 par Henri-François Delaborde[33]. Lors de ce procès qui opposa devant le Parlement les chanoines de Notre-Dame de Paris aux moines de l'abbaye, chacune des parties rédigea un mémoire et réunit des pièces afin de prouver pour les premiers qu'ils possédaient bien le chef authentique de saint Denis, pour les seconds que les chanoines étaient des faussaires et que leur abbaye avait la garde de l'intégralité du saint corps. Or, dans le dossier constitué par le chapitre cathédral figuraient deux chroniques. L'une d'entre elles est désignée comme étant le *Memoriale historiarum* :

> «... si comme il appert par une noble et ancienne cronique, laquelle est de la librairie de Saint-Victor, nommée Memoriale historiarum et se commence : Labilis est hominum memoria, en laquelle est contenue la clause qui s'ensuit : Hoc anno in ecclesia Sancti Stephani ...»[34].

Ce signalement correspond bien au texte de Jean de Saint-Victor, consulté qui plus est dans la bibliothèque de l'abbaye. Henri-François Delaborde suggère que cet exemplaire avait de fortes similitudes avec le manuscrit *E*[35].

---

[33] H.-Fr. DELABORDE, *Le procès du chef de Saint-Denis en 1410*, in : *MSHPIF*, 11 (1884), p. 297-409.

[34] H.-Fr. DELABORDE, *art. cit.*, pièces justificatives, extraits du mémoire de Notre-Dame (Arch. nat., LL 1326), p. 372.

[35] H.-Fr. DELABORDE, *art. cit.*, p. 335-336.

Les chanoines produisirent une seconde chronique, provenant de la bibliothèque de Saint-Magloire, ayant pour incipit : *Ordita quasi tela narrationis nostre* ... et, ajoute Henri-François Delaborde, «présentant le récit de la découverte des reliques de Saint-Etienne de Grès en des termes assez semblables à ceux du *Memorial*»[36]. Et pour cause! Car, il est clair que cette seconde chronique, n'était ni plus ni moins qu'un autre exemplaire de l'œuvre du victorin. En effet, l'incipit cité correspond exactement aux premiers mots qui ouvrent la chronique, à la suite du *Tractatus de divisione regnorum* : *Ordita quasi iam tela narracionis nostre* ... La lecture du petit extrait que le mémoire des chanoines cite à la suite de cet incipit confirme que l'on a bien affaire au même texte, – et non pas seulement à des incipit similaires – :

Jocundum est nempe cuilibet sapienti nosce (sic) historias quarum sola superficialis cognicio solet ab humanis mentibus nebulas erroris abigere[37].

En effet, ce passage est présent dans tous les manuscrits du *Memoriale historiarum*. C'est la différence d'incipit qui a trompé Henri-François Delaborde mais elle s'explique par l'absence, notée par les moines de Saint-Denis, du premier cahier du manuscrit[38].

Les bénédictins de Saint-Magloire étaient donc au début du XVe siècle en possession d'un exemplaire du *Memoriale*. Exemplaire en fort mauvais état à l'époque, qui disparut peut-être même avant le pillage dont la bibliothèque fut l'objet en 1564 et en 1572[39].

2. Les manuscrits des XVIIe et XVIIIe siècles

a) *Paris, Bibliothèque Sainte-Geneviève, 785 (R 37, J i 14)*

– XVIIe siècle.

– Copies de chroniques et de pièces concernant l'histoire de France de 1270 à 1328.

fol. 21-147 MEMORIALE HISTORIARUM. «Philippus novus rex et optimates (M) christiani exercitus ... – perpeti sine causa». Ce fragment de la chronique couvre les années 1270-1322.

– Papier. 428 fol. à longues lignes. 318 × 200 mm.

– Copié à Sainte-Geneviève. Ex-libris : *Bibliotheca Sanctae Genovefae Parisiensis*, 1753. La compilation de ces chroniques était destinée à servir à la continuation des cinq volumes des *Historiae Francorum Scriptores* d'André Du Chesne.

– C. Kohler, *op. cit.*, I, Paris 1893, p. 374 ; Ch. Samaran, *art. cit.*, p. 31.

---

[36] H.-Fr. DELABORDE, *art. cit.*, p. 335.
[37] H.-Fr. DELABORDE, *art. cit.*, pièces justificatives, extraits du mémoire de Notre-Dame (Arch. nat., LL 1326), p. 373.
[38] H.-Fr. DELABORDE, *art. cit.*, p. 335.
[39] *Chartes et documents de l'abbaye de Saint-Magloire*, A. TERROINE et L. FOSSIER (Ed.), Paris, CNRS, 1976, III, p. XLIV.

b) Paris, Bibliothèque nationale de France, latin 14359
   (Saint-Victor, n° 1112)[40]
– xviie siècle.
– fol. 2-19v : extrait de la CHRONICA ABBREVIATA rédigée au xiie siècle par un chanoine victorin (BnF, lat. 15009) ;
   fol. 20-44 : EXCIDIUM URBIS ACONIS ;
   fol. 44-180 : CHRONICON TERRE SANCTE SEU LIBELLUS DE EXPUGNATIONE TERRE SANCTE PER SALADINUM 1186-1188, copié d'après le manuscrit BnF, lat. 15076 ;
   fol. 180-416v : MEMORIALE HISTORIARUM. «Godefridus rex vel princeps (*N*) obiit in Jerusalem ... – perpeti sine causa. Le texte couvre les années 1101-1322»
Fol. 411, note du xviie siècle dans la marge supérieure du folio : *Ludovicus X hutinus ex Memoriali historiarum Joannis Bouyn de Sancto Victore, ms in Bibliotheca San victorina* ;
   fol. 417-495 : inventaire original du mobilier de Catherine de Médicis à Paris en 1589[41].
– Papier. 496 folios à longues lignes. 340 × 210 mm. Reliure basane.
– A appartenu à Saint-Victor. Copié par ou à la demande de Jean de Thoulouze ? Plusieurs notes (fol. 204, 207 ...) renvoient à un appendice rassemblant des documents concernant le temporel de Saint-Victor (BnF, lat. 15063 (*R*) ?) et permettent de suggérer que cette copie était destinée à l'élaboration de l'histoire de Saint-Victor à laquelle travaillait Jean de Thoulouze.
– F. Bonnard, *op. cit.*, I, p. 352, n. 2 ; J. Châtillon, *art. cit.* (1948), p. 365 ; Ch. Samaran, *art. cit.*, p. 31.

c) Paris, Bibliothèque nationale de France, latin 15012
   (Saint-Victor 1013, 1732)
– xviie siècle.
– p. 1-80v : MEMORIALE HISTORIARUM. «Labilis est hominum memoria ... – (*P¹*) trans Tiberim oleum terra erupit». Le récit s'arrête à la naissance d'Ovide.
   p. 1-887 MEMORIALE HISTORIARUM. «*Ex memoriali historiarum Johannis canonici regularis S. Victoris Parisiensis anno 987. Ludovico rege Francorum mortuo ... – perpeti sine causa.*»
– Papier. 967 p. à longues lignes. 240 × 170 mm. Reliure demi-chagrin sur le dos de laquelle on lit : *Joannes a Sancto Victore*. Ce manuscrit est composé de deux éléments correspondant à deux mains différentes et à deux systèmes de pagination : fol. 1-80 et 1- 887. Fol. 384-390 inversés lors de la reliure.
– Saint-Victor. Le copiste de BnF, lat. 15012 a utilisé deux manuscrits victorins, *E* qu'il note **a** et *C* qu'il note **b**.

---

[40] Et non 1013 comme l'écrit Charles Samaran dans la notice qu'il consacre à ce manuscrit dans son *art. cit.*, p. 31.
[41] L. DELISLE, *Cab. des mss*, I, p. 207-212.

– J.-D. Guigniaut et N. de Wailly, in : *RHF*, XXI, p. 630 ; J. Châtillon, *art. cit.* (1948), p. 365.

d) Paris, Bibliothèque nationale de France, latin 15013 (1352)

– XVIIe siècle.
– MEMORIALE HISTORIARUM, p. 2 : *ex Memoriali historiarum Joannis canonici* (P') *regularis S. Victoris Paris. anno 987 ad an. 1322.* «Ludovico rege Francorum mortuo ... – perpeti sine causa».
– Papier. 527 p. à longues lignes. 230 × 160 mm. Reliure basane du XVIIe ou XVIIIe siècle, au dos de laquelle on lit : *Annot. in Historia Francor.* Une seule main qui correspond exactement à celle qui a copié le premier élément de *P*.
– Saint-Victor. La note de la p. 2 : – *vide ms 818* (anc. cote de *C*) *fol. 326* et sans doute un renvoi du bibliothécaire pour identifier l'œuvre. Mais ce manuscrit connaît aussi *E* car dans la marge de la p. 526, il donne la glose sur la mort de Philippe V, telle qu'on peut la lire dans ce manuscrit (cf. infra la discussion stemmatique).
– J. Châtillon, *art. cit.* (1948), p. 365 ; *La vie universitaire parisienne au XIIIe siècle* <catalogue de l'exposition>, Chapelle de la Sorbonne, 1974, p. 68, n°94.

e) Paris, Bibliothèque nationale de France, Baluze 45, fol. 145-148 (Baluze, Arm. II, Paq. 2, n° 2)

– XVIIe siècle.
– fol. 145-184v : MEMORIALE HISTORIARUM, *Ex chronico quod dicitur Memoriale* (Q) *historiarum*. Trois extraits :
   fol. 145-148 : «Ludovicus rex dictus transmarina obiit ... – ducatum Burgundie Roberto filio primogenito tradidit». Ce premier extrait relate les circonstances de l'avènement de Hugues Capet ;
   fol. 148v : «Lotharingiam a Lothario imperatore ... – Hasbaniam et Ardennam». Il s'agit du paragraphe consacré à la Lotharingie dans le *Tractatus de divisione regnorum* ;
   fol. 149-184v : «Circa hoc tempus Comes Fuxi ... – perpeti sine causa». Ce troisième extrait correspond aux années 1272-1322 de la chronique.
– Papier. 405 feuillets de tailles variables (dont plusieurs sont blancs) à longues lignes. 372 × 240 mm. Plusieurs mains.
– Etienne Baluze, qui dit avoir copié cet extrait du *Memoriale* d'après trois manuscrits (fol. 145), l'un appartenant à la bibliothèque royale (sans précision), les deux autres à celle d'Alexandre Petau (*D* et *J*). Fol. 148 : Baluze recopie la note du fol. 9 de *D*.
   fol. 184v : Baluze note que le premier des deux manuscrits ayant appartenu à Petau, lui avait été donné par Nicolas Le Fèvre (cf. *D*, fol. 9). Il recopie la note de Guillaume le Breton figurant au verso du dernier folio de *J*. Cette remarque de Baluze confirme donc que *J* a, lui aussi, appartenu à Petau.
– P. Gautier Dalché, *art. cit.*, p. 168.

f) Paris, Bibliothèque nationale de France, latin 15063 (1264)

– XVIe-XVIIe siècles.
– fol. 1, titre : *De ecclesia Sancti Victoris* ;

fol. 1v : *ex tabula patrum ordinis regularis* ;

fol. 5 : *Viri insignes Ecclesiae Parisiensis*. Dans cette liste, la notice consacrée à la mort de Pierre de Mornay en 1306 est visiblement tirée du *Memoriale*, (cf. *RHF*, XXI, p. 646) ;

fol. 6-26v : Extraits du Liber Ordinis et différents textes ayant trait à la réforme de Saint-Victor ;

fol. 59 : prières ;

fol. 147 : *De origine et abbatibus S. Victoris Parisiensis* ;

fol. 181-187 : MEMORIALE HISTORIARUM. *Excerpta ex chronico manuscripto* (R) *Johannis de Parisius canonici quod inscribitur Memoriale Historiarum in Biblioteca Maiori BBB 1.* Tous ces extraits concernent l'histoire de Saint-Victor entre 1112 (date de l'érection de la communauté en abbaye) et 1292.

– Papier. 194 fol. + 1 à longues lignes, les fol. 192-193 sont vierges. 135 × 195 mm. Plusieurs mains.

– La reliure porte les armes de Saint-Victor. Signature de Jean de Thoulouze au fol. 187.

– *Liber Ordinis Sancti Victoris Parisiensis*, éd. L. Jocqué et L. Milis, (*CCCM*, 61) Turnhout, 1994, p. LII ; P. Gautier Dalché, *art. cit.*, p. 168.

g) *Paris, Bibliothèque nationale de France, latin 17556 (Blancs-manteaux 21A)*

– XVIIIᵉ siècle.

– fol. 1A : *Excerpta ex diversis chronicis, scilicet ex historiis Ioannis a Sancto Victore, Francisci Tarrafae, Gerardi de Fracheto, Richardi Cluniacensis, Petri Cyranei, Matthei Palmerii ...*

fol. 1-250v : MEMORIALE HISTORIARUM. «Anno 1098 coepit religio Cister- (S) ciensi ... – perpeti sine causa» ;

fol. 251-282v : continuation latine du *Memoriale historiarum*.

– Copie de dom Martène d'après *I*. A appartenu comme celui-ci aux Blancs-Manteaux.

– P. Gautier Dalché, *art. cit.*, p. 168.

3. Etablissement du *stemma codicum*

L'évocation des variantes se fait à partir de l'édition dactylographiée de la thèse. Le lecteur est donc prié de s'y reporter. Ce stemma ne prend en compte que les manuscrits médiévaux ayant le prologue et le *Tractatus de divisione regnorum*. Les manuscrits des XVIIᵉ et XVIIIᵉ siècles ont été volontairement laissés de côté.

a) *A est l'unique témoin d'une version antérieure à C*

Ce manuscrit présente tout d'abord des variantes textuelles importantes : un prologue et un traité de la division des royaumes plus courts que dans *C*. Une des lacunes pourrait être décisive pour la datation de cette famille. En effet, alors que dans le récit de la translation des reliques de Saint-Exupère en 863-864, *C* précise que des miracles se produisirent en 1317, 1318, 1319, on ne lit rien de tel dans *A* qui se contente de transmettre l'événement de la translation sans mentionner les miracles ultérieurs[42]. Il est donc tentant d'affirmer que le manuscrit Ars. 1117 est le représentant d'une famille du texte écrit avant 1317.

Par sa mise en page, *A* se distingue nettement des autres témoins : le texte est encadré par un système de datation externe très structuré par des colonnes de couleurs.

Par ailleurs, son corpus de sources ignore le *Speculum historiale* de Vincent de Beauvais. Cependant, parmi les corrections et les ajouts marginaux et interlinéaires dont ce manuscrit a fait l'objet, certains laissent supposer un recours au texte du dominicain, comme dans l'exemple donné ci-dessous. Les mots ou membres de phrase ajoutés en renvoi et signalés par des symboles dans *A* ont été indiqués en caractères gras, les mots rayés et corrigés en italique :

> AD 878 (fol. 248v) Karolus imperator secundo Romam profectus Bosoni fratri uxoris sue Richildis neptem suam, filiam *Lotharii* **Ludovici** *fratris* **fratruelis** sui uxorem dedit.

Voici à présent le passage correspondant dans *C* :

> *Karolus calvus secundo Romam profectus Bosoni fratri uxoris sue Richildis neptem suam, filiam Ludovici fratruelis sui secundum Vicentium uxorem dedit et data ei ... (fol. 303v)*

Il indique clairement quelle source est utilisée et que c'est bien cette source à laquelle le scribe avait déjà eu recours pour corriger *A*.

On pourrait certes imaginer que la version *A*, plus courte, est un résumé, un abrégé de la version *C*. Mais un faisceau d'arguments récuse cette hypothèse. Ainsi, si cette version est le «produit achevé», comment se fait-il qu'il ait été si peu diffusé et qu'il n'ait été repris dans aucun des manuscrits copiés par les victorins? Tout indique au contraire que ce témoin a bel et bien été oublié par la tradition victorine et que la circulation postérieure ne lui doit rien.

En effet, si l'on peut éventuellement justifier l'abandon de la première partie du texte (actuellement conservée dans *B*), comment comprendre en revanche que l'on ait renoncé à l'aide qu'apportait au lecteur la table alphabétique jointe au *Tractatus de divisione regnorum*? Par ailleurs, un abrègement ne nécessitait pas obligatoirement une réécriture du prologue, ce qu'entraînait a contrario la mise en chantier

---

[42] Ars. 1117, fol. 244v et BnF, lat. 15011, fol. 302v. Cf. *AASS Augusti*, I, p. 52-55.

d'un projet plus ambitieux. Enfin, comment envisager que l'abrège-ment ait consisté à faire disparaître du texte des sources aussi impor-tantes que le *Speculum historiale* – et aussi propres au projet du victo-rin par son caractère de synthèse –, pour ne laisser subsister que la compilation de la chronique de Sigebert de Gembloux? Il y aurait là un non-sens intellectuel.

b) C est l'ancêtre de tous les autres manuscrits

Il intègre largement les corrections interlinéaires de *A* et en des-cend directement comme le montre le tableau ci-dessous (les normes de présentation proposées plus haut pour les corrections de *A* ont été maintenues). Le texte corrigé de *A* a visiblement servi de base à celui de la seconde version; les quelques lacunes relevées dans le texte de celle-ci sont à mettre sur le compte d'un copiste négligent.

A (Ars. 1117)

a) AD 873 (fol. 246) Ad eum (Johan-nem papam) etiam scripsit Johannes Romane ecclesie dyaconus vitam beati Gregorii primi pape huius nomi-nis in IIIIor libellis laudabiliter editam. **Circa hoc tempus cum Normanni in Gallias pro voto suam sevitiam multis annis** exercuissent, Hastingus dolosus (...)

b) AD 908 (fol. 256v) Ipse Sergius papa autem postea ab eodem For-moso episcopus factus, ad Francos se contulit et eorum auxilio Christofo-rum invasorem pontificatus Romani capiens et in carcerem trudens, laten-ter Romam ingressus, papatum inva-sit et Romanos terroribus et minis compulit ordinationes Formosi **tam-quam irritas** habere et secundum quadam chronica quod dictum nephas est (...)

C (BnF, lat. 15011)

a) (fol. 302v) Ad eum etiam scripsit Johannes, ecclesie Romane dyaconus, vitam beati Gregorii primi pape hujus nominis in IIIIor libellis laudabiliter editam. Karolus iunior, filius Ludovici regi Germanie graviter in presentia patris sui et baronum vexatus, in ipsa vexatione confessus est hoc sibi acci-disse quia contra patrem suum conspi-rationem facere disponebat. (*Ce passage est reporté à l'année suivante dans Ars. 1117*) Circa hoc tempus Nor-manni in Gallias (pro voto] *om*) sevi-tiam suam cum multis annis exercuissent Hastingus dolosus (...)

b) (fol. 310) Ipse autem postea a For-mose episcopus factit, ad Francos se contulit et auxilio eorum Christofo-rum invasorem pontificatus Romani capiens et in carcerem trudens laten-ter Romani ingressus papatum invasit et Romanos terroribus et minis com-pulit ordinationes Formosi pape (tamquam] *om*) irritas habere et secundum quadam chronica quod dictum nephas est (...)

c) AD 940 (fol.263v) Post Johannem XI^m Leo VIIus CXXIX^us **papa** sedit III. **Contra Ottonem imperatorem rebellaverunt Eilerardus comes palatii et Gis**lebertus dux Lotharingie, sororius Ottonis de quo supra. Hungari per Aust*rictis* **(am) et Alemanniam multis urbibus et villis igne et bellico gladio destructis** Rheno Warmacie transito usque ad occeanum Gallias devastantes, tandem per Ytaliam redierunt.

c) (fol.314v) Post Johannem XIm Leo VIIus papa CXIX sedit annis III. Hungari per Austriam et Alemanniam multis urbibus et villis igne et (bellico] *om)* gladio destructis, Rheno Warmacie destransito usque ad occeanum Gallias devastantes, tandem per Ytaliam redierunt.

Par ailleurs, *C* présente bien des aspects d'un manuscrit d'auteur (voir la notice). Enfin, on ne rencontre que très peu de variantes individuelles de *C* et aucune n'est vraiment significative.

Ce manuscrit *C* a fait l'objet d'une correction en deux étapes, à propos de la mort de Philippe V (fol. 494v) : on a d'abord supprimé une portion de texte en découpant le feuillet qui la transcrivait ; puis, au moyen d'une pièce nouvelle de parchemin raboutée à la place du manque, le texte supprimé a été remplacé par un texte neuf. Cette intervention en deux étapes est d'abord intéressante pour l'histoire de l'ouvrage ; mais comme en outre, ces remaniements du texte ont aussi laissé des traces dans la tradition manuscrite, l'examen sur ce lieu variant sur l'ensemble des témoins conservés permet de les répartir aisément en familles, suivant l'état de *C* qu'ils reproduisent.

La plupart des manuscrits portent le texte initial[43], que nous baptiserons *C^1* : ce sont *E J G H L* et *F* ; d'autres reflètent la lacune matérielle et textuelle de *C* après une première intervention (*C^2*) : ce sont *D* et *K* ; un dernier manuscrit, enfin, donne le texte remanié (*C^3*)[44] : c'est *I*.

c) Les manuscrits *E J G H L F*

La première famille, qui est aussi la plus nombreuse, se ramifie en ensembles plus restreints. On observe d'abord un groupe fréquem-

---

[43] Édité par Joseph-Daniel Guigniaut et Natalis de Wailly dans *RHF*, XXI, p. 674-675 : «Hoc autem pendente negotio, fuit a pluribus formidatum ne propter hoc surgeret rebellio contra regem, unde tot mala evenirent quod vix per hominem aliquem sedarentur. Quare forte aliquibus fuit visum quod expediebat ut unus homo moreretur pro populo, et non tanta gens tanto periculo subjaceret. Aegrotante igitur rege, suspensum fuit dictae extorsionis negotium, sed non totaliter praetermissum. Aliorum autem erat opinio quod propter maledictiones populi formidantis ne sic notabiliter gravaretur, et mortem regis a Domino requirentis, cito de medio sit sublatus. Quid autem horum sit verius ignoratur ; sed est totum Dei judicio committendum».

ment attesté, composé des manuscrits *G H L* et *F* et que nous baptiserons α. Son existence est attestée par des variantes en très petit nombre, mais dont la seconde est à remarquer tout spécialement car elle combine trois changements différents :

663,23	tuenda] tenenda	*GHLF*
672,7-8	cessabit regnum Bulgarorum] cessavit regum Bulgarorum narracio	*GHLF*
672,17	sit] *om.*	*GHLF*

Le rameau α se subdivise ensuite en deux. D'un côté, *G* présente plusieurs leçons individuelles. Il ne peut donc avoir servi de modèle aux trois autres témoins :

623,19	In huius operis inicio primum] Videamus nunc specialius	*G*
624,22	Primum] In principio	*G*
626,22	secundum] autem	*G*
628,8	et principalia] *om.*	*G*
630,1	Pico] Fauno	*G*

D'autre part, *H L* et *F* comportent quarante leçons communes, dont voici les plus significatives :

624,25	sexaginta] quadraginta	*HLF*
628,8	principalia] principia	*HLF*
637,14	Macedonie] Macedoniorum	*HLF*
642,6	honoratos] oneratos	*HLF*
643,11	claruerunt] claruit	*HLF*
645,15	miserabili] admirabili	*HLF*
646,22	annis] *om.*	*HLF*
659,2	cepta] accepta	*HLF*
660,22	Cesare] cesus *add.*	*HLF*
664,22	regnum Britonum] regnum Britanie	*HLF*
665,9	Hic] *om.*	*HLF*
668,18	exeuntes] ubi *add.*	*HLF*
671,15	Lamissio] qui *add.*	*HLF*
674, 16	naturalis ferocitas] natura vel ferocitas	*HLF*
680,19	solvendi] reddendi	*HLF*
683,5	submerso] *om.*	*HLF*

[44] «Hoc autem pendente negotio, fuit a pluribus formidatum *ne insurgerent* contra regem unde tot mala evenirent quod vix per aliquem sedarentur. Quare aliquibus fuit visum quod expediebat ut unus pro *multis pateretur* et non tanta gens *periret sub* periculo. Igitur aegrotante rege fuit suspensum dicte *excommunicationis* negotium, sed non totaliter praetermissum.*Habuit autem hujus rei aliquam notitiam ipse rex sed ipsum de presenta vita hiis pendentibus rebus vocavit Altissimus*». (Les passages en italique correspondent dans cette citation aux corrections apportées au texte initial, cf. note précédente).

683,15	Galliam] Gallos	*HLF*
686,21	Gallice] *om.*	*HLF*
688,3	evadere] *om.*	*HLF*

De temps à autre, le trio se réduit à deux témoins seulement, tantôt *HL*, tantôt *HF*, tantôt *LF*, mais il s'agit toujours de variantes mineures ou qu'il était aisé de corriger par conjecture :

621,6	sapientes] sapiens	*HL*
629,20	DCCCCLIIII] annis *add.*	*HL*
631,14	adimendi] ad vivendi	*HL*
633,7	regis] VI *add.*	*HL*
638,2	subdit] subdidit	*HL*
639,23	fortissimo] formoso	*HF*
643,10	dictus] *om.*	*HF*
646,1	Babilonie] *om.*	*HF*
654,1	Aremulus] a Remulus	*HF*
664,1	librarum] *om.*	*HF*
623,2	aliquam] aliquod	*LF*
629,20	DCCCCLIIII] annis *add.*	*LF*
631,20	XXIII or] annos *add.*	*LF*
637,3	Macedonium] Macedoniorum	*LF*
645,10	in ultimos Gallie sinus] in ultimis Gallie finibus	*LF*

Rien n'oblige donc à supposer que *HL*, *HF* ou *LF* aient eu un ancêtre commun. D'autre part, chacun des trois témoins compte au moins quelques leçons individuelles, qui excluent que le modèle du groupe *HLF* se trouve parmi eux.

622,10	enim] autem	*H*
624,3	auctorum] auctores	*H*
625,8	est] *om.*	*H*
635,11	eruditissimus] carissimus	*H*
637	eam] *om.*	*H*
621,9	vive] vince	*L*
621,10	veterum] virorum	*L*
621,22	rerum] terrarum	*L*
621,22-23	nam ne oblivione... indices rerum] *om.*	*L*
623,29	presens] prius	*L*
621,7	quilibet] novit seu *add.*	*F*
621,8	subrepit] sumpsit	*F*
627,8	principari] dominari	*F*

638,25	quedam vox dixit] *om.*	*F*
643,14	honore] ordine	*F*

Pour toutes ces raisons, on représentera ainsi le rameau α :

Les autres témoins de la première famille, *E* et *J*, paraissent se rattacher directement à *C*. Dans l'ensemble, leur texte est sensible-ment celui de l'archétype, hormis quelques leçons individuelles qui excluent qu'ils aient servi de modèle à l'un des témoins conservés :

621,12	dereliquerunt] deliquerunt	*E*
621,15	Siquidem] *om.*	*E*
621,21	De litteris] *om.*	*E*
622,10	enim] *om.*	*E*
622,11	operis] *om.*	*E*
674,23	A Vienne usque] usque Vienne	*J*
680,13	palludes] *om.*	*J*
683,19	dux] *om.*	*J*
686,14	imperatore] *om.*	*J*
688,17	Cyri] *om.*	*J*

On remarquera pourtant que *J* porte quelques traces de contami-nation. En plusieurs endroits, son texte reproduit celui de la famille α :

631,22	Latinorum] *om.*	*GHLF + JK*
632,9-10	post] primo	*GHLF + J*

plus précisément du manuscrit *H*, semble-t-il :

625,6	pandetur] pendetur	*HJ*
657,18	Nisibim] in sibi	*HJ*
667,11	Etheldreda] Etheldedra	*HJ*
680,3	igitur] ergo	*HJ*

d) Les manuscrits D et K

On a vu plus haut que les témoins *D* et *K* descendent de *C* dans son second état, c'est-à-dire après qu'un de ses feuillets ait été mutilé et avant que cette lacune ait été comblée. Cette ascendance commune est d'ailleurs confirmée par vingt-quatre variantes communes, dont on donne ici un choix :

622,3	a diversis auctoribus in diversis temporibus de] in	*DK*
	diversis partibus et temporibus et	
623,8	reperitur] recipitur	*DK*
625,17	Medie] meder	*DK*
626,22	multi] *om.*	*DK*
631,3	Hii duo] scilicet romulus et remus *add.*	*DK*
631,11	referuntur] feruntur	*DK*
632,11	aliis X] mensibus *add.*	*DK*
632,18	Eusebium] Cesariensem *add.*	*DK*
632,21	Iani] *om.*	*DK*
664,19	Wideni] videns	*DK*

D'autre part, *D* a probablement servi de modèle à *K*, car alors que ce dernier compte un bon nombre de leçons individuelles :

621,11-12	recordatione... laude] *om.*	*K*
622,3	utilitatis] *om.*	*K*
629,17	Post] primus	*K*
630,12	Romulus] primus *add.*	*K*
634,5	Medorum] Iudeorum	*K*

en sens inverse le manuscrit en paraît dépourvu, ce qui ne serait pas si *D* et *K* dépendaient également d'un ancêtre commun.

D'autre part, *K* subit de temps à autre l'influence du rameau α, d'où les variantes communes suivantes :

631,22	Latinorum] *om.*	*GHLF + K𝔧*
638,23	sed] *om.*	*GHLF + K*
648,15	regem] regum	*GHLF + K*

Il faut donc probablement conclure à une contamination de *K* par ce rameau α, en sorte que la généalogie des témoins *D* et *K* doit être représentée ainsi :

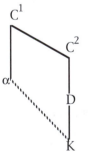

e) Le manuscrit I

On a vu plus haut que le manuscrit *I* se rapproche de C^3 dont il porte la variante caractéristique, c'est-à-dire la glose sur la mort de Philippe V, ajoutée pour combler la lacune évoquée plus haut. Il semblerait donc que *I* ait été copié sur C^3. Cependant, la main qui a copié *I* est identique à celle qui a ajouté cette glose sur l'état C^2 du *Memoriale historiarum*. Il est donc probable que le copiste de *I* est l'auteur de l'ajout. Par conséquent, ce n'est pas *I* qui dépend de C^3, mais l'inverse, du moins pour cette variante unique. On concluera que le manuscrit *I* a été copié sur C^2 qu'il a remanié pour aboutir à l'état C^3.

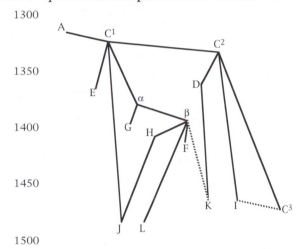

Au terme de cette étude codicologique, il convient de souligner le rôle-clef de quatre témoins, tous copiés avant le XVIᵉ siècle. *A* révèle une première version de l'œuvre de Jean de Saint-Victor. *B* et *C* constituent la meilleure image que nous ayons pu conserver de la composition générale du *Memoriale historiarum* comme chronique universelle ; cette composition est d'ailleurs confirmée par *G*. Enfin, *H* inaugure un tournant dans la diffusion de l'œuvre grâce à sa table des matières destinée à aider le lecteur.

B – LA GENÈSE DE L'ŒUVRE

1. Spécificités et date de la première version

a) Une édition soignée

L'étude codicologique et l'établissement du *stemma* ont montré qu'il existait une première version du *Memoriale historiarum*. Il est difficile de dire quel était son état d'achèvement en raison de la lacune matérielle qui interrompt brutalement le texte à la fin du 36ᵉ cahier (fol. 287v). Deux questions se posent : ce manuscrit n'est-il qu'un brouillon abandonné ? peut-on affirmer qu'à l'origine le manuscrit était complet, c'est-à-dire menant le récit jusqu'aux temps contemporains de l'auteur ?

Un certain nombre d'indices plaide en faveur d'une version destinée à l'édition, ainsi la présence de lettres ornées qui marquent l'ouverture du prologue puis le début de la chronique, mais surtout la mise en page qui frappe le lecteur au premier regard et qu'on ne retrouve dans aucun autre des manuscrits, ce qui aurait dû suffire à attirer l'attention sur ce témoin. Le texte est strictement encadré par un système de datation externe présenté en colonnes. Les grands principes de ce système sont constants : à gauche, les lignes consacrées à l'année de l'Incarnation et des règnes pontificaux, à droite, celles des empereurs puis des différents royaumes. Cet élément de présentation, ajouté à la lecture du prologue et du *Tractatus de divisione regnorum*, inclus ici dans la narration[45], indique combien Jean entendait inscrire son travail dans la ligne de la chronique de Hugues de Saint-Victor et du *Liber Exceptionum* de Richard. Enfin, le récit chronologique avait pour point de départ l'avènement de Jules César, le *Tractatus de divisione regnorum* servant à la mise en place du contexte. Par ailleurs, aucun indice, ni dans le texte ni dans les notes marginales, ne laisse supposer l'existence d'une histoire antérieure à Jules César, ni celle d'une *descriptio orbis terrarum*. Ce premier *Memoriale* était plus sûrement une simple chronique qu'une histoire universelle.

Un examen plus précis de la présentation du système de datation externe et des relations qu'elle entretient avec la mise en page du texte suggère une collaboration étroite entre le copiste et le rubricateur : tout au long des dix premiers cahiers (fol. 1-80v), le système de datation est tracé par de simples lignes noires qui encadrent le texte central ; puis, sur les trois cahiers suivants (XI, XII, XIII), des lignes rouges apparaissent en alternance avec les lignes noires qui leur cèdent définitivement la place à partir du cahier XIV ; au cahier XVII (fol. 129-136v), le texte déborde, d'abord timidement puis de plus en plus sur les lignes de justification qui l'encadrent sur la partie droite ; jusqu'au cahier XXII (fol. 168-175v), le rubricateur n'en

---

[45] Ars. 1117, fol. 2 : «Incipit narracio. Post diluvium iam multiplicatis hominibus in mundo, quatuor excellentia regna exorta sunt ...».

tient pas compte et trace toutes les lignes prévues ; en revanche, les cinq cahiers suivants (XXIII-XXVIII) voient le rubricateur adapter son intervention d'une part à la place laissée par le texte et d'autre part à la stricte nécessité (les seuls avènements royaux ou pontificaux). A partir du cahier XXIX (fol. 224-231v) et jusqu'au dernier cahier conservé (XXXVI), on constate des modifications qui toutes mettent en évidence l'aspect moins soigné de cette dernière partie du manuscrit : encre plus pâle, parchemin de moins bonne qualité, texte ramené dans sa mise en page à une colonne centrale étroite, système de datation externe tracé grossièrement par le copiste et non plus rubriqué[46].

L'examen de la mise en page suggère plusieurs remarques. Le travail du rubricateur est incontestable sur au moins vingt-neuf des trente-six cahiers conservés. Ce travail s'effectue non sur un manuscrit dont la copie est achevée mais au fur et à mesure des livraisons du copiste, par série de trois ou cinq cahiers. On peut donc supposer que le copiste lui-même travaille au fur et à mesure, ce qui lui permet de modifier les instructions données au rubricateur de manière à obtenir la meilleure mise en valeur possible de son texte. Ces éléments, auxquels on pourrait encore ajouter les corrections apportées au texte, témoignent que *A* n'est pas le témoin d'un brouillon, d'une ébauche mais une édition destinée à un public auquel son auteur la présente par un prologue mûrement élaboré. Reste à savoir jusqu'où cette édition conduisait le récit. La lacune matérielle n'indique aucunement que l'auteur ait abandonné son projet en cours de réalisation. La présentation moins soignée des septs derniers cahiers pourrait s'expliquer par le fait qu'ils n'aient pas été livrés au rubricateur. En revanche, la mauvaise qualité du parchemin et l'écriture plus négligée du scribe suggèrent un certain désintérêt de sa part, abandon progressif de ce premier projet au profit d'un second qui tire tout le parti possible de la première expérience. Alors, le récit ne devait guère aller au-delà des premières années du xie siècle, puisque l'année 1008 est la dernière à être prise en considération à la fin du cahier XXXVI.

b) Peut-on dater cette première version ?

Si l'on s'en tient à ce qui a été dit dans la notice du manuscrit *A* à propos du miracle de saint Exupère, ce premier *Memoriale* aurait été achevé avant 1317, date à laquelle eut lieu la translation des reliques du saint qui inaugura une nouvelle série de miracles. C'est un *terminus ante quem*. La question du *terminus a quo* est plus délicate car,

---

[46] Pour l'illustration de ce paragraphe, voir les fig. 1, 2, 4 et 5.

en l'absence de tout indice dans cette première version, il faut recourir à ce que nous apprend la seconde version et à partir de là échafauder des hypothèses. En effet, la lecture des toutes premières années du XIVe siècle dans la seconde version témoigne que l'auteur prend alors des notes au jour le jour sur les événements dont il estime qu'il faut se souvenir. Il prépare visiblement la partie la plus contemporaine de son travail mais parallèlement il met vraisemblablement en œuvre le reste de la chronique, du moins dans sa seconde version. Par ailleurs, contrairement à la première version, la version longue du *Tractatus de divisione regnorum* indique l'année en cours des souverains régnants, éléments chronologiques tous compris entre 1307 et 1309[47]. On pourrait imaginer que ces travaux préparatoires et ces indications chronologiques ne concernent que la seconde version dont le prologue annonce clairement la volonté de mener le récit jusqu'aux *tempora nostra*. Le *terminus ante quem* de la première version serait alors au plus tard 1304 sans qu'il soit davantage possible de déterminer un *terminus a quo* ni de lever l'ambiguïté de l'expression *moderna tempora* posée comme terme du récit dans le premier prologue. Dans la seconde hypothèse, 1304 marquerait le lancement du projet historiographique et deviendrait de ce fait le *terminus a quo* de la première version. Entre 1304 et 1308, Jean de Saint-Victor travaille au premier *Memoriale* tout en prenant des notes sur ce qui se passe sous ses yeux, rassemblant un matériel de souvenirs qui a pu ou non trouver sa place dans la suite perdue de la première version. Vers 1308, il abandonne un texte, dont nous ignorons donc l'état d'achèvement, et en met en chantier un second, dont la première étape aurait été la révision du *Tractatus de divisione regnorum* dans lequel il donne effectivement les dates les plus «hautes» (1307-1309) de la composition de ce second *Memoriale*. L'état du manuscrit BnF, lat. 15011 offre peut-être un indice supplémentaire en faveur de cette seconde hypothèse. En efffet, dans *C* plusieurs mains se relayent pour copier la partie antérieure à 1308, alors que la fin du manuscrit est écrite par une main unique, lui donnant un caractère d'homogénéité.

---

[47] En effet, comme l'avait déjà relevé M. SCHMIDT-CHAZAN, *L'idée d'Empire dans le Memoriale historiarum de Jean de Saint-Victor,* in : J.-Ph. GENET (Ed.), *L'historiographie médiévale en Europe*. Actes du colloque organisé par la Fondation européenne pour la Science au Centre de Recherches historiques et juridiques de l'Université de Paris I du 29 mars au 1er avril 1989, Paris, 1991, p. 301-319, ici p. 302 et n. 6, tous les repères chronologiques du traité appartiennent à cette fourchette.

2. Un second projet ambitieux mais inachevé

Reprenons à présent l'examen des manuscrits *B* et *C*, désignés par la tradition victorine comme les plus anciens témoins de la version diffusée du *Memoriale*. Une lecture attentive permet d'apporter quelques éclairages sur la structure interne de l'œuvre.

a) Chronique d'un plan annoncé

Alors que la première version du *Memoriale* se présente comme un texte d'un seul tenant, à l'intérieur duquel il est impossible de relever la moindre trace d'un découpage voulu par l'auteur, un certain nombre d'indices textuels permettent d'affirmer que la seconde version répondait, au moins dans son projet, à un plan très élaboré. Ces indices apparaissent essentiellement dans le manuscrit BnF, lat. 15010 et plus particulièrement dans la partie consacrée à la *descriptio orbis terrarum*.

Le premier d'entre eux se lit en haut du fol. 2, sous la forme d'une rubrique qui reprend scrupuleusement l'inscription préparée dans la marge par l'auteur ou son copiste : *Incipit Memoriale historiarum prima pars et prime partis liber primus et libri primi capitulum primum «de creatione celi et terre et angelorum»*. Le plan est donc annoncé en tête de l'ouvrage et il sera structuré en parties, livres et chapitres. Tout paraît très clair. Avançant dans l'œuvre, le lecteur rencontre de nouvelles références au plan. Ainsi, au cours de sa description de l'Inde, Jean fait trois allusions à l'histoire de cette région[48] : à propos de Pôros, roi indien que vainquit Alexandre, dont il reparlera, dit-il, *infra eadem parte libro III° suo loco*; le prêtre Jean dont il évoquera la lettre à l'empereur de Constantinople *infra III ͣ parte et III° libro* ; comment ce royaume opulent tomba entre les mains des Tartares sera rapporté *ibidem scilicet III° tercie partis libro*. Dans le cours du chapitre 40, consacré à la Mésopotamie, il décrit la ville d'Edesse dont Abgar fut roi. Il placera ce personnage, dont, dit-il, Eusèbe a beaucoup parlé, *infra parte II ͣ libro I°*, où le lecteur trouvera également le récit de la translation de saint Thomas apôtre, au temps d'Alexandre Mamme[49]. Un peu plus loin, abordant Antioche en Syrie[50], il se réfère à un passage de la chronique de Guillaume de Malmesbury : *tempore Godefredi de Bouillon de quo infra III ͣ parte libro II°*. Au chapitre 54, intitulé *De Egypto et partibus eius*, il mentionne Thèbes et rappelle que Maurice et ses compagnons y subirent le martyre,

---

[48] BnF, lat. 15010, fol. 37.
[49] BnF, lat. 15010, fol. 40.
[50] BnF, lat. 15010, fol. 43.

épisode sur lequel il reviendra *infra in I^a parte consequenti III° libro*[51] ;
lors de son énumération des peuples de Germanie, il renvoie à
l'année 1041 et à la conquête qu'en fit l'empereur Henri III, ajoutant
sed de hoc infra parte III^a… secundum exigentiam processus tangetur[52] ;
présentant Reims, il rappelle rapidement sa vocation à être la ville du
sacre, ce dont il reparlera *infra II^a parte libro II*[53] ; il sera question de
la *translatio studii* à Paris *infra in III^a parte tempore Karoli magni*[54], du
début du royaume des Bretons *II^a parte*[55] et de Carthage que l'on
appelle maintenant Tunis *infra parte III^a tempore sancti regis Francie
Ludovici*[56]. On peut d'abord conclure de cet examen que le plan projeté s'articulait bien en parties, livres et chapitres. On constate
ensuite que tous les renvois se réfèrent à une première partie (deux
renvois), à une seconde partie (trois renvois) et à une troisième partie
(six renvois). Il semble donc que le projet ait été, du moins au départ,
d'une structure en trois parties.

Il faut à présent essayer de reconstituer le plan du *Memoriale* en
croisant cette dizaine d'indices textuels laissés par l'auteur dans le
cours de sa première partie avec les éléments des manuscrits qui ont
été conservés.

Si l'on croit les mentions relevées ci-dessus, la première partie
serait donc composée d'au moins trois livres. Le premier est parfaitement identifié dans les fol. 1-162v du manuscrit BnF, lat. 15010. Ses
incipit et explicit apparaissent en toutes lettres[57]. Il comprend les
débuts de la chronique universelle qui s'étendent de la création du
monde à la naissance de Moïse. La matière en est répartie en cent
soixante-dix chapitres. Le second livre a sans doute existé, il est
annoncé, on en connaît même le premier mot, *expedito*[58]. Le cahier
sur lequel il était rédigé faisait normalement suite au fol.162v et il a
été vraisemblablement égaré. Il commençait visiblement à la naissance de Moïse, annoncée à l'extrême fin du livre précédent, et couvrait toute la vie du prophète dans un récit très largement emprunté

---

[51] BnF, lat. 15010, fol. 55.

[52] BnF, lat. 15010, fol. 68v.

[53] BnF, lat. 15010, fol. 90.

[54] BnF, lat. 15010, fol. 95v.

[55] BnF, lat. 15010, fol. 98.

[56] BnF, lat. 15010, fol. 110v.

[57] BnF, lat. 15010, fol. 2 : «Incipit Memoriale historiarum prima pars et prime partis liber primus et libri primi capitulum primum …» ; fol. 162v : «… illo igitur tempore
natus est Moyses, ubi finis est primi libri huius prime partis».

[58] BnF, lat. 15010, fol. 162v, dans le texte : «Incipit liber secundus» ; dans la marge
inférieure, une signature de cahier : «Expedito».

au *Speculum* de Vincent dont une copie des livres II à V (jusqu'au chapitre 30) a été reliée à sa place, à la suite du premier livre. Du moins faut-il lui supposer ce contenu car l'auteur ne fait aucune allusion à ce second livre. Quant au troisième livre de cette première partie, les indices donnés par l'auteur suggèrent qu'il intégrait aussi bien l'histoire d'Alexandre le Grand que celle de saint Maurice et de ses compagnons. Cette dernière référence n'est pas sans poser une difficulté car la date de la passion de ce martyr est aux environs de 302, ce qui laisse à penser que ce troisième livre empiétait curieusement sur la césure, pourtant bien repérée (et annoncée) dans la chronique, de l'avènement de Jules César ... En revanche, on peut penser que nous conservons une trace de ce troisième livre dans les quelques feuillets non numérotés et placés en tête du manuscrit BnF, lat. 15011. L'incipit : *Moyses cum centum viginti annorum esset* ... indiquerait qu'il s'ouvrait sur la mort de Moïse et poursuivait le récit au moins jusqu'à Jules César.

De la seconde partie nous ne savons pas grand chose si ce n'est qu'elle était composée d'au moins deux livres. Sans référence aucune au premier livre, il est impossible de dire quel en était le contenu. Dans le second, on devait rencontrer à la fois Abgar, toparque d'Edesse (92-216), Alexandre Mamme, la fondation du royaume des Bretons en 385 et Saint Rémi. On constatera que là encore les deux dernières mentions transcendent la coupure constituée par Jules César ... La notion de «royaume» pourrait être un point commun entre ces quatre renvois à la seconde partie. Il faut alors s'interroger sur les éventuelles relations entre cette seconde partie et le passage du *Memoriale* que l'on a coutume d'appeler le *Tractatus de origine et divisione regnorum*. Une correspondance entre les deux permettrait de contourner la difficulté chronologique, puisque l'on sait que dans ce *Tractatus* Jean passe en revue tous les royaumes en donnant, chaque fois qu'il le peut, l'origine, la fin et la liste de ses principaux rois. Mais des quatre exemples cités ci-dessus, seul le royaume des Bretons trouve effectivement une référence dans le *Tractatus*[59]. De plus, ce *Tractatus* n'est jamais désigné comme étant la seconde partie du *Memoriale* alors qu'il est bien considéré par l'auteur, et ce dès la première partie, comme un bloc textuel autonome auquel il renvoie également son lecteur, indépendamment de toute référence à une partie

---

[59] BnF, lat. 15011, fol. 24.

ou un livre particulier[60]. Il semble bien qu'il faille finalement distinguer le *Tractatus de divisione regnorum* de la seconde partie annoncée du *Memoriale historiarum*.

La troisième partie est la plus facile à cerner. En effet, toutes les allusions relevées ci-dessus renvoient indiscutablement à la partie la plus diffusée et la mieux connue de la chronique universelle, celle que l'on peut lire dans les feuillets 36-494 du manuscrit BnF, lat. 15011. Mais cette apparente simplicité laisse subsister deux difficultés : cette partie de la chronique ne comporte aucun indice d'une partition annoncée en trois livres, partition dont, par ailleurs, on saisit mal les césures et qui ne paraît pas systématique : l'auteur ne fait aucune allusion au premier livre, il serait donc téméraire de prétendre en définir le contenu. Nous savons que le second livre allait au moins jusqu'en 1099 puisque l'on y lisait l'histoire de Godefroid de Bouillon et le récit de la première croisade. Le troisième livre devait commencer peu après, les allusions à la lettre du prêtre Jean et aux Tartares constituant une fourchette chronologique 1150-1250. Ce livre couvrait sans doute également les *tempora nostra*.

Le croisement des indices textuels avec les traces conservées de l'œuvre conduit à une certitude : la remise en cause partielle du projet initial. Partielle, car le prologue, le *Tractatus de divisione regnorum,* le système de datation externe, la *series temporum*, une fois transformés, sont réintégrés dans la version définitive. Jean ne renie ni l'héritage hugonien ni son apport personnel, que ce soit dans la rédaction du prologue, le plan général, le choix des sources ou l'organisation du système de datation. Mais il est également clair que la seconde version n'est pas simplement une continuation ou une version augmentée. Le plan est différent, la variété des sources est incomparable, la forme même a changé : le système de datation externe n'a plus la même importance, un découpage en chapitres, – du moins dans la première partie –, une table alphabétique, bref des aides au lecteur, ont fait leur apparition. De telles transformations témoignent sans doute d'une certaine insatisfaction éprouvée par l'auteur à la vue de son premier projet. Peut-être a-t-il pris conscience que son travail ne correspondait pas aux attentes de son public. Toujours est-il qu'il y a eu remise en cause de ce qui avait été fait, puis élaboration d'une deuxième version. Ce cheminement prouve la maturité de l'historien,

---

[60] BnF, lat. 15010, fol. 43 : «... et si que restant dicenda utilia infra fortassis cum de regno et regibus Iherusalem fiet sermo tangentur. fol. 54v : Hec Sigibertus et quedam alia dicit que infra ponentur cum de regnorum origine fiet sermo».

sa capacité de discernement, sa volonté de parvenir à une réalisation satisfaisante.

b) *Un plan remanié en cours de réalisation, une œuvre inachevée*

Pour composer la seconde version du *Memoriale historiarum*, Jean de Saint-Victor a donc tracé au préalable les grandes lignes d'un nouveau plan, en trois parties, chacune subdivisée à son tour en livres. Il y a fort à parier que l'idée d'un plan aussi structuré n'a pas jailli spontanément dans son esprit mais lui est venue à la lecture du *Speculum historiale* de Vincent de Beauvais. Peut-être a-t-il eu alors la révélation d'une matière organisée en parties, livres et chapitres et la volonté de calquer son propre projet sur le modèle du dominicain. Mais il ne bâtissait pas une œuvre *ex nihilo* et devait veiller à intégrer à l'ensemble définitif les éléments de la première version (prologue, *Tractatus de divisione regnorum*, chronique depuis César) qu'il ne reniait en rien. Ce n'était peut-être pas si simple. Puis, une fois le plan établi, aidé de son équipe, il s'attela à la rédaction. Or, à lire l'œuvre telle qu'elle nous est parvenue, il est clair que le plan initial n'a pas été respecté.

Parcourons à nouveau le texte, non plus comme un produit achevé dans lequel on pourrait retrouver l'échafaudage de départ, mais plutôt en ayant à l'esprit que les différentes parties ont été travaillées plus ou moins simultanément et connaissent un état d'achèvement inégal. De la première partie, nous conservons en fait deux traces : un premier livre menant le récit de la Création à la naissance de Moïse et dont le texte, organisé en chapitres parfaitement calibrés (en moyenne un feuillet recto-verso), était considéré comme prêt pour l'édition. Le rubricateur y travaillait[61]. On peut ensuite voir dans les extraits du *Speculum* reliés à la suite de ce premier livre la matière du second livre qui a peut-être vu le jour et qui s'est perdu. Les feuillets non numérotés *Moyses cum centum viginti annorum esset* pourraient, sous réserve, constituer une troisième trace. Cette première partie allait peut-être jusqu'à l'avènement de César.

Il n'est pas sûr que nous ayons conservé des éléments de la seconde partie telle que l'auteur la projetait. Le *Tractatus de divisione regnorum* en constituait-il l'élément principal? Ce n'est pas évident, et tout dans le texte, tel qu'il nous est parvenu, le rattache plutôt à la troisième partie. En fait, on peut se demander si cette seconde partie a jamais existé tant il est difficile d'en trouver la moindre trace. A moins qu'elle n'ait transcendé la chronologie et adopté un principe

---

[61] Les chapitres sont en effet rubriqués jusqu'au chapitre 31 inclus.

thématique, pour rassembler par exemple une matière hagiographique ou constituer une sorte de *De viris illustribus*[62].

En revanche, nous possédons la troisième partie dans sa totalité et sa structure paraît évidente : le prologue réécrit, un *exordium* constitué du *Tractatus de divisione regnorum* et de sa table alphabétique et enfin la chronique depuis César. L'absence d'une partition en livres dans cette troisième partie indique qu'on ne l'avait pas encore mise en place dans ce manuscrit de travail ou bien, ce qui semble plus probable, qu'on y avait renoncé parce que la *series temporum* et le système de datation externe étaient finalement des aides au lecteur plus appropriées.

Jean de Saint-Victor n'a pas mené jusqu'au bout de sa réalisation le plan projeté. Sans doute est-il mort sans en avoir eu le temps. Lui disparu, ses frères victorins se trouvaient sans chef d'atelier capable de poursuivre la tâche entreprise. Et pourtant ils ne voulurent pas que fussent perdus les fruits d'un tel labeur. Alors, ils s'efforcèrent de rassembler les morceaux épars et de donner une unité simplifiée à l'œuvre dans deux manuscrits (BnF, lat. 15010 et 15011) afin qu'elle pût être lue et diffusée. Ce fut peut-être le travail du copiste du manuscrit BnF, lat. 14626. C'est en effet dans la marge de ce manuscrit, en face du paragraphe relatant la prise de pouvoir par César, que la main qui a rubriqué le texte, note : *de hoc supra in fine secunde partis extracte a speculo historiali Vincentii*[63]. Cette brève mention est un témoignage précieux : elle confirme que l'on a tenu à conserver un plan en trois parties. La première correspondrait désormais au seul premier livre de la première partie annoncée (BnF, lat. 15010, fol. 1-162v) ; la seconde ne fit jamais l'objet d'une rédaction mais on conserva sous ce titre tous les éléments préparés pour son élaboration et/ou celle des livres II et III de la première partie que l'on plaça symboliquement à la fin du manuscrit BnF, lat. 15010 (fol. 163-310) et en ouverture du manuscrit BnF, lat. 15011 (fol. non numérotés). La troisième partie enfin, considérée comme la plus achevée, fit seule l'objet de copies. Sa diffusion se fit en l'état. Les copistes, qui en furent chargés, ne cherchèrent pas à compléter un système de datation

---

[62] Cette hypothèse est une suggestion faite par Mireille Chazan au cours d'une conversation. Elle s'appuie sur le fait que la *chronica abbreviata* (ms. BnF, lat. 15009) rédigée à Saint-Victor au XIIe siècle, présente une composition de ce type : une partie chronologique allant de Trajan au pape Clément, puis un calendrier des saints et, de nouveau un récit chronologique, cf. M. CHAZAN, *L'idée d'Empire dans les chroniques universelles écrites en France de la fin du XIIe siècle au début du XIVe siècle* (1995), exemplaire dactylographié, p. 746-747 et ch. VI de la présente étude.

[63] BnF, lat. 14626, fol. 16.

externe dont l'auteur avait repoussé à plus tard la mise au net, se contentant dans l'exemplaire de travail d'en donner les principaux éléments. Selon leur gré et leur degré de compréhension de l'œuvre, ils copièrent ou ne copièrent pas les noms des auteurs cités en marge du texte et dont la mention aurait peut-être été plus systématique dans la version définitive, comme incite à le penser le travail similaire effectué sur les sources dans le premier livre de la première partie.

c) Une équipe et vingt ans de travail

Si Jean de Saint-Victor put envisager d'entreprendre une seconde version de son *Memoriale* et de transformer le projet initial de chronique en un vaste chantier d'une histoire universelle, c'est indéniablement que sa communauté lui en a fourni les moyens matériels et humains. En arrière-plan à la genèse du *Memoriale historiarum* il faut considérer la volonté des victorins de mettre toutes leurs forces vives au service d'un ambitieux projet historiographique. Il est inconcevable que Jean, dont l'histoire n'était pas la seule occupation quotidienne, ait travaillé seul sans une équipe pour le soutenir et l'aider. Au travers de la lecture de l'œuvre et de l'étude des manuscrits quelques-uns de ses membres sortent un peu de l'ombre du *scriptorium*.

La belle présentation de l'unique témoin de la première version du *Memoriale* témoigne que cette équipe est en place dès l'époque de sa réalisation. La calligraphie du texte est celle d'un copiste professionnel que l'on distingue de celui qui a porté les corrections. Un rubricateur a ensuite réalisé les rubriques et le système de datation externe. L'ampleur de la seconde version nécessita l'augmentation des effectifs. On peut imaginer que tout le *scriptorium* fut réquisitionné pour y participer. En effet, les différentes mains que l'on peut relever dans les manuscrits BnF, lat. 15010 et 15011 montrent toute une équipe de copistes à la tâche. Certains, d'une écriture plus courante, recopient la première version corrigée ou écrivent sous la dictée de Jean la suite de la chronique, d'autres mettent au net le texte jugé définitif (le premier livre de la première partie par exemple). D'autres encore copient des textes-sources ou font des extraits destinés à la compilation. A leur suite, ou du moins sur les éléments considérés comme achevés, intervenait le rubricateur. On le voit suivre très scrupuleusement les instructions notées par le copiste du manuscrit BnF, lat. 15010 dont il réalise les titres et quelques lettres initiales. Puis vient l'indexateur que l'on rencontre deux fois : après la révision du texte, il dote le *Tractatus de divisione regnorum* d'une table alphabétique[64] ; parallèlement, il

---

[64] BnF, lat. 15011, fol.3 r-v.

prépare une indexation des livres du *Speculum historiale* destinée à la compilation de la seconde partie[65]. Si les copistes et le rubricateur œuvrent sous le contrôle étroit de l'auteur qui leur donne toutes les directives nécessaires, l'indexateur, lui, jouissait d'une plus grande liberté d'initiative.

Au milieu de cette équipe il faut imaginer l'auteur, comme un maître d'œuvre, allant de l'un à l'autre. Il envoie certains de ses collaborateurs copier pour lui des documents ou collationner les renseignements auprès d'autres ateliers historiographiques, à Saint-Denis par exemple. Là, il corrige le texte que lui soumet un copiste, à un autre il dicte un passage, à un troisième il précise quel extrait insérer à tel ou tel endroit du récit. Il assume la pleine responsabilité de l'ensemble, revendiquant à la première personne du singulier le choix des sources[66] et leur critique[67], reconnaissant les limites de sa documentation[68], affirmant son autorité dans la disposition des événements dans le cours du récit[69]. Souvent, il se saisit d'une plume pour noter une correction ou un ajout dans les marges infra paginales ou bien encore rédiger lui-même certains passages qui lui tiennent à cœur. On lui doit sans doute les pages les mieux écrites, celles où la compilation est la plus travaillée ; l'homme aime écrire, réécrire dans un latin élégant, voire traduire des textes lus en langue vulgaire. Et il faut encore compter le temps nécessaire à la lecture des sources sans oublier le loisir intellectuel indispensable à l'élaboration de l'ensemble. Jean n'a pas chômé. Certes, il eut à sa disposition une équipe, sans doute compétente car portée par la tradition du *scriptorium* victorin. Mais, si l'on en croit les chiffres connus de la population de Saint-Victor au début du XIVe siècle, cette équipe ne devait pas être très étoffée. Et la bonne volonté de chacun, la direction efficace du chef d'atelier ne pouvaient compenser totalement un certain manque de moyens. C'est sans doute pour cette raison que la genèse du

---

[65] BnF, lat. 15010, fol. 311-312v. Ce travail est très inachevé.

[66] BnF, lat. 15011, fol. 78v : «Ab huic usque in finem tercii folii extraxi de summa aurea passiones apostolorum».

[67] BnF, lat. 15010, fol. 90, à propos de la fondation de Reims : «Urbs etiam secundum vulgi opinionem antiqua Rome videlicet ut ferunt coena ut pote a Remo fratre Romuli primum facta. Hoc tamen non assero quia in autenticis scriptis non memini me legisse».

[68] BnF, lat. 15010, fol. 103 : «De numero et nominibus urbium Hyspanie nichil bene certum inveni quia nec hystoria Turpini nec Magister Hugo ubi supra nec eciam Provinciale Romanorum commemorant omnes urbes».

[69] BnF, lat. 15010, fol. 93v, après la description de la province de Sens : «De Parisius deinceps est loquandum sed quoniam ipsa nunc est caput tocius Francie, prius de Francia et Francis qua scripta repperi scribere dignum duxi».

Memoriale, considérée dans sa seule seconde version, fut si longue pour être finalement laissée inachevée.

Quelques indices relevés çà et là dans le texte permettent de donner une fourchette chronologique de l'élaboration du *Memoriale* et d'en imaginer avec une marge plus ou moins grande d'erreur certaines étapes.

L'étude réalisée sur la partie du récit contemporaine de l'auteur incite à penser qu'à partir des années 1302-1304, il prend des notes sur les événements qui se déroulent sous ses yeux. A cette date, il a déjà visiblement un projet en tête. Peut-être commence-t-il à réunir à la même époque sa documentation. Sans l'affirmer nous pouvons le suggérer. Est-ce alors qu'il entreprit sa première version ? C'est probable. En tout cas la rédaction de la seconde version n'intervint que plus tard, pas avant 1308-1309. En effet, aucun des faits relatés pour les années 1303-1307 n'ont pu être rédigés avant cette date : la mort de Boniface VIII (11 oct. 1303) est traitée dans le même paragraphe[70] que le pontificat de son successeur et a donc été rédigée au plus tôt après la mort de celui-ci (07 juill. 1304), mais lorsque l'auteur mentionne celle-ci[71], il précise que le siège apostolique fut vacant pendant onze mois, ce qui repousse la date de rédaction au moins à l'élection de Clément V (05 juin 1305) ; rapportant la même année la disparition de la reine Jeanne de Navarre, il raconte les accusations lancées contre Guichard de Troyes, son procès et son transfert à un autre siège épiscopal, transfert qui ne fut décidé en fait qu'en 1313[72]. Cette mention repousse donc au-delà de 1313 la rédaction des années 1304-1307. En revanche, le récit de l'arrestation de Guichard de Troyes, placé à l'année 1308 pourrait très bien avoir été écrit presque immédiatement car Jean ne dit alors rien des suites données à cet événement.[73]

---

[70] *RHF,* XXI, p. 641.

[71] *RHF,* XXI, p. 644 : «... sed per papam translatus est ad aliam sedem ad instantiam Enjorenni.»

[72] *RHF,* XXI, p. 644. Le procès eut lieu en 1308, voir J. FAVIER, *Philippe le Bel,* 2ᵉ éd., Paris, 1998, p. 456-461.

[73] *RHF,* XXI, p. 652 : «Dominica ante festum sancti Dionysii, in Octobri, facta congregatio populi et cleri in virgulto regis, quia jam captus fuerat et apud Luparam Parisius arcto carceri mancipatus Guichardus, episcopus Trecensis, primum in abbatia ejusdem urbis de ordine sancti Benedicti monachus et post abbas, postea factus praesul, pro eo quod dominus Ludovicus, rex Navarrae, ob suspicionem exortam et inquisitionem postmodum rite factam invenerat eum, ut dicebatur, suspectum de obitu matris suae, quae dicebatur veneficiis vel invocatione defuncta. Quicquid fuerit, praedictus episcopus Trecensis, nullius privilegii fretus vel fultus juvamine, turpiter est detentus in carcere, longoque tempore reservatus».

La date de 1307-1309, comme début de la rédaction de la seconde version trouve des éléments de confirmation dans le *Tractatus de divisione regnorum*. Tous les repères chronologiques proposés prennent place dans cette fourchette : Jean dit que le roi de France actuel, Philippe le Bel, est dans la vingt-quatrième année de son règne (1309), il ajoute que le royaume de Bretagne, – que l'on appelle à présent l'Angleterre –, a duré 2407 ans jusqu'à Edouard II d'Angleterre (dont l'avènement eut lieu en 1307), Albert d'Autriche est lui dans la treizième année de son règne (1308-1309)[74] ; il évoque enfin la succession de Jeanne de Blois (1308). On peut imaginer que le remaniement de ce *Tractatus* fut le premier acte de la mise en œuvre de la seconde version. L'existence du texte antérieur d'un volume assez limité en faisait un bloc facile à retravailler. Peut-être le prologue fut-il réécrit en même temps.

Jean en profita-t-il pour rédiger ou dicter le récit des événements de ces années 1307-1309 ? C'est possible mais il lui fallut bien vite abandonner ce récit des temps contemporains pour procéder à la révision de la chronique, tout en mettant en chantier les parties nouvellement décidées mais pour lesquelles il n'y avait aucune base de départ. C'était une tâche de longue haleine : en 1311, nous savons que l'équipe œuvrait sur le premier livre de la première partie[75] ; mais les passages concernant les temps carolingiens ne furent pas révisés avant 1319[76]. En raison de la présence de la chronique rimée de Geoffroi de Paris, achevée en 1317, il faut repousser au moins jusqu'à cette date la partie couvrant les années 1311-1316, voire peut-être jusqu'en 1318-1319. L'année 1317, au cours de laquelle il fait mention de Bernard Délicieux, n'est pas rédigée avant 1319 puisqu'il ajoute dans le même paragraphe que celui-ci mourut cette année-là[77]. Vraisemblablement les cinq dernières années de la chronique (1317-1322) furent même rédigées plus tard, pas avant 1326, puisque le chroniqueur peut faire allusion à la

---

[74] Comme le fait remarquer M. SCHMIDT-CHAZAN, *art. cit.*, p. 302 n. 6, ce règne n'a en fait duré que dix ans, de 1298 à 1308 mais comme Jean a placé son élection en 1295 ou 1296, la treizième année correspond effectivement dans sa chronologie à 1308-1309.

[75] BnF, lat. 15010, fol. 98 (ch. 99) : «Ex historia Britonum sicut infra patebit II^a parte, anno 385. Ex pretactis itaque patet quod ipsa regio armorica pars est Gallie et habuit ducem suum antequam a Britannorum seu Anglorum occupatione et inhabitacione minor Britannia vocaretur et quod ipsa Britonum natio ex Anglorum seu Britonnum natione processit. Fuit autem semper a pretacto tempore usque nunc annis circiter 926 sub regibus propriis vel comitibus aut ducibus sub regum tam Anglie vel Francie proprietate». Ce qui correspond donc à 1311.

[76] L'allusion à la translation de saint Exupère, placée dans le récit à l'année 863, évoque des miracles ayant eu lieu en 1317, 1318 et 1319.

[77] *RHF*, XXI, p. 664.

condamnation dont fut l'objet, le 8 février 1326, Pierre Jean Olivi, alors qu'il présente pourtant ce fait en 1317. Cependant, cette mise au propre plus tardive des derniers passages du *Memoriale* n'exclut nullement que certains événements aient fait auparavant, presque sur le vif, l'objet d'une prise de note déjà bien élaborée. En revanche, il faut considérer que nous perdons toute trace du travail de l'auteur au-delà de 1326.

Ces quelques points de repère chronologiques amènent à considérer l'ampleur de la tâche, la lenteur et la difficulté de son élaboration. Le *Memoriale historiarum* représente plus de vingt années de travail, un travail d'équipe, nous l'avons vu, mais aussi la réalisation d'un homme.

CHAPITRE II

Les érudits et Jean, ou la biographie impossible

Lorsqu'au XVIIe siècle les érudits s'intéressèrent au *Memoriale historiarum* comme source de l'histoire de France, comme texte digne d'être publié, ils se posèrent immanquablement la question de l'identité de son auteur. Les premiers à entreprendre la recherche furent ces antiquaires éclairés, collectionneurs ou bibliothécaires, qui examinaient les manuscrits passant entre leurs mains en cherchant à les identifier. Ces gens-là émettaient des doutes, posaient des hypothèses, argumentaient. Ayant conscience d'appartenir à une communauté intellectuelle, ils se consultaient, confrontaient leurs opinions. Par chance, ils rassemblèrent souvent leurs observations dans des dictionnaires, des encyclopédies dont la lecture est toujours instructive. De ces travaux, notre connaissance actuelle des auteurs du Moyen Age est fort redevable. Sous réserve toutefois de saisir quelles étaient leurs conditions d'investigation et les problématiques qui étaient les leurs.

Car, avec l'auteur du *Memoriale,* les érudits paraissent bien avoir connu un cuisant échec. En effet, lorsqu'au terme de trois siècles d'enquête menée par ses prédécesseurs, Charles Samaran, peu de temps avant sa disparition, faisait le point sur ce dossier dans un article de l'*Histoire littéraire de la France*[1], il achevait son étude par ces mots : «La conclusion s'impose : aucune preuve documentaire ne peut être invoquée au sujet du nom véritable de l'auteur du *Memoriale historiarum*». Et pourtant l'histoire de cette quête vaine a paru digne d'intérêt, moins pour ce qu'elle apporte à l'information que pour les étapes et les modes selon lesquels elle s'est constituée. A travers le cas

---

[1] Ch. SAMARAN, *Jean de Saint-Victor, chroniqueur*, in : *HLF,* 41 (1981), p. 1-30.

«Jean de Saint-Victor», c'est au travail des érudits et à leurs motivations qu'est consacré ce chapitre.

A – La tradition antérieure au xvie siècle

Dès le milieu du xive siècle on copie le *Memoriale historiarum*. La question de son auteur ne semble pas se poser à ceux qui commandent ou mettent en œuvre ces travaux de copie et de diffusion. Un seul manuscrit, le C.C.C. 60, porte sur l'un de ses feuillets une mention pouvant avoir trait à l'identité de l'auteur : la main du texte a inscrit le mot *parisiensis* dans une sorte de cartouche, lui-même encadré par deux initiales *I* et *C*[2]. Nous reviendrons plus loin sur le rôle joué par cette note dans l'élaboration du dossier. L'examen des manuscrits antérieurs au xvie siècle montre que si le nom de l'auteur n'apparaît pas, la tradition du titre de l'œuvre et de son origine victorine est en revanche bien établie[3]. Au moment de rédiger son catalogue, au début du xvie siècle, Claude de Grandrue la reprend sans soulever plus de difficultés ou de questions. Voici ce qu'il note dans la table d'un des exemplaires du *Memoriale* possédés par l'abbaye[4] :

> *Item liber dictus memoriale historiarum in monasterio Sancti Victoris parisiensis compilatus, cronice scilicet compendiose a mundi exordio usque ad infra annum incarnationis domini 1322.*

A ses yeux, ces quelques éléments devaient amplement suffire à celui qui voudrait consulter l'ouvrage.

B – Jean de Paris : la piste des manuscrits

Dans la seconde moitié du xvie siècle, Jocelin, le secrétaire de Parker, examine la mention *I parisiensis C* inscrite en-tête du manuscrit C.C.C. 60. Il en tire la conclusion que le texte contenu dans le manuscrit est l'œuvre d'un *Ioannes Parisiensis*[5]. Si l'initiale *I* pouvait

---

[2] C.C.C. 60, fol. 39.

[3] Voir les manuscrits BnF, lat. 15010, fol. 2 ; Reg. lat. 595, fol. 9 ; Sainte-Geneviève 516, plat intérieur ; BnF, lat. 4949, fol. 1.

[4] BnF, lat. 15011 (cote BBB 1).

[5] Il n'est que de comparer les deux notices de Jocelin : C.C.C. 60, fol. 1 : «Hic liber quamvis in principio differt a libro qui memoriale historiarum dicitur, tamen in fine habentur eadem verba et sic fere in medio processu omnia consimilia, quamvis liber habet 22 fol. plura ; C.U.L. Ii-2-18, plat intérieur : «Hic liber quamvis in principio differt a libro qui Historia Universalis Johannis Parisiensis dicitur, tamen in fine habentur eadem verba et sic fere in medio processu omnia consimilia».

effectivement correspondre au prénom *Iohannes*, Jocelin n'en avait pas moins négligé le *C* jouxtant *parisiensis*. Et cette omission allait être à l'origine d'une fausse piste. Car il semble clair que le *C* est tout simplement l'initiale de *canonicus* et désigne aux lecteurs anglais, vraisemblablement des chanoines victorins eux aussi, un chanoine de Saint-Victor de Paris (*parisiensis*). *Ioannes Parisiensis*, né sous la plume de Jocelin, allait connaître une certaine fortune par le jeu des échanges entre collectionneurs et érudits. Dès 1600, en effet, Thomas James reprend cette note dans son catalogue de la bibliothèque de Cambridge[6]. C'est grâce à la consultation de ce catalogue qu'avant 1610, Paul Petau, célèbre collectionneur de manuscrits victorins, apprend qu'il existe en Angleterre deux autres manuscrits du *Memoriale* dont il possède lui-même un exemplaire (B.A.V. Reg. lat. 595[7]). Dès lors, la véritable enquête sur l'auteur du *Memoriale* pouvait se mettre en place.

C – LES VICTORINS ENTRE ÉRUDITION ET HAGIOGRAPHIE

La recherche à laquelle s'était livré Petau était une aubaine pour les victorins. Elle allait les tirer de leur ignorance à l'égard de l'auteur du *Memoriale* et leur permettre de combler une lacune dans l'histoire de leur maison. On pourrait dire avec un peu de cynisme que Petau leur devait bien cette information, lui qui leur avait dérobé tant de manuscrits[8]. Jean de Thoulouze, dans ses *Antiquités de Saint-Victor*[9] et dans le *Tractatus de fundatione*, explique exactement la situation telle qu'elle se présentait en 1610 : «Les manuscrits présents à Saint-Victor», dit-il, «ne portent pas le nom de l'auteur, que nous ignorions donc jusqu'à ce que Paul Petau veuille bien le faire connaître à notre frère Jean Picard en 1610 grâce aux inscriptions en marge de son propre manuscrit»[10]. Le brave Picard n'alla pas chercher plus loin et fort

---

[6] Th. JAMES, *Ecloga Oxonio-Cantabrigensis in duos libros*, Londres, 1600.

[7] B.A.V., Reg. lat. 595, fol. 9 : (la première ligne manque) «... et habetur in Bibl. publ. Cantabrigae p. 68 ; at (...) p. 71 eiusdem bibl. Cantab. ponitur Io. Parisiensis Historia Universalis vel Memoriale historiarum usque ad annum 1322. Cuius libri ... ab hoc in principio differre ... in reliquis pene similis». Les pages citées correspondent bien au catalogue de Thomas James.

[8] *Les manuscrits de l'abbaye de Saint-Victor. Catalogue établi sur la base du répertoire de Claude de Grandrue (1514)*, (*Bibliotheca Victorina*, 10), Turnhout, 1999, I, p. 32.

[9] *Antiquitatum regalis abbatie Sancti Victoris libri duodecim*, BnF, lat. 14677, fol. 111.

[10] «Nomen authoris, ad usque tempus nobis ignotum, posteris notum fieri voluit vir clarissimus D. Paulus Petavius ... senator nitidissimus ex limine ms. codicis sui quem J. Picardo nostro anno 1610 ostendit», cité par Ch. SAMARAN, *art. cit.*, p. 14.

de ce renseignement, se contenta de noter dans ses annales manuscrites de Saint-Victor : *Anno 1322, Joannes Parisiensis, seu de Parisiis, finivit suum Memoriale historiarum*[11].

Une vingtaine d'années après la mort de Picard, le prieur Jean de Thoulouze ouvre à nouveau le dossier. Entré à Saint-Victor en 1605, ce jeune homme appartenant à une famille de robins parisiens, avait d'abord passé ses premières années de vie religieuse auprès du Père Picard. Avec lui il avait appris à connaître manuscrits et archives. Il y a même fort à penser qu'il assista à la rencontre où Petau montra son manuscrit du *Memoriale* au bibliothécaire de Saint-Victor. La mention *Ioannes Parisiensis* l'avait sans doute laissé insatisfait. Mais devenu prieur en 1636, des motifs plus graves allaient s'ajouter au seul plaisir de l'érudition et le pousser à entreprendre une enquête plus approfondie sur l'auteur du *Memoriale*. En effet, au début du XVIIᵉ siècle, le Père Faure souhaitait aliéner l'indépendance de Saint-Victor en l'englobant dans la seconde Congrégation de France. Face à ce projet Jean de Thoulouze mobilise toute la tradition victorine. Il obtient gain de cause mais perd sa charge. Persuadé que les attaques se renouvelleront, il consacre le reste de sa vie à l'histoire de sa maison. Dès 1625, il avait transcrit dans les *Annales* tous les documents ayant trait à Saint-Victor et aux victorins ; il reprendra son travail détruit par un incendie en 1637 et ne l'achèvera que trois mois avant sa mort en 1659. Mais parallèlement, il rassemble les meilleurs éléments de sa recherche dans un ouvrage destiné à la publication, les *Antiquités*. En fait, les éditeurs ne lui montrèrent guère d'empressement et, en 1640, il dut se contenter de faire publier un résumé inséré dans les *Antiquités* de Paris de Dom du Breul. Nous connaissons ce texte sous le titre d'*Abrégé de la fondation de l'abbaye de Saint-Victor de Paris*[12]. Sa rencontre avec l'auteur du *Memoriale* est donc placée sous le double signe de la lutte pour l'indépendance victorine et de la recherche érudite. L'homme n'a rien du fantaisiste, ni même de l'amateur ; son travail est sérieux, il connaît les archives. Néanmoins, les arrière-pensées du prieur révolté interfèrent incontestablement avec les motivations de l'érudit : Jean de Thoulouze a besoin de trouver dans l'auteur du *Memoriale* une figure emblématique pouvant servir à la défense de l'ordre. Examinons donc comment il a mené son enquête à partir de la notice qu'il consacre à Jean dans ses *Antiquitatum regalis abbatie Sancti Victoris libri duodecim* :

---

[11] Cité par Ch. SAMARAN, *art. cit.*, p. 15.

[12] F. BONNARD, *Histoire de l'abbaye royale et de l'ordre des chanoines réguliers de Saint-Victor de Paris,* 2 vol., Paris, 1904-1908, I, p. XXVI-XXVII.

De Johanne Baüyn, authore Memorialis historiarum caput 68. Joannes Baüyn, Parisiensis, ex catalogo Tuisseleti anno Christi 1327 factus canonicus Sancti Victoris ; post annos 22 sue professionis, anno nimirum Christi 1349, opus insigne a se editum Memoriale scilicet historiarum ab orbe condito usque ad annum Christi 1322 perduxit nec ultra hunc annum, ait Picardus, illud est prosequutus quia evidebat coetera omnibus superstitibus esse nota ... Nomen authoris in manuscriptis nostris omissum habes expressum in codice prefati viri clarissimi Pauli Petavii, senatoris, et nos in elucidato canonicorum nostrorum laterculo ab anno 1303 reperimus ad annum 1327, cognominatum Baüyn, de Parisius. Hic meo judicio author extitit manuscripti cronici ab orbe condito ad annum 1351 perducti ; nam cum opus illud Memoriale historiarum pervulgavit anno Christi 1349, non repugnat post biennium chronicon illud edidisse[13].

Jean de Thoulouze dit avoir trouvé ces renseignements dans le catalogue de Guillaume Tuisselet, dans lequel ce prieur aurait transcrit entre 1447 et 1451 les noms de chanoines réguliers depuis 1303. Charles Samaran suggère de voir dans le manuscrit Ars. 794 l'original de ce catalogue[14]. Après examen, il s'agit plutôt d'une copie postérieure (XVIᵉ siècle) et l'on peut se demander si le copiste a bien recopié l'intégralité de la liste et surtout quels bouleversements il a pu apporter à l'ordre des noms. En tout cas, on trouve effectivement dans ce catalogue deux *Ioannes Parisiensis*, dont un est qualifié de convers, ainsi qu'un *Ioannes Bouin*. Mais comme l'avait très justement fait remarquer en son temps Charles Samaran, cette liste de noms est dépourvue de toute autre indication[15]. Où donc le mémorialiste victorin a-t-il découvert les dates de 1327 (1327, dit-il, correspond d'après le catalogue de Tuisselet *(ex catalogo Tuisseleti)* à l'année où l'auteur du *Memoriale* fit profession), 1349 et 1351 qu'il donne comme des points de repère dans la biographie de Jean ? Jean de Thoulouze a-t-il consulté un autre document, le nécrologe par exemple ? Les *Ioannes*, tous plus ou moins anonymes, y sont innombrables, et la date de profession n'est, de toute façon, pratiquement jamais mentionnée ; a-t-il exploité les archives d'autres prieurés ? Le mystère reste entier, tant de précision et aucun moyen de vérification ! Pour ajouter une note personnelle à cette question, on peut rappeler, avec Charles Samaran, que les *Bouin* ou *Baüyn* (puisque Jean de Thoulouze hésite entre les deux orthographes) sont des noms patronymiques présents à Paris entre le XIIIᵉ et le XVIIIᵉ siècle. On repère en particulier des membres de la famille *Baüyn* à la charnière

---

[13] BnF, lat. 14375, fol. 315, cité par Ch. SAMARAN, *art. cit.*, p. 15.
[14] Ch. SAMARAN, *art. cit.*, p. 16.
[15] Ch. SAMARAN, *art. cit.*, p. 17.

des XVIe et XVIIe siècles. Ce sont des conseillers au Parlement[16]. Ils appartiennent au milieu robin comme Jean de Thoulouze. Il n'est pas impossible que certains membres de cette famille aient pris l'habit à Saint-Victor au moment où Jean de Thoulouze y vit[17]. En tout cas, le nom de *Baüyn* ne lui était sans doute pas inconnu. Peut-on suggérer, qu'en lisant le registre de Guillaume Tuisselet, il fit, plus ou moins volontairement, une association entre ce nom et l'identité de l'auteur du *Memoriale* qu'il cherchait désespérément à percer?

Reste le problème des dates dont il étaye sa biographie. Une première réflexion est d'étonnement : il y a un très grand décalage dans le temps entre la fin du récit (1322) et la date présumée à laquelle l'auteur aurait entrepris son œuvre historiographique (1349). Comment se fait-il qu'il n'y ait dans le texte aucune allusion à ce laps de temps intermédiaire? La question a dû effleurer l'esprit de Simon Gourdan, autre historien victorin, qui, au XVIIIe siècle, reprend les données biographiques de Jean de Thoulouze. Il résout la difficulté en répondant que Jean a consacré ces vingt-deux années au silence d'une vie canoniale tout emplie «d'une piété héroïque»[18]. Soit. Mais il faut alors lever une autre objection : comment ce chanoine qui n'entre à Saint-Victor qu'en 1327 peut-il porter un témoignage personnel sur les vingt premières années du XIVe? Il faudrait alors envisager une prise d'habit tardive. Ce n'est pas impossible mais c'est alors un homme très âgé qui entreprend la composition du *Memoriale*. On l'aura compris, la notice biographique proposée par Jean de Thoulouze ne paraît pas satisfaisante. En fait, l'examen interne de la chronique et de sa composition permet de récuser de façon décisive l'assimilation faite par l'érudit victorin entre Jean Bouin et l'auteur du *Memoriale*. En effet, ce dernier travaille à sa chronique, nous en sommes sûrs, entre 1308 et 1326. Cette fourchette, qui est celle de l'élaboration du *Memoriale*, contredit totalement la date de 1349 donnée par Jean de Thoulouze comme début de la rédaction. Jean Bouin a sûrement existé, le témoignage de Tuisselet joue en sa faveur, il a peut-être fait profession en 1327 et est mort en 1351, il était vraisemblablement originaire de Paris puisqu'on trouve ce nom dans les archives parisiennes, mais en aucun cas il n'a pu écrire le *Memoriale historiarum*.

---

[16] Ch. SAMARAN, *art. cit.*, p. 18-19, s'appuie en particulier sur les rôles de taille à Paris où l'on retrouve de nombreux Boivin exerçant les professions les plus diverses.

[17] F. BONNARD, *op. cit.*, II, p. 158-159 et 180.

[18] S. GOURDAN, *Vies et maximes saintes des hommes illustres qui ont fleuri dans l'abbaye de Saint-Victor*, Bibl. Mazarine, ms. 3350, p. 647-648.

Qu'importe, grâce à cette usurpation d'identité, Jean de Thoulouze avait tiré l'auteur du *Memoriale* de l'anonymat et l'avait invité à
prendre sa part du glorieux passé de l'abbaye. Après lui avoir attribué
un nom et les dates-clés de toute vie canoniale (profession et décès),
après avoir inscrit son nom dans un des manuscrits du *Memoriale* qu'il
fit copier (BnF, lat. 14359, fol. 411), il lui fit faire un portrait qu'il
accrocha solennellement dans la grande-salle de l'abbaye en 1639 ou
1640[19]. Grâce à lui Jean avait une identité, un visage, et Saint-Victor
un homme illustre de plus ...

La notice ainsi élaborée, – pour ne pas dire construite de toutes
pièces –, eut un grand et durable succès et bien au-delà des murs de
Saint-Victor. Le sérieux général de l'œuvre de Jean de Thoulouze,
son caractère incontournable pour celui qui aborde l'histoire des victorins, l'explique assez bien. Le Père Lelong reprend donc cette
hypothèse dans sa *Bibliothèque historique*[20]. Dans l'introduction à leur
édition en 1855, Joseph-Daniel Guigniaut et Natalis de Wailly l'évoquent, mais en en laissant prudemment la responsabilité à Jean de
Thoulouze[21]. Auguste Molinier, lui, au tout début de ce siècle,
l'accepte comme une alternative à *Ioannes Parisiensis*[22]. Chacun de
ces auteurs se réfère en fait à la notice du mémorialiste victorin sans
lui apporter d'éléments nouveaux ou même de simples justifications.

Charles Samaran reprit la question de l'identité et chercha des
arguments à la thèse de Jean de Thoulouze. Il en trouva sans mal
dans les archives parisiennes et même dans celles de la Curie[23].
Aucun n'est définitivement convaincant, l'auteur le reconnaît lui-
même. Mais, si sérieuse qu'elle fût, son enquête partait, semble-t-il,
d'un postulat chronologique incertain : les dates données par Jean de
Thoulouze (1327-1351) ne sont pas discutées. Or, elles se heurtent
à la logique interne de l'œuvre : rien dans le *Memoriale historiarum*
ne permet de penser que l'auteur a eu la moindre connaissance

---

[19] Ch. SAMARAN, *art. cit.*, p. 17, n. 49, donne les références du texte dans lequel Jean
de Thoulouze affirme avoir procédé à cette installation et indique la liste des soixante-
sept tableaux. Il cite les historiens qui ont repris cette affirmation comme un argument
en faveur de Thoulouze. Mais il ajoute que les tableaux ne restèrent pas longtemps exposés en raison des remaniements des locaux rendus nécessaires par le legs Du Bouchet
(1654). Les guides des curiosités de Paris parus dans la première moitié du XVIIe siècle
n'en feraient pas mention.
[20] J. LELONG, *Bibliothèque historique de la France*, Paris, 1768, II, p. 166, n°16985 :
«Jean Boivin, dit de Saint-Victor, est entré à Saint-Victor en 1327 et est mort aux environs de l'an 1351».
[21] *RHF*, XXI, p. 631.
[22] A. MOLINIER, *Les sources de l'histoire de France*, Paris, 1903, III, p.193, n°2854.
[23] Ch. SAMARAN, *art. cit.*, p. 18-19.

d'événements au-delà de 1326. Et cela Guillaume Mollat l'avait fort
bien mis en évidence dès 1917[24]. Comment imaginer un tel silence
chez un homme qui serait entré à Saint-Victor en 1327 et aurait vécu
au moins jusqu'en 1351? Tout en spéculant sur les Baüyn, Bouin,
Bovin et Boivin dans la fourchette «imposée» par Jean de Thoulouze,
Charles Samaran pressent une contradiction puisqu'il évoque avec
justesse la période 1292-1313 comme étant celle de la rédaction du
Memoriale. Mais il ne va pas jusqu'au terme de sa réflexion et mène
finalement une enquête un peu vaine.

Revenons un instant à Saint-Victor pour évoquer un dernier aléa
aux recherches de Jean de Thoulouze. Au XVIIIe siècle sa notice offrit
à Simon Gourdan, entré à l'abbaye en 1660 et mort en 1729, la
matière d'un véritable panégyrique :

> «Jean, surnommé Baüyn, vécut dans une admirable piété sans autre occu-
> pation que de se remplir de la vérité. Sa science devint si étendue et l'His-
> toire sainte lui devint si naturelle qu'il composa un abrégé d'annales
> depuis la création du monde jusqu'en 1322, en parcourant tous les événe-
> ments de l'Ancien et du Nouveau Testament, aussi bien que ceux de
> l'Eglise et des Etats et réglant sa conduite sur tous les effets de la provi-
> dence divine qu'il méditoit dans sa solitude et dont il paroit qu'il n'est
> jamais sorti. Il n'a pas même fait connaitre son nom, qu'on a découvert
> que depuis sa mort, conservant ainsi le silence dans ses ouvrages, éterni-
> sant en quelque sorte l'oubli de lui-même par les soins qu'il a pris de se
> cacher de la postérité. Il mourut vers 1351. Estant originaire de Paris, il en
> porta le nom et entra dans Saint-Victor l'an 1327 et fut vingt-deux ans
> dans une piété héroïque avant que de commencer d'écrire, ce qu'il ne fit
> que par l'ordre de ses supérieurs et très secrètement, comme nous l'avons
> dit»[25].

Et voici l'auteur du *Memoriale* parvenu aux portes de la
canonisation! Simon Gourdan n'apporte cependant rien de neuf à
notre connaissance. On aura reconnu en effet sous sa plume les mots
mêmes de Jean de Thoulouze. Mais avec cet ennemi du jansénisme,
ce victorin à la piété austère, nous franchissons les bornes de l'érudition pour entrer dans le domaine beaucoup plus flou de l'hagiographie. Si Jean a le privilège d'être inscrit au nombre des «hommes
illustres de Saint-Victor», c'est moins pour ses écrits que dans l'espoir
qu'il serve d'exemple, d'instrument, à l'œuvre de restauration morale

---

[24] G. MOLLAT, *Etude critique sur les «Vitae paparum Avenionensium» d'Etienne Baluze*,
Paris, 1917, p. 95-96.
[25] *Vies et maximes saintes des hommes illustres de Saint-Victor*, Maz. 3350, p. 647-648,
cité par Ch. SAMARAN, *art. cit.*, p. 16.

de l'abbaye. Pour ce faire, on n'hésita pas à lui tailler de toutes pièces une cotte de saint.

D – Un ressortissant de la perfide Albion?

Pendant près de deux siècles, parallèlement à la tradition née sous la plume de Jean de Thoulouze et sans lien apparent avec elle, va se développer l'idée que l'auteur du *Memoriale* est anglais.

Le plus ancien représentant de cette opinion est le Néerlandais Girard-Jean Vossius dans son *De historicis latinis* publié à Leyde en 1627[26]. L'origine d'une telle affirmation est sans doute à chercher dans la présence de deux manuscrits en Angleterre et leur appartenance à des collections prestigieuses (celle de Parker, puis des grandes bibliothèques de Cambridge). Son fils, Isaac, est fort bien placé pour confirmer la thèse paternelle. En effet, en tant que bibliothécaire de la Reine Christine, il eut certainement entre les mains le manuscrit qu'elle avait acquis des Petau (Reg. lat. 595). Or, on s'en souvient, c'est justement dans les marges de ce manuscrit que l'on mentionnait les deux exemplaires de Cambridge.

L'autorité des Vossius père et fils s'ajoutant à l'argument solide des manuscrits fit que l'on admit assez facilement des deux côtés de la Manche l'hypothèse d'une nationalité anglaise. Le Père Philippe Labbe[27], Guillaume Cave[28], Ellies Dupin[29], Johan-Albert Fabricius[30] assimilèrent ainsi l'origine de l'auteur et celle des manuscrits contenant son œuvre.

En 1748 cependant, un érudit anglais, Thomas Tanner, émet les premiers doutes sans évoquer pour autant les raisons qui l'y ont poussé. Avec un manque de témérité regrettable «il prie simplement le lecteur de rechercher si vraiment la nationalité anglaise lui convient»[31].

D'esprit plus téméraire le Français Fevret de Fontette entreprend, lui, de démontrer au contraire la nationalité anglaise de l'auteur. Dans l'édition qu'il donne en 1769 de la *Bibliothèque*

---

[26] G. J. Vossius, *De historicis latinis libri tres*, Lugduni Batavorum, 1627, p. 635. On retrouve la même affirmation dans l'édition corrigée et complétée publiée en 1651 par son fils Isaac, p. 709, références données par Ch. Samaran, *art. cit.*, p. 11, n. 27.

[27] Ph. Labbe, *De scriptoribus ecclesiasticis*, Paris, 1660, I, p. 598.

[28] G. Cave, *De scriptoribus ecclesiaticis*, Londres, 1698, II, p. 495. L'ouvrage fut réédité en 1745, *Scriptorum ecclesiasticorum historia litteraria*, II, 2ème partie, p. 25.

[29] E. Dupin, *Nouvelle bibliothèque des auteurs ecclésiastiques*, Paris, 1702, XI, p. 57.

[30] J. A. Fabricius, *Bibliotheca latina mediae et infimae aetatis*, IV, p. 324-325.

[31] Th. Tanner, *Bibliotheca britannico-hibernica*, Londres, 1748, p. 572.

historique du Père Lelong[32] il expose un argument qui ne tient plus à la présence de manuscrits en Angleterre mais aux propos mêmes de l'auteur. Le passage de référence est celui où Jean évoque la succession de Louis X :

> *Dicebat enim (dux Burgundie) quod neptis sua, tamquam regis filia et fratris suo defuncto propinquior debebat succedere, cui in oppositum dicebatur quod in regno Francie mulieres succedere non debebant. Hoc tamen probari non poterat evidenter* [33].

Pour Charles-Marie Fevret de Fontette, «il n'y a qu'un Anglais qui ait pu écrire qu'on ne pouvait pas prouver évidemment qu'en France les femmes ne doivent pas succéder au royaume». Au-delà du ton légèrement anglophobe, que l'on mettra sur le compte des conflits franco-anglais qui émurent les contemporains de Louis XV, l'argument est révélateur : pour cet érudit, la loi salique est une des lois fondamentales du royaume, il ne peut imaginer le contexte de 1316. Son patriotisme ne peut envisager les débats qui agitèrent alors l'opinion, les difficultés à régler une question qui demeura indécise jusqu'à l'assemblée de Paris en février 1317[34]. Alors que le chroniqueur, en prise directe sur l'événement, en rend parfaitement compte, il est taxé quatre cents ans après de sentiments francophobes. Nous rejoignons ici le problème de la réception de l'œuvre, des différentes grilles de lecture que l'on peut en proposer. Nous en reparlerons plus longuement.

On ne sait quel écho eut la thèse de Fevret de Fontette, car après lui le *Memoriale historiarum* et son auteur paraissent abandonnés un temps aux oubliettes de l'historiographie. Il fallut attendre près d'un siècle et l'entreprise de Guigniaut et Wailly pour que l'on s'y intéressât de nouveau. Dans leur introduction à l'édition de la dernière partie de la chronique[35], ces derniers opposent à Fevret de Fontette un autre passage, preuve irréfutable à leurs yeux de la nationalité française de l'auteur. Dans les dernières lignes qu'il écrit, celui-ci évoque en effet les dédommagements exigés par le roi de France *pro expensis factis in bello de Monte in Pascuis et proditione contra nostros facta apud Brugiam*[36]. L'allusion aux Matines de Bruges est assez claire, Jean se sent solidaire de ceux qui y trouvèrent la mort et par-delà du revers qu'y subit Philippe le Bel. La démonstration de Joseph-Daniel

---

[32] J. LELONG, *op. cit.*, II, n°16985.
[33] *RHF*, XXI, p. 676, cité par Ch. SAMARAN, *art. cit.*, p. 11.
[34] G. MOLLAT, *op. cit.*, p. 88.
[35] *RHF*, XXI, p. 632-678.
[36] *RHF*, XXI, p. 676.

Guigniaut et Natalis de Wailly convainquit. Ni Auguste Molinier, ni Guillaume Mollat, ni Charles Samaran, ne la remirent en cause et Jean fut définitivement classé parmi les chroniqueurs français de la fin du Moyen Age.

Alors? *Ioannes*? La tradition, appuyée sur la mention existant dans un manuscrit parmi les plus anciens (C.C.C. 60) a ici un côté pratique, si nous acceptons d'avoir un nom sans éléments biographiques tangibles; *Ioannes Bouin*? personne n'a pu apporter jusqu'ici le moindre argument décisif en faveur de ce qu'il faut plutôt attribuer à l'imagination volontariste de Jean de Thoulouze; *de Sancto Victore*? certainement, c'est ce dont nous doutons le moins; *Parisiensis*? oui, parce qu'il vit et travaille dans le couvent parisien, à quoi s'ajoute la connaissance intime qu'il a de cette région; *gente anglicus*? la démonstration de Guigniaut et Wailly paraît probante ... Vivant à Paris, chanoine de Saint-Victor, très au fait de la vie politique, Jean se sent proche des intérêts du royaume. Mais il faut peut-être tenir compte de la place importante, inégalée, que prend l'histoire du royaume d'Angleterre dans son œuvre. Elle laisse entr'ouverte, semble-t-il, la possibilité d'une origine anglaise. C'est chose assez banale à Saint-Victor pour qu'on ne l'écarte pas.

En fait, après avoir dit tout cela, force est de constater que l'auteur du *Memoriale* demeure largement un inconnu. Que savons-nous de sa formation intellectuelle et spirituelle, de ses lectures, de ses fonctions au sein de l'abbaye? Quelle connaissance a-t-il du monde, quelle vision? Qui connaît-il personnellement, a-t-il des amis, des ennemis? Ce sont toutes ces questions qui sous-tendent la personnalité d'un homme. Seules les réponses qu'on essaiera d'y apporter permettront de dire, un peu, qui est Jean de Saint-Victor.

CHAPITRE III

Saint-Victor au XIVe siecle

S i les érudits ne sont pas parvenus à identifier l'auteur du *Memoriale*, ni à reconstituer sa biographie, en revanche, aucun d'entre eux ne conteste que cette chronique est bien l'œuvre d'un chanoine régulier de l'abbaye parisienne de Saint-Victor. Cette tradition est parfaitement attestée par les nombreuses mentions inscrites sur les feuillets de garde de différents manuscrits[1].

Jean n'est donc pas simplement l'auteur d'une chronique universelle. Il est aussi un clerc, vivant sous la règle de Saint-Augustin, dans une maison dont l'abbé l'a d'abord reçu comme novice. Puis, il a pris place au chapitre parmi ses frères, prenant sa part de la vie matérielle et spirituelle du monastère, et au-delà, de l'ordre tout entier. C'est pourquoi, sans avoir la prétention d'écrire ici une histoire exhaustive de l'abbaye au XIVe siècle, il convient de planter le décor quotidien, l'arrière-plan familier dans lequel l'auteur du *Memoriale* évolue, agit, pense, prie et écrit.

Si les études concernant les deux premiers siècles de l'histoire victorine se sont multipliées avec bonheur[2], apportant des données toujours plus sûres sur le *scriptorium*, sur les œuvres des grands penseurs, sur la fonction pastorale, nous restons pour le XIVe siècle très

---

[1] Au premier chapitre de cette étude le lecteur trouvera le relevé de chacune de ces mentions.

[2] On pense ici aux nombreux travaux de Jean Châtillon dont les plus marquants ont été repris dans P. SICARD (Ed.), *Le mouvement canonial au Moyen Age : réforme de l'Eglise, spiritualité, culture*, (Bibliotheca Victorina, 3), Paris-Turnhout, 1993, aux colloques d'humanisme médiéval dont les communications ont été rassemblées par J. LONGÈRE (Ed.), *L'abbaye parisienne de Saint-Victor au Moyen Age* (Bibliotheca Victorina, 1), Paris-Turnhout, 1991, au *Liber Ordinis Sancti Victoris Parisiensis*, L. JOCQUÉ et L. MILIS (Ed.), (CCCM, 61) Turnhout, 1984 et à l'ouvrage de M. SCHOEBEL, *Archiv und Besitz der Abtei St. Viktor in Paris*, (Pariser historische Studien, 31) Bonn, 1991.

tributaires de la synthèse rédigée au début de notre siècle par Fourier Bonnard. On la trouvera certes lacunaire sur bien des points, manquant parfois de rigueur scientifique, animée par des problématiques vieillies. Elle n'en a pas moins le mérite d'exister et de permettre un accès assez large à l'ensemble des archives. A défaut d'autres travaux elle a été amplement mise à contribution dans l'étude qui suit. Cependant, il a parfois semblé nécessaire d'en croiser les informations afin de les compléter et de les vérifier en recourant directement aux archives ou aux *Annales* de Jean de Thoulouze.

A l'aube de son troisième siècle d'existence, l'abbaye de Saint-Victor, fondation royale, fait partie du paysage familier des Parisiens. Là où en 1113 Guillaume de Champeaux avait regroupé quelques étudiants dans son petit ermitage derrière la montagne Sainte-Geneviève, se dressent à présent des bâtiments imposants, symboles du renom de l'ordre. C'est là, aux portes de Paris, près de la Bièvre, que Jean a passé une quarantaine d'années, soit la plus grande partie de son existence, sous le joug de la règle et l'autorité de l'abbé.

A – Pierre de Ferrières et André de Galles, gestionnaires d'un patrimoine humain et matériel solide (1275-1294)

Jean dut prendre l'habit à Saint-Victor à la fin de l'abbatiat de Pierre de Ferrières (1275-1289) ou dans les toutes premières années de celui d'André de Galles (1289-1294). Un siècle et demi après la glorieuse époque de Hugues et de Richard, quelles sont les raisons qui pouvaient bien pousser un novice à prendre l'habit victorin?

1. Une abbaye qui continue d'attirer

Trois documents permettent de se faire une idée de l'évolution des effectifs à Saint-Victor dans la seconde moitié du XIIIe siècle. Le premier est la liste des chanoines qui apposèrent leur signature au bas d'un accord conclu avec les Bernardins en 1246[3]. Ils étaient alors quarante-neuf. Ils n'étaient plus que trente-huit à parapher le décret capitulaire qui, en 1286, allait permettre au négociateur de l'abbaye, le frère Pierre de Bussières, de bénéficier de certains aménagements

---

[3] F. Bonnard, *Histoire de l'abbaye royale et de l'ordre des chanoines réguliers de Saint-Victor de Paris,* 2 vol., Paris, 1904-1908, I, p. 311 et n. 1 et 3.

de la règle[4]. Les quarante années qui séparent ces deux documents montrent un tassement des effectifs dont il est difficile d'indiquer la cause : chute brutale du recrutement ? Mortalité massive et soudaine ? La troisième image démographique que nous avons des victorins est le fait d'un certain Henri, chanoine de l'abbaye, qui a établi une liste de ceux de ses frères qu'il avait vu mourir depuis que lui-même était entré à l'abbaye sous l'abbatiat d'Eudes (1294-1300)[5]. On y voit disparaître des noms relevés dans le document de 1286 dont huit au moins peuvent être identifiés avec certitude. Ces décès étaient somme toute dans l'ordre normal du renouvellement des générations. En revanche, on rencontre un nombre important de noms inconnus jusque là. Il s'agit de jeunes chanoines décédés peu de temps après leur profession. Cette liste témoigne donc à la fois d'un recrutement non négligeable à la fin du XIIIe siècle et parallèlement d'une forte mortalité qui faucha, semble-t-il, plusieurs de ces jeunes recrues, tel ce frère Jacques, noté par Henri comme «novice et sous-diacre». Jean de Saint-Victor appartenait donc à cette génération renouvelée mais, jouissant d'une constitution plus solide, il put faire profession et tenir pendant de longues années sa place au sein du chapitre.

Le prestige de Saint-Victor exerçait donc toujours sa force d'attraction à la fin du XIIIe siècle. Au point qu'en 1290, le pape Nicolas IV, par l'intermédiaire du chancelier de l'Université, faisait pression sur les victorins pour qu'ils admettent à la profession canoniale l'un de ses protégés âgé de quatorze ans. Mais les chanoines se sentirent assez d'assurance pour refuser, au nom du respect de leurs usages[6] et sous prétexte de leur trop grande pauvreté, une candidature jugée inopportune[7]!

---

[4] F. Bonnard, *op. cit.*, I, p. 328 et 329 n. 1. Sur l'activité de procureur de ce personnage, voir B. Barbiche, *La papauté et les abbayes de Sainte-Geneviève et de Saint-Victor de Paris au XIIIe siècle*, in : R. Grosse (Ed.), *L'Eglise de France et la papauté (Xe-XIIIe siècle)*, actes du XXVIe colloque historique franco-allemand organisé en coopération avec l'Ecole nationale des Chartes par l'Institut historique allemand de Paris (Paris, 17-19 octobre 1990), Bonn, 1993 (*Etudes et documents pour servir à une «Gallia Pontificia»*, publiés par l'Institut historique allemand de Paris et l'Ecole nationale des Chartes), p. 260.

[5] F. Bonnard, *op. cit.*, I, p. 335 et n. 3. Cette liste doit aller un peu au-delà de 1300 car le nom de l'abbé Eudes est encore suivi de six autres noms de chanoines défunts.

[6] Les postulants devaient avoir vingt ans minimum, avoir fini leurs études de grammaire et de logique et jouir d'une santé suffisante pour porter la rigueur de la règle.

[7] F. Bonnard, *op. cit.*, I, p. 332-333.

2. Un temporel solide, des privilèges défendus et confirmés, des amis généreux

L'abbaye n'attirait pas seulement des jeunes hommes souhaitant embrasser la vie canoniale. Bien des hommes d'âge plus mûr souhaitaient, après avoir déposé le fardeau de leurs responsabilités, y finir leurs jours dans le repos et la prière. Ainsi, Girard de Granville, docteur en théologie et ancien doyen de Beauvais qui mourut dans ces murs dans les années1280[8]. Ou, plus prestigieux encore, Adenulphe d'Anagni, le propre neveu de Grégoire IX, qui refusa le siège épiscopal de Paris, pour venir mourir sous l'habit victorin[9]. Il n'est pas impossible que la réputation de ces postulants ait joué un rôle de publicité auprès des recrues potentielles, compensant par leur présence l'absence de grandes figures intellectuelles.

Lorsqu'ils prononçaient leurs vœux, ces nouveaux chanoines ne manquaient pas de renoncer en faveur de Saint-Victor à quelques-uns de leurs biens matériels. Adenulphe d'Anagni fit don de ses manuscrits à la bibliothèque et fonda pour ses nouveaux frères une bourse de 100 sous parisis destinée à l'amélioration de l'ordinaire des repas. Ces nouveaux venus contribuaient donc aussi à la consolidation du temporel, à son enrichissement.

Mais ils n'étaient pas les seuls à se montrer généreux. En 1276, un chanoine de Notre-Dame, maître Pierre le Roux, offrait une partie de ses biens dont le revenu était à partager intégralement et à perpétuité entre les étudiants pauvres[10]. Des laïcs manifestaient aussi par leurs dons leur attachement à l'abbaye. En 1280, le prince de Salerne, Charles, fils de Charles Ier d'Anjou, roi de Sicile, offrit aux chanoines parisiens une relique authentique de leur saint patron qu'il avait rapportée de Marseille[11]. Cette précieuse relique, à laquelle s'ajoutèrent quelques années plus tard celles de deux des compagnes de sainte Ursule, vint enrichir le patrimoine spirituel des victorins et sans doute en fortifier le prestige[12]. En 1291, les victorins inscrivaient au nécrologe l'une de leurs bienfaitrices, Jeanne, comtesse de Blois et épouse de Pierre d'Alençon[13], un des fils de saint Louis. La faveur royale, quoique plus

---

[8] F. BONNARD, *op. cit.*, I, p. 326 et n. 2.
[9] F. BONNARD, *op. cit.*, I, p. 332. Jean de Saint-Victor évoque ce personnage et sa sépulture, *RHF*, XXI, p. 633.
[10] F. BONNARD, *op. cit.*, I, p. 322-323.
[11] F. BONNARD, *op. cit.*, I, p. 326-327.
[12] F. BONNARD, *op. cit.*, I, p. 327 et n. 2.
[13] F. BONNARD, *op. cit.*, I, p. 333. Jean mentionne ce décès, *RHF*, XXI, p. 633 et explique sa succession dans le *Tractatus de divisione regnorum*, BnF, lat. 15011, fol. 33.

discrète qu'au xiiᵉ siècle, était toujours présente : le roi Philippe III laissait par testament 40 livres tournois à l'abbaye victorine[14].

Les possessions et les droits de Saint-Victor jouissaient surtout de puissantes protections. En premier lieu, celle des évêques de Paris qui avaient l'habitude de faire des séjours réguliers dans les murs de l'abbaye. Cependant, leur présence paraît moins fréquente en cette fin de xiiiᵉ siècle. D'autre part, même si la production de bulles en faveur de Saint-Victor est bien moindre qu'à la période précédente, dans la seconde moitié du xiiiᵉ siècle, possessions et privilèges continuent d'être confirmés à plusieurs reprises par l'autorité pontificale, celle de Nicolas III en 1280, celle de Martin IV en 1282[15], par Boniface VIII en 1295[16]. L'appui plus ponctuel des pontifes ne fit pas défaut aux victorins à l'occasion des nombreux procès qu'ils eurent à soutenir pour la défense de leur temporel. Ainsi, lors du litige qui les opposa à partir de 1278 aux chanoines de Notre-Dame à propos de la demi-prébende devenue vacante suite à l'élection épiscopale de Ranulphe de La Houblonnière. C'est finalement grâce aux interventions des papes Martin IV et Honorius IV que les victorins obtinrent non seulement le versement de leur dû, mais aussi 6 livres d'intérêts, plus 25 livres de frais de procès[17]. On peut penser que ces arbitrages furent favorisés par l'entremise de cardinaux favorables aux victorins. Trois noms apparaissent dans les dernières années du xiiiᵉ siècle. Ceux de deux anciens chanoines de Notre-Dame (les liens sont tissés de longue date) élevés au cardinalat vers 1280, Geoffroi de Barbo et Gervais Giancolet. Le nécrologe témoigne de la reconnaissance des frères victorins envers ces personnages et indique nettement la nature des services rendus[18]. Le troisième est Jean Cholet, originaire de Clermont-en-Beauvaisis, créé cardinal par Martin IV dont il fut le légat en France[19]. Il laisse à Saint-Victor une somme de 600 livres parisis *in augmentationem pitantiae conventus*. Cette fondation d'anniversaire fut l'occasion en 1295 d'un

---

[14] F. BONNARD, *op. cit.*, I, p. 328.

[15] B. BARBICHE, *art. cit.*, p. 239-244 et F. BONNARD, *op. cit.*, I, p. 326.

[16] F. BONNARD, *op. cit.*, I, p. 338, n. 1.

[17] F. BONNARD, *op. cit.*, I, p. 327-328. Sur Ranulphe de La Houblonnière, voir l'étude consacrée à sa prédication par N. BÉRIOU, *La prédication de Ranulphe de La Houblonnière. Sermons aux clercs et aux simples gens de Paris au xiiiᵉ siècle*, Paris, 1987.

[18] F. BONNARD, *op. cit.*, I, p. 327, traduit le passage du nécrologe (XIII et XVI Kal. Octob.) : «Ils portaient une affection particulière à notre église et se montrèrent toujours empressés à défendre nos intérêts et nos droits».

[19] F. BONNARD, *op. cit.*, I, p. 333. Jean Cholet est également le fondateur du collège parisien qui porte son nom. Jean de Saint-Victor mentionne sa légation en 1283, BnF, lat. 15011, fol. 455.

aménagement dans la gestion de la fortune conventuelle : en effet,
jusque là tous les revenus, y compris ceux qui provenaient des
fondations d'anniversaire, étaient centralisés par le chambrier. En
revanche, les suppléments au repas prévus par ces mêmes fondateurs relevaient des dépenses du cellerier. Plutôt que de payer
tous les ans au cellerier 131 livres parisis, le chambrier lui abandonne désormais 30 muids de froment à Etampes, 22 livres au
Châtelet de Paris et tout le domaine récemment acquis à Orge-
nois[20].

Les victorins exploitaient donc au mieux leurs relations et leur
patrimoine[21]. C'est sans doute ce qui leur permit de faire face aux
dégâts matériels que les inondations de l'hiver 1296-1297 ne man-
quèrent pas de provoquer dans les bâtiments que leur situation à
proximité du fleuve exposait directement à la menace des eaux. A
quelques dizaines de mètres de là un moine cistercien note avec précision les dommages subis par le collège Saint-Bernard alors en
construction :

> «Les eaux» dit-il «outre le grand nombre d'hommes qu'elles engloutirent,
> causèrent des dommages innombrables : elles passaient par-dessus le mur
> de Saint-Victor sur le côté le plus bas; et elles ne se retirèrent pas de cet
> endroit, du Chardonnet et de notre jardin avant l'Annonciation du Sei-
> gneur. Jamais on ne les avait vues demeurer si hautes aussi longtemps»[22].

Or, Jean, lui, ne s'attarde pas sur ces aléas climatiques, se contentant de reprendre le texte très bref de Guillaume de Nangis[23]. Rien
chez lui qui puisse suggérer que la situation vécue à Saint-Victor ait
revêtu au cours de cet hiver un caractère dramatique. Mieux assurée
dans ses possessions, avec des constructions plus solides que celles des
bernardins, l'abbaye victorine fut moins menacée dans son existence et

---

[20] F. BONNARD, *op. cit.*, I, p. 334.

[21] Telles sont d'ailleurs les conclusions de M. SCHOEBEL, *op. cit.*, p. 265-268 : l'abbaye dispose à la fin de la seconde moitié du XIIIe siècle de biens immenses administrés
par des gestionnaires qualifiés.

[22] «Tunc aque, preter quamplurimas hominum submersiones, dampna innumera-
bilia peregerunt : muros Sancti Victoris in inferiori latere transcendebant; de ipso campo
et Cardineto et Jardino nostro ante Annuntiationem dominicam (25 mars 1297) non totaliter recedebant. Nunquam tam perseverantes in altitudine vise fuerunt». Passage cité
par A. VERNET, *L'inondation de 1296-1297 à Paris*, communication présentée à la *Société
nationale des antiquaires de France* le 10 novembre 1948, reprise dans *Etudes médiévales*,
Paris, 1981, p. 241-250.

[23] BnF., lat. 15011, fol. 463 : «In festo sancti Thome apostoli ex nimia aquarum,
inundancia plures ville, civitates et castra in regno Francie pertulerunt et maxime Parisius ambo pontes confracti sunt domusque que supra eos erant edificate cum suis habi-
tatoribus corruerunt.» Cf. GN, I, p. 296.

les victorins purent entreprendre plus rapidement les réparations nécessaires. Ce qui paraît une catastrophe pour leurs voisins ne semble pas avoir affecté outre mesure la sérénité des chanoines.

3. Des entorses à la règle, des tendances à la dissidence, un déclin intellectuel

Si on rencontre donc les plus grandes difficultés à trouver des indices de la prétendue pauvreté matérielle de Saint-Victor, la cohésion de l'ordre causait en revanche de graves soucis à l'abbé.

Sur le plan strictement intellectuel et théologique, il semble que les chanoines s'étaient gardés des luttes que suscitait l'aristotélisme au sein de l'Université. Ils étaient demeurés jusque là très attachés à la tradition augustinienne. C'est du moins ce que semble indiquer la présence quasi-permanente dans leurs murs de l'évêque de Paris, Etienne Tempier[24]. Néanmoins des débats devaient avoir lieu autour de cette question. A moins que l'absence de «ténors» intellectuels n'empêchât qu'on les suscitât ...

La discipline canoniale n'était plus non plus vécue avec le même zèle. Il y avait tout d'abord des écarts individuels. Ainsi celui que l'on toléra, ou plutôt que l'on organisa, pour Pierre de Bussières, procurateur de l'abbaye. En reconnaissance de son action auprès de Rome dans l'affaire de la demi-prébende de Ranulphe de La Houblonnière, il reçut du chapitre l'autorisation de transgresser tous les préceptes de la vie communautaire[25] : il pouvait désormais vivre hors du cloître en compagnie d'un serviteur, disposant de son propre budget ; il n'était plus tenu d'assister aux offices, ni de partager le repas commun au réfectoire. Ces décisions pouvaient certes paraître à certains contraires à l'idéal originel, on en retrouvait cependant de semblables dans d'autres maisons. Il fallait bien adapter les réalités de la vie canoniale aux exigences de l'administration pontificale. La défense du patrimoine valait bien quelques entorses à la règle ...

Bien plus inquiétantes, les tendances à la dissidence, qui couvaient au sein de l'ordre depuis les années 1230, éclatèrent au grand jour, un certain nombre d'établissements dépendants de Saint-Victor aspirant à l'autonomie, particulièrement ceux qui avaient été le plus récemment rattachés à l'abbaye parisienne : en 1287, Pierre de Ferrières dut consentir à ce que l'abbaye de la Victoire, fondée par

---

[24] F. Bonnard, *op. cit.*, I, p. 325-326.
[25] F. Bonnard, *op. cit.*, I, p. 329. Il s'agit d'un décret capitulaire signé en 1286. Sur ce personnage, voir aussi B. Barbiche, *art. cit.*, p. 260-262.

Philippe Auguste, échappât désormais à sa juridiction[26]. Onze ans plus tard, en 1298, lors d'un chapitre général qui se tint à Juilly[27], on assista au premier démantèlement de la confédération victorine, démantèlement qui devint effectif en 1339[28].

Puissante et riche, telle apparaît donc l'abbaye victorine à la fin du xiiie siècle. En revanche, la vocation intellectuelle qui avait marqué ses origines semble quelque peu mise en veilleuse. Certes, les victorins s'adonnent toujours aux études et participent à la vie universitaire parisienne. Mais ils n'en sont plus les membres les plus dynamiques. Sans doute ont-ils subi de plein fouet la redoutable concurrence des bernardins voisins, des ermites de Saint-Augustin, sans compter celle des frères prêcheurs qui s'exerçait à la fois sur le terrain des études et sur celui de la pastorale. On relève dans le *Memoriale* les indices d'un certain agacement des chanoines devant l'expansion de ces nouveaux venus. Toujours est-il que les victorins n'ont pas su, n'ont pas pu, réagir, faute peut-être d'une volonté commune que l'abbé seul pouvait incarner. Dans le premier tiers du xive siècle, Guillaume de Rebais et Jean de Palaiseau allaient offrir à leurs frères cette volonté d'un renouveau intellectuel.

B – Guillaume de Rebais, un abbé compétent sous le règne de Philippe le Bel (1302-1311)

Après l'abbatiat sans éclat d'Eudes (1294-1300) et celui très bref de Guy (1300-1302) les chanoines élurent à leur tête Guillaume de Rebais[29]. Natif de la Brie, celui-ci devait présider aux destinées de l'abbaye pendant neuf ans. C'est sûrement sous son autorité que Jean, devenu chanoine profès, dut exercer quelques charges ou dans un prieuré de l'ordre ou au sein de l'abbaye parisienne. C'est également sous son abbatiat qu'il entreprit son projet historiographique, qu'il rassembla les premiers éléments de sa documentation, prit ses premières notes et rédigea vraisemblablement la première version de son *Memoriale*. Nous ignorons cependant si Guillaume de Rebais fut

---

[26] F. BONNARD, *op. cit.*, I, p. 328 et surtout B. BARBICHE, *art. cit.*, p. 252-255.

[27] Seine-et-Marne, arr. Meaux, à 6 km de Danmartin-en-Goële. Depuis 1184 des chanoines suivant l'observance de Saint-Victor étaient installés dans l'église Notre-Dame, cf. F. BONNARD, *op. cit.*, I, p. 176.

[28] F. BONNARD, *op. cit.*, I, p. 183 et p. 355-370.

[29] L'orthographe de Rebais est préférable à celle de Rebez que l'on trouve sous la plume de Fourier Bonnard. En effet, Rebais correspond à une localité de Seine-et-Marne, située à 12 km de Coulommiers.

à l'origine du projet. Du moins lui accorda-t-il sa bienveillance. On imagine mal, en effet, comment, sans l'autorisation expresse de son abbé, Jean aurait pu travailler, manier les livres, solliciter l'aide de certains frères, consacrer à sa tâche un temps dont par principe il ne disposait pas librement.

1. La reprise en main de l'ordre

Les victorins avaient un conflit à régler avec leurs grands rivaux, les génovéfains. Les chanoines de Sainte-Geneviève, autrefois séculiers, avaient été réformés en 1148 à l'initiative du pape Eugène III et rattachés à l'ordre victorin. Depuis, cette tutelle leur pesait : la concurrence scolaire, qui leur était favorable (au début du XIIIe siècle, leur chancelier était habilité à délivrer les grades universitaires) les incita vite à prendre la tête de la rebellion contre l'abbaye-chef[30]. Dans un tel contexte, les questions matérielles étaient autant d'occasions de conflit. Les génovéfains se montraient en général récalcitrants pour fournir aux victorins une prébende concédée par leurs prédécesseurs séculiers. Il fallait souvent un procès pour leur faire entendre raison. La perception des dîmes sur les vignes et terres dont Saint-Victor était propriétaire, situées sur le territoire de Sainte-Geneviève, le cours et le niveau du bras de la Bièvre dérivé dans l'enclos victorin, tout était sujet à querelle[31]. Guillaume de Rebais, une fois élu abbé, comprit qu'il fallait absolument parvenir à un accord. En juillet 1303, on régla donc définitivement les limites de justice des deux abbayes. D'autres points délicats furent également tranchés parmi lesquels la promesse faite par les génovéfains de ne plus déposer leur fumier devant la porte des victorins ne fut peut-être pas le moindre[32].

Les accords avec Sainte-Geneviève permirent, pour un temps, de réaffirmer la cohésion de l'ordre. En 1309, Clément V fait appel à l'autorité dont jouit l'abbé de Saint-Victor et aux talents de négociateur de Guillaume pour régler en son nom des litiges survenus entre l'Université et le chapitre de Notre-Dame[33]. Par ailleurs, Guillaume de Rebais paraît avoir bien gouverné sa maison. Il en défend âprement les droits seigneuriaux[34]. Il négocie avec le roi (mars 1302) la

---

[30] F. BONNARD, op. cit., I, p. 160 et B. BARBICHE, art. cit., p. 245-255.
[31] F. BONNARD, op. cit., I, p. 272.
[32] Le texte de cette convention est donné par F. BONNARD, op. cit., I, p. 339-340.
[33] F. BONNARD, op. cit., I, p. 354.
[34] F. BONNARD, op. cit., I, p. 341 : en 1306, Saint-Victor réclame devant le Parlement un homme prévenu de meurtre que le prévôt de Paris avait tenté de soustraire à la justice de l'abbé.

ratification des lettres de Philippe Auguste, par lesquelles celui-ci, en 1214, ordonnait au forestier royal de Bière de laisser aux victorins la pleine jouissance de leur bois d'Ury[35]. Il recueille les nouvelles dona-tions, telle celle de ce chanoine de Notre-Dame de Meudon, Richard de Mellemare qui, en 1305, offre sa vaisselle pour servir aux besoins de l'infirmerie. Le total de ses dons est estimé à plus de 300 livres parisis[36]. Guillaume accueille aussi de nouveaux novices puisqu'à sa mort, le 4 novembre 1311, l'abbaye compte quarante-six chanoines profès[37], soit huit de plus que sous l'abbatiat de Pierre de Ferrières. Ce dynamisme démographique allait être mis à profit par son succes-seur pour son entreprise de renouveau des études. On peut éga-lement penser que Jean, le chroniqueur, alla puiser des collabora-teurs dans ce vivier renouvelé.

2. Entre Boniface VIII et Philippe le Bel : les hésitations des victorins

A peine élu, Guillaume de Rebais fut, de par sa fonction, impli-qué dans les démêlés qui opposèrent Philippe le Bel et Boniface VIII. Entrant en charge en novembre 1302, il n'était sans doute pas pré-sent lors de la première assemblée convoquée par le roi à Notre-Dame au mois d'avril de cette même année. En revanche, sa pré-sence est parfaitement attestée au Louvre le 14 juin 1303. En compa-gnie de cinq archevêques, vingt-et-un évêques, dix autres abbés, du visiteur du Temple, du prieur de l'Hôpital et de celui de Saint-Martin des Champs, auxquels s'étaient joints une dizaine de mem-bres du Conseil et de l'Hôtel[38], l'abbé de Saint-Victor y entendit le discours par lequel Guillaume de Plaisians en appelait au concile pour juger le pape accusé d'hérésie. Il se vit d'ailleurs remettre une copie de l'acte qui fut longtemps conservée et recopiée à Saint-

---

[35] F. BONNARD, op. cit., I, p. 336. Il faut lire Ury plutôt que Vri (orthographe donnée par Fourier Bonnard). Il s'agit de l'un des éléments les plus anciens du temporel victorin, situé en limites de la forêt de Fontainebleau, cf. M. SCHOEBEL, op. cit., p. 117-122.

[36] F. BONNARD, op. cit., I, p. 324.

[37] Ce chiffre est donné par F. BONNARD, op. cit., I, p. 344 d'après la Gallia Chris-tiana, VIII, col. 681.

[38] Boniface VIII en procès. Articles d'accusation et dépositions des témoins (1303-1311), édition critique, introduction et notes par J. COSTE (Studi e documenti d'archivio, 5, Rome, 1995), p. 122-173, donne une édition des procès-verbaux des séances de ces deux journées comportant la liste des articles d'accusation contre Boniface lue par Guillaume de Plaisians et l'adhésion, tant du roi que des prélats, à la convocation d'un concile. Dans la troisième cedula (§48), on relève la présence de l'abbé de Saint-Victor. Sur la composition de l'assemblée du Louvre, voir aussi J. FAVIER, Philippe le Bel, 2° éd., Paris, 1998, p. 373.

Victor[39]. Quelques jours plus tard, entouré de ses fils, Guillaume de Rebais était dans les jardins du roi et écoutait Bertaud de Saint-Denis, évêque d'Orléans, y prononcer, à l'occasion de la fête de la Nativité de Saint Jean-Baptiste, un sermon destiné à diffuser publiquement l'accusation d'hérésie à l'encontre du pape et à recueillir l'assentiment de l'ensemble du royaume. La précision avec laquelle Jean rend compte de ce rassemblement, la qualité de son témoignage sur le contenu du sermon, – dont il retient exactement le message que le roi voulait faire passer –, bénéficie certainement en cette circonstance des commentaires que l'abbé avait pu faire dans les quelques jours qui avaient séparé l'assemblée du Louvre de celle des jardins du roi[40].

Fondation royale, institution religieuse de premier plan à Paris et dans le royaume, Saint-Victor ne pouvait que se ranger derrière le roi. Si, comme nous le verrons plus tard, les chanoines étaient loin d'acquiescer à tous les aspects de la politique de Philippe le Bel, il semble qu'en cette occasion ils aient voulu faire preuve de bonne volonté. En effet, en 1300, ils cédèrent à Philippe le Bel les deux prieurés de Chanteau et d'Ambert, en Orléanais, que le roi destinait à la dotation des Célestins. Bien sûr, le souverain offrait une compensation de 40 livres parisis de revenu annuel à prendre sur la prévôté de Paris[41]. Mais pour que les victorins acceptent ainsi de se défaire de deux de leurs plus anciennes possessions, situées au cœur géographique et historique de leur temporel, afin qu'elles permissent la première installation en France de l'ordre tout récent des Célestins[42], il fallait ou bien qu'ils espèrent en retour des effets de la

---

[39] *Boniface VIII en procès, op. cit.*, p. 169, n. 8 : la critique textuelle des témoins des procès-verbaux de l'assemblée des 13-14 juin permet en effet de faire remonter jusqu'au manuscrit de l'abbaye de Saint-Victor (BnF, 15004, première moitié du XVᵉ siècle), la mention surprenante de l'abbé de Cîteaux parmi les prélats adhérant à l'appel au concile. En effet, celui-ci a en fait été emprisonné pour avoir refusé de donner son adhésion. Jean Coste suggère que cette variante, absente des premières copies, ne saurait être le fait du copiste victorin du XVᵉ siècle, – qui n'y avait aucun intérêt –, mais plutôt de Guillaume de Rebais lui-même qui aurait fait ajouter sur son exemplaire le nom de l'abbé de Cîteaux, d'ailleurs certainement présent au début de la réunion. C'est cet exemplaire qui aurait ensuite été reproduit.

[40] *RHF*, XXI, p. 641. L'accord de ce passage du *Memoriale* avec le compte rendu du marchand italien Frescobaldi (édité dans *Boniface VIII en procès, op. cit.*, p. 191-197) permet d'affirmer que les deux hommes étaient bien dans la foule ce jour-là. Mais l'accusation d'hérésie et celle de simonie ont échappé à Frescobaldi. En revanche, Jean ne donne aucune précision sur la réunion des 13-14 juin dont il connaît pourtant l'existence (*RHF*, XXI, p. 640).

[41] F. Bonnard, *op. cit.*, I, p. 335.

[42] M. Schoebel, *op. cit.*, p. 52 et 108-113.

générosité royale, ou bien qu'ils aient réellement adhéré au projet de promotion de cet ordre et de son fondateur. Si la première hypothèse est à prendre en compte, la seconde peut trouver une confirmation dans le long développement que Jean consacre à la canonisation de Célestin V dans son *Memoriale*[43].

C – JEAN DE PALAISEAU ET LE RENOUVEAU DES ÉTUDES (1311-1329)

Lorsque Jean II de Palaiseau, jusque là prieur de Puiseaux[44], succède à Guillaume de Rebais, le *Memoriale historiarum* est déjà bien avancé : Jean paraît avoir rassemblé toute sa documentation, il a en tête le plan de sa seconde version, il a rédigé le *Tractatus de divisione regnorum*, peut-être travaille-t-il déjà à la première partie. Pour les mêmes raisons que celles évoquées à propos de son prédécesseur, le nouvel abbé encouragea certainement ces travaux. Il entrait d'ailleurs parfaitement dans son projet de redonner à Saint-Victor une mission intellectuelle.

Certes, les victorins n'avaient pas disparu de la scène universitaire. En 1237, après une période où l'enseignement régulier de la théologie n'avait pu être assuré, Grégoire IX avait autorisé la présence à domicile d'un maître en théologie[45]. En 1300, le frère Pierre de Reims assurait cette fonction[46]. Par ailleurs, l'abbaye faisait toujours office de pénitencier du monde scolaire[47]. En 1309, dans les dernières années du gouvernement de Guillaume de Rebais, Saint-Victor avait obtenu de l'Université des privilèges visant à protéger la personne et les biens des chanoines en tant que «bons et légitimes étudiants en théologie»[48]. Cependant, depuis plusieurs décennies la concurrence des Mendiants, puis celle des ermites de Saint-Augustin, s'était davantage fait sentir. Les maîtres issus de leurs rangs tendaient bien sûr à se constituer un monopole au sein de la faculté de théologie, mais de plus ils exerçaient leur concurrence dans le voisinage immédiat de l'abbaye.

---

[43] Jean de Saint-Victor reproduit en effet la bulle de canonisation de Célestin V, BnF, lat. 15011, fol. 479-481.

[44] Loiret, arr. de Pithiviers.

[45] F. BONNARD, *op. cit.*, I, p. 345.

[46] F. BONNARD, *op. cit.*, I, p. 345, n. 2.

[47] Sur cette fonction voir l'article de J. LONGÈRE, *La fonction pastorale de Saint-Victor*, in : J. LONGÈRE (Ed.), *L'abbaye de Saint-Victor au Moyen Age*, (Bibliotheca Victorina, 1) Turnhout, 1991, p. 291-313.

[48] F. BONNARD, *op. cit.*, I, p. 346.

1. Les moyens du renouveau des études

Le nouvel abbé, Jean II de Palaiseau, avait-il lui-même une formation universitaire ? C'est difficile à dire mais vraisemblable. En revanche, il avait un programme de rénovation des études. Dès son avènement il allait s'efforcer de mettre en œuvre tous les moyens nécessaires à sa réalisation.

Il fallait d'abord pourvoir à la logistique. Ainsi un local fut, semble-t-il, attribué aux étudiants de l'abbaye[49]. Mais l'essentiel fut la constitution et la gestion d'un temporel particulier, destiné à assurer leur existence. La pratique de donations en faveur des étudiants existait depuis longtemps. Nous en avons une trace dès 1276, lorsque maître Pierre le Roux, chanoine de Notre-Dame, laissa à Saint-Victor des biens situés à Fontenay-sous-Bois ainsi que trois maisons dans la rue Saint-Victor, pour que le revenu, destiné aux *pauperes scolares*, en soit partagé pour moitié entre les étudiants en théologie et ceux qui étudiaient la logique. Semblables dispositions se retrouvent dans un *vidimus* de 1302 dans lequel on voit Guillaume de Rebais recueillir un leg de «Mahi de Montreuil, bourjois de Paris et Jacqueline sa femme», d'un montant 20 livres à prendre sur le fisc royal[50].

a) Un patrimoine pour les étudiants

La politique mise en place par Jean de Palaiseau est d'une tout autre dimension. Pour répondre aux besoins des étudiants, il réunit un véritable patrimoine. En 1313, le chapitre vend à l'abbé 12 arpents de terre près de Billancourt. Il disposera de ce revenu pour les étudiants étrangers pauvres[51]. Deux remarques s'imposent ici : d'une part le rôle éminent de l'abbé, qui va ainsi pouvoir influer sur le recrutement des étudiants et l'orientation des études, apparaît clairement ; d'autre part cette initiative permettait à l'abbaye d'élargir socialement et géographiquement son recrutement. C'était vital après les pertes de jeunes recrues subies par l'abbaye dans les années 1285-1300. Les donations furent orientées dans le même sens : les revenus du domaine de Bardilly[52], dont le maître de l'Hôtel du roi Etienne de Compiègne avait fait don à Saint-Victor, servirent d'une part à payer le maître en théologie, d'autre part à verser à quatre

---

[49] F. BONNARD, *op. cit.*, I, p. 347 et note 2.
[50] F. BONNARD, *op. cit.*, I, p. 321-322 et note 1 p. 322.
[51] F. BONNARD, *op. cit.*, I, p. 347-348, note 3.
[52] Bardilly est situé à 2 km environ au N-O du Puiseaux.

étudiants une pension[53]. Ici encore il faut noter deux ou trois éléments importants : est-ce une coïncidence si ce domaine de Bardilly était situé sur le territoire de Puiseaux, dont à l'époque de la donation le prieur s'appelait justement Jean de Palaiseau? Par ailleurs, les termes mêmes du décret capitulaire organisant la constitution et le versement de la pension laissent entendre qu'à cette occasion on augmenta le nombre des étudiants bénéficiaires[54] ; enfin, ce sont les étudiants eux-mêmes qui gèrent cette pension, sous la direction du plus ancien d'entre eux chargé de rendre des comptes annuels devant le prieur conventuel. On relève chez les donateurs eux-mêmes le souci d'encourager les études : en 1314, Agnès de Lornay, qui avait été demoiselle de Marie de Brabant, laisse aux étudiants victorins une rente de dix livres sur une maison qu'elle possédait avec sa sœur[55].

b) Les conditions du travail intellectuel

Si l'on devine dans ces dispositions matérielles la volonté de Jean de Palaiseau, elle devient claire lorsque l'on aborde le chapitre de l'aménagement des conditions de vie des étudiants. Elles sont prévues dans le même décret capitulaire qui envisageait les investissements matériels nécessaires. Leur premier but est de favoriser l'étude par de bonnes conditions de travail. Elles vont du règlement intérieur au local qui leur est réservé (on y parlera à voix basse pour ne pas gêner le travail des voisins), aux «outils» nécessaires (parchemin, chandelles qu'il faut acheter), en passant par le souci de l'hygiène de vie (l'été, les étudiants pourront jouir d'une récréation avant de rejoindre les autres frères au dortoir pour la sieste).

Favoriser les études demandait aussi que l'on aménageât les horaires conventuels et que l'on permît aux étudiants de se rendre là où étaient donnés les cours. C'est pourquoi on ne les astreint à assister à toutes les heures, messe et chapitre qu'aux seuls jours de fêtes annuelles. Le reste du temps leur présence n'est requise qu'en l'absence d'obligations scolaires. Mêmes les heures de repas semblent assouplies. Ils peuvent donc assez librement assister à des enseignements en dehors de la clôture. Les étrangers (étudiants et maîtres externes) peuvent venir les voir à condition d'y être autorisés par

---

[53] F. BONNARD, op. cit., I, p. 348, donne le texte d'un décret capitulaire daté de février 1311 (anc. style, en fait 1312, donc sous l'abbatiat de Jean de Palaiseau). Il le cite d'après le manuscrit de Jean de Thoulouze, BnF, lat. 14673, fol. 276.

[54] F. BONNARD, op. cit., I, p. 348 cite le décret: «Les étudiants, que nous voulons désormais être au nombre de quatre, ...».

[55] F. BONNARD, op. cit., I, p. 349.

l'abbé ou d'être introduits par le portier. Ces restrictions sont destinées à maintenir les étudiants victorins dans la vie claustrale.

2. Les enjeux du renouveau des études

Saint-Victor n'a rien en effet d'un collège dont la seule vocation
serait l'hébergement et l'entretien d'étudiants pauvres. Ses étudiants
sont des religieux tenus par leurs vœux à la vie régulière. Il convenait
donc que les études soient strictement inscrites dans le cadre de la
«maison». L'espace clos du couvent est rappelé : il n'est pas permis
d'adresser la parole à des étrangers au-delà de la Petite-porte qui va
du cloître à l'aumônerie. La vie quotidienne communautaire doit à
tout prix être préservée : les étudiants retrouvent leurs frères au dortoir et généralement au réfectoire où ils doivent prendre au moins un
repas par jour. Le cloître reste le lieu privilégié de la méditation : les
veilles de grandes fêtes ils doivent s'y tenir et se préparer spirituelle-
ment par la *lectio divina* et la confession[56]. L'accent est mis sur la
liturgie : chaque jour ils doivent, sauf permission spéciale, se joindre
à l'ensemble de la communauté pour le chant des complies ; ils ne
sont dispensés des vigiles que pendant l'année scolaire, aucune
exemption liturgique ne saurait être accordée pendant les dimanches
de l'Avent ; les étudiants participent de plus, à toutes les processions,
aux vêpres solennelles, et il est précisé qu'ils doivent y chanter. Leur
appartenance à l'abbaye est particulièrement marquée les jours de
funérailles et d'anniversaires des défunts. Enfin, dans la grande tradition de Saint-Victor, les étudiants assistent à toutes les occasions de
prédication. On considère même là qu'il s'agit d'une forme d'enseignement[57]. D'où l'importance de la conférence quotidienne prononcée par l'abbé dans la salle capitulaire, d'où l'absence d'exemption
aux matines des fêtes comportant des leçons historiques spéciales[58].
Jean de Palaiseau estime que Saint-Victor a là un trésor à transmettre
à ses fils dont ils ne pourraient trouver l'équivalent ailleurs.

Peut-être avons-nous dans cette insistance mise sur la prédication
la double-clef du projet de renouveau des études victorines. Depuis
la fin du XIIe siècle l'idéal de *contemplatio*, proposé à la théologie par
Hugues dans son *Didascalicon*, a été progressivement remplacé par
des objectifs plus immédiats. Le frère victorin étudie pour convaincre

---

[56] F. BONNARD, *op. cit.*, I, p. 74.
[57] J. LONGÈRE, *art. cit.*, p. 294–300.
[58] Il s'agit des fêtes de saints Fabien et Sébastien, saintes Agnès et Agathe, la Com-
mémoraison de saint Paul, sainte Cécile.

et exhorter[59]. C'est sa vocation au même titre que l'enseignement ou la *disputatio*. Et dans ce domaine Saint-Victor veut retrouver son excellence menacée par les ordres mendiants. D'autre part, autour de ce noyau intellectuel et spirituel qu'est la prédication victorine, l'abbé organise à l'intérieur du couvent un véritable *studium* calqué sur celui des dominicains ou des ermites de Saint-Augustin. Il a observé les procédés de ces redoutables concurrents et il s'en inspire largement : comme chez eux, les étudiants victorins s'entraîneront chaque semaine à la *disputatio* sur une question déterminée à l'avance ; comme chez eux, il y aura un maître des étudiants (régent) chargé de gérer les sommes remises pour l'acquisition du matériel nécessaire. Mais surtout, comme chez eux, il y aura désormais à Saint-Victor des maîtres et des bacheliers qui donneront des leçons, auxquelles il ne sera pas question de se soustraire.

Nous connaissons assez bien le principal maître en théologie à qui Jean de Palaiseau confie le renouveau des études victorines. Il s'appelle Girard ou Gérard d'Epaumesnil[60]. Son nom revient à trois reprises dans le décret capitulaire pris en 1312 par les chanoines de Saint-Victor. Ceux-ci semblent lui avoir confié une charge d'enseignement à vie[61] et prévoient le versement de sa pension. Maître depuis 1304[62], il jouit d'une certaine réputation. On le voit ainsi signer avec d'autres maîtres de l'Université une supplique à Philippe le Bel en faveur du médecin Raoul de Vémars (1304-1306). En 1308, il est membre de la commission de l'Université qui remet à ce même roi une consultation dans laquelle elle lui dénie le droit de juger en matière d'hérésie dans le procès des Templiers[63]. Il apparaît très clairement dans le personnel enseignant à Paris dans les années 1311-1314 et, grâce aux réportations dont quelques étudiants se chargèrent pour le compte de Prosper de Reggio, on connaît le

---

[59] J. LONGÈRE, *art. cit.*, p. 294.

[60] Cette orthographe est préférable à celle d'Epaisménil proposée par Fourier Bonnard. Epaumesnil est situé dans l'actuel département de la Somme, arr. d'Amiens, c. d'Oisemont. On rencontre aussi ce personnage sous le nom de Gérard de Saint-Victor.

[61] Cité par F. BONNARD, *op. cit.*, I, p. 346 : «... tout le temps que Fr. Girard, maître en théologie, notre confrère, sera de ce monde. (...) Après la mort du frère Girard ...»

[62] Dans la lettre adressée en 1317 par l'Université de Paris à Jean XXII en faveur de l'abbaye, dont F. BONNARD, *op. cit.*, I, p. 346, donne deux extraits, on lit en effet que Gérard enseigne en qualité de régent à Paris depuis douze ans ; 1304 est également la date donnée par Palémon Glorieux pour les débuts de l'enseignement de Gérard, *A propos de «Vatic. lat. 1086», le personnel enseignant de Paris vers 1311-14*, in : *RTAM*, 5 (1933), p. 23-39, ici p. 28.

[63] F. BONNARD, *op. cit.*, I, p. 346-347, n. 4. Sur cette question voir J. FAVIER, *op. cit.*, p. 451 et A. DEMURGER, *Vie et mort de l'ordre du Temple*, 2e éd., Paris, 1989.

contenu des disputes ordinaires et extraordinaires auxquelles il participa[64]. C'est enfin ce Girard que les victorins envoient à la cour pontificale en 1317 pour défendre les droits de l'abbaye sur les annates. Il a alors le titre de docteur et est accompagné du prieur conventuel, Nicolas de Montargis, personnage d'un statut et d'un âge respectables[65]. Jean XXII l'aurait peut-être retenu à Avignon. En tout cas, il est sûr qu'il y mourut[66]. La mention de son anniversaire dans le nécrologe de Saint-Victor dit toute la reconnaissance et l'attachement que les chanoines, et Jean de Palaiseau le premier, eurent pour lui :

> «Anniversaire solennel de frère Girard, notre chanoine profès et docteur en théologie, qui nous donna beaucoup par son talent et son labeur ; il mourut à Avignon, à la cour du seigneur pape où il défendait les intérêts de notre église».[67]

Son successeur fut Nicolas d'Essonne, prêtre séculier, qui prit sur le tard l'habit canonial et mourut en 1344 prieur claustral[68].

Grâce à cet effort en faveur des études, Saint-Victor retrouvait sa place au sein de l'Université et par son intermédiaire un rôle dans les relations avec le roi et avec la cour pontificale. Dans une lettre adressée à Jean XXII, l'Université renoue les liens entre le passé glorieux de l'école victorine et son présent incarné par Gérard de Saint-Victor. Il y eut par la suite quelques recrues intéressantes[69], mais cependant l'école victorine ne sut retenir un sujet aussi brillant que Pierre Bersuire[70].

---

[64] P. GLORIEUX, *art. cit.*.

[65] Dans l'ordre hiérarchique le prieur vient juste après l'abbé, cf. L. JOCQUÉ, *Les structures de la population claustrale dans l'ordre de Saint-Victor. Un essai d'analyse du Liber Ordinis*, in : J. LONGÈRE (Ed.), *L'abbaye parisienne de Saint-Victor au Moyen Age*, (*Bibliotheca Victorina*, 1) Turnhout, 1991, p. 61-65. Nicolas de Montargis était déjà chanoine profès en 1286 puisque son nom apparaît au bas du décret capitulaire exemptant Pierre de Bussières de la vie claustrale, cf. F. BONNARD, *op. cit.*, p. 329, n. 1. Il devait donc être assez âgé.

[66] F. BONNARD, *op. cit.*, I, p. 347, n. 4.

[67] *Nécrologe*, IX cal. Jul. : «Anniversarium solemne fratris Girardi canonici nostri professi et doctoris in theologia, cuius industria et labore nobis data et acquisita sunt multa bona, qui etiam pro defensione et utilitate ecclesie nostre in Curia domini Pape tunc temporis residentis Avenione decessit. Fiat commendatio ante missam.»

[68] F. BONNARD, *op. cit.*, I, p. 351-352, se réfère ici à Tuisselet.

[69] F. BONNARD, *op. cit.*, I, p. 351, donne quelques noms de victorins ayant obtenu le titre de docteur en théologie.

[70] F. BONNARD, *op. cit.*, I, p. 342. Sur Pierre Bersuire voir la notice que lui consacre M.-H. TESNIÈRE dans le *DLF*, p. 1161-1162. Egalement Ch. SAMARAN et J. MONFRIN, *Pierre Bersuire, prieur de Saint-Eloi*, in : *HLF*, 39 (1962), p. 259-450. Pierre Bersuire né vers 1290 et après un passage chez les bénédictins de Maillezais, serait venu à Saint-Victor, d'où il s'enfuit pour se réfugier à Avignon. Il y séjourna de 1320 à 1350. Son «épisode» victorin se situe donc aux alentours de 1320. Jean n'y fait aucune allusion.

L'espace de quelques années, sous les abbatiats de Guillaume et de Jean, les victorins eurent peut-être le sentiment de revivre un peu de ces heures glorieuses de l'abbaye, de ce temps béni où enseignaient Hugues, Richard et quelques autres. Même l'église, réparée et embellie[71], avait retrouvé une nouvelle jeunesse. Pour Jean, ce climat fut sans doute un encouragement à poursuivre son propre travail en accord avec son abbé et la communauté.

---

[71] F. BONNARD, *op. cit.*, I, p. 354.

CHAPITRE IV

L'auteur : le témoignage de l'œuvre

La documentation érudite dont nous pouvions disposer n'a donc pas livré l'identité exacte de Jean de Saint-Victor. Il y a une certaine frustration à ne pouvoir faire ce travail élémentaire qui consiste à présenter l'auteur du texte étudié. Une biographie établie de longue date, aux points de repère certains et reconnus, apporterait une sécurité à l'étude future de l'œuvre, comme un fil directeur permettant d'en saisir le sens caché. Il faut y renoncer. Ou plutôt doit-on mettre en œuvre la démarche inverse : deviner à travers le texte tout ce que l'auteur n'a pas voulu dire de façon explicite, traquer chaque détail permettant de le situer dans le temps, l'espace, au sein d'une société, d'une culture. La biographie, ou plutôt son esquisse, n'est plus alors un préalable à l'étude de l'œuvre, elle ne peut être écrite qu'une fois celle-ci bien avancée. Par le choix des sources et des sujets, par le témoignage personnel qui se dégage à un moment donné de la compilation, l'homme apparaît peu à peu derrière l'historien.

Pour mener cette enquête, tout en ayant pris en compte l'ensemble du *Memoriale historiarum*, on a cependant privilégié les soixante-dix, quatre-vingts dernières années de la chronique, soit à peu près la durée d'une vie. La curiosité était axée autour de quelques questions, certaines héritées du débat historiographique antérieur, telle la question des origines, d'autres suscitées par des travaux plus récents[1] : les relations sociales de Jean de Saint-Victor, l'espace dans lequel il évolue, la génération à laquelle il appartient, sa formation intellectuelle, ses activités ...

---

[1] B. GUENÉE, Préface à la réédition de la *Chronique du Religieux de Saint-Denis* par M. L. BELLAGUET, CTHS, Paris, 1994. Voir aussi du même auteur, *Entre l'Eglise et l'Etat, quatre vies de prélats français à la fin du Moyen Age (XIIIᵉ-XIVᵉ siècles)*, Paris, 1987, p. 7-47.

Il ne s'agissait pas de reconstituer une biographie (les érudits de ces trois derniers siècles l'auraient fait bien volontiers si cela avait été possible!), mais simplement de discerner quelques traits fondamentaux du personnage, plus encore, de retrouver derrière la construction intellectuelle de l'historien l'être social, l'homme de chair et de sang.

A – Dire ses origines

Pour un religieux, la prise d'habit est une véritable naissance, celle qui figure son entrée au Ciel. Pour un religieux, le monde a les dimensions du cloître auquel il a choisi de s'attacher. Pour un religieux, les frères constituent toute la famille et les relations sociales. Ne comptons donc pas sur Jean de Saint-Victor pour raconter une histoire personnelle qu'il tient, en vertu de ses vœux religieux, en retrait de son œuvre, en retrait de sa mémoire.

1. Dire son âge : un contemporain de Philippe le Bel

La question de l'âge est, de ce fait, des plus difficiles. Jean ne donne aucun point de repère chronologique le concernant. En donnerait-il qu'ils seraient sujets à caution, la date de naissance, l'âge exact d'un individu du XIVe siècle ne sont pas pour lui les éléments constituants d'une vie comme ils le sont pour nous[2]. Le souci du nombre exact progresse mais il n'est pas systématique. Jean de Saint-Victor peut indiquer sans se tromper la durée d'un règne ou d'un pontificat, l'âge auquel tel souverain a commencé à régner, auquel il est mort, mais les erreurs et les approximations restent fréquentes. Il y avait parmi les morts de Courtrai, dit-il, de jeunes chevaliers âgés de vingt-deux ans[3] et nous avons tout lieu de le croire car ce détail correspond à ce que nous savons de l'adoubement au début du XIVe siècle. Mais lorsqu'il nous dit que le roi Edouard d'Angleterre meurt à quatre-vingts ans et que lui succède son fils âgé de vingt-cinq ans, il commet une double erreur[4] et ce, à propos

---

[2] B. Guenée, *op. cit.* (1987), p. 41.

[3] *RHF*, XXI, p. 639.

[4] *RHF*, XXI, p. 648 : «Hoc anno, in finibus Scotiae, apud Carlolium obiit Edoardus IIII rex Anglorum, prudens siquidem et fortunatus princeps et in bellis expertus, in multisque bellis periculosis prosperatus, anno vitae circiter LXXX, regni vero sui XXVI inchoato, sepultusque Lundoniis in Vesti Monasterio cum praedecessoribus, in festo sancti Edoardi regis. (...) Ipsi autem Edoardo in regno Angliae et Hiberniae filius aequivocus, scilicet Edoardus quintus, ex comitissa Pontivensi successit, jam annos circiter XXV aetatis habens.» Edouard Ier, né en 1239, avait soixante-huit ans en 1307, et son fils en avait vingt-trois puisqu'il était né en 1284.

de personnages qui lui sont contemporains. En revanche, il donne avec raison une durée de trente-six ans au règne du même Edouard Ier. On peut mettre cela sur le compte de l'habitude de la diplomatique de dater les documents selon le nombre d'années du règne en cours, ou bien sur le choix qu'a fait Jean d'un système de datation qui enregistre ce type d'information. Mais, comme le remarque Jacques Paul dans son étude sur l'enquête en vue de la canonisation de Louis d'Anjou, les contemporains de Jean ont une conscience et une perception du temps qui privilégient la durée par rapport aux dates et à l'âge précis[5]. Néanmoins, ce dernier élément retient de plus en plus l'attention des historiens médiévaux même s'ils ne parviennent pas toujours à le fixer avec certitude.

La conscience des générations est davantage perceptible en particulier à travers le vocabulaire. Entre 1289 et 1322 le mot *juvenis* revient au moins quatorze fois sous la plume de Jean. Il y a visiblement à ses yeux un monde des «jeunes» bien distinct du sien. Comprendre la tranche d'âge à laquelle il applique ce terme pourrait donner une indication sur sa propre situation. En 1285, Philippe le Bel est appelé *juvenis rex*, il a dix-sept ans; mais en 1313 la même expression est appliquée à Edouard d'Angleterre, alors âgé de vingt-neuf ans; de même, Henri de Luxembourg est ainsi qualifié en 1308, à l'âge de trente-trois ans[6]. On s'aperçoit que la fourchette est large et long le temps de la jeunesse.

Il faut cependant se méfier de l'emploi du mot. *Juvenis* a parfois tout simplement le sens de «nouveau» dans le contexte d'une succession: Louis X est dit *rex juvenis*, Guy, comte de Blois est *juvenis comes Blesensis*[7]; le terme sert aussi dans certaines circonstances à distinguer un fils de son père lorsque tous deux portent le même prénom. Evoquant l'épouse du sire d'Ormoy, il dira qu'elle était la fille du «vieux» Mathieu de Trie. Celui-ci a en effet un fils homonyme qui lui succède dans l'office de grand chambellan. Il lui arrive d'ailleurs de confondre fils et pères: ainsi nomme-t-il Jean, le jeune comte de Hainaut Guillaume, fils de Jean II d'Avesnes, qui avait succédé à son

---

[5] J. PAUL, *Expression et perception du temps d'après l'enquête sur les miracles de Louis d'Anjou*, in: *Temps, mémoire, tradition au Moyen Age*. Actes du XIIIe congrès de la SHMESP, Aix-en-Provence (4-5 juin 1982), Aix-en-Provence, 1983, p. 21-41.

[6] *RHF*, XXI, p. 652: «Alberto, regi Alamanniae, per electionem solitam successit Henricus, comes Lucemburgi, juvenis, sed strenuus in armis.» Henri était né aux environs de 1275.

[7] *RHF*, XXI, p. 655. Il s'agit du fils aîné de Hugues VI de Châtillon qui succède à son père comme comte de Blois à la mort de celui-ci en 1303. L'expression est employée par Jean à l'année 1311 à propos de son mariage avec une des filles de Charles de Valois.

père cinq ans plus tôt[8]. L'emploi de *juvenis* dans le cadre de la succession des générations marque alors, plus fortement que l'appartenance à une tranche d'âge, le fossé qui sépare ceux qu'il a vus exercer les charges de l'Etat de ceux qui y parviennent. Pour Jean, Louis X, Edouard II, restent des *juvenes reges* bien au-delà de la mort de leurs pères. Ils représentent pour lui la jeune génération, alors que ses contemporains ont pour noms Simon Matifas, Etienne Bequart, Bertaud de Saint-Denis, Pierre de Belleperche, Pierre de Grès, tous fidèles serviteurs de Philippe le Bel. Or, après 1304 leurs rangs sont plus clairsemés[9]. Quant aux nouveaux venus de la vie politique il ne connaît pas leurs noms. Plus encore on a l'impression qu'après la mort de Philippe le Bel, il est moins bien informé sur ce qui se passe dans l'entourage royal. Ou du moins son information n'est-elle plus directe puisqu'il se sert essentiellement de la chronique de Geoffroi de Paris.

Indéniablement, Jean appartient à la génération des pères et ce n'est pas sans inquiétude qu'il voit arriver au pouvoir les fils. Ceux-ci ont à ses yeux les défauts inhérents à leur âge : la violence irréfléchie qui entraîne des jeunes nobles bourguignons récemment adoubés à se battre malgré l'interdiction du roi[10] ; l'incapacité à contrôler ses pulsions sexuelles qui poussent Louis X à se remarier[11] quelques mois seulement après la mort de son père, oublieux des conseils de celui-ci. Il se conduit comme un enfant (*admodum puerilis*). Le jugement de Jean est tout aussi sévère en 1316 dans le récit de la mort brutale du roi :

> «Après avoir joué longtemps comme un enfant à lancer le javelot, il eut chaud ; obéissant sans réfléchir à son penchant naturel et impulsif, il se fit conduire dans une cave très froide et y but du vin sans aucune retenue ; le froid saisit ses entrailles, il dut aussitôt s'aliter et mourut à la vigile de la Trinité. Et il était chevalier depuis trois ans à peine.»

---

[8] *RHF*, XXI, p. 653, note 10. Jean a pu également confondre Guillaume avec son frère aîné Jean sans Merci, comte d'Ostrevant, mort en 1302. Ceci confirmerait de toute façon sa mauvaise connaissance de la génération des fils.

[9] Simon Matifas meurt en 1304, Bertaud de Saint-Denis en 1307, Pierre de Belleperche en 1308 et Etienne Bequart en 1309.

[10] *RHF*, XXI, p. 652 (1308) : «Dissensione orta inter nobiles viros, sed aetate juvenes novosque milites, Odardum, dominum Montis Acuti, et Erardum, dominum Sancti Verani, natione Burgundos, commissum est bellum ...»

[11] *RHF*, XXI, p. 661 (1315) : «Hoc etiam anno, rex novus misit nuncios solempnes ad regem Siciliae, ut sibi mitteret Clementiam, neptem suam, filiam regis Hungariae, fratris sui, proponens eam accipere in uxorem : quam dum diutius expectaret, juvenili ardore accensus fraena incontinentiae laxavit. Largus erat et prodigus et admodum puerilis, licet a patre super hoc fuisset pluries, dum viveret, castigatus.»

L'auteur partage ici les sentiments de Geoffroi de Paris[12] dont il s'inspire très largement : la jeunesse est vue comme le temps de la démesure, de l'impulsivité. En raison de son ignorance et de son inexpérience le jeune n'est pas un interlocuteur valable mais il est parfois un pion dans la stratégie des plus âgés. Ainsi, en 1318, les négociations entre le roi de France et les Flamands échouent-elles une fois de plus. En effet, les envoyés de Philippe V et ceux de Jean XXII n'ont rencontré à Compiègne que deux jeunes gens dépourvus d'instructions et pour tout dire égarés dans cette affaire[13]. Le jeune, pour être admis dans la société et être respecté, doit avoir fait ses preuves. C'est ce à quoi est parvenu Guillaume de Hainaut en combattant avec honneur contre les Flamands en 1309[14]. Plus que la succession comtale qu'il a reçue quatre ans auparavant, plus que le mariage qu'il a contracté en 1305 avec Jeanne, la fille de Charles de Valois, plus que la paternité[15], c'est par le comportement honorable au combat, par l'attitude digne d'un chevalier noble, que le jeune est enfin reconnu par ses aînés. Les jeunes dont Jean parle appartiennent tous à la noblesse et si le regard porté sur eux est souvent négatif, il leur reconnaît cependant le courage, l'ardeur militaire : *juvenis sed strenuus in armis* écrit-il en 1308 au moment de l'élection impériale d'Henri de Luxembourg[16]. Plus encore, ces jeunes chevaliers sont beaux à ses yeux, ils sont dans la fleur de leur âge, ils sont l'avenir du royaume et leur mort prématurée, sur le champ de bataille[17] ou dans des circonstances stupides, est

---

[12] *RHF*, XXI, p. 663 : «Cum *sicut puer ad jactum pilae* diu laborasset admodumque fuisset calefactus, indiscrete sequens sensibilem appetitum, in quamdam frigidissimam caveam est adductus, et sine mensura bibit vinum; frigus eum usque ad viscera penetravit, et statim decumbens in lecto obiit in vigilia Trinitatis; et ita vix per triennium miles fuit.» Le passage est repris de la *Chronique métrique* de Geoffroi de Paris (v. 7669-7690) sauf les mots *soulignés* propres à Jean. Dans le reste du chapitre, ce système désignera les ajouts apportés par le victorin à ses sources.

[13] *RHF*, XXI, p. 667 : «Sed venientes Compendium, neminem pro parte Flamingorum invenerunt nisi duos juvenes, qui dixerunt se non esse missos ad aliquid ordinandum ; sed dixerunt : "Animalia perdidimus, et venimus ad quaerendum." Et sic delusi tam papales nuncii quam regales ad propria reversi sunt.»

[14] *RHF*, XXI, p. 653 : «Johannes, juvenis comes Hanoniae, contra quosdam Flandrenses et alios ei injuriari volentes hoc anno et precedenti dicitur mirabiles egisse probitates.»

[15] *RHF*, XXI, p. 653, note 3. Les éditeurs signalent le mariage de 1305 et précisent que le fils premier-né de Guillaume s'appelle Jean.

[16] *RHF*, XXI, p. 652.

[17] Voici par exemple un extrait de la liste des morts de Courtrai, *RHF*, XXI, p. 639 : «... filius etiam Iohannis comitis Hannoniae, novus miles, et filius dicti domini Godefridi de Brabantia, ambo milites novi et juvenes pulcherrimi circiter XXII annorum.»

toujours vécue comme un gâchis[18]. Déjà dans son récit du désastre de Courtrai, il avait pleuré les fils après les pères : s'il ne peut nommer que par rapport à leurs pères le comte de Hainaut et Godefroid de Brabant, il sait leur âge et leur récent adoubement (*ambo milites novi*). Ils étaient les espoirs de leurs pères, de toute la noblesse française et plus largement du royaume. Le drame de la mort des pères est aggravé par celui de la disparition prématurée des fils.

Sur ce monde des jeunes, Jean pose donc le regard des pères. Mais ces pères ne sont pas pour autant des vieux prêts à être emportés par la mort. Agé de cinquante-six ans, Philippe le Bel meurt prématurément (*mortuus est ante tempus*) et le pouvoir, l'ordre du royaume, en sont fragilisés[19]. La vieillesse vient plus tard. C'est un fait que le chroniqueur note, moins fréquemment il est vrai que la jeunesse, mais dont il tient compte dans sa présentation de certains personnages. Elle correspond chez lui à la tranche d'âge entre soixante-dix et quatre-vingts ans. Nous en relevons trois exemples entre 1285 et 1322. L'imprécision, l'inexactitude sont tout aussi courantes pour cette tranche d'âge que pour celle des jeunes. Pierre de Morone, dont il nous dit qu'«il avait soixante-dix ans et plus» lorsqu'il est devenu pape, en avait en fait soixante-dix neuf[20]. En revanche, Jean attribue quatre-vingts années à Edouard Ier mort à soixante-huit ans[21] ; quant à Matthieu Rufus, créé cardinal par Urbain IV (1261-1264) et mort en 1304, il appartient sans hésitation aux «temps anciens» pour lesquels l'auteur n'a pas de souvenirs personnels[22].

Jamais il ne reproche aux vieux d'être vieux. Il y a bien sûr la très grande vieillesse, celle de la déchéance physique, qui met dans l'incapacité d'exercer une charge : le pauvre Eudes de Saint-Denis, homme d'une grande science, se rend à Rome pour être confirmé sur le siège épiscopal de Paris ; il est refusé par le pape parce que, dit-on, sa main

---

[18] Cf. supra le commentaire qu'il fait avec Geoffroi Paris de la mort de Louis X : « ... et il était chevalier depuis trois ans à peine».

[19] Ce sont les propos qu'il prête à Charles de Valois lorsqu'il réécrit la scène entre Louis X et son oncle à Vincennes en 1315, *RHF*, XXI, p. 660 : «Quod perpendens dominus Karolus constanter dixit coram rege : "Nepos, nos sumus omnes confusi per unum hominem pessimum, qui est inter nos diu conversatus, per cujus maleficia sumus omnes ab omnibus maledicti. Iste fecit extorsiones, et recepta pecunia treugas Flamingorum in confusionem regni pluries impetravit: propter quae pater tuus in tantam devenit tristitiam quod mortuus est ante tempus. Iste Enjorannus causa est procul dubio ejus mortis, et hoc sum paratus probare quod ipse est fur et proditor regni tui."»

[20] Né en 1215, il est devenu pape en 1294.

[21] Le roi était né en 1239 et mourut en 1307.

[22] *RHF*, XXI, p. 644 : «Quarta die septembris obiit Perusii Mathaeus, cardinalis antiquus.»

tremble[23]. Mais ce cas dramatique est exceptionnel. L'âge n'est pas un défaut surtout lorsqu'il est contre-balancé par la solidité physique, l'expérience, la science et la sainteté. Jean de Saint-Victor remarque que Pierre de Morone (Célestin V) est parvenu sur le tard au souverain pontificat, cela ne le choque pas. Il a soixante-dix ans ou peut-être plus mais il est «sain de corps, homme de discernement et d'expérience»[24]. Le phénomène lui paraît tellement naturel qu'il omet parfois de le signaler. Ainsi de Jean XXII, qui devient pape à soixante-et-onze ans, retient-il seulement que sa petite taille est heureusement compensée par sa grande science et sa bonne moralité. Il est normal que les vieux exercent l'autorité et le pouvoir[25].

Doit-on noter que ces trois personnages dont Jean évoque plus ou moins précisément l'âge disparaissent à la charnière des XIIIe et XIVe siècles[26]? On ne retrouve pas dans la suite de la chronique de semblables allusions à la vieillesse. En revanche, c'est exactement à ce moment que se multiplie l'emploi de *juvenis*. Cela signifie-t-il qu'après, disons 1308-1314, l'auteur du *Memoriale* ne note plus la vieillesse parce que celle-ci lui est devenue familière, qu'il fait lui-même partie de ce monde des vieux alors que la jeunesse qui s'éloigne peu à peu lui devient étrangère? Cette constatation recoupe le renouvellement des serviteurs de Philippe le Bel et la transition que l'on perçoit, dans la chronique, entre le règne de ce roi et celui de ses fils. Sans pouvoir le démontrer avec certitude, l'impression se dégage peu à peu que Jean de Saint-Victor appartient bien à cette génération-là. Il doit être le contemporain du petit-fils de saint Louis, né peut-être quelques années avant lui, dans le dernier tiers du règne du saint roi. Les premiers détails originaux, les premiers souvenirs

---

[23] BnF, lat. 15011, fol. 451r-v : «Eodem tempore magister Odo de Sancto Dyonisio, vir magne etatis et profunde sciencie, electus est in episcopum parisiensem curiamque romanam ob hoc peciit sed inefficax rediit propter senii debilitatem et manuum tremorem ut dicitur ...»

[24] BnF, lat. 15011, fol 461v : «... vir mature scilicet LXX[a] annorum et amplius, ut dicebatur a multis, validus tamen et corpore, litterata quidam modice sed discrecionis bone et alicuius experencie.»

[25] *RHF*, XXI, p. 663 : «Eodem anno, cardinales ad concordiam pervenerunt et in Sabbato festum Sancti Laurentii praecedente dominum Jacobum de Portu, cardinalem, quondam Avenionensem episcopum, in summum pontificem elegerunt, virum non multum magnum in statura, sed in scientia magnum, et habentem testimonium bonae vitae.» Jean XXII était né en 1245. Sur cette question, voir B. GUENÉE, *L'âge des personnes authentiques; ceux qui comptent dans la société médiévale sont-ils jeunes ou vieux?*, in: Fr. AUTRAND (Ed.), *Prosopographie et genèse de l'Etat moderne*, 1986, p. 249-279.

[26] Eudes de Saint-Denis meurt en 1306 (*Gallia Christiana*, VII, p. 115-116), Célestin V en 1296, deux ans après son élévation au souverain pontificat, et Edouard meurt, lui, en 1307.

personnels remontent à la fin des années 1280[27]. Ils ont tous trait à Paris, notre homme est déjà à Saint-Victor. Il doit avoir une vingtaine d'années. Il acquiert patiemment savoir, expérience et quelques relations. Peut-être suit-il durant ces années de jeunesse les cours de Gilles de Rome qui, revenu à l'augustinisme, devait être en faveur à Saint-Victor. Jean peut citer toutes les œuvres écrites par l'ermite de Saint-Augustin entre 1285 et 1300. Il est aussi l'un des rares, avec Jourdain de Saxe, à pouvoir donner la liste des questions quodlibétiques que l'éminent professeur soutint de 1286 à 1296[28].

Puis vient le temps de la maturité. Dans les premières années du XIVe siècle il est, peut-être de par sa fonction à Saint-Victor, en contact plus ou moins direct avec les tenants de l'autorité et du pouvoir tant dans l'Eglise qu'à la cour. Mais dès avant la fin du règne de Philippe le Bel, il perd son poste d'observateur privilégié et voit se mettre en place une nouvelle génération. C'est à peu près à cette époque, dans les années 1308-1311, qu'il se consacre à la rédaction du *Memoriale historiarum*. Il a alors, du moins le supposons-nous, entre quarante et cinquante ans. C'est donc en l'homme mûri par l'âge et l'expérience que naît l'historien.

2. La Normandie, berceau des origines ?

Jean ne cultive pas ses origines régionales. Tout au plus peut-on remarquer que sur les six personnages contemporains dont il donne l'origine géographique, trois sont des Normands : Ranulphe qui devient évêque de Paris en 1280, le confesseur du roi Nicolas de Fréauville[29] et Philippe de Marigny[30]. La Normandie est aussi l'une

---

[27] Il y a ainsi un détail intéressant qu'il mentionne dès la première version du *Memoriale* lorsqu'il donne le récit du martyre de sainte Ursule (Ars. 1117, fol. 154) : « ... earum enim quarumdam reliquie inde asportate sunt in dyocese Parisiensi circa annos Domini M°CC°LXXXVIII°.» Cet événement est confirmé dans les *AA SS, Octobris*, IX, p. 250-251. On y lit en effet une lettre de l'official de Cologne, datée de 1287, par laquelle celui-ci déclare «avoir remis les reliques à un certain Jean dit Nouilan, alias Eppa, appartenant à l'ordre de la Sainte-Croix, du couvent parisien du bienheureux Augustin».

[28] P. GLORIEUX, *Le répertoire des maîtres en théologie de Paris au XIIIe siècle*, 2 vols., Paris, 1933-1934, p. 140 et 147.

[29] BnF, lat. 15011, fol. 451r-v : «Eodem tempore magister Odo de Sancto Dyonisio (...) refutatus a papa et post ea Ranulphus, nacione Normannus, magister in theologia, factus est episcopus.» *RHF*, XXI, p. 639-640 : «Tunc itaque captus fuit apud Trecas magister Nicolaus, nacione Nomannus ...»

[30] *RHF*, XXI, p. 653 : «... et eodem anno Philippus de Marrigniaco, natione Northmannus, de Cameracensi episcopatu translatus est per papam et regem ad metropolitanam sedem Ecclesiae Senonensis.» Les autres personnages dont Jean donne l'origine géographique sont Simon Matifas (p. 633), «natus de Buissi juxta Suessiones», Gilles de Rome (p. 633), «nacione Romanus et Jean de Pouilly (p. 674) «nacione Picardus.»

des rares régions dont il connaît l'administration. Lors de l'émeute de Rouen en 1292, il précise qui sont les maîtres de l'Echiquier, serviteurs du roi de France dont l'autorité et la vie sont menacées[31]. On pourrait nuancer ces remarques en rappelant que les Normands constituent dans l'entourage de Philippe le Bel un groupe politique dont on connaît bien les solidarités[32]. Mais il faut alors remarquer que l'autre groupe régional, celui des Méridionaux, même si ses contours sont moins nets, n'apparaît pas dans le *Memoriale*. Ailleurs dans l'œuvre, on décèle encore deux indices qui vont dans le sens d'une piste normande : le récit de l'incendie du Mont-Saint-Michel en 1112 situe celui-ci dans le diocèse d'Avranches[33], détail ignoré de la source, la chronique de Sigebert de Gembloux ; c'est encore à propos du Mont-Saint-Michel que Jean donne une des très rares informations sur les distances : celui-ci, dit-il, est distant de la ville d'Avranches de six milles ou trois lieues[34]; enfin, lorsque, dans sa description géographique des différentes parties de la Gaule, il aborde la province ecclésiastique de Rouen, il introduit un curieux passage sur les environs de Sées, la forêt du Perche et Bellême[35]. Cette courte parenthèse, dont on ne retrouve pas l'équivalent ailleurs, ne peut se comprendre qu'en raison d'une certaine familiarité avec cette région.

Il est difficile d'avoir des preuves plus sûres de l'origine normande de Jean de Saint-Victor. Mais cette hypothèse correspond bien à l'image qu'il donne par ailleurs, celle d'un homme du Nord, bien implanté dans le domaine royal, mais dont le regard se tourne fréquemment vers l'ouest et, par delà la Manche, vers l'Angleterre.

---

[31] BnF, lat. 15011, fol. 461: «Apud Rothomagum minor populus propter malam toltam qua gravius solito permebatur contra magistros scatarii, regis Francie ministros, scilicet archiepiscopum Rothomagensem, episcopum Parisiensem, Aurelianensem, comitem Pontinensem, dominum Radulphum de Nigella, constabularium Francie et alios regis secretarios insurgens, ipsos in ipsius urbis castello obsedit, domumque collectoris illius pecunie infringens, res per plateas civitatis effudit sed per maiorem et cives ad mandatum magistrorum sedati sunt et eorum plurimi sunt suspensi.»

[32] J. FAVIER, *Philippe le Bel*, 2e éd. Paris, 1998, p. 36-38.

[33] BnF, lat. 15011, fol. 371v: «Hic combusta est ecclesia montis Sancti Michaelis in dyocesi Abrincensi et ecclesia Laudunensis incenditur et Baldricus episcopus eius urbis a civibus suis nequite perimitur.»

[34] Ars 1117, fol. 213v (711): «Distat autem dictum monasterium a civitate Abricensi fere VI milibus seu tribus leucis.»

[35] BnF, lat.15010, fol. 97v: «... Sagiensis in cuius confino vel dyocesi (ce terme est rajouté) sunt Percius silva famosa et comitatus Perticensis seu Alanconis et castrum quoddam nominatus Belesmus.»

B – La formation universitaire

Sous les abbatiats de Guillaume de Rebais et de Jean de Palai-seau, les victorins s'efforcent, nous l'avons dit, de reconquérir le ter-rain universitaire. C'est dans ce contexte que Jean rédige son *Memo-riale*, destiné, en priorité, à ceux de ses frères qui poursuivent des études. Mais Jean lui-même a-t-il reçu une formation universitaire ? Quelles sont les relations qu'il entretient avec l'*Alma Mater* ? Pour tenter de répondre à cette question, les investigations ont été menées dans deux directions : des sondages dans les archives universitaires, puis un relevé systématique dans le *Memoriale* du vocabulaire de l'enseignement, des lectures universitaires, des noms de maîtres et des événements où l'Université et ses membres avaient une part.

1. Les archives de l'Université

Faute de connaître l'identité précise de l'auteur du *Memoriale*, la recherche dans les répertoires universitaires[36] paraissait un peu vaine. Elle fut cependant entreprise par l'interrogation des index aux diffé-rentes entrées possibles : *Iohannes Bouin* ou *Baüyn, Iohannes Parisien-sis* et *Iohannes de Sancto Victore*. Un *Iohannes de Sancto Victore,* étu-diant en théologie appartenant à la nation française, figure effectivement sur un rôle de l'Université de Paris présenté à Avignon le 22 mai 1349[37]. Mais la date de ce document, si elle est en accord avec les notices biographiques proposées par Jean de Thoulouze et Simon Gourdan[38], paraît bien trop postérieure à la chronologie du *Memoriale* pour pouvoir concerner son auteur. Autre détail gênant : le rôle précise que maître Jean de Saint-Victor est un clerc originaire du diocèse de Mâcon. Or, rien dans la chronique ne permet de conforter l'hypothèse d'une telle origine géographique et, nous venons de le voir, les quelques suggestions que l'on peut faire sur cette question conduisent bien loin de la Bourgogne ... En raison de ces deux élé-ments, il semble préférable de ne pas tenir ce personnage pour l'auteur du *Memoriale historiarum*[39].

---

[36] Les références à ces différents répertoires sont données dans la bibliographie.

[37] *Cart. Univ. Parisiensis*, II, 1°, 1165, 635 : «Magistro Johanni de Sancto Victore, Masticonen. dyoc. clerico, cursori in theologia.»

[38] Cf. le chapitre II.

[39] En revanche, ce document conforte l'existence du Jean de Saint-Victor de Thou-louze et Gourdan ; il indique aussi le maintien des études à Saint-Victor au milieu du XIVe siècle.

En revanche, il faut verser au dossier un article publié en 1933 par Mgr. Palémon Glorieux à propos du manuscrit latin 1086 conservé à la Bibliothèque Vaticane[40]. Il s'agit d'un manuscrit ayant appartenu à Prosper de Reggio de l'ordre des ermites de Saint-Augustin. Or, avant d'être nommé par le chapitre général de Rimini examinateur des *studia* italiens des Augustins (1318), ce maître en théologie avait passé de nombreuses années à Paris pour obtenir ses grades universitaires. C'est au cours de ce long séjour parisien qu'il fit copier par un ou deux scribes les folios 101-325v dudit manuscrit. Ce sont des *reportationes,* des notes prises au fil des disputes, ordinaires ou extraordinaires, auxquelles pouvait assister tout étudiant en théologie. L'ensemble est séparé en deux groupes, A et B, correspondant respectivement aux questions soutenues au cours de l'année 1311-12 et à celles de l'année 1313-1314[41]. Il y a là 498 questions dont l'étude, comme le remarque Palémon Glorieux, permettrait d'éclairer avec beaucoup d'intérêt le travail de la faculté de théologie au début du XIVe siècle et plus largement l'histoire littéraire de cette période.

Or, dans le groupe A on relève les noms de Gérard de Saint-Victor et de ... Jean de Saint-Victor[42]. Du premier de ces deux noms Palémon Glorieux dit que ce personnage est connu comme maître en théologie dès 1304 et qu'il est encore en exercice en 1312-1313. Ceci corrrespond tout à fait à ce que nous savons de Gérard d'Epaumesnil par les documents victorins datant de l'abbatiat de Jean de Palaiseau[43]. En revanche, il faut examiner s'il est possible que l'auteur du *Memoriale* se cache derrière ce *Iohannes de Sancto Victore* maître en exercice à la faculté de théologie en 1311-1312. Il existe à première vue deux arguments favorables : on peut imaginer Jean de Saint-Victor ait abandonné l'enseignement vers 1312 pour laisser la place à Gérard (d'où le décret capitulaire de février 1312 réorganisant les études) et pour se consacrer à la rédaction de son *Memoriale* ; les noms de Gilles de Rome et de Jean de Pouilly font également partie

---

[40] P. GLORIEUX, *A propos de «Vatic. lat. 1086», le personnel enseignant de Paris vers 1311-14,* in : *RTAM,* 5 (1933), p. 23-39. Je dois à l'amitié de Nathalie Gorochov d'en avoir eu connaissance.

[41] P. GLORIEUX, *art. cit.,* p. 24-27.

[42] P. GLORIEUX, *art. cit.,* p. 27 et 35. La question 207 lui est nommément attribuée. Le problème se pose pour les questions 143, 179-182 (groupe A), 214-216 (groupe B) attribuée à un énigmatique «Ma. Io.», p. 30-31 et 35.

[43] P. GLORIEUX, *art. cit.,* p. 28. Cf. supra chapitre III.

du groupe A et Jean, le chroniqueur, les évoque dans le *Memoriale*. Le premier[44] est né à Rome en 1243. Il est peut-être apparenté aux Colonna. Il entra chez les ermites de Saint-Augustin vers 1258. Envoyé faire ses études à Paris, il eut pour maître Thomas d'Aquin. Bachelier sententiaire en 1276, il prend la défense de son illustre frère lorsque celui-ci fut condamné en 1277 par l'évêque de Paris, Etienne Tempier. Cette solidarité intellectuelle faillit lui coûter sa carrière. Il dut retourner en Italie où il demeura de 1279 à 1285, très apprécié de son ordre. En 1285, ayant accepté de se rétracter et de se rallier à l'augustinisme traditionnel, il retrouve son enseignement comme maître en théologie à l'Université de Paris. C'est incontestablement au cours de ces dix années d'enseignement, qui précédèrent son élection au siège archiépiscopal de Bourges (avril 1295), que Jean fit sa connaissance. En effet, il cite toutes les œuvres de ce théologien composées au cours de cette période. Gilles de Rome fut-il son professeur ? On peut le penser car parmi les textes évoqués on en trouve plusieurs ayant forme d'exercices universitaires. Souvenons-nous encore que l'auteur du *Memoriale* est le seul, avec Jourdain de Saxe, a pouvoir donner la liste des six questions quodlibétiques soutenues par Gilles de Rome entre 1286 et 1296[45]. Par ailleurs, prieur général des ermites de Saint-Augustin depuis 1292, Gilles était devenu un voisin de Saint-Victor. A cette proximité géographique s'ajoutaient certainement des affinités intellectuelles : rallié à l'augustinisme, présentant les idées d'Aristote et de Thomas d'Aquin avec modération et finesse, jouissant par ailleurs d'une grande réputation de sainteté, il avait su conquérir l'attention et le respect des victorins. Ceux-ci acquirent très vite ses œuvres pour leur bibliothèque où il devint un des auteurs de référence[46]. A travers l'énumération des œuvres on sent l'intérêt de Jean pour ce théologien en qui il célèbre la réconciliation réussie de la théologie et de la philosophie[47]. Cet esprit

---

[44] Art. *Gilles de Rome*, in : *DLF*, p. 543.

[45] P. GLORIEUX, *op. cit.*, p. 140 et 147.

[46] Tous les textes cités par Jean se retrouvent dans la bibliothèque de Saint-Victor sauf le *De arcu et corda* et le *De differentia politicae, ethicae et rhetoricae*. Tous les manuscrits sont datés du XIVᵉ siècle. Plusieurs textes sont rassemblés au sein d'un même volume coté L 2 par Cl. DE GRANDRUE. V. GERZ VON BUREN, *Etude des classements de bibliothèques anciennes pour essayer de comprendre le rôle culturel de la bibliothèque Saint-Victor de Paris*, in : *Codices manuscripti*, Jg. 12/1986, Heft 1, annexe 2, p. 21, relève vingt-sept textes de cet auteur présents à Saint-Victor et le classe de ce fait parmi les auteurs importants lus à l'abbaye.

[47] *RHF*, XXI, p. 633-634 : «... doctor egregius in theologia et philosophia, (...) qui gemina scientia efficacissime clarens, plura volumina subtiliter et satis faciliter composuit.»

original et mesuré, indépendant et fécond l'avait séduit. Comme pour souligner son autorité il note sa présence au procès de Jean de Paris[48]. En revanche, la suite de sa carrière ne retient pas son attention : il ne dit rien du traité *Contra exemptos* écrit dans les années 1311-1312 à l'occasion du concile de Vienne, il ne dit rien de son rôle lors du procès des Templiers[49] ni dans celui de Pierre Jean Olivi dont il parle pourtant. Quant au soutien apporté par Gilles à Boniface VIII, il était délicat d'en faire mention alors même que Saint-Victor adoptait plutôt le parti du roi de France. Parmi les œuvres énumérées par Jean, il manque à coup sûr le *De papali potestate et regali*, pourtant présent dans la bibliothèque de l'abbaye et qui fut un des textes-sources de la bulle *Unam Sanctam*. Sa mort en 1316 est passée sous silence[50].

On peut donc trouver quelques arguments en faveur de la similitude d'identité entre ce Jean de Saint-Victor maître en théologie et l'auteur du *Memoriale*. Mais, si Jean a peut-être écouté l'enseignement de Gilles de Rome, cela ne signifie pas pour autant qu'il a enseigné en même temps que lui. Quant à Jean de Pouilly, son témoignage est encore plus fragile. Jean de Saint-Victor rapporte ses thèses et leur condamnation, il cite la bulle de Jean XXII, *Vas electionis*, mais ne fournit aucun indice permettant d'affirmer qu'il a connu personnellement ce personnage[51]. Si on doit prendre en considération cette hypothèse, il convient de le faire avec beaucoup de prudence. Le silence total des sources victorines est bien gênant. Par ailleurs, il semble que si Jean de Saint-Victor, chroniqueur, avait aussi été maître en théologie, cela se serait traduit plus nettement dans son œuvre historiographique. Or, ce n'est pas le cas. Ajoutons que depuis la seconde moitié du XIIe siècle, le passage de la théologie scripturaire à la théologie spéculative avait éloigné les théologiens de l'histoire. Dès lors, très rares étaient ceux qui avaient mené, en parallèle ou succes-

---

[48] *RHF*, XXI, p. 645.

[49] J. FAVIER, *op. cit.*, p. 462 : lors de l'entrevue de Poitiers le 26 mai 1308, il aurait poussé le pape à la condamnation de l'ordre.

[50] En 1317 (*RHF*, XXI, p. 666), Jean évoque une délégation pontificale envoyée en France à propos des négociations de paix avec les Flamands. Elle est composée, dit-il, de l'archevêque de Bourges et du maître des Prêcheurs mais il ne précise pas que l'archevêque n'est pas Gilles, mort depuis quelques mois. Le nouveau primat s'appelle Renaud de Porte.

[51] *RHF*, XXI, p. 674.

sivement ces deux activités intellectuelles[52]. Dans ce cas, Jean de Saint-Victor serait une figure d'exception tout à fait intéressante que l'on pourrait expliquer par le maintien de l'influence hugonienne à Saint-Victor.

La question reste donc ouverte. En revanche, la lecture du *Memoriale* témoigne qu'il n'a pas besoin d'un titre de docteur pour vivre en contact avec le milieu universitaire.

2. Dans l'œuvre, une présence diffuse mais familière de l'Université

L'Université de Paris, c'est avant tout une communauté de maîtres et d'étudiants, mais au sein de laquelle les initiatives, le rôle de représentation, bref les actes dignes d'être mentionnés, reviennent presque exclusivement aux premiers.

a) Les maîtres

Jean livre dix-huit noms de *magistri*. Dans la moitié des cas il précise la faculté à laquelle appartient l'individu. On compte ainsi six juristes et trois théologiens. Mais en réalité, sur l'ensemble des noms cités sans que soit davantage précisé le grade universitaire, les théologiens sont les plus nombreux : onze contre sept juristes. Il semble que dans certains cas (Adenulphe d'Anagni, Bertaud de Saint-Denis, Jean Lemoine ...) l'appartenance à la faculté de théologie va tellement de soi qu'il n'est pas nécessaire de la rappeler. Ces grands personnages, à l'époque où Jean écrit, ne peuvent être que des théologiens. Les juristes se rencontrent essentiellement dans l'entourage du roi. Pierre de Mornay, Pierre de Belleperche et Pierre de Grès sont des légistes du roi. Jean les évoque comme membres du Conseil royal et non comme professeurs. Seul, Guillaume de Nogaret est désigné comme *quidam professor legum*[53] mais l'emploi d'un pronom indéfini indique que, si Jean le connaît, il n'entend pas le reconnaître comme un personnage qui lui serait familier. Quant à Simon Matifas, dit lui

---

[52] Mireille Chazan a cependant signalé le cas, à la fin du XIIe siècle, de Nicolas d'Amiens qui, maître en théologie, disciple de Gilbert de la Porrée, fut aussi l'auteur d'une continuation à la chronique de Sigebert de Gembloux. Sur ce personnage, voir la notice du *DLF*, p. 1059-1060 et M. CHAZAN, *L'idée d'Empire dans les chroniques universelles écrites en France de la fin du XIIe siècle au début du XIVe siècle* (1995), exemplaire dactylographié, p. 607-618. Mais avec Nicolas d'Amiens, nous sommes encore dans les limites de la période où les théologiens éprouvaient certaines affinités pour l'histoire. Sur cette question, voir B. GUENÉE, *Histoire et culture historique dans l'Occident médiéval*, 2e éd., Paris, 1991, p. 29-35.

[53] *RHF*, XXI, p. 641.

aussi *professor legum*, et, ajoute Jean, *rector in decretis*[54], il apparaît avant tout comme évêque de Paris. Tous les autres sont simplement *in utroque jure peritus* ou *expertus*. Le théologien, lorsqu'il est nommé, est toujours *subtilis, famosus, expertus in multis scienciis*. La théologie est la science par excellence, celle qui a l'autorité. Le *Memoriale* souligne la présence de la faculté de théologie dans les grandes affaires du règne de Philippe le Bel, que ce soit dans la querelle avec Boniface VIII[55] ou lors du procès des Templiers[56]. Ceci est encore plus vrai lorsqu'il s'agit de questions proprement doctrinales[57]. La faculté de théologie est la seule pour laquelle il emploie le mot *facultas*[58], qu'il voit comme un corps de maîtres[59] ou de maîtres et de bacheliers[60]. Cette faculté lui est sans doute la plus familière. Après tout, c'est vers elle que se tournaient en priorité les étudiants victorins[61]. C'est en sa qualité de maître en théologie que Girard d'Epaumesnil fut consulté par le roi avec ses collègues au plus fort du procès des Templiers[62].

---

[54] *RHF*, XXI, p. 633.

[55] *RHF*, XXI, p. 638 (1302) : «Papa, agnita congregacionis causa et prelatorum responsione, per litteras papali bulla munitas, in Franciam directas, citavit ad curiam omnes regni Francorum prelatos magistrosque theologie et decretorum, precipiens eis districte quatenus in principio Novembris, omni excusacione postposita, omnes coram eo personaliter comparerent.» Guillaume de Nangis n'évoque cette convocation qu'à travers ses conséquences (I, p. 321). Il ne détaille pas les destinataires comme le fait Jean.

[56] *RHF*, XXI, p. 651 : «Parisiensis etiam Universitas, praecipue magistri in theologia requisiti expresse suam dare sententiam vel censuram, et mittere confessionem magistri Templi et quorumdam aliorum magnorum, Sabbato post Ascensionem Domini facta congregatione generali ...» Le continuateur de Guillaume de Nangis ne dit rien de cette consultation.

[57] Jean de Paris en 1305 (*RHF*, XXI, p. 645) et Pierre-Jean Olivi en 1326 (*RHF*, XXI, p. 664-665).

[58] *RHF*, XXI, p. 645 : «Frater Johannes Parisiensis, de ordine fratrum Praedicatorum, subtilis homo et expertus in multis scientiis, actuque regens in theologia, ponens de corpore Christi in sacramento altaris positionem novam et Parisius non consuetam audiri vel poni, ab episcopo Parisiensi, Guillelmo de Orillac, et magistris et bachalariis theologiae pluries auditus, tandem ab archiepiscopo Bituricensi Aegidio, et episcopo Ambianensi Guillelmo, et magistris theologicae facultatis, et multis aliis viris discretis examinata ejus positione, prohibitus est amplius legere et disputare Parisius.»

[59] *RHF*, XXI, p. 638, 651, 665.

[60] *RHF*, XXI, p. 638.

[61] F. BONNARD, *Histoire de l'abbaye royale et de l'ordre des chanoines réguliers de Saint-Victor de Paris*, 2 vol., Paris, 1904-1908, I, p. 346 rappelle les lettres patentes de 1309 par lesquelles l'Université reconnaissait «l'abbé et le couvent de Saint-Victor près Paris (...) comme bons et légitimes étudiants en théologie».

[62] Jean a sans doute bénéficié de ses confidences, F. BONNARD, *op. cit.*, p. 347 n. 4.

b) Un milieu

Mais l'Université n'est pas seulement constituée de ces maîtres qui sortent de l'ombre en certaines occasions. C'est aussi le monde des écoliers, avec ses conflits internes[63], son hostilité au prévôt du roi, ses grèves[64]. Tous les événements, grands et petits, concernant l'Université ont marqué Jean, il en a souvent noté la date avec beaucoup de précision. Après le cloître de Saint-Victor, c'est le milieu qui lui est le plus familier. C'est vraisemblablement dans ce cadre qu'il a assisté à certains événements : en 1305, Jean de Paris soutient une thèse sur l'Eucharistie devant les maîtres et les bacheliers en théologie. Jean paraît avoir entendu de ses propres oreilles ces «positions nouvelles que l'on n'avait encore jamais entendu à Paris»[65]. Ne peut-on imaginer qu'il était parmi ces bacheliers dont il tient à souligner la présence, ce que sa source ne faisait pas[66]?

De ce milieu, Jean maîtrise parfaitement le vocabulaire. Celui des institutions d'abord. Il évoque les facultés, les nations, distingue les docteurs des maîtres, peut préciser que Jean de Paris était régent en 1305. Mais aussi le vocabulaire spécifique des méthodes intellectuelles universitaires. Revenons à l'audition de Jean de Paris[67] : le verbe «entendre» (*audiri*), repris deux fois, met bien en évidence le primat de l'oral. Ensuite, l'auteur précise en quoi consiste la condamnation : on interdit à Jean de Paris d'exercer sa fonction d'enseignant dans ses

---

[63] BnF, lat. 15011, fol. 452v-453 : «Circa eadem tempora (1281) in parisiense universitate maxima fuit discordia et post pugna clericis namque Anglicis et Picardis (...) Extra Parisius fugere coegerunt Picardorum nacionem donec post ea pax inter facta fuit.» Cf. le continuateur de Guillaume de Nangis, I, p. 256.

[64] *RHF*, XXI, p. 642 : «Orta est Parisius discordia inter scholares Universitatis et praepositum Parisiensem, propter suspensionem injustam cujusdam scholaris a dicto praeposito nimis praecipitanter factam. Cessatum est a lectionibus in omnibus facultatibus, usquequo ipse praepositus, de praecepto regis, dictum *forefactum, secundum Universitatis libitum vel judicium, emendavit*. Et hoc fuit circa festum Omnium Sanctorum; *die namque Martis* (3 nov. 1304) *post festum Omnium Sanctorum* facta est resumptio lectionum.» Le continuateur de Guillaume de Nangis relate l'événement dans des termes assez proches mais, comme l'ont fait remarquer Guigniaut et Wailly dans leur édition (*RHF*, XXI, p. 642 n. 12), Jean reprend les mots exacts de la lettre de Philippe le Bel (Registre de la Chambre des comptes, P. 2288, fol. 246). Sans doute cette lettre a-t-elle circulé dans le milieu universitaire et Jean en a eu connaissance ou même l'a lue.

[65] *RHF*, XXI, p. 645 : «... ponens de corpore Christi in sacramento altaris positionem novam et Parisius non consuetam audiri vel poni ...»

[66] Ce passage se trouve également dans la continuation de Guillaume de Nangis (I, p. 348) qui donne le nom de quatre examinateurs (contre trois dans le *Memoriale*) et expose de façon plus détaillées les thèses mises en cause, cf. M. Chazan, *op. cit.*, p. 742. En revanche, le continuateur ne donne pas son opinion sur Jean de Paris et ne précise pas qu'il est régent.

[67] *RHF*, XXI, p. 645.

deux volets, la leçon (*legere*) et la dispute (*disputare*); il ne pourra plus ni commenter les autorités devant les étudiants ni permettre à ceux-ci d'approfondir une question par la mise en pratique de la dialectique[68]. La scène elle-même est assimilée à un examen (*examinata*) ou à une dispute de *quodlibet* au cours de laquelle un maître défend (*ponere*) ses thèses (*positionem*) devant un auditoire plus large qu'à l'ordinaire dans un débat contradictoire[69]. A travers ces quelques lignes du *Memoriale* se perçoit la familiarité que Jean entretient avec les pratiques scolaires ordinaires.

c) Les manuels scolaires

Dans une civilisation où le savoir est avant tout livresque, les lectures constituent les instruments fondamentaux de la formation intellectuelle et, pour l'historien, un outil de sondage indispensable. En dehors des sources proprement historiques, quels sont donc les ouvrages lus par Jean de Saint-Victor, quelles sont les références de sa pensée?

C'est dans la première partie du *Memoriale* que l'on repère des traces des manuels classiques de l'enseignement universitaire. Les bases de la théologie sont présentes. Les références à l'Ecriture sont fort nombreuses, mais elles passent bien plus souvent par le célèbre manuel d'histoire sainte rédigé par Pierre le Mangeur, l'*Histoire scolastique*. On rencontre aussi le *Livre des Sentences* de Pierre Lombard[70], autre ouvrage de base pour la formation du futur théologien, sorte de vade-mecum pour toutes les questions concernant la foi et le dogme. Puis viennent les études juridiques : deux ouvrages de droit canon, le *Digeste*[71], le *Décret*[72], un ouvrage de droit civil, le *Code*[73]. Il s'agit des textes les plus importants du corpus juridique, ils étaient réservés aux cours «ordinaires» des docteurs[74]. Parvenu dans son récit

---

[68] J. VERGER, *Les Universités au Moyen Age*, Paris, 1973, p. 60-61.

[69] J. VERGER, *op. cit.*, p. 61-62.

[70] BnF, lat. 15010, fol. 138 : «De secundis nuptiis : Item eodem titulo in codice libro V[to], item uter ipse secunde nuptie sint licite et possent fieri sine culpa nubentium et utrum sit ibi sacramentum tractatur Mag. in IIII° Sententiarum D. XLII[a] et in littera et questionibus doctorum ; fol. 153, De limbo patrum seu sinu Abrahe : De ipso quoque fit mentio IIII° Sententiarum D. XLV[a] ubi dicunt doctores in questionibus quod limbus patrum ...»

[71] BnF, lat. 15010, fol. 21, à propos de l'introduction des poids, mesures et lois humaines.

[72] BnF, lat. 15010, fol. 132, à propos de la femme de Loth: «Item Ambrosius in sermone quodam de ieiunio et est in decretis parte prima d. XXXV[a] sexto die», fol. 137v, à propos des secondes noces d'Abraham: «... in decretis XXXI[a] ca. q. I[a], de hiis.»

[73] BnF, lat. 15010, fol. 138 : «Item eodem titulo in codice libro V[to]...»

[74] J. VERGER, *op. cit.*, p. 58.

en 1303, Jean de Saint-Victor attribue à Boniface VIII la révision du
Sexte de Grégoire IX, ouvrage de droit canon dont il dit toute l'utilité[75] et dont les bacheliers se servaient lors de leurs leçons «extraordinaires»[76]. Il souligne à cette occasion le rôle joué dans l'élaboration
de ce texte par Raymond de Penyafort[77]. Cette demi-douzaine de
livres constituent les lectures obligées de tous les étudiants, c'est le
fond commun de connaissances indéfiniment ressassé et glosé[78].

c) Et la culture propre à Saint-Victor

Aux manuels du programme s'ajoute la lecture des Pères. Les
quatre grands docteurs de l'Eglise latine en premier lieu : Ambroise
de Milan dont Jean cite une œuvre exégétique, l'*Hexameron*[79], un
traité ascétique, le *De officiis*[80], une oraison funèbre, le *De excessu
Satiri*[81] et un sermon sur le jeûne[82]; Jérôme, dont il connait, à côté de
la *Vulgate* et des œuvres historiques, d'autres travaux bibliques tel le
De hebraicis nominibus[83], les textes polémiques, comme le *Contra Iovinianum*[84], et les sermons[85]. D'Augustin, mis à part quelques sermons,
il a essentiellement lu la *Cité de Dieu* qu'il utilise très largement. Mais
au XIVᵉ siècle quel est l'homme un tant soit peu cultivé qui n'a pas lu
ce livre[86]? A plus forte raison lorsque cet homme est un victorin,
nourri comme ses grands aînés Hugues[87] et Richard de la pensée de
l'évêque d'Hippone. A Saint-Victor, les œuvres de saint Augustin

---

[75] *RHF,* XXI, p. 641 : «Quem tractatum Sextum decretalium censuit appellari, et
cum quinque libris, a papa Gregorio IX jam dudum cum adjutorio fratris Raymundi de
Pennaforti compilatis, adjungi. Qui sextus liber multa continet satis breviter et subtiliter
edita, maxime necessaria cunctis viris ecclesiasticis et juristis.»

[76] J. Verger, *op. cit.*, p. 58.

[77] *DTC*, 13, 2 (1936), col. 1806-1829. La révision des décrétales réalisée par Raymond de Penyafort avait un caractère officiel à l'Université de Paris. Rappelons aussi
que c'est sur les instances de Raymond que Thomas d'Aquin rédigea la *Summa contra
Gentiles*. Raymond de Penyafort était mort en 1275 et sa cause de béatification fut introduite en 1297.

[78] J. Verger, *op. cit.*, p. 116.

[79] BnF, lat. 15010, fol. 17v : «Ambrosius in exameron libro».

[80] BnF, lat. 15010, fol. 140 : «Ambrosius in Iº de officiis».

[81] BnF, lat. 15010, fol. 63 : «Ambrosius de excessu Satiri».

[82] BnF, lat. 15010, fol. 132 : «Item Ambrosius in sermone quodam de ieiunio ...»

[83] BnF, lat. 15010, fol. 126, à propos de la troisième promesse faite à Abraham.

[84] Ce texte est très souvent cité, BnF, lat. 15010, fol. 42, 140...par exemple.

[85] BnF, lat. 15010, fol. 40v, à propos de Babylone : «Ieronimus sermo Dan. lib. 5.».
Sans doute s'agit-il ici de l'*exposition sur la prophétie de Daniel*, texte contenu dans le manuscrit BB 3 (BnF, lat. 14849).

[86] B. Guenée, *L'Occident aux XIVᵉ et XVᵉ siècles. Les États*, 5ᵉ éd., Paris, 1993, p. 101.

[87] Voir sur cette question l'article de Luce Giard, *Hugues de Saint-Victor : cartographe
du savoir*, in : J. Longère (Ed.), *L'abbaye parisienne de Saint-Victor au Moyen Age*, (*Bibliotheca Victorina*, 1) Turnhout, 1991, p. 253-269.

font partie d'un fond très ancien[88] que l'on propose à la lecture et à l'audition quotidienne à l'église, au cloître ou au réfectoire. On réservait le même et large usage aux sermons et *moralia* de Grégoire le Grand[89] et il ne faut donc pas s'étonner de la familiarité que Jean paraît avoir de ces textes.

A ces quatre grands docteurs de l'Eglise latine, valeurs sûres et obligées, viennent s'ajouter d'autres noms. Celui de Bède par exemple, dont Jean mentionne au moins deux homélies[90]. Sans doute l'autorité du théologien prévaut-elle sur celle de l'historiographe, du moins sait-il que la science de cet auteur s'est d'abord tournée vers l'Ecriture sainte[91]. Avançant dans le temps, nous arrivons au XIIe siècle. Mais là, alors que nous attendrions de Jean qu'il ait une bonne connaissance de Hugues et de Richard, nous constatons qu'il n'a lu d'eux que les textes qui lui sont directement utiles pour son travail : la chronique de Hugues et le *Liber Exceptionum* de Richard. S'il est capable de donner d'autres titres (et encore le fait-il à l'aide du *Speculum historiale* de Vincent de Beauvais), il ne les a visiblement pas lus[92]. Il n'a peut-être pas lu non plus l'œuvre de saint Bernard mais il cite volontiers le *De consideratione* et certains sermons[93], puisant sans doute dans des florilèges. L'autorité et le rayonnement de l'abbé de Clairvaux sont incontournables, son vocabulaire imagé et le rythme éblouissant de ses phrases ont su charmer l'amateur de beau style qu'est Jean[94].

Augustin, Ambroise, Jérôme, Grégoire, Bède et Bernard, nous retrouvons là les «auteurs importants de Saint-Victor»[95]. Augustin, l'auteur le plus représenté dans la bibliothèque de l'abbaye, est à la

---

[88] Fr. GASPARRI, *Scriptorium et bureau d'écriture de l'abbaye de Saint-Victor de Paris*, in : J. LONGÈRE (Ed.), *L'abbaye parisienne de Saint-Victor au Moyen Age*, (*Bibliotheca Victorina*, 1) Turnhout, 1991, p. 119-139, p. 127-128.

[89] BnF, lat. 15010, fol. 11 : «Gregorius in omelia de LXX[a] scilicet de operariis in vineam missis»; BnF, lat. 15010, fol. 21 : «Gregorius XXI[a] Moralia in Job XXXI°.»

[90] BnF, lat. 15010, fol. 11, à propos de la translation d'Adam dans le Paradis terrestre : «Sic ponit plane Beda in omelia de circumcisione.»

[91] B. GUENÉE, *op. cit.* (rééd. 1991), p. 52, rappelle que parmi les trente-cinq œuvres de Bède, on trouve vingt commentaires de l'Ecriture, six textes sur le comput et la mesure du temps, deux œuvres hagiographiques et seulement deux œuvres historiques.

[92] Cf. les notices que Jean développe sur chacun de ces auteurs au moment de leur mort, pour Hugues, BnF, lat. 15011, fol. 383v-384 et pour Richard, Ibid., fol. 384.

[93] BnF, lat. 15010, fol. 15v.

[94] Art. *Bernard de Clairvaux*, in : *DLF*, p. 145-149.

[95] V. GERZ VON BÜREN, *art. cit.*, annexe 2. Les auteurs présents dans le catalogue de Grandrue sont classés selon le nombre de mentions de leurs œuvres. Ceux qui sont présents par au moins dix mentions sont ensuite regroupés et déclarés «auteur important». Augustin est mentionné 578 fois, Jérôme 145, Bernard 80, Bède 65, Grégoire le Grand 52, Ambroise 27 fois.

racine de toute la pensée, de tout l'enseignement victorin. Tous ces auteurs sont des commentateurs de l'Ecriture sainte, chacun étant plus particulièrement associé à l'un de ses quatre sens[96]. Les lire tous, c'est suivre exactement le parcours d'étude proposé par Hugues dans le *Didascalicon* aux étudiants désireux d'obtenir la sagesse, le plus précieux des biens[97]. On aura noté également dans ce choix de lectures l'importance des sermons ; car à Saint-Victor la *lectio* conduit moins à la contemplation qu'à la prédication[98].

Les lectures de Jean sont très traditionnelles, rien n'indique qu'il soit sorti des sentiers autorisés. En fait, la liste relevée plus haut correspond à peu près à celle qu'il donne lorsqu'il évoque les ouvrages confirmés en 1215 au quatrième concile du Latran : Anselme de Canterbury, Bernard, les victorins, *les Sentences* auxquelles il ajoute des gloses sur les épîtres et les psaumes, et l'inévitable *Histoire scolastique*.

La théologie est pour lui un objet d'étude, d'enseignement, une matière au programme, jamais un objet de spéculation. Les grands débats qui agitent son époque le laissent assez froid. Lorsqu'il évoque l'interrogatoire que les docteurs de l'Université firent subir à Jean de Paris en 1305, il fait plus preuve de curiosité («une proposition nouvelle, que l'on n'avait pas coutume d'entendre à Paris») qu'il ne prend parti ou ne développe la thèse présentée puis condamnée[99]. De même, quand il rapporte le conflit sur la pauvreté divisant les franciscains. Il ne cherche pas à savoir en quoi les Spirituels sont hérétiques. Il adhère sans réserve à la répression organisée par le pape et les instances de l'ordre. Par ailleurs, il ne cite jamais les grands théologiens du XIIIe siècle et en particulier Thomas d'Aquin ou Albert le Grand. Tout juste saint Bonaventure et encore est-ce pour signaler qu'il fut élevé au cardinalat[100]. S'il connaît leurs œuvres, c'est plus par leurs commentateurs. Ainsi Gilles de Rome, disciple de Thomas d'Aquin, qu'il évoque à plusieurs reprises et dont il cite les œuvres[101].

---

[96] V. Gerz von Büren, *art. cit*, p. 5-6, s'appuyant sur saint Bonaventure, rappelle qu'Augustin est associé au quatrième sens, celui de l'anagogie dont Hugues dit dans le *Didascalicon* qu'il est le toit de l'édifice mental ; l'œuvre de Jérôme est assimilée au premier sens (historique), «fondement de l'édifice spirituel» selon Hugues ; Grégoire représente le sens tropologique ou moral et Ambroise l'interprétation allégorique.

[97] Hugues de Saint-Victor, *L'art de lire, Didascalicon*, introduction, traduction et notes par M. Lemoine, Sagesses chrétiennes, Paris, 1991.

[98] J. Longère, *La fonction pastorale de Saint-Victor à la fin du XIIe et au début du XIIIe siècle*, in : J. Longère (Ed.), *L'abbaye parisienne de Saint-Victor au Moyen Age*, (*Bibliotheca Victorina*, 1) Turnhout, 1991, p. 291-313.

[99] *RHF*, XXI, p. 645.

[100] BnF, lat. 15011, fol. 449v.

[101] *RHF*, XXI, p. 633-634 (1294).

L'homme est donc au moins teinté de théologie. Mais nous avons aussi relevé plus haut quelques ouvrages juridiques, essentiellement de droit canon. Faut-il pour autant en conclure que Jean de Saint-Victor reçut également une formation de décretiste ? C'est possible, mais si tel est le cas, il semble qu'elle ne fut pas poussée très loin. Les grands sujets de réflexion ne sont jamais abordés sur le fond. Disons plutôt que notre chanoine évolue dans un contexte où le droit, qu'il soit civil ou d'Église, prend une place toujours plus grande. On ne peut plus ignorer ces légistes qui «envahissent» le gouvernement de Philippe le Bel. Surtout, il n'est plus possible, dans un monde où le droit infiltre tout, de ne pas avoir les bases nécessaires à la gestion d'une maison religieuse, à la défense de ses privilèges devant la cour pontificale. De là l'intérêt croissant pour les textes qui y sont rédigés. Heureusement de nouveaux instruments de travail (abrégés, répertoires, manuels) rendent plus facile l'accès au *corpus Juris canonici*. C'est bien utile aussi pour la pastorale. Or, Saint-Victor assure la pénitencerie du monde universitaire. Ceux de ses chanoines qui ont charge de confesser ont besoin de la science canonique pour connaître certains cas. De là peut-être les remarques que l'on relève dans le *Memoriale* à propos des secondes noces ou de l'usure[102].

Bref, Jean de Saint-Victor, sans en être un ténor, a subi l'influence de l'Université. C'est un monde familier auquel il est attentif (les grèves), il en connaît les grandes figures (le chancelier Bertaud de Saint-Denis, Gilles de Rome), les respecte ; il est imprégné des méthodes universitaires, d'un enseignement de base. Elle a fait de lui une sorte de «généraliste» en droit et en théologie. Cette dernière matière l'attire, semble-t-il davantage, il en a une meilleure connaissance. Son vocabulaire est plus flatteur à l'égard de ceux qui en sont les spécialistes ; ce n'est pas sans intérêt qu'il suit les affaires qui touchent des théologiens contemporains, Jean de Paris, Pierre Jean Olivi ou Jean de Pouilly. Mais il se peut que cette attitude corresponde tout simplement à la tradition de la maison à laquelle il appartient et au sein de laquelle il reçoit un complément intellectuel puisé dans le trésor que Saint-Victor s'est constitué au cours des deux derniers siècles. Par ses études il est au carrefour des débats qui secouent l'Université et le monde des théologiens d'une part et de la tranquille tradition victorine d'autre part. Par son œuvre, nous le verrons, il participe à l'évolution de cette dernière.

---

[102] BnF, lat. 15010, fol. 137v–138. C'est à ces occasions que Jean cite les *Décrets*, cf. supra n. 70

C – Le cadre de vie : Paris et l'Ile de France

L'ensemble de ces témoignages personnels sur la vie universitaire parisienne indique que Paris est le cadre quotidien dans lequel vit et évolue l'auteur du *Memoriale*.

1. Paris, son cadre quotidien

Citée quarante fois entre 1289 et 1312, dix-sept fois entre 1312 et 1322, Paris est une réalité omniprésente pour notre chroniqueur.

a) Paris, scène de la vie politique et curiale

La topographie intéresse peu Jean de Saint-Victor : la plupart des lieux cités le sont aussi par l'une de ses sources[103], tout au plus fait-il plusieurs fois mention du Pré-aux-clercs[104] et une fois de la prison de Saint-Martin-des-Champs[105]. Il ne dit rien par exemple de la reconstruction du Palais de la Cité dont il dut pourtant voir les étapes entre 1308 et 1313. La ville est d'abord le cadre des événements qu'il note au jour le jour : le sermon prononcé en français dans les jardins du roi par Bertauld de Saint-Denis, dont il se remémore parfaitement le thème et le contenu[106], la présence à ces rassemblements du peuple et du clergé venant de toutes les paroisses de la capitale[107], les phéno-

---

[103] Il s'agit du Louvre, du Châtelet, du Temple, du port de Grève, du jardin du roi où l'on rassemble la population.

[104] *RHF*, XXI, p. 638, à propos d'un incendie en décembre 1301 : «Die Martis post Natale Domini Parisius, in vico qui dicitur Schola Sancti Germani, ignis de nocte erumpens plurimas domos et bona que in eis erant consumpsit.»

[105] Il se démarque alors de ses sources. C'est en particulier le cas en 1320 lors de l'affaire des Pastoureaux, *RHF*, XXI, p. 671 : «Venerunt igitur Parisius, ubi cum eorum aliqui in Sancti Martini de Campis carcere propter eorum maleficia tenerentur, per eorum violentiam sunt extracti. (...) Inde ad Sanctum Germanum de Pratis recepti sunt curialiter; et comperto quod nullus ibi de sociis eorum tenebatur, recesserunt, et in prato quod dicitur Scholarium se receperunt.»

[106] *RHF*, XXI, p. 641 : «Igitur prelatis et principibus Franciae Parisius congregatis in die Nativitatis sancti Johannis Baptistae (24 juin 1303), in horto domus regiae, vulgique multitudine copiosa, magister Bertaldus de Sancto Dionysio sermonem fecit in gallico ipsi diei competentem, sub hoc themate, "Erit magnus coram Domino" (Luc I), de magnitudine sancti Johannis primitus exposito, sed post ad regis Franciae potentiam et magnitudinem adaptato.»

[107] *RHF*, XXI, p. 649, le dimanche qui suit l'arrestation des Templiers : «Item die dominica sequenti, idus Octobris, publicus sermo factus est in viridario regis; ubi primo a fratribus, postea a regis ministris, causa captionis eorum intimata est et praedicti casus tacti, ne populus scandalizaretur de eorum tam subitanea captione : erant quippe potentissimi divitiis et honore. In quo sermone fuerunt populus et clerus omnium parrochialium ecclesiarum Parisiensium.»

mènes astronomiques observés par des clercs parisiens[108], ces Pastoureaux qui épouvantent les habitants[109], ces boulangers malhonnêtes
qui font leur pain «avec du marc de vin et des excréments de porcs»
et le vendent à de pauvres affamés[110]. Les exécutions sont toujours
notées avec soin, telle celle de la maîtresse du sire d'Ormoy accusée
d'avoir empoisonné la femme de celui-ci[111].

Paris, c'est enfin la cour. Celle qu'avec Guillaume de Nangis et son
continuateur le victorin désigne par l'expression *nobilium comitiva*, la
noble compagnie dont le roi est toujours entouré lorsqu'il paraît en
public. Deux occasions exceptionnelles l'ont sûrement comblé : en
1306, on transfère solennellement le chef de saint Louis de Saint-
Denis à la Sainte Chapelle. Jean est sur le passage du cortège, ébloui
par les cierges, admirant la beauté du reliquaire. Un tel souvenir est
digne d'être commémoré une fois l'an au calendrier liturgique de Paris
et mérite qu'on y associe l'obtention d'une indulgence[112]. Il donne un
récit tout aussi personnel et vivant des fêtes organisées dans la

---

[108] *RHF,* XXI, p. 654 : «Die Sabbati, pridie kalendas Februarii (31 janv. 1310),
circa meridianam horam, in XVIII gradu Aquarii, facta solis particularis eclipsis, praes-
cita et praedicta multis ante diebus a quibusdam clericis Parisiensibus expertis in astro-
nomiae facultate ...»

[109] *RHF,* XXI, p. 671.

[110] *RHF,* XXI, p. 663 : «Cum autem illo anno esset maxima caristia, inventum est
quod pistores panis in pane multas immunditias posuerunt, faeces vini, stercora
porcorum : quae et alia plura famelici homines comedebant; et sic panifici pauperum pe-
cunias emungebant. Cognita ergo veritate, positae sunt rotae in campellis Parisius
sexdecim super palos, et super eas singuli tales panifici constituti, tenentes manibus ele-
vatis panum frusta taliter corruptorum. Postea sunt de Francia banniti.»

[111] *RHF,* XXI, p. 651 : «Circa hoc tempus captus est dominus de Ulmeto prope
Corbolium, miles satis nobilis et dives, et ductus Parisius in Castelleto, districtoque carceri mancipatus. (...) Ob hoc igitur dicta concubina et quaedam aliae criminis hujusmodi fautrices et reae, Parisius ductae, vitam turpiter amiserunt ignis combustione vel
subterratione, prout dignae erant.»

[112] *RHF,* XXI, p. 646 : «Feria tertia post Ascensionem (17 mai 1306), factum est
Parisius maximum et solempnissimum festum a praelatis regni et civibus Parisiensibus,
qui cum maximo apparatu et cereis innumerabilibus grossis, rege praesente et fratribus
et baronibus regni, conduxerunt caput sancti Ludovici regis, in vase pretiosissimo collocatum, a monasterio Sancti Dionysii in Francia usque ad capellam regis Parisius, in qua
cum ceteris reliquiis repositum est cum honore : quam capellam idem sanctus Ludovicus construi fecerat dum regnabat. Unam quoque costam ejusdem sancti dedit rex Philippus IIII ecclesiae Beatae Mariae Parisiensis. Diesque illa tanquam solempnis et festiva
habita est a populo Parisiensis urbis, et deinceps sic fieri Parisius est institutum. Pro
dicta autem translatione, procurante rege, a papa, cardinalibus et praelatis data est in-
dulgentia maxima vere poenitentibus et confessi. Jean donne ici un récit bien plus vivant
que celui du continuateur de Guillaume de Nangis, I, p. 353-354.

capitale à l'occasion de la chevalerie des fils de Philippe le Bel[113].
Pour décrire le mode de vie de la cour, les cérémonies où elle a le premier rôle, Jean a une expression qui lui est propre : les mariages, les
entrées en chevalerie sont célébrés *festive et sollempniter,* les enterre-
ments *honorifice et sollempniter.* Il s'agit là de mots de la liturgie[114]
appliqués à un contexte laïque. Il y a pour lui des rites, une liturgie de
la cour qu'il convient de respecter comme on respecte la liturgie de
l'Eglise. L'entourage du roi est composé d'officiants chargés
d'accomplir les rites prescrits, de rendre publique le culte royal aux
yeux de tous. Notre homme, par ailleurs fin liturgiste, est autant un
spectateur compétent des fêtes et des cérémonies de la cour qu'un
créateur du pouvoir religieux du roi.

b) Entre la cathédrale et le palais

Mais Paris, c'est avant tout pour Jean un réseau de relations. Il
connaît parfaitement le haut clergé de la cathédrale, il sait les fonctions
occupées par les uns et les autres, il est capable de suivre les carrières :
celle du chancelier de Notre-Dame, Jean d'Orléans, qui après être
entré chez les dominicains, est élu évêque de Paris[115]; celle du vieil
Eudes de Saint-Denis refusé au même siège épiscopal «parce que ses
mains tremblaient»[116], celle de Geoffroi, ancien doyen créé cardinal par
Martin IV[117], celle de Guillaume d'Aurillac chanoine promu au rang
d'évêque. Il sait où chacun de ces prélats a été consacré et qui a été

---

[113] *RHF*, XXI, p. 656-657. Même si la base de ce récit est la *Chronique métrique* de
Geoffroi de Paris, Jean introduit des détails tirés visiblement de son observation personnelle. Ce passage est analysé dans le chapitre VIII.

[114] Du Cange, III, p. 248, donne comme premier sens celui d'une fête liturgique concernant un des grands mystères ou un saint, célébrée une fois par an ; le second sens renvoie
à des banquets publics tenus aux jours de grandes fêtes. Les références proposées sont
Ovide, *Fast.*, 2, 47 et Jean de Saint-Victor, *RHF*, XXI, p. 644!

[115] BnF, lat. 15011, fol. 451 : «Hoc eciam anno magister Iohannes Aurelianensis
cancellarius Sancte Marie Parisius intravit ordinem fratrum Predicatorum Parisius,
cum, post obitum Stephani Aurelianensis episcopi Parisiensis de mandato pape ei fuisset
collata dignitas episcopatus Parisiensis.»

[116] BnF, lat. 15011, fol. 451r-v : «Eodem tempore magister Odo de Sancto Dyonisio, vir magne etatis et profunde sciencie electus est in episcopum parisiensem curiamque romanam ob hoc peciit sed inefficax rediit propter senii debilitatem et manuum
tremorem ut dicitur refutatus a papa et post ea Ranulphus, nacione Normannus, magister in theologia, factus est episcopus.»

[117] BnF, lat. 15011, fol. 453 : «Martinus papa fecit cardinales quosdam inter quos III
fuerunt Gallici, satis ydone persone, magister Gaufridus Parisiensis decanus, dominus Gervasius archydyaconus Cenomensis et dominus Iohannes Cholet».

l'officiant[118]. Sans doute assistait-il personnellement à ces cérémonies, à moins que l'abbé de Saint-Victor ne lui en ait fait le récit.

On sent qu'il porte à certains personnages plus que de l'intérêt, de l'amitié peut-être ; il s'attarde à des détails, donne parfois son opinion. Ainsi Simon Matifas, dont il sait le lieu de naissance, la formation et la fonction[119] ; il précise le lieu et la date de sa mort ainsi que sa sépulture dans une chapelle dont il avait ordonné la construction[120]. En revanche, il tait les reproches qui lui furent adressés par Boniface VIII à l'encontre de son népotisme[121]. De même Pierre de Grès, chantre de Notre-Dame, élu au siège d'Auxerre[122] ; il raconte son ordination sacerdotale préalable à Montlhéry le 21 décembre 1308, puis sa consécration épiscopale à Paris la veille de l'Epiphanie 1309. La cérémonie fut suivie d'un banquet donné dans le couvent des franciscains[123].

Certains de ces hommes accèdent aux plus hautes fonctions de l'Etat et parfois Jean le dit, soulignant leurs relations familiales, leur appartenance au premier cercle de l'entourage royal. Mais le premier titre qu'il leur confère est toujours celui qui les rattache à l'Eglise : chantre, doyen ... Il ne paraît pas que ces gens soient pour autant des informateurs pour l'auteur du *Memoriale*.

c) Les couvents des Frères Mendiants

Les maisons des Frères, dominicains et franciscains, sont des points de repère de la vie parisienne. Jean de Saint-Victor y note les

---

[118] Deux exemples : *RHF*, XXI, p. 642, Guillaume d'Aurillac est consacré évêque de Paris par Etienne Bequart, archevêque de Sens, à Sens, le jour de la fête de saint Sulpice (17 juin 1305) ; *RHF*, XXI, p. 652-653, Pierre de Grès est ordonné prêtre puis évêque par ce même Guillaume d'Aurillac.

[119] *RHF*, XXI, p. 633 : «Cui successit magister Simon Matifardi, professor legum et rector in decretis, natus de Buissi iuxta Suessiones, archidiacono Remensi et canonico Parisiensi factus episcopus Parisiensis.»

[120] *RHF*, XXI, p. 642 : «Simon, Parisiensis episcopus, obiit X kalendas Julii apud Gentiliacum, et Parisius in ecclesia Beatae Mariae, in capella quadam ipse in honore sancti Rigoberti, Remensis archiepiscopi, construxerat, sepultus est.»

[121] J. FAVIER, *op. cit.*, p. 357. Simon Matifas aurait donné des bénéfices à deux de ses neveux, des enfants, plutôt, dit le pape, qu'à «des docteurs en théologie ou en décret».

[122] *RHF*, XXI, p. 648-649.

[123] *RHF*, XXI, p. 652-653 : «Magister Petrus de Gressibus, quondam cantor Parisiensis, vir nobilis genere et in utroque jure peritus, frater scilicet Johannis de Gressibus militis, Franciae marescalli, Campaniae Briaeque cancellarius et Navarrae, in festo sancti Thomae apostoli a Guillelmo, Parisiensi episcopo, fuit sacerdos apud Montem Lethericum, et postea Dominica prima Januarii, videlicet in vigilia Epiphaniae, cum honore Parisius est in episcopum Antissiodorensem consecratu ; illaque die fecit convivium festivum et solempne apud frates Minores.»

sépultures célèbres[124] et les vocations remarquables[125]. Cependant, les seuls noms de frères qu'il donne sont ceux de personnages très en vue, des théologiens comme Jean de Paris[126], Nicolas de Fréauville et Nicolas Gorrant, les confesseurs du roi, Gentilis, pénitencier du pape[127] et Pierre de Palue son légat de passage dans la capitale[128]. Les responsables des couvents parisiens, les maîtres des *studia*, les prieurs ou custodes, bref ceux qu'il aurait pu rencontrer chaque jour, n'apparaissent jamais. Il faut néanmoins supposer l'existence de relations car il serait difficile d'expliquer autrement les informations originales que donne le *Memoriale* sur les conflits au sein de l'ordre franciscain à Béziers et à Narbonne en 1317[129]. La vie universitaire est peut-être le point commun entre ces frères mendiants et lui. Ainsi Jean est-il parfaitement capable de dire qu'en 1305 le dominicain Jean de Paris est régent en théologie. Mireille Chazan a montré des similitudes de pensée entre les deux hommes qui suggèrent d'éventuelles relations intellectuelles[130]. Néanmoins, il paraît que le victorin se sent plus d'affinités avec les franciscains qu'avec les fils de saint Dominique. En effet, d'une part, la mention du *Memoriale* consacrée au Poverello d'Assise et à son ordre naissant est plus développée que la très brève annonce de la mort du fondateur des Prêcheurs[131];

---

[124] *RHF*, XXI, p. 649 : Catherine, l'impératrice de Constantinople, épouse de Charles, comte de Valois et d'Anjou; elle est enterrée chez les frères Prêcheurs le 10 octobre 1307, la veille de l'arrestation des Templiers.

[125] *RHF*, XXI, p. 638 : «Hoc tempore filius regis Majoricarum, tunc scholaris Parisius, ibidem ordinem fratrum Praedicatorum intravit; sed habitu saeculari resumpto, exivit inde brevis temporis intervallum.»

[126] *RHF*, XXI, p. 645 : «Frater Johannes Parisiensis, de ordine fratrum Praedicatorum, subtilis homo et expertus in multis scientiis, actuque regens in theologia...»

[127] *RHF*, XXI, p. 646 (1306) : «In fine anni praecedentis et in principio hujus anni, tres cardinales venerunt Parisius, Gentilis, frater Minor, papae poenitentiarius, tituli sancti Martini in Montibus presbyter cardinalis, Nicolausque, frater Praedicator, regis Franciae quondam confessor, tituli sancti Eusebii presbyter cardinalis.» Il s'agit de Gentilis de Monteflorum, O. F. M., prêtre-cardinal du titre de Saint-Martin in Montibus, qui fut envoyé en légation en Hongrie entre 1307 et 1311, cf. *Repertorium fontium historiae medii aevi*, II, p. 109.

[128] *RHF*, XXI, p. 664 (1318) : «Papa iterum alios nuncios in Flandriam misit, fratrem Petrum de Palude, ordinis Praedicatorum, et alios duos fratres Minores, portantes litteram papalem bullatam...»

[129] *RHF*, XXI, p. 664.

[130] M. Chazan, *L'idée d'Empire dans le Memoriale historiarum de Jean de Saint-Victor*, in : J.-Ph. Genet (Ed.), *L'historiographie médiévale en Europe*. Actes du colloque organisé par la Fondation européenne pour la Science au Centre de Recherches historiques et juridiques de l'Université de Paris I du 29 mars au 1er avril 1989, Paris, 1991, p. 301-319, ici p. 307.

[131] BnF, lat. 15011, respectivement aux fol. 435r-v et 433v.

d'autre part, évoquant le quatrième concile du Latran en 1215, Jean tait curieusement la confirmation de l'ordre dominicain et note en revanche celle d'ordres moins prestigieux comme celui des frères du Val des Ecoliers et du Mont Carmel[132]; enfin, Albert le Grand et Thomas d'Aquin sont totalement absents de l'œuvre de Jean de Saint-Victor. Une relative distance, que l'on peut en partie mettre au compte d'une certaine rivalité pastorale, semble s'être installée entre l'abbaye de Saint-Victor et le couvent Saint-Jacques[133].

2. L'Ile de France

a) Le témoignage des déplacements royaux

Lorsque la cour se déplace, Jean note soigneusement où elle séjourne. Les lieux qu'il indique appartiennent à deux groupes différents. Les uns sont situés en région parisienne et constituent des éléments ajoutés par l'auteur à ses sources, des informations directes. Mais que le roi soit à Poitiers, que le futur Louis X se rende en Navarre ou à Lyon, et notre auteur suit alors scrupuleusement ses sources ou passe l'événement sous silence, comme c'est le cas pour le voyage que fit Philippe le Bel en Languedoc en 1303-1304. Nous nous intéresserons donc ici au seul premier groupe afin de définir un espace géographique familier à l'auteur.

En 1301, le roi quitte Asnières-sur-Oise en direction de la Flandre[134]; à la même époque, et de la même ville, Charles de Valois prend la route de l'Italie[135]; en décembre 1304, après avoir assisté au transfert des cendres de Robert d'Artois à l'abbaye de Maubuisson, près de Pontoise, le roi et la cour y demeurent pour

---

[132] BnF, lat. 15011, fol. 428.

[133] Jean note à plusieurs reprises le débat autour du droit des frères à confesser. Ce droit entre directement en concurrence avec le rôle de pénitenciers de l'Université confié aux victorins. Cette idée de l'originalité des deux ordres, victorin et dominicain, a été développée par D. POIREL, *Dominicains et victorins à Paris dans la première moitié du XIIIe siècle*, in: S. LUSIGNAN et M. PAULMIER-FOUCART (Dir.), *«Lector et compilator». Vincent de Beauvais, frère prêcheur, un intellectuel et son monde au XIIIe siècle*, Nancy-Royaumont, 1996, p. 169-187.

[134] *RHF*, XXI, p. 637: «Rex Francorum *in principio Maii de Asneriis discessit*, ut in Flandriam iret, suorum hominum de dicta patria homagia recepturus (CGN, I, p. 311).

[135] *RHF*, XXI, p. 637: Comes Valeii Karolus, frater regis, *in principio Maii huius anni, accepta licentia a fratre apud Asnerias diocesis Belvacensis*, cum uxore sua et magna nobilium comitiva se movit de Francia, et per Burgundiam et Sabaudiam in Italiam venit (CGN, I, p. 311)...»

la fête de Noël[136] ; l'année suivante, au mois de septembre, le futur roi de France, Louis, épouse Marguerite de Bourgogne à Vernon[137] ; mais c'est à Corbeil que son frère Philippe épouse la sœur de Marguerite en janvier 1307[138]; quant à Charles, le troisième fils de Philippe le Bel, il épouse Blanche à Hesdin[139] ; au mois d'octobre 1307 Catherine, l'épouse de Charles de Valois, s'éteint à Saint-Ouen, près de Saint-Denis[140] ; après l'arrestation des Templiers, le roi tient son parlement à Melun[141] ; à Poissy en 1309, il accueille Béraud de Mercœur venu se réconcilier avec lui[142] ; en 1310, le mariage de Louis de Clermont est célébré à Pontoise[143] et en 1311, celui de Guy de Blois à Senlis[144]. A l'exception d'Hesdin, tous ces lieux sont situés dans un rayon de 80 kilomètres autour de Paris, c'est à dire à moins d'une journée à cheval. Les messagers assurent sans difficulté les liaisons entre le roi et sa capitale et le chroniqueur parisien reste parfaitement informé des petites et des grandes nouvelles de l'entourage royal.

---

[136] *RHF*, XXI, p. 644 : «Die Martis post festum sanctae Luciae virginis, allata sunt ossa Roberti, comitis Attrabatensis, de Flandria apud Pontisaram, et in monasterio Mali Dumi cum honore sepulta sunt, astante nobilium Franciae virorum et mulierum maxima comitiva. *Rexque fecit ibidem festum suum in Natali Domini, ubi fuit praesens fere tota nobilitas Gallicana* (CGN, I, p. 345-346).»

[137] *RHF*, XXI, p. 645 : «In mense Septembri, Ludovicus, primogenitus regis Franciae, *Vernone* duxit uxorem filiam primogenitam ducis Burgundiae *ex filia sancti Ludovici*, (CGN, I, p. 349)...»

[138] *RHF*, XXI, p. 647 : «In mense Januario, Philippus, regis Franciae Philippi IIII secundogenitus, duxit uxorem Johannam, filiam Othonis, comitis Burgundiae ... : *quorum nuptiae, rege et baronibus Francorum nobiliumque innumerabili comitiva praesentibus, sunt tunc* Corbolii, *apud Hospitale, cum gaudio mirabili celebratae* (CGN, I, p. 356-357).»

[139] *RHF*, XXI, p. 650 : «Tunc etiam rex Francie Philippus IIII dedit uxorem Karolo, tertio genito suo, alteram filiam Ottonis, (...); quorum nuptiae sunt *apud Hedin, astantibus amicis utriusque regeque presente, sollempniter celebratae* (CGN, I, p. 364).

[140] *RHF*, XXI, p. 649 : «Tunc in crastino sancti Dionysii, apud Sanctum Audoenum, juxta Sanctum Dionysium, obiit imperatrix Constantinopolitana, uxor domini Karoli, comitis Valesiae et Andegavensis, et apud fratres Praedicatores Parisius cum honore sepulta est (CGN, I, p. 360).»

[141] *RHF*, XXI, p. 650 : «Et ob hoc rex in suis parlamentis Meleduni et alibi de hoc sollicite tractabat cum principibus et prelatis.» Ce passage à propre Jean.

[142] *RHF*, XXI, p. 653 : «Beraldus de Marcolio (...) circa finem Septembris, ductus ad regem Poissiaci, amicis intervenientibus, facta emenda et conditionibus appositis, reconciliatus est regi.» Ce passage n'a pas d'équivalent chez le continuateur de Guillaume de Nangis.

[143] *RHF*, XXI, p. 655 : «In Septembri, duxit uxorem dominus Ludovicus Clarimontis, *filius filii sancti Ludovici, sororem juvenis comitis Hannoniae; quorum nuptiae factae sunt apud Pontisaram solempniter et festive* (CGN, I, p. 360).»

[144] *RHF*, XXI, p. 655 : «Eodem anno duxit Guido, juvenis comes Blesensis, uxorem unam filiarum Karoli, fratris regis, circa Magdalene, eorumque nuptiae cum magno festo apud Silvanectum sunt factae.» Ce passage est propre à Jean.

b) Au cœur des possessions victorines

D'autres toponymes d'Ile-de-France apparaissent sous la plume de Jean : Bucy-le-Long où naquit Simon Matifas, évêque de Paris[145], Saint-Denis, dont il semble bien connaître le chemin, passant par Saint-Ouen et sur les bords duquel on peut voir les montjoies toutes neuves rappelant les haltes que fit autrefois la procession portant vers l'abbaye la dépouille de saint Louis[146] ; Beauvais et ses environs où il situe deux anecdotes : la terrible tempête d'avril 1303 dont les chutes de grêle, endommagèrent toitures et récoltes[147], et l'exécution à Paris d'une femme et d'un chevalier de Beauvais après la révolte des habitants de cette ville contre leur évêque[148]. Les toponymes du sud de l'Ile-de-France sont plus nombreux : Gentilly, aux portes de Paris, où meurt l'évêque Simon Matifas en 1304[149] ; Châteaufort, non loin de

---

[145] *RHF*, XXI, p. 633 : «Cui (Adenulphe d'Anagni) successit magister Simon Matifardi, professor legum et rector in decretis, natus de Buissi iuxta Suessiones, archidiacono Remensi et canonico Parisiensi factus episcopus Parisiensis.» Ce passage est propre à Jean. Bucy-le-Long est situé à quatre kilomètres au nord-est de Soissons.

[146] BnF, lat. 15011, fol. 448v-449 : «...ossa vero secum afferentes in ecclesia Sancti Dionysii sepelierunt die Veneris ante Pentecoste cum ingenti honore ut decebat, *in honoremque et memoriam eius inter Parisiacam urbem et villam Sancti Dionysii pulchre cruces sunt postea constructe in locis quibus corpus eius portantes pausaverunt.*» A. LOMBARD-JOURDAN, *Montjoies et Montjoie dans la plaine de Saint-Denis*, in : *Paris et Ile-de-France*, 25 (1974), p. 141-181, ici p. 146-156, évoque ces croix. C'est chez Le Nain de Tillemont (1637-1898) qu'elle relève trace de la tradition rattachant ces croix aux funérailles de Louis IX. Cet historien écrit en effet dans sa *Vie de Saint Louis* (éd. J. DE GAULLE, Paris, V, 1849, p. 202 : «Une chronique qui finit en l'an 1319 dit que ce fut en l'honneur de Saint Louis qu'on mit depuis plusieurs belles croix entre Paris et Saint-Denis». La chronique dont il est ici question pourrait bien être le *Memoriale historiarum* dans la version du ms. Sainte-Geneviève 516. Par ailleurs, le style de ces croix, qui constituent un même ensemble, permet d'en placer l'exécution vers la fin du XIIIe siècle, peut-être à l'initiative de Philippe III. Elles sont surmontées de statues de rois et prennent leur place entre les gisants de Saint-Denis commandés par Louis IX et les statues de rois que Philippe le Bel fait installer au Palais. L'allusion faite par Jean de Saint-Victor serait donc un témoignage très précoce sur ces croix, dont l'érection n'a pas manqué de frapper les regards et les esprits des contemporains. Elles étaient au nombre de sept et leur emplacement était le suivant, en partant de Notre-Dame : au couvent Saint-Lazare, dans l'actuelle rue Philippe-de-Girard, au sortir du bourg de la Chapelle, au-delà du rond-point de la Chapelle, près de la pointe du Lendit, à l'intersection du chemin du Bailli et enfin, à la Porte de Saint-Quentin.

[147] *RHF*, XXI, p. 640 : «In festo sancti Marci evangelistae, fuit apud Belvacum et in confiniis ejus gravis et dampnosa tempestas ...» Ce passage est propre à Jean.

[148] *RHF*, XXI, p. 645 : Le récit de la révolte se retrouve dans la continuation de Guillaume de Nangis, I, p. 349 mais le passage suivant est propre à Jean : «Mulier quaedam tamen de territorio Belvacensi, circa festum sancti Johannis Baptistae, fuit Parisius combusta ad instigationem episcopi dicti, et miles quidam suspensus.»

[149] *RHF*, XXI, p. 642 : «Simon, Parisiensis episcopus, obiit X kalendas Julii apud Gentiliacum...»

Chevreuse, localité sinistrée par la tempête de mai 1308[150] ; plus loin vers l'ouest, au cœur de la Beauce, dans les environs de Toury[151], une tempête encore. Là, aux approches de la forêt du Perche, nous atteignons les limites ouest du cadre de vie de Jean. Dans la partie sud-est de l'Ile-de-France les toponymes cités se concentrent autour de Melun et Corbeil: Dammarie-les-Lys et son monastère cistercien où est enterré Eudes de Bourgogne en 1303[152], les prisons de Corbeil et de Moret-sur-Loing où est incarcérée une partie des Templiers après leur arrestation[153]. Lorsqu'il évoque la triste affaire du sire d'Ormoy qui fit empoisonner sa femme par sa maîtresse, Jean ne manque pas de préciser qu'Ormoy se trouve près de Corbeil[154]. Pour avoir désobéi au roi et s'être battus à l'intérieur du domaine royal, Dreux de Mello et son frère furent enfermés à l'Hôpital près de Corbeil et leurs adversaires subirent le même sort dans une prison de Melun[155]. Deux mois après cet épisode, Pierre de Grès est ordonné prêtre à Montlhéry[156]. L'année suivante Jean

---

[150] *RHF*, XXI, p. 651 : «In illis itaque locis in quibus praetacta tempestas praevaluit, veluti in Parisiensi dioecesi versus Caprosiam et *Castrum Forte* et aliis partibus multis, segetes, vineae, herbae teneraeque arbores in silvis et hortis, grandinis grossi spissim cadentis pondere, ad terram sunt prostratae penitus et vastatae (CGN, I, p. 369).»

[151] *RHF*, XXI, p. 642 (1303): «In Belsia inter Penerias et Toriacum, in festo sancti Iacobi et Christophori, fuit gravis et dampnosa tempestas.» Ces toponymes posent des problèmes d'identification. Les éditeurs du *Memoriale* (p. 642 n. 1) ont proposé de voir dans *Penerias* (que d'autres mss lisent *Penurias* ou *Penarias*) la Petite et la Grande Penière, situées dans le département actuel de l'Eure-et-Loir, sur le territoire de la commune de Saint-Bomert. En revanche, ils ne disent rien de *Toriacum*. Or, il paraît évident qu'il s'agit de Toury, situé aussi en Eure-et-Loir.

[152] *RHF*, XXI, p. 640: «Otho, comes Burgundiae et Attrabatensis, obiit Parisius, et sepultus honorifice in monasterio sanctimonialium Cisterciensis ordinis juxta Meledunum, quod Lilium nuncupatur.» Ce passage est propre à Jean.

[153] *RHF*, XXI, p. 650: «Postea magister transmarinus et tres alii, magni viri quondam, ducti sunt apud Corbolium, et ibidem in ipsa domo regia in carcere sigillatim servati. Eleemosynarius autem regis et magistri quidam locorum Franciae *apud Moretum* sunt ducti, et alii ad alia loca destinati, donec secundum judicium Romanae curiae expedirentur (CGN, I, p. 362).»

[154] *RHF*, XXI, p. 651 : «Circa hoc tempus captus est dominus de Ulmeto prope Corbolium, miles satis nobilis et dives, et ductus Parisius in Castelleto, districtoque carceri mancipatus». Jean donne ici un témoignage original.

[155] *RHF*, XXI, p. 652 (1308): «Dominus Droco de Melloto et frater ejus *apud Hospitale juxta Corbolium* aliquo tempore sunt detenti, comesque Sacri Caesaris Erardusque praefatus, pluresque alii de parte illa, *Meleduni* fuerunt per aliquot menses reservati (CGN, I, p. 370).»

[156] *RHF*, XXI, p. 652-653 (1308): «Magister Petrus de Gressibus, quondam cantor Parisiensis (...) *fuit sacerdos apud Montem Lethericum, et postea Dominica prima Januarii, videlicet in vigilia Epiphaniae*, cum honore Parisius est in episcopum Antissiodorensem consecratus.» (CGN, I, p. 360).

évoque la relaxation de Béraud de Mercœur en rappelant qu'il était retenu sur ordre du roi à Melun[157].

Nous sommes ici dans la région où les possessions de Saint-Victor sont les plus denses. Souvent de fondation ancienne, elles entretiennent certainement des relations fréquentes avec l'abbaye-mère. Si l'on dresse la carte des lieux cités par le chroniqueur en Ile-de-France et si l'on compare celle-ci avec la carte des possessions victorines établie par Martin Shoebel[158], on constate qu'elles se superposent. Il est alors possible de mettre en relation telle information avec tel établissement victorin : le monastère parisien avait des biens à Gentilly, des prébendes dans l'église Saint-Pierre de Montlhéry ; à Vernon, il y avait des terres appartenant à la mense de l'abbé, tout comme à Châteaufort en vallée de Chevreuse ; à Senlis, des chanoines desservaient Saint-Vincent, des églises de Pontoise et de Poissy possédaient des chapitres collégiaux où les victorins étaient présents ; ces deux villes n'étaient pas non plus très éloignées de l'établissement d'Amblainville, lui-même situé à une vingtaine de kilomètres de Beauvais ; Melun enfin est proche du prieuré de Faronville et à une distance assez faible du prieuré Saint-Guénaud de Corbeil ... Seule la mention de Toury fait peut-être appel à un espace extérieur à l'implantation victorine. En effet, ce village de la Beauce appartenait au temporel de Saint-Denis. Son apparition dans le *Memoriale* est un indice des relations familières que le chroniqueur entretient avec les dionysiens[159].

On remarque par ailleurs une forte concentration de toponymes mentionnés dans un espace restreint. Melun apparaît cinq fois, Corbeil six. Ce sont des proportions que l'on ne retrouve, Paris excepté, pour aucun autre lieu de la région parisienne dans la partie contemporaine de la chronique. Toutes ces observations conduisent aux portes du prieuré victorin de Corbeil, l'une des plus anciennes fondations de l'abbaye, réalisée grâce à la générosité du roi Louis VI le Gros[160]. Jean,

---

[157] *RHF*, XXI, p. 653 (1309) : «Beraldus de Marcolio, pro causa praetacta a rege detentus in custodia a qua sine licentia regis recesserat, rediens cum domino Karolo, fratre regis, se regiae voluntati submisit, et *Meleduni* est regia jussione detentus ...» (CGN, I, p. 370).

[158] M. SCHOEBEL, *Archiv und Besitz der Abtei St. Viktor in Paris*, Bonn, (*Pariser historische Studien*, 31) 1991, p. 84. Les remarques faites ici doivent également beaucoup à son étude des archives victorines et à l'index qui accompagne l'ouvrage.

[159] Toury est encore attestée comme une possession dionysienne au XVe siècle par le Religieux de Saint-Denis, *Chronique de Charles VI*, IV, p. 705. Notons que ni Guillaume de Nangis ni son continuateur n'évoquent cet épisode. Jean a donc bénéficié en cette occasion d'une information orale et directe.

[160] M. SCHOEBEL, *op. cit.*, p. 160-167.

suivant la tradition historiographique victorine, en présente la fondation en 1135[161]. Eloigné de l'abbaye-mère d'une vingtaine de kilomètres, ce prieuré devait avoir avec elle des relations fréquentes et les
allées et venues des chanoines facilitaient la circulation des nouvelles.
Mais on peut aussi imaginer que Jean y fit des séjours, y occupa des
fonctions, bref, y vécut au moins une partie de sa carrière de victorin.

D – QUELQUES HYPOTHÈSES SUR LA CARRIÈRE D'UN CHANOINE

Fort de sa formation universitaire, à quelles fonctions pouvait
bien être destiné notre chanoine? Comme pour tant de ses collègues
moines-historiens, l'histoire fut sans doute une activité secondaire, la
plus grande partie de son temps étant consacrée à la liturgie, à la *lectio*
et aux diverses tâches que requérait la vie communautaire[162].
L'ensemble des indices donnés dans sa chronique permet peut-être
de distinguer trois périodes dans sa vie à Saint-Victor.

1. Les premières années à Saint-Victor : étudiant et *armarius*?

De la fin des années 1280 à 1305-08, Jean est à Paris, à l'abbaye
de Saint-Victor. Novice d'abord, puis chanoine profès, poursuivant
parallèlement des études de théologie. Lui a-t-on également confié
des responsabilités au sein du monastère? C'est difficile à dire. Faut-
il voir dans ses remarques fréquentes sur les récoltes, sur le vin, sur
les prix le reflet des soucis d'un cellerier? C'est peu probable. Jean
écoute tout simplement les rumeurs qui montent de la rue. D'autre
part, Saint-Victor possède de nombreux domaines et vit des biens et
revenus qu'ils procurent. Leur gestion, leur rendement sont évoqués
aux réunions capitulaires.

En revanche, la nature même du projet historiographique invite à
envisager une autre piste. L'idée ne peut pas ne pas effleurer l'esprit
que l'auteur du *Memoriale* ait exercé à un moment donné les fonctions d'*armarius*. La figure du maître d'œuvre du *Memoriale* correspondrait assez bien au portrait-robot de l'*armarius* si bien tracé par
Françoise Gasparri : «un dépositaire de tout le patrimoine intellectuel, le gardien des manuscrits, le responsable du bon état et de la

---

[161] BnF, lat. 15011, fol. 381 : «Hoc etiam anno rex Ludovicus Grossus dedit ecclesiam Sancti Guenayli de Corbolio cum omnibus ad eam pertinentibus, consensu Ludovici filii sui iam regis, et precibus regine Adelaydis, per manum Stephani Parisiensis
episcopi, ecclesie beati Victoris.»
[162] B. GUENÉE, *op. cit.*, p. 46-55.

L'espace géographique de Jean de Saint-Victor :
cadre de vie et réseaux d'information

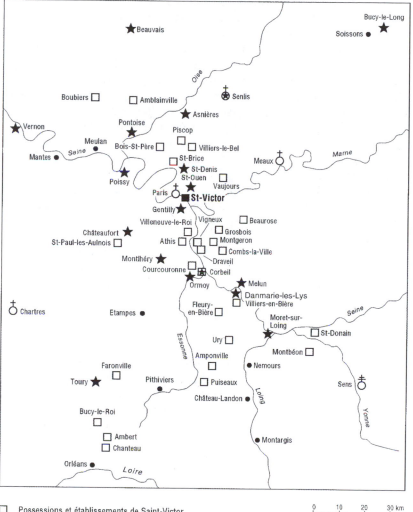

☐   Possessions et établissements de Saint-Victor

★   Localités mentionnées dans le *Memoriale historiarum* (1285-1322)

☧   Diocèse

☧   Archidiocèse

bonne qualité des textes, de l'enseignement et du chant, de la lecture et de la liturgie, celui qui organisait et dont dépendait l'essentiel de la vie monastique»[163]. En effet, Jean remplit plusieurs critères correspondant à cette activité. On retrouve chez lui cette grande et large connaissance des livres que l'on attendait de l'*armarius*. Les références fréquentes aux vies de saints, aux sermons, aux textes liturgiques en général correspondraient également assez bien à cet office. C'est en effet l'*armarius* qui annonce les textes qui seront lus à l'église et au réfectoire, qui ouvre le livre à la page correspondante à la lecture du jour, qui en explique le contenu à ceux qui vont lire devant leurs frères. C'est lui qui est chargé de rappeler au chapitre les anniversaires des défunts; or, Jean cite parfois textuellement le nécrologe. De même, pour la période qui lui est contemporaine, il date souvent son récit à l'aide du calendrier liturgique, dont l'*armarius* est un parfait connaisseur puisqu'il a charge d'annoncer quel est l'office du jour, le degré de solennité et les éventuels bouleversements apportés à l'ordre liturgique. Enfin, c'est lui qui donne lecture des lettres, toujours devant le chapitre. Il a donc accès à la correspondance reçue par l'abbaye, du moins celle dont tous les chanoines doivent avoir connaissance. On pourrait expliquer ainsi que notre auteur cite avec autant de précision les constitutions, bulles et autres documents pontificaux dont il donne la date, le lieu d'émission en suivant les mots mêmes du texte. L'emploi, on le voit, est lourd, au carrefour de la vie liturgique et culturelle, des communications internes et externes au cloître. C'est un peu la place idéale d'un historien, de celui qui veut faire œuvre de mémoire.

De ces quelques indices il ne faut pas tirer des conclusions trop définitives mais l'hypothèse d'un Jean de Saint-Victor *armarius* est tentante. Elle ferait de lui un des officiers claustraux, certes pas parmi les plus en vue[164] car l'*armarius* est sous la dépendance de l'abbé. Si cette place de second rang dans la hiérarchie victorine est bien celle de l'auteur, elle pourrait nous éclairer sur l'aspect médiatisé que prend souvent son information. Néanmoins, on peut aussi se demander si le cloître des bords de Seine a été son unique lieu de vie canoniale.

---

[163] Fr. GASPARRI, *Un copiste lettré de l'abbaye de Saint-Victor de Paris au XIIe siècle*, in: *Scriptorium*, 30 (1976), p. 232-237, citée par B. GUENÉE, *op. cit.*, p. 49.
[164] Cf. ce qu'en dit L. JOCQUÉ, *Les structures de la population claustrale*, in: J. LONGÈRE (Ed.), *L'abbaye parisienne de Saint-Victor au Moyen Age*, (*Bibliotheca Victorina*, 1) Turnhout, 1991, p. 79.

2. Un passage par le prieuré de Corbeil?

En effet, les années qui précèdent et suivent immédiatement 1308 correspondent aux passages du récit où se multiplient les mentions de lieux tous situés autour de Corbeil. Il se peut que durant quelques années Jean ait eu des responsabilités dans la gestion de cette maison, ce qui expliquerait sa présence fréquente en ce lieu, sa bonne connaissance des environs et son attention particulière aux événements qui s'y déroulaient. Les archives font malheureusement défaut pour confirmer ou infirmer avec certitude cette éventualité. Cependant, il faut verser au dossier deux éléments. Le premier est la mention des miracles accomplis par saint Exupère dans son église de Corbeil en 1316, 1317 et 1318, c'est-à-dire au moment précis où l'auteur travaille au *Memoriale*[165]. Ce sont les seules reliques victorines dont il mentionne le rayonnement. Or, on sait par ailleurs, qu'en 1317 eut lieu à Saint-Guénaud une translation des reliques que l'on déposa dans un reliquaire plus précieux. Cet événement fut l'occasion de nouveaux miracles et l'on décida la célébration d'une fête annuelle. Et quand, au XVIIᵉ siècle, Jean Bocquet, chanoine de l'église de Corbeil, rédige un ouvrage hagiographique sur Exupère et Loup, d'après, dit-il «un vieux légendaire manuscrit de son église et des annales», ce sont les mots mêmes de Jean de Saint-Victor qui viennent sous sa plume pour mentionner les faits de 1317![166] Est-ce parce que Saint-Guénaud était l'une des fondations les plus anciennes de Saint-Victor que Jean s'est intéressé à son histoire au point d'en paraître le spécialiste, ou bien est-ce parce que des circonstances plus personnelles l'y ont poussé?

Un prieur de Corbeil? Soit, mais peut-on aller plus loin en interrogeant à nouveau les archives? Fourier Bonnard a en effet relevé dans tous les documents qu'il a consultés les noms des prieurs des différents prieurés victorins. Or, dans les listes qu'il propose en annexe de son étude, on note le nom de deux prieurs de Corbeil ayant exercé leurs fonctions dans le premier tiers du XIVᵉ siècle et prénommés Jean[167]. Le premier, Jean de Hédic, apparaît en 1319. On ne sait rien de lui. Le second, Jean de Milly, apparaît en 1327. Son nom désigne peut-être Milly-la-Forêt, localité proche de Fleury-en-Bière où Saint-Victor avait des possessions[168] mais il existe aussi un *Milly*

---

[165] BnF, lat. 15011, fol. 300v.
[166] *AA SS*, Aug., I, p. 52-55.
[167] F. BONNARD, *op. cit.*, II, annexes, p. 283.
[168] M. SCHOEBEL, *op. cit.*, p. 29 et 44.

situé à une vingtaine de kilomètres d'Avranches et du Mont-Saint-Michel. On serait alors exactement dans le secteur du berceau des origines dessiné au début de ce chapitre. Par ailleurs, deux autres documents d'archives témoignent de l'existence de ce personnage. On relève en effet son nom dans le nécrologe où il est mentionné comme *canonicus noster et sacerdos*[169]. Il apparaît dans la liste de Tuisselet entre «Girard, docteur en théologie» et l'abbé Jean de Palaiseau[170]. L'ordre des noms des défunts correspond assez bien à ce que nous savons par ailleurs. Dans ce contexte, la date de 1327 serait sans doute celle de son décès et, notons-le, elle s'accorderait assez bien avec la fin de la rédaction du *Memoriale* que l'on a pu situer en 1326. Par ailleurs, il faut rappeler que cette date de 1327 est donnée par la biographie victorine de Jean mais comme étant celle de sa prise d'habit. Il n'est pas impossible que la reconstruction érudite, à laquelle se sont livrés au XVIIe siècle les chanoines de Saint-Victor, se soit appuyée sur quelques éléments archivistiques ou sur une tradition bien affirmée au sein de la maison.

On l'aura compris : il est tentant de déclarer que ce Jean de Milly, prieur de Corbeil est bien Jean de Saint-Victor, auteur du *Memoriale historiarum*. Mais il reste deux problèmes qu'on ne peut éluder : si le chroniqueur occupe une telle fonction à Corbeil jusqu'en 1327, comment expliquer qu'il ne mentionne plus cette ville ni ses environs après 1309 (si l'on excepte la mention de la translation des reliques de saint Exupère relatée à l'année 863)? D'autre part, on l'imagine mal faisant des allées et venues entre Corbeil, où devait le retenir ses tâches de prieur d'un gros établissement, et le *scriptorium* de Saint-Victor où, dans le même temps, il dirige l'élaboration et la rédaction du *Memoriale*. La difficulté est suffisante pour laisser la question de l'identité ouverte. Nous pouvons simplement présumer des liens particuliers entre ce prieuré victorin et Jean de Saint-Victor, sans qu'il soit possible d'en établir l'exacte nature.

3. Le retour au scriptorium de Saint-Victor?

Car la lecture de l'œuvre et les nécessités de sa rédaction laisseraient plutôt à penser que dans les toutes dernières années du règne de Philippe le Bel et jusqu'à sa propre disparition, Jean séjourne la plupart du temps à Paris. Alors se pose de nouveau la question d'un

---

[169] *Obituaires de la province de Sens*, éd. A. MOLINIER, I, Paris, 1902, p. 560 (XVII kal. Junii).
[170] Ars. 794, fol. 54v.

éventuel office à l'intérieur du monastère. L'hypothèse de l'*armarius*, évoquée plus haut, peut tout aussi bien être placée à cette époque-là. Plusieurs arguments plaident en ce sens. Il semble tout d'abord qu'il ait été dans les coutumes victorines de choisir l'*armarius* parmi des chanoines ayant exercé auparavant des fonctions de prieur forain. Nous en avons quelques exemples, malheureusement postérieurs au XIVe siècle : Guillaume Tuisselet est mentionné comme prieur-curé d'Athis en 1438, Claude de Grandrue possède le même titre à Saint-Donnin, près de Montereau en 1496. La remarque est encore valable au XVIIe siècle, puisque Jean de Thoulouze fut lui aussi prieur-curé d'Athis avant de devenir bibliothécaire de l'abbaye parisienne et d'en écrire l'histoire[171].

A l'issue de cette enquête sur l'auteur, bien des doutes et des questions subsistent : il a été impossible de percer avec certitude le mystère de son identité, on ne sait rien de son milieu social d'origine. Quelques traits de sa personnalité sont cependant sortis de l'ombre : Jean est un homme de la génération de Philippe le Bel, entré à Saint-Victor au moment de l'avènement de ce roi. Il a reçu une formation universitaire, sans doute en théologie, ce qui ne l'empêche pas d'avoir quelques connaissances en droit. Né peut-être en Normandie, non loin du Mont-Saint-Michel, une fois sous l'habit victorin, il n'a vraisemblablement jamais quitté l'Ile-de-France. Au sein de l'abbaye parisienne et/ou dans l'un des prieurés de l'ordre, il a pu exercer un ou plusieurs offices (prieur, *armarius*). Ces responsabilités, comme la mission d'historien que lui a confiée sa communauté, lui permettent de bénéficier d'un réseau de relations sociales (et d'information) qui touche à la fois le clergé parisien, la cour, l'Université ... Ce réseau reste cependant très centré sur la capitale du royaume.

Il n'est pas sûr que l'on puisse pousser plus loin l'investigation. Laissons donc Jean de Saint-Victor à la discrétion qu'il a sûrement souhaitée sur lui-même, refermons le dossier de sa biographie pour ouvrir celui de son œuvre.

---

[171] F. BONNARD, *op. cit.*, II, annexes, p. 275-286.

CONCLUSION

Du premier chapitre de cette première partie quelques certitudes décisives se dégagent. Tout d'abord, l'existence de deux versions de l'œuvre dont la seconde apparaît, par comparaison, incontestablement plus ample, plus ambitieuse. L'établissement d'une chronologie de ces deux versions, – même approximative –, met en évidence une entreprise réalisée sur la longue durée (une vingtaine d'années). Par ailleurs, l'examen des manuscrits a révélé la présence d'une équipe travaillant sous les ordres d'un maître d'œuvre. Toutes ces observations permettent d'affirmer que le *Memoriale historiarum* n'est pas le projet d'un homme isolé. C'est le projet, la réalisation d'une communauté, celle des chanoines de Saint-Victor.

Les trois chapitres suivants offrent des résultats plus mitigés mais non négligeables. La seule contribution de l'histoire érudite à la connaissance de l'auteur est d'avoir confirmé la tradition ancienne qui considère le *Memoriale* comme une œuvre victorine. En revanche, le croisement des informations établies sur l'histoire de Saint-Victor au début du XIVᵉ siècle avec ce que nous avons pu déterminer à partir de l'observation matérielle de l'œuvre permet de noter une coïncidence dans le temps entre l'attention portée aux études par les abbés Guillaume de Rebais et Jean de Palaiseau et la fourchette chronologique de la rédaction du *Memoriale* (1304-fin des années 1320). Le profil de l'auteur, tel qu'il se dessine après lecture de l'œuvre, paraît en étroit accord avec les ambitions intellectuelles de la communauté : Jean, arrivé à Saint-Victor dans les années 1280, a reçu à Paris une formation universitaire, sans doute en théologie. Il a peut-être, par la suite, exercé des responsabilités temporelles (prieur?) et/ou intellectuelles (*armarius*?) dans le monastère ou dans des prieurés d'Ile-de-France. C'est à cet universitaire d'âge mûr que les victorins ont confié l'élaboration d'une œuvre destinée à la formation de leurs étudiants et à l'affirmation de leur rayonnement.

DEUXIÈME PARTIE

L'HISTORIEN AU TRAVAIL

INTRODUCTION

Relisons le prologue. A travers les expressions employées, il est frappant de constater que l'auteur s'est trouvé confronté à des sources si multiples que toute la difficulté de sa tâche a consisté à dominer et organiser sa «matière». Ainsi, dans le second paragraphe de la première version il emploie six fois le mot *multa*. Il évoque dans la seconde version les *diversis auctoribus*, la *fecunditatem materie*, la *prolixitatem sentencie tractatuum et scriptorum...*

Avant d'écrire, Jean de Saint-Victor a beaucoup lu. Le relevé systématique des sources qui composent le *Memoriale historiarum* pourra donner une idée de l'étendue et de la variété de sa culture historique. Le prologue suggère que celle-ci est avant tout livresque. L'est-elle exclusivement? Bien sûr, l'auteur a disposé à Saint-Victor d'une très bonne bibliothèque de travail. Ce sera pour nous l'occasion de voir le profit et l'usage concrets que peut en faire un lecteur au XIVᵉ siècle. Mais lorsque celui-ci rencontre les limites de son infrastructure familière, où va-t-il chercher de nouvelles sources, quels sont les relais de son information?

Rassembler la matière n'est que la première étape, la plus facile peut-être. Reste ensuite le difficile *opus compilatoris*. Il faut sélectionner les sources, juger de l'authenticité de chacune, les confronter parfois, considérer celles qui s'adaptent le mieux au projet défini dans le prologue. Puis, il faut en choisir des extraits, les replacer dans le cadre chronologique, les organiser à l'intérieur d'une *narratio*. C'est dans ce travail qu'apparaît tout le métier de l'historien.

Or, à travers les deux versions du *Memoriale historiarum* nous avons la chance de pouvoir suivre de façon extrêmement précise les trois temps du travail historiographique : documentation, élaboration et composition. Nous assistons à son mûrissement, à sa remise en question. Tant que l'auteur a la force d'écrire ou de dicter, l'œuvre demeure en état de gestation.

CHAPITRE V

Rassembler la documentation (1) : la quête des sources

Rassembler une documentation suffisante et sûre est la première exigence que se fixe l'historien. Et cette tâche n'est pas la plus simple à réaliser. Lorsque l'on a choisi, comme Jean de Saint-Victor, de couvrir l'histoire du monde depuis ses origines, ce qui représente un champ chronologique immense, il faut être assuré que les sources ne feront pas défaut à un moment ou à un autre du parcours. Il faut être certain ensuite que ces sources rendront un bon témoignage du passé. Il n'est pas mauvais de pouvoir éventuellement en confronter plusieurs. Bref, avec prudence et discernement, il faut s'efforcer de recenser toutes les informations disponibles. Pour ce faire, le mieux est, d'une part de pouvoir utiliser des sources de nature différente, d'autre part de savoir où trouver la documentation et de pouvoir y accéder.

Il y avait en somme cinq grands types de sources qui s'offraient à Jean : sa mémoire, son observation personnelle et les témoignages oraux qu'il pouvait recueillir auprès d'autres personnes, les vestiges laissés dans la pierre, les documents diplomatiques et enfin les livres[1]. Le recours à la tradition orale et aux témoignages oraux nécessitait qu'il ait noué de nombreux contacts, qu'il soit au cœur d'un réseau de relations ; l'exploitation des informations archéologiques ne pouvait être que le fruit d'une observation personnelle, sur le terrain, elle imposait des déplacements. Les conditions de travail limitaient ou au contraire élargissaient les possibilités de s'informer et la variété de la documentation. Matthieu Paris, rédigeant ses *Chronica majora* à

---

[1] B. GUENÉE, *Histoire et culture historique dans l'Occident médiéval*, 2ᵉ éd., Paris, 1991, p. 77-109.

Saint-Alban dans la seconde moitié du XIIIe siècle, bénéficiait incontestablement de la situation géographique de son abbaye qui en faisait un lieu de passage et de séjour. Les hôtes, clercs ou laïques, souvent des personnages importants, apportaient au moine bénédictin les nouvelles de l'extérieur. On lui faisait des confidences, on lui montrait des documents, on les lui laissait parfois pour qu'il les copie et les insère dans sa chronique[2]. Le patronage royal permettait aussi de lever bien des obstacles. Guillaume le Breton avait pu consulter les archives royales et, familier du roi, il avait assisté à ses côtés à la bataille de Bouvines, ce qui lui permettait d'en rendre un témoignage direct ; saint Louis avait fait ouvrir pour Vincent de Beauvais la bibliothèque de Royaumont[3]. Bref, une abbaye prestigieuse, un grand commanditaire, des fonctions amenant à sortir du cloître, autant de conditions favorables à la quête de l'information.

Or, Jean de Saint-Victor écrit dans un contexte bien différent : il n'exerce pas, autant que l'on sache, de fonctions officielles de représentation extérieures à l'abbaye, rien ne laisse penser qu'il ait voyagé ; Saint-Victor au XIVe siècle n'est pas Saint-Denis, l'abbaye ne retient guère l'attention du roi, elle n'est pas un lieu de rencontre, peu nombreux sont les informateurs qui se pressent auprès de l'historien, parce que personne, si ce n'est son abbé et ses frères, ne lui a demandé de rédiger une telle œuvre. Dans la quête des sources, Jean est donc livré à lui-même et son champ d'action est, de ce fait, assez limité. De telles conditions de travail vont bien sûr favoriser le témoignage des livres, disponibles sur place, au dépens des archives et des vestiges archéologiques. Mais archives et vestiges ne sont cependant pas absents de la documentation qui a servi à élaborer le *Memoriale*. Ouvrons donc avec l'archéologie le tour d'horizon des différents types de sources et de leur poids respectif dans le corpus global.

A – L'ARCHÉOLOGIE : UNE TRÈS FAIBLE CONTRIBUTION

1. Manque d'intérêt ou impossibilité matérielle ?

Ce n'est pas que notre historien fasse fi de ce type de sources. Lorsque les livres lui fournissent quelques descriptions, il les reprend

---

[2] A. GRANSDEN, *Historical writing in England c. 550 to c. 1307,* Ithaca-New-York, 1974, p. 356-379.

[3] M. PAULMIER-FOUCART et S. LUSIGNAN, *Vincent de Beauvais et l'histoire du Speculum Maius,* in : *JS*, janvier-juin 1990, p. 97-124.

soigneusement. Ainsi tire-t-il tout ce qui est possible des *Mirabilia* du XIIe siècle pour sa description de Rome. Mais, n'ayant pas lui-même eu sous les yeux ces vestiges du passé, il ne lui est pas facile d'en parler. En revanche, il est surprenant que des monuments situés à proximité lui soient demeurés comme indifférents. Il s'est vraisemblablement rendu à Saint-Denis pour consulter des chroniques, mais ne dit rien de sa visite des tombeaux des rois. Jamais il ne paraît avoir eu entre les mains un de ces petits guides destinés à satisfaire la curiosité du visiteur et à susciter sa piété dynastique[4]. Guillaume de Nangis, dont il utilise largement le *Chronicon* et les *Gesta,* venait pourtant justement d'en rédiger un[5]. Tout juste a-t-il remarqué sur le chemin entre Paris et Saint-Denis les croix commémoratives érigées aux endroits où s'était arrêté le cortège funèbre de Louis IX en route pour la nécropole royale[6]. Son témoignage sur des monuments récemment érigés est ici précieux mais il est exceptionnel. Disons que si Jean sait extraire de ses sources une information de type archéologique, il n'a pas, quand il se déplace, le réflexe de la curiosité visuelle propre au voyageur chevronné.

2. Dans le cloître de Saint-Victor, le témoignage des tombes

Sans sortir de l'enceinte de l'abbaye, Jean avait sous les yeux les tombes ou les épitaphes de quelques-uns des personnages évoqués dans sa chronique. Il en indique certaines. Mais là encore le lecteur du *Memoriale* doit être vigilant et ne pas les attribuer systématiquement à l'observation personnelle de l'auteur. Ainsi, évoquant la sépulture de Maurice de Sully dans le chœur de l'église abbatiale et l'épitaphe qui y est inscrite, il se contente de reprendre le texte donné par Vincent de Beauvais sans y ajouter le moindre détail supplémen-

---

[4] B. GUENÉE, *op. cit.*, p. 85 et A. ERLANDE-BRANDENBURG, *Le roi est mort. Etude sur les funérailles, les sépultures et les tombeaux des rois de France jusqu'à la fin du XIIIe siècle,* Paris, 1975.

[5] Il s'agit de la *Chronique abrégée des rois de France,* courte chronique en latin qui, comme la préface l'annonce, se voulait bien un livret pour guider les pèlerins venus visiter les tombes royales. Edition : *RHF,* XX, p. 649-653.

[6] BnF, lat. 15011, fol. 448v-449 : «... ossa vero secum afferentes in ecclesia Sancti Dionysii sepelierunt die Veneris ante Pentecoste cum ingenti honore ut decebat, *in honoremque et memoriam eius inter Parisiacam urbem et villam Sancti Dionysii pulchre cruces sunt postea constructe in locis quibus corpus eius portantes pausaverunt.*» Ici, comme dans le reste du chapitre, les expressions et passages propres à Jean sont en italique. Sur les croix commémoratives, voir la note 146 du chapitre IV.

taire[7]. C'est un peu décevant, car n'importe quel auteur étranger à l'abbaye aurait pu en faire autant. De même, à propos de la tombe de Hugues, il donne effectivement son emplacement exact (*sepultusque est in claustro iuxta introitum ecclesie Sancti Victoris*), mais cette information est aussi présente dans le texte qu'il compile pour relater les derniers instants du grand homme[8]. Rien n'indique que cette mention soit le fruit de son observation plutôt que celui de ses lectures. En revanche, il est possible qu'il rapporte *de visu* l'épitaphe de Louis VI le Gros, dont Fourier Bonnard dit qu'elle se trouvait gravée sur une plaque de cuivre, scellée dans la muraille du cloître, du côté du dortoir[9]. En effet, elle n'apparaît pas dans les sources écrites. C'est peut-être aussi le cas de l'inscription sur la tombe de l'évêque Etienne de Senlis : complétant la mention du nécrologe, Jean indique l'emplacement de la tombe et ajoute que sur celle-ci on avait écrit *hic jacet in terris Stephanus et cetera* ...[10] La dernière sépulture notée, sans

---

[7] BnF, lat. 15011, fol.409v : «Tunc obiit Parisiensis episcopus bone memorie, Mauricius, qui plura monasteria in dyocese Parisiensi fundavit scilicet Herivallem *de ordine Sancti Victoris Parisiensis* et Hermerias prope Latiniacum ordinis Premonstracensis, item monasterium sanctimonialium de Hereda et sanctimonialium de Gisso, aliis abbaciis et locis religiosis multa dedit (VB, *Spec. hist.*, XXIX, 58). Sepultusque est apud Sanctum Victorem in choro et eiusdem loci in morte canonicus effectus est, cuius supra pectus hoc scriptum est jussu ejus : "Credo quod Redemptor vivit" et cetera quare supra de eo.» (VB, *Spec. hist.*, XXIX, 58).

[8] Il s'agit d'un texte compilé à Saint-Victor dont on trouve trace dans le manuscrit BnF, lat. 15065. B. HAURÉAU en a édité quelques feuillets en préface à l'œuvre de Hugues, PL 175, col. 141-142. Ce manuscrit victorin, répertorié dans le catalogue de Grandrue, contient entre autres trois éléments dont se sert Jean : un récit de la fondation de Saint-Victor, les épitaphes de Hugues, de Richard et d'Adam, ainsi que la liste de leurs œuvres et enfin, les lettres de saint Bernard sur le meurtre du prieur Thomas. Ce manuscrit est daté du xve siècle, ce qui semble exclure que Jean ait pu l'utiliser. Mais Jean de Saint-Victor a pu parfaitement avoir en main un manuscrit plus ancien, ayant servi de modèle au copiste du BnF, lat. 15065, peut-être le ms. coté FFF 29 par Grandrue, aujourd'hui perdu.

[9] BnF, lat. 15011, fol. 381, dans la marge inférieure. Les deux derniers vers sont coupés dans le manuscrit BnF, lat. 15011. F. BONNARD, *Histoire de l'abbaye royale et de l'ordre des chanoines réguliers de Saint-Victor de Paris*, 2 vol., Paris, 1904-1908, I, p. 27, n. 2, pensait qu'ils avaient été ajoutés postérieurement et que Jean n'en avait pas eu connaissance. Il faut cependant remarquer que d'autres manuscrits du xive siècle donnent cette épitaphe dans sa totalité. Inscrite tout en bas du folio elle peut avoir été accidentellement coupée dans le manuscrit susdit.

[10] BnF, lat. 15011, fol. 384 : «Hoc tempore obiit bone memorie Stephanus Parisiensis episcopus (Necr. IV Kal. Aug.) *et sepultus est in monasterio Sancti Victoris Parisiensis in medio chori et super corpus eius scripti sunt versus hii*: "hic jacet in terris Stephanus et cetera"...» Voir F. Bonnard, *op. cit.*, I, p. 44-45. On trouve l'épitaphe dans son intégralité dans le manuscrit Maz. 778 : «... qui Parisiensis inter oves Ecclesie pastor et huius ovis.»

épitaphe cette fois, est celle d'Adenulphe d'Anagni[11]. Mais nous sommes là dans le domaine de la mémoire (il a assisté à ses funérailles qui eurent lieu en 1289) et non plus dans celui de l'exploitation de traces archéologiques antérieures à sa propre existence.

Le bilan est bien mince et de plus malaisé à établir. On constate dans plusieurs cas que ce que l'on penserait être une information archéologique est identique à des données écrites qui peuvent très bien avoir été extraites de sources que l'on sait par ailleurs être utilisées (chroniques, nécrologe ...). De plus, il ne semble pas que Jean ait cherché à exploiter de telles informations même pour établir l'histoire de son abbaye. Or, c'était justement sur ce sujet que la documentation archéologique était la moins rare. En effet, on aura noté qu'il ne donne en général que l'incipit de l'épitaphe, ce qui lui interdit toute exploitation approfondie du texte. Et, d'autre part, il ne paraît pas non plus avoir voulu tirer parti des ressources que lui offrait l'épitaphier victorin composé à la fin du XIIIᵉ siècle[12]. Les mentions épigraphiques servent à raviver le souvenir d'hommes prestigieux et admirables, à souligner leur autorité et leur célébrité, elles ne servent pas l'histoire. Et l'on peut se demander si Jean a eu seulement l'idée qu'elles auraient pu la servir et comment. Faute d'être interrogées, les traces matérielles du passé restent muettes, faute d'une méthode d'investigation, elles ne sont d'aucune aide pour l'historien.

B – LES ARCHIVES ET LEUR TRAITEMENT

Le vocabulaire des documents diplomatiques (*instrumenta, membrana, carta ...*)[13] est absent du *Memoriale*. Cela ne signifie pas pour autant que son auteur n'a jamais recouru à ce type de sources. On relève en fait des traces de leur consultation en deux occasions : l'histoire de l'abbaye de Saint-Victor et, dans le récit des trente dernières années de la chronique, la prise en compte de documents pontificaux. En revanche, bien que le *scriptorium* de Saint-Victor ait joué un grand rôle dans la production de la chancellerie royale au XIIᵉ siècle, bien que les victorins aient eu très tôt «conscience de l'intérêt historique ... de leur patrimoine documentaire» et qu'ils en aient à plusieurs

---

[11] BnF, lat. 15011, fol. 459 : «Hoc anno obiit magister Adenulphus quondam prepositus Sancti Audomari Flandria, electus tunc et confirmatus episcopus Parisiensis, et factus frater Sancti Victoris Parisiensis habitu suscepto, (Necr. IV nonas Aprilis) *sepultus in medio chori eiusdem ecclesie.*»

[12] Paris, Bibl. Maz. 778.

[13] B. GUENÉE, *op. cit.*, p. 91.

reprises organisé le classement[14], il ne semble pas que Jean se soit servi de ce fonds considérable d'archives pour son histoire générale[15].

1. Les archives de Saint-Victor

L'emploi d'un vocabulaire spécifique laisse deviner au lecteur le recours aux sources archivistiques locales. *Privilegia, confirmari* sont autant d'indices sûrs, parce qu'ils n'apparaissent que dans ces occasions. Il arrive que Jean reprenne purement et simplement les mots, les phrases du document : en 1147[16], dans un paragraphe consacré à Henri, frère du roi Louis VII, il se sert d'une pièce de cartulaire dont il recopie les termes (ils sont indiqués en italique dans le passage ci-dessous) :

> «Hoc tempore Eugenius papa Henricum fratrem Ludovici regis, monachum Clarevallensem, prefecit omnibus abbaciis Francie et erat quasi generalis abbas supra speciales abbates. Idemque Henricus *ob specialem amorem quem erga abbaciam Sancti Victoris Parisiensis habebat, sicut et pater suus et frater habebant,* unam prebendam in ecclesia Sancti Exuperii Corboliensis eidem ecclesie contulit *in perpetuum possidendam, regalium quoque ecclesiarum annualia, iam a patre suo concessa,* eidem ecclesie ipse per expressum privilegium confirmavit.»

S'il cite textuellement certains passages, les renseignements donnés proviennent le plus souvent d'une lecture de l'ensemble, d'une sorte d'analyse dirions-nous aujourd'hui[17]. Le détail l'intéresse peu, il ne retient que la date, le nom du bienfaiteur, celui du souverain ou du pontife ayant confirmé les privilèges. Ainsi à l'année 1135, à propos de la donation royale de l'église Saint-Guénaud de Corbeil :

> «Hoc etiam anno rex Ludovicus Grossus dedit ecclesiam Sancti Guenayli de Corbolio cum omnibus ad eam pertinentibus, consensu Ludovici filii sui iam regis, et precibus regine Adelaydis, per manum Stephani Parisiensis episcopi, ecclesie beati Victoris[18].»

Le document n'est jamais recopié ni en partie (le début par exemple) ni dans son intégralité. Le but n'est pas de permettre au lecteur

---

[14] Fr. GASPARRI, *Scriptorium et bureau d'écriture de l'abbaye Saint-Victor de Paris*, in : J. LONGÈRE (Ed.), *L'abbaye parisienne de Saint-Victor au Moyen Age*, (Bibliotheca Victorina, 1) Turnhout, 1991, p. 119-139, ici plus particulièrement p. 119-125.

[15] Le cas n'a rien d'exceptionnel, voir B. GUENÉE, *op. cit.*, p. 92-93.

[16] BnF, lat. 15011, fol. 387, (Arch. Nat., LL 1450, fol. 15).

[17] Cette méthode rappelle un peu celle du *scriptorium* au XIIe siècle. Voir sur cette question les études de Fr. GASPARRI, in : *JS*, avril-juin 1976 ; *Scriptorium,* 30 (1976), p. 232-237 et 37, 1983, p. 92-98 ; *Médiévales,* 13 (automne 1987).

[18] BnF, lat. 15011, fol. 381, (Arch. Nat., K 22, n° 76).

l'accès aux archives, celles-ci sont envisagées comme des sources
secondaires destinées à compléter une information dont les éléments
principaux restent fournis par les chroniques et les histoires. Leur
fonction d'auxiliaires implique qu'il n'est pas nécessaire ou souhaita-
ble d'en mentionner l'usage. En revanche, Jean se livre parfois à une
étude critique de son document en le comparant aux données des
chroniques. Ainsi note-t-il, au moment où il annonce l'avènement de
Louis VII :

> «Unde hic annus primus regni eius dicitur fuisse et in privilegiis et in chroni-
> cis, non computando quatuor annos precedentes quibus regnavit cum patre
> eius[19]...»

2. Les documents reçus de la chancellerie pontificale

a) Dans la tradition archivistique victorine

Ces documents apparaissent assez tard dans le cours du récit. Le
premier d'entre eux paraît être la décrétale *Clericis laicos*[20]. On en rencontre ensuite une demi-douzaine pour la fin de la chronique. Leur
présence est liée à plusieurs facteurs : ils arrivent à l'abbaye au
moment où l'historien rassemble sa documentation et est, de ce fait,
particulièrement réceptif à ce qui pourra lui servir à écrire l'histoire
de son temps ; il est certain, ensuite, que le contexte de conflit entre
Philippe le Bel et Boniface VIII a incité les maisons religieuses à conserver soigneusement les archives émanant des deux parties, voire à
se constituer des dossiers. C'est le cas à Saint-Victor[21]; enfin, on peut
voir dans la conservation et surtout l'utilisation de ces documents les
traces de l'efficacité de la centralisation pontificale, en particulier à
partir du moment où la papauté est installée à Avignon. Deux choses
sont sûres : il y a à Saint-Victor au début du XIVe siècle des chanoines
qui lisent et classent avec soin les documents émanant de la chancellerie pontificale et, parmi eux, figure notre auteur.

---

[19] BnF, lat. 15011, fol. 382v.

[20] BnF, lat. 15011, fol. 463.

[21] Cf. supra la note 39 du chapitre III. Sur les documents pontificaux reçus à Saint-
Victor, B. BARBICHE, *La papauté et les abbayes de Sainte-Geneviève et de Saint-Victor de Paris au XIIIe siècle*, in : R. GROSSE (Ed.), *L'Eglise de France et la papauté (Xe-XIIIe siècle)*. Actes
du XXVIe colloque historique franco-allemand organisé en coopération avec l'Ecole nationale des Chartes par l'Institut historique allemand de Paris (Paris, 17-19 octobre 1990),
Bonn, 1993 (*Etudes et documents pour servir à une «Gallia Pontificia»*, publiés par l'Institut
historique allemand de Paris et l'Ecole nationale des Chartes), p. 239-262.

b) Une utilisation souvent imprécise

Cependant l'utilisation de ces documents est loin d'être systématique et leur présentation loin d'être uniforme. Leur nature est souvent imprécise : Jean parle de *littera*, parfois de *littera bullata* (trois fois) ou de *constitutiones* (trois fois), le mot *decretalis* n'apparaît qu'une fois. Le titre n'est pas toujours donné et il ne constitue pas une garantie que l'auteur ait bien eu accès au document. A quelques lignes de distance il fait ainsi deux erreurs caractéristiques : évoquant la constitution *Antiquorum* par laquelle Boniface VIII accordait une indulgence plénière à tous ceux qui visiteraient les tombeaux des apôtres Pierre et Paul au cours de l'année jubilaire de 1300, il affirme que le texte fut promulgué au Latran le 14 des calendes de mars. Or, la promulgation porte en fait la date du 8 de ces mêmes calendes, soit le 22 février. Les éditeurs, qui ont relevé cette erreur, suggèrent[22] que le copiste a voulu écrire soit «le 14e jour de mars», soit «le 14 des calendes d'avril». Dans les deux cas la date donnée n'est pas celle de l'émission du document mais peut-être celle à laquelle celui-ci est parvenu à l'abbaye[23]. A moins que Jean n'ait connu ce texte que par le biais d'un intermédiaire et qu'il ait essayé d'en retrouver de mémoire la date. Ou bien tout simplement s'agit-il d'une erreur de lecture, le X ayant été pris pour un V.

Le second cas où nous voyons le chroniqueur se tromper concerne la constitution désignée par l'incipit *Super speculam*. L'erreur porte cette fois sur le titre : il est en fait question d'un texte qui s'intitule *Super cathedram praeminentiae pastoralis* et, comme le font remarquer les éditeurs du *Memoriale*, la confusion peut difficilement être mise sur le compte d'une lecture délicate. Il semble plutôt que Jean ait entendu parler de ce document qui concerne le droit pour les Frères mendiants de prêcher et de confesser : il en a retenu le contenu qu'il restitue dans sa chronique, mais sa mémoire, elle, achoppe sur l'exactitude du titre. En revanche, les documents dont il donne avec précision la date et le lieu d'émission, selon la forme diplomatique en usage, sont bien passés entre ses mains. Voici par exemple comment il présente *Clericis laicos*[24] :

> «Fecit eciam apud Sanctum Petrum Rome constitucionem illam Clericis laycos et cetera et hoc VI kalende Marcii pontificatus sui anno IIo.»

---

[22] *RHF*, XXI, p. 636, n. 6.

[23] Ph. CONTAMINE, *Introduction*, in : *La circulation des nouvelles au Moyen Age*. Actes du XXIVᵉ congrès de la SHMESP, Avignon (juin 1993), Paris, 1994, p. 15, évoque des durées de 15 à 16 jours pour les courriers circulant entre Avignon et Paris au milieu du XVᵉ siècle.

[24] BnF, lat. 15011, fol. 463. Ce passage n'est pas donné dans l'édition.

Mais il n'en donne pas le contenu. On ne retrouve guère dans la citation de ces documents pontificaux la concision constatée plus haut avec les archives de Saint-Victor.

En de très rares occasions (deux seulement pour la période contemporaine), le document est inséré dans le cours du récit. Ainsi, la bulle de canonisation de Célestin V en 1313[25] et la bulle de condamnation de Jean de Pouilly en 1321[26]. Le manuscrit aujourd'hui perdu et coté par Grandrue SS17 contenait une *vita* de Célestin V[27]. Quant à la bulle *Vas electionis* dans laquelle Jean XXII condamne les positions de Jean de Pouilly, Saint-Victor dut bien en recevoir un exemplaire puisque Jean dit qu'elle fut envoyée à tous les prélats. Elle fut sans doute copiée par la suite dans l'un de ces recueils de lettres de Jean XXII que conserva la bibliothèque[28].

c) *Ausculta fili et Deum time : du document officiel à sa version falsifiée*

La relative précision avec laquelle Jean note le lieu et la date de publication des documents pontificaux dont il a eu une copie sous les yeux permet a contrario de déterminer ceux qu'il ignore ou dont la teneur lui a été rapportée indirectement. Cette distinction peut devenir capitale pour comprendre son degré d'information et sa perception de certaines situations. C'est le cas en 1301-1302, au plus fort du conflit entre Philippe le Bel et Boniface VIII. En réaction à l'arrestation de Bernard Saisset, Boniface VIII décide de réaffirmer sollennellement ses prérogatives en adressant au roi de France la bulle *Ausculta fili* datée des nones de décembre 1301. Curieusement, ce document n'est pas mentionné dans le *Memoriale*. Jean se contente d'évoquer des lettres (*litteras*) adressées par le pape au roi de France *circa Purificationem*[29]. Les éditeurs ont assimilé à tort ces lettres à *Ausculta fili*. En effet, le contenu prétendu de la bulle donné dans la suite du paragraphe correspond bien mieux, presque mot-à-mot,

---

[25] *RHF*, XXI, p. 656. Les éditeurs ont choisi de ne pas donner ce passage en indiquant simplement (note 9) qu'il s'agissait d'extraits de la bulle de canonisation. Il faut donc se reporter aux manuscrits, voir BnF, lat. 15011, fol. 479-481.

[26] *RHF*, XXI, p. 674. Ce passage n'est pas donné par l'édition qui renvoie (note 15) aux *Extravagantes communes* (lib. V, tit. III, 2). Dans le manuscrit BnF, lat. 15011, fol. 493-494.

[27] Il faut écarter le ms. BnF, lat. 14652, fol. 205 (cote Grandrue EEE 11) car G. Ouy le date du 3ᵉ quart du xvᵉ siècle.

[28] Le catalogue de Grandrue indique six volumes contenant des fragments des *Extravagantes* de Jean XXII, dont trois seulement ont été conservés. Parmi eux le R 15 (BnF, lat. 14362) daté du xivᵉ siècle.

[29] *RHF*, XXI, p. 638.

à la fausse version d'*Ausculta fili, Deum time*[30], qui réduisait la bulle à la forme insolente et sèche d'un ultimatum. L'auteur de ce faux, Pierre Flote, avait recouru à un moyen familier de la scolastique en ramenant le texte de Boniface VIII à six propositions. Son habileté avait été assez grande pour éviter les propos outranciers mais leur donner une tournure suffisamment brutale pour dresser contre le pape les clercs et les laïcs et surtout ceux qui avaient plus de prébendes à attendre de la collation royale que de la collation pontificale. Ce sont ces propositions qui furent soumises à l'assemblée du clergé à Notre-Dame le 8 avril 1302, à laquelle participait l'abbé de Saint-Victor qui, comme aucun des autres participants, n'avait vu le document original[31]. En revanche, c'est bien cette fois à *Ausculta fili* que Jean fait allusion quelques lignes plus loin lorsqu'il parle des *litteras papali bulla munitas, in Franciam directas*, dont l'envoi aurait été décidé en réponse à l'assemblée de Notre-Dame et dont l'objet unique, à lire le *Memoriale*, est la convocation d'un concile pour la Toussaint 1302[32].

L'examen de ce paragraphe montre que Jean a bel et bien vu *Ausculta fili* puisqu'il peut en décrire les caractéristiques diplomatiques mais il n'a sans doute eu connaissance de ce document qu'après le 08 avril 1302, ce qui explique la construction de son récit dont le pivot est en fait *Deum time*. Ce passage enseigne également comment un faux, ici un texte de propagande, peut se profiler derrière un document officiel. Il incite à la plus grande vigilance dans l'examen des sources du *Memoriale* en général et plus encore pour la période contemporaine. L'enjeu en est la prise en compte la plus exacte possible des relais de l'information de l'auteur et par delà, la compréhension de ce qui peut déterminer ses idées et ses opinions.

Les archives ne sont donc pas totalement absentes du *Memoriale historiarum* même si leur contribution à l'ensemble reste fort modeste. Les documents émanant de la chancellerie royale à l'époque de la rédaction de la chronique n'ont pas été envisagés. Ils sont en effet apparemment absents du corpus des sources, à une ou deux

---

[30] Citée par J. RIVIÈRE, *Le Problème de l'Eglise et de l'Etat au temps de Philippe le Bel*, Louvain-Paris, 1926, p. 103.

[31] J. FAVIER, *Philippe le Bel*, 2ᵉ éd., Paris, 1998, p. 349-354.

[32] *RHF*, XXI, p. 638 : «Papa, agnita congregacionis causa et prelatorum responsione, per litteras papali bulla munitas, in Franciam directas, citavit ad curiam omnes regni Francorum prelatos magistrosque theologie et decretorum, precipiens eis districte quatenus in principio Novembris, omni excusacione postposita, omnes coram eo personaliter comparerent.»

exceptions potentielles près[33]. En revanche, l'utilisation des documents diplomatiques, lorsqu'elle est repérée, témoigne d'une familiarité certaine du chroniqueur avec ce type de source : il y a accès et sait en donner une analyse brève mais exhaustive. Sans doute son travail profite-t-il du classement des chartes opéré à plusieurs reprises par les archivistes de l'abbaye depuis le XIIe siècle. Il semble que ceux-ci aient réalisé un classement par matières et qu'ils aient très tôt pris l'habitude de rédiger au dos des documents reçus de petites analyses, qui s'avéraient fort précieuses pour celui qui les utilisait par la suite. Jean sait la valeur de ces documents originaux même si l'exploitation qu'il en propose reste limitée. L'accès relativement facile aux archives ne l'a pas poussé à en faire une source essentielle, sans doute parce qu'il a jugé que le fond archivistique à sa disposition était trop restrictif par rapport à l'étendue spatio-temporelle de son projet. Mais, à la différence de ce que nous avons pu noter pour l'archéologie, les documents d'archives, peut-être tout simplement parce qu'ils sont écrits, tiennent le rôle efficace de sources auxiliaires : *Usus licterarum repertus est propter memoriam rerum variorum : nam ne oblivione fugiant licteris alligantur. Lictere namque sunt indices rerum et signa verborum* affirmait Jean dès son prologue, reprenant les mots d'Isidore de Séville.

C – De la mémoire à la rumeur :
des sources pour écrire l'histoire de son temps

Les éditeurs du *Memoriale historiarum,* d'Etienne Baluze à Guillaume Mollat, les érudits modernes qui se sont intéressés à cette œuvre, d'Auguste Molinier à Charles Samaran, tous se sont efforcés de définir la période pour laquelle le texte de Jean de Saint-Victor constitue un témoignage original.

A l'examen, on chercherait en vain une indication explicite de l'auteur. S'il fait parfois allusion aux *tempora moderna,* il ne leur donne jamais un *terminus a quo.* Rien ne prouve non plus que ces *tempora moderna* soient pour lui le temps de la mémoire par opposition à

---

[33] On peut penser ici à la lettre de Philippe le Bel mettant fin aux troubles qui agitèrent l'Université de Paris en conflit avec le prévôt en 1304, cf. ch. IV, n. 64. En 1302, il est également fait mention de mandements de Philippe le Bel (*RHF,* XXI, p. 638) mais sans que rien ne permette de penser que Jean en a vu le texte.

un temps de l'histoire marqué par la compilation des sources[34]. De même, si dans son prologue il laisse entendre très clairement qu'il poursuivra sa chronique jusqu'à son époque (*usque ad nos*), il ne dit pas quand commence cette époque. Par ailleurs, on ne rencontre dans le texte aucune rupture de présentation ou de style qui dénoterait le passage d'une compilation à un témoignage personnel exclusif. Jean de Saint-Victor ne dit jamais «j'ai vu», «j'ai entendu» ou «on m'a dit que». A aucun moment il ne s'implique expressément dans le récit qu'il écrit. Faut-il pour autant en conclure qu'il fut jusqu'au bout tributaire de ses sources comme l'écrivait Guillaume Mollat à la fin de sa présentation des vies de Clément V et Jean XXII par notre victorin :

> «N'exagérons pas toutefois le mérite de Jean de Saint-Victor. Son travail n'est qu'une compilation, sauf peut-être la fin. S'il possède des qualités, celles-ci proviennent des sources utilisées. La partie la plus intéressante qui embrasse les années 1312, 1313, 1314, 1315 et 1316, tire toute sa valeur de la fidelité autant que de l'habileté avec laquelle Jean de Saint-Victor a résumé la chronique rimée de Geoffroy de Paris, témoin des événements[35].»

Outre le fait que l'on pourrait aisément rétorquer à ce jugement sévère que c'est une bien grande qualité pour un compilateur que de savoir choisir judicieusement ses sources, il n'est pas sûr que Jean n'ait pas apporté la pierre de son témoignage personnel à l'édifice de sa compilation. Auquel cas, le jugement de «bon témoin» que portaient sur lui les éditeurs du tome XXI des *Historiens des Gaules et de la France,* n'est peut-être pas à dénigrer de façon aussi catégorique que le fait Guillaume Mollat[36]. A y regarder de plus près, compilation et témoignage pourraient bien aller de pair et faire bon ménage. Enfin, dans la mesure où il ne dit jamais «j'ai vu», où il ne nomme jamais ses informateurs, il convient d'être très prudent dans la part que l'on attribue à la mémoire et à la tradition orale et d'évaluer avec quelques précautions la part des témoignages qu'il a pu recueillir auprès de ses contemporains.

---

[34] B. GUÉNÉE, *Temps de l'histoire et temps de la mémoire au Moyen Age*, in : *ABSHF*, 1976-77, p. 25-35. L'exemple étudié est celui d'Otton de Freising. Ce chroniqueur avertit en effet son lecteur qu'il passe du temps de l'histoire à celui de la mémoire.

[35] G. MOLLAT, *Etude critique sur les «Vitae paparum Avenionensium» d'Etienne Baluze,* Paris 1917, p. 101.

[36] G. MOLLAT, *op. cit.*, p. 88 et note 6. L'auteur cite une phrase de l'introduction à l'édition dans le tome XXI des *RHF*, p. 632 : «Eum (Jean de Saint-Victor) post annum MCCC certum idoneumque testem aestimamus». La lecture de Guillaume Mollat tend à confondre le témoignage et l'originalité de l'œuvre.

1. Faire œuvre de mémoire

Trois questions peuvent guider cette réflexion sur le travail de la mémoire que peut mettre en œuvre un historien au début du XIVe siècle : jusqu'où sa mémoire peut-elle remonter le cours du temps? Cet exercice est-il profitable au but qu'il s'est fixé : sa mémoire, quand il l'utilise, est-elle fiable ; lui permet-elle d'être plus disert, plus précis que ses «collègues»? Enfin, comment parvient-il à situer dans le temps, dans une chronologie, les faits dont il garde mémoire? Pour mener cette enquête, un relevé des dates ajoutées au texte de la source ou lui apportant des variantes a été dressé. On a également noté toute réminiscence de date apparaissant hors de son contexte.

a) Les années 1280 et l'émergence des souvenirs personnels

Le premier épisode dont le récit offre des variantes par rapport aux sources, telles qu'elles permettent d'envisager la marque d'un témoignage personnel, est la prédication de la croisade du cardinal Jean Cholet en 1283. En effet, Jean, à la différence du continuateur de Géraud de Frachet et de Guillaume de Nangis, précise que le prélat parla à Saint-Germain-des-Prés le 8 des calendes de mars. Il poursuit son récit en mentionnant la fondation par le roi et la reine d'un couvent de clarisses près de Saint-Marcel, ce dont ses sources ne disent rien[37]. Racontant le martyre de sainte Ursule et de ses compagnes à l'année 455, Jean évoque leurs reliques et se souvient qu'une partie de ces reliques fut apportée dans le diocèse de Paris «aux environs de l'année 1288»[38] ; par ailleurs, rédigeant sa description géographique de Chypre[39], il ajoute, en renvoyant son lecteur à la chroni-

---

[37] BnF, lat. 15011, fol. 455 (1283) : «Hoc anno primo venit in Franciam legatus Iohannes Cholet tituli sancte Cecilie cardinalis pro Arragonia et Valencia ; functus est officio legationis predicte VI annis et amplius et apud Sanctum Germanum de pratis extitit VII kal. Martii habens indulgentiam plenariam velud mare transfretandi a papa Martino pro crucesignatis euntibus in Arragoniam vel non crucesignatis mittentibus de rebus suis vel pugnatores et dedit solventibus decimam quadrienni regi Francie eamdam indulgenciam. Hoc tempore cepit fundari et edificari apud Sanctum Marcellum iuxta Parisius monasterium sororum minorum a rege Philippi et eius coniuge regina Maria apud Louveciennes in domo que fuerat cuiusdam quondam divitis clerici nomine magistri Galieni.»

[38] Ars. 1117, fol. 154 : «... earum enim quarumdam reliquie inde asportate sunt in dyocese Parisiensi circa annos Domini M°CC°LXXXVIII°.» Les *AA SS*, Octobris IX, 21-22, p. 250-251, citent effectivement une lettre de l'official de Cologne évoquant ce «transfert». Ce passage n'est pas repris dans la seconde version.

[39] BnF, lat. 15010, fol. 78 : «Illucque pervenerunt navigio reliquie Christianorum post destructionem Acconis, que fuit anno Domini M°CC°XC°, de qua infra.» Saint-Jean d'Acre tomba en fait le 28 mai 1291 mais c'est à l'année 1290 que la chronique de Guillaume de Nangis, source de Jean pour ce passage, choisit de la relater.

que, que c'est dans cette île que les chrétiens trouvèrent refuge en 1290 après la chute d'Acre. Il se sent contemporain de ce dernier épisode comme l'indique une autre remarque où il le situe dans le temps en employant l'expression *nostris temporibus*[40]. La chute d'Acre fait assurément partie de ses souvenirs personnels. Avec les années 1280 débutent vraisemblablement les *tempora nostra* et leur bagage de souvenirs qu'il partage avec son public, mais dont le classement est loin d'être précis.

b) La mémoire : un outil peu fiable et difficile à manier

Les souvenirs émergent peu à peu. En petit nombre d'abord et surtout bien imprécis : la mort d'Adenulphe d'Anagni sous l'habit victorin en 1289, celle de Jeanne, comtesse d'Alençon deux ans plus tard. Il est probable que dans ces deux cas la mémoire prenne appui sur le nécrologe de l'abbaye. Le rappel liturgique ravive le souvenir mais n'incite pas être plus précis. A partir de 1294, soit une dizaine d'années avant que Jean ne rédige, la datation des souvenirs est plus élaborée : il se souvient que Célestin V abdiqua «le jour de la fête de Sainte-Lucie»[41], qu'au mois de septembre le roi d'Angleterre lança ses bateaux vers la France[42]. Relatant l'année suivante avec Guillaume de Nangis l'arrivée de deux légats pontificaux, il exprime la date différemment de sa source et ajoute que les deux hommes restèrent en fonction pendant trois ans[43]. Toujours en 1295, il se souvient que c'est en décembre que mourut la veuve de saint Louis[44]. Un ou deux souvenirs par année, telle semble être la capacité maximale de la mémoire entre cinq et dix ans. En revanche, on aura noté, dans le cas du séjour des deux légats, avec quelle spontanéité il enregistre et restitue les durées[45].

Mais c'est aussi à l'intérieur de cette période de cinq à dix ans avant le début de la rédaction que l'on rencontre le plus d'erreurs. Ainsi n'en relève-t-on pas moins de cinq pour la seule année 1299 : le début du conflit entre Boniface VIII et les Colonna est placé cette année-là, alors même que Guillaume de Nangis, dont la chronique

---

[40] BnF, lat. 15010, fol. 49 : «Hanc et Tripolim conquisierunt nostris temporibus Sarraceni ut in III[a] parte principali, Domino concedente, tangetur.»

[41] *RHF*, XXI, p. 634.

[42] *RHF*, XXI, p. 634.

[43] BnF, lat. 15011, fol. 462v (ce passage est omis par les éditeurs) : «*In principio huius anni* venerunt legati in Franciam Beraldus Albanensis et Symon Penestrinus cum expensis et familia magna *et fere iii annos legacione sunt functi.*»

[44] *RHF*, XXI, p. 634.

[45] C'est également ce que constate B. Guenée, à propos d'Otton de Freising, *art. cit.*, p. 34.

est toujours la principale source du *Memoriale,* situe l'événement avec justesse deux ans plus tôt. Quant à la tentative que fait alors Jean de donner un récit au jour le jour elle est vouée à l'échec[46]; lorsqu'il affirme que le mariage de Rodolphe d'Autriche avec la sœur de Philippe le Bel eut lieu l'été suivant, il ne se trompe pas de saison mais de millésime puisque ce mariage fut célébré à Paris en 1300[47] ; de même situe-t-il par erreur cette année-là la translation du corps de saint Louis à Saint-Denis[48]. Et pourtant, il a vraisemblablement assisté à la procession puisqu'il note la *vulgi multitudine copiosa*! Et pourtant la chronique de Guillaume de Nangis en faisait le récit avec une datation exacte[49]! Il profite de cet épisode pour évoquer la fondation par le roi, en l'honneur de son grand-père, d'un monastère de dominicaines à Poissy. Entre les deux faits, le terme de liaison *tunc* laisse planer un doute sur la date à laquelle il situe cette fondation. Or, elle ne fut décidée qu'en 1304[50] ; enfin, c'est encore sous l'année 1299 qu'il mentionne le contenu de la constitution *Nuper ex rationalibus* que Boniface VIII ne promulgua en fait qu'en 1301[51].

Les erreurs que commet Jean au cours de ce laborieux travail de la mémoire trahissent moins des difficultés mnémoniques personnelles qu'elles ne témoignent de l'expérience du souvenir que pouvaient avoir ses contemporains. Il existe en effet un très bon élément de comparaison. Au moment où le chroniqueur prend la plume, vers 1308, s'achève l'enquête préalable au procès de canonisation de Louis d'Anjou[52]. De nombreux témoins ont été interrogés à propos des miracles survenus depuis sa mort en 1297. Or, comme Jean de Saint-Victor, ces hommes et ces femmes ne font pas de différence entre les années proches et les années lointaines ; comme lui, ils perdent le sens des années écoulées au-delà d'une période de sept à huit ans ; comme lui enfin, ils conservent vivants des souvenirs concrets tout en se montrant incapables de les dater avec certitude. La mémoire d'un homme du XIVe siècle «tient plus aux faits qu'aux chiffres[53]». En cela, Jean est bien de son temps, en cela il ne diffère pas de

---

[46] *RHF,* XXI, p. 634-635 et p. 635 note 2.

[47] *RHF,* XXI, p. 635, note 3.

[48] *RHF,* XXI, p. 635, note 6.

[49] GN, I, p. 305.

[50] *RHF,* XXI, p. 635, note 8.

[51] *RHF,* XXI, p. 635, note 12.

[52] J. PAUL, *Expression et perception du temps d'après l'enquête sur les miracles de Louis d'Anjou,* in : *Temps, mémoire, tradition au Moyen Age.* Actes du XIIIe congrès de la SH-MESP, Aix-en-Provence (4-5 juin 1982), Aix-en-Provence, 1983, p. 21-41.

[53] J. PAUL, *art. cit.,* p. 39.

ses contemporains. Il n'est pas prédisposé au métier d'historien par une mémoire hors pair. En revanche, parce qu'il est un bon historien, il sait, dès lors qu'il se propose de mettre en œuvre une chronique, qu'il faut organiser la gestion des souvenirs, préparer le travail de la mémoire. Ainsi le voit-on dès les années 1303-1304, noter les événements qui lui semblent, selon les propos mêmes du prologue, «dignes de mémoire».

2. L'appel à témoignage

Jean est-il allé «mendier»[54] auprès d'autres des informations auxquelles ni ses sources ni sa mémoire ne lui permettaient d'accéder? A-t-il eu recours au témoignage d'autrui pour élargir le champ temporel ou spatial de son récit? Il n'est pas de source qui soit plus tributaire du milieu dans lequel vit l'auteur et des possibilités qui lui sont offertes d'en sortir. Ici comptent les relations qu'entretient l'abbaye, les relations personnelles que l'auteur peut nouer, de par ses fonctions, avec la cour, les membres du clergé, de l'Université ... Disons-le d'emblée : dans ce domaine, Jean de Saint-Victor part avec un sérieux handicap.

a) Une tradition orale quasi-inexistante

Il ne semble pas que le chroniqueur ait trouvé en ses frères chanoines des relais de la mémoire. En fait, les anciens ne devaient pas être très nombreux à pouvoir répondre à ses questions. En effet, après une période de mortalité qui a décimé la génération 1246-1286, ce sont des hommes nouveaux qui ont revêtu l'habit victorin[55]. Il reste sans doute quelques vieux frères capables de lui confirmer qu'en 1255 l'abbé de Saint-Victor s'appelait Robert[56]. Peut-être l'ont-ils connu personnellement ou ont-ils entendu évoquer son souvenir par des frères disparus. A moins tout simplement que ce renseignement soit tiré de la consultation des archives ou entendu lors d'une lecture de l'obituaire au jour anniversaire de la mort de cet abbé.

Si l'on considère que Jean prépare son travail et commence sa rédaction dans les années 1304-1308, on constate que la tradition orale lui permet de remonter une cinquantaine d'années en arrière,

---

[54] Pour reprendre l'expression de Guillaume de Tyr citée par B. GUENÉE, *op. cit.*, p. 78.

[55] Cf. chapitre III.

[56] BnF, lat. 15011, fol. 442 : «Hoc tempore erat abbas Sancti Victoris Robertus.»

soit à peine l'équivalent de trois générations. Ce n'est pas si mal même si d'autres font un peu mieux[57]. Dans sa quête de sources, l'auteur du *Memoriale* est victime du renouvellement brutal des hommes.

b) *Informateurs, propagande et rumeur*

La question des témoignages recueillis se pose à chaque fois que le récit donne des détails absents des sources connues, sans que l'on puisse pour autant, pour des raisons d'éloignement dans le temps ou l'espace, envisager le recours à la mémoire. Il est d'ailleurs difficile de poser des limites chronologiques nettes entre le recours à la tradition orale, la contribution des témoignages extérieurs et l'exercice de la propre mémoire de l'auteur. Prenons un exemple : lorsque Jean relate le conflit qui opposa en 1281 des étudiants picards et anglais, il ajoute à sa source : *Dicebatur autem vulgariter Picardos hanc pugnam primo et originaliter incepisse*[58]. L'emploi de l'imparfait évoque la tradition orale encore qu'il peut tout simplement résulter du décalage dans le temps entre l'événement et le moment de l'écriture. Il est de toute façon légitime d'envisager l'existence d'un intermédiaire, mais lequel ? A moins que Jean ait été témoin direct de l'événement et qu'il donne ici son opinion en se retranchant prudemment derrière la rumeur générale. On le voit assez coutumier du fait. Mais, pour cet épisode, comme pour d'autres, la question du canal de l'information reste entière.

En effet, Jean ne nomme jamais ceux qui ont pu l'informer. Il est impossible d'établir clairement des relations entre les personnages dont il donne l'identité et des renseignements originaux qu'il peut apporter dans sa chronique. On peut seulement supposer une corrélation entre les deux au moins pour certains sujets. Guillaume de Rebais, en tant qu'abbé de Saint-Victor, a participé aux consultations organisées par Philippe le Bel lors du conflit avec Boniface VIII. Gérard de Saint-Victor, docteur en théologie, a fait partie des quatorze représentants de l'Université que le même roi a interrogés au plus fort du procès des Templiers[59]. Gérard s'est également rendu à Avignon en 1317 et a pu renseigner le chroniqueur sur ce qui se passait à la Curie.

---

[57] On pourrait ainsi rappeler les observations faites par B. GUENÉE, *art. cit.*, p. 34, à propos d'Otton de Freising : celui-ci, sur une tranche de soixante à soixante-dix ans, était capable non seulement de rappeler les événements mais de les dater.

[58] BnF, lat. 15011, fol. 453.

[59] F. BONNARD, *op. cit.*, I, p. 347 n. 4.

Pour tenter une évaluation du poids de ces témoignages, il fallait d'abord s'intéresser aux mots, aux verbes, aux expresssions qui tra-hissaient leur présence, en ayant soin d'éliminer au préalable les cas où l'occurence était due à une source textuelle. La période d'examen couvre les années 1270-1322, elle est partagée en trois temps, 1270-1285 (règne de Philippe III), 1285-1314 (règne de Philippe le Bel) et 1314-1322 (règnes de Louis X et Philippe V). Les lemmes retenus sont *ferre* et *referre*, *credere* et *dicere*, *vulgare/divulgare*, ainsi que les mots *murmur* et *opinio*, les adjectifs et adverbes formés sur les racines *secret./public.* Le tableau ci-dessous indique la répartition de chacune des occurences :

	1270-1285	1285-1314	1314-1322	total
dicere	5	18	8	31
ferre, referre	0	2	1	3
credere	0	2	5	7
murmur	1	0	0	1
rumor	0	3	0	3
fama	0	1	0	1
opinio	0	1	4	5
vulgare	1	0	0	1
divulgare	0	0	3	3
secret.	2	6	2	10
public.	1	8	7	16
total	10	41	30	81

La répartition dans le temps n'étonnera pas. Elle correspond par-faitement à ce que nous savons de la vie de l'auteur : 1285-1314 est bien la période pour laquelle il est capable d'évoquer avec des détails originaux le plus grand nombre de personnages ; parmi eux figurent certainement quelques-uns de ses informateurs[60] ; cette fourchette chronologique correspond également à la phase de préparation et de mise en œuvre du projet historiographique et donc de prise de notes sur ce qui va constituer la matière du récit des temps contemporains.

La fréquence d'emploi des mots retenus varie dans des propor-tions importantes. Notons la très faible représentation de mots que l'on attendait comme étant ceux de la rumeur : *murmur* n'apparaît qu'une seule fois, dans la période 1270-1285, et encore est-ce le choix fait par Jean d'une variante dans le texte-source de Guillaume

---

[60] Cf. supra chapitre IV.

de Nangis[61] ; on relève bien trois occurences de *rumor* mais sans qu'elles aient jamais le sens que nous donnons à ce mot[62]. On rencontre également une occurence de *fama* à propos du suicide supposé de certains Templiers après leur arrestation[63]. Seul le substantif *opinio* est représentatif. Les quatre verbes relevés ont tous un point commun : ils sont toujours employés ou sous une forme passive ou accompagnés d'un sujet dont l'identité est imprécise : *ut dicitur, credunt quidam, aliqui credunt, divulgatum est* ... Seule l'attention portée au contexte de l'occurence peut indiquer si *dicere* est le fait d'un informateur direct ou la prise en compte d'une rumeur. *Ferre* ou *referre* est d'un emploi très rare. Ce verbe, utilisé tout au long de la chronique pour renvoyer le lecteur à une source écrite[64], semble dans la partie contemporaine, conserver ce sens : ainsi l'occurence qui sert à introduire le portrait de Célestin V, largement tiré de la bulle de canonisation[65] ; de même, le récit de la mort de Louis X, emprunté à Geoffroi de Paris et peut-être agrémenté de quelques détails recueillis auprès de témoins directs[66] ; le dernier cas est plus délicat à trancher : à l'année 1302[67], Jean raconte, qu'après les Matines de Bruges, Philippe le Bel chargea Robert d'Artois de mater les Flamands. Il ajoute :

> «Fertur enim eidem Roberto rex in mandatis dedisse ut Brugiarum ceterarumque villarum rebellium muros et municiones omnino destrueret, viros ac mulieres a VII annis usque ad LX perimeret in ore gladii, vel secum adduceret captos.»

Aucune autre source historiographique ne mentionne ce fait. Aucun mandement de cette nature n'apparaît dans les *Ordonnances des rois de France*. *Fertur* renvoie plutôt dans le cas présent à un bruit qui courait dans Paris et par lequel l'opinion publique exprimait sa soif de vengeance, ou à une information émanant de la propagande flamande, destinée à présenter le roi de France et son représentant

---

[61] Pour compiler la chronique de Guillaume, Jean utilise ici, ce qui est assez exceptionnel, le ms. BnF, lat. 4917-4920.

[62] Deux de ces occurences concernent les nouvelles venues des Tartares (*RHF*, XXI, p. 636 et 640), la troisième est appliquée au cardinal Le Moine en attente d'ordres (*rumores*) envoyés par la cour pontificale (p. 640). Dans deux cas au moins, il s'agit donc de nouvelles en provenance de régions éloignées et dont, du fait des difficultés de transmission, le contenu est incertain.

[63] *RHF*, XXI, p. 649.

[64] Cf. infra le chapitre VIII sur le travail compilatoire.

[65] BnF, lat. 15011, fol. 479 : «Hic autem beatus Petrus de terra laboris traxisse fertur originem, ex honestis parentibus catholicis et devotis.»

[66] *RHF*, XXI, p. 633.

[67] *RHF*, XXI, p. 638.

comme des monstres prêts à toutes les horreurs. Le sens de *divulgare* peut, lui aussi, prêter à confusion : il désigne aussi bien la proclamation publique des clauses de la négociation menée entre le roi et la délégation flamande en 1316 à Pontoise[68] que l'incitation pernicieuse faite aux Pastoureaux en 1320 d'aller conquérir la Terre Sainte[69]. Texte officiel ou rumeur, il s'agit dans les deux cas de nouvelles diffusées intentionnellement, de manifestations de propagande.

Dicere est sans doute le verbe le plus intéressant à étudier. Il est celui dont l'usage est le plus fréquent et le plus soumis à des variations dans le temps. Assez rare avant 1285, il est très présent entre 1285 et 1314, indiquant ainsi la période pour laquelle le chroniqueur bénéficie de nombreux témoignages directs. Sa fréquence diminue après 1314, les interlocuteurs sont visiblement moins nombreux et Jean doit alors se contenter de ses propres souvenirs et des informations glanées dans les lieux publics, expressions de l'information officielle, de la propagande ou de l'opinion publique. C'est alors le temps de *credere, divulgare* et d'*opinio* ...

L'omniprésence de la forme passive ne doit donc pas dissimuler des différences dans la nature et la qualité des informations introduites par ce verbe. Sur les trente occurences de *ut dicitur* une quinzaine seulement sont des informations «brutes» obtenues vraisemblablement auprès de témoins qualifiés. Elles concernent essentiellement le roi et le gouvernement royal, la diplomatie, le pape et la Curie et enfin, des nouvelles des souverains et des princes étrangers. En 1300, Jean a vu les fastes déployés pour le mariage de Rodolphe d'Autriche avec la sœur du roi mais quelqu'un a pu lui expliquer l'arrière-plan politique de la cérémonie[70] ; en 1304, ce sont peut-être des proches de Charles II d'Anjou qui lui rapportent les efforts entrepris par celui-ci pour mettre fin à la querelle des cardinaux et à la vacance du

---

[68] *RHF,* XXI, p. 665 : «Fuit autem publice divulgatum quod quaedam matrimonia tractabantur ut filius comitis Nivernensis Ludovici contraheret cum filia comitis Ebroicensis domini Ludovici, et quod comes Flandriae ei dimitteret dominium comitatus, retendo dum viveret usufructu; et sic, si comes Nivernensis decederet ante patrem, puer non posset amittere comitatum.»

[69] *RHF,* XXI, p. 671 : «Eodem anno, circa principium, orta est quaedam commotio, cujus causa penitus ignoratur. Nam quidam divulgarunt malitia exquisita quod pastorelli debebant acquirere Terram sanctam.»

[70] *RHF,* XXI, p. 635 : «In estate sequenti, Radulphus, filius ducis Austrie et regis Alemannie Alberti primogenitus... Ob hoc enim matrimonium facta est amicabilis confederacio Alemannorum cum Francis, paresque Alemannie, ut dicitur, consenserunt ad heredes ipsorum de cetero regnum Alemannie pervenire.»

siège pontifical[71] ; des interlocuteurs anglais lui ont-ils permis de préciser que parmi les enfants d'Edouard Ier, un de ses fils, Thomas, a obtenu sans difficultés le comté de Cornouailles[72] ? Les récits des batailles, les prouesses que les chevaliers y accomplissent lui parviennent par ce même biais[73]. Ce canal d'information lui permet de rendre compte d'événements qui se sont déroulés hors de son espace familier : il suit de loin l'affaire Bernard Délicieux et les échos en provenance de Carcassonne[74] ; de même les combats qui opposent en Italie Guelfes et Gibelins[75]. La confiance est accordée au récit entendu sans que soit précisé s'il s'agit de témoignages oculaires. Une seule exception : la description de l'éclipse de lune, qui s'est produite à Paris en mars 1310, est tenue de personnes qui assuraient, –dit-il–, l'avoir vue de leurs propres yeux[76].

A côté de ces informations réelles une dizaine de cas relève davantage de la tentative d'explication ou d'interprétation. Dans ce contexte, les limites qui séparent de la rumeur sont souvent bien ténues : en 1307, Jean apprend que le séjour de la Curie à Poitiers se prolonge au-delà de la période prévue et ce, de par la volonté du roi de France. C'est là une information incontestable, mais lorsqu'il reprend, quelques lignes plus loin, les bruits qui courent sur une tentative d'évasion du souverain pontife, on entre dans le domaine de la rumeur invéri-

---

[71] *RHF*, XXI, p. 644 : «Tunc in mense Julii, pridie idus, Benedictus papa Perusii decessit, ibique sepultus est ; vacavitque sedes romana XI mensibus propter contentionem inter cardinales, licet rex Sicilie et multi alii, ut dicitur, de concordia eorum in electione fecerint posse suum.» Les liens entre Charles II d'Anjou et Saint-Victor sont attestés : en 1280, le prince de Salerne avait offert aux chanoines une relique de leur saint patron ramenée de Marseille, cf. le chapitre III.

[72] *RHF*, XXI, p. 648 : «Reliquitque III ingenuos et elegantes filios ex Blancha regina, regis Philippi IIII sorore : quorum unus, Thomas nomine, Cornubiae comitatum obtinuit pacifice, ut dicebatur.»

[73] *RHF*, XXI, p. 674, la sépulture de quatre chevaliers au monastère cistercien de Groeningue, après la bataille de Courtrai ; p. 643, la conduite exemplaire du roi à Mons-en-Pévèle (le continuateur de Guillaume de Nangis l'évoque aussi mais en des termes sensiblement différents, I, p. 345-346) ; *RHF*, XXI, p. 653, on lui a rapporté les faits de Guillaume, comte de Hainaut, contre les Flamands en 1309 mais il se trompe et l'appelle Jean, on voit ici les limites des témoignages recueillis.

[74] *RHF*, XXI, p. 664.

[75] *RHF*, XXI, p. 668-669.

[76] *RHF*, XXI, p. 654 : «... et tempore subsequenti (ce paragraphe fait suite à une autre description d'éclipse rapportée, elle, d'après le continuateur de Guillaume de Nangis), circa medium Martii, circa auroram, apparuit in medio orbis lunae crux rubea cum tribus circulis, quorum major erat albus, medius rubeus, tertius (qui et minor) niger erat, prout videbatur aliquibus qui se vidisse sic asserebant.»

fiable[77]. Celle-ci est prise en compte dans un effort constant que fait l'auteur pour expliquer les faits qu'il relate : si, en 1306, les Parisiens, exaspérés par les mutations monétaires et la hausse brutale des loyers qui en fut la conséquence, dévastèrent la maison du voyer Etienne Barbette, c'est parce que celui-ci, à ce que l'on disait, avait inspiré au roi des réformes honnies[78] ; c'est la lettre que l'on disait confiée par la reine Marguerite à son confesseur sur son lit de mort à Vernon qui perdit définitivement Enguerran de Marigny[79]. La rumeur naît des bruits qui courent ou que l'on fait courir dans les rues[80]. Elle est alors définie par les mots *vulgariter* ou *a populo* ; elle se nourrit de ce que l'on dit (*publice*) ou de ce que l'on tient caché (*secrete*) et que chacun s'efforce de découvrir ou prétend connaître. Elle se complaît à colporter ce que la morale publique réprouve ou ce qui la choque, comme le suicide de certains Templiers enfermés au Temple[81]. Elle est parfois dénoncée comme néfaste : elle a injustement provoqué la condamnation de Guichard, évêque de Troyes, en l'accusant d'être responsable de la mort de Jeanne de Navarre, alors que les causes immédiates du décès restaient incertaines[82]. Mais le plus souvent Jean y adhère sans guère d'hésitation et fait sienne l'opinion la plus répandue. Elle lui sert même parfois d'alibi pour s'exprimer. Lorsqu'il ajoute à *dicitur*, *fertur* ou *creditur* des expressions telles *a pluribus* ou *a multis*, on est pratiquement assuré de connaître le fond de ses pensées : ainsi, à propos du concile de Vienne dont on disait qu'il avait été convoqué par Clément V afin de lui

---

[77] *RHF*, XXI, p. 647 : «Tunc papa et cardinales venerunt Pictavim ; ubi longiorem moram, ut dicitur, quam voluissent fecerunt, rege Francorum et ejus complicibus et ministris illic eos quasi detinentibus violenter. Nam papa, ut dicitur, sub alterius fictione personae aliquando tentavit cum paucis, summariis tamen oneratis argento et auro praecedentibus, versus Burdegalam proficisci ; sed a quibusdam qui pro rege erant agnitus, cum rebus quas illuc volebat transferre compulsus est Pictavim remeare.»

[78] *RHF*, XXI, p. 647 : «Et propter consilium quoddam quod ipsi regi super hoc contra ipsos cives dicebatur dedisse Stephanus dictus Barbete, civis Parisiensis et viarius urbis, efferatius conturbati sunt, et commoti convenerunt in unum, unamque domum dicti Stephani extra urbem penitus ignis succendio devastantes, aliam domum intra urbem, bonis quae in ea erant vastatis, plurimum dampnificaverunt.»

[79] *RHF*, XXI, p. 660 : «Quae modicum ante mortem confessori suo quamdam clausam litteram dicitur tradidisse, habito juramento vel promissione ab ipso quod in manu regis eam daret : quod factum est ; sed tenorem ejus soli secretarii cognoverunt. *Dicitur tamen quod illud multum aggravavit negotium Enjoranni.*» La fin de ce passage diffère des vers 7171-7182 de la chronique de Geoffroi de Paris, p. 226.

[80] Sur le sens de *rumor* à la fin du Moyen Age et sur le contexte de la rumeur à cette époque, voir l'article de Cl. GAUVARD, *Rumeur et stéréotypes à la fin du Moyen Age*, in : *La circulation des nouvelles au Moyen Age*. Actes du XXIVe congrès de la SHMESP (Avignon, juin 1993), Paris, 1994, p. 157-177.

[81] *RHF*, XXI, p. 649.

permettre d'extorquer de l'argent au clergé de France[83]. Mais jusqu'au bout il se garde d'exprimer une opinion trop tranchée, trop personnelle.

«Phénomène fuyant», la rumeur se répand à la manière d'une épidémie, sans relais connus[84]. Jean ne dit jamais qui est à l'origine de ces bruits dont il se fait l'écho. Comme la nouvelle, la rumeur puise ses matériaux dans l'actualité, mais des mécanismes propres l'en séparent rapidement. Prenons deux exemples assez longuement développés à la fin du *Memoriale* : le mouvement des Pastoureaux en 1320 et, peu après, l'affaire de l'empoisonnement des puits[85]. Au départ, deux faits divers, plus ou moins dénués de fondement, dont le récit tient une place démesurée au regard d'autres informations. Pourquoi? Sans doute parce qu'il s'agit dans un cas au moins d'un thème récurrent, dont le souvenir très vif, appuyé sur des textes, permet à la mémoire collective des recoupements. Sans doute aussi parce que ces rumeurs rencontrent les fantasmes d'un public, d'une société qui désigne ceux qui vivent sur ses marges et en dehors des normes qui la fondent. Ces marginaux, on les retrouve dans le récit de Jean : les Pastoureaux, les lépreux, les juifs et jusqu'à ce curé dépouillé de sa paroisse qui marche de conserve avec un bénédictin gyrovague ... Jean se fait ici l'écho d'une société qui, pour conjurer sa peur, montre du doigt ceux qui la menacent.

c) Le poison, la rumeur et la mort du roi

Relisons, pour en finir avec la rumeur, le récit que fait le *Memoriale* de la mort brutale de Philippe V :

«Tandem tertia die sequentis Januarii ante noctis medium expiravit, receptis prius devote omnibus ecclesiasticis sacramentis, et die Epiphaniae sequenti in abbatia Sancti Dionysii est sepultus. Fuit autem opinio aliquorum quod venenum fuerat sibi a principio propinatum, habentes ad hoc

---

[82] *RHF*, XXI, p. 652 : «*Dominica* (6 oct. 1308) *ante festum sancti Dionysii, in Octobri*, facta congregatio populi et cleri in virgulto regis, quia jam captus fuerat et apud Luparam Parisius arcto carceri mancipatus Guichardus, episcopus Trecensis, ... pro eo quod dominus Ludovicus, rex Navarrae, ob suspicionem exortam et inquisitionem postmodum rite factam invenerat eum, ut dicebatur, suspectum de obitu matris suae, quae dicebatur veneficiis vel invocatione defuncta. Quicquid fuerit, praedictus episcopus Trecensis, nullius privilegii fretus vel fultus juvamine, turpiter est detentus in carcere, longoque tempore reservatus.»

[83] *RHF*, XXI, p. 656 : «Dicitur a pluribus quod pro extorquenda pecunia concilium fuit factum.»

[84] L'expression est de J.-N. KAPFERER, *Rumeurs. Le plus vieux media du monde*, Paris, 1987, ch. 1, citée ici d'après Cl. GAUVARD, *art. cit.*, p. 158.

[85] Respectivement *RHF*, XXI, p. 671-672 et 673-674.

hujusmodi argumentum. Licet enim praefatus rex in factis personalibus esset mitis, tractabilis et benignus, tamen in regimine regni sui dicebatur nimis faciliter credere aliquarum consilio personarum quae forte paci regis et regni et omnium subditorum proprium commodum praeferebant. Ad quarum instinctum, ut creditur, rex gravem estorsionem et quasi intolerabilem volebat a suis subditis extorquere. Unde in populo fuit a pluribus divulgatum quod ipse omnium bonorum intendebat a quolibet subdito quintam partem : quod tamen non verisimile videbatur quod tantam vellet exigere portionem. Ut tamen (etsi non tanta, tamen maxima peteretur) exactio esset aliqualiter colorata, regis erat propositum ut in toto regno suo una tantum moneta curreret, et essent ubique aequalia pondera et mensurae. Quod fieri non poterat sine sumptibus excessivis, quia necessario oportebat quod principibus et baronibus, qui in talibus jus habebant, fieret debita compensatio pro eisdem. Ad sciendum autem quantum ad hoc vellent contribuere, omnes bonae villae et singulae civitates citatae erant ad regis praesentiam, ut pro ipsis aliquos mitterent qui haberent pro omnibus respondendi potestatem. Et jam cives Parisienses erant ad respondendum super hoc citati et evocati. Hoc autem pendente negotio, fuit a pluribus formidatum ne propter hoc surgeret rebellio contra regem, unde tot mala evenirent quod vix per hominem aliquem sedarentur. Quare forte aliquibus fuit visum quod expediebat ut unus homo moreretur pro populo, et non tanta gens tanto periculo subjaceret. Aegrotante igitur rege, suspensum fuit dictae extorsionis negotium, sed non totaliter praetermissum. Aliorum autem erat opinio quod propter maledictiones populi formidantis ne sic notabiliter gravaretur, et mortem regis a Domino requirentis, cito de medio sit sublatus. Quid autem horum sit verius ignoratur ; sed est totum Dei judicio committendum[86].»

On relève dans ce passage presque toutes les locutions retenues dans notre étude : *opinio aliquorum, dicebatur, ut creditur, in populo a pluribus divulgatum*. Le chroniqueur connaît parfaitement les signes de cette rumeur : le bruit qui court sans que l'on sache d'où il vient, ni qui le transmet, la peur que cette rumeur engendre dans la population. Le climat est assez bien reconstitué.

Mais Jean de Saint-Victor sait aussi en démonter les mécanismes, montrer comment cette rumeur peut, entre les mains de certains, devenir un instrument d'action politique. Au commencement, un simple «on-dit», une information qui avait filtré du Conseil : le roi demandait une aide en vue de réformer les monnaies[87]. L'information est vraisemblable mais non confirmée, le montant de l'impôt envisagé n'est pas précisé. Elle rencontre la difficulté du pouvoir à

---

[86] *RHF,* XXI, p. 674-675.
[87] Sur le contexte de cette affaire voir E. Brown, *Subsidy and Reform in 1321 : the Account of Najac and the Policies of Philip V,* in : *Traditio,* 27 (1971), p. 399-430.

s'expliquer, à présenter son projet de réforme[88]. Dès lors, le financement nécessaire ne peut apparaître autrement qu'un impôt déguisé
(*aliqualiter colorata*), ressenti comme intolérable.

Alors certains, – ceux que Jean désigne par *plures* –, se servent de
cette première conjonction entre un bruit qui court déjà et un silence
du pouvoir, pour lancer une seconde rumeur bien plus terrible : le roi
a l'intention de s'emparer du cinquième des biens de chacun de ses
sujets. Cette fois, l'information est «énorme», à peine croyable (*non
verissimile videbatur* dit Jean) mais peu importe car l'opinion publique
a été préparée à la recevoir par le «on-dit» précédent. Le chroniqueur
montre avec quel art les *plures* manipulent la population en prenant
appui sur une rumeur préexistante : le roi a la réputation de se laisser
mener par des conseillers qui préfèrent leurs intérêts à ceux du
royaume, un impôt se prépare, pourquoi celui-ci ne serait-il pas
exorbitant? Un impôt du cinquième? pourquoi pas? Le livre de la
Genèse (*Gen.* 41, 33-36) ne raconte-t-il pas comment Joseph conseilla
à Pharaon d'imposer son peuple d'un cinquième tous les ans pendant
les années d'abondance sous le prétexte de constituer une réserve
pour les années de famine ... L'histoire est connue. Elle fait partie du
corpus que les exégètes commentent depuis le XIIe siècle, depuis que
l'augmentation des dépenses princières et leur répercussion sur la
société sont devenues des thèmes d'une réflexion dont la nourriture
principale est la lecture commentée de la Bible[89]. Sans doute cette
histoire est-elle ensuite passée dans des sermons populaires. On peut
imaginer que le chiffre avancé ne l'a pas été au hasard. L'argument
ainsi «distillé» auprès de la population par la propagande devient alors
crédible au-delà de toute vraisemblance. La rumeur renforcée, confirmée, décuple de ce fait la peur. Marquée par le consensus, elle est
une menace présentée aux yeux du pouvoir par ceux qui l'ont mise en
branle. Elle peut aller vers la guerre sociale[90], elle devient dangereuse,
non seulement pour le pouvoir mais aussi pour ceux qui sont à son

---

[88] Cl. GAUVARD, *art. cit.*, p. 163. Cette hésitation du pouvoir est confirmée par la
Chronique parisienne anonyme, p. 61 : «... pour les quelles ilz (les conseillers du roi s'ex-
primant devant les représentants des villes en juillet 1321) ne distinterent quelle ayde.
(...) La quelle chose ainssi publiée par devant tous en general, fut exposés d'aucuns que
c'estoit la subvencion que l'en appelle le quint denier.»

[89] Ph. BUC, *L'ambiguïté du Livre. Prince, pouvoir, et peuple dans les commentaires de la
Bible au Moyen Age*, Paris, p. 66. Ce qui suit doit beaucoup aux pistes de recherche que
Philippe Buc a bien voulu m'indiquer. Qu'il trouve ici l'expression de ma reconnaissance. Le chapitre 5 de l'ouvrage cité est consacré à la question de l'imposition, p. 239-
311.

[90] Cl. GAUVARD, *«De Grace especial». Crime, Etat et Société en France à la fin du Moyen
Age*, 2 vol., Paris, 1991, p. 215.

origine. Ils (il s'agit toujours des mêmes *plures*) vont alors l'éteindre en choisissant de faire exécuter un bouc émissaire qui n'est autre ici que le roi.

Dans cet épisode de la mort de Philippe V, la rumeur intervient, semble-t-il, à un troisième niveau, celui de la construction même du récit. Tout le passage est en effet construit dans un balancement entre deux opinions, deux rumeurs : *fuit autem opinio aliquorum/aliorum autem erat opinio*. Mais seule la première hypothèse, celle de l'empoisonnement, fait véritablement l'objet d'un développement. Lorsqu'il envisage cette première hypothèse, Jean est en quelque sorte obligé de se retrancher derrière la rumeur en raison de la nature même de l'information : l'empoisonnement du roi. Les rumeurs de plus en plus fréquentes autour de ce type de crime imposent à un chroniqueur sérieux de manifester quelques réserves à leur égard[91]. Dans les cas précédents (Jeanne de Navarre, l'empereur Henri VII), Jean s'en est toujours tenu à cette attitude prudente. Mais à la différence de ces situations antérieures, il accorde ici crédit à l'information. Sous le couvert de rendre compte d'une rumeur, il va en fait expliquer longuement que cet empoisonnement est vraisemblable (*habentes ad hoc hujusmodi argumentum*)[92] et mettre en évidence dans la suite de son discours le processus qui a pu y conduire. Très vite, en effet, il mêle à son récit des éléments réels, tout à fait vérifiables : le projet de prélèvement fiscal, les mesures en vue d'établir l'unité des poids et mesures et l'unité de la monnaie[93], les problèmes qu'engendraient de telles décisions en regard du droit féodal ; il évoque avec beaucoup de précision le processus de consultation mis en branle par le roi (il est le seul à souligner que les représentants des villes étaient munis de la *plena potestas*[94]) ... La plupart de ces éléments sont confirmés par la *Chronique parisienne anonyme*, une source totalement indépendante du *Memoriale historiarum*[95]. Il semble donc que Jean glisse progressivement de la prise en compte d'une rumeur au témoi-

---

[91] Fr. Collard, *Recherches sur le crime de poison au Moyen Age*, in : *JS,* janv.-juin 1992, p. 99-114, ici p. 101.

[92] Le terme d'*argumentum* est très rare chez Jean de Saint-Victor, B. Guenée, *op. cit.*, p. 19, rappelle qu'il est avec *historia* et *fabula* l'un des trois termes que distinguait la rhétorique classique pour définir le récit historique.

[93] P. Lehugeur, *Histoire de Philippe le Long*, 2 vol., Paris, 1897 et 1931, I, p. 392 et p. 327-329.

[94] *RHF,* XXI, p. 675 : «ut pro ipsis aliquos mitterent qui haberent pro omnibus respondendi potestatem.»

[95] *Chronique parisienne anonyme de 1316 à 1339, précédée d'additions à la chronique française de Guillaume de Nangis*, éd. A. Hellot, *MSHPIF*, 11 (1885), p. 1-202.

gnage direct, sans toutefois avertir son lecteur du changement de genre. Et, finalement, lorsqu'il conclut son récit sur la décision d'empoisonner le roi et la justification de cette décision, empruntant les mots mêmes prononcés par Caïphe devant le Sanhédrin à propos du Christ (*fuit visum quod expediebat ut unus homo moreretur pro populo*), le lecteur ne sait plus à quel niveau d'information se place le chroniqueur. Ce lecteur est, en revanche, en droit de penser qu'une telle confusion entre rumeur, informations réelles et peut-être propagande est voulue par l'auteur. Un tel procédé permet à celui qui l'utilise d'une part de présenter comme vraisemblable un événement par essence incroyable, d'autre part de rendre compte d'un climat d'opposition politique susceptible d'expliquer cet assassinat. Enfin, ce procédé offre au chroniqueur un «paravent» derrière lequel il s'abrite pour ne pas avoir à désigner les assassins, pour ne pas avoir non plus à les condamner ouvertement ...

La quête constante d'informations, le souci d'expliquer les faits qu'il rapporte, conduisent donc Jean de Saint-Victor à utiliser des sources orales d'origine et de nature diverses. En l'absence de précisions qu'il pourrait apporter, c'est le vocabulaire employé qui les révèle le mieux. L'auteur a des informateurs, au moins sous le règne de Philippe le Bel, mais il est également très réceptif à toutes les nouvelles qu'il peut entendre ici ou là. Il rend parfaitement compte de la rumeur, il en a compris les mécanismes, l'usage que peut en faire la propagande. Il sait aussi la mettre à profit pour présenter un des épisodes les plus délicats de son récit.

Néanmoins, si les sources orales sont nécessaires pour écrire l'histoire des temps contemporains, elles occupent, dans l'ensemble de l'œuvre, une place qui reste secondaire au regard de la documentation livresque qui a été réunie. Jean l'avait proclamé dans le prologue : les «livres authentiques» constituent à ses yeux la meilleure des sources, la seule peut-être qui soit digne de toute l'attention et de tous les efforts de l'historien.

D – La suprématie des livres : les bibliothèques

Tous les travaux sur l'historiographie médiévale le confirment : «il n'y a pas d'historien sans bibliothèque»[96]. Jean de Saint-Victor ne faillit pas à cette règle : son *Memoriale historiarum*, œuvre de compilation, n'aurait pu voir le jour sans les ressources d'une bibliothèque.

---

[96] B. Guenée, *op. cit.*, p. 100.

Or, celle que les victorins avaient patiemment rassemblée depuis leur fondation se prêtait à merveille au projet de Jean. C'est donc aux richesses de ce fonds qu'il a tout naturellement recouru pour élaborer la première version de sa chronique.

1. La première version du *Memoriale* ou du bon usage de la bibliothèque de Saint-Victor

a) *Une question épineuse*

Le catalogue établi par Grandrue[97] donne une assez bonne image du fonds victorin au XVIe siècle : avec ses mille-quatre-vingt-un volumes enchaînés, auxquels il faut ajouter les manuscrits entassés en différents endroits de la maison, Saint-Victor possède l'une des bibliothèques les plus riches de son temps[98]. Cependant, près de deux cents ans séparent l'auteur du *Memoriale* du «dernier bibliothécaire médiéval de l'abbaye»[99]. Le travail de ce dernier ne peut donc donner qu'une idée très approximative des ressources existant au début du XIVe siècle. Certes, comme nous le verrons dans le relevé des sources, de très nombreuses œuvres utilisées par Jean figurent sous une cote Grandrue, mais certaines d'entre elles ne sont entrées à Saint-Victor que bien après l'achèvement du *Memoriale*. Et les XIVe et XVe siècles ont été des périodes d'enrichissement important, grâce en particulier au legs que fit Simon Plumetot[100] et aux acquisitions du prieur Jean Lamasse (prieur en 1422, mort en 1458)[101]. Le catalogue de Grandrue est en fait le terminus *ante quem*, auquel nous revenons sans cesse par nécessité, mais il ne peut rendre compte des pertes ressenties au cours des trois premiers siècles d'existence de la bibliothèque. Or, si l'on en croit un rappel à l'ordre très sévère que l'abbé Pierre le Duc adresse en 1392 à l'*armarius* et à tous les chanoines, la dispersion des livres fut importante dans la période qui suivit la rédaction

---

[97] G. OUY, *Les manuscrits de l'abbaye de Saint-Victor. Catalogue établi sur la base du répertoire de Claude de Grandrue (1514)*, (*Bibliotheca Victorina*, 10), 2 vol., Turnhout, 1999.

[98] B. GUENÉE, *op. cit.*, p. 100-109, note la pauvreté générale des bibliothèques médiévales mais souligne la richesse de certaines d'entre elles à la fin du Moyen Age : ainsi, le collège de la Sorbonne possédait-il en 1338 1722 volumes et l'abbaye de Saint-Denis 1600 volumes environ au milieu du XVe siècle.

[99] Selon l'expression de G. OUY, *op. cit.*, p. 35.

[100] G. OUY, *Simon Plumetot (1371-1443) et sa bibliothèque*, in : P. COCKSHAW, M. C. GARAND et P. JODOGNE (Ed.), *Miscellanea Codicologica F. Masai dicata*, Gand 1979, p. 353-381 et pl. 53-54.

[101] Encore que celui-ci acquit, semble-t-il, beaucoup de doubles.

du *Memoriale*[102]. Certains des livres utilisés par Jean purent alors être prêtés, perdus, volés ou vendus.

En fait, Jean bénéficia plutôt des ressources accumulées tout au long des deux premiers siècles d'existence de la bibliothèque. Grâce aux travaux de Marie-Thérèse d'Alverny[103], de Françoise Gasparri sur le *scriptorium*[104], complétés par ceux de Gilbert Ouy[105], de François Avril et Patricia Stirnemann[106], nous avons aujourd'hui une idée plus précise des débuts de cette bibliothèque. Il n'en demeure pas moins qu'entre le début du XIIIe siècle et la période qui précéda immédiatement le classement de Claude de Grandrue les informations font cruellement défaut. Ou plutôt leurs caractères fragmentaires et dispersés rendent l'étude fort ardue. De quels éléments disposons-nous en effet? Une source écrite, le *Liber Ordinis* ou «recueil des *consuetudines* de Saint-Victor ... adoptées au cours des XIIe et XIIIe siècles»[107]. Ce texte normatif consacre tout un chapitre à la fonction d'*armarius* et les occurences de ce titre dans le reste du document permettent de cerner l'importance de ce personnage dans la vie quotidienne et intellectuelle de l'abbaye. Nous ne possédons malheureusement aucun de ces inventaires détaillés qu'il était dans sa fonction de dresser tous les ans, afin de rendre compte de l'état de la bibliothèque[108]. En revanche, on peut tirer quelques profits de toutes les mentions de livres et de textes relevées dans le *Liber Ordinis*. Grâce au nécrologe il est aussi possible de repérer avec certitude l'entrée de certains textes dans le fonds victorin.

Reste que seul l'examen des manuscrits pourrait permettre de combler les lacunes actuelles des connaissances. La bonne volonté, l'ardente curiosité, se heurtent à de réels obstacles. Le premier et le plus

---

[102] Arch. Nat., L 888A n°54.

[103] M-Th. D'ALVERNY, introduction au t. III du *Catalogue des manuscrits en écriture latine portant des indications de date, de lieu ou de copistes*, Ch. SAMARAN (Dir.), 6 vol., Paris, 1959-1968, p. XI-XIV.

[104] Fr. GASPARRI a en effet consacré plusieurs études au *scriptorium* de Saint-Victor, cf. supra note 17.

[105] G. OUY, *op. cit.*, p. 37-40.

[106] P. STIRNEMANN, *La production manuscrite et la bibliothèque de Saint-Victor, 1140-1155*, in : J. LONGÈRE (Ed.), *L'abbaye parisienne de Saint-Victor au Moyen Age*, (*Bibliotheca Victorina*, 1), Turnhout, 1991, p.140-141 ; Fr. AVRIL et P. STIRNEMANN, *Manuscrits enluminés d'origine insulaire, VIIe-XXe siècle*, Paris, Bibliothèque nationale, 1987, p. 29-33, note liminaire et notices 44-51, pl. XIII et C.

[107] L. JOCQUÉ, *Les structures de la population claustrale dans l'ordre de Saint-Victor au XIIe siècle, un essai d'analyse du Liber Ordinis*, in : J. LONGÈRE (Ed.), *L'abbaye parisienne de Saint-Victor au Moyen Age*, (*Bibliotheca Victorina*, 1), Turnhout, 1991, p. 53-95, ici p. 55.

[108] G. OUY, *op. cit.*, p. 37-40 mentionne trois listes, toutes datées de la seconde moitié du XIIe siècle, mais il s'agit plutôt d'inventaires après décès.

redoutable d'entre eux est assurément le caractère composite de bon nombre de manuscrits victorins : le travail de reliure, entrepris pour sa plus grande part au xve siècle[109], masque bien souvent l'existence d'une multitude de fragments dont il faudrait conduire l'étude individuelle, œuvre «titanesque» et, sur le plan strictement codicologique, rendue souvent impossible par l'absence des premiers ou derniers feuillets. Les ex-libris constituent des éléments plus fiables. On en distingue plusieurs, correspondant à des époques différentes. Lorsqu'ils figurent sur un manuscrit, ils aident à dater l'entrée de celui-ci dans le fonds victorin. Et encore faut-il que le manuscrit ne soit pas composite, sinon l'ex-libris ne peut donner d'informations que sur l'élément qui en porte la trace ... Bien des manuscrits, (et parmi eux un certain nombre sans doute de ceux utilisés par Jean de Saint-Victor), n'en comportent pas, tout simplement peut-être parce qu'ils n'étaient pas conservés dans la bibliothèque mais dans un autre endroit du couvent[110]. La tentative de reconstitution de la bibliothèque dont l'auteur du *Memoriale* a pu disposer, doit beaucoup aux travaux entrepris par Gilbert Ouy sur le catalogue de Claude de Grandrue. La publication des notices élaborées pour chacun des manuscrits du catalogue s'est révélée un instrument de travail des plus précieux.

Ces quelques préliminaires posés et destinés à prévenir des lacunes de l'enquête, on peut cependant esquisser, avec les éléments les plus sûrs à notre disposition, les grandes étapes de la constitution du fonds victorin. Dans la perspective de l'étude abordée ultérieurement sur les sources du *Memoriale historiarum*, c'est bien sûr l'histoire qui est privilégiée dans le choix des exemples.

b) Au commencement était le scriptorium[111]

Se constituer une bibliothèque fut l'un des premiers soucis des victorins. Leur abbaye, richement dotée dès l'origine, en avait les moyens : non seulement les chanoines purent réaliser des achats, mais ils purent aussi avoir recours à des copistes extérieurs rémunérés qui

---

[109] C'est du moins ce qui semble apparaître à travers les travaux les plus récents de G. OUY, *op. cit.*

[110] L. JOCQUÉ, *art. cit.*, n. 67, p. 78. Il faut aussi évoquer le *parvum armarium*, dont Gilbert Ouy a retrouvé une douzaine de volumes échelonnés entre le xiie et le xive siècles et identifiés par une cote numérique. Sauf exceptions sélectives, ils n'auraient pas été transférés dans la librairie enchaînée, cf. G. OUY, *op. cit.*, p. 37-42.

[111] L'essentiel de ce paragraphe est redevable aux travaux de Fr. GASPARRI et surtout à la synthèse qu'elle en donne dans son *art. cit.*, p. 119-139.

travaillèrent pour eux parallèlement aux copistes de la maison[112]. C'est un fonds d'environ deux cent trente sept manuscrits qu'ils parvinrent ainsi à rassembler. A ces manuscrits dits de «*scriptorium*»[113], il faut ajouter une soixantaine de manuscrits «de travail», «écrits simplement, sans aucune recherche calligraphique, destinés (à la différence des premiers) à l'usage de quelques érudits travaillant sur les textes»[114].

Parmi les manuscrits «de *scriptorium*» il convient d'accorder un statut particulier à une vingtaine d'entre eux acquis par achat ou par don dès les premières années d'existence de l'abbaye[115]. Signalons pour notre propos que ce pourrait bien être le cas du *De Temporibus* de Bède le Vénérable, manuscrit daté des Xe-XIe siècles et dont on sait qu'il appartient à Saint-Victor dès le XIIe siècle[116]. Pour les autres manuscrits, la période de production s'étend sur les trois premiers quarts du XIIe siècle, les deux tiers étant réalisés entre les années 1140-50 et 1175-1180[117]. Le contenu des œuvres n'a rien d'étonnant : Bibles et gloses sur les textes saints (une trentaine de manuscrits)[118], ouvrages de patristique (environ quarante-cinq manuscrits)[119]. Les bases intellectuelles victorines étaient posées. Pour le reste il y avait bien sûr les indispensables *vitae* et livres liturgiques. Des seconds, il y a ici peu de choses à dire, les premiers en revanche contribuèrent vraisemblablement à constituer une mémoire hagiographique collective dont on retrouve des traces dans le *Memoriale* de Jean de Saint-Victor. Viennent enfin des œuvres classiques et celles de la Basse Antiquité parmi lesquelles nous retiendrons la présence précoce de Flavius-Josèphe[120], d'Orose, d'Isidore de Séville et de Bède. Ajoutons pour terminer un petit nombre de chroniques et des éléments de géographie utilisés par Hugues pour sa *Descriptio mappe mundi*, qui restèrent par la suite accessibles aux érudits des époques postérieures et dont Jean se servit directement pour rédiger ses chapitres géographiques[121].

---

[112] Fr. GASPARRI, *art. cit.*, p. 126.

[113] Fr. GASPARRI, *art. cit.*, p. 127.

[114] Fr. GASPARRI, *art. cit.*, p. 127.

[115] Fr. GASPARRI, *art. cit.*, p. 127.

[116] Aujourd'hui BnF, lat. 15008. Voir la notice dans G. OUY, *op. cit.*

[117] Fr. GASPARRI, *art. cit.*, p. 127.

[118] Fr. GASPARRI, *art. cit.*, p. 127.

[119] Fr. GASPARRI, *art. cit.*, p. 127.

[120] Il s'agit du manuscrit aujourd'hui coté BnF, lat. 14361 et attribué par Fr. GASPARRI, *art. cit.*, p. 129 et P. STIRNEMANN, *art. cit.*, p. 140 au "scribe D", dont on sait qu'il travailla à la chancellerie entre 1141 et 1160. On lui doit la copie d'une quinzaine de manuscrits.

[121] Voir infra le chapitre XI.

c) Dons, dépôts et achats : les constantes d'une politique d'acquisition

La bibliothèque profita largement de la munificence des grands et des relations que l'abbaye entretint avec eux dès l'origine. Parmi les généreux donateurs on note dès 1133 Thibaud, archidiacre de Notre-Dame, qui offrit plusieurs exemplaires de l'Ancien et du Nouveau Testament, l'évêque de Paris, Etienne de Senlis, Obizon, le médecin de Louis VI le Gros. Henri de France, frère de Louis VII et évêque de Beauvais, fit don aux victorins d'un exemplaire des chroniques d'Eusèbe-Jérôme et Sigebert de Gembloux[122]. Ce manuscrit appartient à la famille du manuscrit de Beauvais[123] copié pour lui vers 1150. Le prélat l'avait fait ensuite copier et enluminer à Troyes entre 1162-3 et 1175 avant sans doute de le léguer à Saint-Victor. Louis VII lui-même fit déposer à l'abbaye un manuscrit de l'*Historia Iherosolimitana* que lui avait offert un chevalier du Midi, Guillaume Grassegals[124]. Parallèlement, l'habitude se prit dans le milieu des étudiants qui fréquentaient l'abbaye d'y laisser quelques ouvrages en dépôt ou de les léguer par testament[125]. Ainsi Adenulphe d'Anagni, neveu du pape Grégoire IX, mort sous l'habit canonial, légua-t-il entre autres ouvrages, une histoire des croisades[126] ; de même Bertold, archidiacre de Wurtzbourg, qui précise par testament que les manuscrits donnés le sont au profit des étudiants en théologie[127].

Enfin, les victorins acquirent ou firent copier de nombreux ouvrages pour répondre aux nécessités des études et se constituèrent de cette façon de belles collections de textes théologiques, patristiques[128] ou canoniques. Leur rôle de pénitenciers de l'Université les incita égale-

---

[122] BnF, lat. 14624.

[123] M. Schmidt-Chazan, *La chronique de Sigebert de Gembloux : succès français d'une œuvre lotharingienne, à propos d'un exemplaire de l'édition princeps conservé à la bibliothèque municipale de Metz*, in : *Les Cahiers lorrains*, 1 (mars 1990), p.15-16. L'auteur renvoie à un important article de P. Danz-Stirnemann, *Quelques bibliothèques princières et la production hors scriptorium au XIIe siècle*, in : *Bulletin archéologique du CTHS*, nouv. sér., 17-38, p. 12-21.

[124] BnF, lat. 14378 (BBB 9), ce don est mentionné par F. Gasparri, *art. cit.*, p. 122-123.

[125] G. Ouy, *Saint-Victor de Paris*, in : A. Vernet (Dir.), *Histoire des bibliothèques françaises. Les bibliothèques médiévales du VIe à 1530,* Paris, 1989, p. 85.

[126] BnF, lat. 14379.

[127] BnF, lat. 14417. Il s'agit d'un ouvrage de commentaires de la Bible. Sur le feuillet de garde on lit : «Iste liber, de libris domini Bertholdi Herbipolensis, ecclesie Sancti Victoris collatus, caritative clericis pauperibus in theologia studentibus est accomodandus, secundum formam expressam in autentico testamenti eiusdem Bertholdi, quod scilicet autenticum servat armarius.»

[128] Un exemple parmi bien d'autres : les *Moralia* de Grégoire, Maz. 663, sont à Saint-Victor dès le début du XIIIe siècle.

ment à rassembler de nombreux ouvrages propres à la pastorale[129]. L'histoire ne fut pas oubliée et, si l'on en croit les ex-libris, c'est dès le XIIIe siècle qu'entrèrent dans la bibliothèque trois grands textes historiques : les *Gesta Normannorum ducum*[130] rédigés par Guillaume de Jumièges, l'*Historia ecclesiastica* de Hugues de Fleury et l'*Historia Francorum*[131] d'Aimoin de Fleury.

Bref, sans qu'il soit possible d'avancer le moindre comptage des ouvrages présents à Saint-Victor au début du XIVe siècle, l'impression prévaut d'un accroissement constant du fonds. Il est par ailleurs vraisemblable que la tentative de retour sur la scène universitaire, que firent les victorins sous la houlette de Guillaume de Rebais et de Jean II de Palaiseau, les conduisit à poursuivre cet effort d'acquisition.

La bibliothèque de Saint-Victor était donc riche de livres et, à l'encontre d'autres bibliothèques bien pourvues mais ne possédant en fait d'ouvrages d'histoire que l'*Historia scolastica* de Pierre le Mangeur et le *Miroir historial* de Vincent de Beauvais[132], elle avait un véritable fonds historique. Celui-ci s'était constitué au cours des XIIe ou du XIIIe siècles dans le sillage de la réflexion de Hugues sur l'histoire[133]. A Saint-Victor, on s'était mis alors à lire des livres d'histoire, à faire de l'histoire.

2. La seconde version et la quête des sources à l'extérieur de l'abbaye

Si le fonds présent à Saint-Victor était d'une grande richesse, il pouvait cependant se révéler insuffisant ou lacunaire pour traiter certaines périodes ou certains pays. Jean devait alors se procurer des livres dans d'autres bibliothèques. La seconde version révèle de tels emprunts.

a) Les sources anglaises : le réseau victorin ?

Dès le début de sa rédaction Jean a à sa disposition les *Gesta regum Anglorum* de Guillaume de Malmesbury qu'il utilise très largement. Or, il est impossible d'affirmer que la bibliothèque de Saint-Victor possédait effectivement un exemplaire de cette œuvre. On n'en trouve pas de trace dans le catalogue de Grandrue. Ce qui n'est

---

[129] J. Longère, *La fonction pastorale de Saint-Victor à la fin du XIIe et au début du XIIIe siècle*, in : J. Longère (Ed.), *L'abbaye parisienne de Saint-Victor au Moyen Age*, (*Bibliotheca Victorina*, 1) Turnhout, 1991, p. 291-313, ici, p. 312.

[130] BnF, lat. 15047.

[131] BnF, lat. 15046 et BnF, lat. 15047.

[132] B. Guenée, *op. cit.*, p. 107.

[133] Hugues de Saint-Victor, *L'Art de lire, Didascalicon*, introduction, traduction et notes par M. Lemoine, Paris, 1991, p. 210.

pas non plus, nous le savons bien, une preuve absolue. Nous ne pouvons donc que supposer un éventuel emprunt extérieur. Trouver cette source n'était pas insurmontable. Avec quelques trente-cinq copies médiévales de sa dernière édition il s'agit d'une œuvre à succès particulièrement populaire chez les chanoines de Saint-Augustin[134]. Il en existait peut-être aussi un exemplaire à Saint-Denis[135].

La piste de la chronique de Roger de Hoveden est en revanche plus difficile à remonter. A notre connaissance, il n'y a aucune trace d'un manuscrit de cet auteur sur le continent[136]. Il n'y a pas non plus dans le corpus de sources de Jean un texte susceptible de lui servir d'intermédiaire avec cet historien. L'auteur du *Memoriale* aurait-il consulté les *chronicae anglorum* sur place, en Angleterre? Si son intérêt pour ce pays et la connaissance qu'il en a, tant sur le plan historique que géographique, sont indéniables, rien dans son texte ne laisse supposer un quelconque voyage outre-Manche. En revanche, nous savons que certains chanoines victorins étaient d'origine anglaise[137]. L'un d'entre eux a pu amener ce texte dans ses bagages ou informer le chroniqueur des lieux où il pourrait s'en procurer une copie. La provenance du manuscrit-source renseignerait avec profit sur la localisation et l'identité des relations anglaises de Saint-Victor[138].

b) Sur la piste du Speculum historiale

Entre la première et la seconde version du *Memoriale* Jean se procure un exemplaire du *Speculum historiale* de Vincent de Beauvais sans pour autant que l'abbaye en fasse l'acquisition. On peut s'étonner de cette absence d'une œuvre à très grand succès dans une bibliothèque de l'importance de celle de Saint-Victor[139]. C'est ne pas tenir compte du

---

[134] A. GRANSDEN, *op. cit.*, p. 166-185.

[135] Cote actuelle BnF, lat. 17656. Voir D. NEBBIAI-DALLA GUARDA, *La bibliothèque de l'abbaye de Saint-Denis en France du IXᵉ au XVIIIᵉ siècle*, Paris, 1985, p. 307. L'auteur précise qu'au XIVᵉ siècle ce manuscrit appartenait à l'église Sainte-Marie de Vincennes.

[136] D. CORNER, *The earliest surviving manuscripts of Roger of Howden's Chronica*, in : *The English Historical Review*, 98 (1983), p. 297-310.

[137] On pense bien sûr à Richard et à Achard mais le manuscrit Maz. 778 (XIIIᵉ siècle), qui contient un certain nombre d'épitaphes, en indique d'autres. Ainsi au fol. 146v à propos des sous-prieurs Richard, Gautier et Robert: «Hii sunt pastores quos nobis Anglia misit.» L. DELISLE, *Cab. des mss*, II, p. 213 et n. 6, mentionne aussi un certain Gervais l'Anglais, maître originaire de Saint-Augustin de Canterbury, qui fut enterré dans le cloître de Saint-Victor en 1281. Il donna ses livres «pour l'usage du cloître et des pauvres écoliers».

[138] F. BONNARD, *op. cit.*, I, p. 154-159.

[139] De l'ensemble constituant le *Speculum majus* la partie historique est celle qui connaît le plus grand succès puisque l'on dénombre à ce jour plus de 240 volumes médiévaux la contenant intégralement ou en partie. Il n'était pas rare que cette œuvre représente l'essentiel du fonds historique d'une bibliothèque, cf. B. GUENÉE, *op. cit.*, p. 305-307.

fait que cette large diffusion, constatée aux xive et xve siècles, ne s'est pas effectuée d'un seul coup. Et, lorsque l'on regarde la liste des manuscrits actuellement conservés à Paris et dont, pour la plupart, on a tout lieu de penser qu'ils y étaient déjà au Moyen Age, on est frappé de voir qu'un seul parmi eux est datable de la fin du xiiie siè-cle[140]. Tous les autres sont copiés au xive siècle. Ce siècle paraît avoir été la grande époque de diffusion[141]. Il est donc moins surprenant qu'il n'y paraît qu'une grande bibliothèque parisienne ne possède pas cet ouvrage au tout début du xive siècle. De plus, l'acquisition en était coûteuse et il se peut que Saint-Victor n'ait pas eu à cette épo-que les moyens de la réaliser. Ce n'est que bien plus tard, après 1350, que la bibliothèque se dota d'un exemplaire connu par le catalogue de Grandrue sous la cote MM1-MM3[142].

Une fois encore on aimerait remonter la filière qui permit à Jean de se procurer ce texte fondamental et cerner ainsi un peu mieux les réseaux culturels parisiens sous le règne des derniers Capétiens directs. En somme, d'après nos connaissances sur ce sujet et ce que nous voyons déjà de l'environnement du victorin, quatre hypothèses s'offrent à nous : le collège parisien de Saint-Denis qui en possédait un exemplaire partiel[143], les dominicains du couvent Saint-Jacques étaient également susceptibles d'en posséder un, mais on connait assez mal leur bibliothèque à la fin du xiiie siècle[144] ; peut-être aussi le collège Saint-Bernard car les études codicologiques ont démontré que les cisterciens ont été parmi les principaux agents de diffusion du *Speculum historiale* ; mais leur bibliothèque était encore très peu four-nie au début du xive siècle[145] ; enfin, la Sorbonne en possédait un exemplaire[146]. Bien que l'hypothèse du collège dionysien soit la plus tentante en raison de la compilation repérée de manuscrits de la

---

[140] C. Duchenne, G. G. Guzman, J. B. Voorbij, *Une liste des manuscrits du Speculum historiale de Vincent de Beauvais*, in : *Scriptorium*, 41 (1987), p. 286-294. Il s'agit du ms BnF, lat. 11728 (1267) sans indication de provenance. Il faut sans doute ajouter le ms BnF, lat. 17550 dit «version Saint-Jacques» mais Jean a consulté une version différente.

[141] M. Paulmier-Foucart et S. Lusignan, *Vincent de Beauvais et le Speculum maius*, in : *JS*, janvier-juin 1990, p. 97-124, ici, p. 98.

[142] Cote actuelle BnF, lat. 14354-14356. Le troisième volume MM 3 (BnF, lat. 14356) contient la table du *Speculum historiale* composée par Jean Hautfuney.

[143] B.A.V., Reg. lat. 120. Ce manuscrit porte sur le premier folio une cote xiiie siècle de la bibliothèque de Saint-Denis (CDP) et la mention *Cenobii Parisiensis*, cf. D. Nebbiai-Dalla Guarda, *op. cit.*, p. 228.

[144] M. Paulmier-Foucart et S. Lusignan, *art. cit.*, p. 114.

[145] A. Franklin, *Les anciennes bibliothèques de Paris. Eglises, monastères, collèges etc…*, Paris, 1867, I, p. 195.

[146] L. Delisle, *Cab. des mss*, III, p. 109.

bibliothèque de l'abbaye pour d'autres sources, il est cependant aléatoire de privilégier l'une ou l'autre de ces bibliothèques et d'y voir Jean copier de longs extraits du *Speculum*.

c) Des emprunts certains à la bibliothèque de l'abbaye de Saint-Denis

On connaît mal les relations qu'entretenaient Saint-Victor et Saint-Denis sous le règne de Philippe le Bel. Mais les emprunts que le *Memoriale* fait à l'historiographie dionysienne, le recours évident à des manuscrits présents dans la bibliothèque de l'abbaye royale, témoignent que de telles relations existaient bel et bien. Il n'est pas impossible que les contacts se soient noués par l'intermédiaire du collège parisien de Saint-Denis situé près du quai des Grands Augustins. Toujours est-il que c'est à Saint-Denis et nulle part ailleurs que Jean pouvait recopier, dans le manuscrit BnF, lat. 5925, des passages empruntés à la fois aux *Gesta Philippi* de Rigord, aux *Gesta sanctae memoriae Ludovici* et aux *Gesta Philippi* de Guillaume de Nangis et peut-être aussi à la *Vita Caroli Magni* d'Eginhard[147]. De même, Saint-Denis était le seul lieu d'accès à la continuation de Géraud de Frachet, texte élaboré dans ses murs entre 1285 et 1293. Sans doute est-ce encore à Saint-Denis que Jean put consulter le *Roman des roys* de Primat. En revanche, il est plus difficile d'affirmer que c'est dans la bibliothèque dionysienne qu'il trouva l'exemplaire particulier des *Gesta Philippi Augusti* de Guillaume le Breton, conservé aujourd'hui au British Museum de Londres sous la cote Cott. Vesp. D. IV. Il en va de même pour la première rédaction de Guillaume de Nangis. La présence à Saint-Denis du manuscrit fr. 5703 n'est qu'une hypothèse[148].

Par ailleurs, il n'est pas impossible que certains moines dionysiens, liés à l'atelier historiographique, aient mis Jean sur la piste de Guillaume Guiart et de sa *Branche des royaux lignages*[149]. En effet, cet auteur avait travaillé peu de temps auparavant à Saint-Denis et les moines le connaissaient bien puisque c'est l'un d'entre eux qui lui avait suggéré de recommencer sa chronique sur des bases plus sérieuses.

---

[147] D. Nebbiai-Dalla Guarda, *op. cit.*, p. 88, donne la cote portée au XIVe siècle par ce manuscrit (km 2) sur lequel elle revient à plusieurs reprises.

[148] Selon D. Nebbiai-Dalla Guarda, interrogée sur cette question, il n'y a aucune preuve que ce manuscrit ait séjourné à Saint-Denis. Cependant, des rapports ont existé et sont documentés, pour les toutes premières années du XVe siècle entre cette abbaye et l'abbaye Saint-Nicaise de Reims qui fut en possession du manuscrit au XVe siècle. L'intermédiaire serait Gilles Genart, moine de Saint-Denis qui s'est établi à Saint-Nicaise. Sur ce personnage, voir Th. Sullivan, *Benedictine monks at the University of Paris, A.D. 1229-1500. A biographical register*, Leiden-New-York-Köln, 1995.

[149] BnF, fr. 5698.

Une bibliothèque n'est pas seulement un lieu où l'historien consulte, compile ou emprunte des manuscrits, un lieu où il rassemble des sources textuelles, c'est également un lieu où il rencontre des gens qui exercent la même activité que lui, avec lesquels il peut échanger des informations, confronter des méthodes de travail.

c) D'autres canaux pour d'autres livres?

Il reste plusieurs sources textuelles utilisées par Jean dont il est impossible de définir l'origine, de comprendre la transmission. On a évoqué plus haut le cas de deux textes dionysiens, on a montré les incertitudes concernant les sources anglaises pour lesquelles on ne peut que formuler des hypothèses, certains cas laissent encore plus perplexe : où Jean a-t-il bien pu se procurer la chronique de Geoffroi de Courlon rédigée vers 1295 par ce moine de Saint-Pierre-le-Vif de Sens? On ne sait malheureusement rien de l'histoire des quelques manuscrits que l'on a conservés de cette chronique[150]. Mais Jean en a connaissance dix à quinze ans seulement après sa rédaction. Faut-il imaginer des relations directes entre Saint-Victor et Saint-Pierre-le-Vif? ou bien là encore quelqu'un s'est-il entremis? Un cordelier de Sens[151], de passage à Paris, l'aurait montré à un franciscain parisien qui, à son tour, en aurait parlé à notre victorin? Rien d'impossible mais rien de prouvé non plus. Le cas de la chronique rimée de Geoffroi de Paris est de même nature : on ne la connaît que par un manuscrit unique, le BnF, fr. 146, Jean l'utilise avant même que l'encre en soit séchée, il est difficile de ne pas imaginer des relations personnelles existant entre les deux auteurs, et pourtant ni l'un ni l'autre n'y font la moindre allusion, aucun indice extérieur ne permet d'étayer cette thèse.

Jean a donc recouru à des sources de nature et d'époques différentes. Nous verrons plus loin comment il a traité chaque type de documentation. Cependant, à cause de la présence de la bibliothèque, la quête des sources livresques est bien de loin la plus fructueuse, il convient donc à présent d'en inventorier les fruits.

---

[150] *Chronique de l'abbaye de Saint-Pierre-le-vif de Sens rédigée vers la fin du XIIIᵉ siècle par Geoffroi de Courlon,* éd. G. JULLIOT, Sens, 1876, introduction p. I-XIV.

[151] On sait que le couvent de Sens posséda un manuscrit de cette œuvre, cf. l'introduction de G. JULLIOT à son édition, p. IX-XI.

CHAPITRE VI

Rassembler la documentation (2) :
inventaire des sources livresques

Prétendre dresser l'inventaire des sources du *Memoriale historiarum,* – ou de tout autre texte historiographique médiéval –, impose de recourir à une double méthode : relever d'une part toutes les indications données par l'auteur lui-même, collationner d'autre part le texte avec les sources possibles afin de déduire l'existence de celles qui sont utilisées mais tues. L'enquête ainsi menée rencontre cependant des obstacles et des limites : l'auteur, par ses allégations et/ou ses imprécisions peut égarer le lecteur ou le laisser perplexe : la source revendiquée a-t-elle été réellement consultée? L'a-t-elle été directement ou par le biais d'une compilation? A qui attribuer les *quaedam chronicae*? Ces questions, certes, ne sont pas stériles : elles invitent à réfléchir sur la critique que l'auteur exerce à l'égard de ses sources mais elles fragilisent et relativisent quelque peu les résultats proposés ici. Si l'ambition de départ a parfois été comblée, permettant de remonter la piste jusqu'à l'exemplaire manuscrit utilisé par l'auteur, dans bien des cas le doute persiste et il a fallu finalement renoncer à la prétention de repérer la totalité des sources livresques du *Memoriale*.

Seules celles-ci seront abordées dans les pages qui suivent, les sources archéologiques, diplomatiques et orales ayant été traitées dans le chapitre précédent. Le classement adopté n'a d'autre motivation que le pragmatisme : les sources historiographiques, témoins de la culture proprement historique de l'auteur, ont été distinguées des sources non historiographiques qui reflètent, elles, des intérêts culturels plus généraux et plus divers. Dans chacun de ces deux groupes, on s'est efforcé de faire intervenir trois critères : la chronologie des sources utilisées, leur genre et leur présence dans la première et/ou la seconde version du *Memoriale*.

1. Les sources antiques.

Commençant son récit aux origines, Jean de Saint-Victor se devait de rencontrer sur sa route l'héritage de l'Antiquité. Quels sont les historiens, païens et chrétiens, dont il connaît les œuvres ? Comment ces textes antiques lui sont-ils transmis ? Est-ce uniquement par le biais de sources-relais, ou bien y-a-t-il accès directement ?

a) Le fonds commun défini par Cassiodore

Au milieu du vi^e siècle, Cassiodore avait défini le «bagage» historiographique dont il estimait la connaissance indispensable[1]. Ce bagage était composé de dix ouvrages d'auteurs chrétiens. Huit d'entre eux sont présents parmi les sources du *Memoriale* : il y a Flavius-Josèphe et ses deux ouvrages écrits en grec mais traduits depuis longtemps en latin, la *Guerre des Juifs* et les *Antiquités Judaïques* ; il y a l'*Histoire ecclésiastique* d'Eusèbe de Césarée, traduite et continuée par Rufin, l'*Histoire tripartite* de Cassiodore, Orose et son *Histoire contre les païens* ; puis viennent les chroniques : d'abord celle d'Eusèbe, traduite du grec par Jérôme et prolongée jusqu'à son époque, celle de Prosper d'Aquitaine rédigée au milieu du ve siècle ; enfin le *De viris illustribus* de Jérôme, continué par Gennade. Seul manque à cette liste Marcellin, auteur à la fois d'un traité d'histoire et de géographie et d'une continuation jusqu'en 534 de la chronique d'Eusèbe-Jérôme. Cette absence s'explique sans doute par le moindre succès que connut cet historien dont le texte est aujourd'hui perdu[2]. En revanche, les six autres ouvrages ont été consultés dans des manuscrits parfaitement identifiés. Tous appartiennent à la bibliothèque de Saint-Victor, et ce, pour au moins cinq d'entre eux, depuis le xiie siècle[3]. Nous avons là la confirmation que dès l'origine les victorins ont acquis le fonds commun historiographique indispensable. Nous comprenons également la très large exploitation que Jean fait de ces textes dans la première version de sa chronique. Non seulement, il les avait sous la main, mais il savait de plus qu'ils constituaient des sources indispensables, dont le très grand succès était la meilleure garantie[4].

---

[1] B. GUENÉE, *Histoire et culture historique dans l'Occident médiéval*, 2e éd., Paris, 1980, 1991, ici, p. 301.

[2] B. GUENÉE, *op. cit.*, p. 302.

[3] Cf. infra, dans ce même chapitre, le tableau récapitulatif.

[4] Cent à deux cents témoins manuscrits de ces œuvres sont actuellement conservés, cf. B. GUENÉE, *op. cit.*, p. 248-274.

b) Les auteurs païens

La question des auteurs païens est un peu plus difficile à résoudre. Jean paraît en connaître certains directement, mais pour d'autres, une source-relais lui a été nécessaire. Notons cependant que dans tous les cas le nom de l'auteur est expressément cité, ce qui témoigne malgré tout d'un certain degré de notoriété. En revanche, certains textes sont lus directement, ainsi l'*Histoire d'Alexandre* de Quinte-Curce dont Jean compile de nombreux passages d'après un manuscrit du XIIe siècle, présent à l'abbaye ; il est également probable qu'il utilise directement Justin et son *hystoria sua*, si c'est du moins ainsi qu'il désigne le résumé des *Histoires philippiques* de Trogue-Pompée, mais il faut alors supposer un manuscrit emprunté[5] ou perdu car le témoin relevé dans le catalogue de Grandrue ne date que du XVe siècle[6] ; Suétone et ses *Vies des Douze Césars* sont régulièrement utilisés dans les deux versions du *Memoriale,* il est vraisemblable que Jean en avait un exemplaire à sa disposition[7]. Dans la partie consacrée à la géographie on relève de nombreux extraits des *Faits et dits mémorables* de Valère-Maxime dont le manuscrit est facilement identifiable : il s'agit d'un témoin du XIIe siècle, l'actuel BnF, lat. 14633.

La présence des auteurs païens dans la bibliothèque de l'abbaye semble, elle aussi, être un phénomène ancien qu'il faut sans doute mettre en relation avec l'essor intellectuel du XIIe siècle qui permit la diffusion plus large des œuvres antiques, tout en opérant parmi elles une sélection[8]. Rédigé dans le premier quart du XIVe siècle, le *Memoriale* traduit assez bien la transmission de cet héritage. L'auteur actualise cependant cette culture antique en introduisant dans sa seconde version des passages de Jules César ou de Valère-Maxime. Il supplée si nécessaire à l'absence de manuscrits par le recours à des compilations encyclopédistes tel le *Speculum historiale* de Vincent de Beauvais. Néanmoins, il sacrifie avec modération aux goûts du jour : ainsi, ni Lucain qui «continuait à jouir d'une immense faveur», ni Tite-Live ou Tacite, dont le succès commençait de croître[9], ne sont

---

[5] Saint-Denis en possédait un exemplaire du IXe siècle, portant cote et ex-libris du XIIIe siècle, cf. D. NEBBIAI-DALLA GUARDA, *La bibliothèque de l'abbaye de Saint-Denis en France du IXe au XVIIIe siècle,* Paris, 1985, n°137, p. 224.

[6] AAA 11 = BnF, lat. 14623.

[7] Un exemplaire plus complet que les extraits rassemblés dans le manuscrit Ars. 711 (JJJ 8-182) daté des XIIe-XIIIe siècles, mais différent du manuscrit BnF, lat. 14566 (M 10-160) daté, lui, du XVe siècle.

[8] B. GUENÉE, *op. cit,* p. 304.

[9] B. GUENÉE, *op. cit.,* p. 304.

présents parmi les sources du *Memoriale*. Ces absences sont à mettre sur le compte des lacunes de la bibliothèque : s'il y avait peut-être à Saint-Victor, au temps de Jean, un manuscrit de Lucain[10], Tite-Live n'entra dans le fonds qu'au début du xve siècle[11] et Tacite paraît, lui, complètement absent du catalogue de Grandrue. En fait, la part des auteurs chrétiens reste largement prédominante : en cela, Jean reste bien un historien ecclésiastique.

2. Les sources historiographiques médiévales

Ce sont assurément les plus nombreuses et les plus diverses. Le problème de leur compilation directe ou indirecte se pose plus encore que pour les sources anciennes. Tout comme se pose aussi, pour la période allant du ve au xive siècles, le problème des allégations plus ou moins sûres de l'auteur. Pour cette partie de l'inventaire, le plan chronologique a paru le plus apte à rendre compte des capacités de l'auteur à actualiser sa culture historiographique.

a) Les histoires antérieures au xe siècle.

Il s'agit en fait de l'élargissement du «fonds commun» des auteurs chrétiens défini par Cassiodore. Grégoire de Tours et son *Historia Francorum*, que Jean appelle *Hystoria de gestis Francorum*, en est le premier élément. Il est vraisemblable que Saint-Victor en possédait un exemplaire, qui dut être perdu par la suite. Pour tout ce qui a trait à l'Angleterre du Haut Moyen Age, l'auteur du *Memoriale* renvoie à une *Hystoria Britonum*. Sous ce titre sont regroupées le *De Excidio Britanniae* de Gildas (mort vers 570) et l'*Historia Brittonum* de Nennius (mort vers 830). Le manuscrit utilisé est le BnF, lat. 15009, qui contient en fait tout un dossier sur l'Angleterre, dossier rassemblé par les victorins à la fin du xiie siècle, nous y reviendrons.

A ces sources d'origine anglaise, il convient d'ajouter le nom de Bède le Vénérable, bien que l'*Historia Anglorum* soient absente du corpus de sources de Jean. Les références au *De temporibus* semblent certaines, et ce d'autant plus que Saint-Victor en a possédé très tôt un exemplaire. Dans la première version, le nom de Bède est très rare (une ou deux occurences); il paraît lié au *De locis sanctis*, petit manuel de géographie biblique et ecclésiastique qui connaît un certain succès aux xiie-xiiie siècles, lorsque l'Occident commence à s'intéresser à

---

[10] Le manuscrit KKK 12 (BnF, lat. 14142), daté de la fin du xiie siècle.
[11] BBB 8 (BnF, lat. 14630) qui provient de la bibliothèque de Gontier Col.

l'Orient[12]. Dans la seconde version, les références à *Beda in chronicis* se multiplient mais sans plus de précision. L'acquisition d'un manuscrit, présent depuis longtemps dans le fonds, ne peut être à l'origine de cette contribution nouvelle de Bède lors de la révision du *Memoriale*. En revanche, la compilation qu'en fait le *Speculum historiale* a pu inciter Jean à utiliser ce texte qu'il avait jusque-là délaissé.

Pour clore cette évocation des histoires antérieures au Xe siècle, il faut encore citer les historiens de l'épopée carolingienne. Turpin et Eginhard sont nommés dans la première version[13] mais seul le texte du second paraît avoir été compilé. Bien que l'on n'ait aucune trace d'un manuscrit, la présence de ce texte dans la bibliothèque de l'abbaye est fort probable. Dans le cas contraire, il n'était pas difficile de se procurer cette œuvre[14]. Nous savons par exemple qu'elle était copiée dans le manuscrit BnF, lat. 5925, appartenant à la bibliothèque de Saint-Denis. Jean s'est servi de ce manuscrit pour compiler certaines des sources historiographiques dionysiennes[15]. Dans la seconde version du *Memoriale*, la *Vita Karoli* d'Eginhard cède la place à de larges extraits de la *Chronique du Pseudo-Turpin* tirés en fait du *Speculum historiale*. Mais avec ce texte, élaboré en réalité au milieu du XIIe siècle, nous entrons déjà dans l'âge d'or de l'historiographie.

b) XIe-XIIe siècles : des chroniques de plus en plus nombreuses

Sigebert de Gembloux

Dans les toutes premières années du XIIe siècle, Sigebert de Gembloux mit ses pas dans la tradition inaugurée par Eusèbe-Jérôme. Sa chronique allait connaître une large diffusion dans l'Empire et dans la France du Nord et de l'Ouest, relayée en particulier par le réseau des monastères cisterciens[16]. Vers 1150, elle est à Beauvais où elle est copiée pour Henri de France, frère du roi Louis VII et évêque de

---

[12] Ars. 1117, fol. 147, Bède est cité dans un passage concernant Eudoxie, impératrice d'Orient convertie au christianisme, qui finit pieusement ses jours à Jérusalem. Sur Bède le Vénérable, voir l'article qui lui est consacré in : *DLF*, p. 134-137 et A. GRANSDEN, *Historical writing in England c. 550 to c. 1307*, Ithaca-New-York, 1974, p. 13-28.

[13] Ars. 1117, fol. 233.

[14] On conserve en effet plus de quatre-vingts manuscrits de la *Vita Karoli Magni imperatoris*, cf. art. *Eginhard*, in : *DLF*, p. 399-400. Ce chiffre indique un très grand succès.

[15] BnF, lat. 5925, cf. D. NEBBIAI-DALLA GUARDA, *op. cit.*, n°197-199.

[16] B. GUENÉE, *op. cit.*, p. 285. Voir aussi l'article *Sigebert de Gembloux* in : *DLF*, p. 1387-1390 et M. CHAZAN, *L'idée d'Empire dans les chroniques universelles écrites en France de la fin du XIIe siècle au début du XIVe siècle* (1995), exemplaire dactylographié, p. 63-168 et, pour la diffusion de la chronique de Sigebert, p. 465-504.

cette ville[17]. Après l'avoir fait enluminer, le prélat légua cet exemplaire à Saint-Victor. Le contenu de ce manuscrit présente deux particularités intéressantes : le copiste a substitué à celui donné par Sigebert un autre catalogue pontifical et a indiqué dans les marges la succession des papes ; ensuite, il a remanié assez nettement la dernière partie de la chronique par des suppressions et des interpolations. Ces variantes apportées au texte original de Sigebert se retrouvent dans la compilation qu'en donne le *Memoriale*. Ici, non seulement il importe de savoir que Jean a utilisé la chronique de Sigebert de Gembloux mais il est essentiel de pouvoir affirmer que c'est ce manuscrit-individu et non un autre qu'il a eu entre les mains[18].

Lorsqu'en 1111 s'interrompt la chronique de Sigebert, Jean en prend bonne note et dit qu'il suivra pour la suite de son récit Adon de Vienne, maître Hugues de Saint-Victor et Hélinand[19]. Laissons pour le moment la question de la chronique de Hugues. La mention d'Adon de Vienne n'est pas sans soulever quelques difficultés. Cet évêque, mort en 874, avait composé une chronique qui allait des origines à l'année 869 et qui reprenait le texte de Bède. Elle avait eu par la suite deux continuations dont l'une poursuivait le récit jusqu'en 1032. Même en imaginant que Jean ait eu ce texte à sa disposition, on voit mal comment il aurait pu s'en servir pour continuer le récit de Sigebert.

Quant à la chronique d'Hélinand de Froidmont, il y recourt en fait avant que ne s'achève le texte de Sigebert[20] et l'abandonne vers les années 1160. Jean ne connaît cette chronique, dont on ne conserve aujourd'hui que deux manuscrits mutilés, que par la compilation qu'en a fait Vincent de Beauvais dans son *Speculum historiale*. C'est dire qu'il est tributaire de la version que le dominicain a eu à sa

---

[17] M. SCHMIDT-CHAZAN, *La chronique de Sigebert de Gembloux : succès français d'une œuvre lotharingienne, à propos d'un exemplaire de l'édition princeps conservé à la bibliothèque municipale de Metz*, in : *Les Cahiers lorrains*, 1 (mars 1990), p. 1-26, ici p. 15-16. L'auteur renvoie à un important article de P. DANZ-STIRNEMANN, *Quelques bibliothèques princières et la production hors scriptorium au XIIe siècle*, in : *Bulletin archéologique du CTHS*, nouv. sér., 17-38, p. 12-21.

[18] G. MELVILLE, *Le problème des connaissances historiques au Moyen Age. Compilation et transmission des textes*, in : J.-Ph. GENET (Ed.), *L'historiographie médiévale en Europe*. Actes du colloque organisé par la Fondation européenne pour la Science au Centre de Recherches historiques et juridiques de l'Université de Paris I du 29 mars au 1er avril 1989, Paris, 1991, p. 21-41.

[19] BnF, lat. 15011, fol. 372v : «Tunc obiit Sigibertus monachus Gemblacensis, qui usque ad annum presentem satis egregie chronographiam suam perduxit. Ab huic Odonem Viennensem et magistrum Hugonem de Sancto Victore et Helynandum sequimur.»

[20] BnF, lat. 15011, fol. 372.

disposition et de la lecture personnelle que celui-ci a pu faire de la chronique du moine cistercien[21]. Néanmoins, lorsqu'il cite un passage tiré de la chronique d'Hélinand, il mentionne systématiquement le nom de l'auteur, à condition bien sûr qu'il en trouve l'indication chez Vincent. Ainsi, lorsque le dominicain copie sous le nom de *Guillelmus* des extraits qu'Hélinand avait empruntés pour sa chronique aux *Gesta Regum Anglorum* de Guillaume de Malmesbury, Jean tombe dans le piège et attribue, lui aussi, ces passages à Guillaume[22]. Au-delà de la question de la compilation, retenons les citations nominatives d'Hélinand comme un témoignage que Jean de Saint-Victor, non seulement connaît cet auteur, mais qu'il le tient de plus pour une autorité. Peut-être cette attitude constitue-t-elle un élément supplémentaire à verser au dossier des relations victorins/cisterciens.

Notons encore, que parallèlement aux trois chroniqueurs que l'auteur du *Memoriale* évoque comme successeurs de Sigebert, il utilise, sans le dire, deux continuations de l'œuvre du Lotharingien : la continuation d'Ourscamp, celle du manuscrit de Beauvais copié pour Henri de France dans le manuscrit BnF, lat. 14624 ; mais, on rencontre plus souvent la continuation due à un prémontré du diocèse de Laon ou de Reims, qui poursuivit la matière jusqu'en 1154[23]. Jean tire vraisemblablement les extraits de cette seconde continuation de la chronique de Robert d'Auxerre qui l'utilise largement.

L'historiographie de Saint-Benoît sur Loire

Pour le récit des XIe-XIIe siècles le *Memoriale* est également redevable à la production de l'atelier historiographique de Saint-Benoît sur Loire[24]. Aimoin de Fleury est à l'origine de cette activité. Entre 985 et 1004 il entreprend une *Historia Francorum* qu'il laisse inachevée à

---

[21] Sur cette question, M. PAULMIER-FOUCART, *Ecrire l'histoire au XIIIe siècle. Vincent de Beauvais et Hélinand de Froidmont*, in : *Annales de l'Est*, 33 (1981), p. 49-70.

[22] C'est par exemple le cas dans l'utilisation que fait Jean du livre XXIV du *Speculum*, BnF, lat. 15011, fol. 318. Mais il convient d'être très prudent car d'une part, Jean se sert parallèlement du texte original de Guillaume de Malmesbury et d'autre part, comme le précise M. PAULMIER-FOUCART (note précédente, p. 65), rien n'indique que toutes les citations faites par Vincent sous la rubrique *Guillelmus* le soient par l'intermédiaire d'Hélinand.

[23] CSG, *Chron.*, MGH, SS, VI, p. 447-456 ; art. *Sigebert de Gembloux*, in : *DLF*, p. 1389 ; à propos de la *Continuation d'Ourscamp*, M. CHAZAN, *op. cit.*, p. 754 et n. 431, suggère que Jean a eu recours à un manuscrit de Saint-Denis.

[24] Sur cet atelier historiographique, voir A. VIDIER, *L'historiographie à Saint-Benoît-sur-Loire et les miracles de saint Benoît*, Paris, 1965 et R.-H. BAUTIER, *La place de Fleury dans l'historiographie française*, in : *Etudes ligériennes d'histoire et d'archéologie médiévales* (1969), Auxerre, 1975, p. 25-34.

l'année 654. Cette œuvre fut par la suite souvent utilisée ou recopiée puis continuée, peut-être après une étape par Sens, à Paris, formant ce qu'on appelle la compilation ou continuation d'Aimoin[25]. Jean, qui ne nomme jamais Aimoin et se réfère toujours à des *Gesta Francorum,* utilise en fait cette continuation. Saint-Victor en possédait semble-t-il deux versions, témoins de la genèse compliquée de ce texte. Celle dont Jean se sert le plus fréquemment est copiée dans un manuscrit du XIIIᵉ siècle, actuellement conservé sous la cote BnF, lat. 15046. Cette version dépend du manuscrit BnF, lat. 12711, interpolé à Saint-Germain-des-Prés avec sa continuation jusqu'en 1165[26]. La seconde continuation, dont les emprunts sont beaucoup plus rares[27], est contenue dans les feuillets 149-186v du manuscrit BnF, lat. 15047, daté lui aussi du XIIIᵉ siècle.

Hugues de Fleury est l'autre grande figure représentative de l'école historiographique de Saint-Benoît-sur-Loire. Un siècle le sépare d'Aimoin puisqu'il devint moine bénédictin vers la fin du XIᵉ siècle et qu'il mourut vers 1122. En 1109, il fait copier une première rédaction de son *Historia ecclesiastica* mais il en entreprend immédiatement une seconde achevée en 1110. Composée de six livres couvrant l'histoire universelle du légendaire Ninus à la mort de Lothaire (855), elle est dédiée à la comtesse Adèle de Champagne et précédée d'une lettre d'envoi à Yves de Chartres. La trentaine de manuscrits médiévaux actuellement subsistant atteste son grand succès[28]. Il n'est donc pas surprenant que Saint-Victor en possède deux exemplaires et que Jean en fasse un large usage dans son *Memoriale*[29]. En revanche, on constate avec étonnement l'absence du nom de Hugues de Fleury dans la première version de la chronique du victorin, alors même que la compilation est parfaitement repérée. Il faut attendre la seconde version pour lire ouvertement le nom de *Hugo Floriacensis* et relever des références à son *Hystoria.* Par ailleurs, si l'auteur du *Memoriale* exploite jusqu'au bout la chronique de Hugues de Fleury, il ignore apparemment l'existence de la suite que le bénédictin voulut lui donner en composant vers 1122 un *Liber modernorum regum.*

---

[25] Art. *Aimoin de Fleury,* in : *DLF,* p. 26-27.

[26] Sur cette version, voir J.-F. LEMARIGNIER, *Autour de la royauté française du IXᵉ au XIIIᵉ siècle. Appendice : la continuation d'Aimoin de Fleury et le ms. latin 12711 de la Bibliothèque Nationale,* in : *BEC,* 113 (1955), p. 25-36.

[27] Trois seulement ont pu être relevées avec certitude entre 751 et 987.

[28] Art. *Hugues de Fleury,* in : *DLF,* p. 692-694.

[29] Ars. 988, fol. 55-132 et BnF, lat. 15047. Tous deux sont datés du XIIIᵉ siècle.

Rappelons, comme explication possible à cette absence, que cette œuvre, offerte à Mathilde, fille d'Henri Ier d'Angleterre, ne fut pas diffusée sur le continent et ne connut finalement aucun succès[30].

L'Ecole victorine

Au moment où s'éteignait Hugues de Fleury et avec lui les feux de l'atelier historiographique de Saint-Benoît-sur-Loire, quelques années seulement avant que Suger n'ouvre la voie au succès de l'école dionysienne, l'histoire trouve sa place dans le prodigieux mouvement intellectuel du premier siècle victorin. Si Hugues de Saint-Victor peut être considéré comme le plus beau fleuron de l'école victorine, son maître, son «fondateur réel»[31], il est également à l'origine de l'activité historiographique au sein de l'abbaye. Dans le *Didascalicon*, composé entre 1125 et 1130, Hugues trace une sorte de «guide pour étudiants et de programme pour professeurs»[32] afin que, par la connaissance dirigée vers la contemplation, l'homme parvienne à se réunifier intérieurement et à restaurer en lui l'image de Dieu[33]. Dans ce cadre général, il compare la lecture de l'Ecriture à la construction d'un édifice dont le fondement est l'histoire, «base ferme sur laquelle le théologien va construire l'édifice des mystères de la foi (l'allégorie), que ses applications morales vont venir couronner comme un toit (tropologie)»[34].

On peut interpréter toute l'activité littéraire de Hugues comme le déroulement de ce plan du *Didascalicon*. Il semble qu'il a effectivement consacré sa première œuvre (*prima eruditio*) aux fondements de l'édifice, en rédigeant vers 1130-1131 son *Chronicon*. Pour que l'histoire puisse jouer son rôle de fondement des autres disciplines, il était nécessaire que le donné historique ait reçu une élaboration qui en mette en relief l'ordonnance intrinsèque. D'où ces listes et tableaux savamment ordonnés, mis en colonnes parallèles et synchroniques, destinés à recevoir ou plutôt à dérouler une Histoire Sainte qui dépasse largement celle des livres bibliques[35]. De cet ambitieux projet, les historiens, qui se sont servi du *Chronicon* de Hugues, n'ont

---

[30] B. GUENÉE, *op. cit.*, p. 310. L'auteur renvoie à l'ouvrage d'A. VIDIER, *op. cit.*, p. 76-80.

[31] Selon l'expression de P. SICARD, *Hugues de Saint-Victor et son Ecole*, Paris, 1991, p. 13.

[32] P. SICARD, *op. cit.*, p. 18.

[33] P. SICARD, *op. cit.*, p. 18-21.

[34] P. SICARD, *op. cit.*, p. 22.

[35] P. SICARD, *op. cit.*, p. 24-25.

bien souvent retenu que le côté pratique de la mise en page. C'est sans doute cela qui a assuré son succès rapide au xiie siècle. Mais au xiiie siècle, la diffusion paraît s'essouffler pour finalement sombrer dans l'oubli à la fin du Moyen Age[36].

A Saint-Victor, la perspective était un peu différente et l'on continua au xiiie siècle à copier le *Chronicon* qui restait, au début du xive siècle, dans ce milieu victorin, une source historiographique d'une autorité sans pareille. Pour choisir le manuscrit dans lequel il allait compiler la chronique de Hugues Jean n'avait donc que l'embarras du choix : on connaît au moins deux témoins qui lui proposait une partie ou l'intégralité du texte[37]. Sa préférence, éclairée sans doute par la tradition de la maison, alla à l'actuel BnF, lat. 15009 (fol.1-40v), dont on peut dire qu'il constitue «un texte suffisamment correct»[38]. Dans les deux versions du *Memoriale* le *Chronicon* sert systématiquement à dater les pontificats et les règnes impériaux, il est alors désigné par l'expression *secundum Hugonem, secundum magistrum Hugonem* ou encore *secundum magistrum Hugonem de Sancto Victore*. Si l'emploi du titre de *magister* permet de distinguer le victorin du moine de Fleury, il témoigne bien plus du prestige et de l'autorité que conservait Hugues dans sa propre abbaye près de deux siècles après sa mort.

A sa suite immédiate, Richard de Saint-Victor allait composer dans les années 1153-1160 un *Liber Exceptionum* dont Jean fait l'une des sources principales du *Tractatus de divisione regnorum*. Ce manuel d'introduction à l'Ecriture sainte a longtemps été classé parmi les œuvres de Hugues, à qui il emprunte les principes fondamentaux en matière d'exégèse[39]. Or, c'est en partie grâce à l'attribution explicite que lui en fait Jean de Saint-Victor que l'on a pu en restituer à

---

[36] B. Guenée, *op. cit.*, p. 273, donne une production de dix-neuf manuscrits de l'œuvre de Hugues pour le xiie, douze pour le xiiie, puis deux pour le xive et un seul au xve siècle. Ces chiffres sont tirés de R. Goy, *Die Überlieferung der Werke Hugos von St. Viktor. Ein Beitrag zur Kommunikationsgeschichte des Mittelalters,* Stuttgart, 1976. Par une lettre en date du 27 septembre 1998, le Père Rainer Berndt, directeur du Hugo-von-Sankt-Viktor-Institut, a bien voulu me confirmer l'état actuel de la recension des manuscrits du *Chronicon* qui s'élève à une quarantaine d'exemplaires. Qu'il soit vivement remercié pour cette information.

[37] HH 6 (BnF, lat. 15009), ce manuscrit porte au fol. 257 un ex-libris victorin de la fin du xiie siècle ; HH 3 (BnF, lat. 14872) daté de la fin du xiie siècle, un manuscrit noté «perdu» par Grandrue.

[38] P. Sicard, *op. cit.*, p. 273.

[39] Art. *Richard de Saint-Victor,* in : *DLF,* p. 1270-1271.

Richard la paternité[40]. La bibliothèque victorine possédait plusieurs exemplaires de ce texte mais le seul qui soit complet est le manuscrit conservé à la Bibliothèque de l'Arsenal sous la cote 266, copié à la fin du XIIe siècle.

Après Richard, on peut encore rattacher à cette filiation intellectuelle victorine une autre source du *Memoriale*, l'*Historia scolastica* de Pierre le Mangeur. Certes, cette œuvre est connue bien au-delà du cloître de Saint-Victor, elle est même une composante «inévitable» de toute bibliothèque privée ou collective à la fin du Moyen Age[41]. Mais son auteur entretient, il faut le rappeler, des relations privilégiées avec Saint-Victor : il participe à la réforme de l'abbaye avant de s'y retirer en 1178 pour y mourir l'année suivante[42]. Il avait lui-même composé l'épitaphe qui fut gravée sur sa tombe située à gauche du grand autel. Son souvenir était bien sûr mentionné dans le nécrologe du couvent mais de plus, il est l'un des noms illustres que les victorins mettent en avant dans une supplique qu'ils adressent au pape en 1317[43]. Nul doute que les chanoines considèrent le célèbre chancelier comme l'un des leurs. Par ailleurs, l'esprit de son œuvre, rédigée entre 1169 et 1173, est à replacer dans le sillage de la pensée de Hugues. Certes, Pierre s'en tient à l'*historia*, premier des quatre sens scripturaires, mais cette attention à la «lettre», au «fondement» de l'histoire n'exclut nullement la théorie des quatre sens dont il rappelle le principe dans sa préface et que ses sermons mettent abondamment à contribution[44]. Un chroniqueur ne pouvait voir en lui qu'un disciple de maître Hugues, soucieux de développer des liens

---

[40] On doit cette restitution aux études du chanoine J. Châtillon : *Le contenu, l'authenticité et la date du Liber Exceptionum et des Sermones centum de Richard de Saint-Victor*, in : *RMAL*, 4 (1948), p. 23-52 ; *Liber exceptionum, texte critique avec introduction, notes et table*, (Textes philosophiques du Moyen Age, 5) Paris, 1958 ; *Richard de Saint-Victor*, in : *DS*, 13 (1988), col. 593-654. L'un des arguments de cet auteur est un catalogue des œuvres de Richard incluant le *Liber exceptionum* donné par le *Memoriale* (BnF, lat. 15011, fol. 384). Cette hypothèse semble confirmée par au moins un passage de la 1ere version (Ars. 1117, fol. 147) attribué à Richard et effectivement présent dans le livre VIII du *Liber Exceptionum*, au chapitre 9. Il faut cependant signaler qu'à d'autres moments de son œuvre et particulièrement dans la partie géographique, Jean attribue le même *Liber Exceptionum* non plus à Richard, mais à Hugues ! Cf. sur ce point P. Gautier Dalché, *La Descriptio mappe mundi de hugues de Saint-Victor : retractatio et addimenta*, in : J. Longère (Ed.), *L'abbaye parisienne de Saint-Victor au Moyen Age*, (Bibliotheca Victorina, 1), Turnhout, 1991, p. 143-179, ici p. 157.

[41] B. Guenée, *op. cit.*, p. 319.

[42] Art. *Pierre le Mangeur*, in : *DLF*, p. 1183.

[43] F. Bonnard, *Histoire de l'abbaye royale et de l'ordre des chanoines réguliers de Saint-Victor de Paris*, 2 vol., Paris, 1904-1908, I, p. 123 n. 4 et p. 124 n. 1.

[44] Art. *Pierre le Mangeur*, in : *DLF*, p. 1183.

étroits entre théologie, exégèse et histoire[45]. La chronique du «Maître des Histoires» (c'est sous ce titre que Jean, comme bien d'autres, le désigne le plus souvent) est également appréciée pour son souci de synchronisme. Bien qu'il en existe depuis le XIIIe siècle une adaptation en français due à Guiard des Moulins, Jean ne paraît connaître que le texte original en latin. Saint-Victor possédait au moins deux exemplaires de cette œuvre[46].

A la suite de ces trois grandes figures que nous venons d'évoquer, des historiens plus obscurs ont travaillé dans le *scriptorium* de Saint-Victor au cours des deux dernières décennies du XIIe siècle. Le manuscrit BnF, lat. 15009 (HH 6) est le témoin privilégié de cette activité historiographique. Ce manuscrit est en fait composé de deux éléments autrefois séparés[47], chacun regroupant un ensemble de plusieurs textes.

Le premier des deux éléments[48] regroupe, à la suite du *De tribus maximis circumstanciis gestorum* (fol.1-42) et au milieu d'extraits de diverses œuvres de Hugues, de Richard, de Jérôme (fol.102-106) et d'Isidore de Séville, de listes de lieux et d'hommes illustres (fol. 99-102), une *cronica asbreviata* (fol. 42-78), œuvre d'un chanoine victorin car la seule date insérée est celle de la fondation de l'abbaye[49]. Ce texte comporte trois parties : tout d'abord un résumé de la chronique d'Eusèbe-Jérôme allant de Trajan au pape Clément ; puis un récapitulatif des principaux moments de l'année liturgique avec un calendrier des fêtes et des saints (le dernier nom est celui du Clément) ; enfin, à partir du règne de Trajan, une histoire ecclésiastique périodisée, parallèlement à l'année de l'Incarnation d'abord par les règnes impériaux, puis par les règnes des rois francs. Cette troisième partie emprunte essentiellement à la chronique de Sigebert. Si l'on considère que le *Chronicon* de Hugues se voulait surtout une sorte d'aide-mémoire pour celui qui abordait l'exégèse littérale, que le *Liber Exceptionum* de Richard relève plutôt d'une petite encyclopédie dans laquelle on aurait inséré une partie historique, on peut affirmer, comme le fait Mireille Chazan, que cette *cronica asbreviata* constitue finalement la première véritable chronique victorine dont le but

---

[45] B. GUENÉE, *op. cit.*, p. 32.

[46] B 8 1-226 (BnF, lat. 14640) et NNN 1 (BnF, lat. 14639 et 14638), tous deux datés du XIIIe siècle.

[47] Comme en témoignent les deux ex-libris, respectivement aux fol.1 et au fol.144.

[48] Le second en réalité si on en croit la lettre B inscrite sur le premier feuillet. Une lettre A est visible sur le fol. 144.

[49] La description qui suit reprend largement l'étude de ce manuscrit faite par M. CHAZAN, *op. cit.*, p. 745-749.

est vraisemblablement d'offrir un «complément historique nécessaire pour une bonne compréhension du cycle liturgique et des lectures hagiographiques»[50].

Le second ensemble s'ouvre par l'*Ymago mundi* d'Honorius Augustodunensis, encyclopédie en trois parties, la troisième étant une petite chronique universelle. On trouve à sa suite plusieurs textes rassemblés dans le catalogue de Grandrue sous la rubrique *De origine anglorum et eorum gestis* et effectivement consacrés à l'histoire de l'Angleterre : l'*Historia Brittonum* de Nennius, attribuée à Gildas (fol. 160v-169), un catalogue des rois anglo-saxons (fol. 169v-170v), un résumé de l'histoire des Normands de Rollon à Henri II, une description (royaumes, provinces et diocèses) de l'Angleterre à l'arrivée des Saxons (fol. 171) suivie d'une liste des rois anglais et *francigene* (fol. 171v-172), un catalogue des archevêques et évêques anglais, une liste des rois de France (sans Hugues Capet) jusqu'à Louis VI, complétée par une main plus tardive de Louis VI à Philippe le Bel (fol. 173), une chronique sous forme d'annales allant de la mort de saint Cuthbert en 680 à 1155 et ne concernant que l'Angleterre (fol. 173v) et enfin l'*Historia Regum Britanniae* de Geoffroy de Monmouth (fol. 174-186v). La fin du manuscrit comprend, outre un extrait de la *Cosmographia* de Bernard Silvestre (fol. 187-205) et un extrait du *Contra Iudeos* de Pierre Alphonse (fol. 205v-254), un *Parvum memoriale regum Francorum ab eorum inicio usque ad Philippum Augustum* (fol. 255-257), dans lequel Hugues Capet est rétabli. Ce catalogue est suivi de quelques notes historiques, d'une prophétie attribuée à Thomas Becket sur la mort des fils du roi d'Angleterre et deux poèmes sur les grandmontains.

Que faut-il retenir de cet ensemble en apparence très hétérogène, auquel Jean a largement puisé? Premièrement, qu'il y a indéniablement à Saint-Victor une activité historiographique à la fin du XIIe siècle[51]. La composition de ces chroniques, l'établissement de ces listes sont, semble-t-il, à mettre en relation directe avec l'activité diplomatique que le *scriptorium* de l'abbaye remplit pour le service du roi et en étroite collaboration avec le milieu curial à partir du règne de Louis VII.

---

[50] M. CHAZAN, *op. cit.*, p. 747.

[51] Deux éléments internes au texte permettent de dater l'ensemble du manuscrit de cette période : dans la première partie, au fol. 170v, le copiste a ajouté Richard Cœur de Lion. Or celui-ci règne de 1189 à 1199 ; dans la seconde partie, le *Parvum memoriale* mentionne la huitième année du règne de Philippe, soit 1187-1188.

La seconde observation concerne la constitution à la même époque de dossiers à thème. Ici, nous avons visiblement un dossier sur l'Angleterre, rassemblé entre la date de la visite que fit Thomas Becket à l'abbaye en 1169[52] et la fin du siècle.

Enfin, tout laisse à penser que l'on doit l'initiative d'un tel dossier au fameux scribe «G», ce personnage que Françoise Gasparri a sorti peu à peu de l'anonymat[53]. Vraisemblablement *armarius* de l'abbaye, il fut rédacteur de la correspondance royale entre 1165 et 1178. Pendant cette période, il classe également les archives et rédige de petites analyses au dos des actes. Dans les années 1180, il inscrit de sa main la marque de possession de l'abbaye sur plusieurs manuscrits, en annote d'autres dans les marges. Son influence est fondamentale dans la constitution du patrimoine culturel de Saint-Victor. Trois arguments jouent en faveur de son rôle dans l'élaboration de ce dossier : c'est tout d'abord la tâche de l'*armarius* que de distribuer le travail de copie, de corriger les manuscrits d'usage courant. On le voit ainsi créer des tables de matières, ajouter des rubriques manquantes. Sa main est présente sur plusieurs feuillets d'éléments différents du dossier[54]. De plus, il transcrit ailleurs un passage des prophéties de Merlin[55], texte bien proche de l'ensemble d'historiographie anglaise présenté ci-dessus. Ceci dénote un intérêt pour le sujet. Enfin, il est l'auteur de deux des éléments du dossier, à savoir le *Parvum memoriale* et le poème sur les grandmontains. Tout porte donc à croire qu'il fait copier, dans les années 1180, des œuvres dont il convient de souligner que la plupart ont été composées dans le troisième quart du xiie siècle.

L'*armarius* participait ainsi à l'actualisation de la bibliothèque et des connaissances de ses frères victorins. Il préparait aussi une docu-

---

[52] L'auteur de la *cronica asbreviata* note en effet Thomas prononça un sermon devant les chanoines à l'occasion de la fête de Saint-Augustin. La prophétie attribuée à Thomas à propos des fils du roi d'Angleterre figure également à la suite du *Parvum memoriale*. On peut donc légitimement supposer un lien entre cette visite et la constitution du dossier «anglais».

[53] Fr. GASPARRI a livré plusieurs études sur le scribe G : *Un copiste lettré de l'abbaye Saint-Victor de Paris*, in : *Scriptorium*, 30 (1976), p. 232-237 ; ead., *La chancellerie du roi Louis VII et ses rapports avec le scriptorium de l'abbaye Saint-Victor de Paris*, in : *Mélanges G. Batelli*, Rome, 1979, II, p. 151-158 ; ead., *Le scribe <<G>> archiviste et bibliothécaire de l'abbaye Saint-Victor de Paris au xiie siècle*, in : *Scriptorium*, 37 (1981), p. 92-97; ead., *L'écriture usuelle : reflet d'un enseignement et signification historique*, in : *Médiévales*, 13 (automne 1987), p. 143-165.

[54] On la relève dans un certain nombre de corrections, fol. 183v, 190, 200v, 230v-233. Fr. GASPARRI m'a aimablement confirmé qu'il s'agissait bien de la main de ce personnage.

[55] BnF, lat. 15172, fol. 106-121v.

mentation dont on retrouve une trace très précise dans la première version du *Memoriale*. Ce manuscrit témoigne d'une continuité historiographique dont Hugues avait montré et ouvert la voie. Cette école historiographique victorine prend sa naissance, matérielle et humaine, au carrefour des activités du bureau d'écriture et de celle du *scriptorium*. Elle révèle sans doute l'ancienneté d'un projet historiographique, peut-être envisagé comme une continuation au *Chronicon* de Hugues, dont les circonstances n'avaient pas permis la réalisation, jusqu'à ce que Jean puisse entreprendre son *Memoriale*, en reprenant à son compte les matériaux rassemblés avant lui.

L'historiographie anglo-normande

L'existence d'un dossier anglais réuni par le scribe «G» n'empêcha pas Jean de rechercher d'autres sources pour écrire l'histoire anglo-normande. A Saint-Victor, il avait sous la main un exemplaire des *Gesta Normannorum ducum* de Guillaume de Jumièges[56], sorte d'histoire officielle des sept premiers ducs de Normandie, achevée vers 1071[57]. Il utilise ce texte, connu pour son grand succès[58], dès la rédaction de la première version.

Il est plus difficile de savoir comment il s'est procuré les *Gesta Regum Anglorum* de Guillaume de Malmesbury. En effet, les extraits qu'il en tire sont plus nombreux et souvent plus longs que ceux proposés par le *Speculum historiale*. Jean a donc eu un recours direct au texte. Or, si cette œuvre eut, elle aussi, un grand succès[59], on n'en trouve pas trace dans le fonds victorin. Il faut alors supposer ou bien un manuscrit perdu ou bien un emprunt. Saint-Denis en avait peut-être un exemplaire[60]. Ce texte était également populaire en Angleterre, chez les chanoines de Saint-Augustin[61]. Guillaume de Malmesbury est cité explicitement et à de nombreuses reprises dans la seconde version. Cependant les extraits ainsi introduits sont déjà présents dans la première version mais sous couvert de l'anonymat. En revanche, l'auteur du *Memoriale* ne paraît pas connaître l'*Historia Novella* dans laquelle Guillaume de Malmesbury consignait les événements postérieurs à 1120.

---

[56] BnF, lat. 15047, daté du XIIIe siècle.

[57] Art. *Guillaume de Jumièges* in : *DLF*, p. 625-626.

[58] On recense environ trente manuscrits médiévaux de ce texte, cf. B. GUENÉE, *op. cit.*, p. 251.

[59] Trente-cinq manuscrits conservés, cf. B. GUENÉE, *op. cit.*, p. 250.

[60] BnF, lat. 17656, fol. 57-109 (fin XIIe siècle), cf. D. NEBBIAI-DALLA GUARDA, *op. cit.*, p. 307.

[61] A. GRANSDEN, *op. cit.*, 180-181.

Le second chroniqueur anglais mentionné est Henri de Huntingdon. Son nom n'apparaît qu'une seule fois dans le *Memoriale historiarum*, dans la seconde version, et avec une erreur puisqu'il est appelé *Hugo* et non *Henricus*[62]. De plus, le passage qui lui est attribué est en fait tiré de Guillaume de Malmesbury[63]. Il n'est pas sûr que l'*Historia Anglorum* d'Henri de Huntingdon, rédigée entre 1133 et 1145[64], soit une source réellement utilisée par Jean. Mais il en connaît l'existence. Peut-être a-t-il eu entre les mains le manuscrit appartenant aux moines dionysiens[65]. A moins qu'il n'en ait entendu parler par un chanoine en relation avec l'Angleterre. On sait en effet que les chanoines de Saint-Augustin contribuèrent à la diffusion de l'œuvre de l'autre côté de la Manche[66].

Il y a enfin une troisième source anglaise qui apparaît dans le *Memoriale* en 1121 (BnF, lat. 15011, fol. 377v) et que l'auteur désigne comme les *Chronicae anglorum*. Sous ce titre bien vague se cache en fait Roger de Hoveden ou Howden[67]. Ce clerc séculier, curé de Hoveden de 1173 à 1176, puis agent de l'administration royale, est un témoin de première importance pour l'histoire de l'Angleterre sous les règnes d'Henri II et de Richard. Il a même accompagné ce dernier en Terre sainte lors de la troisième croisade et a participé au siège d'Acre en 1191[68]. Sa chronique, rédigée à partir de 1191 et remaniée jusqu'à sa mort en 1201, est donc de première main pour les années 1192-1200. Pour la période qui précède, il recourt à plusieurs chroniques dont celle de «Benoît» de Petersborough qu'il remanie sans doute[69]. Pour

---

[62] BnF, lat. 15011, fol. 369 : «Ipse quoque Philippus rex valde familiariter Sancti Benedicti monasterium cepit diligere et ibi sepius conversari ; unde eciam secundum Hugonem Huntonensem in chronicis suis ibidem in fine monachus est effectus.»

[63] Guillaume de Malmesbury, *Gesta Regum Anglorum*, lib. V, éd. W. Stubbs, p. 480. Il s'agit de la mort de Philippe Ier et de ses relations avec Saint-Benoit-sur-Loire.

[64] A. Gransden, *op. cit.*, p. 193-201.

[65] BnF, lat. 10185, cote de Saint-Denis du XIIIe siècle : KO+, il est encore à l'abbaye au XVe siècle, cf. D. Nebbiai-Dalla Guarda, *op. cit.*, p. 251.

[66] A. Gransden, *op. cit.*, p. 195.

[67] Que Mireille Chazan soit remerciée pour m'avoir signaler l'article de P. Linehan, *The Mechanization of Ritual : Alfonso XI of Castile in 1332 (with a note on the Pope's Foot)*, in : G. Castelnuovo (Ed.), *Riti e ceremonie nel basso Medioevo*, Erice, 1991. Celui-ci mentionne la description du couronnement d'Henri VI par Célestin III à Pâques 1191, telle que la rapporte Roger de Hoveden et signale l'emploi du même passage par Jean de Saint-Victor.

[68] J. C. Holt, *The Assizes of Henry II : the texts*, in : D. A. Bullough et R. L. Storey (Ed.), *The Study of medieval records. Essays in honour of Kathleen Major*, Oxford, 1971, p. 85-106.

[69] L. M. Stenton, *Roger of Howden and «Benedict»*, in : *English Historical Review*, 68 (1953), p. 574-582.

l'ensemble du XIIe siècle, il offre à Jean de Saint-Victor une ouverture vers «l'âge d'or de l'historiographie médiévale anglaise»[70] et constitue un élément supplémentaire au dossier victorin du BnF Lat. 15009. Toute la question est – et demeure – de savoir comment le chroniqueur a pu se procurer cette chronique dont on connaît très mal la diffusion sur le continent.

Les historiens des croisades

Au moment de commencer le récit de la première croisade, l'auteur du *Memoriale* énumère les sources dont il dispose :

> «De mocione autem et via periculis ... patet plenius in hystoria Iherosolimitana et Anthiochena. Tres enim scriptores Anthiochenam fecerunt, primam fecit Fulcherius Carnotensis, capellanus regis Balduini qui in bello pro maxima parte principaliter fuit. Secundam Raimundus canonicus Podiensis sive Aviciacensis, capellanus comitis Sancti Egidis Raimundi ; terciam Galterus capellanus principis Anthioche, Rogerium et hii corporali interfuerunt. Hystoriam vero Iherosolimitanam scripsit Baldricus episcopus Dolensis[71].»

Mais la compilation de ces quatre sources n'est pas de même nature. Le *Speculum historiale* sert de relais avec la chronique de Baudri de Bourgueil, alors que Jean consulte directement les trois autres textes dans un manuscrit qui les rassemble effectivement, d'où son propos. Il s'agit de l'exemplaire offert à Louis VII et que le souverain déposa ensuite dans la bibliothèque de Saint-Victor[72]. Pour évoquer l'histoire du royaume latin de Jérusalem au cours du XIIe siècle, le chroniqueur utilise aussi l'*Historia rerum in partibus transmarinis gestarum* de Guillaume de Tyr, que l'on considère comme l'une des sources les plus importantes pour l'histoire des Etats croisés en Terre Sainte[73]. Or, l'*Hystoria transmarina*, c'est ainsi que Jean appelle la chronique de Guillaume[74], ne figure pas dans le fonds connu de la bibliotèque victorine. Faut-il supposer un manuscrit aujourd'hui perdu ou envisager un emprunt? La bibliothèque de Saint-Denis en possédait sans doute un exemplaire dont on trouve des traces, plus tard, sous le règne de Charles VI, dans la chronique du Religieux[75].

---

[70] J. Baldwin, *Philippe-Auguste et son gouvernement. Les fondations du pouvoir royal en France au Moyen*, trad. de l'anglais, Paris, 1991, p. 503.

[71] BnF, lat. 15011, fol. 357.

[72] BnF, lat. 14378 (BBB 9), cf. dans le chapitre V le passage consacré à la constitution de la bibliothèque. Celle-ci possédait un autre exemplaire de Foucher de Chartres, annoté par le scribe «G», cf. Fr. Gasparri, *art. cit.* (1981), p. 92-97, ici p. 95, n. 1.

[73] Art. *Guillaume de Tyr*, in : *DLF*, p. 648-649.

[74] BnF, lat. 15011, fol. 386.

[75] B. Guenée, Préface à la réédition de la *Chronique du Religieux de Saint-Denis* par M. L. Bellaguet, CTHS, Paris, 1994, p. LXVIII-LXIX.

Bien que cette œuvre ait connu son plus grand succès dans sa traduction française, c'est à la version latine que se réfère Jean.

c) Le XIIIᵉ siècle entre dominicains et dionysiens

Robert d'Auxerre

A l'aube du XIIIᵉ siècle, il faut évoquer en premier lieu une figure qui n'appartient pourtant ni à l'ordre de saint Dominique ni à celui de saint Benoît. Robert d'Auxerre, chanoine prémontré de Saint-Marien, est l'auteur d'une chronique universelle que l'on considère comme l'une des meilleures du Moyen Age[76]. Sans doute Jean de Saint-Victor apprécia-t-il le sens critique de cet auteur, l'exactitude chronologique d'un texte rédigé en outre dans un latin correct et élégant, sans doute se sentait-il des affinités avec le chanoine prémontré, un même souci pour la théologie de l'histoire. Bref, il fit de l'œuvre de Robert une de ses principales sources pour le XIIᵉ siècle.

Si ce fait est établi avec certitude, la question de la transmission de cette chronique jusqu'au victorin demeure. Car le texte de Robert fut très utilisé par les historiens postérieurs, l'auteur anonyme du *Chronicon Turonense,* Guillaume de Nangis, Géraud de Frachet et l'auteur de l'*Historia Francorum usque ad annum 1224,* dont certains furent à leur tour compilés par Jean de Saint-Victor. Or, aucune de ces chroniques postérieures ne servit de relais entre le prémontré et le chanoine de Saint-Victor. Il faut donc supposer que Jean a pu disposer d'un exemplaire de cette chronique sans que nous puissions malheureusement savoir duquel il s'agit ou par quel biais il avait pu se le procurer. On peut cependant penser à la bibliothèque de Saint-Denis qui devait en posséder un exemplaire puisque Guillaume de Nangis en compile le texte à peu près à la même époque que Jean[77].

Le Speculum historiale

De l'œuvre encyclopédique de Vincent de Beauvais, Jean de Saint-Victor, comme bien des lecteurs, n'a retenu que la partie historique. La compilation du *Speculum historiale* est, dans le domaine des sources, la grande nouveauté de la seconde version du *Memoriale historiarum.* Ceci ne signifie pas que Jean ne connaissait pas l'existence de ce texte. Peut-être avait-il eu entre les mains le *Memoriale Temporum* dont il s'est peut-être inspiré pour écrire son prologue, voire

---

[76] Art. *Robert d'Auxerre,* in : *DLF,* p. 1275-1276.

[77] L. DELISLE, *Mémoire sur les ouvrages de Guillaume de Nangis,* in : *Mémoires de l'Académie des Inscriptions et Belles Lettres,* 27, 2 (1873), p. 296-341.

choisir son titre[78]. Mais il ne l'avait pas à sa disposition. L'unique référence à Vincent dans la première version du *Memoriale* ne doit pas tromper, elle est en fait tirée de la *Legenda aurea* de Jacques de Voragine qui, lui, avait compilé le texte de son frère dominicain[79].

La seconde version doit en revanche beaucoup à la compilation du texte de Vincent. Le victorin a pu disposer de l'intégralité du *Speculum historiale* puisque, d'une part il se sert du *Libellus apologeticus*, qui devait se trouver en tête de chaque élément composant le *Speculum maius*[80], et que, d'autre part, il tire des extraits de l'ensemble de cette partie de l'œuvre, l'ultime emprunt étant fait à l'avant-dernier livre[81].

Le *Speculum maius* a connu jusqu'à son achèvement en 1257-58 plusieurs étapes de rédaction dont la plus importante, fruit de la rencontre entre l'encyclopédiste dominicain et le roi Louis IX au couvent cistercien de Royaumont, transforma le projet initial d'histoire ecclésiastique en une chronique universelle de type royal capétien[82]. Or, nous savons que l'exemplaire consulté par Jean appartenait à la version révisée du *Speculum historiale* puisqu'il utilise souvent les passages ajoutés par Vincent à son texte original[83]. En revanche, il n'est pas sûr que cet exemplaire de ce que l'on a coutume d'appeler la version Douai, ait été muni du formidable outil de recherche qu'est la table composée par Jean Hautfuney en 1320[84]. Sans doute avait-il simplement le sommaire prévu par Vincent au livre I «afin que le

---

[78] Cf. infra chapitre IX.

[79] Ars. 1117, fol. 56v : «Alii dicunt ut Vicentius in chronicis ...» Le passage se trouve bien dans le livre XI, ch. 36 du *Speculum historiale* mais la citation de Jean renvoie plutôt à la *Legenda aurea*, éd. Th. GRAESSE, p. 488-501, ici p. 488-489.

[80] S. LUSIGNAN, *Préface au Speculum maius de Vincent de Beauvais : réfraction et diffraction*, (*Cahiers d'études médiévales*, 5) Montréal, 1979, p. 33.

[81] Dernier extrait de Vincent : livre XXX, chap. 99. Il s'agit de l'année 1249 et de la première croisade de saint Louis. Cette remarque permet également d'affirmer que Jean a eu entre les mains l'œuvre telle qu'elle a été révisée par son auteur à la demande du roi après 1254.

[82] M. PAULMIER-FOUCART et S. LUSIGNAN, *Vincent de Beauvais et l'histoire du «Speculum maius»*, in : *JS*, janvier-juin 1990, p. 97-124, ici, p. 110.

[83] M.-Ch. DUCHENNE, in : S. LUSIGNAN, M. PAULMIER-FOUCART et A. NADEAU, (Dir.), *Vincent de Beauvais : intentions et réception d'une œuvre encyclopédique au Moyen Age*. Actes du XIVe colloque de l'Institut d'études médiévales organisé conjointement par l'Atelier Vincent de Beauvais (Nancy II) et l'Institut d'études médiévales (Université de Montréal) du 27 avril au 30 avril 1988, Montréal, 1990, p. 141-166.

[84] Cette table contribua grandement au succès de l'œuvre. Elle est présentée et éditée : *Tabula super Speculum historiale fratris Vincentii*, in : *Spicae, Cahiers de l'Atelier Vincent de Beauvais*, 2 (1980), p. 19-263 et 3 (1981), p. 7-208.

lecteur ne perde pas son temps à tourner les pages à l'aveuglette»[85]. Mais, si nous avons quelques idées sur la version du *Speculum* dont Jean a disposé, nous ignorons de quel manuscrit précis il peut être question. Il est possible que le manuscrit BnF, lat. 15010 en ait conservé un élément, soit les livres II à V (jusqu'au chapitre 30). Le dernier folio (310) ne marque pas la fin du cahier et laisse penser qu'il s'agit plutôt d'une copie inachevée ou interrompue. La présentation est assez soignée, le texte est rubriqué.

Jean considère le *Speculum historiale* comme un immense réservoir de textes : il peut y compiler des sources dont il n'a pas d'exemplaire manuscrit (Hélinand, Gervais de Tilbury et ses *Otia imperialia*, les auteurs de l'Antiquité ...) ; il y trouve des extraits prêt-à-l'emploi qui vont lui épargner l'effort de compiler des sources qu'il a par ailleurs ; enfin, il y puise très largement ses textes hagiographiques.

Géraud de Frachet

Limousin d'origine, formé dans le même milieu dominicain parisien que Vincent (il fait profession en 1226), Géraud de Frachet fut peut-être lui aussi lecteur, à Pontigny, avant d'être nommé prieur à Limoges, Marseille puis Montpellier. Ses tâches administratives ne l'empêchèrent pas de produire plusieurs œuvres littéraires[86], dont une chronique universelle qui s'étend d'abord jusqu'en 1266 avant d'être continuée et révisée par l'auteur jusqu'à sa mort en 1271.

Les vingt-trois manuscrits que l'on conserve de cette chronique témoignent d'un assez grand succès qui se manifeste surtout dans le royaume (France du Nord) et avant 1330[87]. Vincent de Beauvais, le chroniqueur de Saint-Martial, Adam de Clermont, Géraud d'Auvergne, Bernard Gui la connaissent et l'utilisent. Mais c'est par le biais de Saint-Denis que Jean de Saint-Victor y eut accès. Guillaume de Nangis lui avait fait deux ou trois emprunts et deux continuations de cette chronique furent mises en œuvre par l'atelier dionysien. Il pourrait s'agir d'un exemplaire de la famille du manuscrit BnF, lat. 5039, contenant la première continuation (jusqu'en 1285), mais daté, lui, du xvᵉ siècle[88].

---

[85] M. PAULMIER-FOUCART et S. LUSIGNAN, *art. cit.*, p. 105.

[86] Art. *Géraud de Frachet*, in : *DLF*, p. 514-515.

[87] R. RECH, *Géraud de Frachet : l'engagement d'un historien au XIIIᵉ siècle*, Thèse de l'Ecole nationale des Chartes, 1993.

[88] M. CHAZAN, *op. cit.*, p. 715 : cette continuation est rédigée parallèlement aux *Gesta Philippi regis* par un collaborateur de Guillaume de Nangis. Voir aussi G. M. SPIEGEL, *The Chronicle Tradition of Saint-Denis : A Survey*, Brookline, Mass., et Leyde, 1978, p. 110-111. Quant à la datation du BnF, lat. 5039, elle est proposée par R. Rech.

Mais aux yeux de l'auteur du *Memoriale,* Géraud de Frachet est loin d'avoir la renommée de son illustre confrère dominicain : alors qu'il utilise largement sa chronique, jamais Jean n'en donne le titre, jamais il ne mentionne ni même ne fait allusion au nom de l'auteur.

Abordons à présent l'historiographie dionysienne avec, en premier lieu l'œuvre de Rigord, à la charnière des XIIe-XIIIe siècles. Ce médecin-historien, né en Languedoc vers 1145-1150, passe à Saint-Denis les vingt dernières années de sa vie[89]. Il achève d'y composer des *Gesta Philippi Augusti,* dont il offre une première rédaction à Philippe-Auguste en 1196, puis, en 1200, une version abrégée à son fils Louis. L'œuvre est remaniée jusque dans les années 1207-1209 et continuée par Guillaume le Breton. Vincent de Beauvais en compile de longs extraits sous la dénomination *ex historia Francorum* ou encore *ex gestis Francorum* (*Spec. hist.,* XXIX). C'est par son intermédiaire que Jean utilise les *Gesta Philippi Augusti,* dont il ne nomme jamais l'auteur. Cependant, quelques ajouts à la compilation de Vincent permettent de penser que notre chroniqueur a pu consulter le texte original[90].

C'est également l'impression qui ressort de la lecture comparée avec le texte de Guillaume le Breton : pour évoquer l'année 1194, il utilise d'abord le résumé que ce dernier a fait de la chronique de Rigord, puis, afin de le compléter, revient au texte primitif[91]. On connaît très peu de manuscrits contenant l'œuvre de Rigord, c'est pourquoi le manuscrit consulté par Jean pourrait être le BnF, lat. 5925, composé à Saint-Denis.

Guillaume le Breton n'est pas à proprement parler un historien dionysien puisqu'il ne fut jamais moine de l'abbaye royale. Néanmoins, on le considère généralement comme tel parce qu'il utilise les

---

[89] Art. *Rigord,* in : *DLF,* p. 1274. Il est à Saint-Denis en 1189, il meurt en 1209.

[90] BnF, lat. 15011, fol. 395v : «Philippus igitur rex Francorum recolens quod ad hoc puer a Coenis suis pueris audierat, dum in palacio cum eis luderet, quod iudei quolibet anno unum christianum interficiebant et de eius corde se communicabant, propter quod cepit nimis odire iudeos et hoc anno in odium eorum absoluit omnes eorum debitores (résumé de VB, *Spec. hist.,* XXIX, 25, *ex historia Francorum*), quinta parte tocius summe fisco retenta» (Rigord, *Gesta,* p. 27)

[91] BnF, lat. 15011, fol. 409 : «Hoc anno rex Richardus Bellum Montem castrum munitissimum super Ridulam situm conquisivit et quasdam alias municiones et post, in terram comitis Blesensis insidiose intrans, reperit summarios regis Philippi et cepit eos cum superlectilibus et denariis sigilloque compotorum fisci. (GB, *Gesta,* p. 196-197) Item idem Richardus cepit Lochas et Turonum unde canonicos Sancti Martini expulit, rebus suis spoliatos. (Rigord, *Gesta,* p. 127) Tunc obiit Raimundus, comes Tholose, cui successit filius eius equivocus Raimundus, ex Constancia regis Ludovici sorore.» (Rigord, *Gesta,* p. 130).

écrits historiques qui s'y trouvent. Né en Bretagne entre 1159 et 1169, il vient à la cour royale dans sa maturité, au tournant du siècle, et devient un membre permanent de l'entourage royal. Philippe Auguste le charge de négocier avec le pape le règlement de ses problèmes conjugaux ; il le nomme précepteur de son fils naturel, Pierre Charlot, et en fait son chapelain personnel. A ce titre, Guillaume assiste aux grandes batailles du règne, en particulier celle de Bouvines. Bénéficiant du patronage royal, il peut être considéré comme le premier historien «officiel» de la monarchie capétienne[92]. Et c'est bien comme tel que Jean de Saint-Victor le connaît et le nomme à l'année 1179, soit en ouverture de son récit du règne de Philippe Auguste : *Nota quod gesta Philippi regis Francie scripsit Guillelmus capellanus eius, qui ea vidit*[93].

Guillaume le Breton rédigea deux chroniques en latin. La première en prose, intitulée *Gesta Philippi Augusti,* la seconde reprenant largement les informations de la première, sous la forme d'un long poème, la *Philippide.* Si le *Memoriale historiarum* ne semble pas avoir emprunté à ce second texte, en revanche il a assez largement puisé dans la chronique en prose. Celle-ci fut composée entre 1216 et 1220. Elle comprend trois éléments : un résumé de Rigord couvrant les événements jusqu'à l'année 1208, l'œuvre propre de Guillaume le Breton écrite dans la foulée de la victoire de Bouvines et continuée jusqu'en 1219. Nous avons la certitude que dès son récit de l'année 1164, Jean recourait au texte de Guillaume pour compléter un passage pris dans le *Speculum historiale.* Il s'agissait d'insister sur le caractère miraculeux de la naissance de l'héritier que Louis VII désespérait d'obtenir de Dieu[94]. Tout au long du récit du règne de Philippe Auguste, Jean va fréquemment se démarquer de la compilation trop courte qu'en propose Vincent pour revenir à la source même, peut-être parce que cette source est considérée comme officielle, sûrement parce qu'elle constitue un témoignage direct. Ainsi compile-t-il le

---

[92] Sur Guillaume le Breton, lire la notice que lui consacre le *DLF,* p. 626-627 et la présentation qu'en fait J. W. BALDWIN, *op. cit.*, p. 499-501.

[93] BnF, lat. 15011, fol. 395v.

[94] BnF, lat. 15011, fol. 392 : «Hoc anno Ludovicus rex, cum plures filias haberet de tribus uxoribus sed nullum filium, omnes fidelium et religiosorum devote postulabat, ipse quoque et regina Adela eleemosynas multas pro hoc faciebant et Deum devote orabant, (VB, *Spec. hist.,* XXIX, 13, *ex historia Francorum*), et cum esset capitulum generale Cisterciense abbatum apud Cistercium, ipse rex pro hac causa veniens, prostravit se in capitulo coram eis, manibus expansis, et cum lacrimaretur, clamaverunt abbates ut surgeret, qui noluit donec oracione facta ab eis certificatus est quod infra breve tempus esset filium habiturus (GB, *Gesta,* p. 177), et ita fuit».

passage dans lequel Guillaume évoque les négociations avec les légats du pape en 1199, lorsque le pontife jeta l'interdit sur le royaume de France. Prenant appui sur une brève allusion de Vincent de Beauvais à la venue en France du cardinal Pierre de Capoue, il en rappelle les raisons (ce que ne fait pas Vincent) et évoque, avec Guillaume le Breton, l'un des acteurs, l'épisode, l'interdit et la négociation qui en suspendit les effets. Les emprunts se multiplient. En fait, les *Gesta* deviennent la source principale pour l'histoire du royaume, en parallèle au *Speculum* qui continue de fournir la matière de l'histoire générale, impériale et religieuse.

Reste à déterminer quel(s) manuscrit(s) Jean a pu avoir à sa disposition. Il y a bien sûr le manuscrit BnF, lat. 5925 dont il s'était vraisemblablement servi pour compiler Rigord. Cependant, certaines variantes attirent l'attention sur une autre famille de manuscrits. L'exemple donné ci-dessous paraît le plus décisif pour formuler l'hypothèse du recours parallèle à un manuscrit conservé au British Museum de Londres sous la cote Cott. Vesp. D IV. Il s'agit de la troisième rédaction des *Gesta*[95]. Les passages communs à l'un ou l'autre des manuscrits de Guillaume et au *Memoriale* sont indiqués en italique :

Guillaume le Breton, éd. H.-F. Delaborde, § 156, p. 233-236	ms Cott Vesp. D IV, cité par H.-F. Delaborde, note 4 p. 235-236	BnF, lat. 15011, fol. 417
Post hec, anno ab incarnatione Domini MCCX, comes Guido Alvernie multis multas injurias irrogabat, (...) Quod cum audisset rex, (...) misit equitatum quammaximum in Alverniam et ceperunt statim Rionem, oppidum ditissimum, et totam terram circum adjacentem. Inde procedentes obsederunt Turnoillam, castellum scilicet *fortissimum* et quantum ad opinionem omnium omnino inexpugnabile. Et	(Rex) misit equites et satellites quamplures cum Cadoco, *Guidone de Donnapetra et archiepiscopo Lugdunensi*, et multos alios post illos, qui ad expensam fisci missi fuerunt. *Qui intrantes terram Alvernie, obsederunt Ryonem castrum, et fuit eis redditum, datis obsidibus de potentibus hominibus loci, qui diu manserunt Parisius in catenis numero quadraginta.* Inde procedentes, multa ceperunt municipia et villas, et obsederunt *Turnel-*	(Rex) misit in terram eius exercitum copiosum et virtuosum *sub ducatu Guidonis de Donna Petra et archiepiscopi Lugdunensis. Qui Alvernie comitatum viriliter invadentes, Rionem castrum opulentissimum obsederunt et crebris insultibus factis redditus est eis. Indeque ceperunt obsides xl^e viros de potentioribus dicti castri qui diu fuerunt Parisius detenti in carcere.* Post captionem Rionis in Alvernia plura municipia, villas et castra ceperunt

---

[95] G. M. SPIEGEL, *op. cit.*, p. 66.

commissa est pugna inter castrenses et equitatum regium in qua capti sunt filius et nepos Guidonis comitis et multi alii capti et interfecti fuerunt.

lam castrum inexpugnabile,(...) *Die vero quadam minuti erant* viri fortisimi de exercitu *jacebantque in papilionibus suis* sicut oportebat *minutos* ; *equi tamen eorum pascebant* juxta exercitum in herbosis. *Obsessi* per exploratores certificati de minutione eorum, exierunt et *ceperunt equos,* volentes eos ducere intra castrum. Milites vero et satellites, quasi *minutionis oblitis,* pugnaverunt cum illis et abstulerunt eis predam, et ceperunt plures fortissimos ex eis;

tandemque *Turnellam castrum fortissimum* obsederunt quod cum obsedissent, accidit *quadam die* plures de nostris esse *minutos cumque die iacerent in papilionibus* quiescentes, *obsessi ceperunt equos Francorum pascentes* in pratis, quod ut agnoverunt Franci sue *municionis obliti* exierunt contra eos ad ad pugnam prevalentesque *predam* excuserunt et *plures* de potencioribus ceperunt.

Ad ultimum captum est castellum et inventi sunt in eo libri et ornamenta ecclesiarum et monasteriorum. Et ita ejectus est omnino comes a comitatu suo. Rex vero totam terram illam donavit domino Guidoni de Domnapetra et Archembaldo filio ejus post ipsum *in perpetuum.*

inter quos fuit *filius ipsius comitis* Guidonis *et filius domini de (Turre) Pini, nepos ejusdem comitis. Cum autem audisset rex quod ipsi obsedissent castrum illud, quod nullo modo posse expugnari credebat,* missa per nuncium epistola, *mandavit eis ut obsidionem dimmitterent; sed antequam nuncius pervenisset ad illos, tam castrum quam omnes municipes capti erant. In illo castro sic capto* invenerunt *libros, ornamenta et thesauros monasterii supradicti; que omnia,* de mandato regis, *dicto monasterio restituta sunt* mira munificentia regis; totam illam terram viriliter oppugnatam et captam dono dedit Guidoni de Donnapetra *et heredibus suis* perpetuo possidendam.

Unum scilicet *filium dicti comitis* et alterium *nepotem eius scilicet filium domini de Pinii* et alios plures brevique tempore elapso dictum castrum ceperunt *licet rex audita fama de ipsius castri inexpugnabilitate mandaret eis quod obsidionem dimitterent sed iam illud ceperant antequam nuncii regis ad eos devenissent. In dicto* autem castro invenerunt ornamenta et libros et alia plura que dicte abbacie sanctimonalium fuerant, que restituerunt. Rex vero dictum castrum dedit Guidoni dicto de Donna Petra *et eius heredibus in perpetuum.*

La chronique universelle de Géraud de Frachet a connu un certain nombre de continuations qui «sont des œuvres originales de valeur»[96]. Deux d'entre elles furent composées à Saint-Denis. Pour des raisons chronologiques évidentes, nous n'évoquerons pas ici la seconde de ces continuations dionysiennes, celle que l'on doit à Richard Lescot et que l'on peut lire dans le manuscrit BnF, lat. 5005c[97]. En revanche, Jean de Saint-Victor a utilisé la première de ces continuations, contenue dans un exemplaire appartenant à la même famille que le manuscrit BnF, lat. 5039. Ce texte, qui couvre les années 1268-1285, a été rédigé entre 1285 et 1293. Son auteur est inconnu, mais il n'est pas impossible que Guillaume de Nangis ait eu un rôle direct ou indirect dans son élaboration, contemporaine de la rédaction de sa propre chronique et de ses *Gesta Philippi*[98]. Or, il semble bien que l'auteur du *Memoriale* a eu recours à toutes les possibilités qu'offre la production simultanée mise en œuvre à Saint-Denis au tournant du XIVe siècle. Cependant, chaque texte paraît bien avoir sa fonction, d'où l'intérêt pour Jean de les compiler l'un et l'autre. La continuation de Géraud de Frachet lui donnait ainsi des informations, essentiellement empruntées à Martin de Troppau, sur l'histoire de la Sicile et des papes, informations que Guillaume n'avait pas reprises dans ses propres ouvrages.

Mort peu avant le 22 juillet 1300, après avoir exercé pendant au moins une dizaine d'années la fonction d'archiviste à l'abbaye de Saint-Denis[99], Guillaume de Nangis est le chroniqueur dionysien à la fois le plus connu de son époque et le plus proche dans le temps de Jean de Saint-Victor. Celui-ci ne le nomme jamais. Et pourtant la dette qu'il a contractée à son égard est grande: l'intense activité historiographique de Guillaume lui a fourni ses principales sources à partir du milieu du XIIIe siècle. A l'exception de la *Chronique abrégée des rois de France*, le *Memoriale* a emprunté à toutes les ressources de l'œuvre du moine dionysien.

Evoquons en premier lieu les *Gesta sanctae memoriae Ludovici regis Francie* et les *Gesta Philippi*. Ces deux histoires furent sans doute composées à peu près en même temps. Beaucoup de manuscrits présentent une préface commune dédiant l'ouvrage à Philippe le Bel. Cependant, dans l'un d'entre eux, les *Gesta Ludovici* sont dédiés à Philippe III. On peut donc en déduire qu'ils ont été composés sous le règne de ce roi et

---

[96] Art. *Géraud de Frachet*, in: *DLF*, p. 514-515.
[97] G. M. SPIEGEL, *op. cit.*, p. 112.
[98] Cf. supra note 90.
[99] Art. *Guillaume de Nangis*, in: *DLF*, p. 636-637.

non sous celui de son successeur[100]. Cette dédicace se place sans aucun doute avant 1297 – date de la canonisation de Louis IX – car jamais Guillaume ne pare le grand-père du roi de l'épithète de «saint»[101]. Les deux œuvres sont cependant de nature différente. Guillaume informe son lecteur que ses *Gesta Ludovici* sont une œuvre de compilation dans laquelle il a recopié des extraits de Geoffroi de Beaulieu et de Gilon de Reims[102]. En revanche, les *Gesta Philippi* sont beaucoup moins dépendants de textes antérieurs et même tout à fait originaux à partir de 1277[103], puisque son auteur fut contemporain du règne de ce souverain et en offre à travers ce texte la principale source historiographique.

Jean fait un usage assez différent de ces deux œuvres. A la première il emprunte la quasi-totalité de son récit du règne de Louis IX. Ce choix est certainement guidé par le souci de mettre en valeur le saint personnage dans une perspective hagiographique (qui est en partie celle de Guillaume), mais plus sûrement dans le cadre d'une sélection réfléchie des sources : entre les *Gesta* et la chronique composée par le même auteur, il préfère la première car celle-ci lui sert d'intermédiaire avec des sources contemporaines de son sujet. Alors qu'il ne nomme jamais ni Guillaume de Nangis ni ses autres textes, il fait une référence explicite aux *Gesta Ludovici*, signe de l'autorité qu'il leur reconnaît[104]. Le peu d'usage qui est fait des *Gesta Philippi* offre un contraste étonnant : grâce à l'insertion de quatre ou cinq détails on en devine la lecture mais il est clair que pour le récit du règne de Philippe le Hardi, Jean se sert essentiellement de la continuation de Géraud de Frachet et de la chronique de Guillaume de Nangis. La recherche du manuscrit consulté conduit une fois encore à Saint-Denis, vers le manuscrit BnF, lat. 5925.

Guillaume est aussi l'auteur d'une chronique universelle couvrant l'histoire du monde depuis la Création jusqu'en 1300. En fait, avant 1113, ce texte est essentiellement redevable à la chronique de Sigebert de Gembloux, dans la suite de laquelle il s'inscrit et qu'il reprend

---

[100] Ce manuscrit est conservé à Londres, au British Museum sous la cote Regius 13 B III, cf. G.M. Spiegel, *op. cit.*, p. 101, n. 213.

[101] H. Géraud, *Chronique latine de Guillaume de Nangis de 1113 à 1300 avec les continuations de cette chronique*, 2 vol., Paris, 1843-1844, p. iv-v et L. Delisle, *art. cit.*, p. 291.

[102] Art *Guillaume de Nangis*, in : *DLF*, p. 636. Sur les orientations politiques de ce texte voir M. Chazan, *op. cit.*, p. 696-698.

[103] Avant cette date Guillaume tire ses informations de la chronique de Primat.

[104] BnF, lat. 15011, fol. 441v (1254) : «... et habetur in vite sue legenda XIaque edomada applicuerunt portum Provincie dictum de Haires ...»

presque mot à mot. Jean n'utilise pas cette première partie et préfère recourir à la source sigebertienne qu'il a à sa disposition. L'année 1164 du *Memoriale* voit la première apparition de la chronique du dionysien[105]. Jusqu'en 1226, la part de cette source dans la compilation élaborée par Jean est assez difficile à déterminer. En effet, pour cette période le texte de Guillaume est dépendant de sources antérieures, dont certaines sont également compilées directement par le *Memoriale*. Parmi elles, la chronique de Robert d'Auxerre et la fin du *Speculum historiale* de Vincent de Beauvais. Néanmoins, l'ajout çà et là d'une expression, d'une phrase empruntée à la chronique universelle suggère sinon un recours systématique à cette source du moins une lecture en parallèle[106]. Puis, cette source devient progressivement la trame du récit de Jean.

Comme la chronique de Sigebert de Gembloux l'avait fait pour la période antérieure à 1113, elle sert à la fois de fil conducteur et de cadre chronologique. Il faut cependant distinguer trois étapes entre 1226 et 1300, correspondant en fait aux trois Capétiens se succédant sur le trône au cours de cette période. Pour le règne de Louis IX, à côté du *Speculum,* dont l'utilisation reste importante, la source principale est les *Gesta Ludovici.* Mais Jean revient à la chronique de Guillaume lorsque celle-ci offre des détails supplémentaires[107] ou lui permet de traiter de sujets qui ne concernent pas directement le saint roi, que ce soit la succession impériale ou les affaires de l'Eglise[108]. Elle joue alors un rôle comparable à celui de la chronique de Géraud de Frachet également utilisée pendant cette période comme source secondaire. La mort du roi marque un tournant dans la compilation de Jean et le retour du texte de Guillaume de Nangis comme source

[105] A propos de l'itinéraire parcouru par Thomas de Canterbury en exil en France, GN, I, p. 58-59.
[106] Voici deux exemples d'insertion de la chronique universelle de Guillaume de Nangis dans un passage dont la source principale est le *Speculum historiale* : BnF, lat. 15011, fol. 396 (1180) : «Circa hoc tempus obiit Manuel Constantinopolitanus imperator qui, dum vixit, Latinos dilexit, latinam uxorem duxit et filio suo filia regis Francorum data est uxor. Eo mortuo Andronicus se intrudit et se facit tutorem iuvenculi imperatoris (VB, XXIX, 24, *ex chronicis*) et regnandi cupiditate illectus eum in mari submersit et imperavit. (GN, I, p. 75) Hoc anno dux Saxonie ... (VB, XXIX, 24, *ex gestis Francorum*).
[107] BnF, lat. 15011, fol. 396v (1183) : «Tunc florebat Petrus monoculus abbas Clarevallensis, vir genere multum nobilis ... apud Gigniacum in dormitorio cutello prodiciose occiderat (résumé à partir de VB, XXIX, 28-31) propter correctionem in eo factam, martir cum Christo regnaret.» (GN, I, p.74, qui compile ici la suite du récit de Vincent).
[108] BnF, lat. 15011, fol.440v : «Dum rex Ludovicus esset apud Ioppem, post reditum de Nazareth, mater eius Blancha defuncta est in Francia (*Gesta*, p. 384) et in monasterio monialium Malidumi iuxta Pontisaram, quam fundaverat, sepulta est (GN, I, p. 210); quos tristes rumores ...»(*Gesta*, p. 386).

principale. Elle le reste jusqu'en 1300 avec la continuation de Géraud de Frachet comme source secondaire. A partir du moment où cette dernière s'arrête, en 1285, Jean se livre, sans jamais le dire, à une compilation quasi-textuelle de la chronique de Guillaume. Ses seules retouches, un mot, une expression çà ou là, sont inspirées par une recherche d'un style propre. Ce parti pris est maintenu jusqu'en 1294-95, date à laquelle il cesse sa compilation méticuleuse de cette source. Il élabore alors des résumés, modifie l'ordre du récit, fait intervenir d'autres sources, ajoute des éléments et des commentaires personnels.

Pour compiler l'œuvre de Guillaume de Nangis, Jean avait à sa disposition plusieurs manuscrits. Il est tout à fait possible qu'il ait utilisé le manuscrit original de Saint-Denis, l'actuel BnF, lat. 4918. Cependant, de nombreuses variantes, relevées sur l'ensemble de la compilation, renvoient également au manuscrit BnF, fr. 5703 ou à un exemplaire de sa famille[109]. Il s'agit l'un des deux manuscrits principaux conservés de la première rédaction, rédigée au moins en grande partie avant la canonisation de Louis IX. Il contient également une première continuation qui poursuit le récit entre 1300 et 1303.

d) La part considérable de l'historiographie récente

La chronique de Geoffroi de Courlon

La présence de cette chronique dans le *Memoriale* est assez surprenante. En fait, il faut la classer dans la catégorie des chroniques anonymes, celles que l'auteur désigne par *in quibusdam chronicis*. Cependant, c'est bien chez cet auteur que Jean trouve la mention d'une histoire de la couronne d'épines écrite par l'archevêque de Sens, Gautier[110]. C'est peut-être à lui également qu'il a emprunté l'une des formules du prologue (*Gaudent enim brevitate moderni*)[111]. Geoffroi de Courlon est un bénédictin de l'abbaye de Saint-Pierre-le-Vif de Sens. Le seul élément de sa biographie, qui soit à peu près certain, est qu'il dut mourir vers 1295[112]. Son récit s'étend de la

---

[109] BnF, lat. 15011, fol. 442 (1255) : «Hoc tempore Guillelmus, comes Hollandie...rexque Alemannie factus est Richardus ...» (GN, I, p. 214) ; fol. 444 (1261) : «Tunc eciam Tartari Ychonium et Halapiam et Damascum devastaverunt.» (GN, I, p. 222) ; ibid. (1264) : «Hoc anno idem papa contra Manfredum ...» (GN, I, p. 226). On pourrait trouver d'autres exemples. Dans l'édition établie par H. Géraud ce manuscrit est désigné par la cote 10298-6. G. M. Spiegel, *op. cit.*, p. 105-108.

[110] BnF, lat. 15011, fol. 437 ; *Chronique de Geoffroy de Courlon*, p. 514.

[111] *Chronique de Geoffroy de Courlon*, p. 172.

[112] *Chronique de l'abbaye de Saint-Pierre-le-Vif de Sens rédigée vers la fin du XIIIᵉ siècle par Geoffroi de Courlon*, éd. G. Julliot, Sens, 1876, introduction p. I-XIV, ici p. III-IV.

naissance du Christ à l'année 1294. Il utilise pour sa compilation des sources qu'il énumère : la chronique dite de Saint-Pierre-le-Vif[113], le *Panthéon* de Geoffroi de Viterbe, que Jean connait donc sans doute par son intermédiaire[114], la chronique de Martin de Troppau, Grégoire le Grand, Isidore de Séville, Géraud de Frachet qu'il ne cite pas ... Plusieurs de ces sources sont communes avec la première version du *Memoriale* et il semble bien que Jean avait déjà cette chronique à sa disposition lors de cette première rédaction. On ignore en revanche comme elle lui est parvenue. Le petit nombre de manuscrits conservés[115] témoigne en effet d'un succès très limité du texte.

Les premiers continuateurs de Guillaume de Nangis

Avant d'aborder le problème de leurs relations avec le texte du *Memoriale,* il convient dans un premier temps de présenter les continuateurs de la chronique universelle de Guillaume de Nangis.

La première rédaction, celle qui nous est parvenue par le manuscrit fr 5703, a été poursuivie de 1300 à 1303 par un anonyme[116]. Comme l'avait déjà constaté Hercule Géraud, ce fragment se distingue du reste du texte par «une méthode plus logique, une exposition plus animée, un style plus pur et plus vif, qui révèlent une main plus habile»[117]. Le plan et le contenu du récit que fait Jean de ces trois années est très éloigné de ce texte mais il n'est pas impossible qu'il l'ait regardé[118], ce qui ne serait pas étonnant puisque ce texte fait suite, dans le manuscrit fr 5703, à la rédaction de la chronique qu'il a utilisée.

Le grand succès rencontré par la seconde rédaction s'est traduit par de nombreuses copies et plusieurs révisions et continuations jusqu'en 1340. La première de ces continuations est introduite par un prologue[119] dans lequel l'auteur donne quelques informations sur

---

[113] *Chronique de Saint-Pierre-le-Vif de Sens, dite de Clarius. Chronicon Sancti Petri Vivi Senonensis,* éd. et trad. R.-H. BAUTIER, M. GILLES et A.-M. BAUTIER, Paris, 1979.

[114] Ars. 1117, fol. 56.

[115] G. JULLIOT, *op. cit.,* p. V-XIV, en mentionne cinq mais deux autres peuvent être ajoutés à cette liste : B.A.V., Reg., lat. 455 et 480, cf. Ch. H. HASKINS, *Studies in Mediaeval Culture,* New York, 2ᵉ éd., 1965, p. 222-223, n. 7.

[116] G. M. SPIEGEL, *op. cit.,* p. 108.

[117] H. GÉRAUD, *op. cit.,* p. III-IV.

[118] Deux détails suggèrent cette lecture : l'expression «omnium malorum pretactorum incentor» appliquée par Jean à Jacques de Saint-Pol se trouve dans le texte du continuateur de la première rédaction (CGN, I, p. 317) mais pas dans celui du continuateur de la seconde rédaction ; la mention de la venue en France du cardinal-légat Jean Lemoine est présente chez le continuateur de la première rédaction (CGN, I, p. 325), elle n'apparaît pas chez le continuateur de la seconde rédaction.

[119] CGN, I, p. 327-328.

son identité et son projet. Il est moine de Saint-Denis (il appelle Guillaume de Nangis *commonachus noster*), reprend le récit là où Guillaume l'avait laissé, c'est-à-dire en 1300 et supplie ses frères de continuer son travail s'il venait à mourir. Il est difficile de savoir quel répit exact la mort lui laissa pour mener à bien sa tâche mais Hercule Géraud suggère qu'il avait déjà fait place à un autre avant l'année 1310[120]. Le récit des années 1314, 1315 et 1316 est le fait de plusieurs continuateurs[121], avant qu'un autre chroniqueur ne prenne le relais à partir de 1317 et jusqu'en 1340.

L'examen des relations entre le *Memoriale* et cette continuation sur la période 1303-1317 met en évidence des points de convergence entre 1304 et 1309. Après cette date, la *Chronique métrique* de Geoffroi de Paris devient la source principale et les apparitions de la continuation de Guillaume de Nangis, sans disparaître totalement, sont extrêmement rares. Entre 1304 et 1309 donc, on note des informations communes et, parallèlement, le traitement par l'un et l'autre d'un bon nombre de sujets propres. Les similitudes de vocabulaire imposent l'idée d'un recoupement entre les deux textes. Cependant, la compilation n'est jamais un mot à mot. Bien au contraire, les informations sont souvent traitées différemment par les deux auteurs : lorsque le continuateur de Guillaume de Nangis développe, Jean résume, là où le premier livre brièvement un fait, le second ajoute des détails de lieu, de date ou de personnes. Tout ceci suggère en fait davantage le recours à une source commune qu'une compilation par Jean du texte du continuateur de Guillaume de Nangis.

A partir de 1317, un autre continuateur prend donc le relais et, semble-t-il, poursuit le récit jusqu'en 1340[122]. Il est dès lors impossible que Jean de Saint-Victor ait pu compiler cette partie de la continuation. Or, on continue de relever des points communs entre les deux textes sur la période 1317-1322. Il faut alors supposer ou que le continuateur qui a repris le récit en 1340 a eu le *Memoriale* entre les mains ou qu'il existe des sources communes aux deux textes. Ces deux hypothèses ne sont pas exclusives l'une de l'autre.

---

[120] H. GÉRAUD, *op. cit.*, p. XVII. L'auteur suggère que le récit de cette année a été écrit sous le règne de Louis X à cause des éloges qui lui sont prodigués à l'occasion de son expédition contre les rebelles lyonnais.

[121] G. M. SPIEGEL, *op. cit.*, p. 109.

[122] H. GÉRAUD, *op. cit.*, p. XVII-XVIII.

e) Les sources en langue vernaculaire

La lecture des années 1300-1316 du *Memoriale historiarum* révèle la compilation d'un nouveau type de sources : les chroniques rimées en langue vernaculaire.

A travers *la Branche des royaus lignages* de Guillaume Guiart et la *Chronique rimée* de Geoffroi de Paris, Jean entre en contact avec un monde littéraire tout à fait différent. Guillaume Guiart et Geoffroi de Paris, l'un laïc et l'autre clerc de chancellerie, sont des poètes de cours. Le chroniqueur aurait toutes les raisons de se méfier d'eux : s'ils n'écrivent pas pour vivre comme certains de leurs confrères, du moins cherchent-ils avant tout à plaire à un public, à retenir l'attention du plus grand nombre[123]. Pour y parvenir, ils ont renoncé au latin et adopté la forme orale tout naturellement versifée[124]. Plus grave, leurs poèmes historiques ne s'embarrassent pas toujours d'une chronologie rigoureuse, leur documentation s'appuie peu sur les autorités traditionnelles, celles que l'on peut consulter dans les livres.

Mais, parce qu'ils écrivent pour un public qu'ils souhaitent conquérir, et parfois sur sa demande et à ses frais, ils sont à son écoute. Mieux encore, ils le côtoient quotidiennement. Au cœur de la cour ou des bureaux ils recueillent des observations que Jean, au même moment, serait bien en peine de faire de l'intérieur du cloître de Saint-Victor. Tenaillé par la nécessité et le souci de l'information, il est obligé de recourir à ces sources irremplaçables.

Cependant, s'il semble bien que «nécessité ait fait loi», Jean de Saint-Victor devait se sentir quelques affinités avec les poètes dont il a choisi de compiler les œuvres. Affinités de milieu tout d'abord avec Geoffroi de Paris, un clerc comme lui ; affinités intellectuelles ensuite : les deux versificateurs savent le latin[125] et ont prouvé le sérieux de leur travail. Guillaume Guiart n'a-t-il pas soigneusement étudié l'historiographie dionysienne sur laquelle lui-même Jean s'appuie tant ? Affinités d'opinion enfin, tous trois sont attentifs aux sensibilités de l'opinion publique, tous trois accordent au roi une place importante. Paris est leur cadre de vie, ils vivent au rythme des nouvelles qui y parviennent, des affaires qui préoccupent la cour et le peuple, des mouvements qui agitent l'une et l'autre. Ces trois chroniqueurs sont contemporains et entretiennent peut-être des relations

---

[123] B. GUENÉE, *op. cit.* (réed. 1991), p. 58-69.

[124] B. GUENÉE, *op. cit.* (réed. 1991), p. 221.

[125] Guillaume Guiart a été capable de lire les chroniques latines de Saint-Denis, Geoffroi de Paris a écrit plusieurs morceaux en latin.

personnelles. Sources et compilation s'élaborent parallèlement, nous sommes ici au carrefour des sources livresques et du témoignage oral.

Guillaume Guiart et La Branche des royaus lignages

Avec Guillaume Guiart nous ne quittons pas tout à fait l'atelier historiographique de Saint-Denis. C'est là en effet, selon ses propres dires, que cet auteur a consulté les sources pour sa chronique :

«Sont ordenées mes repliques
Selonc les certaines croniques,
C'est-à-dire paroles voires,
Dont j'ai transcrites les mémoires
A Saint Denys, soir et matin[126].»

L'homme est né à Orléans à une date inconnue[127]. Il participe, comme porte-étendard des sergents d'Orléans, à la campagne de Flandres en 1304. Après avoir lu, à Arras où il soignait ses blessures, une histoire flamande dont les propos lui semblèrent erronés et malveillants à l'égard des Français, il décida de se mettre lui-même à l'ouvrage. A partir de sources orales il rédigea une première chronique qu'il abandonna et même brûla. En effet, il avait reçu d'un clerc le conseil de consulter le corpus dionysien. En avril 1306, il se remet donc à écrire un long poème de 21 510 vers, qu'il dédie à Philippe le Bel[128]. L'ensemble n'est pas achevé avant juillet 1307, date de la mort du roi d'Angleterre Edouard Ier. On ne sait pas très bien ce qu'il advint de ce personnage dans les années qui suivirent. Néanmoins, quelques actes judiciaires ont permis à Natalis de Wailly d'affirmer sa présence, et celle de sa femme Pernette, à Paris, sur le territoire de la paroisse Saint-Médard, entre 1313 et 1316. Il exerçait peut-être le métier de ménestrel de bouche[129]. On ignore la date de sa mort.

Travaillant à Saint-Denis en 1306-7, vivant dans la capitale tout près de Saint-Victor dans les années 1313-1316, Guillaume Guiart a donc très bien pu connaître personnellement Jean. C'est ce que ce dernier semble confirmer quand, lors du récit de la bataille de Gravelines en juillet 1304, il insiste particulièrement sur la bravoure dont firent preuve ce jour-là certains Orléanais. Or, il renvoie ici très pré-

---

[126] Guillaume Guiart, *La Branche des royaux lignages*, RHF, XXII, p. 171-300, v. 39-43, cité par B. GUENÉE, *op. cit.* (réed. 1991), p. 118.

[127] Art. *Guillaume Guiart*, in : DLF, p. 624-625. Voir aussi le résumé de thèse de J. SENET in : PTEC, 1956, p. 87-89.

[128] Cette chronique est conservée dans le manuscrit BnF, fr. 5698.

[129] N. DE WAILLY, *Notice sur Guillaume Guiart*, in : BEC, 8 (1846), p. 1-12.

cisément au fameux passage où Guillaume se présente lui-même comme le porte-étendard des sergents d'Orléans[130].

C'est uniquement le vétéran des campagnes de Flandres qui intéresse en lui l'auteur du *Memoriale*. En effet, celui-ci ne retient aucun élément de la première partie du poème couvrant les années 1180-1296. Il sait que Guillaume n'y fait que reprendre les textes dionysiens et quelques œuvres en français[131]. Mais dans la seconde partie (1296-1304) il ignore également deux épisodes dont Guillaume donne pourtant un récit original : la campagne anglaise en Guyenne en 1296-7 et le voyage en Italie de Charles de Valois en 1301-2. En fait les cinq passages empruntés à *La Branche des royaus lignages* sont tous situés entre 1300 et 1304 et ont trait aux opérations militaires en Flandres, celles auxquelles Guillaume a directement pris part. Quel meilleur témoignage pouvait avoir notre chanoine parisien sur ces affaires qui préoccupaient fort la capitale mais dont l'évolution était difficile à suivre en raison de l'éloignement? Des entretiens entre les deux hommes avaient peut-être conforté Jean dans la certitude que Guillaume rapportait bien, comme il le prétendait souvent, ce qu'il avait entendu et vu. Par ailleurs, dans la mesure où l'on ne connait actuellement qu'un seul manuscrit de la chronique de Guillaume Guiart, l'existence de relations personnelles entre cet auteur et le chroniqueur victorin est plus que probable. A l'examen de la compilation que fait Jean de ce texte, on peut aussi se demander s'il n'en restitue pas de mémoire certains passages entendus lors d'une lecture publique du poème ...

Geoffroi de Paris et la Chronique rimée

Natalis de Wailly fut le premier en 1849 à émettre l'opinion selon laquelle Jean de Saint-Victor avait utilisé la chronique rimée attribuée à Geoffroi de Paris pour rédiger les années 1312-1316 de son

---

[130] *RHF*, XXI, p. 642 : «Nam VIII idus Julii, ut fama publica referebat, facto apud Gravelinas congressu, ipse (rex) et exercitus ejus Flandrensium plurimos occiderunt : in quo congressu ipse et quidam Aurelianenses se prae ceteris laudabiliter habuerunt.» Jean fait ici très précisément référence aux vers 101-110 (prologue) et 19881-19890 où Guillaume raconte ses exploits.

[131] De l'historiographie dionysienne Guillaume utilise le texte de Primat, *la Philippide* de Guillaume le Breton directement ou par l'intermédiaire du texte de Jean de Prunai, les chroniques latines de ce même Guillaume et de Rigord; dans la seconde partie (1296-1302), pour éclairer son exposé des opérations militaires, il fait quelques emprunts concernant les événements politiques à Guillaume de Nangis et à son continuateur. De la littérature en ancien français il a lu *la Conquête de Constantinople* de Geoffroi de Villehardouin, le *Roman de Troie* et le *Roman de la Rose*. Sur la question des sources de Guillaume, voir R. D. A. Crafter, *Materials for a Study of the Sources of Guillaume Guiart's La Branche des royaus lignages*, in : *Medium Aevum*, 26 (1957), p. 1-16.

Memoriale historiarum[132]. Surmontant les contradictions, dont la plus récente fut celle exprimée par Charles Samaran[133], cette thèse recueille aujourd'hui l'assentiment général[134] et il n'y a pas lieu de la remettre en cause.

S'il est établi aujourd'hui qu'il ne faut pas confondre ce Geoffroi de Paris avec Geoffroi des Nées, un contemporain, traducteur de vies de saints, les informations que nous avons sur lui sont bien succinctes[135]. C'est un lettré maniant aisément le latin et le français, peut-être un clerc de la chancellerie ou du Parlement. Entre 1314 et 1318 il rédige huit pièces de circonstance qui nous sont parvenues par un unique manuscrit, le BnF, fr. 146. De cet ensemble Jean de Saint-Victor paraît ne connaître que la chronique rimée ou métrique (huit mille vers octosyllabiques). Elle fut composée entre 1313 et 1317 et couvre les événements de l'année 1300 jusqu'à l'automne 1316, date à laquelle elle s'interrompt brusquement. L'auteur ne se sert d'aucunes sources écrites, il témoigne de ce qu'il a vu ou de ce qu'il a entendu dire, agrémentant le tout de réflexions personnelles.

Geoffroi de Paris est donc un exact contemporain de Jean de Saint-Victor. Mieux, les deux auteurs travaillent en même temps à leur chronique respective. Ont-ils entretenu des relations personnelles? Rien ne le prouve mais, comme dans le cas de Guillaume Guiart, la chose n'est pas impossible car ils se trouvent tous deux à Paris dans les années 1314-1317, appartiennent à des milieux qui se côtoient et expriment des opinions communes[136].

Avec Geoffroi de Paris s'achève l'inventaire chronologique des sources historiographiques qui ont servi à l'élaboration du *Memoriale historiarum*. On en trouvera ci-après un tableau récapitulatif. Jean de

---

[132] N. DE WAILLY, *Mémoire sur Geoffroi de Paris*, in : *Mémoires de l'Académie des Inscriptions et Belles-Lettres*, 18, 2 (1849), p. 495-535. Ch. SAMARAN, *Jean de Saint-Victor, chroniqueur*, in : *HLF,* 41 (1981), p. 1-30, ici p. 7-8.

[133] Ces opinions contraires furent exprimées par A. MOLINIER, *Les Sources de l'histoire de France au Moyen Age des origines aux guerres d'Italie (1494)*, 6 vol., Paris, 1901-1906, III, p. 193 : il affirme qu'à partir de 1300 l'ouvrage de Jean de Saint-Victor est original. Ch. SAMARAN, *art. cit.*, p. 8, évoque plutôt la possibilité de sources communes puisées à Saint-Denis.

[134] En revanche, la thèse de N. de Wailly fut reprise et étayée par G. MOLLAT, *Etude critique sur les Vitae Paparum Avenionensium d'Etienne Baluze*, Paris, 1917, p. 91-93 ; M. Prou partage son avis, in : *JS,* nouvelle série, 16ème année, 1918, p. 232-4. Enfin c'est également la position retenue par A. DIVERRÈS dans son introduction à l'édition, *La chronique métrique attribuée à Geoffroy de Paris*, (*Publications de la Faculté des Lettres de Strasbourg*, 129), Paris 1956, p.16.

[135] La mise au point la plus récente est celle de G. TYL-LABORY in : *DLF,* p. 501-2.

[136] Cette proximité de milieu et de pensée est également évoquée par F. LECOY dans son compte-rendu de la thèse d'A. DIVERRÈS, *Romania,* 78 (1957), p. 105-115.

Saint-Victor a donc largement puisé dans le «patrimoine» légué par ses prédécesseurs. Il a su y trouver des sources lui permettant de couvrir l'ensemble de son histoire universelle, des temps les plus anciens, pour lesquels il utilise le «fonds commun» de l'historiographie occidentale, aux temps les plus récents pour lesquels, contrairement aux générations antérieures, il n'est pas démuni. Capable de s'informer sur l'activité historiographique en cours, il sait aussi s'adapter en recourant à des sources en langue vernaculaire et en rimes. Néanmoins, la tâche lui était indéniablement facilitée par la proximité de l'atelier historiographique de Saint-Denis, à la fois carrefour d'informations, lieu de production et de diffusion de l'historiographie. Ce contexte favorable, ajouté au riche fonds de la bibliothèque de son monastère, constitué et régulièrement augmenté par la tradition victorine (50% de ses principales sources historiographiques), explique l'abondance et la variété des sources historiographiques présentes dans le *Memoriale*. Elles ne sont cependant pas exclusives d'autres types de sources.

Tableau des principales sources historiographiques
relevées dans le *Memoriale historiarum*
(*Tractatus de divisione regnorum* et chronique de César à 1322)

sources utilisées	date de rédaction de la source	manuscrits supposés avoir été utilisés
Aimoin de Fleury *De gestis regum Francorum* **(1-2)**	fin xe siècle	AAA 7 = BnF, lat. 15046 (xiiie siècle)
Bède *De temporibus* **(1-2)**	725	BBB 6 = BnF, lat. 15008 (xe siècle) BBB 7 = Berne 392 (xiie siècle)
Cassiodore *Historia tripartita* **(1-2)**	580	AAA 3 = BnF, lat. 14642 (xiie siècle)
Eginhard *Vita Karoli* **(1-2)**	vers 830	BnF, lat. 17656 ? (Saint-Denis ?, fin xiie siècle)
Eusèbe de Césarée *Chronica* **(1-2)**	avant 381	AAA 4 = BnF, lat. 14624 (xiie siècle)

sources utilisées	date de rédaction de la source	manuscrits supposés avoir été utilisés
Eusèbe de Césarée *Historia ecclesiastica* **(1-2)**	"	manuscrit non déterminé
Flavius-Josèphe *De bello judaico* **(1-2)**	avant 95	AAA 1 = BnF, lat. 14361 (XIIe siècle)
Flavius-Josèphe *Antiquitates judaicae* **(1-2)**	"	AAA 1 = BnF, lat. 14361 (XIIe siècle)
Foucher de Chartres *Historia Antyochena* **(2)**	1100-1127	BBB 9 = BnF, lat. 14378 (XIIe siècle)
Geoffroi de Courlon *Chronique universelle* **(2)**	vers 1294	manuscrit non déterminé
Geoffroy de Montmouth *Historia Regum Britanniae ou Historia Brittonum* **(1-2)**	vers 1138	HH 6 = BnF, lat. 15009 (XIIe siècle)
Geoffroi de Paris *Chronique métrique* **(2)**	1312-1317	BnF, fr. 146 ? (XIVe siècle)
Géraud de Frachet et son continuateur *Chronique universelle* **(2)**	achevée en 1266	manuscrit non déterminé mais appartenant à la famille du manuscrit BnF, lat. 5039.
Gildas *De excidio Britanniae ou Historia Brittonum* **(2)**	avant 570	HH 6 = BnF, lat. 15009 (XIIe siècle)
Grégoire de Tours *Historia de gestis Francorum* **(1-2)**	575-594	manuscrit non déterminé
Guillaume Guiart *La Branche des royaux lignages* **(2)**	1306-1307	BnF, fr. 5698 (XIVe siècle)
Guillaume de Jumièges *Gesta Normannorum ducum* **(1-2)**	achevée en 1071	BBB 13 = BnF, lat. 15047 (XIIIe siècle)
Guillaume le Breton *Gesta Philippi Augusti* **(2)**	1216-1220	British Museum, Cott. Vesp. D IV (date non indiquée)

sources utilisées	date de rédaction de la source	manuscrits supposés avoir été utilisés
Guillaume de Malmesbury *Gesta Regum Anglorum* **(1-2)**	entre 1125 et 1143	BnF, lat. 17656 (anciennement à Saint-Denis ?) (fin xiie siècle)
Guillaume de Nangis Gesta Ludovici IX Gesta Philippi III	1287-1297	BnF, lat. 5925 (Saint-Denis) (xiiie siècle)
Chronique universelle et sa continuation (1ère version) **(2)**	1300-1303	BnF, lat. 5703 (xive siècle)
Guillaume de Tyr *Historia rerum in partibus transmarinis gestarum* **(2)**	avant 1186	Saint-Denis ?
Le scribe «G» *Memoriale parvum dossier sur l'histoire de l'Angleterre* **(1-2)**	vers 1180	HH 6 = BnF, lat. 15009 (xiie siècle)
Hélinand de Froidmont *Chronique universelle* **(2)**	avant 1229	par l'intermédiaire du *Speculum historiale*
Honorius Augustodunensis *Liber de Ymagine mundi* **(2)**	milieu du xiie siècle	HH 6 ? = BnF, lat. 15009 (xiie siècle)
Hugues de Fleury *Historia ecclesiastica* **(1-2)**	1109	BBB 13 = BnF, lat. 15047 (xiiie siècle)
Hugues de Saint-Victor *Chronica* **(1-2)**	1130-1131	HH 6 = BnF, lat. 15009 (xiiie siècle)
Isidore de Séville *Ethimologarium libri* **(1-2)**	début viie siècle	HH 6 ? = BnF, lat. 15009 (xiiie siècle)
Jacques de Voragine *Legenda aurea* **(1?-2)**	1261-1266	OOO 1 = Maz. 1724 (déb. xiive siècle)
Jérôme *De viris illustribus* **(1-2)**	avant 420	GG 9 = BnF, lat. 14508 (fin xiiie siècle)
Justin *Epitomae* **(1-2)**	iie ou iiie siècle ap. J. C.	manuscrit non déterminé, Saint-Denis ?
Nennius *Historia Brittonum* **(1-2)**	vers 830	HH 6 = BnF, lat. 15009 (xiie siècle)

sources utilisées	date de rédaction de la source	manuscrits supposés avoir été utilisés
Orose *Historiae adversus paganos* (2)	415-417	manuscrit non déterminé
Paul Diacre *Historia Longobardorum* (2)	VIIe siècle	AAA 8 = BnF, lat. 14693 (XIVe siècle)
Pierre le Mangeur *Historia scolastica* (1-2)	avant 1173	B 8 1-226 = BnF, lat. 14640 (XIIIe siècle) ou NNN 1 = BnF, lat. 14639 et 14638 (XIIIe siècle)
Prosper *Chronique* (1-2)	milieu du Ve siècle	AAA 4 = BnF, lat. 14624 (XIIe siècle)
Quinte-Curce *Hystoria Alexandri* (1-2)	Ier siècle ap. J. C.	AAA 12 = BnF, lat. 5717 (XIIe siècle)
Richard de Saint-Victor *Liber Exceptionum* (1-2)	entre 1153 et 1160	HH 4 = Ars. 266A (XIIe siècle)
Rigord *Gesta Philippi Augusti* (2)	1196-1200	Saint-Denis = BnF, lat. 5925 (XIIIe siècle)
Robert d'Auxerre *Chronicon* (2)	1180-1211	manuscrit non déterminé
Roger de Hoveden *Chronica* (2)	1199-1200	manuscrit non déterminé
Sigebert de Gembloux *Chronica* (1-2)	1105-1112	AAA 4 = BnF, lat. 14624 (XIIe siècle)
Solin *De mirabilibus mundi* (2)	IIIe siècle ap. J. C.	MM 18 = BnF, lat. 11382 (fin XIIe siècle)
Suétone *Vitae Cesarum* (1-2)	vers 120	JJJ 8-182; perdu ? (XIIe-XIIIe siècles)
Pseudo-Turpin *Historia Karoli Magni* (2)	milieu XIIe siècle	par l'intermédiaire du *Speculum historiale*
Vincent de Beauvais *Speculum historiale* (2)	1244-1258	manuscrit non déterminé

N. B : Dans la première colonne, on a précisé entre parenthèses si la source est présente dans la première et/ou la seconde version(s). Dans la troisième colonne, la première cote indiquée (alphabétique) est celle donnée par le catalogue de Grandrue. Elle permet de désigner les manuscrits appartenant à la bibliothèque de Saint-Victor.

B – Les sources non historiographiques

Elles sont également livresques mais n'appartiennent pas à proprement parler au genre historique.

1. Les sources encyclopédiques

Le but principal de ces œuvres encyclopédiques est de fournir un panorama complet des connaissances à une époque donnée. Les quatre textes repérés dans le *Memoriale,* et appartenant à ce type de littérature générale, ont été élaborés à des époques différentes. En raison de leur grand succès ils ont été bien souvent compilés dans des œuvres postérieures, tel le *Speculum historiale* de Vincent de Beauvais. Selon les cas, Jean les a utilisés directement ou par le biais de la source intermédiaire.

On peut évoquer en premier lieu Boèce. Son nom et celui de son *De consolatione* apparaissent dès la première version du *Memoriale*[137]. Cette œuvre rédigée en 524, sans être à proprement parler une encyclopédie, est un des textes fondamentaux de la culture intellectuelle médiévale. Sa fortune se prolonge au moins jusqu'au xve siècle. Pendant dix siècles, il reste dans les écoles un livre classique, matière à explication et à commentaires, un manuel offrant la science de l'Antiquité ou l'essentiel du platonisme[138]. Cet usage pédagogique explique sans doute sa présence précoce dans la bibliothèque de Saint-Victor[139]. Bien que les traductions se soient multipliées au xiiie siècle, Jean le lit en latin. Comme nombre de ses contemporains, il tient Boèce pour une autorité de premier ordre qui fait une transition entre l'Antiquité païenne et le christianisme.

Les *Etymologies* d'Isidore de Séville apparaissent à la fois dans le prologue de la seconde version, dans le *Tractatus de divisione regnorum* (1ere et seconde versions), elles introduisent chaque chapitre de la digression géographique ... Bien que ce texte ait été largement compilé par Vincent de Beauvais dans le *Speculum historiale*[140], Jean en fait

---

[137] Ars. 1117, fol. 29.

[138] Art. *Boèce, DLF,* p. 204-207.

[139] Fr. Gasparri, *Scriptorium et bureau d'écriture de l'abbaye de Saint-Victor de Paris,* in : J. Longère (Ed.), *L'abbaye parisienne de Saint-Victor au Moyen Age,* (*Bibliotheca Victorina,* 1), Turnhout, 1991, p. 119-139, ici p. 127-128, classe le manuscrit de Boèce parmi les manuscrits de *scriptorium* produits au xiie siècle.

[140] Sur les relations entre le *Speculum maius* et les *Etymologies* d'Isidore de Séville, voir M. Paulmier-Foucart, *Les Etymologies d'Isidore de Séville dans le Speculum maius de Vincent de Beauvais,* in : J. Fontaine (Ed.), *L'Europe héritière de l'Espagne wisigothique,* Paris, 1992, p. 269-283.

une lecture directe grâce à l'un de ces exemplaires que la bibliothèque paraît avoir acquis très tôt[141]. En revanche, c'est par l'intermédiaire du dominicain qu'il cite dans sa digression géographique le *De
natura rerum,* traité de cosmographie également rédigé par l'évêque
de Séville[142].

A quatre siècles de distance, Honorius Augustodunensis est, lui
aussi, un excellent témoin d'une culture de seconde main. Pour rédiger sa digression géographique, Jean utilise à plusieurs reprises le *De
ymagine mundi*[143] dont le manuscrit BnF, lat. 15009 conserve des
fragments que les ex-libris permettent de rattacher avec certitude à la
bibliothèque victorine dès le XIIe siècle[144].

On aura noté l'absence du *De proprietatibus rerum* de Barthélémy
l'Anglais, autre encyclopédie au succès pourtant confirmé. Il semble
que Saint-Victor n'en acquit un exemplaire, par don, que sous
l'abbatiat de Geoffroi Pellegay (1400-1422)[145]. De plus, au moment
où Jean rédige, l'utilité de cette œuvre est quelque peu remise en
cause par celle, plus récente, de Vincent de Beauvais.

Enfin, on relève plusieurs mentions des *Derivationes* d'Hugutio
dans la digression géographique et dans le *Tractatus*[146]. La comparaison avec la compilation faite dans le *Speculum* conduit à envisager
une lecture directe de l'œuvre sans toutefois qu'il soit possible de
déterminer le manuscrit utilisé.

La présence de ces sources encyclopédiques, fondements de la
culture savante, témoigne du succès qu'elles rencontrent à la fin du
XIIIe et au-delà[147].

---

[141] LL 10-137 (BnF, lat. 14892) daté du début du XIIIe siècle, FF 3-3 (BnF, lat.
14743) présent à Saint-Victor dès la fin du XIIe siècle), auxquels il faut ajouter des volumes contenant des extraits comme BBB 7-54 perdu ou HH 6 (BnF, lat. 15009) dont
Jean s'est servi pour compiler d'autres sources. Sur l'entrée de cet auteur dans la bibliothèque, voir Fr. GASPARRI, *art. cit.*, p. 127-128. L'auteur classe l'œuvre d'Isidore parmi
les productions du *scriptorium* victorin dès le XIIe siècle.

[142] FFF 7-200 (BnF, lat. 14844) est daté du milieu du XIVe siècle, cf. G. OUY, *op.
cit.*, notice correspondante.

[143] Un exemple, BnF, lat. 15010, fol. 87v.

[144] BnF, lat. 15009, fol. 144-160.

[145] G. OUY, *op. cit.*, notice PP 22.

[146] Cf. liste des sources géographiques établie par P. GAUTIER DALCHÉ, *art. cit.*,
p. 153-154.

[147] J.-P. BOUDET, *La culture savante au XIIIe siècle,* in : J.-P. BOUDET, S. GOUGENHEIM
et C. VINCENT (Ed.), *L'Europe occidentale chrtétienne au XIIIe siècle. Etudes et documents
commentés,* (*Regards sur l'histoire*) Paris, 1995, p. 113-160.

2. Les sources littéraires

La littérature de l'Antiquité païenne

Les sources encyclopédiques, que nous venons d'évoquer, mais aussi les histoires et les chroniques, jouent souvent un rôle de transmission pour les textes littéraires et en particulier pour ceux légués par l'Antiquité païenne. Jean met parfois en évidence ce type de transmission :

> «De quo Ysidorus Ethimologiarum IX° sic ait : Iulius dictus est ut tangit Virgilius quia a Iulio Enee filio originem duxit[148] ...»

Ici, les choses sont claires : Virgile est cité par l'intermédiaire d'Isidore. De même, lorsque sont rapportés des propos attribués à la Sybille mais explicitement tirés de saint Augustin:

> «Tempore suo creditur floruisse Sibilla erictea cuius versus de Christo et de iudicio generali ponit sanctus Augustinus De civitate Dei libro XVIII°, capitulo XXIII°[149] ...»

Tout va bien encore quand Jean fait allusion à une catégorie (*poete*) et qu'une autre source (*eciam Ysidorus*) est mentionnée immédiatement à la suite : cette seconde source sert alors incontestablement de relais. En fait, le déséquilibre flagrant des occurences d'auteurs de l'Antiquité païenne entre la première et la seconde version du *Memoriale* (la première version mentionne une fois Cicéron, alors que la seconde version voit se multiplier les mentions et citations, en particulier dans le *Tractatus de divisione regnorum* et la première partie de l'œuvre) incite à établir une relation entre cette plus forte proportion et le recours, dans la seconde version, à des œuvres encyclopédiques, en particulier les *Etymologies* et le *Speculum historiale,* qui rendent plus accessibles ce type de littérature. Cette remarque n'exclut pas pour autant que Jean ait lu ces auteurs au moins dans des florilèges. De tels recueils existèrent très tôt à Saint-Victor, tout comme il semble que le

---

[148] BnF, lat. 15011, fol. 20.
[149] BnF, lat. 15011, fol. 9v.

scriptorium copia dès le XIIe siècle quelques auteurs classiques dont Cicéron et peut-être Juvénal[150].

Dans la seconde version du *Memoriale,* Jean renvoie à plusieurs reprises au *De mirabilibus mundi* de Solin. L'apparition de ce texte est-elle à mettre sur le compte du *Speculum historiale*? La recherche des sources du *Tractatus de divisione regnorum* permet de répondre par la négative. D'ailleurs, Saint-Victor possède plusieurs exemplaires de cette œuvre, tous datés du XIIIe siècle[151].

Il est plus difficile d'être aussi catégorique en ce qui concerne Pomponius Mela. Sa *Chorographia,* composée vers 43-44, a la forme générale d'un périple. Cette œuvre fut redécouverte par Pétrarque en 1335 à Avignon, à partir d'une copie du XIIe siècle. Sa présence, quelques années plus tôt dans le texte de Jean de Saint-Victor, serait susceptible de modifier l'importance de cette «redécouverte» de Pétrarque et plus généralement ce que nous savons de la diffusion de ce texte. D'après le catalogue de Grandrue, le manuscrit coté JJJ 8 comprenait un extrait de l'œuvre de Pomponius Mela, appartenant à un fragment malheureusement disparu (fol. 244-282). Néanmoins, ce fragment était sans doute lui-même un élément de l'actuel manuscrit Ars. 711 qui comporte au fol. 182v un ex-libris permettant de supposer que Saint-Victor possédait ce texte dès le XIIIe siècle[152].

a) La Bible

Il n'y a rien de bien extraordinaire à déceler chez Jean de Saint-Victor une connaissance des textes bibliques, une affinité que la seule

---

[150] Par exemple le manuscrit coté par Grandrue JJJ 8 (Ars. 711 et Hambourg, Bibl. Municip. et Univ. 53 C in Scrin. Ce manuscrit est daté de la fin du XIIe siècle et appartient à Saint-Victor dès le XIIIe siècle. La présence précoce de Cicéron est confirmée par Fr. GASPARRI, *art. cit.*, p. 128. Quant à Juvénal, il est cité dans le *Tractatus* à propos de Britannicus (BnF, lat. 15011, fol. 24). La présence de Juvénal est attestée à Saint-Victor dès la seconde moitié du XIIe siècle, cf. G. OUY, *op. cit.*, p. XXVIII-XXX mais il paraît impossible de localiser avec certitude le manuscrit utilisé par Jean, bien qu'un exemplaire de l'œuvre de Juvénal, malheureusement perdu, soit mentionné dans le catalogue de Grandrue (KKK 25). D'ailleurs, cette citation, très isolée, pourrait fort bien avoir été donnée à partir d'un florilège.

[151] Par exemple BnF, lat. 11382 (MM 18).

[152] Sur cette question délicate, voir POMPONIUS MELA, *Chorographia,* éd. A. Siberman, Paris, 1988, introduction p. I-L et C. M. GORMLEY, M. A. ROUSE, R. H. ROUSE, *The medieval Circulation of the Chorographia of Pomponius Mela,* in : *Mediaeval Studies,* 46 (1984), p. 266-320. Selon les auteurs de cette dernière étude, le manuscrit Ars. 711 est composé de deux parties, la seconde (B), celle qui comprenait les extraits du *De Chorographia,* n'étant parvenue à Saint-Victor que peu avant le XVe siècle. Cependant, cette hypothèse n'étant étayée par aucun argument, il semble préférable de s'en tenir au résultat de l'étude codicologique de G. OUY, *op. cit.*, notice JJJ 8. Autre trace de l'œuvre de Pomponius Mela dans le manuscrit Copenhague, Gl. KgL. 5454 (fol. 1-41), cf. G. OUY, *op. cit.*, notice AAA 10, fol. 287.

pratique liturgique pourrait suffire à justifier. Pour lui, comme pour d'autres, la Bible est l'«histoire» par excellence[153]. Elle a donc sa place dans le corpus des sources, et même une place privilégiée, une place de modèle que l'auteur met en valeur dans le petit passage de transition entre l'*exordium* et la chronique commençant à Jules César. Il y rappelle le souci chronologique qui sous-tend plusieurs des livres bibliques et en particulier les Evangiles[154]. Mais l'Ecriture sainte lui fournit surtout la matière du récit des premiers temps de l'humanité[155]. C'est pourquoi sa contribution est bien plus importante dans la seconde version dont le projet est de couvrir une histoire universelle de la Création jusqu'aux temps contemporains de l'auteur.

Travaillant au début du XIVe siècle, l'auteur du *Memoriale* bénéficie du renouveau des études bibliques amorcé au Xe siècle et largement développé au XIIe siècle[156]. Ce mouvement, né dans les écoles, a concentré son attention sur le sens littéral du texte et n'a pas hésité à tirer profit de l'exégèse juive. Dans cette grande entreprise d'exégèse, les victorins n'ont pas été en reste. Il faudrait bien sûr évoquer le rôle d'André de Saint-Victor[157], mais comme on ne trouve dans le *Memoriale* aucune allusion à ce personnage, il faut chercher des influences plus sûres du côté de Hugues. En effet, au chapitre 3 du livre VI du *Didascalicon*, chapitre intitulé *l'histoire*, le maître énumérait les onze livres jugés les plus utiles à une lecture littérale de l'Ecriture sainte : la Genèse, l'Exode, Josué, les Juges, les Rois, les Paralipomènes dans l'Ancien Testament ; les quatre Evangiles et les Actes des Apôtres dans le Nouveau Testament[158]. Tous ces livres sont présents dans le *Memoriale*, mais d'autres également. Les noms mentionnés dans le passage de transition entre l'*exordium* et la narration, Isaïe, Ezéchiel, Daniel, Esdras, les Maccabées, sont effectivement utilisés et dans le *Tractatus* et dans la première partie de l'œuvre. On peut encore suggérer le nom et l'œuvre de Pierre le Chantre, l'un des premiers avec Pierre Lombard à avoir donné un commentaire de l'ensemble de la Bible. Cet exégète entretenait des liens étroits avec Saint-Victor. Le récit que fait Jean de la mort de Philippe V pourrait bien avoir été

---

[153] B. Guenée, *op. cit.* (réed. 1991), p. 30.

[154] BnF, lat. 15011, fol. 35v-36.

[155] B. Guenée, *op. cit.* (réed. 1991), p. 29-30.

[156] Ph. Buc, *L'ambiguïté du Livre. Prince, pouvoir, et peuple dans les commentaires de la Bible au Moyen Age*, Paris, 1991, en particulier l'introduction, p. 25-66.

[157] R. Berndt, *La pratique exégétique d'André de Saint-Victor, tradition victorine et influence rabbinique*, in : J. Longère (Ed.), *L'abbaye parisienne de Saint-Victor au Moyen Age*, (*Bibliotheca Victorina*, 1), Turnhout, 1991, p. 271-290.

[158] Hugues de Saint-Victor, *Didascalicon*, VI, 3.

influencé par la lecture des écrits de Pierre sur le livre de la *Genèse* et celui des *Rois*[159].

Il est certain que bien des extraits attribués à tel ou tel livre biblique sont en fait compilés à partir de l'*Historia scolastica*. Mais la lecture critique du *Tractatus de divisione regnorum* prouve que c'est loin d'être toujours le cas. Jean de Saint-Victor n'est pas de ces clercs, uniquement voués à la théologie spéculative, qui se contentaient du texte de Pierre le Mangeur[160]. Il a une connaissance intime et personnelle de l'Ecriture.

Il serait cependant bien téméraire de vouloir préciser le manuscrit biblique utilisé par le victorin. Il manque assurément une étude sur les Bibles victorines[161].

b) La littérature patristique

L'absence des Pères de l'Eglise aurait également surpris chez un chanoine de Saint-Victor. Ces auteurs et leurs commentaires sur l'Ecriture sainte sont à la base des traités des maîtres illustres dont l'abbaye put s'enorgueillir au XIIe siècle. De plus, la littérature patristique est un fonds ancien dont la constitution est bien repérée dans l'histoire générale de la bibliothèque : les manuscrits de Patristique représentent quarante-cinq des deux cent trente-sept manuscrits produits par le *scriptorium* au premier siècle de son existence[162]. On a souligné plus haut la part de la Patristique dans la formation intellectuelle de l'auteur[163], il faut montrer ici sa contribution à la constitution de la matière historique.

Comme pour d'autres sources, la compilation des Pères se fait ou directement ou par le canal d'une source intermédiaire. Eusèbe de Césarée, Jérôme, Gennade, Isidore peuvent jouer ce rôle, avant que d'autres, tels Pierre le Mangeur, Vincent de Beauvais ou Jacques de Voragine prennent le relais. Une fois encore, il n'est pas aisé de déterminer si l'accès à la littérature patristique a été direct ou indirect. Ainsi, lorsque dans la première version du *Memoriale*, Jean cite Tertullien, il se contente de recopier un passage de l'*Historia ecclesiastica*[164]. De même, il semble ne pouvoir citer Grégoire de Nazianze

---

[159] Voir supra chapitre V et infra chapitre XII.
[160] B. GUENÉE, *op. cit.* (réed. 1991), p. 33.
[161] C'est le constat que fait R. BERNDT, *art. cit.*, p. 284 et note 43.
[162] Fr. GASPARRI, *art. cit.*, p. 127-128.
[163] Cf. supra chapitre IV.
[164] Ars. 1117, fol. 47v : «... ut dicit Tertullianus et habetur in V° libro eccl. histor. c° V°.»

que par l'intermédiaire de l'*Historia tripartita*[165]. En revanche, il paraît avoir lu le *Liber Dyalogorum* et les *Moralia in Job* de Grégoire le Grand.

En fait, les Pères dont il a vraisemblablement une connaissance personnelle des œuvres sont les quatre principaux docteurs de l'Eglise latine : Ambroise, Jérôme, Augustin et Grégoire le Grand. Ce sont aussi ceux que les victorins ont élus et dont ils ont cherché très tôt à se procurer les œuvres. Celles-ci abondent dans la bibliothèque : lorsque Claude de Grandrue établit son catalogue, au tout début du xvie siècle, il mentionne Augustin 578 fois, Jérôme 145, Grégoire 52 et Ambroise 27 fois[166]. Enfin, à chacun de ces quatre grands docteurs est associé un des sens de l'Ecriture dont Hugues a montré l'importance dans le *Didascalicon* : à Augustin le quatrième sens, celui de l'anagogie dont Hugues dit qu'il est le toit de l'édifice mental ; l'œuvre de Jérôme est assimilée au premier sens (historique), «fondement de l'édifice spirituel» selon Hugues ; Grégoire représente le sens tropologique ou moral et Ambroise l'interprétation allégorique[167]. Dans une œuvre historiographique élaborée dans l'esprit des règles posées par maître Hugues, leur présence n'est pas seulement normale, elle est nécessaire. Mais les quatre auteurs ne contribuent pas dans la même proportion au corpus des sources du *Memoriale* : Grégoire le Grand n'est guère mentionné que pour sa *Vita* de saint Benoît, à quoi il faut ajouter dans le *Tractatus* de la seconde version une référence aux *Moralia*[168] ; d'Ambroise, Jean connaît une œuvre exégétique, l'*Hexameron*[169], un traité ascétique, le *De officiis*[170], une oraison funèbre, le *De excessu Satiri*[171] et un sermon sur le jeûne[172], tous textes qu'il cite dans la première partie de la seconde version, peut-être en les copiant dans le *Speculum* ; de l'évêque de Milan, il

---

[165] Ars. 1117, fol. 95 : «De initiis Iuliani in adolescentia studientis Athenis Gregorius Nazanzenus refert in II° libro contra paganos : "eum" inquit "ibidem se vidisse et mores eius inspexisse..." et refertur Trip. libro VII° cap. IIII°.»

[166] V. GERZ VON BÜREN, *Etude des classements de bibliothèques anciennes pour essayer de comprendre le rôle culturel de la bibliothèque de St. Victor à Paris,* in : *Codices manuscripti,* 12, 1 (1986), Heft 1, annexe 2. Cf. supra ch. IV, n. 95.

[167] V. GERZ VON BÜREN, *art. cit.,* p. 5-6.

[168] BnF, lat. 15011, fol. 5v.

[169] BnF, lat. 15010, fol. 17v : «Ambrosius in exameron libro VI°.»

[170] BnF, lat. 15010, fol. 140 : «Ambrosius in I° de officiis.»

[171] BnF, lat. 15010, fol. 63 : «Ambrosius de excessu Satiri.»

[172] BnF, lat. 15010, fol. 132.

cite aussi une vie de sainte Marcelle[173], qui revient en fait à saint Jérôme, et une *Epistola de obitu Theodosii* [174] qui semble correspondre à l'oraison funèbre prononcée aux funérailles de l'empereur mais dont on ne trouve trace ni dans le fonds victorin connu ni dans les sources qui constituent le contexte de la citation. Finalement, cet auteur n'apparaît que de façon sporadique dans le *Memoriale*. Augustin, à qui revient la palme des citations dans le catalogue de Grandrue, est très largement et fréquemment cité par Jean mais au profit quasi-exclusif (si l'on excepte quelques sermons) du *De civitate Dei*. Reste Jérôme, le Père du sens «historique». Il était assez naturel que le chroniqueur emprunte beaucoup à cet exégète inlassable. Et, de fait, on est frappé par le nombre et la diversité des œuvres de saint Jérôme présentes dans le *Memoriale*. A côté de la chronique, dont nous avons déjà parlé, on trouve des travaux bibliques comme les *De hebraicis quaestionibus*, les *Distanciae locorum* ou le *super Danielem prophetam expositio* ou encore le commentaire *in Paralipomenon*, des œuvres polémiques tel le *Contra Jovinianum,* des œuvres historiques enfin, avec des emprunts au *De viris illustribus*. Ces textes étaient regroupés dans deux ou trois manuscrits, ce qui en facilitait la lecture puis la compilation[175]. La contribution non négligeable qu'apporte l'œuvre hiéronymienne au *Memoriale* pourrait témoigner de la faveur dont jouit encore au début du XIVe siècle le Docteur de Bethléem et le respect de l'*hebraica veritas*[176].

3. Les sources de la liturgie

a) L'hagiographie

Les *vitae* sont utilisées en si grand nombre dans le *Memoriale* que les énumérer ne présente guère d'intérêt. Leur présence au sein du corpus des sources n'a rien de surprenant. Le *Memoriale historiarum* est conçu dans un monastère, c'est-à-dire en un lieu où ces textes hagiographiques et liturgiques imprègnent durablement et profondément

---

[173] Ars. 1117, fol. 40v.

[174] Ars. 1117, fol. 73.

[175] Par exemple les manuscrits cotés par Grandrue BB 6 (BnF, lat. 14851, XIIe-XIIIe siècle) ou le BB 9 (BnF, lat. 14473) qui porte des ex-libris victorins des XIIe et XIIIe siècles.

[176] Sur cette question voir R. BERNDT, *art. cit.*, p. 271-290, ici p. 276. L'auteur souligne «qu'avec l'exégèse victorine, l'influence hiéronymienne prend un essor nouveau, qu'elle conservera pendant une bonne part du XIIe siècle avant de retomber pour longtemps». Le recours fréquent de Jean à l'œuvre de Jérôme pourrait permettre de nuancer quelque peu la dernière partie de ce propos.

ceux qui l'habitent. On peut même dire que leur emploi est la caractéristique d'un historien monastique[177]. Comme nombre de ses frères en religion et en histoire Jean n'hésite pas à combler, grâce à ce type d'informations, les lacunes laissées par les chroniques. L'utilisation qu'il en fait est naturelle car la frontière séparant les deux genres – historique et hagiographique – n'est pas toujours clairement établie. Ainsi, il semble bien que Claude de Grandrue fut le premier bibliothécaire victorin à classer les deux genres sur des pupitres différents[178]. Jusque-là, on les rangeait sous la même lettre de cote[179].

Dans la première version du *Memoriale*, ces sources hagiographiques constituent le complément quasi-exclusif des sources historiographiques. Pour les compiler, Jean paraît recourir à trois types d'ouvrages. Il y a tout d'abord le *Martyrologe* auquel il se réfère à propos de saint Victor[180]. Il s'agit d'un recours assez exceptionnel à un recueil qui faisait partie de la vie quotidienne des chanoines, puisqu'ils en entendaient la lecture chaque matin au début de la réunion du chapitre[181]. Jean emprunte plutôt au riche fonds hagiographique que Saint-Victor avait rassemblé. Il paraît connaître des textes d'Irénée et de Polycarpe évoquant le martyre d'Ignace d'Antioche[182]. Il cite une *Vita sanctae Marcellae* qu'il attribue faussement à saint Ambroise. Il s'agit en fait d'un texte écrit par saint Jérôme[183]. Enfin,

---

[177] B. GUENÉE, *op. cit.* (réed. 1991), p. 54-55.

[178] Grosso modo, les ouvrages historiographiques sont disposés par lui sur les pupitres AAA-CCC, alors que les œuvres hagiographiques sont rassemblées sur les deux pupitres suivants.

[179] G. OUY, *Les manuscrits de l'abbaye de Saint-Victor. Catalogue établi sur la base du répertoire de Claude de Grandrue (1514)*, 2 vol., (*Bibliotheca Victorina*, 10) Paris, 1999. C'est ce qu'indique nettement l'examen des cotes Olim 3 : les manuscrits cotés par Grandrue DDD 11 et DDD 16, portent respectivement les cotes O 3, P 37 et P 42. Certains textes historiographiques pouvaient même être réunis dans un même volume avec des textes hagiographiques : AAA 14 et EEE 17 ont pour commune origine un manuscrit coté P 36.

[180] Ars 1117, fol. 48v : «Victor enim secundum martirologium passus est sub Severo XII° kl. mayi.» Le manuscrit pourrait être le BnF, lat. 15024 (XIIIe siècle).

[181] J. LONGÈRE, *La fonction pastorale de Saint-Victor à la fin du XIIe et au début du XIIIe siècle*, in : J. LONGÈRE (Ed.), *L'abbaye parisienne de Saint-Victor au Moyen Age*, (*Bibliotheca Victorina*, 1) Turnhout, 1991, p. 291-313, ici p. 294.

[182] Ars. 1117, fol. 36 : «Item de eo mentionem faciunt Hyreneus et Policarpus.»

[183] Ars. 1117, fol. 40v. Deux manuscrits victorins, classés par Grandrue au pupitre réservé à saint Jérôme (BB), contiennent cette *vita* : BB 9 (BnF, lat. 14473-79) du début du XIIe siècle et présent à Saint-Victor dès cette époque, et le BB 10 (BnF, lat. 14850-103), lui aussi à l'abbaye dès le XIIe siècle.

il a lu les *Vitae Patrum* dont Saint-Victor possédait une version complète et un florilège[184].

Il serait imprudent de désigner de façon trop péremptoire les emprunts à ce fonds hagiographique victorin. En effet, bon nombre de ces textes, effectivement présents à Saint-Victor, se retrouvent dans l'ouvrage au succès incomparable qu'est la *Legenda aurea* de Jacques de Voragine[185]. Les victorins ont peut-être attendu le début du xive siècle pour faire l'acquisition d'un exemplaire en latin[186] de ce texte pourtant composé entre 1261 et 1266. Il devenait indispensable non seulement à leur pratique liturgique mais surtout à leurs activités pastorales auxquelles il était particulièrement destiné grâce à son plan didactique et son fond exemplaire. Une telle acquisition facilita grandement le travail de Jean. Sur les trente-cinq mentions ou extraits de vies de saints relevées dans la première version du *Memoriale,* vingt-neuf sont en fait compilées à partir de la *Legenda aurea.*

Néanmoins, le côté pratique du recueil n'exclut pas d'autres lectures hagiographiques parfois plus précises que le texte de Jacques de Voragine ou qui lui sont préférées parce que d'un usage plus familier. Si Jean tire vraisemblablement l'histoire de saint Benoît de la *Legenda aurea*[187], car le texte, déjà abrégé, est prêt-à-l'emploi, il est aussi capable d'ajouter que les extraits sont en fait tirés du *Liber Dyalogorum* de Grégoire le Grand, qu'il avait lu directement dans l'un des exemplaires possédés par la bibliothèque[188].

On constate une attitude semblable à l'égard du *Speculum historiale* qui constituait lui aussi un réservoir important de textes hagiographiques. Prenons un seul exemple : relatant l'invention de la relique de la tête de saint Jean-Baptiste, Jean préfère recourir au manuscrit de la bibliothèque plutôt que de reprendre les extraits proposés au livre xvii du *Speculum historiale*[189]. Il se détourne pareillement de la compilation du dominicain à l'occasion du récit de la

---

[184] DDD 18 (BnF, lat. 14654) qui porte un ex-libris victorin du xiie siècle, et EEE 3 (BnF, lat. 15037) copié au milieu du xiiie siècle.

[185] Le texte latin fut copié très vite en plus de mille manuscrits, *DLF*, p. 924-925.

[186] Les deux exemplaires de provenance victorine aujourd'hui connus sont effectivement datés du xive siècles mais seul OOO 1 (Maz. 1724), daté du début du xive siècle, pourrait correspondre au manuscrit consulté par Jean. Il s'agit d'un manuscrit légué par l'abbé Etienne de Saint-Père sous Vézelay, cf. G. OUY, *op. cit.*, notice correspondante.

[187] Ars. 1117, fol.170, cf. JACQUES DE VORAGINE, *Legenda aurea*, éd. Th. GRAESSE, Dresde-Leipzig, 3e éd., 1890, p. 204-216.

[188] Par exemple le manuscrit DDD 19 (BnF, lat. 15032), copié à la fin du xie siècle, qui contient également la vie de saint Martin écrite par Sulpice Sévère.

[189] BnF, lat. 15011, fol. 279. Cf. VB, *Spec. hist.*, XVII, 61. Le manuscrit utilisé serait le AA 4 (BnF, lat. 14460) daté du xiiie siècle.

translation de saint Nicolas, lui préférant le texte plus complet d'un exemplaire victorin[190]. C'est encore dans un manuscrit de la bibliothèque qu'il trouve l'*exemplum* de l'image de la Vierge que les Sarrasins ne purent profaner[191].

De même, s'il se sert pour relater la passion de saint Paul d'un passage du *De viris illustribus* de Jérôme compilé sous ce titre dans la *Legenda aurea*, le titre qu'il lui attribue, *legenda commemorationis beati Pauli,* correspond exactement à celui d'un sermon de saint Jérôme contenu dans un sermonnaire qui rassemble des sermons patristiques et les organise suivant le cycle liturgique[192]. Nous avons ici la certitude d'une culture hagiographique qui dépasse largement les cadres de l'œuvre de Jacques de Voragine ou de celle de Vincent de Beauvais et qui s'ancre profondément dans une pratique quotidienne de la liturgie.

Ce dernier exemple invite à évoquer, à côté des légendiers, les emprunts faits aux sermons. On en rencontre quelques exemples dans le *Memoriale.* Jamais cités in extenso mais bien souvent par le seul incipit ou encore par une périphrase, ce sont en général des réminiscences de lectures liturgiques qui viennent sous la plume de l'auteur, comme par association d'idées, lorsqu'il présente tel ou tel saint : relate-t-il le martyre de l'apôtre Paul qu'il fait allusion à un sermon lu à Saint-Victor (*apud nos*) le jour où l'Eglise commémore cet événement. Il a oublié que l'auteur de ce sermon était Jérôme mais il se souvient parfaitement des premiers mots de la lecture : *In fine secundi anni ut ibidem ...*[193]

Néanmoins, il convient, une fois encore, d'être prudent dans l'évaluation de la culture homéliaire de l'auteur. Bien des sermons cités ne le sont que d'après des sources intermédiaires sans que l'on ait le moindre indice d'une lecture directe : lorsqu'il dit que le récit du martyre de sainte Félicité et de ses sept fils vient d'une homélie de Grégoire le Grand, il répète les propos de la *Legenda aurea*, en réalité sa seule source[194] ; de même, lorsqu'il cite à propos de la passion d'Ignace d'Antioche, le sermon *Super psalmum «qui habitat»* de saint

---

[190] VB, *Spec. hist.,* XXV, 83. Le texte compilé renverrait au manuscrit JJJ 24 (BnF, lat. 15135) datant du XIIIᵉ siècle.

[191] EEE 16 (BnF, lat. 14657) copié au début du XIIIᵉ siècle et portant au folio 118v un ex-libris victorin du début du XIVᵉ siècle avec signature : «Frater Petrus me scripsit.»

[192] FF 13 (BnF, lat. 14587-183). Ce manuscrit, daté de la première moitié du XIIIᵉ siècle, contient aussi des sermons de Bède, Origène, Augustin, Ambroise ...

[193] Ars. 1117, fol. 28 : «Et legitur in quodam sermone qui legitur apud nos in commemoratione sancti Pauli : "in fine secundi anni ut ibidem ..."»

[194] Ars. 1117, fol. 44. Cf. JACQUES DE VORAGINE, *op. cit.,* p. 396.

Bernard, par ailleurs présent à Saint-Victor[195]. Il convient cependant de noter chez Jean une attention particulière aux sermons qu'il peut rencontrer dans ses différentes sources. Or, il semble qu'à Saint-Victor ce type de littérature servait aussi bien à la lecture privée faite dans le cloître qu'à la lecture publique du réfectoire. Les chanoines, dont certains en outre se livraient à l'activité oratoire, étaient littéralement «nourris» de sermons[196].

b) La Summa de ecclesiasticis officiis

Jean Beleth, théologien, passé par les écoles de Chartres avant de venir à Paris, a composé entre 1160 et 1164 un des plus grands traités de liturgie du Moyen Age[197]. Il s'y livre dans un latin assez élégant à la description nette et précise de la liturgie pratiquée au XIIᵉ siècle. Mais surtout il donne un caractère historique à ses explications, faisant ainsi de son livre une sorte de manuel d'archéologie liturgique. Son succès fut immense puisque l'on ne conserve pas moins de cent vingts copies médiévales de sa *Summa*. La plus grande période de diffusion fut le XIIIᵉ siècle et l'on voit que Saint-Victor en acquit au moins quatre exemplaires[198]. Il est donc assez compréhensible que cet ouvrage constitue à la fois une source directe du *Memoriale* et une source présente dans des œuvres-relais, tels la *Legenda aurea* et le *Speculum historiale*. Jean s'en sert comme un ouvrage d'archéologie chrétienne dans son récit des premiers siècles du christianisme.

c) Le nécrologe victorin

Il faut traiter ici d'un livre dont Jean a une connaissance intime car c'est un instrument quotidien de la liturgie[199]. Que l'auteur participe comme auditeur (lecture au réfectoire, assistance à la messe) ou plus probablement en tant qu'acteur par le sacerdoce ou par la fonction supposée d'*armarius*, la lecture du nécrologe imprègne sa mémoire et revient souvent textuellement sous sa plume. La pratique du nécrologe lui est, comme à son public, si naturelle qu'il n'éprouve pas le besoin d'indiquer qu'il s'en sert. Il l'utilise très avant dans la

---

[195] Ars. 1117, fol. 36. Cf. Jacques de Voragine, *op. cit.*, p. 157. Ce sermon se trouve dans un volume de sermons de saint Bernard (BnF, lat. 14304) qui ouvre dans le classement de Grandrue le pupitre consacré à ce Père (KK). Il fut copié au milieu du XIIᵉ siècle.

[196] J. Longère, *art. cit.*, p. 291-313, ici p. 295.

[197] Art. *Jean Beleth*, in : *DS*, 8 (1972), col. 285-286.

[198] Deux au moins de ces exemplaires sont attestés à Saint-Victor au XIIIᵉ siècle : QQ 20 (BnF, lat. 14593) et EE 18 (BnF, lat. 14860), cf. les notices que leur consacre G. Ouy, *op. cit.*

[199] N. Huyghebaert, *Les documents nécrologiques*, (*Typologie des sources du Moyen Age occidental*, 4), Louvain, 1975.

chronique puisque le dernier emprunt est fait en 1291 à propos de Jeanne, comtesse de Blois et d'Alençon[200]. Grâce au nécrologe, il peut préciser le quantième du mois de la mort de ses personnages, faire mention de leur sépulture victorine, il peut aussi faire leur éloge funèbre (en général repris textuellement) et donner éventuellement la liste de leurs donations. C'est une source privilégiée de l'histoire victorine. En effet, quel autre ouvrage – appelé parfois lui aussi *memoriale* – pouvait, mieux que celui-ci désigner avec autorité les personnes et les faits dignes de mémoire ... Le manuscrit consulté par l'auteur du *Memoriale historiarum* n'existe plus mais la «mise à jour» rédigée dans la seconde moitiée du XIVe siècle et conservée sous la cote BnF, lat. 14673 en donne une idée[201].

Au terme de cette énumération des sources non historiographiques, s'impose la part considérable des sources plus ou moins liées à la liturgie. La culture que l'auteur du *Memoriale* peut mettre en balance et en complément à sa culture proprement historiographique est forgée dans le creuset de la vie canoniale, tant dans le cadre communautaire (lectures au chapitre, au réfectoire, aux offices ...) que dans les temps réservés à la contemplation personnelle (*lectio divina*, études ...). Elle reflète donc nécessairement les tendances intellectuelles qui sont celles des victorins depuis la fin du XIIe siècle avec un double souci de la prédication (importance des sermons) et de la pastorale (rôle des *exempla* et des *vitae*).

L'inventaire que nous venons de parcourir ne prétend pas à l'exhaustivité. D'autres sources sans doute s'offriront au lecteur perspicace au hasard de sa lecture du texte et viendront encore approfondir notre connaissance. Mais la recherche entreprise pour cette étude témoigne de la richesse, de la variété, de la qualité de la culture de l'auteur. Elle met en évidence le rôle fondamental joué par la bibliothèque que se sont constituée en deux siècles les victorins. Enfin, elle révèle déjà les capacités de l'auteur du *Memoriale* à mobiliser des sources très nombreuses au service de son projet historiographique. Il faut donc examiner à présent l'utilisation qui est faite de ces sources, la méthode de compilation qui sous-tend la rédaction finale de l'œuvre.

---

[200] *RHF*, XXI, p. 633 : «Hoc anno Iohanna, comitissa Blesensis et Alanconis, obiit sine liberis (GN, I, p. 280) ; cuius mors devota et ante Deum, ut creditur, preciosa, ab aliquibus habetur iugi memorie commendanda, (Nécr., VII kal. Ian.) eiusque comitatus obvenit Hugoni comitis Sancti Pauli et eius fratribus scilicet Roberti Attrebatensi comitis ex matre, ac Galchero de Creciaco sive de Castellione.» (GN, I, p. 280).

[201] Ce nécrologe daterait des années 1350-1360 d'après J. L. LEMAÎTRE, *Répertoire des documents nécrologiques français*, 2 vol., Paris, 1980, I, n° 1316 (BnF, lat. 14673), n° 1318 (Ars 386).

CHAPITRE VII

Ego, hujus operis compilator (1)

Dans l'une des dernières copies du *Memoriale historiarum* produites au Moyen Age, la lettre initiale du prologue a été ornée de la représentation d'un scribe à sa table de travail[1]. L'idée d'une telle illustration à cet endroit précis de l'œuvre est remarquable. Elle permet, par la grâce de l'imagination, d'observer l'auteur à un moment décisif de son entreprise : il a rassemblé toute sa documentation, des manuscrits sont empilés sur le tour à livres, son équipe attend ses directives. La tâche est grande : la matière est là, à portée de main mais complexe, éparpillée dans de si nombreuses sources dont il va falloir comparer et évaluer les informations[2]. Jean de Saint-Victor est seul face à son œuvre en gestation. Il est le compilateur, il est l'auteur.

A – DOMINER LA MATIÈRE :
QUELQUES TRACES DE TRAVAUX PRÉPARATOIRES

Pour l'historien qui, comme Jean de Saint-Victor, prétendait manier de nombreuses sources, la constitution de dossiers par sujet, par époque ou par œuvre était une étape préalable indispensable à la bonne suite de la compilation.

---

[1] Cf. fig. 8.
[2] BnF, lat. 15011, fol. 4 r-v, cf. annexe IIIb.

1.   Entrer dans une source : l'exemple du *Speculum historiale*

Il était d'abord nécessaire de repérer dans chacune des sources les passages que l'on souhaitait reprendre dans son propre travail. Les manuscrits que nous savons avoir été utilisés par Jean ne portent que très rarement trace de la lecture qu'il fit dans ce but. Mais quelques cas exceptionnels témoignent que cette opération eut bien lieu : un paragraphe de la chronique d'Eusèbe de Césarée que l'on retrouve dans le *Tractatus* est ainsi annoté dans la marge du manuscrit BnF, lat. 14624 : *nota hec diligenter* [3].

Lorsque la source dont le chroniqueur envisage l'utilisation a la taille et la richesse du *Speculum historiale*, le travail de repérage de l'information est d'autant plus nécessaire. Il est bien sûr facilité si le manuscrit consulté est doté d'une table des matières. Mais Jean de Saint-Victor rencontre l'œuvre encyclopédique de Vincent de Beauvais quelques années avant que Jean Hautfuney ne lui donne ce formidable outil de lecture qu'est la table alphabétique. Il est donc contraint d'entrer dans le *Speculum historiale* par ses propres moyens. Ayant décidé de faire des livres II à V de ce texte la source principale d'une partie de son *Memoriale*, il choisit d'investir dans un travail d'indexation qu'il confie à l'un de ses collaborateurs. Cette partie n'a finalement pas vu le jour sous la forme prévue mais les victorins ont précieusement conservé les éléments de sa préparation qu'il est donc possible d'examiner.

Le manuscrit BnF, lat. 15010 présente dans ses folios 163-310 un extrait du *Speculum historiale*, des livres II à V (jusqu'au chapitre XXXII). La copie est soignée, le texte en est corrigé, les titres sont rubriqués. Cet extrait s'interrompt brusquement au bas du folio 310 sans que cette interruption corresponde pour autant ou à la fin d'un chapitre ou à la fin d'un cahier. Tout porte à croire que le copiste a reçu l'ordre de s'arrêter car la suite du texte n'intéressait pas l'auteur, du moins dans l'immédiat. Peut-être même avait-il dépassé de quelques chapitres la limite fixée à la fin du livre IV. La copie de cet extrait n'est donc pas destinée à entrer dans la bibliothèque mais a été effectuée expressément pour servir de source au *Memoriale*. L'indexateur le dit[4] : «ce livre est extrait du *Speculum historiale* de Vincent. Il comprend trois parties, la première va de Moïse à Cyrus, la seconde de Cyrus à Alexandre, la troisième s'étend jusqu'à Jules César». L'extrait est considéré comme formant un livre sans que soit

---

[3] BnF, lat. 14624, fol. 35v et BnF, lat. 15011, fol. 11.
[4] BnF, lat. 15010, bas du fol. 310v.

pris en compte la numérotation de Vincent, ou plutôt, chacun des livres II, III et IV du *Speculum historiale* devient une partie (*pars*) de l'extrait constitué en livre. C'est, semble-t-il, une première marque d'appropriation de la source par le compilateur. La table, destinée à inventorier le contenu de cet extrait, est mise en œuvre dans un même esprit.

Cette table couvre le verso du folio 310 et les recto et verso des folios 311 et 312[5]. Elle est divisée en trois parties, chacune correspondant à un des livres de l'extrait du *Speculum historiale*[6]. Mais en fait, seule la première partie, soit le livre II, a fait l'objet d'un dépouillement complet. La seconde partie (correspondant au livre III) est en cours d'indexation, et seules quelques mentions ont déjà été relevées pour la dernière partie (correspondant au livre IV). L'indexation se fait selon un ordre alphabétique approximatif qui tient plus d'un relevé au fil de la lecture que d'un véritable classement. L'indexateur a disposé sur la page les initiales qu'il jugeait nécessaires, puis a inscrit en dessous de chacune d'elle la liste des sujets qui l'intéressaient en notant à chaque fois la référence au(x) chapitre(s) correspondant du livre du *Speculum*. Le nombre de mots retenus pour chaque élément varie de un (*Dedicatio, Hercules* ...) à six (*Diomedes cum sociis mutantur in volucres*), la grande majorité étant composée de deux ou trois mots. Dans un tiers des cas environ, la formulation reprend plus ou moins le titre du chapitre[7], mais pour un autre tiers ces titres ont été tronqués ou changés[8]. Ce dernier procédé indique une volonté de briéveté mais aussi celle de ne retenir qu'un élément du chapitre de Vincent. Il arrive même que la référence de l'index soit tirée d'un point très particulier du chapitre ou d'une des phrases qui le composent[9]. Les renvois au(x) chapitre(s) sont dans

---

[5] Cf. fig. 6.

[6] En tête du fol. 310v on lit : «Capitula prime partis huius libri CXX». De même en haut du fol. 311v : «Capitula secunde partis huius libri a Cyro usque ad Alexandrum». En haut du fol. 312v : «Tercii libri capitula.»

[7] Exemples : «Altare duplex» vient de «De utroque altari», «Cretensium regnum oritur» correspond à «de ortu regni Cretensium», «Homerus» à «de Homero poeta»...

[8] «Asie regnum oritur» vient de «de ortu regni Macedonum», «Egipti plage» est un résumé de «de plagis egipti et exitu populi», «Etas quinta» est à rapprocher de «de fine quartis etatis et prophetia Ezechielis»; «Francorum initium» est une abréviation de «de ortu regni Latinorum et Francorum».

[9] «Arginorum regnum deficit LVII°» renvoie au début de la dernière phrase de ce chapitre dans le livre II du *Speculum* : «Arginorum regnum defecit et in Micenas translatum est, ubi primus Perseus regnavit...»; «Deorum cultus» vient d'un passage du chapitre CIV : «Varro in libro de cultu Deorum»; «Delfini natura CIX» a été rajouté à l'index. A la page correspondante on note dans la marge un *nota* quelque peu effacé.

l'ensemble exacts, même si l'on relève quelques erreurs[10]. Ils peuvent se faire vers plusieurs chapitres[11] et donnent alors une première indication sur la compilation à laquelle va procéder l'auteur en en résumant la matière ou en s'en servant comme fil chronologique. Sans en faire un procédé systématique, l'auteur, ou l'indexateur, a parfois indiqué par une rubrique marginale ou une accolade le long du texte le passage dont il a noté le sujet dans la table et qu'il souhaite extraire[12].

Ne nous y trompons pas : cette table alphabétique est un instrument de travail pour le compilateur et non une aide au lecteur du *Speculum*. C'est un index que le compilateur a «bricolé» pour son usage personnel[13], un usage considéré d'autre part comme provisoire (le temps de la compilation). Comme tout document préparatoire, cet index n'est pas appelé à survivre, il n'est pas précédé d'un prologue et aucun autre manuscrit du *Memoriale* n'en a gardé la trace. Mais sa conservation dans le lat. 15010 est un extraordinaire témoignage sur l'équipe qui entoure l'auteur et sur l'une des étapes du travail. Après s'être donné un outil pour se repérer dans la masse documentaire, l'auteur va pouvoir répartir la matière par sujet, il va pouvoir constituer des dossiers.

2. Etablir des dossiers de travail

Pour rendre compte de cette nouvelle étape du travail historiographique, nous sommes moins favorisés. Les dossiers supposées ont bel et bien disparu. Mais il faut cependant affirmer qu'ils ont existé sous une forme dont nous ne pouvons rien dire. En effet, la lecture de l'œuvre dans son ensemble permet de repérer la répétition de certains passages en des endroits différents du texte. Ceux-ci sont tirés des mêmes sources et sont même repris textuellement. Il faut donc imaginer qu'ils ont été composés à part et au préalable, puis insérés dans le cours de l'œuvre à chaque fois que cela était nécessaire. A lire la table évoquée ci-dessus, on imagine déjà le procédé. En effet,

---

[10] «Francorum initium LVII°» correspond en fait au chapitre LVI.

[11] «Helena rapitur LVIII et LIX»; «Iudicum tempora LVI, LVII et LIX, LXI, LXVII, LXVIII».

[12] C'est le cas d'Homère, noté «Homerus LXXXVII». Au chapitre correspondant on note une rubrique à l'encre noire «homerus» et une accolade tout le long du chapitre. On regrette de ne pas avoir le passage où Jean traitait d'Homère pour pouvoir vérifier si sa compilation reprenait bien l'extrait noté dans le *Speculum*.

[13] Sur ce type d'index rédigé par le propriétaire d'un manuscrit pour son usage personnel, voir M. A. et R. H. ROUSE, *La naissance des index,* in : H.-J. MARTIN (Ed.), *L'histoire de l'édition française*, I, *Le livre conquérant*, Paris, 1989, p. 95-108, ici p. 105.

rappelons-le, cette table était avant tout destinée à la compilation de la suite du premier livre du *Memoriale*. Or, plusieurs notations sont précédées d'un «R» qui pourrait bien désigner les mots *rex* ou *regna* et indiquer au copiste qu'il faudra recopier les chapitres du *Speculum historiale* ainsi annotés dans le *Tractatus de divisione regnorum*. Le procédé apparaît plus nettement si l'on examine un cas particulier mais non isolé, le discours sur l'origine troyenne des Francs.

Jean reprend tout ou partie de ce discours à quatre endroits différents du *Memoriale*[14] : dans le premier livre de la première partie il consacre les chapitres 96 et 97 à ce sujet[15] ; il y revient longuement dans le *Tractatus* (BnF, lat. 15011, fol. 29v-31) et y fait encore deux allusions dans la chronique, la première à l'année 377 (BnF, lat. 15011, fol.140v), la seconde en 385 (BnF, lat. 15011, fol.147v). On peut aussi penser qu'il se réservait d'en parler dans le second livre de la première partie puisque dans son dépouillement indexé du livre II du *Speculum historiale* il avait retenu cette question[16].

C'est dans le lat. 15010 que Jean fait un tour panoramique le plus large des sources sur l'origine des Francs. Il en cite une dizaine : la chronique de Hugues de Saint-Victor, le livre IX des *Etymologies* d'Isidore de Séville, la chronique de Sigebert, le livre V de l'*Historia ecclesiastica* de Hugues de Fleury, l'*Historia Francorum* de Grégoire de Tours, le livre III de l'*Historia Ierosolimitana* de Baudri de Bourgueil (tiré du *Speculum*), une *Hystoria quadam Francorum* (en fait, les *Gesta* de Guillaume le Breton), la *legenda sancti Dionysii,* le livre de Boèce intitulé *de Disciplina scolarium* (Pseudo-Boèce) et un passage tiré de l'œuvre de Bernard Silvestre. A quoi il faut ajouter sous le nom de *magister Hugo* des emprunts au *Liber Exceptionum* de Richard de Saint-Victor. La compilation de ces extraits est faite le plus souvent mot-à-mot.

A travers ces deux chapitres l'auteur s'est donc constitué un dossier de références et de textes sur la *Francia*, les *Franci* et *Parisius*, dossier qu'il va pouvoir réutiliser au gré des circonstances. Pour écrire le paragraphe sur le royaume des Francs dans le *Tractatus de divisione regnorum*, on le voit examiner les différents éléments rassemblés, constater la similitude des propos de Grégoire de Tours, Hugues de Fleury et Hugues de Saint-Victor et finalement choisir de reprendre à cet endroit l'extrait tiré du prologue de la chronique de

---

[14] Cf. annexe IV.

[15] Ch. 96 : «De Senonense urbe et provincia». Le texte est transcrit en annexe IV à partir de la rubrique «de Francia et de Francis» ; ch. 97 : «Item de eisdem».

[16] BnF, lat. 15010, fol. 310v : «Francorum initium LVII».

Sigebert[17]. Mais en le recopiant, il se permet quelques libertés : *crebrisque incursibus Romanum solum incessentes* devient tout simplement *indeque post exeuntes*. Arrivé à la fin de la phrase de Sigebert (*... a sua feritate mansuefieri coegit.*), remarquant que l'épisode suivant (l'alliance avec Valentinien contre les Alains) est situé plus tard dans le cours du temps, il renvoie son lecteur à l'année 343 (*Vide infra anno Domini CCCXLIII*) en lui donnant un résumé du texte de Sigebert dans lequel les mots de la source apparaissent nettement (ils sont indiqués en italique) :

> «*Vide infra anno Domini CCCXLIII°*. Post annos XXXIIII[or], (377) a Valentiniano I°, imperii sui anno X° evocati ut *Alanos sibi rebelles conterrerent* hac pactione quod X annis a tributo annuo sibi et Romanis debito forent immunes, ipsi *fortitudine et prudencia sua* iam experta, duce Priamo de quo infra, *Meotidas palludes Romanis invias ingressi, exterminaverunt Alanos. Valentinianus itaque eorum delectatus virtute, ipsos prius Troianos dictos, deinde Athenorides, post Sicambres, Francos eos lingua Attica* seu Greca vocavit, *quod latine interpretatur feroces.*»

La suite du *Tractatus* est également tirée de la chronique de Sigebert, mais d'un passage qui n'avait pas été copié dans le lat. 15010[18]. Cette observation laisse supposer que l'établissement de «fiches» et la constitution de dossiers n'excluaient pas le retour à la source originale quand cela s'avérait nécessaire. Voyons à présent ce qui se passe aux renvois annoncés. Le pacte avec Valentinien prend place en 377 mais le texte choisi n'est finalement pas celui de Sigebert. Après une phrase d'introduction de sa facture, Jean préfère compiler un extrait où l'on reconnaît le vocabulaire du livre V de l'*Historia ecclesiastica* de Hugues de Fleury[19] :

> «Circa hoc tempus Valentinianus Saxones et Alanos bello devicit. Alani autem Meothidas palludes transeuntes, ibi manere voluerunt ; sed rursus Valentinianus ibi eos persequens, dum situ et difficultate locorum impediretur, Troianos qui Sicambriam sub duce Anthenore habitabant in suum auxilium convocavit. Quibus tributa per X annos si dictas palludes possent transire et Alanos feroces superare *indulsit*. Quapropter *animati, cum essent* in labore duri et *locorum gnari*, eos devicerunt et expulerunt.

---

[17] BnF, lat. 15011, fol. 29 v : «De origine Francorum et de regibus et regni progressu satis concorditer loquitur Gregorius archiepiscopus Turonensis in Hystoria Francorum, Hugo Floriacensis V[to] libro hystorie sue, magister Hugo de Sancto Victore in cronica et Sigibertus, cum tractat de regno Francorum et quorumdam aliorum origine, sic dicit : "Post illud famosum et cunctis seculis notum Troiane civitatis excidium ..."» (SG, *Chron.*, MGH, SS, VI, p. 300).

[18] SG, *Chron.*, MGH, SS, VI, p. 300 : «Exacto decennio (...) internecionem proterunt».

[19] BnF, lat. 15011, fol. 140v.

Quorum *virtutem admirans* et laudans, imperator eos *Francos* quod attice sonat *feroces, appellavit* ; quod nomen usque hodie retinent. De hiis infra.»

Le second passage, en 385, est, quant à lui, écrit à partir de trois «fiches» différentes, celle de Sigebert, celle de Grégoire de Tours et enfin celle de Hugues de Saint-Victor. Les expressions tirées des sources sont indiquées en italique et l'identité de celles-ci est précisée entre parenthèses :

«Franci qui a Valentiniano I° propter victoriam quam habuerant de Alanis fuerant X annis a solito tributo quitati, ut supra dictum est, *presumentes de sua fortitudine et victoria habita, transactis etiam illis decem annis, non solum tributum negaverunt sed etiam Romanis rebellare ceperunt* (Sigebert). Propter quod Valentinianus frater Graciani, ducens contra eos exercitum, devicit eos et fugere compulit, ibique occisus est Priamus dux eorum secundum Gregorium Turonensems (Ce § n'apparaît pas chez G. de T.).Tunc igitur Sicambriam, quam diu habitaverant relinquentes, cum liberis et rebus suis Germaniam pecierunt ceperuntque primo circa Rhenum *in confinio Alemannie et Germanie habitare* (H. de St-V.) ; et post Priamum filius eius Marchomirus dux eorum factus est cum adiutorio aliorum duorum ducum, quia valde erant multiplicati (fol. 148). Principatus est annis XXXIII, scilicet cum Summone filio Anthenoris et Genebaudo secundum Hugonem de Sancto Victore, ceperunt hii tres in Sicambria a Francis dominari et inde egressi in Germaniam (H. de St-V.).»

Revenons pour terminer à la fin de la présentation du royaume des Francs dans le *Tractatus.* Jean évoque à présent l'histoire de Francion et de son peuple qui s'installa entre le Rhin et le Danube et y prospéra longtemps sans connaître le joug de la domination royale, jusqu'au temps de Priam qui fut le premier roi des Francs. Il compile ce passage après avoir remarqué qu'il était commun à Sigebert et Hugues de Saint-Victor[20]. Puis, il présente une autre version de l'origine des Francs tirée, elle, des *Gesta* de Guillaume le Breton. Notons que les mots de son introduction correspondent exactement au début du chapitre 97 dans le lat. 15010[21]. La «fiche» présentant cette seconde version est bien là prête-à-l'emploi. Mais d'une utilisation à l'autre, l'opinion de l'auteur sur chacune des sources la composant s'est affirmée : rédigeant le *Tractatus,* il déclare que le texte lu dans la

---

[20] BnF, lat. 15011, fol. 30 : «De hac materia subdit ibidem Sigibertus et idem asserit magister Hugo de Sancto Victore quod videlicet alii ...»

[21] BnF, lat. 15010, fol. 94v : «Aliam quoque opinionem de Francis ca° supra proximo secundum Sigibertum tactam, ponit idem Ma. Hu. communiter ibidem scilicet quod ...» ; BnF, lat. 15011, fol. 30 : «Aliam opinionem de Francis tangit magister Hugo de Sancto Victore quam ego memini perfectius in quadam hystoria reperisse scilicet quod ...»

quaedam hystoria est meilleur (*perfectius*) que celui du maître victorin. C'est sans doute pour cette raison qu'il choisit d'en donner un passage beaucoup plus développé que dans le chapitre 97 de la première partie. Mais il revient ensuite à l'ordre de ce chapitre, ou de sa «fiche», en insérant, avec les mêmes mots introductifs[22], le petit extrait de Baudri de Bourgueil. Il poursuit son récit à l'aide de l'*hystoria quaedam*, en recopiant presque textuellement le passage qu'il avait compilé pour le chapitre 97. Puis, empruntant de nouveau des éléments au paragraphe consacré aux Francs par Sigebert et des éléments tirés de ses autres sources, il établit un résumé personnel de l'origine des Francs jusqu'à l'avènement de Pharamond, point de départ de la succession royale.

Rédigeant une œuvre qui comprenait à la fois une *descriptio orbis terrarum*, un *Tractatus de origine regnorum* et une chronique universelle, Jean de Saint-Victor était obligatoirement amené à aborder plusieurs fois les mêmes événements, à présenter à plusieurs reprises les mêmes personnages. De là la nécessité absolue de constituer des dossiers. Outre un gain de temps certain au moment de la compilation, ils offraient une vue d'ensemble de la matière sur un sujet donné, facilitaient la critique des sources et permettaient d'adapter un traitement différentiel et de chaque source et de l'ensemble selon les circonstances du récit. Nous avons pu constater que ce système fonctionnait fort bien dans le *Memoriale historiarum*, du moins dans la seconde version car il n'est pas sûr qu'il ait été mis en place dès le départ[23]. Il est une preuve du degré de technicité auquel est parvenu l'auteur. C'est d'ailleurs par un procédé similaire que celui-ci prépare la matière de la partie contemporaine de sa chronique. Les sources n'y sont plus seulement les livres authentiques mais les souvenirs que sa mémoire peut enregistrer.

3. Préparer le récit des temps contemporains en prenant des notes

L'année 1303 marque un tournant dans la façon dont Jean restitue ses souvenirs. De deux à trois faits qu'il retenait pour chacune des années précédentes, – et encore avons-nous souligné les approximations et les erreurs – pour cette seule année 1303, ce sont sept événements que Jean est capable de dater avec plus de précision que ses

---

[22] BnF, lat. 15010, fol. 94v : «Huic concordat verbum Baldrici Dolensis episcopi ... » ; BnF, lat. 15011, fol. 30v : «Huic concordat quod dicit Baldricus ...»

[23] Dans la première version, l'éventail des sources est beaucoup moins large et une seule source suffit le plus souvent à présenter un épisode.

sources. Ce rythme se maintient au cours des années suivantes et ce jusqu'en 1312, année à partir de laquelle il reprend, pour la suivre étroitement, la *Chronique rimée* de Geoffroi de Paris. De 1303 à 1312, la moyenne des souvenirs enregistrés est d'un peu plus de six par an, nous sommes donc loin des éphémérides évoqués par Charles Samaran[24]. Selon les années le nombre de souvenirs datés varie assez fortement. Ainsi, 1304 et 1309 sont-elles des années fastes, avec respectivement quatorze et dix souvenirs; en revanche, 1306-1307 apparaissent comme des années moins marquantes puisqu'il ne retient pour chacune d'elles que quatre souvenirs; enfin, dès 1311, le nombre d'événements enregistrés et datés tombe brutalement à deux.

Contrairement à ce que l'on pourrait penser, ces variations du nombre de souvenirs datés par année ne semblent pas correspondre à une actualité plus ou moins chargée et digne d'intérêt. Sans doute faut-il davantage mettre ces variations sur le compte de la disponibilité du chroniqueur. La façon dont est traitée l'année 1304 révèle combien l'homme est loin d'être à l'affût de ce qui fait l'événement. En effet, alors que l'on attendrait un récit suivi des affaires de Flandres, elles ne font l'objet que de cinq dates, soit un tiers seulement des événements datés cette année-là. Pour le reste, il note des faits aussi différents que la date du décès de l'évêque de Paris, Simon Matifas, celles de l'élection et de l'intronisation de son successeur, Guillaume d'Aurillac[25] (été-hiver 1304-1305), la convocation envoyée aux prélats par le roi entre l'Ascension et la Pentecôte[26], la grève puis la reprise des cours à l'Université de Paris à la Toussaint[27], la mort de Benoît XI au début du mois de juillet[28], les conditions météorologiques détestables qui sévirent cet été-là[29], la mort du vieux cardinal Matthieu Rufus à Pérouse le 4 septembre, enfin la translation du corps de Robert d'Artois à Maubuisson «le mardi qui suivit la Sainte Lucie». Il ne tient pas un journal de bord, se contente de noter quelques faits et dates qui le marquent mais qui n'appartiennent pas pour autant à «la grande histoire». De temps à autre, il doit se livrer à une petite mise à jour récapitulative, si on en croit ses efforts pour dater certains événements les uns par rapport aux autres. Le travail

---

[24] Ch. SAMARAN, *Jean de Saint-Victor, chroniqueur*, in: *HLF*, 41 (1981), p. 1-30, ici p. 1.
[25] *RHF*, XXI, p. 642.
[26] *RHF*, XXI, p. 642.
[27] *RHF*, XXI, p. 642.
[28] *RHF*, XXI, p. 644.
[29] *RHF*, XXI, p. 644.

de la mémoire est facilité par une prise de notes plus régulière mais celle-ci n'est pas systématique.

La datation plus abondante et plus précise que Jean propose pour les années 1303-1312 est finalement moins à mettre en relation avec une actualité qu'avec un espace. Reprenons l'année 1304 évoquée ci-dessus et laissons de côté les événements de Flandres dont nous avons déjà parlé. Nous voyons alors le chroniqueur suivre avec toute son attention la succession au siège épiscopal de Paris : il note avec soin la date de la mort du titulaire, la date de l'élection du successeur, Guillaume d'Aurillac, et celle de son intronisation. Il est également capable d'affirmer, qu'après la cessation des cours à l'Université de Paris, la *resumptio lectionum* eut lieu le mardi après la Toussaint. Enfin, il précise que le corps de Robert d'Artois, mort sur le champ de bataille de Courtrai, arriva à Pontoise le mardi qui suivit la fête de Sainte Lucie. Il ajoute que le roi, qui avait assisté à l'enterrement de son oncle, passa au même endroit les fêtes de Noël. Nous relevons donc pour cette seule année 1304 six dates concernant des faits qui se sont déroulés à Paris ou dans les environs proches. Si l'on étend cette enquête à l'ensemble des années 1303-1312, on constate que trente des soixante dates fournies par Jean de Saint-Victor ont trait à des événements parisiens ou disons franciliens. Et si l'on ne retient que les événements datés très précisément du jour de la semaine, de la fête d'un saint ou du quantième d'un mois, soit vingt-six mentions, huit seulement sont étrangères à Paris et sa région. Il y a donc, semble-t-il, un rapport étroit entre les sélections opérées par la mémoire et l'espace familier de celui qui l'exerce. Jean note les faits qui se déroulent dans son environnement immédiat, pour le reste il préfère faire confiance à ses sources.

L'effort de classement de ses souvenirs s'exerce dans un cadre annuel comme l'indiquent les mentions *in principio hujus anni, eodem anno* ... En revanche à l'intérieur de ce cadre l'ordre est souvent imprécis : les bouleversements de la chronologie, le recours fréquent aux expressions *circa hoc tempus, eodem tempore, postmodum* ... disent assez combien la prise de notes est plus récapitulative que régulière, que le contenu précis de chaque année ne se décide finalement qu'au moment de la rédaction finale.

Dans l'ensemble, la mémoire de Jean est plus précise que celle de ses sources. Elle témoigne de l'efficacité du travail préparatoire, même si celui-ci n'a pas toujours été régulier. Mais, et c'est cela qui paraît le plus remarquable, elle est éminemment sélective. Elle révèle les difficultés à rendre compte de l'histoire universelle de son temps. Soudain, l'horizon se rapproche et les souvenirs qu'enregistre l'auteur dans sa mémoire sont ceux d'un bien petit univers qui contraste avec la volonté de composer une œuvre à vocation universaliste et l'abondance et la variété des sources qui y contribuaient jusque-là.

B – Citer et critiquer les sources

Dans son prologue Jean de Saint-Victor revendique le titre de *compilator*. Depuis deux siècles déjà, ce terme avait conquis ses lettres de noblesse pour désigner l'historien érudit, soucieux de livrer à son public une œuvre remarquable par son sérieux. Jean oppose ce premier terme à celui d'*inventor*, afin de rappeler que la matière première de son travail est constituée de sources faisant depuis longtemps autorité, que sa tâche à lui, n'est pas de dépasser ces sources mais au contraire de les présenter en respectant non seulement leur sens mais aussi leurs mots propres : ... *non tamen sentenciis sed eciam verbis utar*[30]. Cette profession de foi invite à examiner les références aux sources données par l'auteur du *Memoriale* et à nous interroger sur sa capacité à critiquer les différents témoignages qui lui sont proposés.

1. Donner ses références

a) La place des références dans le texte et en apparat

L'habitude avait été prise par certains historiens d'indiquer en tête de leur ouvrage les sources dont ils s'étaient servi. Jean, lui, ne fait pas ce choix rendu peut-être impossible par la très large masse documentaire sollicitée. Les quelques noms qui apparaissent dans le prologue ne cherchent pas vraiment à faire illusion. Certes, le chroniqueur s'abrite derrière leur autorité, mais leur mention est essentiellement à replacer dans le contexte de la question des discordances de la *distinctio temporum*. En fait, à l'exception d'Isidore, dont on rencontre les *Etymologies* dans la première partie et dans le *Tractatus de divisione regnorum*, et de Hugues de Fleury, ces auteurs sont absents du *Memoriale historiarum*. Il faut chercher ailleurs les indications fournies par Jean sur ses sources. Dans la première partie, elles sont systématiquement notées en marge du texte. On repère une pratique similaire, quoique beaucoup plus irrégulière au cours de la chronique. Mais c'est encore dans le texte que l'on relève les informations les plus précises. Incontestablement Jean a souhaité faire référence à ses sources, voire offrir à son lecteur, par

---

[30] BnF, lat. 15011, fol. 4v.

la précision de ses notations, des voies d'accès aux textes originaux. Il n'a pas cherché pour autant à faire montre d'une érudition fallacieuse en multipliant les références imaginaires[31].

Ce souci des références est précoce car, dès la première version du travail, les principes de citation des sources sont en place. Néanmoins, force est de constater, et ce également dès la première version, que les mentions, nombreuses et précises au début du récit, se raréfient à mesure que l'on avance dans la lecture. Négligence de l'auteur, du copiste, ou tout simplement volonté de ne pas briser le rythme du récit par ce type d'annotations. Dix à quinze ans, peuvent alors s'écouler sans que la moindre source soit évoquée. Les sources sont fréquemment citées jusqu'au ve siècle, assez régulièrement entre v^e et le xiie, puis disparaissent presque totalement du récit[32]. Outre la fluidité de la narration, cette constatation est vraisemblablement à mettre sur le compte d'une réticence à citer les auteurs récents, commune à bien des historiens médiévaux. C'est pourquoi les noms de Géraud de Frachet et Guillaume de Nangis, à qui pourtant Jean doit l'essentiel de sa matière pour les xiiie et xive siècles, n'apparaissent jamais. Ni bien sûr ceux de Guillaume Guiart et Geoffroi de Paris qui ajoutent à leur modernité la tare supplémentaire d'être des versificateurs. Par ailleurs, ce phénomène est sans doute aussi à mettre en relation avec la nature de la source, dont dépend également le degré de précision de la citation.

b) Un degré de précision variable

Pour pouvoir citer convenablement ses sources l'historien avait en effet besoin de trouver en leur sein des points de repère, tel un découpage en livres et chapitres. Les œuvres dotées de ce système de division sont plus faciles à citer et donc plus fréquemment citées. Ce postulat se retrouve dans le *Memoriale* : les références à la Bible et aux textes des auteurs anciens (l'*Historia ecclesiastica* d'Eusèbe ou l'*Historia tripartita,* pour ne prendre que deux exemples) sont données avec une grande précision. Jean est alors capable d'indiquer le nom de

---

[31] Par deux fois cependant on le surprend à citer des sources qu'il n'a pas utilisées. Il s'agit tout d'abord du texte d'Adon de Vienne qu'il dit compiler lorsque la chronique de Sigebert vient à sa fin, ce qui pour des raisons chronologiques est impossible (BnF, lat. 15011, fol. 372v). Un peu plus loin, il relate la retraite de Philippe Ier à Saint-Benoît-sur-Loire «secundum Hugonem Huntonensem in chronicis suis». Cf. supra ch. VI.

[32] C'est presque par hasard, à l'occasion d'une question que se pose Jean sur sa source, que le lecteur apprend qu'il tire son information de la *Vita Thomae Cantuariensis,* BnF, lat. 15011, fol. 394 : «Dieque XXX^{ma} post reditum sancti Thome in Angliam, instigantibus episcopis interdictis et excommunicatis, rex Henricus, non exprimitur in legenda quis utrum senior vel iunior, ad eum misit quatuor satellites ...»

l'auteur, le titre de l'ouvrage, le numéro de la partie ou du livre et jusqu'au chapitre cité. Les quelques sondages effectués permettent d'affirmer une grande exactitude des références même si elle n'est pas tout à fait exempte d'erreurs. Mais elles sont plutôt le fait de l'inattention du copiste[33]. Il n'en demeure pas moins que la notation précise, tout fréquente qu'elle est, – surtout en regard du traitement des autres sources –, n'est pas systématique.

En revanche, ces œuvres, qu'il peut citer avec une grande précision, sont aussi celles dont il sait repérer la rédaction dans l'histoire, elles font partie du «bagage» de l'humanité[34]. Quant aux autres sources, leur citation est beaucoup moins précise. Les histoires écrites par Hugues de Fleury, Guillaume de Jumièges et Guillaume de Malmesbury, malgré leur découpage en livres et chapitres, ne font pas (ou peu dans le cas de Hugues de Fleury) l'objet de références complètes. La citation du titre de l'œuvre varie d'un passage à l'autre du *Memoriale*: le texte de Guillaume de Jumièges est en général dénommé *Hystoria Northmannorum,* parfois *Hystoria Northmannorum vel Anglorum.* On s'en étonnerait à tort: au XIVᵉ siècle, on constate une certaine indifférence des scribes et des lecteurs à l'égard de ces titres que l'on oublie parfois tout simplement de recopier[35]. L'attention est davantage retenue par le genre du texte, même si on sent un peu de flottement dans la définition: les *Gesta regum Anglorum*[36] de Guillaume de Malmesbury sont présentés comme une chronique, dont il importe peu de connaître le titre exact.

Si les histoires et les *Gesta* sont convenablement attribuées à leur auteur respectif[37], les chroniques connaissent un sort plus flou. Le problème ne se pose pas pour des chroniques aussi prestigieuses que

---

[33] Ainsi à propos des Burgondes, la référence au livre XII de l'*Historia tripartita* est exacte dans l'*exordium* de la première version (Ars. 1117, fol. 8) et dans les chapitres géographiques de la première partie (BnF, lat. 15010, fol. 68); en revanche, elle renvoie par erreur au livre XI dans la seconde version (BnF, lat. 15011, fol. 32)

[34] Ars 1117, fol. 76 (332): «... ibi finit Eusebius Cesariensis chronica sua, licet Niceno consilio interfuit sed post, ista continuat Ieronimus.»; Ars 1117, fol. 132 (397): «Ibi finitur Hystoria ecclesiastica». Jean tient compte de la continuation de Rufin; Ars 1117, fol. 188 (593): «Huc usque Gregorius arch. Turonensis Hystoriam Francorum scripsit».

[35] B. GUENÉE, *Histoire et culture historique dans l'Occident médiéval,* 2ᵉ éd., Paris, 1991, p. 200-202.

[36] BnF, lat. 15011, fol. 279v: «Guillelmus Malmesberiensis dixit in cronica ...»

[37] BnF, lat. 15011, fol. 311: «... secundum G. monachum Gemeticum qui scripsit hystoriam Northmannorum ...»; BnF, lat. 15011, fol. 395v: «Nota quod gesta Philippi regis Francie scripsit Guillelmus capellanus eius, qui ea vidit.» En revanche, Rigord et ses *Gesta* ne sont jamais mentionnés.

celles de Sigebert de Gembloux et de Hugues de Saint-Victor. Les références à *Sigebertus in cronicis* ou *Ma. Hu. in cronicis* ne se comptent plus. Ces deux textes sont si familiers et si largement mis à contribution que Jean y fait des références implicites : *secundum Hugonem* renvoie toujours à la chronique de Hugues et *secundum chronica* peut sous-entendre *Sigiberti*[38]. Mais en dehors de ces deux cas, on rencontre un certain nombre de chroniques pour lesquelles l'auteur brouille les pistes plutôt que d'aider à les identifier : ce qu'il appelle *Hystoria Britonum,* du nom de l'œuvre de Nennius, est en fait un dossier sur l'Angleterre composé de plusieurs pièces élaborées à des époques différentes ; il faut se livrer à quelques recherches avant de reconnaître derrière les mots *ut legitur in chronicis Anglorum* l'œuvre de Roger de Hoveden et, lorsqu'apparaît l'expression *hystoria Anglorum,* on est pour le moins perplexe et il faut quelques vérifications pour s'assurer qu'il s'agit bien du même texte[39].

Il est possible que le genre de la chronique, qui malgré tout n'a pas rejoint dans les esprits le degré d'autorité des histoires, soit à l'origine de ces références imprécises. Il est probable également que l'on ne sait pas toujours à qui attribuer ces chroniques qui se sont multipliées depuis le XIIe siècle et qui ont souvent fait l'objet de compilations successives. De là les nombreuses références à des *quadam chronica* plus ou moins anonymes. Enfin, le mode de transmission peut également gêner l'identification de la source par le compilateur : on ne sait comment il a connu le texte de Roger de Hoveden, peut-être un étudiant anglais de passage à Saint-Victor lui en a-t-il donné une copie sans pouvoir lui préciser qui en était l'auteur, où elle avait été rédigée et, visiblement, aucune mention sur le manuscrit ne permettait de suppléer à ce manque d'érudition. Alors Jean la dénomme par l'usage qu'il en fait. Après l'*Hystoria Britonum* et les *Gesta* de Guillaume de Malmesbury, elle complète son information sur l'Angleterre et devient pour lui, tout naturellement, des *chronica Anglorum.*

Évoquons enfin très rapidement les textes hagiographiques, pour dire que Jean y renvoie généralement par l'expression *in legenda sua* sans plus de précision. Ce type de sources est certainement considéré comme ayant moins d'autorité, ce qui peut expliquer la forme très

---

[38] BnF, lat. 15011, fol. 309v : «... que (Gisla) secundum chronicas dicitur fuisse filia Lotharii regis Lotharingie et secundum chronographos dicitur fuisse filia Karoli Simplicis». La première partie de la phrase se retrouve effectivement chez Sigebert, *Chron.,* MGH, SS, VI, p. 343.

[39] BnF, lat. 15011, fol. 411.

vague de la citation. Mais il faut aussi considérer que l'usage liturgique de ces textes hagiographiques les rendait très familiers à l'auteur
et à son public et qu'une référence tacite suffisait bien souvent.

  c) La question des sources citées par l'intermédiaire d'une autre source

  Citer ses sources, c'est à la fois faire état de sa culture et montrer
son honnêteté scientifique. Mais que se passe-t-il lorsque l'historien
du xivᵉ siècle utilise une source au travers d'une autre plus récente?
Sait-il «rendre à César ce qui est à César» et distinguer l'auteur du
texte cité de l'intermédiaire par lequel il en a eu connaissance? Cher-
che-t-il à faire illusion en accumulant les noms sans faire le tri entre
ce que nous appelons, nous autres modernes, les sources et la
bibliographie? Chez Jean de Saint-Victor, la réponse est moins nette
que nous pourrions le souhaiter. Ainsi, les citations du prologue sont
vraisemblablement tirées d'un florilège mais le chroniqueur n'en dit
rien. L'usage d'un tel ouvrage, devenu pourtant un outil de travail
tout à fait banal au xivᵉ siècle[40], reste inavouable. Par ailleurs, nous
avons remarqué lors de l'inventaire des sources que les sermons, dont
l'incipit était mentionné dans le *Memoriale,* l'était quelques fois par le
biais de la *Legenda aurea,* ce que Jean se gardait bien de dire. Il semble cependant que bien souvent il ait cherché à informer convenablement son lecteur de manière à lui permettre de retrouver le texte
exact. En fait, deux cas de figure peuvent se présenter.

  Dans le premier, Jean indique très précisément la tradition par
laquelle le texte a été transmis, donnant les sources de sa source : il
tire le récit du martyre de Polycarpe de l'*Histoire ecclésiastique*
d'Eusèbe de Césarée, tout en précisant que celui-ci tient son information d'Irénée de Lyon. C'est d'après la lettre du Pseudo-Clément
que le même Eusèbe peut, au chapitre 13 du livre IV de l'*Histoire
ecclésiastique,* faire mention d'un certain nombre d'hérétiques[41] ; un *ut
dicit Tertullianus* ne doit pas tromper, et ne cherche pas le faire, car il
est suivi d'un *et habetur in V° libro Ecc. Hyst. c° V°*, qui dit sans ambiguïté quelle est la source réellement consultée. Les expressions
sumens ab, et habetur in ou *et refertur in* suivies du nom d'une source
largement utilisée sont des gages de l'honnêteté dont l'auteur entend
faire montre.

---

[40] R. H. ROUSE, *L'évolution des attitudes envers l'autorité écrite : le développement des instruments de travail au xiiiᵉ siècle,* in : G. HASENOHR et J. LONGÈRE (Ed.), *Culture et travail
intellectuel dans l'Occident médiéval.* Bilan des Colloques d'Humanisme médiéval (1960-
1980), Paris, 1981, p. 115-144.

[41] Ars. 1117, fol. 47 (168) : «Multi tunc ceperunt esse heretici, quorum multos enu-
merat Eusebius, sumens ab epistola dicti Clementis, IIII° libro Ecc. Hyst. c°XIII°.»

Le *Speculum historiale* constitue le second cas de citations par l'intermédiaire d'une source-relais. Là, l'attitude de Jean de Saint-Victor est plus délicate à cerner. Le lecteur est en fait confronté à une double question : quand Vincent est-il nommément cité ? et, quand Jean compile un texte d'après le *Speculum*, comment établit-il sa référence ? Remarquons en premier lieu que les renvois au *Speculum historiale* sont le plus souvent imprécis : *secundum Vicentium, Vicencius dicit quod* sont les expressions les plus fréquentes, le titre de l'œuvre, le numéro du livre sont beaucoup plus rares, le numéro du chapitre n'apparaît jamais, du moins dans la chronique. Il n'est pas aisé de dire avec certitude en quelles circonstances Jean nomme le dominicain. Peut-être est-ce lorsqu'il fait allusion au travail spécifique du compilateur : la chronologie, la disposition des épisodes dans le cours du récit ... En revanche, s'il peut se produire que *Vicencius* désigne un passage noté *actor* dans le *Speculum*[42], la correspondance est loin d'être systématique et elle n'est jamais ouvertement mise en avant par Jean. Par ailleurs, celui-ci semble attribuer à Vincent tout ce qui vient d'*ex chronicis*[43].

L'encyclopédiste dominicain ne paraît pas jouir dans le *Memoriale* d'une autorité particulière, contrairement aux auteurs que Jean cite par son intermédiaire : les passages extraits de la chronique d'Hélinand le sont sous le nom du cistercien[44] sans que soit jamais précisé que la compilation en a été effectuée à partir du *Speculum* ; de même pour Guillaume de Malmesbury[45], dont le cas est un peu particulier en ce sens que sa chronique fait parallèlement l'objet d'une compilation directe ; c'est encore le cas d'Odon de Cluny[46] et seule l'absence de trace d'un manuscrit de cet auteur dans la bibliothèque victorine met sur la piste du *Speculum*. Odon, Hélinand et Guillaume sont des autorités suffisamment reconnues pour que Jean les nomme sans faire référence à la source-relais, au réservoir de textes qui lui a

---

[42] BnF, lat. 15011 fol. 198 : «De ipso sancto Patricio narrat Vincentius quod ... » (VB, *Spec. hist.*, XX, 23-24, *author*)

[43] BnF, lat. 15011, fol. 310 : «Vincencius autem sic dicit : "Tunc ira Dei erga Franciam versa est in misericordiam (...)unde ex Rollone dictus est Robertus et hic primus dux Northmannie" (VB, *Spec. hist.*, XXIV, 53, *ex chronicis*)».

[44] BnF, lat. 15011, fol. 369 : «De ipso Stephano (Etienne Harding) refert Helinandus XL°VII° libro hystorie sue quod cum nunciatum ei esset ... (VB, *Spec. hist.*, XXVI, 2, *Helinandus lib. XLVII°*)»

[45] BnF, lat. 15011, fol. 310 : «Aliter autem secundum G. Malm. qui dicit sic : "Karolus simplex (...) que sunt appendicia Normannie." Hoc Guillelmus. (VB, *Spec. hist.*, XXIV, 54, *Guillelmus*)».

[46] BnF, lat. 15011, fol. 310v : «Odo Cluniacensis dicit quod ab Autysiodoro relatum est ... (VB, *Spec. hist.*, XXIV, 53, *Odo abbas Cluniacensis*)».

simplement permis de suppléer aux lacunes de la bibliothèque de Saint-Victor. Ajoutons qu'il bénéficie du soin avec lequel Vincent a indiqué ses sources, puisqu'il peut grâce à lui noter des références d'ouvrages qu'il n'a pas pu avoir en mains. Cependant, il se peut que ce procédé ne l'ait pas pleinement satisfait. En notant plusieurs fois dans la marge, et non plus dans le texte, le nom de *Vicencius,* il est possible qu'il ait tenu à préciser à son lecteur le livre, – et non plus l'œuvre –, d'où il avait extrait tel ou tel passage[47]. L'intention est louable mais elle n'est pas sans susciter de nouvelles difficultés. En effet, tout irait bien si ces notes marginales renvoyaient à une source citée expressément dans le texte. Or, ce n'est pas toujours le cas. Ainsi, par exemple, au fol. 307 du manuscrit BnF, lat. 15011 où *Vicencius* apparaît en marge d'un extrait sans auteur nommé. Il s'agit en fait d'une phrase tirée de la chronique de Sigebert mais visiblement compilée à partir du *Speculum.* Le lecteur non averti mais attentif aux aides disposées sur la page par l'auteur risque fort d'attribuer la paternité de cette phrase à Vincent de Beauvais au détriment de Sigebert de Gembloux.

Jean de Saint-Victor déploie donc de réels efforts pour donner ses références et les donner convenablement. En cela, il est bien dans la lignée des auteurs du XIVe siècle dont on peut noter le souci croissant de précision dans ce domaine[48]. Mais comme aucun d'entre eux il n'est parvenu à un procédé systématique. Sa critique des sources, guidée par une même exigence de véracité, est-elle plus heureuse?

2. La critique des sources : une exigence de véracité

Si la poésie a pour but premier de charmer le lecteur, si l'hagiographie cherche avant tout à édifier le fidèle, «pour l'histoire la vérité est l'essentiel»[49]. Jean en est profondément conscient : «il y a» dit-il dans le prologue «un chemin de vérité» (*trames veritatis*) dont certains chroniqueurs ou auteurs de textes hagiographiques, – que la charité interdit de nommer –, se sont écartés»[50]. Le chroniqueur victorin donne, et dans le prologue et dans le cours de son *Memoriale,* quelques traces de la critique de ses sources. Ce souci apparaît clairement dès la première version et ne subit pas de modifications à l'occasion

---

[47] On trouve ces notes marginales dans le manuscrit BnF, lat. 15011, par exemple aux fol. 307 et fol. 308v.

[48] B. Guenée, *op. cit.*, p. 119-120.

[49] B. Guenée, *op. cit.*, p. 109.

[50] BnF, lat. 15011, 35v.

de la mise en œuvre de la seconde version. C'est pourquoi les exemples exposés ci-dessous ont été choisis indifféremment dans l'une et l'autre des deux versions.

a) L'autorité des sources

Toutes les sources qui s'offrent à l'historien n'ont donc pas la même valeur, la même autorité. Reprenant, à la suite de bien d'autres, les mots de Hugues de Fleury, Jean distingue les histoires des fables de bonnes femmes. Quels sont les critères qui lui désignent une source comme recevable? Indéniablement le critère technique de la chronologie. Il y revient à plusieurs reprises dans le prologue et dans l'appendice qui suit le *Tractatus de divisione regnorum.* Il n'y a pas, à ses yeux, d'histoire crédible qui puisse faire l'économie de la chronologie. L'absence de prise en compte de celle-ci ou une prise en compte insuffisante suffit à disqualifier des textes dont l'Eglise a pourtant autorisé l'usage liturgique :

> ... *nonnullos scriptores gestorum principum et legendarum sanctorum, que eciam quandoque in ecclesia leguntur* ...[51]

Cependant, l'approbation d'une œuvre est un élément qui garantit son autorité : Jean rappelle que la *vita* de saint Silvestre, dont on dit qu'elle a été écrite par Eusèbe de Césarée, a reçu l'approbation du pape Gélase, qui plus est lors d'un concile[52]. C'est l'approbation répétée de la tradition commune qui tranchera à chaque fois que le chroniqueur constatera un désaccord entre deux sources[53]. Parallèlement à l'exigence chronologique, c'est finalement l'approbation qui fait d'une source un *liber autenticus,* un texte que l'on peut recevoir en toute confiance et offrir à son tour au lecteur sans crainte de le tromper[54]. Le prestige de certaines œuvres les classe incontestablement parmi les *libri autentici* et leurs auteurs sont reconnus comme des *auctoritates.* Jean semble d'ailleurs établir une certaine hiérarchie. Il évoque dans le prologue des *majora opera* et cite quelques noms : la Septante, Denis, Marian Scot, Eusèbe et Jérôme. Pour d'autres, l'autorité, moins ancienne est plus délicate à établir. La qualité de

---

[51] BnF, lat. 15011, 35v.

[52] Ars. 1117, fol. 72v : «Hec et alia multa notanda dixit qua leguntur in vita sancti Silvestri, quam ut dicitur, Cesariensis Eusebius compilavit et papa Gelasius in concilio LXXᵃ episcoporum approbavit».

[53] BnF, lat. 15011, fol. 4v : «In hoc autem opusculum numerus ponitur qui a pluribus approbatur.»

[54] B. GUENÉE, *op. cit.*, p. 133-134, mais surtout *«Authentique et approuvé». Recherches sur les principes de la critique historique au Moyen Age,* in : *Actes du Colloque international sur la lexicographie du latin médiéval* (Paris, 1978), Paris, 1981, p. 215-229.

familier du roi et de témoin oculaire peut alors jouer en faveur de l'auteur et garantir l'authenticité de son texte. C'est ce qui se produit pour Guillaume le Breton, dont le victorin souligne qu'il fut le chapelain de Philippe Auguste et qu'il vit de ses yeux les faits et gestes royaux relatés dans son œuvre[55]. La hiérarchie d'autorité se fait encore sentir par la comparaison : les légendes offrent une garantie moindre parce que certains faits qu'elles rapportent ne sont pas présents dans les textes authentiques ou dans les chroniques[56]. Assurément, les textes hagiographiques occupent une position inférieure dans la hiérarchie des sources telle que Jean peut l'établir.

b) Quelques aspects de la critique historique

Nulle part dans le *Memoriale* l'auteur ne présente à son public une méthode de critique historique. On ne saurait lui en faire le reproche, les premiers exemples d'une telle démarche intellectuelle ne remontant pas au-delà de la fin du xve siècle[57]. Néanmoins, on relève au cours de la lecture des réflexes de critique, les marques d'un raisonnement sur les sources. Permettent-ils de juger du degré d'esprit critique dont fait réellement preuve Jean de Saint-Victor ?

Le pragmatisme, la nécessité de rassembler une documentation suffisamment exhaustive, ont contraint le chroniqueur à quelques accomodements à l'égard du principe posé dans le prologue de ne recourir qu'à des livres authentiques. Il a d'ailleurs l'honnêteté de le reconnaître en parlant çà ou là d'une *quaedam hystoria non multum autentica* ...[58]. Il s'efforce, en faisant la part du vrai et du faux, de tirer tout le profit possible d'un texte dont il sait l'authenticité douteuse : *in hoc tamen potest veram dicere causam quare* ... Les historiens modernes ne renieraient pas une telle attitude, juste équilibre entre le respect dû aux autorités et l'ultra-criticisme, si l'on veut bien pardonner cet anachronisme.

Disons que le cas que nous venons d'évoquer est assez exceptionnel et qu'en temps ordinaire Jean de Saint-Victor, loin de rejeter les autorités, les suit lorsqu'elles concordent. Il émet parfois un regret ou un reproche discret devant des lacunes, des imprécisions de ses

---

[55] BnF, lat. 15011, fol. 395v : «Nota quod gesta Philippi regis Francie scripsit Guillelmus capellanus eius, qui ea vidit.»

[56] Ars. 1117, fol. 197 : «Sicque Heraclius victor cum gloria remeare cepit, multa alia in legenda dicta (*Legenda aurea*, p. 605-611) leguntur que non consonant sentenciis chronicarum.»

[57] B. GUENÉE, *op. cit.*, p. 130.

[58] Ars. 1117, fol. 38 : «... secundum quamdam hystoriam non multum autenticam, in hoc tamen potest veram dicere causam quare Vespasianus ...»

sources : la *vita* de saint Thomas Becket ne dit pas si ce fut Henri II Plantagenêt (*senior*) ou son fils Henri (*iunior*) qui commandita le meurtre du prélat[59]. On ne sait si cette remarque vise seulement à montrer la faille d'un genre historique mineur ou si l'absence de ce détail le gêne vraiment pour son propre récit. En tout cas, on ne voit pas qu'il essaye de combler la lacune en recourant à un autre texte. Par ailleurs, comme beaucoup d'autres chroniqueurs, il n'a pas manqué dans son prologue de rappeler les discordances pouvant exister entre les sources. L'accumulation du vocabulaire désignant ces désaccords (*diversitas, dissonancia, contrarietas*), l'insistance sur le fait qu'il est difficile de trouver plus de deux sources qui soient d'accord sur la chronologie (*vix duo maxime*), témoignent chez lui d'un certain agacement. Mais ce mouvement d'humeur ne l'entraîne pas dans une critique systématique des dates proposées. Il dit suivre celles qui sont communément admises et, bien souvent, donne les deux ou trois possibilités sans avoir toujours l'audace de trancher. Trois exemples relevés dans la première version permettent de tester les capacités réelles de l'auteur du *Memoriale* à critiquer ses sources. Dans le premier cas, il s'agit d'une discussion pour savoir si le martyre d'Hippolyte et de ses compagnons a bien eu lieu sous le règne de l'empereur Dèce ; la seconde question touche à la date du martyre de sainte Catherine, sous Maxence ou Maximim ; enfin, le troisième cas est celui du pape Léon évoqué à propos de la vie de saint Hilaire et soupçonné d'avoir embrassé l'arianisme. Dans les trois exemples, Jean discute, confronte les sources, accuse un copiste négligent ... Mais le thème commun aux trois cas, puis la recherche des sources provoque la déception : tous ces éléments de critique proviennent en fait de la *Legenda aurea*, d'où sont tirés ces extraits[60]. Tout juste Jean propose-t-il une solution supplémentaire dans le cas de Léon : *Vel quod melius credo cum Liberius in exilium fuit missus, Constantinus imperator aliquem arianum sacerdotem fecit papam*[61]. Doit-on pour autant crier à la supercherie? Non, sans doute. Jean fait ici ni plus ni moins que son travail de compilateur. Et si la critique des sources n'est pas son œuvre personnelle, on peut au moins verser à son crédit qu'il a tenu à reprendre dans son texte les termes de la discussion, ce qui témoigne malgré tout d'une prise en compte de la critique historique.

---

[59] Cf. supra note 32.
[60] Respectivement dans la *Legenda aurea,* p. 501-504, 789-798 et 98-100.
[61] Ars. 1117, fol. 109v.

C – La *TELA NARRACIONIS* ou la reconstruction du passé

L'expression *tela narracionis* est employée par Jean dans l'appendice à l'*exordium* de la seconde version, ce passage de transition entre le *Tractatus de divisione regnorum* et la chronique commençant à Jules César[62]. Empruntée à Sigebert de Gembloux[63], elle dit ce qu'est le travail du compilateur : tel un tisserand, il passe sur son métier les fils des sources de manière à construire son récit dans une configuration textuelle qui porte largement la marque de sa personnalité.

Reprenant les travaux de Gert Melville[64], nous pourrions dire que le chroniqueur avait le choix entre deux principales techniques compilatoires : la première consistait à enchaîner des unités textuelles, exactement copiées, couvrant des périodes successives ou bien appartenant au même champs thématique. La seconde cherchait à entrecroiser, dans un maillage plus ou moins serré et complexe, – une sorte de «jacquard», – pour filer la métaphore textile –, «différents fragments appartenant à un même champ donné dans la tradition écrite»[65]. Il est possible que Jean ait hésité entre ces deux techniques : la première version du *Memoriale*, nous allons le voir, suit la seconde méthode mais selon un schéma de construction assez simple ; la première partie de la seconde version est visiblement bâtie comme une juxtaposition d'unités textuelles, mais la seconde version de la chronique reprend la méthode de l'entrecroisement et l'affine jusqu'à en faire parfois un véritable travail d'art.

Jean ayant choisi de parler de *tela narracionis* pour la chronique, nous allons centrer notre examen des techniques compilatoires sur cette partie du *Memoriale*[66]. Ceci nous permettra par ailleurs de voir les évolutions entre la première et la seconde version.

---

[62] BnF, lat. 15011, fol. 35v-36.

[63] SG, *Chron.*, MGH, SS, VI, p. 302 : «Ordiamur ergo telam narrationis nostrae ab anno Domini 381 ...»

[64] G. Melville, *Spätmittelalterliche Geschichtskompendien, eine Aufgabestellung*, in : *Römische historische Mitteilungen*, 22 (1980), p. 51-105. Dans la suite de cette étude, il sera aussi fait référence à une autre contribution du même auteur, *Le problème des connaissances historiques au Moyen Age. Compilation et transmission des textes*, in : J. Ph. Genet (Ed.), *L'historiographie médiévale en Europe*. Actes du colloque organisé par la Fondation Européenne pour la Science (Paris 29 mars-1er avril 1989), Paris, 1991, p. 22-41.

[65] G. Melville, *art. cit.* (1991), p. 26.

[66] Dans le chapitre sur l'histoire universelle, à propos des chapitres consacrés à la géographie, il sera dit quelques mots de la compilation propre à cette partie.

1. La première version : un schéma compilatoire relativement simple

L'étude porte ici sur la partie du récit qui va de l'avènement de Jules César à 1008, date à laquelle s'interrompt le texte de l'unique témoin connu de la première version du *Memoriale*. Observons pour commencer un exemple de séquence narrative tiré des folios 11-12 du manuscrit Ars. 1117. Afin d'en distinguer plus commodément les différents éléments on a établi des alinéas qui n'existent pas dans le texte original et indiqué entre parenthèses la source de chacun d'entre eux.

a) Un exemple de séquence narrative

Tunc in Asya clarebat Macer Veronensis poeta. Item Rome, Oratius et Chato latinus declamator. Eodem Tempore Augustus Gayum adoptavit in filium anno XXX°; ipse Tyberium filium Iulie uxoris sue adoptavit in filium, ipsumque quasi in consortem imperii assumptum cesarem fecit. Anno XXXI° Macer poeta obiit in Asya. Anno XXXV° Oratius Rome obiit anno etatis sue LVII°. Anno XLI° Chato latinus declamator duplicis quartane tedio affectus, se ipsum interfecit. (Eusèbe-Jérôme, *Chron.*)

Eodem anno Augustus Cesar totum mundum pacifice sub se tenens subiectum, voluit scire numerum regionum, civitatum, oppidorum, villarum et capitum seu capitalium personarumque que suberant romano imperio, ... et hec est descriptio de qua fit sermo in evangelio Lucii II°. (Pierre le Mangeur, *Historia scolastica, Ev. IV,* col. 1539)

Ex ordinatione autem Augusti et senatus in Syria et Iudea missus est preses Cyrinus et cum eo Compronius. De hoc plane Eusebius in I° Ecclesiastice hystorie (Eusèbe, *Hist. eccles.*, I, 5). *Hec autem descriptio primo facta est in Iherusalem et circa ut videtur dicere euuangelium XLII° anno imperii Augusti, cuius ratio patet esse secundum Magistrum in hystoria, quia Iherusalem dicitur esse in medio mundi et quasi ombilicus zone nostre habitabilis. Et sicut Cyrinus fecit in Syria et Iudea, ita alii presides in suis provinciis et sic scitus est numerus hominum et solutus census Romanis. Et ex hac prima servitute vel exactione contra Romanos ceperunt Iudei offendi et movere querelam.* (Pierre le Mangeur, *Historia scolastica, Ev. IV,* col. 1539)

Magister Io. Beleth dicit quod Augustus ad gloriam Romani imperii fecit edictum et per presides publicatum est in toto mundo ut de qualibet civitate unus Romam veniret, afferens inde tantum terre quantum in pugno claudere posset et hoc ita factum est. Et ex tota illa terra factus est Rome mons quidam in quo a Romanis conversis ad fidem postmodum fabricata est ecclesia, in cuius dedicacione facta dominica II^a post Epyphaniam cantatum est hoc officium "omnis terra adoreret" quia de omni terra fuerat mons ille fundatus. (Jean Beleth, *Summa de ecclesiasticis officiis*)

La chronique d'Eusèbe-Jérôme est ici le fil conducteur, elle place les repères chronologiques. Elle est même à l'origine d'un système de datation interne au texte. L'*Historia scolastica* de Pierre le Mangeur, qui est pratiquement la seule source pour l'Antiquité pré-chrétienne, fournit la part la plus importante du récit. Pour compléter sa recherche, Jean fait appel à l'*Histoire ecclésiastique* d'Eusèbe de Césarée et à une histoire de la liturgie, la *Summa ecclesiasticis officis* de Jean Beleth. Chaque type de source semble avoir sa fonction propre dans l'élaboration de la chronique.

b) *Cadre chronologique, sources historiographiques principales et sources annexes : le modus mixtus*

Dans cette première version l'organisation des données historiques se fait selon des principes élémentaires et constants, tout à fait similaires à ceux de l'exemple proposé ci-dessus. On repère en premier lieu une source d'encadrement chronologique, la chronique d'Eusèbe-Jérôme, puis celle de Sigebert. A quoi il faut encore ajouter pour les successions impériales et pontificales la chronique de Hugues de Saint-Victor. A l'intérieur de ce cadre chronologique fermement tracé, le compilateur peut construire un récit dont la matière principale est empruntée aux sources les plus prestigieuses, les autorités, complétées chaque fois que nécessaire à l'aide de sources annexes. Ainsi, la période qui précède la naissance du Christ est-elle largement tirée de l'*Historia scolastica* de Pierre le Mangeur, à laquelle on adjoint quelques extraits des *Vitae Cesarum* de Suétone. Avec l'inauguration du christianisme, l'*Histoire ecclésiastique* d'Eusèbe de Césarée devient la source principale. Elle le reste jusqu'au début du IVe siècle, en parallèle quelques temps avec le texte du Mangeur, complétée d'abord par des emprunts à Flavius-Josèphe[67], puis essentiellement par des extraits de la *Legenda aurea,* et plus accessoirement, par des renvois à la *Summa de officiis* de Jean Beleth. L'*Historia tripartita* prend ensuite le relais pour couvrir tout le IVe siècle et jusqu'en 439. La *Legenda aurea* continue alors à offrir des textes annexes.

Avec le Ve siècle les composantes de la compilation changent. C'est en fait inévitable puisque Jean a épuisé le vieux fonds commun défini par Cassiodore. Sigebert de Gembloux fournit alors à la fois la trame chronologique et la source historiographique principale. Les *vitae* se font plus rares, laissant la place aux histoires nationales, l'*Hystoria Brittonum* qui intervient la première[68], suivie par l'*Histoire des Francs* de Grégoire de Tours, continuée par diverses *Historiae*

---

[67] Flavius-Josèphe est cité soit directement, soit d'après l'*Historia ecclesiastica* ou encore d'après l'*Historia scolastica.*

[68] Ars. 1117, fol. 126.

Francorum parmi lesquelles on distingue le texte du manuscrit BnF, lat. 15047, et enfin, les histoires anglo-normandes de Guillaume de Jumièges et Guillaume de Malmesbury. Le genre de la biographie à l'antique fait une réapparition à travers la *Vita Karoli* d'Eginhard.

Nous avons donc affaire à un système de compilation qui fonctionne bien, sans-à-coups : les chroniques servent de fil directeur, auquel l'auteur revient invariablement après chaque digression, empruntée le plus souvent à une histoire et chargée de «nourrir» le récit. Notons que parmi les sources, la part belle est faite aux textes historiographiques au détriment des autres genres littéraires. La compilation ainsi mise en œuvre entre largement dans la seconde version du *Memoriale* et, dans le prologue de celle-ci, l'auteur théorise en quelque sorte sa pratique compilatoire antérieure à travers l'expression du *modus mixtus : In eo (opusculo) siquidem partim historice et partim cronice procedemus*[69].

2. La seconde version : continuité et variations du schéma compilatoire

L'entrée du *Speculum historiale* dans le corpus des sources du victorin est l'événement de la seconde version. Le texte de la première version n'ayant pas été conservé au-delà de l'année 1008, il est impossible de préjuger de l'utilisation ou de la non-utilisation de la plupart des chroniques dont le récit commençait après cette date, en particulier les chroniques dionysiennes, les histoires des croisades ... En revanche, dans l'encyclopédie du dominicain, Jean retrouve certaines des sources dont il s'est servi pour sa première version et en découvre de nouvelles, plus nombreuses, auxquelles il n'avait pas accès jusque là. Il est de ce fait possible d'examiner dans quelle mesure le *Speculum* est à l'origine d'une révision augmentée de la première version.

a) *De César à 1008 : une révision augmentée, en partie grâce au Speculum historiale*

Comparons les deux versions du *Memoriale* sur un espace de quelques années. Le chroniqueur évoque la fin des invasions normandes au début du Xe siècle. La chronique de Sigebert sert de fil conducteur au récit et les *Gesta Normannorum ducum* de Guillaume de Jumièges fournissent la matière principale, complétée le cas échéant par des éléments empruntés à l'*Historia Francorum* du manuscrit BnF, lat. 15046. Dans les deux versions l'organisation des

---

[69] BnF, lat. 15011, 4v.

épisodes est la même, mais on constate des variantes. L'examen de trois d'entre elles permettra de comprendre les différents niveaux d'intervention du texte de Vincent de Beauvais dans l'élaboration de cette seconde version[70].

La première variante intervient en conclusion du récit que fait Guillaume de Jumièges du siège de Chartres et de la victoire remportée par Robert grâce à l'intercession miraculeuse de la Vierge. Dans la première version, le texte enchaîne directement sur la succession pontificale de Benoît IV à Léon V[71]. Dans la seconde version, Jean prend au contraire la parole pour constater que Vincent de Beauvais a, quant à lui, placé le fameux miracle marial au moins dix-huit ans plus tôt[72]. Cette remarque confirme, si besoin était, qu'entre la première et la seconde version, Jean a consulté le *Speculum*. Sur ce point, il prend note de la façon dont a procédé le dominicain sans pour autant en tenir compte. La présence du *Speculum* ne bouleverse pas l'ordre du récit ni la chronologie, tout juste Jean indique-t-il en quelques cas les divergences constatées entre Vincent et les autres sources. La datation du *Speculum* est un système parmi d'autres.

On relève la deuxième variante un peu plus loin. L'auteur du *Memoriale* compare ce que chacune de ses sources dit de l'épisode du baptême de Rollon. Dans la seconde version, il ajoute un passage qui n'apparaît pas dans son premier texte[73] et qu'il introduit ainsi : *Vincentius autem sic dicit ...* et qu'il clôt par les mots *hec Guillelmus*[74]. Outre la

---

[70] Ars. 1117, fol. 255v-257v ; BnF, lat. 15011, fol. 309-310v.

[71] Ars 1117, fol. 255 v : «Hiis auditis, Rollo dixit se debere habere consilium et, indutias dans Francis, iterim ab impugnacione cessavit. Post Benedictum IIII^m Leo V^us presbyter Focensis sedit diebus XXX, papa CXX.»

[72] BnF, lat. 15011, fol. 309 v : «Hiis auditis, Rollo dixit se debere habere consilium et, indutias dans Francis, iterim ab impugnacione cessavit. *Vincencius vero hoc miraculum de camisia beate Marie ponit supra plusquam XVIII annis.* Post Benedictum IIII^m Leo V^us presbyter Focensis sedit diebus XXX, papa CXX. (VB, *Spec. hist.*, XXIV, 50-54)» .

[73] Ars. 1117, fol. 257 : «... et favente Deo pax facta est inter eos. *Hiis verbis concordit Historia Northmannorum sed Sygibertus nihil loquitur de Rollone, memorans quod ...* eumque de sacro fonte suscepisse (SG, *Chron.*, MGH, SS, VI, p. 344). *Historia vero Northmannorum vel Anglorum de nullo rege loquitur quantum ad adventum in Franciam nisi de Rollone.* (GM)»

[74] BnF, lat. 15011, fol. 310 : «... et favente Deo pax facta est inter eos. *Hiis verbis concordit Historia Northmannorum sed Sygibertus nihil loquitur de Rollone, memorans quod ...* eumque de sacro fonte suscepisse (SG, *Chron.*, MGH, SS, VI, p. 344). *Historia vero Northmannorum vel Anglorum de nullo rege loquitur quantum ad adventum in Franciam nisi de Rollone.* (GM) Vincencius autem sic dicit : "Tunc ira Dei erga ... et hoc primus dux Northmannie". (VB, *Spec. hist.*, XXIV, 53, *ex chronicis*) Aliter secundum Guillelmum Malmesb. qui dicit sic : "Karolus simplex gener regis ... que sunt apendicia Normannie. Hec Guillelmus. (VB, *Spec. hist.*, XXIV, 54, *Guillelmus*).»

preuve supplémentaire du recours au *Speculum,* cette deuxième variante permet de constater qu'il insère sous le nom de Vincent un passage tiré de Guillaume de Malmesbury. Or, les *Gesta Regum Anglorum* sont une des sources de la première version. Il semble donc que la lecture du *Speculum* amène Jean à compiler un passage des *Gesta* qu'il n'avait pas retenu dans la première version. Le fait n'est pas exceptionnel, on le remarque à plusieurs reprises. Ainsi, à l'année 941, Jean insère-t-il un autre passage tiré des *Gesta* du moine de Malmesbury relatant la vie du roi Ethelstan. Or, la compilation qu'il en fait, ne l'est pas d'après la source originale mais d'après les chapitres 64 et 65 du livre XXIV du *Speculum.*

L'encyclopédie de Vincent de Beauvais inaugure ici un *nouveau type de relations* avec des sources connues par ailleurs, qui ne sont plus utilisées directement, mais de seconde main. Un tel procédé peut surprendre, heurter notre esprit scientifique, l'auteur du *Memoriale* n'y a sans doute vu qu'un texte prêt-à-l'emploi, déjà mieux taillé pour son propos que les longs passages que Guillaume consacrait à cet épisode dans ses *Gesta.* Et, au-delà du gain de temps, souci dont il faut tenir compte, l'autorité du texte était garantie doublement, par la compilation qu'en avait faite Vincent et par le soin qu'il avait pris à citer ses sources. A contrario, mais sans que l'on puisse y voir une intervention claire du *Speculum,* nombre de passages présents dans la première version ont été abandonnés. Ces coupures concernent essentiellement l'*Historia ducum Normannorum* de Guillaume de Jumièges et, paradoxalement, les mêmes *Gesta* de Guillaume de Malmesbury, ce qui contribue à minorer le poids de l'histoire anglo-normande dans la seconde version par rapport au projet initial. On remarque, par ailleurs, que la seconde version prend davantage de libertés vis-à-vis de l'ordre du récit proposé par Sigebert mais là, il est difficile de voir une influence du *Speculum* puisque ce texte suit la chronique du Lotharingien à la lettre près.

Revenons au récit du baptême des Normands pour examiner le troisième type de variantes. Il consiste en une insertion d'un extrait d'Odon de Cluny[75]. Le chroniqueur victorin accède dans ce cas, par l'intermédiaire de l'immense réservoir de textes rassemblés par Vincent, à une source jusque-là ignorée de lui ou qu'il n'avait pas en sa possession[76]. Là encore, le phénomène est loin d'être unique, disons même qu'il s'agit de l'usage le plus fréquent qui est fait par Jean de l'encyclopédie du dominicain. Pour la période qui nous occupe, le

---

[75] BnF, lat. 15011, fol. 310v : «Odo cluniacensis dicit quod ...»

[76] VB, *Spec. hist.,* XXIV, 53, *Odo Cluniacensis :* «Rollone ad fidem converso (...) 31 Idus decembris.»

victorin puise particulièrement dans les *vitae* et *gesta* qui l'aident à compléter ses «fiches» biographiques sur tel ou tel personnage. En revanche, il n'emprunte pratiquement jamais aux florilèges[77], dont la matière lui paraît peut-être trop éloignée de son projet historiographique. Quant aux chroniques, sous réserve des observations faites ci-dessus, il préfère en général s'en tenir à celles qu'il a déjà à sa disposition et à la compilation qu'il en a faite dans la première version.

La lecture de l'œuvre de Vincent semble donc intervenir à trois niveaux : la structure du récit, une lecture différente de sources déjà utilisées et compilées cette fois de seconde main, un réservoir de textes nouveaux. Disons que sur la période qui va de l'avènement de César à 1008, la compilation du *Speculum* ne bouleverse pas les grandes lignes du schéma compilatoire mais modifie parfois les éléments de la marquetterie qui le composent.

b) Le récit des XIᵉ-XIIIᵉ siècles : le Speculum historiale et quelques autres sources

La coupure de 1008, qui nous est imposée par l'état de conservation de l'unique témoin de la première version du *Memoriale*, n'en est évidemment pas une pour la compilation des sources. Les emprunts à Guillaume de Malmesbury, Guillaume de Jumièges, l'*Historia Francorum* se maintiennent au-delà de cette date. La chronique de Sigebert reste le fil conducteur jusqu'en 1111, c'est-à-dire jusqu'à son terme. Il n'y a pas grand chose à ajouter au propos sur la compilation avant le tournant des XIᵉ-XIIᵉ siècles. En effet, à ce moment précis, deux changements non négligeables interviennent dans le corpus des sources : la chronique de Sigebert s'achève et avec les croisades apparaît un nouveau type de littérature. Deux questions se posent alors : quel texte va remplacer la chronique du Lotharingien dans le rôle de fil conducteur chronologique? quelle va être la place de la littérature des croisades par rapport aux autres sources historiographiques? Derrière ces deux interrogations une troisième est là, sous-jacente : quand et comment intervient dès lors le *Speculum historiale* dans la construction du récit? Pour répondre à ces questions un découpage chronologique a paru nécessaire, c'est pourquoi nous envisagerons d'abord la période 1111-1160/70, puis les années couvrant la fin du XIIᵉ siècle jusqu'au milieu du XIIIᵉ siècle, c'est-à-dire jusqu'au moment où s'interrompt le *Speculum*.

---

[77] Voir l'unique emprunt aux *flores* d'Aristote (VB, *Spec. hist.*, III, 85-86) repris dans le *Tractatus*, BnF, lat. 15011, fol. 6.

«Alors mourut Sigebert, moine de Gembloux, qui, jusqu'à l'année présente, poursuivit sa chronique d'une manière assez remarquable. A présent nous suivons Adon de Vienne, Maître Hugues de Saint-Victor et Helinand»[78]. C'est en ces termes que Jean prend note de la fin de la chronique de Sigebert. Inutile de revenir ici sur le problème posé par la mention d'Adon de Vienne, il a été évoqué au chapitre précédent. Attardons-nous plutôt sur les deux autres noms. Celui de Hugues ne soulève aucune difficulté : Jean va, comme il le fait depuis le début, continuer à noter d'après la chronique du maître victorin les successions pontificales et impériales, guère plus. C'est surtout son patronage qui est ici rappelé.

Le cas d'Hélinand est plus intéressant. Par l'intermédiaire du *Speculum,* – ce qu'il ne dit pas –, Jean copie effectivement plusieurs passages de la chronique du moine cistercien, une dizaine tout au plus. Tous ont trait à l'histoire de l'Eglise[79] ou à celle de l'ordre cistercien[80]. En aucun cas la chronique d'Hélinand ne remplace celle de Sigebert de Gembloux, ni par la masse des extraits qui en sont tirés, ni par le rôle de fil conducteur chronologique qu'elle ne tient jamais. Cette œuvre n'est même pas une source principale, tout juste une source annexe, dont l'usage est réservé à un sujet particulier. Mais le nom de son auteur est mis en avant comme celui d'une autorité.

En fait, la source principale qui apparaît dans le *Memoriale* pour cette période, – et qui lui sert en même temps de cadre chronologique –, présente de nombreux points communs avec le *Chronographus* de Vincent de Beauvais. Marie-Christine Duchenne a montré que sous cette mystérieuse dénomination se cachait l'une des deux principales sources des additions apportées par le compilateur dominicain à la dernière version de son texte, que l'on appelle communément la version Douai[81]. Ce texte est en relation avec la chronique de

---

[78] BnF, lat. 15011, fol. 372v : «Tunc obiit Sigibertus monachus Gemblacensis, qui usque ad annum presentem satis egregie chronographiam suam perduxit. Ad huic Odonem Viennensem et magistrum Hugonem de Sancto Victore et Helynandum sequimus.»

[79] BnF, lat. 15011, fol. 384v, à propos de Pierre Abélard (VB, *Spec. hist.,* XXVII, 17) ; fol. 390, le pape Adrien (VB, *Spec. hist.,* XXIX, 3) ; sainte Elisabeth (VB, *Spec. hist.,* XXIX, 3).

[80] BnF, lat. 15011, fol. 372v-373, la fondation de Clairvaux (VB, *Spec. hist.,* XXVI, 24-25) ; fol. 381v, la légation de Bernard en Aquitaine (VB, *Spec. hist.,* XXVII, 13-14).

[81] M.-Ch. DUCHENNE, *Autour de 1254 : une révision capétienne de l'Historiale,* in : S. LUSIGNAN, M. PAULMIER-FOUCART et A. NADEAU, (Dir.), *Vincent de Beauvais : intentions et réception d'une œuvre encyclopédique au Moyen Age.* Actes du XIVe colloque de l'Institut d'études médiévales organisé conjointement par l'Atelier Vincent de Beauvais (Nancy II) et l'Institut d'études médiévales (Université de Montréal) du 27 avril au 30 avril 1988, Montréal, 1990, p.141-166.

Sigebert et ses continuations et, pour les xiie-xiiie siècles, avec des textes parents de la chronique de Robert d'Auxerre.

L'examen de la période 1137-1200 dans le *Memoriale* et la comparaison en regard des textes notés *Chronographus* par Vincent d'une part, de la chronique de Robert d'Auxerre d'autre part, a permis de constater des emprunts aux premiers et un recours direct à la seconde. Le même travail a ensuite été effectué avec en troisième élément de comparaison, la chronique de Géraud de Frachet[82]. Le résultat a montré que Jean empruntait à *Chronographus* des passages qui ne semblaient pas avoir été repris par Géraud[83]. Par ailleurs, il apparaît que l'auteur du *Memoriale* a également recouru directement, et indépendamment de l'usage qu'en fit en son temps Géraud, à l'une des sources certaines de *Chronographus*, à savoir la chronique de Robert d'Auxerre. Jean compile donc la chronique du moine de Saint-Marien par un triple biais : une lecture directe, des emprunts aux textes apparentés, c'est-à-dire au *Chronographus* de Vincent de Beauvais[84], et enfin, par les passages qu'en a retenus Géraud de Frachet.

A côté de cette source principale, on remarque la présence de quatre types de sources annexes dont la contribution est quantitativement très différente. Souvenons-nous en premier lieu que ces cinquante premières années du xiie siècle sont aussi celles de la fondation, de la croissance fulgurante et de l'apogée de Saint-Victor. Jean en parle et compile à ce sujet des sources particulières. Elles ont été présentées dans le chapitre consacré à la quête des sources et nous avons alors constaté combien leur contribution à l'ensemble était modeste. Soulignons ici leur concentration chronologique. Par ailleurs, si le *Speculum* offre toujours l'accès à quelques *gesta* de saints[85], c'est directement que Jean continue sa lecture de la chronique de Roger de Hoveden et rencontre la littérature née des croisades.

---

[82] R. Rech, *Géraud de Frachet : l'engagement d'un historien au xiiie siècle. Edition de sa Chronique universelle*, Thèse de l'Ecole nationale des Chartes, 1993. Je remercie vivement l'auteur de m'avoir autorisée à consulter ce précieux travail. Sur le débat scientifique autour des relations Robert d'Auxerre/Géraud de Frachet/Vincent de Beauvais, lire en particulier les p. 108-119.

[83] VB, *Spec. hist.*, XXVII, 15 : «Anno quoque prenotato (...) ad regnum provehitur» ; VB, *Spec. hist.*, XXVII, 16 : «Hiis temporibus quidam pseudo imperator (...) in monachum attonsus est» ; VB, *Spec. hist.*, XXVII, 83 : «Guillelmus puer in Anglia crucifigitur a Iudeis in die parasceve in urbe Norvico de quo talis visio legitur». On pourrait donner plusieurs autres exemples.

[84] Exemple : VB, *Spec. hist.*, XXVII, 83-84. Les sources de ce passage ne sont pas indiquées dans l'édition Douai mais le texte correspond à celui de Robert d'Auxerre.

[85] BnF, lat. 15011, fol. 386, résumé de la vie et des œuvres de saint Bernard (VB, *Spec. hist.*, XXVIII, 2, *ex gestis eius*).

L'apport de ce dernier type de sources à la période examinée est certainement le plus important quantitativement, après celui de *Chronographus* et de la chronique de Robert d'Auxerre. Rappelons que Jean a à sa disposition deux textes : l'*Historia antiochana* dont une partie est attribuée à Gaultier, le chapelain de Baudoin, l'autre à Foucher de Chartres, et l'*Historia transmarina* de Guillaume de Tyr. Il juxtapose des extraits de l'un et de l'autre de manière à rendre compte du mieux possible de l'histoire de l'Orient latin au XIIᵉ siècle. Cependant, le texte de Foucher est d'abord la source principale que vient compléter Guillaume de Tyr, puis après 1127, Guillaume prend seul la relève.

Parvenue au dernier tiers du XIIᵉ siècle, la chronique de Jean de Saint-Victor adopte progressivement une nouvelle configuration. Parallèlement à la chronique de Robert d'Auxerre, Vincent de Beauvais continue à fournir des informations tirées des *gesta*[86], de la chronique d'Hélinand, d'*ex chronicis*. Cette dernière source est plus souvent sollicitée que dans la période précédente. Vient s'y ajouter une compilation assez régulière de *ex historia Francorum* et *ex gestis Francorum*. Or, on sait que sous ces dénominations, Vincent a copié des passages de sources dionysiennes. Le premier contact que Jean a avec l'historiographie de Saint-Denis passe donc par l'intermédiaire du *Speculum*. Mais on le voit accéder très vite aux textes originaux qui viennent compléter la compilation du dominicain. Ces emprunts directs, à des auteurs nommés et pour des épisodes souvent significatifs[87], contribuent à affirmer le tournant «capétien» que prend alors le *Memoriale*. Il semble que dans un premier temps, Jean ait davantage collé au texte de Vincent, les sources originales ne servant que de compléments. Puis, dès les années 1190, c'est-à-dire au moment où le règne de Philippe-Auguste prend son véritable essor[88], il laisse peu à peu le *Speculum* de côté, – n'y recourant plus que pour des données

---

[86] En particulier en ce qui concerne saint Thomas de Canterbury (VB, *Spec. hist.*, XXIX, 14-23).

[87] La première apparition de la chronique de Guillaume le Breton a lieu à propos du chapitre général de l'ordre de Cîteaux, au cours duquel Louis VII demande aux moines d'intercéder afin que lui naisse un fils. Jean commence l'épisode avec le texte de Vincent (VB, *Spec. hist.*, XXIX, 13) et le poursuit avec une variante du ms Cotton de la chronique de Guillaume. Par ailleurs, dès 1179, donc à la première année du règne de Philippe, il introduit officiellement la chronique de Guillaume dans son texte, par ces mots : «Nota quod gesta Philippi regis Francie scripsit Guillelmus, capellanus eius, qui ea vidit» (BnF, lat. 15011, fol. 395v).

[88] Voir l'étude de J. Baldwin, *Philippe-Auguste et son gouvernement. Les fondations du pouvoir royal en France au Moyen*, trad. de l'anglais, Paris, 1991, en particulier la seconde partie intitulée *La décennie décisive, 1190-1203*, p. 111-249.

d'histoire ecclésiastique[89]–, lui préférant des extraits plus larges puisés dans l'historiographie dionysienne.

Avec le règne de saint Louis et la fin du *Speculum,* le phénomène ne fait que se renforcer. Les années 1226-1270 sont essentiellement tributaires des *Gesta sanctae memorie Ludovici* de Guillaume de Nangis, dont la chronique fournit à la fois le complément et le cadre chronologique[90]. L'aspect d'histoire universelle, lue de plus en plus comme une histoire de l'Eglise, est maintenu par la contribution de la chronique de Géraud de Frachet et de sa continuation. Le schéma qui vient d'être décrit reste valable pour le règne de Philippe III.

c) 1285-1322 : l'entrecroisement des lectures et des souvenirs

La dernière partie de la chronique est à la fois une compilation, – elle le reste jusqu'au bout –, et un récit tressé de souvenirs et de témoignages. Le schéma compilatoire paraît moins organisé que pour les périodes précédentes, ou plutôt subit-il des ruptures plus fréquentes.

Le récit des dix premières années du règne de Philippe le Bel doit tout à la chronique de Guillaume de Nangis. Elle est la source unique que Jean suit pas à pas. L'ordre des épisodes n'est jamais bouleversé, la compilation est presque textuelle, tout juste l'auteur change-t-il çà et là un mot, une expression, ajoute-t-il un détail de son cru. Puis, brusquement, en 1295, cet accord parfait cesse et les emprunts à ce qui reste de la chronique du moine dionysien deviennent alors très ponctuels. Les différences qui s'instaurent concernent plus le fond que la forme : des dernières années du XIIIᵉ siècle les deux chroniqueurs n'ont pas retenu les mêmes sujets, la même vision : alors que Guillaume de Nangis évoque à plusieurs reprises la succession de Sanche de Castille et le conflit qui en découla[91], Jean n'en dit mot ; il ne dit rien non plus de la lutte des Ecossais contre les Anglais[92] ; rien

---

[89] Exemples : la mort de Maurice de Sully (BnF, lat. 15011, fol. 409v : VB, *Spec. hist.,* XXIX, 58), des successions épiscopales (BnF, lat. 15011, fol. 411v : VB, *Spec. hist.,* XXIX, 62 et 63).

[90] C'est la chronique qui permet à Jean de dire que Blanche de Castille fut enterrée à Maubuisson (GN, I, p. 210), alors qu'il annonce sa mort en suivant le texte de la *Vita* (BnF, lat. 15011, fol. 441 : *RHF,* XX, p. 384) ; la chronique lui offre également des informations extérieures au royaume, telle la dispute autour du titre impérial (BnF, lat. 15011, fol. 442 : GN, I, p. 214) ; dans le récit de la querelle autour de l'héritage de la comtesse de Flandre (BnF, lat. 15011, fol. 442), la matière est tirée de la *Vita* (*RHF,* XX, p. 390) mais la présentation des faits suit l'ordre chronologique donné par la chronique (GN, I, p. 213).

[91] GN, I, p. 289-290, 293, 297-298, 306.

[92] GN, I, p. 292.

de la succession du comte de Hollande[93]; rien sur Louis d'Anjou sacré évêque de Toulouse[94]; il est beaucoup plus rapide sur le conflit qui oppose Boniface VIII aux Colonna[95]; en revanche, il a choisi d'être plus prolixe sur le mariage du roi d'Angleterre avec Marguerite, la sœur de Philippe le Bel[96], sur l'indulgence offerte par le pape à l'occasion de l'année jubilaire de 1300[97]; quant aux affaires de Flandres, il préfère les traiter à partir d'autres sources (*La Branche des royaux lignages* de Guillaume Guiart, sources orales ...)

Le récit des dix années suivantes (jusqu'en 1312) est tissé de fils variés : la continuation de la chronique de Guillaume de Nangis est lue régulièrement, elle constitue un fil directeur de plus en plus souple. Loin de la copier mot-à-mot, Jean la résume ou lui ajoute des détails, on ne reconnaît bien souvent sa présence qu'à un mot, une expression. Le victorin emprunte sans doute aussi à d'autres textes dionysiens qui contribueront par la suite à l'élaboration des *Grandes chroniques de France*. Mais les ressources de l'historiographie dionysienne ne fournissent ni la structure du récit, ni sa source principale. La *Branche des royaux lignages* de Guillaume Guiart et la *Chronique rimée* de Geoffroi de Paris jouent le même rôle de sources annexes. A quoi il faut encore ajouter l'apparition de paragraphes originaux, comme ceux que Jean rédige autour de l'arrestation des Templiers[98] et, autre nouveauté, l'insertion de documents, telle la bulle de canonisation de Célestin V[99]. Tout ceci contribue à donner une impression d'éclatement, de désordre au schéma compilatoire. Cependant, il serait sans doute plus juste de considérer que l'auteur du *Memoriale* a tenté, pour cette partie de sa chronique, de tirer parti de sources de nature fort différente (prose/vers, latin/français, historiographie officielle/texte d'amateurs ...), tout en donnant un tour et un ton beaucoup plus personnels à son récit.

Mais Jean est incontestablement plus à son aise lorsqu'il a pour matière première une ou quelques sources livresques. On le perçoit très bien avec l'entrée dans le *Memoriale* de la *Chronique rimée* de Geoffroi de Paris. A l'exception de quelques emprunts antérieurs, celle-ci est véritablement sollicitée à partir de 1312. Le relevé des sources du *Memoriale* pour la période 1312-1316 met en évidence

---

[93] GN, I, p. 296.
[94] GN, I, p. 294.
[95] GN, I, p. 292-293, 298-299, 302, 304, 308.
[96] *RHF*, XXI, p. 635-636.
[97] *RHF*, XXI, p. 636.
[98] *RHF*, XXI, p. 649-650, 650-651.
[99] BnF, lat. 15011, fol. 479-481.

son omniprésence. Cependant, cette source a aussi ses limites : très attentif aux faits et gestes parisiens, le clerc de la chancellerie se soucie peu en revanche des affaires de la papauté ou des conflits qui déchiraient les franciscains. Historien de l'Eglise, l'auteur du *Memoriale* recourt alors pour compenser ces lacunes à d'autres canaux d'information. S'il a choisi d'utiliser cette source, différente des autres par son style, sa forme, son origine, c'est sans doute qu'elle apportait à son propre travail non seulement une richesse et une qualité d'informations[100], mais aussi un souffle de vie, une certaine fraîcheur par rapport à ce qui s'écrivait au même moment à Saint-Denis. Pour autant, Jean n'a pas renoncé à exercer son esprit critique. Il est frappant de constater qu'il n'utilise pas la première partie de la *chronique métrique*, allant de l'année 1300 à 1312. Il n'y avait pas grand intérêt à le faire, le texte présentant pour cette période de nombreuses erreurs. Il s'agit en fait d'un simple résumé écrit d'un seul jet et n'ajoutant pas de détails supplémentaires à ce que lui, Jean, pouvait savoir par ailleurs[101]. Mais il l'a lu, glanant çà et et là une précision, une image[102]. En revanche dès 1312 cette sorte de journal[103] sert de trame à son récit et il l'exploite jusqu'au bout[104].

Pour couvrir les cinq dernières années de la chronique, Jean fut pratiquement livré à lui-même. On sait en effet que la partie de la continuation de Guillaume de Nangis qui évoque cette période fut écrite bien plus tard et le *Memoriale* fut alors une de ses sources. Sans doute Jean utilisa-t-il des éléments d'information présents à Saint-Denis, des nouvelles orales et ses propres observations. On remarquera cependant combien il a cherché à repousser le plus loin

---

[100] A. DIVERRÈS, *La chronique métrique attribuée à Geoffroy de Paris (Publ. de la Fac. des Lettres de l'Univ. de Strasbourg, 129)*, Paris, 1956, p.13 n. 2 ; pour F. LECOY, (compte-rendu de la thèse d'A. Diverrès, *Romania*, 78 (1957), p. 105-115, ici p. 106), si l'on considère à la fois les *Dits* et la *chronique* il faut bien constater que Geoffroi de Paris a été mêlé assez intimement aux événements, qu'il a pris parti, et, de façon générale, qu'il a pu toucher d'assez près certains personnages de premier plan.

[101] Art. *Geoffroi de Paris* in : *DLF*, p. 502.

[102] Lors de son récit de Courtrai (*RHF*, XXI, p. 638), il emprunte à Geoffroi (v.1536) un élément de datation : mercredi ; pour la description du désastre à l'issue de cette bataille, on peut rapprocher ce qu'il dit à propos des morts laissés sans sépulture : «Ceterum autem velut canum ad campos cadavera projecta». (*RHF*, XXI, p. 639) des vers 1445-6 et 1542-3 de la *chronique métrique* : «Des chevaliers, des damoisiax / Remaindrent les cors aus oisiax (...)/Mes comme chevax en litiere / Demourent aval les chanz».

[103] L'expression est d'A. DIVERRÈS, *op. cit.* p. 19.

[104] Les derniers vers repris par Jean (*RHF*, XXI, p. 665) sont les v.7905-9 ; ils concernent une attaque de bateaux français par les Flamands et les Bayonnais. Les quinze vers restant ne sont pas utilisés.

possible le moment d'écrire un texte entièrement original. Nous verrons plus loin si sa façon d'écrire en est modifiée.

D – Faire des extraits

Avant d'entreprendre la rédaction, il restait encore une opération à mener à bien : l'abréviation des sources choisies. Cette tâche avait pour but, selon les propos du prologue, de permettre au lecteur de dominer la masse d'informations qui lui étaient offertes.

1. Sélectionner

La masse documentaire rassemblée par Jean est abondante. Pour l'intégrer dans le *Memoriale,* il lui faut procéder à un tri des sujets proposés par chaque source, à une réduction de l'information globale que chacune d'entre elles offre.

a) Remarques générales

Dans la sélection opérée, l'auteur répond à une part de libre choix mais aussi à des contraintes. Le travail de réduction qu'il mènera sur une source pourra être d'autant plus exigeant qu'il aura d'autres textes à sa disposition pour couvrir une période ou un sujet donnés. En revanche, pour couvrir les siècles d'«étiage» historiographique, il devra tout tirer d'une seule source. C'est ce qui se produit au xe siècle, où on le voit suivre, du moins dans la première version de son œuvre, de très près la chronique de Sigebert de Gembloux, faute d'autres canaux d'information. La qualité reconnue à une source peut aussi la lui faire préférer à toute autre sur une période plus ou moins longue. Les années 1289-1290 de la chronique de Guillaume de Nangis passent intégralement dans le *Memoriale.* Les critères qui guident ce travail de réduction peuvent donc varier selon l'époque ou les thème traités. C'est pourquoi, plutôt que d'en faire ici une analyse exhaustive, pour le moins lassante et vaine car il serait bien difficile d'en tirer des principes généraux, il convient d'examiner un exemple.

b) Sélectionner la matière : l'exemple du Speculum historiale

Le *Speculum* n'apporte pas la même contribution à chacune des différentes parties du *Memoriale.* La première d'entre elles doit beaucoup aux premiers livres de l'encyclopédie de Vincent. La matière du premier livre est intégralement réutilisée, distribuée à la fois dans les chapitres de géographie (certains extraits de Solin ou de Valère-Maxime, Jules César et surtout Isidore de Séville ...), le cours du récit (l'histoire d'Abraham) et, dans une moindre mesure dans le *Tractatus* (une citation des *flores* d'Aristote ...). Ici, la contribution est importante car Jean n'a pas toujours les moyens d'accéder autrement aux sources compilées par Vincent.

Dans la chronique, la question se pose différemment. En raison du chevauchement des sources, il n'est pas toujours facile d'affirmer si Jean a eu recours à la compilation du *Speculum* ou au texte original. C'est pourquoi nous avons examiné les emprunts faits aux livres XXIV à XXVIII, soit la période allant de l'avènement impérial de Charlemagne au début du règne de Frédéric Barberousse (1153), pour laquelle ce problème de compilation de compilations se posait avec moins d'acuité. Dans chacun de ces cinq livres on a compté le nombre de chapitres auxquels Jean faisait au moins un emprunt, tout en indiquant en regard le nombre de chapitres dont le livre est composé.

numéro du livre	nombre de chapitres compilés	nombre total des chapitres contenus dans le livre
XXIV	62	108
XXV	21	145
XXVI	14	118
XXVII	18	128
XXVIII	2	128
Total	117	627

Contrairement à ce que l'on aurait pu penser, Jean n'utilise qu'une faible partie (18,66%) de la matière rassemblée par Vincent dans ces cinq livres de son encyclopédie. Cette observation amène à nuancer le poids de Vincent de Beauvais dans la seconde version du *Memoriale*. Certes, le *Speculum historiale* constitue une source supplémentaire, en même temps qu'un réservoir de textes, mais son rôle premier dans la mise en œuvre de la seconde version est sans doute moins un apport de matière qu'une influence intellectuelle sur le projet, sur sa forme, sur l'art de la compilation.

Il convient ensuite de remarquer que les cinq livres sont très inégalement sollicités. Si le victorin utilise jusqu'à 57% des chapitres du livre XXIV pour réécrire son histoire du règne de Charlemagne et compléter un récit du Xe siècle qui devait essentiellement sa matière à la chronique de Sigebert, on est frappé de la moindre contribution des livres XXV-XXVII et de l'absence presque totale du livre XXVIII. Un rapide parcours de ces quatre livres donne bien vite la clef de lecture du victorin. Il abandonne systématiquement les *flores* et les récits de miracles. Ainsi, dans le livre XXVI, il ne compile ni les chapitres 12 à 21 qui traitent des miracles accomplis par les reliques de Sainte-Marie de Laon, ni les chapitres 31-41 qui rappellent les miracles de saint Jacques, et ne retient plus rien après le chapitre 48 car la fin du livre est consacré aux *flores* de Hugues de Saint-Victor ; de même, dans le livre XXVII, passe-t-il les chapitres 19-57, où Vincent donne de longs extraits du *De claustro animae* de Hugues, tout comme les chapitres 59-82 qui contiennent les *flores* de Richard et, des chapitres 105 à 123, consacrés à saint Malachie, il ne retient que l'ultime phrase du chapitre 123, celle qui mentionne sa sépulture. Quant au livre XXVIII (les *flores* de saint Bernard), il est entièrement laissé de côté, à l'exception des deux premiers chapitres d'où l'auteur du *Memoriale* tire quelques données sur la mort du docteur cistercien et sur son œuvre. La règle est donc simple à énoncer : plus un livre du *Speculum* compte de *flores* ou de miracles et visions, moins il est utilisé par Jean qui préfère, quant à lui, se servir des chapitres intitulés *de quibusdam incidentibus* et de certains chapitres hagiographiques. La lecture très sélective que fait Jean de Saint-Victor du *Speculum historiale* dans le premier quart du XIVe siècle et avant l'interprétation moralisante qu'en propose la table de Jean Hautfuney, est à verser au dossier de la survivance des trois types de textes (hagiographiques, florilèges et textes proprement historiques) qui le constituent[105].

2. Quelques exemples du travail d'abréviation

Comme le rappelle Bernard Guenée[106], le travail d'abréviation pouvait prendre plusieurs formes. Le compilateur pouvait juxtaposer ses extraits copiés textuellement, en se contentant d'éviter les répétitions et en retranchant discrétement ce qu'il désapprouvait. Mais, plus soucieux de retenir l'attention de leurs lecteurs, certains auteurs s'efforçaient constamment de condenser ou de résumer leurs sources. Si le *Memoriale* n'est pas exempt de la forme la plus simple de la compilation, il semble que son auteur a cherché à tout prix à éviter la *prolixitas*. Celle-ci, dit-il dans le prologue, nuit à la bonne compréhension du texte et le premier devoir du compilateur est de présenter la matière *salter breviter et in summa* (selon les termes de la seconde version), *compendiose et velut in summa* (selon les mots de la première version).

---

[105] M. Paulmier-Foucart et S. Lusignan, *Vincent de Beauvais et l'histoire du «Speculum maius»*, in : *JS*, janvier-juin 1990, p. 97-124, ici p. 111.
[106] B. Guenée, *op. cit.*, p. 212-213.

a) Sommaires et résumés : le traitement de l'Hystoria ecclesiastica et de l'Hystoria scolastica dans la première version

Les pratiques d'abréviation sont bien en place dans la première version et ne sont pas remises en question à l'occasion de la seconde version. Il est donc intéressant d'observer dans le texte du premier *Memoriale* comment Jean résume ses sources.

Animé par un souci constant d'allier la briéveté à l'exhaustivité, Jean est souvent contraint de renoncer à certains développements pourtant dignes d'intérêt. Pour ne pas alourdir son propre texte, il choisit alors d'indiquer à son lecteur où il pourra trouver l'information supplémentaire et il lui en donne un rapide sommaire, rythmé par la répétition du terme *quomodo*. Ainsi, à propos d'Hérode[107] :

«Anno imperii Augusti XLVII° vel in principio XLVIII anni, VI° vero a nativitate Christi, ipse Herodes Aschalonita anno regni sui XXXVII° morte turpissima mortuus est in Iherico; *de modo* autem mortis eius et de crudelitatibus quas fecit ante mortem tam suis quam extraneis, et de uxoribus eius et filiis; et *quomodo* Mariagnem fecit occidi et Alexandrum et Aristobolu, et Antipatrum primogenitum suum quinto die antequam moreretur, pro eo quod de morte eius gaudebat, quia aspirabat ad regnum; *quomodo* etiam multos de ditioribus et nobilioribus Iudeorum fecit incarcerari, precipiens Salome sorori sue ut statim post mortem eius eos faceret occidi, ut Iudei tunc haberent causam tristandi et non gaudendi de morte eius; *quomodo* eciam ipse adhuc vivens Archelaum in testamento designavit suscessorem suum fore, quod ab Augusto approbatum est et confirmatum, patet in I° libro Ecclesiastice hystorie, ca° IX° et X° per Eusebium, hec sumentem a Iosepho, et in Hystoria scolastica ante euvangelia.»

Une autre des solutions retenues consiste à contracter les textes-sources afin d'en tirer les informations essentielles réunies dans un nouveau texte.

b) La contraction de texte : les notices hagio-biographiques tirées du Speculum

Voyons par exemple comme Jean rédige les biographies de trois abbés de Cluny au xᵉ siècle. La première figure évoquée est celle d'Odon. Jean lui réserve trois passages, en 900 à l'arrivée d'Odon à Cluny, en 913 lorsqu'il reçoit la succession abbatiale à la mort de Bernon et en 939 au moment de sa mort[108]. Tous tirent leur matière des cinq chapitres consacrés à ce personnage dans le livre XXIV du *Speculum*. Dans le tableau ci-dessous le texte de Vincent et celui de Jean ont été placés en regard ; pour le premier, les sources, le début et la fin des

---

[107] Ars. 1117, fol. 13.
[108] Respectivement BnF, lat. 15011, fol. 307v, fol. 311 et fol. 314.

extraits ont été indiqués. Les passages en italique dans le *Memoriale* sont propres à Jean, indépendamment du recours à une source.

Odon
dans le *Speculum historiale*

Odon
dans le *Memoriale historiarum*

XXIV, 55 *De bonis initiis sancti Odonis Cluniacensis*

- Sigibertus in chronicis
Anno Arnulphi VIII Odo musicus ex clerico Turonensi monachorum profitetur sub Bernone abbate.
- Ex chronicis
Hic utique fuit mirae sanctitatis...et convaluit reparata. Hic etiam antiphonas et hymnos de beato Martino dictavit et vitam beati Gerardi descripsit. Hic a prefato Remigio Antisiodorensi in musica et dialectica apprime eruditus est.
- Ex gestis eius
Hic cum adhuc apud Turonicam habitatet, rogatus a fratribus ut moralia beati Gregorii Papae sub uno eius volumine coarctaret, professus est se hoc facere non posse, (...) Patri vero Odoni, quia vir scholasticus erat tricenarius laboriosum scholae imposuerunt magisterium.

Odo musicus de quo supra factus est monachus Cluniacensis sub Bernone abbate Gigniacensis. *Qui Odo postea fuit abbas Cluniacensis;* hic moralia Gregorii sub uno volumine breviavit et plura alia edidit.

XXIV, 59 *De imperio Chunradi et initio ordinis Cluniacensis et institutoribus eius*

- Sigibertus in chronicis
(...) Eodem anno ordo Cluniacensis incoepit. Nam Berno abbas moriturus Odonem olim musicum constituit abbatem Cluniacensis coenobii, ea conditione ut ...
- Ex gestis sancti Odonis
In eo ut supradictum est monasterio a Bernone abbate (...) hactenus servatur. Tandem abbas Berno exitiali languore decumbens, vicinos episcopos accersivit, et ab ordine se deponens,

Eodem anno Berno, primus abbas Gigniacensis et fundator Cluniaci, iam senex, se videns morti esse vicinum, Odonem musicum de quo supra, virum egregie litterature, sanctitatis mire incomparabilis, in monastica disciplina fervoris eius enim fervore et industria illius temporis tepor, versus est in ardorem et in fidei ac religionis devocionem et valde devocio iam ex siccata per ipsum et in ipso et flebili voce clamabat se reum et indignum tali monasterio praefuisse. Tunc manibus fratrum, pater Odo captus coram abbate suo vi est adductus, proclamantibus omnibus ut ordinaretur, et cum nec sic vellet cedere, et locum pastoris subire, superatus est tandem episcoporum excommunicatione.

sub ipso beatique Benedicti laudabilis institutio reparata.

XXIV, 60 *De miraculo sancti patris Odonis*

- *Ex gestis eius*

XXIV, 61 *Adhuc de eodem*

XXIV, 67 *De extremis miraculis sancti Odonis*

- *Ex gestis eius*
Hic sanctus Odo...sed vitam cum cibo perdidit.
Alius frater veniens ad domum...in opprobrium antequam moreretur assumpsit.
Quidam frater (...) a quocumque medicamine non fuit restricta.
In monasterio Sancti Heliae (...) quia pisces illi emere ultra necesse non fuit.
Huius natalis celebratur 13. Calen. Decembris, cuius vitam frater Ioannes scripsit.

Odo primus abbas Cluniacensis obiit xiii kalend. Decembris, de quo supra, *clarus etiam miraculis, qui cum iugi labore studii monasterium rexit*, eique successit ...

La présentation d'Odon en 900 doit assez peu au chapitre 55 du livre XXIV du *Speculum*. Le premier élément reprend le passage de Sigebert. D'une phrase qui lui est personnelle, Jean justifie cette présentation par le rôle futur joué dans l'ordre de Cluny. Puis, il évoque l'œuvre littéraire d'Odon avant son entrée au monastère, en s'appuyant sur la première phrase de l'extrait des *gesta*. Il en laisse de côté la suite (récit d'une vision qu'Odon eut de Grégoire le Grand) et résume le reste de l'œuvre (*et plura alia edidit*) dont les éléments sont énumérés dans l'avant-dernière phrase de l'extrait d'*ex chronicis*. Si ce résumé a un aspect pratique, il établit aussi pour le lecteur une hiérarchie dans la production littéraire de l'abbé clunisien. Dans le second passage, celui de 913, la première phrase a un tour assez personnel, à mi-chemin entre la simplicité de la mention de la chronique de Sigebert et la mise en scène relatée par les *gesta*. A sa suite, Jean choisit d'insérer un extrait, lu plus haut chez Vincent (ch. 55, *ex chronicis*) mais écarté au moment de rédiger la présentation du personnage. Ce paragraphe est copié textuellement. En 939, l'auteur du *Memoriale* annonce la mort d'Odon. Par souci de chronologie, il en donne la date en citant la dernière phrase du chapitre 67 consacré aux derniers miracles de l'abbé de Cluny. C'est son unique emprunt à ce chapitre. Et, dans une formule extrêmement ramassée (*clarus et miraculis qui cum iugi labore studii monasterium rexit*), il résume les trois axes de la vie du saint : les études, le gouvernement abbatial et le rayonnement spirituel (même si, comme à son habitude, il n'a rien pris aux deux chapitres relatant les miracles). Dernier élément, la mention de la succession, car son personnage n'a pas un destin individuel mais participe à un destin collectif qui s'exprime au sein de l'essor de Cluny. Ce dernier élément lui permet par ailleurs d'introduire la notice suivante. La matière offerte par le *Speculum* sur le successeur d'Odon est très succincte, Jean l'utilise donc intégralement[109] :

Ademar	**Ademar**
dans le *Speculum historiale*	dans le *Memoriale historiarum*

XXIV, 68 *De successore eius Adamaro et Maiolo*

- *Ex gestis eius*	
Porro sancto Odoni, ut dictum est, successit Adamarus, sive Heimardus simplicitatis et innocentiae filius. Hic in augmentatione praediorum et acquisitione commodi temporalis fuit studiosus et in observantia regulari devotus, amissionem luminis temporalis, et quicquid sibi adversitatis accidere potuit, absque omni murmure et indignatione patientissime tulit.	*...eique successit Ademarus sive Hanmarus, vir mire simplicitatis et innocentie. Hic in augmentatione prediorum et aquisitione commodi temporalis fuit studiosus in regulari quoque observancia devotus, amissionem luminis temporalis et quidquid sibi adversitatis accidere potuit, sine murmure et indignatione pacientissime tulit.*

Pour établir sa troisième notice, consacrée à Maïeul, Jean n'a pas loin à chercher : la suite du chapitre 58 lui en offre un long extrait. Cependant, il ne le reprend pas tel quel[110] :

---

[109] BnF, lat. 15011, fol. 314.
[110] BnF, lat. 15011, fol. 314.

Maïeul
dans le *Speculum historiale*

Maïeul
dans le *Memoriale historiarum*

XXIV, 58
- Ex gestis eius

Huius tempore beatus Maiolus Matisconensis archidiaconus, nobilibus parentibus ab infantia nobilitatis titulo decoratus, ad morem et observantiam monastici ordinis est conversus, et sexto, ut ferunt, anno suae conversionis e saeculo ab ipso Heimardo abbate iam tota corporis valitudine destituto, et oculorum lumine privato, habito fratrum consilio in locum abbatis, licet multum renitens, est subrogatus. Erat autem incessu gravis, voce sublimis, ore facundus, vultu Angelicus, in motu vel actu corporis honestus. Erat fide firmus, spe certus, gemma charitate refertus, sapientia clarus, fortitudine robustus. Erat ei honestas in actione, sobrietas in consuetudine, humilitas in prosperitate, patientia in adversitate.

Mansuetis erat affabilis, superbis terribilis, parcus cum decuit, diffusus ut debuit. Non diversus in habitu, non confusus in actu, quantum ad hominem unus semper et idem devotus imitator sanctorum et intentus auditor eorum. ita placere studuit hominibus, ut Deo non displiceret. Quam perspicue autem huius eiusque discipulorum existat in benedictione memoria, respondeant monasteria ab ipsis, alia funditus constructa, alia de corruptione cum incremento virtutum ad meliorem statum reducta. Multi quoque fidelium, ut testatur fidelissima relatio diversis infirmitatibus constricti, etiam de vita desperantes, ab eo visitati per gratiam Dei sanati sunt, et multi oculorum caligine detersa, per meritum eius clarius videre coeperunt. Multi, ut ferunt, a

Huius tempore beatus Maiolus Matisconensis archidiaconus, nobilibus parentibus ab infantia *nobiliter enutritus, spiritualibus litteris imbutus, virginitatis titulo decoratus,* ad morem et observantiam monastici ordinis est conversus, et sexto, ut ferunt, anno suae conversionis e saeculo ab ipso Heimardo abbate iam tota corporis valitudine destituto, et oculorum lumine privato, habito fratrum consilio in locum abbatis, licet multum renitens, est subrogatus. Erat autem incessu gravis, voce sublimis, ore facundus, vultu Angelicus, in *omni* motu vel actu corporis honestus. Erat ei honestas in actione, sobrietas in consuetudine, humilitas in prosperitate, patientia in adversitate.

Mansuetis erat affabilis, superbis terribilis, parcus cum debuit, diffusus ut decuit. Non diversus in habitu, non confusus in actu, quantum ad hominem semper unus Et idem multa monasteria construxit ab ipsis fundamentis, multa miracula fecit, multis infirmitatibus constrictos curando, multos desperantes de vita sanando, a veneno serpentum, a morsu luporum et canum, ab incursione demonum ...

veneno serpentum, a morsibus luporum et canum, ab incursionibus dae-
monum ... *la liste des miracles se pour-*
suit.

Obiit hic sanctus plenus dierum et sanc- | Post, plenum dierum obiit V^{to} ydus
titate 5 idus Maii, feria sexta post cele- | Mayi, feria VI^{ta}, ad cuius sepulchrum
brationem solennitatis dominicae ascen- | plura preclara fuerunt miracula.
sionis. Ad cuius sepulchrum multi
sanantur infirmi, paralytici eriguntur et
claudi. Ibi caeci, et daemonibus obsessi
curantur. Et nescio cuius generis igne
terribiliter et miserabiliter adulti liberan-
tur.

L'impression qui prévaut à l'examen de cette contraction du chapitre 58 est celle de la lassitude. Le compilateur commence par suivre
le texte de la source pas-à-pas, puis il en rompt brutalement le
rythme pour ne plus glaner que quelques détails çà et là jusqu'à la
mention finale qui permet, comme dans les cas précédents, de faire
entrer le personnage dans la chronologie.

Même si matériellement Jean délégua en partie la compilation de
ces extraits à son équipe, il est certain qu'il dirigeait l'opération,
sachant exactement ce qu'il entendait tirer des sources à sa disposition. Après avoir procédé à une sélection assez stricte au sein de chaque source en fonction de ses intérêts et des périodes à couvrir, il a
recouru aux différentes méthodes d'abréviation en usage (compilation simple, sommaires, contractions à la «géométrie» plus ou moins
complexe).

L'état d'inachèvement, dans lequel fut en fait conservé le *Memoriale,*
est pour nous une grande chance. Les «ouvriers» n'ont pas eu le temps
d'enlever les «échafaudages» et, derrière ce qui apparaît au premier
regard comme un produit historiographique fini, on peut appréhender
bien des étapes de l'élaboration de l'œuvre, observer une équipe au travail et son maître d'œuvre inlassablement présent, attentif. C'est dans
ces opérations souvent austères que furent posées les fondements les
plus solides de l'œuvre, ceux qui aujourd'hui lui permettent de témoigner du «métier» de son auteur. Celui-ci allait encore montrer ses talents
dans la composition finale du texte.

CHAPITRE VIII

Ego, hujus operis compilator (2)

Voici le moment où, après avoir rassemblé et travaillé la documentation, l'auteur doit construire son récit, puis écrire l'histoire. Qu'il rédige le texte de sa main ou qu'il le dicte à un ou plusieurs scribes, il en est plus que jamais le maître d'œuvre conscient : il est responsable de l'ordre dans lequel il va disposer les extraits préparés. Les phrases de liaison, si fondamentales pour l'exposition logique des faits et leur bonne compréhension, sont de son cru. Sur l'exemplaire de travail qu'est le manuscrit BnF, lat. 15011 on note ses corrections, ses ajouts, voire ses repentirs. L'ensemble de ces notations, par delà les précautions rhétoriques du prologue sur la modestie de son rôle de compilateur, fournissent des indications précieuses sur le style, le vocabulaire. On voit comment l'auteur marque en fait ses sources de l'empreinte de sa propre personnalité littéraire et d'historien.

A – Grands et petits équilibres du texte

Dans la conception de son récit, Jean de Saint-Victor est-il tributaire des sources dont il dispose? Traite-t-il de façon équivalente chacune des périodes de son histoire universelle? Lui qui prétend dans son prologue avoir adopté un *modus mixtus,* parvient-il à tenir un équilibre entre la *brevitas* caractéristique de la chronique et la *prolixitas* propre à l'histoire[1]?

---

[1] B. Guenée, *Histoire et culture historique dans l'Occident médiéval,* 2ᵉ éd., Paris, 1991, p. 205.

1. Les grandes masses de la chronique

Pour avoir un aperçu du rapport entre les masses du récit et la chronologie couverte, on a recouru à un comptage quelque peu empirique : après avoir divisé arbitrairement le *Memoriale* en plusieurs périodes, on a compté le nombre de folios consacrés à chacune d'entre elles dans deux manuscrits de référence, Ars. 1117 pour la première version et BnF, lat. 15011 pour la seconde[2]. En raison de la rupture du texte de la première version en 1008, les résultats sont indiqués dans deux tableaux. Le premier offre une comparaison des deux versions sur la période allant de César à 1008 :

	César-Christ	Christ-IVᵉ s.	IVᵉ s.-751	751-1008	Total
Ars. 1117	4 = 1,5%	62 = 22,7%	146= 53,7%	60= 22,1%	272= 100%
BnF lat. 15011	9 = 3,2 %	67 = 23,8%	163 = 57,8%	43 = 15,2%	282= 100%

a) De César aux Carolingiens, environ 80% du récit est consacré à l'histoire de l'Eglise en Occident

La surprise n'est pas très grande. Bien des éléments concouraient finalement à ce poids considérable de l'histoire de l'Eglise des origines à sa traduction dans l'empire carolingien. La vocation religieuse de l'auteur bien sûr. Le souvenir des temps glorieux où le christianisme lançait ses martyrs et ses saints à la conquête du monde. L'insistance sur la mémoire chrétienne n'est pas, non plus, un hasard, en un temps où l'idée de croisade connaît une certaine désaffection, mêlée pourtant de nostalgie. Par ailleurs, les sources ont ici pesé de toute leur influence : par leur autorité (celle du vieux fonds commun des historiens chrétiens), par leur genre (des histoires qui entraînent le compilateur à faire des extraits plus longs), par leur caractère hagiographique enfin (que l'on pense aux grands légendiers), qui incitent à conserver les anecdotes, les *exempla*, afin de mettre en valeur la dignité exceptionnelle des chrétiens qui témoignèrent alors du Christ et de l'Eglise.

En revanche, la répartition du récit à l'intérieur de cette période est plus surprenante : on aurait attendu que la part la plus importante soit réservée au récit allant de l'avènement du Christ à la fin des persécutions. Or, elle représente moins d'un quart du total (22,7% ou

---

[2] Ce comptage a un sens dans la mesure où les écritures de chacun de ces manuscrits sont assez homogènes.

23,8%) contre plus de la moitié (53,7% ou 57,8%) pour la période couvrant les IVe-VIIIe siècles. L'explication en est peut-être à chercher du côté de l'histoire du royaume franc qui, en parallèle à l'Eglise universelle, semble bien être le second thème privilégié de cette partie de la narration. Par ailleurs, on aura remarqué la très faible proportion des temps pré-évangéliques, de César à la naissance du Christ. Même si la seconde version en double l'importance (3,2% contre 1,5% dans la première version), les temps qui précèdent le Christ ne servent que d'introduction à l'histoire de l'Eglise, de *praeparatio evangelica*. Notons enfin que de la première à la seconde version on ne constate pas de bouleversement considérable dans l'équilibre des masses du récit. Ainsi, les premiers temps chrétiens (de la naissance du Christ à la fin des persécutions) comptent pour 21,6% dans la première version et 20,2% dans la seconde ; de même, la période IVe-VIIIe siècles équivaut respectivement à 51% puis 49,2%. On peut suggérer que Jean considérait avoir donné une juste place à cette partie par rapport à l'ensemble de la chronique et qu'il n'a donc pas jugé nécessaire de la remanier.

b) Les Carolingiens dans la seconde version : une masse minorée mais une place centrale

Dans la première version, la période allant de 751 à 1008 constitue près de 22,1% de l'ensemble «César-1008». Dans la seconde version, cette même période ne représente plus que 15,2%. Ici, il y a bien eu rééquilibrage du texte. Cependant, n'en tirons pas trop vite des conclusions sur une place révisée, amoindrie des Carolingiens. Car d'une version à l'autre il y a surtout un changement dans la gestion des sources. Jean a abandonné Sigebert et Eginhard pour le livre **XXIII** du *Speculum historiale*. L'histoire carolingienne est en fait recentrée sur le règne de Charlemagne au détriment des autres membres de la dynastie : le règne de Charles, qui ne représentait que 11,3% (11 folios sur 60) de la période 751-1008 dans la première version, en représente 30,2% (18 folios sur 43) dans la seconde. S'il y a donc une réduction de la matière compilée, le «poids» de Charlemagne est majoré et la situation de son règne au cœur de la chronique se veut tout à fait symbolique.

c) Du XIe au XIIIe siècle, une croissance contrôlée du récit

Nous arrivons à présent à la partie de la narration pour laquelle la comparaison avec la première version n'est plus possible. Il est donc nécessaire d'établir un second tableau pour la seule seconde version dans le manuscrit BnF, lat. 15011 :

César-Christ	Christ-IVᵉ s.	IVᵉ s.-751	751-1008	XIᵉ s.	XIIᵉ s.	XIIIᵉ s.	XIVᵉ s.	total
9 = 2%	67 = 15%	163 = 36,6%	43 = 9,6%	36 = 8,1%	47 = 10,5%	52 = 11,7%	29 = 6,5%	446 = 100%

Par opposition à la première partie du tableau (les quatre premières colonnes), sur laquelle il est inutile de revenir, les trois colonnes suivantes présentent des chiffres assez proches. Les XIᵉ, XIIᵉ et XIIIᵉ siècles constituent respectivement 8,1%, 10,5% et 11,7% de l'ensemble. La part plus faible du XIᵉ siècle s'explique par un certain étiage historiographique, la chronique de Sigebert de Gembloux étant alors la source essentielle de la narration. En revanche, dès le début du XIIᵉ siècle, les sources, de nouveau plus abondantes (Robert d'Auxerre, les historiens de la croisade ...), permettent de nourrir davantage le récit. Au XIIIᵉ siècle, l'entrée en scène de l'atelier historiographique de Saint-Denis accélère dans une certaine mesure ce mouvement. Ces deux siècles sont aussi ceux de l'essor du royaume capétien, thème auquel l'auteur se montre de plus en plus attentif. On soulignera néanmoins que la plus grande proximité de son temps et la plus grande abondance des sources ne l'entraînent pas à octroyer à ces périodes une place démesurée. La matière reste contrôlée avec rigueur.

d) L'abondance du récit des temps contemporains

En revanche, cette rigueur paraît se relâcher dans le traitement des vingt-deux premières années du XIVᵉ siècle. Ce petit quart de siècle représente à lui tout seul 6,5% de la totalité de la chronique, soit plus de trois fois la période allant de César au Christ, et plus de la moitié de la part consacrée à un XIIIᵉ siècle déjà bien riche. Deux raisons peuvent être suggérées pour expliquer cette forte augmentation du récit. D'une part, le recours à des sources en français et surtout versifiées, inutilisées auparavant. Par leur nature, ces sources se prêtent moins facilement au travail d'abréviation et malgré sa vigilance, le chroniqueur se laisse quelque peu happer par une pratique narrative plus encline à retenir l'anecdotique de sources destinées d'abord à divertir. Et puis, ces temps contemporains sont ceux de la mémoire. Or, il apparaît qu'un récit bâti sur les souvenirs a tendance à être moins ramassé, moins contrôlé que celui qui dispose d'un texte pour source. Semblable observation se retrouve d'ailleurs à l'examen des séquences narratives. Enfin, l'analyse de certains événements, parfois très construite, à laquelle Jean se livre plus volontiers dans les dernières années de la chronique, conduit inévitablement à l'allongement des séquences.

2. Des séquences narratives assez bien équilibrées

L'historien, homme de plume, doit prendre garde à ne pas lasser son lecteur par une narration trop longue ou trop complexe. Tout en veillant à enchaîner les faits avec logique, il faut renouveler les sujets et les traiter à l'intérieur de séquences narratives assez courtes. Jean de Saint-Victor a ces préoccupations à l'esprit. Si l'on examine la première version de son texte, on remarque des séquences narratives assez bien proportionnées et délimitées par des pieds-de-mouche. Dans le corps du texte, le rythme de chaque séquence est marqué par les mots introductifs : *hoc anno, eodem anno* ... ; il est renforcé au sein de la séquence par l'annonce du début de la citation de la source (*Eusebius dicit /refert, /narrat quod* ...) et de son terme (*hec Eusebius*). Les séquences sont composées d'une dizaine à une soixantaine de mots, d'une à une demi-douzaine de phrases, plus ou moins courtes. Dans les cas où le sujet pourrait, par son intérêt ou par l'abondance des sources, prêter à de plus amples développements, Jean pose volontairement des limites : *de eius (Herodis) regno quantum ad principum, medium et fine habetur plenarie in I° libro ecclesiastice hystoria ab Eusebio et a magistro in Hystoria scolastica*[3] *; de ipso eciam Patricio multa alia miracula in vita sua legitur*[4]. Que le lecteur désireux d'en savoir plus veuille bien se reporter à la source indiquée. La seconde version est rédigée suivant des principes similaires. En quelques occasions cependant, l'auteur semble se laisser déborder par sa narration : l'histoire de son ordre (la vie et l'œuvre de Hugues occupent la valeur d'un folio dans le manuscrit BnF, lat. 15011[5]), l'épopée des Etats latins d'Orient (il consacre deux folios à la chute d'Acre et de Jérusalem[6]), mais le phénomène reste exceptionnel.

C'est au cours des dernières années de la chronique que l'on décèle une évolution dans la rédaction des séquences narratives. Grâce à l'édition imprimée de cette partie de la chronique, il est plus aisé de compter et donc de poser des observations objectives. Le tableau ci-dessous présente une répartition des 174 séquences narratives relevées[7] et classées selon leur longueur :

---

[3] Ars. 1117, fol. 10r-v.
[4] Ars. 1117, fol. 162v-163.
[5] La matière en est répartie sur les fol. 383v-384.
[6] BnF, lat. 15011, fol. 399-401.
[7] Sont mises à part les deux séquences contenant une copie de document : la canonisation de Célestin V (BnF, lat. 15011, fol. 479-481) et la bulle *Vas electionis,* fol. 494.

nombre de lignes par séquence	nombre de séquences (sur un total de 174)
1 à 10	115
10 à 20	37
20 à 30	8
> 35	14

Première constatation : la pratique de séquences narratives assez courtes, offrant des informations condensées, est maintenue dans la partie contemporaine de la chronique. Néanmoins, il faut immédiatement nuancer ce propos en étudiant la répartition des séquences selon leur longueur à l'intérieur de la période concernée. On note alors que sur les 115 séquences que nous appellerons courtes (1 à 10 lignes), 21 seulement (18,2%) sont relevées après 1312. En revanche, les séquences particulièrement longues (plus de 35 lignes) n'apparaissent jamais avant 1302 et quatre d'entre elles seulement se situent avant 1312. Les dix autres se situent au-delà de cette date et les cinq dernières sont regroupées sur les deux ultimes années de la chronique dont elles composent l'essentiel du récit.

On assiste donc entre 1302 et 1312 à une évolution assez manifeste dans la composition des séquences. Or, ce laps de temps correspond à la conjonction de plusieurs phénomènes dont certains ont déjà été évoqués : le recours à des sources en français et versifiées moins faciles à abréger (ex : la chevalerie des fils de Philippe le Bel traitée en 37 lignes) et le passage au temps de la mémoire. La gestion des souvenirs peut se faire au moyen d'une prise de notes, auquel cas les séquences narratives restent d'ampleur mesurée, mais elle peut aussi donner lieu à une écriture immédiate de l'épisode. On peut se demander si, dans ce dernier cas, l'auteur n'est pas entraîné malgré lui à développer davantage ses propos, irrésistiblement pris dans le feu de l'actualité, passionné par ce qu'il a vu, ce dont il a été le témoin direct (ex : l'épisode des Pastoureaux traité en 45 lignes). Ceci montre combien le travail de l'historien à partir de sa propre mémoire est différent, plus difficile sans doute que la compilation de sources textuelles. Jean maîtrise visiblement mieux la seconde que le premier !

L'allongement des séquences narratives va de pair avec la diminution du nombre de sujets traités. Les vingt dernières années de la chronique suivent de très loin l'histoire universelle. Le royaume de France devient le décor presque exclusif de la chronique. Au cours de ces deux dernières décennies, l'auteur choisit de retenir et de développer l'affaire des Templiers (deux séquences de 57 et 40 lignes), la succession de Philippe le Bel et le procès d'Enguerran de Marigny (46 et 38 lignes), la guerre et les négociations avec la Flandre (la plus longue séquence est de 60 lignes), le mouvement des Pastoureaux (45 lignes), l'affaire des puits empoisonnés (39 lignes) et la mort de Philippe V (36 lignes).

B – Le travail d'écriture : deux exemples

Jean est un compilateur. A ce titre, il ne revendique ni langue ni style propres. Il ne paraît pas non plus avoir choisi de suivre un modèle rhétorique hérité des Anciens. Plus profondément, il est auteur et les mots, les phrases, avec lesquels il «redit l'histoire»[8] ne sont jamais tout à fait ceux de ses sources. Pour étudier la langue et le style du victorin, sa réécriture des sources (ou son écriture pour les temps contemporains), on a opté pour la pratique du sondage. Deux sources et leur utilisation dans deux passages du *Memoriale* ont été retenues comme pôles d'observation. La première est la chronique de Sigebert de Gembloux, source latine longuement suivie dans la première et la seconde version. La seconde est la *Chronique rimée* de Geoffroi de Paris qui allie l'intérêt pour notre propos d'être une source en français et versifiée (comment Jean traite-t-il ce type de littérature?) et d'être contemporaine de l'auteur (comment confronte-t-il son témoignage à celui de sa source?)

1. Sigebert de Gembloux

Le passage proposé pour l'étude couvre les années 964-969 de la chronique de Sigebert de Gembloux[9]. Dans le texte-source ont été indiqués entre crochets obliques les éléments non-repris par Jean. Dans le texte du *Memoriale*[10], les mots et passages en italique visent à mettre évidence les ajouts apportés par l'auteur. Le cas échéant les variantes de la première version sont signalées :

---

[8] B. Guenée, *op. cit.*, p. 214.
[9] SG, *Chron.*, MGH, SS, VI, p. 350-351.
[10] BnF, lat. 15011, fol. 322v.

Sigebert de Gembloux

(964)<Arnulfo sene Flandrensium comite mortuo,> Lotharius rex Francorum graviter Flandrias <infestat> et vastat.

(965)Otto imperator pentecosten Aquisgrani celebravit, concurrentibus ibi a Francia sororibus suis, regina scilicet Francorum Gerberga, matre Lotharii regis et Karoli ducis, et Hatuide uxore Hugonis Parisiorum comitis, quorum filius fuit Hugo, qui post regnavit in Francia. Ubi omnis illa regalis prosapia tanto adinvicem congratulationis jubilo est affecta, ut in omni vita eorum vix aliquid gaudii huic laetitiae potuerit equiperari. Otto Italiam repetit. Bruno dux et archiepiscopus in Franciam pergens ad pacificandos nepotes suos, Lotharium regem et filios Hugonis, ubi Compendium venit, febre correptus Remis redit; ibi quidquid habuit <in re mancipi>, per testamentum aecclesiis sanctorum delegato, mortuus est. Corpus ejus a Deoderico Mettensi episcopo Coloniam refertur.

(966)Guillelmus filius imperatoris archiepiscopus Moguntiae moritur. Hoc tempore Danis, qui Christum Jesum et idola simul colebant, cum Popone clerico in convivio altercantibus super cultura Dei et deorum, Danis asserentibus Jesum Christum quidem esse Deum, deos vero majores et antiquiores illo esse, Popone econtra affirmante, Jesum Christum solum verum Deum esse, unum in substantia, trinum in personis: rex Danorum Araldus con-

Jean de Saint-Victor

Lotharius rex Francorum Flandrias graviter vastavit.

Otho imperator in Penthecoste Aquis Grani *festum sollempne* tenuit et ibi interfuerunt sorores eius, Gerberga mater Lotharii regis Francorum et Karoli ducis *Lotharingie* et Havuidis *mater Hugonis Chapet ducis Francorum et comitis Parisiorum et ceteri multi*, ibique regalis illa prosapia tanto adinvicem iubilo congratulationis est affecta, ut in tota vita eorum aliquid gaudii vix huic letitca potuerit equiperari *et eodem tempore magna dissencio mota est* inter Lotharium et *III* filios Hugonis magni, *scilicet Hugonem Chapet comitem Parisiensem, Othonem ducem Burgundie et Henricum, pro quibusdam causis et propter hoc* Bruno dux et archiepiscopus de quo supra, in Franciam venit, *eos qui erant ex sororibus* nepotes eius volens pacificare et Compendii febre *valida* corripi cepit postque Remis venit et ibi omnibus que habebat per testamentum ecclesiis sanctorum delegatis, obiit corpusque eius a Theoderico Methensi episcopo Colonie delatum est.

Otho imperator Ytaliam petiit et eodem anno Guillelmus filius eius, archiepiscopus Moguntie obiit. (...) Dani qui Christum et ydola colebant simul cum Popone clerico *orthodoxo* in convivio altercantes super cultura Dei et deorum, *rege Danorum Heraldo presente*, asserebant quidam Christum Deum esse (1ère version: sed deos *gentilium* maiores esse illo et antiquiores, Popo autem econtra affirmabat Christum) unum in substancia et trinum in perso-

dixit clerico, ut fidem propositam a se probaret testimonio veritatis.

<Quod annuente> clerico, ingentis ponderis ferrum valde ignitum manibus illius ferendum imponitur; quod cum clericus usque ad placitum omnium tulisset absque ulla lesione, rex penitus abjecta idolatria, se suosque ad colendum verum solum Deum convertit; clericus vero ad episcopatum promotus est.

nis; quibus auditis rex precipit dicto clerico ut fidem a se propositam probaret testimonio veritatis;

ipse autem ingentis ponderis ferrum valde ignitum manibus suis ferrendum accepit, ferens illud usque ad placitum omnium absque lesione ; *quo viso*, rex penitus abiecta ydolatria se et suos ad colendum solum Deum verum convertit *et baptizati sunt ; dictus autem Popo* factus est episcopus.

(967)Johannes Romanae aecclesiae 136us presidet. <Guigmannus diu contra imperatorem Ottonem rebellis (...)perimitur.> Hoc tempore Bulgaribus dominabantur filii Symeonis Petrus et Bajanus; quorum Bajanus... videretur.

Post Leonem VIII^m Iohannes *XIII^{us}* sedit, papa CXXXVI *et sedit annis VI.*

Bulgaribus *dampnabantur (...)* videretur.

(968)Otto minor a patre evocatus Romam, a Johanne papa in imperatorem benedicitur. Otto imperator Beneventanos duces potentia sua ad subjectionem sui inflexit. <Otto imperator in terra Saxonica venas auri et argenti primus industria sua aperuit.>

Otho imperator in Ytaliam commorans, Bunventanos duces potencia sua sibi subdidit.

(969)Quidam comes Ottonis imperatoris ei familiaris, Romae ante oculos omnium a diabolo areptus, ita ut se ipsum dentibus decerperet, jussu imperatoris ad papam Johannem adductus, ut catena sancti Petri collo ejus circumdaretur, <dum a fallacibus> clericis semel bis (...) ; tandem vera sancti Petri cathena allata et collo <furentis> circumdata (...), tandem imperator <sedato litigio> a papa Johanne optinuit, ut annulum hujus catenae exsectum episcopus mereretur. Imperator Otto dum partem excercitus ad Grecos misisset, ut uxorem filio suo Ottoni acciperent, ...

Quidam comes Othoni familiaris, Rome *coram* omnibus a diabolo areptus, ita ut se ipsum *discerperet* (...)ut annulum *unum* dicte cathene exsectum Theodoricus *haberet.*

Otho *iunior* Romam evocatus a patre, Iohanne papa in imperatorem benedictus est. Otho imperator misit partem exercitus sui ad *imperatorem Constantinopolis* ut filiam suam Othoni filio eius daret.

a) Une langue fluide et concise pour un discours simple et efficace

La langue de Jean est plus élégante que celle de Sigebert et le style plus fluide et concis. Jean supprime les redondances, comme le verbe *infestavit* dans la première phrase. Il remplace *ad subjectionem sibi inflexit* par une formule plus courte *sibi subdidit*. Il supprime les détails inutiles dans son *exemplum* à propos des chaînes de saint Pierre. Il remplace un mot par un autre, mieux approprié : *eminentiores* devient *fortiores* car dans une bataille ce n'est pas tant la dignité que le courage, la vigueur qui importe ; le verbe *discerpere dentibus* (déchirer, mettre en pièces) lui paraît mieux convenir au contexte que le verbe *decerpere* (détacher, cueillir) utilisé par sa source.

De tout le passage transcrit c'est sûrement l'épisode de la conversion des Danois qui révèle le mieux son art. L'enjeu de la scène apparaît immédiatement. Jean a retravaillé le texte de Sigebert de façon à mettre face à face un groupe de Danois idolâtres et un malheureux clerc à l'orthodoxie irréprochable (*orthodoxo clerico*). Entre les deux siège le roi Harald, pour le moment hostile à la vraie foi mais dont l'attitude finale sera décisive et pour la vie du clerc et pour le développement du christianisme. Puis, vient le moment du jugement de Dieu. Jouant sur les allitérations en «f», Jean fait monter la tension : *ipse autem ingentis ponderis ferrum valde ignitum manibus suis ferrendum accepit, ferens illud absque lesione usque ad placitum omnium ; quo viso, rex …* Par rapport au texte initial il inverse les expressions *absque lesione* et *ad placitum omnium* afin de montrer la durée et la cruauté de l'épreuve. Il scinde ensuite la phrase de Sigebert pour que la tension se relâche. Indéniablement l'auteur a le sens de l'intensité dramatique du récit.

Ces passages particulièrement soignés sont écrits non seulement pour être lus mais aussi peut-être pour être dits à haute voix. Or, en face, dans la marge, le copiste a indiqué par une manchette que cette anecdote constituait un *exemplum*, ce que ne précisait pas le texte de Sigebert. Nous avons peut-être là un texte réécrit et destiné à être entendu, à captiver un auditoire, somme toute à servir à la prédication. Il peut s'agir d'un *exemplum* que Jean avait déjà entendu, lors d'une lecture à Saint-Victor, et dont il restituait le souvenir ou, comme on peut le supposer, d'un *exemplum* que lui-même utilisait dans sa propre prédication et qu'il avait donc à cœur de ciseler soigneusement afin de le rendre plus efficace[11].

---

[11] Il n'a cependant pas été possible de repérer cet *exemplum* dans l'index de F. C. TUBACH, *Index Exemplorum. A Handbook of medieval religious tales*, (*FFC*, 204) Helsinki, 1969, rééd. 1981.

b) Identifier les personnages

Par ailleurs, l'auteur s'efforce de rendre le récit tout à fait compréhensible dans ses moindres détails. Chaque personnage doit être parfaitement identifié par le lecteur : le duc Charles présent à Aix-la-Chapelle est le duc de *Lotharingie* ; il ne faut pas le confondre avec son frère Lothaire *roi des Francs.* Lorsque Sigebert évoque la querelle entre ce dernier et les fils de Hugues le Grand, notre auteur précise que ces fils sont au nombre de trois et donne leurs noms. De même préfère-t-il appeler le futur Othon II *Otho iunior* qu'*Otho minor.* Il lui semble ainsi mieux rendre compte de la relation de génération entre les deux hommes. C'est le même souci d'exactitude et de réalisme qui lui fait ajouter certains adjectifs : il faut que la fièvre de Brunon soit «violente» pour justifier son décès. Dans le récit de la conversion des Danois il précise d'emblée qu'au milieu de ces païens, Popon est, lui, un clerc «orthodoxe». Il éprouve le besoin d'ajouter à la fin de l'épisode : *et baptizati sunt,* concrétisation naturelle de la conversion, scène facile à imaginer pour ses lecteurs, car familière.

c) Mettre en scène

En arrière-plan de toutes ces additions au texte-source il y a l'ardente volonté de construire un récit vivant et logique, de mettre en scène les informations données par sa source. Tirées elles-mêmes de divers textes, elles apparaissent en effet bien souvent sèches et décousues.

Premier épisode : la Pentecôte à Aix-la-Chapelle en 966. L'insertion de l'expression *festum sollempne tenuit* marque le caractère liturgique exceptionnel de ce jour[12]. Elle peut aussi renvoyer à sa répétition annuelle, ce qui est vrai dans le calendrier liturgique, mais ce qui l'est aussi si l'on s'en tient à l'aspect politique de la réunion : le plaid général du Champs de Mars que tiennent chaque année les Carolingiens. Enfin, le chroniqueur indique peut-être également de cette façon les réjouissances très profanes qui suivirent, expliquant ainsi la joie générale décrite par Sigebert. Pour rendre plus vraisemblable l'ampleur de la réunion il précise, après avoir présenté les invitées les plus éminentes (Gerberge et Hatwide), que bien d'autres personnes étaient là (*et ceteri multi*). Avec un grand sens dramatique il contre-balance l'enthousiasme général par l'annonce de la discorde entre Lothaire et les fils de Hugues : *et eodem tempore.* Pour lui, c'est au cœur même de la fête et donc en présence de l'empereur (qui ne part en Italie que plus tard) que se noue le

---

[12] D'après les exemples proposés par Du Cange, *Glossarium ad scriptores mediae et infimae latinitatis,* cf. supra ch. IV, n. 114.

conflit et qu'on y cherche des solutions. On peut imaginer la suite : avant son départ, afin de laisser derrière lui une situation pacifiée et peut-être poussé par l'intervention de ses deux sœurs (dont Jean rappelle qu'elles sont aussi les sœurs de Brunon), il charge ce dernier d'entrer en contact avec les trois frères. La mort de l'archevêque reporte le règlement de l'affaire et Othon prend finalement la route de l'Italie. Cette version des faits paraît à Jean plus logique que celle donnée par Sigebert.

Second épisode : Après avoir raconté la conversion des Danois, l'auteur du *Memoriale* revient à l'empereur. Comme il l'avait laissé partant pour l'Italie, la logique du récit veut qu'il rappelle le contexte dans lequel se meut le personnage, avant de présenter l'anecdote particulière tirée de Sigebert : *Otho imperator in Ytaliam commorans ...* Après l'*exemplum* des chaînes de saint Pierre, il insère un passage que le moine de Gembloux avait placé l'année précédente : *Otho iunior Romam evocatus a patre ...* Ce déplacement est moins dû au souci de rigueur chronologique qu'au lien logique avec ce qui précède (épisode du séjour italien d'Othon Iᵉʳ) et surtout ce qui suit. En effet, la demande en mariage adressée à la cour de Constantinople est la conséquence de la bénédiction impériale. Aux yeux de Jean, seul un empereur peut prétendre à la main d'une princesse byzantine. L'ordre adopté dans le récit est le fruit d'un esprit logique pour lequel les événements s'enchaînent toujours les uns aux autres, mais il renvoie sans doute aussi à une conception de l'empire et des rapports entre les Ottoniens et Byzance. Il montre ici que la nouvelle dynastie occidentale cherche à renouer avec la tradition de l'Empire universel, tout en indiquant la dualité de la dignité impériale (*Otho imperator misit (...)* ad _imperatorem_ *Constantinopolis*), ce que ne faisait pas Sigebert (*Imperator Otto (...) ad Grecos mississet*).

Cette dernière remarque montre combien Jean de Saint-Victor poursuit son propre projet indépendamment de la source quasiment unique qu'il utilise pour cette fin du xᵉ siècle. Remarquons tout d'abord qu'il ne prend pas l'intégralité des informations offertes par Sigebert. Ainsi mentionne-t-il l'invasion de la Flandre par Lothaire, en négligeant les circonstances qui ont permis ce fait : *Arnulfo sene Flandrensium comite mortuo ...* expliquait le Lotharingien. La Flandre en elle-même ne l'intéresse guère à cette étape de la narration, seuls retiennent son attention les faits et gestes du roi des Francs. De même, il laisse de côté tout ce qui concerne la partie allemande de l'empire : Guigmannus tué par un roitelet slave, l'exploitation des mines d'or et d'argent en Saxe. Ces mentions sont le fait d'un Lotharingien, elles n'intéressent guère un Français. D'autre part, la chronique de Sigebert est centrée sur l'empire et l'empereur[13]. Or, lorsqu'il rédige les dernières années du xe siècle, l'auteur du *Memoriale* a également en tête l'avènement de la dynastie capétienne. Le récit qui précède en est la préparation et cela apparaît clairement dans le passage de la réunion de Pentecôte 966 : Hatwide n'est plus, comme dans le texte de Sigebert, *uxore Hugonis Parisiorum comitis*, mais *mater Hugonis Chapet ducis Francie* ... Le terme *mater* est ici l'exact pendant du titre donné à Gerberge, *mater Lotharii regis Lotharingie*. Pareillement, à Hugues le Grand il substitue son fils Hugues Capet et ajoute le titre de duc des Francs. Celui-ci est aussi le neveu de l'empereur Othon, c'est donc un proche de la famille impériale et non un personnage obscur. D'avance, il prévient de cette façon l'accusation d'usurpation de la part de Hugues en 987 et montre que celui-ci est digne d'être roi. Il anticipe légèrement sur l'histoire ou plutôt il la prépare en montrant une parenté, une égalité de dignité entre le Carolingien et le futur fondateur de la dynastie capétienne. Ce qui bien sûr n'était pas le propos de Sigebert de Gembloux.

2. Geoffroi de Paris

Le second exemple retenu pour cette étude de la composition est la *Chronique rimée* de Geoffroi de Paris. Guillaume Mollat a écrit qu'elle constituait, pour la période 1309-1316, un modèle pour le *Memoriale* qui en reproduisait jusqu'aux erreurs[14]. L'argument est sans doute insuffisant et partiellement faux. Ici comme ailleurs, compilation ne signifie pas copie et seul un examen attentif des deux œuvres permet de comprendre comment l'auteur du *Memoriale* a travaillé sa source.

a) Une source «élaguée»

Il faut tout d'abord constater que Jean de Saint-Victor n'a pas utilisé la *Chronique rimée* dans son intégralité. La lecture parallèle des deux textes montre qu'il en abandonne de longs et nombreux passages. De façon quasi-systématique il épargne à son lecteur toutes les digressions moralisantes de Geoffroi de Paris[15]. Il tait – assez rarement

---

[13] Même si l'exemplaire utilisé par Jean a été revu dans un sens plus favorable au pouvoir pontifical, cf. supra le chapitre VI.

[14] G. MOLLAT, *Etude critique sur les «Vitae paparum Avenionensium» d'Etienne Baluze*, Paris, 1917, p. 93. En fait, il en signale une seule : comme Geoffroi, Jean place un an trop tôt l'entrée de Henri VII dans Rome et fait, à sa suite, un récit erroné des événements qui se passèrent dans la ville.

[15] Elles font toujours suite à un passage utilisé et constituent des blocs, ex : v. 5242-3, 5302-8 et 7346-52.

car la source est de qualité – des informations de peu de crédit[16]. Certaines coupes marquent visiblement son désaccord avec le clerc de la chancellerie qu'il juge peut-être trop aigri. Ainsi passe-t-il sous silence tout ce qui concerne Enguerran de Marigny avant 1314 ; de même, les trois cent quatre-vingt deux vers où s'exprime un jugement plus que sévère sur le règne de Philippe le Bel[17]. On trouverait d'autres passages supprimés parce que trop hostiles au roi. Jean sait lui aussi se montrer critique mais le pamphlet n'est pas dans son style. Il omet également de longs développements sur les monnaies ou le commerce[18]. Son remarquable esprit de synthèse et l'absence des contraintes qu'imposent à Geoffroi la poésie lui permettent de dire les choses plus rapidement[19]. Il simplifie ou clarifie les propos parfois obscurs du poète. Voyons donc comment le texte de Geoffroi est traité au travers de l'épisode des bidauds en 1312. Voici en parallèle les deux extraits. Les passages empruntés par Jean à la *Chronique métrique* sont indiqués en italiques dans le texte-source, ses ajouts propres sont soulignés.

Geoffroi de Paris (v. 4527-4580, p. 177-178)

Jean de Saint-Victor (*RHF*, XXI, p. 656)

Mil CCC. et XII. Cel temps
Fruiz faillirent, si com l'entens;
Aussi firent et blez et vins.
(v. 4530-4556 non repris)
   En cele annee ont fait bydaus
Assez de griez, assez de maus,
Qui de Flandres s'en retornoient,
Tout por ce que paiez n'estoient.
Des viandes, du pain, du vin
Prenoient il par le chemin
Ne riens n'en vouloient paier;
Les gens faisoient esmaier,
Por ce qu'estoient grant nombre.
Par les chanz, dessouz chascun ombre,

Anno MCCCXII fuit in Francia magnus defectus bladi, vini et fructuum, et magna mortalitas. Et eodem anno, bidaudi de Francia <sic> revertentes, stipendiis non solutis, per patriam praedas exercebant multosque spoliabant ; et usque Bituris venientes fuerunt arrestati, et fere quingenti sunt in patibulis suspensi.

---

[16] GP, v. 4530-4540, p. 177. Geoffroi y relate la venue à Paris de deux devins qui annoncent la fin du monde et la venue de l'Antéchrist.

[17] GP, v. 6332-6714.

[18] GP, v. 5379-5463, p. 193 et 5467-5511, p. 194-195.

[19] *RHF,* XXI, p. 658 : «Hoc autem anno moneta tam turpiter fuit deformata quod non inveniebant quomodo contractus facerent mercatores. Unde regnum fuit mirabiliter desolatum ; sed regis consiliarii totum commodum reportabant : papa etiam partem habuit copiosam.»

Ci cinq, ci quatrë et ci dis
Gesoient il par le païs.
Si firent assez de grieté,>
Mes au derrenier arreté
Furent à Borges, en Berri,
Si en fu le nombre amenri.
Tant alerent et tant venirent
Que bien cinq cens la em pendirent:
Les gibbez en furent touz plains.
<Des povres ne furent pas plains.
Si croy ju que ce fu damage
Que il moururent en tel rage ;
Et di encor, et m'i acort,
Qu'en lor fist droit aveques tort.>

Dans l'exemple proposé, le résumé du *Memoriale* constitue un abrègement d'environ les deux tiers du texte de Geoffroi. Cette proportion se retrouverait pour d'autres passages. Jean pratique, si l'on peut dire, une épuration complète de sa source. Non seulement il dégage les informations du carcan de la rime[20], mais il rejette de plus tout élément descriptif. Ce ne sera pas toujours le cas (ex : les fêtes de chevalerie de 1313). Il ne retient ici que l'énoncé du fait, de façon très dépouillée mais extrêmement précise. Tout y est pour que le lecteur sache exactement ce qui s'est passé : la date (*Anno MCCCXII ...,* *et eodem anno*), qui sont ces gens (*bidaudi*) et d'où ils viennent (*de* <*Flandria*> *revertentes*)[21], les raisons de leurs agissements, à court terme (*stipendiis non solutis*) mais aussi à plus long terme (c'est une période de disette : *defectus bladi*) ; il évoque de façon concise les dégâts, insistant plutôt sur leur répétition à travers le pays, au fur et à mesure que les bidauds avancent vers le sud (*per patriam praedas* *exercebant*) ; enfin, sans aucun commentaire, tant, à la différence de Geoffroi, le dénouement lui paraît justifié, il indique le lieu de l'arrestation (Bourges), la sanction (la pendaison) et le nombre de condamnés (cinq cents).

b) Un plan souvent remanié

Il est tout d'abord évident que Jean, s'il suit bien le plan général de l'œuvre de Geoffroi, «casse» fréquemment la structure interne du texte-source. Il s'agit quelques fois de rétablir une chronologie logique : il lui semble préférable de raconter le naufrage de Clémence

---

[20] A. DIVERRÈS, *La Chronique métrique attribuée à Geoffroi de Paris,* Paris, 1956, (*Publ. de la Fac. des Lettres de l'Univ. de Strasbourg,* 129), p. 21.

[21] *Francia* est une erreur du copiste et n'a aucun sens dans le contexte du paragraphe.

de Hongrie lors de son voyage vers la France, avant donc son mariage avec Louis X[22]. Par ailleurs, Geoffroi divise son récit par années sans chercher à regrouper des événements qui seraient liés mais dont le déroulement serait à cheval sur deux années. Or, nous avons déjà remarqué à propos de la compilation d'autres sources combien ce procédé était étranger à l'auteur du *Memoriale*. Bien au contraire, il s'efforce toujours de mettre en évidence les causes et leurs effets. C'est ainsi, que sans tenir compte de la coupure établie par Geoffroi entre 1312 et 1313, il regroupe dans un même paragraphe la guerre entre les Ecossais et les Anglais, les négociations menées par Louis d'Evreux (les deux faits sont rapportés en 1312 chez Geoffroi) ; il en retient comme résultat principal l'invitation lancée au nom du roi de France (rattachée à l'année 1312 chez Geoffroi) qu'il fait suivre immédiatement de son effet, l'arrivée du roi d'Angleterre à Paris (fait que Geoffroi présente, lui, en 1313). Les causes peuvent parfois être plus éloignées de leurs effets et dans le temps et dans le texte-source : ainsi, au moment de relater la campagne de Louis X en Flandre en 1315[23], Jean se sert, pour justifier l'aide apportée par les nobles, d'un élément donné par Geoffroi dès les premiers moments du nouveau règne, soit six cents vers plus haut. Relation évidente que n'établissait pourtant pas le poète.

Le déplacement des blocs empruntés à la *Chronique rimée* dépasse parfois la simple logique, il sert alors à donner une autre interprétation des événements. Prenons l'exemple des fêtes de 1313[24]. Geoffroi ouvre l'année par le récit de l'entrée en chevalerie et la description de la cour qui y assiste. Celle-ci est présidée par trois rois, Edouard étant cité en deuxième position entre Philippe le Bel et Louis X, roi de Navarre. Le poète consacre au roi anglais un seul vers (v. 4734), s'attardant cependant un peu plus loin sur son épouse Isabelle. Chez Jean, cet épisode de la Pentecôte 1313 est directement rattaché à l'entremise et à l'invitation de Louis d'Evreux quelques mois plus tôt. La venue du roi d'Angleterre est mise en avant au détriment de l'entrée en chevalerie rejetée, noyée dans le programme des réjouissances. De même, si Paris pavoise, si des spectacles sont offerts aux yeux de tous, c'est avant tout parce que cette visite est un événement politique, diplomatique, extraordinaire. Il mérite d'être souligné par des festivités exceptionnelles. Toute la description qui, chez Geoffroi, voulait mettre en valeur l'entrée en chevalerie du fils aîné du roi, est transférée dans le

---

[22] GP, v. 7393-7448, p. 230-231 ; *RHF*, XXI, p. 661.
[23] *RHF*, XXI, p. 659 ; GP, v. 7449 sq.
[24] GP, v. 4704-5132, p. 180-188 ; *RHF,* XXI, p. 656-657.

Memoriale sur la présence du roi d'Angleterre. Il y a là une lecture politique apparemment ignorée de la source.

c) La rencontre de la source et du témoignage personnel

Si Jean réorganise la matière donnée par la *Chronique rimée*, il apporte également son témoignage personnel. En effet, le texte de Geoffroi ne lui sert pas à rendre compte d'événements qu'il n'aurait pas vécus. En plusieurs occasions, Jean était là lui aussi, en spectateur attentif. Et il est frappant de constater que les deux chroniqueurs n'ont pas toujours vu, entendu, retenu les mêmes éléments. En 1313, tous deux sont dans les rues de Paris pour assister à l'arrivée du roi d'Angleterre. Tous deux sont éblouis, fascinés par les atours dont la capitale est revêtue. Mais ce sont les couleurs chatoyantes qui ont attiré le regard de Geoffroi[25], alors que Jean se montre plus sensible à la richesse des étoffes dont on para les édifices[26]. Peut-être évoquent-elles pour lui les fastes de la liturgie. Le clerc de la chancellerie, avec quelque trivialité, insiste sur la profusion de bijoux, de nourriture, que déploya en cette occasion la noble assemblée[27] ; le chanoine, avec plus de retenue, préfère s'étonner de ce que cette même assemblée change de vêtements trois fois par jour[28]. Quant au spectacle des rues, nul doute que les descriptions de Geoffroi sont à la fois plus précises et plus abondantes. Le clerc-poète a visiblement passé cette semaine de fête dans la rue, mêlé à la population en liesse. Avec elle, il mange, boit et se réjouit, fier des spectacles que la bourgeoisie parisienne peut offrir à la cour[29]. Jean, sûrement retenu par les obligations de la vie monastique et homme aux habitudes plus ascétiques, ne paraît avoir assisté qu'aux réjouissances du premier jour, le dimanche de Pentecôte. Il n'évoque que les allégories du Paradis et de l'Enfer et la procession des gens de métiers déguisés en renards qui semblent avoir frappé son imagination[30].

---

[25] GP, v. 4813-4814 : «Car Paris estoit tout couvert, / Blanc, noir, jaune, rougë ou vert.»

[26] *RHF,* XXI, p. 657 : «Fuit autem tota civitas sericis pannis et pretiosis lineis cooperta, et erant per omnes vicos luminaria infinita.»

[27] GP, v. 4835-4837 : «En celz pot on veïr noblece, /Richece en atours, en largece, / En dons, en joiaux, en viandes.»

[28] *RHF,* XXI, p. 656 : «Omnes enim duces Francorum, comites et barones affuerunt, qui ornamenta tribus vicibus in die mutaverunt.»

[29] GP, v. 4921-5038, p. 184-186.

[30] *RHF,* XXI, p. 657 : «Omnes artifices processionaliter incedebant, et illi de singulis artificiis habebant distincta ornamenta ab aliis. Quidam cum hoc infernum effingebant, alii paradisum, alii processionem vulpis, in qua singula animalia effigiata singula officia exercebant.»

Cette même impression d'un double témoignage se retrouve à la lecture de l'année 1315, à propos du procès d'Enguerran de Marigny et surtout de son exécution. Aux détails donnés par Geoffroi, Jean ajoute ses propres observations : la coiffe dont on revêt Enguerran est blanche, il porte non seulement des chausses mais aussi une tunique de couleur ; enfin, détail vraisemblable, la foule réjouie qui l'accompagne sur le chemin de Montfaucon[31].

Mais les ajouts de Jean dépassent quelques fois la simple observation personnelle. Ils tendent alors à préciser, mieux expliquer ou interpréter le fait relaté. Ainsi, lorsque Charles de Valois exige que Louis X fasse arrêter Enguerran, le chroniqueur victorin insiste sur le contenu exact de la menace : si l'oncle refuse de paraître au Conseil et à la cour[32], comment le jeune roi parviendra-t-il à gouverner seul? A Enguerran accusé d'avoir reçu de l'argent des Flamands il prête un argument de défense dont le caractère fallacieux et scandaleux ne peut que provoquer la colère du roi[33]. Un peu plus loin, à propos des pratiques magiques de la femme et de la sœur de l'accusé, il leur accorde l'excuse d'avoir agi ainsi «pour influer sur l'hostilité de Charles de Valois». On aura noté que les deux derniers exemples relèvent sans doute de bruits qui courent, peut-être d'arguments d'une défense que les amis d'Enguerran s'efforcent de diffuser au sein de la population. Jean est ici un meilleur témoin de l'opinion publique que Geoffroi. Une semblable curiosité populaire s'exerce à propos de la fameuse lettre adressée au roi par son épouse Jeanne de Navarre : le victorin insiste sur son caractère mystérieux (la reine a fait promettre qu'elle serait remise en main propre), seuls les proches du roi en ont eu connaissance[34]. Il s'efforce, comme nous l'avons vu plus haut, d'en deviner le contenu ou rapporte les rumeurs courant à son sujet.

---

[31] GP, v. 6980-7288 ; *RHF*, XXI, p. 660-661 : «... ligatus in carriga, cum cucufa alba et cicino plicato, in tunica et caligis coloratis, cum maximo concursu populi congaudentis ad patibulum est deductus ...»

[32] GP, v. 6947-6954, est beaucoup moins précis.

[33] *RHF*, XXI, p. 660 : «Rex igitur, vocato Enjoranno, coepit ab eo exigere veritatem; qui celare non potuit quin a Flamingis receperit magnam summam : "sed hoc, inquit, feci ut amplius hostes gravarentur, cetera omnia facta sunt de voluntate patris tui."» Le prétexte d'avoir voulu ainsi gêner les Flamands ne se retrouve pas chez Geoffroi ; celui-ci insiste d'autre part (v. 7136-7137) sur le fait que le roi est disposé à la clémence, ce que Jean, en revanche, ne dit pas.

[34] J. FAVIER, *Un conseiller de Philippe le Bel : Enguerran de Marigny*, Paris, 1963, p. 213 n. 4, propose en effet de traduire *secretarii* par «intimes», car dit-il «on ne peut croire que le roi ait partagé un secret avec ses seuls secrétaires et non avec ses conseillers.» On peut cependant suggérer que Jean a aussi choisi ce mot (absent du reste de la chronique) à dessein pour renforcer l'idée d'un secret qui intrigue fortement l'opinion publique.

Au terme de cette lecture parallèle, l'idée d'un modèle suivi pas à pas semble bien inadéquate pour rendre compte des relations existant entre la *Chronique rimée* de Geoffroi de Paris et le *Memoriale*. Certes, le premier texte fournit au second sa matière principale et son fil conducteur. Mais les abrégements, les remaniements, l'apport d'un témoignage propre, renvoient au travail du compilateur qui, une fois de plus, s'approprie le texte-source. Cependant, à l'occasion de l'utilisation que fait Jean de l'œuvre de Geoffroi, nous dépassons le seul stade de la compilation pour aborder celui de la traduction.

d) Une source traduite

L'une des raisons qui ont amené Jean de Saint-Victor à privilégier la *Chronique rimée* pour la période 1312-116 est qu'elle permet de rendre compte de certains événements presqu'au jour le jour. Geoffroi de Paris donne en effet d'abondantes indications de date, précisant le mois mais aussi le quantième et souvent le jour de la semaine. Jean en fait son profit mais il insère ces renseignements dans un calendrier qui lui est propre. Or, celui-ci est par essence liturgique. Il renvoie à son vécu quotidien (il date ainsi ses souvenirs personnels) et à celui de son public, les chanoines du cloître de Saint-Victor. Pour se faire mieux comprendre d'eux et parce qu'il est plus à l'aise dans le système liturgique, il traduit bien souvent les dates indiquées par Geoffroi : les jours sont toujours comptés par rapport aux dimanches ou aux fêtes (*feria secunda et tercia Rogationum*), les noms de ces fêtes sont ceux de la liturgie, non ceux qu'emploie communément le peuple[35].

Mais l'essentiel de la difficulté consistait bien sûr pour Jean à traduire en prose et en latin un texte écrit en langue vulgaire et en vers, tout en préservant la saveur d'un texte vivant. L'auteur du *Memoriale* a mené cette opération avec aisance et liberté. Plaçons-nous dans le cas le plus simple, celui où Jean paraît suivre très exactement le texte de Geoffroi. Un des meilleurs exemples en est peut-être la scène qui se déroule à Vincennes après la mort de Philippe le Bel[36]. En voici le texte :

---

[35] «Pentecôte» remplace le «nouviau temps» de Geoffroi (v. 4675); de même traduit-il par «en la fête des Saints Pierre et Paul» le v. 5133 de la *Chron. métrique*: «a la Saint Pere».

[36] GP, v. 6835-6958 et *RHF*, XXI, p. 659-660.

Geoffroi de Paris (v. 6871-6954)

Si leur a dist en audiance :
«De mon pere, le roy de France,
Qu'est son tresor tout devenu?
Por byche bien l'avez tenu.
Ou sont diziesmes, cinquantiesmes?
Vous en avez pris a meesmes.
J'avrai conseil que fere en doie,
Ançois que je praingne autre voie.»
De contes le roy, en cel temps,
Fu (en) grant courrous et contemps :
Et le roy se regarda povre
Ni ne pot avoir nul recouvre,
Si demanda que ce puet estre.
Charles lors, son oncle, connoistre
Li va, et li dist que sa gent
En avoit et l'or et l'argent,
Qui fait en orent les mesons
Contre droit et contre raisons,
Et qui le grant vesselement
En avoient communement,
Et qui les trieves orent fetes,
Dont les pecunes orent traites
En son royaume decevant.
«Or te va, niez, apercevant
De celz qui ont fet cest desroy
A ton pere, cil qui fu roy.»
Li roy a molt bien escoutee
La parole qu'en a contee,
Si en va de ce enquerant
De Marregni a Engerrant.
Et au roy dist que c'estoit voir
Que receü avoit avoir
Par maintes foiz de celz de Flandres;
Et ausinques greingnors et mendres
De li receü en avoient,
Qui toutes ces choses savoient.
Quant mesire Karle a seü
Que vers lui son niez est meü,
Il est venu sanz demourance
Devant li en propre presence.

Jean de Saint-Victor (*RHF*, XXI, p. 659-60)

Tunc rex offensus ait : «Ubi sunt decimae quae collectae sunt tempore patris mei? ubi collectae? ubi decimae? ubi centesimae et quinquagesimae tot levatae? ubi valor mutatarum totiens monetarum? Pro constanti volo inquirere de hiis veritatem.»

Tunc dominus Karolus, comes Valesii, dixit ei : «Kare nepos, vide unde sunt facta tanta palatia, et unde tot aurea et argentea vasa exierunt : in hiis est positus thesaurus patris tui.»

Rex igitur, vocato Enjoranno, coepit ab eo exigere veritatem; qui celare non potuit quin a Flamingis receperit magnam summam : «Sed hoc, inquit, feci ut amplius hostes gravarentur, cetera omnia facta sunt de voluntate patris vestri.» Rex hoc audiens, mirabiliter fuit indignatus.

«Biaux niés, nous sommes entechiez
D'un malvez tout plain de pechiez
Qui est en nostre compaingnie.
c'est damages qu'il est en vie,
Onques il ne fist bien ne dist;
Par lui sommes nous tuit maudist.
Les tostes a fait et les tailles
Dont sont ou royaume les batailles
Dont mon frere, ton pere, est mort:
Cestui li a donné la mort,
Por ce de traïson l'apele.
Ainz que demeure la querele,

Sa traïson li moustrerai;
A ce mon pooir tout metrai.

*(Charles de Valois développe ses accusa-
tions, v. 6925-6946)*

Et foy que doi au roy de France!
S'ore n'est pris, sanz atarjance,
Sanz aler n'arieres n'avant,
Quant je le voi ice devant,
Je ne vendrai dorenavant,
Tant com l'irai apercevant
A cort n'a Paris ne a sales,
N'en mesons n'em chambres reales.»

Quod perpendens dominus Karolus
constanter dixit coram rege: «Nepos,
nos sumus omnes confusi per unum
hominem pessimum, qui est inter nos
diu conversatus, per cujus maleficia
sumus omnes ab omnibus maledicti.
Iste fecit extorsiones, et recepta pecunia
treugas Flamingorum in confusionem
regni pluries impetravit: propter quae
pater tuus in tantam devenit tristitiam
quod mortuus est ante tempus. Iste
Enjorannus causa est procul dubio ejus
mortis, et hoc sum paratus probare
quod

ipse est fur et proditor regni tui; et nisi
eum statim capi feceris, juro Deum
quod nec ad curiam tuam nec ad consilium tuum de cetero comparabo.»

Ce récit, qui met en scène le premier acte du procès d'Enguerran
de Marigny, est incontestablement une des réussites du poète qui a
su en rendre toute la spontanéité, en recourant partiellement au dialogue. Jean, charmé par la justesse du style de ce passage de sa
source, décide de l'adopter pour son propre texte. Qu'il ait ici
complété par d'autres témoignages les propos de Geoffroi ou qu'il ait
écrit des dialogues fictifs importe peu. Tout en reprenant à son
compte l'initiative du poète, il se livre à une véritable réécriture de sa
source. Les phrases rédigées au style indirect sont considérablement
raccourcies. Leur unique fonction est d'assurer les transitions. Toute
la place est laissée aux échanges verbaux entre les protagonistes. Il
met dans la bouche d'Enguerran des paroles de défense, donnant
ainsi au personnage une envergure plus grande et plus conforme à la
réalité. Il réécrit les dialogues prêtés à Louis X et à Charles de Valois:
il multiplie les questions du premier, fait du second l'interlocuteur

principal, le porte-parole des ennemis d'Enguerran. Grâce à ce travail de style le lecteur assiste à une scène extrêmement vivante où se noue le destin tragique de l'ancien chancelier. Si Geoffroi joue avec les images, Jean lui, manie les mots à merveille : un homme est cause du déshonneur de tous (*nos sumus <u>omnes</u> confusi per <u>unum</u> hominem pessimum ...*), ses méfaits déchaînent sur eux, les «royaux», les malédictions du peuple (*... per cujus <u>maleficia</u> sumus omnes ab omnibus <u>maledicti</u>.*) A tout bien considérer, la traduction en prose latine élaborée par Jean de Saint-Victor semble encore plus réussie que son modèle en rimes françaises souvent médiocres.

L'utilisation de la *Chronique rimée* de Geoffroi de Paris par l'auteur du *Memoriale* est pour nous l'occasion d'observer la qualité de son vocabulaire latin. L'impression qui se dégage est très mitigée. Jean connaît vraisemblablement les grands auteurs classiques (en particulier Cicéron et César), à qui il emprunte bon nombre de mots. L'usage de ce vocabulaire paraît bien approprié et dénote une certaine aisance sans doute acquise dès les premières années de la formation universitaire. Mais la qualité de ce vocabulaire latin n'est pas constante. On voit ainsi le chroniqueur latiniser des termes de sa source, frisant parfois le barbarisme : soupçonnée d'adultère, Jeanne, la femme du futur Philippe V, fut arrêtée (*arrestata*), puis innocentée[37] ; au moment de mourir, Philippe le Bel demande à son fils Louis de prendre sur lui son fardeau (*onus*, terme classique) et ses forfaits (*forefacta*)[38]. *Evadere salva vita* est une traduction littérale[39]. Il arrive que l'inattention conduise à des aberrations linguistiques : lors de son procès, Enguerran de Marigny demande une copie (*copia*) de son acte d'accusation[40]. Le mot est recopié de la source sans que le chroniqueur songe un instant à employer *exemplar*. Etourderie d'autant plus excusable qu'elle est exceptionnelle. Plus fréquents sont les cas où le mot latin exact ne lui vient pas immédiatement à l'esprit, à moins qu'il ne l'ignore : il reconnaît à l'occasion son malaise à traduire certains termes (*rotundo collobio, gallice cloche*)[41], mais garde-robe (GP, v. 5106) devient tout naturellement *gardaroba*[42]; pour évoquer les recet-

---

[37] *RHF,* XXI, p. 658.
[38] *RHF,* XXI, p. 659.
[39] *RHF,* XXI, p. 660.
[40] *RHF,* XXI, p. 660.
[41] *RHF,* XXI, p. 661.
[42] *RHF,* XXI, p. 657.

tes et les dépenses, il dit *receptis et missis,* là où le latin classique aurait écrit *acceptis et expensis* ou *datis*[43] ; dans le même contexte, car son vocabulaire est cohérent, il emploie *receptor* pour receveur. En fait, ce terme qui, chez Cicéron et Tacite, signifiait «recéleur», est attesté dans une acception fiscale dès 1295 dans une ordonnance de Philippe le Bel[44]. Car, si Jean fait montre d'un certain souci d'une langue correcte, s'il y a trace dans sa chronique d'un vocabulaire classique, il ne recherche jamais l'archaïsme et a adopté avec facilité les mutations linguistiques qui suivirent inévitablement l'évolution des choses et des esprits[45]. Ceci se remarque plus particulièrement dans le contexte des institutions pour lesquelles il recourt à un vocabulaire très précis (*officiales, curia, consilium* ...). L'essentiel reste à ses yeux d'avoir un discours simple et clair que le lecteur puisse suivre avec profit et sans effort. Un souci semblable se retrouve dans la mise en œuvre d'un environnement du texte propre à en faciliter la lecture.

C – AIDER À LA LECTURE : LA MISE EN PAGE

Au même titre que lors de la rédaction du prologue, la conception de la mise en page est un moment où l'auteur pense plus particulièrement à son lecteur, où il s'adresse par avance à lui, où il s'efforce d'anticiper les réactions que celui-ci pourra avoir face au texte. C'est aussi l'étape par laquelle l'auteur fonde les chances de succès de son œuvre. Pour ce faire, Jean reprend à son compte des outils de travail qui se sont développés et ont été largement diffusés depuis le XIIIe siècle[46].

Plus tard, passant des mains de l'auteur à d'autres mains, le texte voit sa mise en page modifiée, adaptée aux nouveaux besoins du lecteur qui s'approprie ainsi l'œuvre. De cela, il sera question dans le dernier chapitre. Cependant, ce n'est pas sans incidence sur le propos présent. Quels sont donc les manuscrits dont la mise en page

---

[43] *RHF,* XXI, p. 659.

[44] DU CANGE, *op. cit.*

[45] B. GUENÉE, *op. cit.,* p. 216-220.

[46] R. H. ROUSE, *L'évolution des attitudes envers l'autorité écrite : le développement des instruments de travail au XIIIe siècle,* in : G. HASENOHR ET J. LONGÈRE (Ed.), *Culture et travail intellectuel dans l'Occident médiéval.* Bilan des «Colloques d'humanisme médiéval» (1960-1980), Paris, 1981, p. 115-144. Sur la mise en page, se reporter à H.-J. MARTIN et J. VEZIN (Dir.), *Mise en page et mise en texte du livre manuscrit,* Paris, 1990 et en particulier à la contribution de G. HASENOHR, p. 273-287.

reflète véritablement le projet éditorial de Jean de Saint-Victor? Nous pouvons en retenir avec certitude deux : le manuscrit Ars. 1117, parce qu'il est l'unique témoin de la première version, et l'ensemble constitué par les manuscrits BnF, lat. 15010-15011, dont il a été montré plus haut qu'ils présentaient bien des caractéristiques de manuscrits d'auteur. La comparaison de la mise en page des deux versions est nécessaire, elle n'est pas impossible, mais elle exige un peu de prudence. En effet, les deux manuscrits n'en sont pas au même stade d'édition : le premier est, au moins en partie, prêt à être diffusé, le second est un manuscrit de travail dans lequel toute la mise au net reste à faire et où, de ce fait, la mise en page se laisse deviner plus qu'elle ne se voit.

1. Le manuscrit de la première version : une édition

a) Présentation générale

L'unique témoin de la première version du *Memoriale* nous a été conservé dans un manuscrit au caractère particulièrement soigné. L'écriture est celle d'un scribe professionnel et tout, dans la mise en page[47], indique que cette œuvre était destinée à la diffusion. Le texte est présenté sur une colonne, plus ou moins strictement encadré par d'autres colonnes, plus étroites. Celles-ci ont été tracées à l'encre noire ou rouge. Elles servent à la disposition du système de datation externe : dans la marge de gauche, on lit, en allant du bord extérieur vers le texte, l'année pontificale et l'année de l'Incarnation ; à droite sont notées les *tempora*. La relation est clairement établie entre la séquence narrative et les indications chronologiques : les termes *eodem anno, hoc tempore*, qui ouvrent le plus souvent la phrase, trouvent en regard, dans la marge, l'élément chronologique correspondant. Aucun risque que le lecteur s'égare au cours de la narration. Par ailleurs, la lisibilité du texte est renforcée par la présence alternée de pieds-de-mouche bleus et rouges séparant chaque phrase. Ils favorisent plus encore la mise en parallèle du texte avec le système de datation externe.

b) Des rubriques qui racontent l'histoire de l'Eglise

Sous ce terme ont été rassemblées toutes les mentions marginales inscrites de la main du copiste. Mais seules trois d'entre elles correspondent, par leur encadrement à l'encre rouge, à l'exacte définition

---

[47] Ceci est particulièrement vrai pour la première moitié du manuscrit, la seconde est beaucoup moins soignée.

codicologique[48]. Rien pourtant dans leur contenu ne permet de leur donner une importance particulière. L'encadrement à l'encre rouge est dans ces cas précis l'équivalent d'autres formes de mise en valeur adoptées pour le reste du texte : soulignure en rouge[49], encadrement avec dessin d'une tête[50] ou encore manicule[51] ou sorte de moucheture. Certaines notes sont signalées par deux signes, indifféremment associés[52]. Ces variations peuvent être le fait de plusieurs copistes travaillant sur le même manuscrit, ou de l'auteur révisant et corrigeant le texte derrière le scribe. Les variantes utilisées dans la signalisation ne paraissent donc pas renvoyer à des significations particulières, sauf peut-être les têtes qui désignent toujours un personnage.

En revanche, la disposition des rubriques sur la page donne un indice de leur destination et de la lecture que l'auteur souhaitait que l'on fasse de son œuvre. En effet, on peut d'abord remarquer que la quasi-totalité de ces notes concerne des sujets religieux (mentions d'évêques et de saints, histoire monastique, notations sur la liturgie, translations de reliques, *exempla* ...), mais la belle présentation de la première partie du manuscrit montre qu'elles étaient toutes disposées dans la colonne de l'année pontificale. Les deux observations se complètent, le contenu des rubriques et leur mise en page se rejoignent pour proclamer, de la part de l'auteur, une lecture ecclésiale de l'histoire.

c) Titres courants

Celle-ci se trouve encore confirmée par le relevé des quelques titres courants, inscrits en haut des folios de la première moitié du manuscrit : *Pelegiana heresis*[53], *Synodus II^a generalis Constantinopolitana*[54], *de beato Basilio*[55] ... Ils permettent au lecteur de se repérer dans le manuscrit et lui indiquent ce qu'il doit retenir d'une période donnée.

---

[48] Ars. 1117, fol. 239v : «Gloria, laus et cetera ...» ; fol. 257v : «Cluniacensis primus abbas» ; fol. 257v : «Normanni primo christiani.»

[49] Surtout à partir du fol. 260v, c'est-à-dire à partir du xe siècle.

[50] Ars. 1117, fol. 232 : «Karolus obiit»; fol. 235 : «miracula sancti Egidii» ; fol. 241 : «Rabbanus de cruce» ; fol. 283 : «Hugo Chapet obiit.».

[51] Ars. 1117, fol. 229 : «Runcevallis» ; fol. 231 : «Karoli testamentum» ; fol. 252 : «Cluniacum».

[52] Ars. 1117, fol. 239v : «Gloria, laus et cetera» (une tête et un manicule) ; fol. 257v : «Cluniacensis primus abbas» (une tête et une rubrique).

[53] Ars. 1117, fol. 134v.

[54] Ars. 1117, fol. 123.

[55] Ars. 1117, fol. 121v-122. Ces titres courants sont notés à l'encre noire ou rouge.

d) Croquis généalogiques

Enfin, pour avoir sans doute éprouvé lui-même quelques difficul-tés à saisir et à rendre compte clairement des successions et des parentés dans certaines dynasties aux ramifications multiples, Jean a jugé bon de représenter quelques filiations. Ces petits arbres généa-logiques, très simplifiés, sont autant des notes destinées à sa propre compréhension et mémorisation que des aides destinées à ses lec-teurs. Ils apparaissent en deux circonstances: au temps des Mérovingiens[56] et sous les Carolingiens[57]. L'auteur y place les diffé-rents fils, en précisant ceux qui ont régné. Ces schémas sont toujours placés dans la marge infra-paginale et parfois précédés d'un pied-de-mouche qui les relie à l'ensemble du texte mis en page.

2. La seconde version: une mise en page inachevée et quelques ébauches de nouvelles aides au lecteur

Une place plus grande donnée au texte

Le texte, dans le manuscrit BnF., lat. 15011 comme dans le manuscrit BnF., lat. 15010, est écrit à longues lignes. Il n'est pas encadré, comme dans le témoin de la première version, par l'apparat du système de datation. L'auteur s'est éloigné de la conception sigi-bertienne de l'histoire en tableaux pour privilégier la *narratio*. Mais le système de datation n'a pas tout à fait disparu, il s'est fait plus discret: *anno domini* apparaît régulièrement, tel un titre courant, en haut, dans la marge gauche des folios; l'année pontificale est notée également assez régulièrement. En revanche, les années impériales et royales sont notées çà et là, en général en haut du folio, quelquefois dans la marge droite ou la marge infra-paginale. Une mise au net les aurait peut-être complétées, elle ne leur aurait sûrement pas rendu la place qu'elles avaient dans la première version.

Ce texte, qui remplit davantage la page, a d'autant plus besoin d'être aéré. On remarque effectivement sur certains folios des pieds-de-mouche en attente[58]. Mais, contrairement à la première version, les paragraphes ainsi constitués n'ont pas de correspondance systé-matique avec un élément du système de datation externe ou avec une rubrique.

---

[56] Ars. 1117, fol. 169 v.

[57] Ars. 1117, fol. 236v, les fils de Louis le Pieux (Fig. 5); fol. 243v, les fils de l'em-pereur Lothaire, frère de Charles le Chauve; fol. 249v, les fils de Louis le Bègue.

[58] BnF, lat. 15011, fol. 11, 41, 215v-216.

a) Une lecture moins ecclésiale de l'histoire

Les rubriques, ou plutôt les manchettes, sont un peu plus nombreuses, pour une même période considérée, que dans la première version. Quelques-unes sont passées du premier au second état du texte moyennant une petite variation dans leur forme : la forme *de* + l'ablatif se généralise. En revanche, ces manchettes restent tout aussi elliptiques. Néanmoins, leur contenu a changé. Les mentions de translations de saints sont un peu moins fréquentes, mais surtout d'autres thèmes apparaissent, comme celui des peuples (*de Danis, de Anglis, de Northmannis, nota de Senonensibus*), ou les phénomènes célestes (*nota de sole, eclipsis*) ... Par ailleurs, la plupart des nouvelles manchettes se concentre à l'intérieur du règne de Charlemagne. Là où la première version se contentait de sept mentions[59], la seconde n'en compte pas moins de vingt-cinq. Ainsi, les années 768-814 sont-elles régulièrement rubriquées, les marges offrant au lecteur une table des matières du règne. Au sein de ces rubriques, les conquêtes de l'empereur se taillent la part belle (dix-sept mentions sur vingt-cinq). Cet apparat au texte relatant la vie et l'œuvre de Charlemagne contribue à mettre en valeur une période de l'histoire dont nous avions remarqué plus haut qu'elle faisait l'objet d'une réévaluation dans la seconde version du *Memoriale*. Les aides au lecteur sont bien dans ce cas un guide pour une lecture dirigée de l'histoire.

b) L'indication des sources

Sans être systématique, elle est néanmoins suffisamment fréquente pour que l'on y voit un élément de l'environnement du texte souhaité par l'auteur. Quelquefois notées dans la marge droite, où il arrive qu'on les confonde avec les manchettes[60], les mentions de sources apparaissent en général dans la marge gauche. Leur forme est elliptique, seul le nom de l'auteur est donné, sans références plus précises au titre de l'œuvre, au livre, au chapitre. Le passage emprunté n'est pas, ou est très négligemment, déterminé par un trait le long du texte. On peut se demander si de telles notations ne sont pas plutôt des aide-mémoire pour l'auteur en vue de l'élaboration postérieure d'un véritable apparat. Mais les traces sont suffisantes pour suggérer dans le même temps que le projet final aurait sans doute ressemblé à

---

[59] Ars. 1117, fol. 224v : «Amicus et Amelius», fol. 227 : «Hystoria de sancta Trinitate» (Alcuin), fol. 228v : «Karolus Magnus factus imperator», fol. 229 : «Roncevallis», fol. 231, «Karoli testamentum», fol. 232 : «Karolus obiit», fol. 234v : «de missa et servicio divino».

[60] BnF, lat. 15011, fol. 287v-288 : «Turpinus de via Karoli in Hyspania» ; «sec. Turpinum de bello contra Agolandum».

ce que nous pouvons observer dans la première partie du *Memoriale* où les sources sont systématiquement relevées dans la marge gauche et les passages compilés soigneusement encadrés d'une accolade destinée à en marquer le début et la fin. L'indication des sources fait donc bien partie des aides que l'auteur entend apporter à son public.

   c) Dans la première partie, un essai de découpage du texte : des chapitres et des titres

   Dès le premier abord, l'organisation matérielle du texte de la première partie du *Memoriale* apparaît comme très différente de celle des première et seconde versions de la chronique. L'auteur dit lui-même que son œuvre est divisée en parties, livres et chapitres. On a vu plus haut que ce découpage du texte était plus un projet qu'une réalité et surtout qu'il avait subi des modifications en cours de route. Néanmoins, le lat. 15010 témoigne en faveur de ce découpage, en présentant les cent soixante-dix chapitres qui composent le premier livre. Chacun d'entre eux couvre grosso modo la valeur d'un folio recto et verso. Si la matière est trop abondante, l'auteur ouvre un nouveau chapitre ; si le sujet est trop mince pour en constituer un à lui seul, il regroupe plusieurs thèmes. Chaque chapitre a reçu au moment de la rédaction ou immédiatement après, à la relecture, un titre indiqué dans la marge, en face d'une lettre d'attente préparée, elle aussi, pour le rubricateur. Car le travail de celui-ci devait permettre de visualiser la démarche intellectuelle de hiérarchisation de l'information que sous-tendait ce découpage du texte[61].

   Il ne faut pas chercher bien loin le modèle d'une telle pratique. Certes, l'usage s'en répandait de plus en plus dans les milieux universitaires, mais les historiens n'en avaient pas vu l'absolue nécessité pour leurs œuvres. Tout juste ce procédé progressait-il sous la pression du public[62]. Jean subit-il une pression de ce type de la part de ses frères victorins ? Ce n'est pas impossible, mais l'influence est à chercher bien plus sûrement du côté de Vincent de Beauvais. En effet, le dominicain avait particulièrement réussi à rendre son texte ainsi accessible. Grâce à un calibrage équilibré (cent à cent cinquante chapitres par livre, chaque chapitre ayant une longueur à peu près équivalente) et une mise en page soignée (titres courants, indication des sources ...), «l'information était formellement bien maîtrisée»[63]. On

---

[61] Cette démarche intellectuelle sera analysée dans la seconde partie du chapitre XI.
[62] B. GUENÉE, *op. cit.*, p. 227-230.
[63] M. PAULMIER-FOUCART et S. LUSIGNAN, *Vincent de Beauvais et l'histoire du «Speculum maius»*, in : *JS*, janvier-juin 1990, p. 97-124, ici p. 103-105.

peut penser que le chroniqueur victorin fut tenté d'imiter son aîné, mais peut-être constata-t-il que ce système, qui n'était pas sans contraintes, découpait de façon quelque peu artificielle un texte historiographique, en gênait la progression (*processus*) plutôt qu'il ne la facilitait. C'est sans doute pourquoi il l'abandonna dans le *Tractatus de divisione regnorum* et dans la seconde version de la chronique. Il ne lui substitua aucun autre système. Ni les *regna*, ni les *tempora*, ni les abbatiats, ni les pontificats, ne constituent réellement des unités fondamentales du texte. L'année est la seule donnée repérable qui rythme le récit.

d) Une table alphabétique des matières, partielle et rudimentaire

L'aboutissement logique des titres de chapitres du premier livre de la première partie, de la rubrication relativement constante du texte de la première et de la seconde versions de la chronique, aurait dû être la réalisation d'un ou de plusieurs de ces index grâce auxquels le lecteur pouvait, depuis le XIIIe siècle, se repérer rapidement dans le cours de l'œuvre et accéder directement au sujet qui l'intéressait. Il n'est pas imaginable que Jean n'en ait pas eu au moins le projet tant ces instruments de travail s'étaient rendus indispensables aux intellectuels du XIVe siècle. Ils étaient devenus comme un réflexe naturel. Nous l'avons d'ailleurs constaté en observant le dépouillement que Jean avait fait, ou fait faire, de certains livres du *Speculum historiale*. Mais sans doute n'eut-il pas le temps d'équiper son propre ouvrage de tels outils, si ce n'est une petite table alphabétique qui accompagne l'*exordium*[64]. Peut-être a-t-elle été réalisée la première en raison de la taille très raisonnable du texte, une trentaine de folios dans le manuscrit BnF, lat. 15011. Peut-être aussi parce que ce bloc textuel tenait particulièrement au cœur de l'auteur. Toujours est-il que cette table alphabétique offre un petit aperçu du degré de maîtrise atteint dans ce domaine par Jean et son équipe.

Cette table alphabétique se veut une table des matières à vocation très générale : *incipit tabula eorum que sunt in exordio* ... Les quatre-vingt-neuf mentions, qui reprennent le plus souvent les manchettes du texte, sont regroupées sous chaque initiale dans des formulations inégalement développées et donc plus ou moins obscures pour le lecteur : si l'entrée *Senonenses Galli Romam capiunt* est assez parlante, que s'attend-on à trouver derrière *Amazonia*, *Scocia* ou *Gothi*? En regard de chaque mention est indiqué un numéro de folio parfois accompagné des lettres *a* et/ou *b*. Ces dernières correspondent au

---

[64] BnF, lat. 15011, fol. 3 r-v, cf. annexe II.

recto ou au verso du folio. A l'exception du reste du manuscrit, l'*exordium* (prologue + traité) a été expressément folioté avant que la table ne soit établie. L'inconvénient d'un tel système est bien sûr qu'il ne peut être reproduit tel quel dans un autre manuscrit, sans que soient modifiées toutes les références. De ce fait, il est inefficace.

Les aides au lecteur, voilà où le bât blesse. Le *Memoriale historiarum* présente bien des qualités de composition : équilibre des séquences narratives, minutieuse marquetterie textuelle, une langue simple mais soignée, travaillée ... En revanche, le travail d'édition est loin d'être achevé et l'on peut se demander quel degré de qualité il aurait atteint. Le temps a manqué, c'est certain, mais peut-être aussi l'ambition éditoriale.

CONCLUSION

À travers la lecture de son texte, par les traces laissées sur ses marges, le *Memoriale historiarum* nous a découvert le cheminement difficile de l'historien au travail, de la quête des sources au stade final mais inachevé de la composition. Toutes les œuvres historiographiques n'offrent pas une telle chance à celui qui les étudie. Nous avons ainsi entrevu derrière le maître de chantier une équipe œuvrant sous ses ordres. Nous avons surtout observé chaque pas de celui qui modestement se dit *compilator* tout en ayant une profonde conscience d'être aussi un *auctor*. Nous l'avons vu rassembler sa documentation, n'en négliger aucun type mais fortement privilégier les sources livresques. Car le fond du *Memoriale* est tiré des richesses de la bibliothèque de Saint-Victor, même si l'auteur a su trouver ailleurs de quoi compléter, actualiser son information. Puis, aidé de ses collaborateurs, il a dépouillé la matière, rassemblé des dossiers, fait des extraits, noté les références ... On est frappé par la multiplicité des tâches préparatoires, par le sérieux avec lequel elles ont été menées.

Mais c'est dans la composition de l'œuvre que s'est manifesté tout le génie personnel de l'auteur. L'écrivain s'est révélé dans le compilateur. Indépendant de ses sources, il les a maniées et remaniées pour qu'apparaisse la logique des événements, pour que le lecteur comprenne l'identité de ceux qui les font et les vivent (les *personae*), le cadre dans lequel ils se déroulent (les *loca*), les circonstances de leur réalisation (les *tempora*). Il a poussé la maîtrise des sources jusqu'à se les approprier dans une narration où le style, la langue, le vocabulaire sont les siens et non plus les leurs. La vraie réussite de Jean est là : un texte remarquable par son sérieux, sa clarté et de plus, souvent agréable à lire.

Devant de telles qualités, on est d'autant plus déçu par le caractère inachevé, voire médiocre, des para-textes. Un découpage en chapitres finalement abandonné, des indications marginales des sources trop imprécises et surtout irrégulières (du moins dans la chronique), un système de datation externe laissé à l'état de brouillon dans la version définitive, des notes marginales souvent elliptiques et en attente de rubrication, une table alphabétique partielle et qui paraît bien rudimentaire à l'heure même où Jean Hautfuney prépare la sienne. De bonnes idées, qui témoignent d'une connaissance indéniable de tous ces outils de travail, de la banalisation de leur usage dans ce premier quart du XIVe siècle. Mais rien de bien fini, de systématique, rien qui permette d'évoquer la réalisation d'une édition. Lorsque l'on sait combien cet apparat au texte constituait une clef de sa diffusion, on comprend mieux le succès très relatif que rencontra le *Memoriale*. Mais la question se pose aussi de savoir qu'elle était, dans l'esprit de Jean et de ses frères victorins, la destination de l'œuvre ? Car il est sûr qu'un usage interne au couvent ne nécessitait peut-être pas un effort éditorial aussi poussé que dans le cas d'une volonté de diffusion extérieure. La réponse n'est pas évidente. Si ambition éditoriale il y eut – et certains indices, dont les paratextes que nous venons d'évoquer, mais aussi le prologue, le caractère d'histoire universelle, – le laissent penser, il est clair qu'elle ne disposa pas de tous les moyens nécessaires à sa réalisation.

TROISIÈME PARTIE

LES SIGNIFICATIONS
DU *MEMORIALE HISTORIARUM*

INTRODUCTION

La seconde partie de l'étude a montré l'ampleur de l'entreprise historiographique que constitue le *Memoriale historiarum* et le degré de maîtrise auquel est parvenu son auteur entouré de son équipe. Il reste à présent à comprendre au service de quel projet ont été mis tant d'efforts et de compétences : quelle intelligence de l'histoire a donc Jean de Saint-Victor? De quelle culture théologique, juridique, politique la nourrit-il? Porte-parole de son ordre, quel témoignage rend-t-il des interrogations, des certitudes, des permanences ou des évolutions intellectuelles que connaissent ses membres? A-t-il la volonté, à travers sa lecture de l'histoire, de délivrer un quelconque message à ses contemporains?

Afin de cerner les significations profondes de son œuvre, quatre questions ont été posées à Jean de Saint-Victor : à l'auteur du prologue, on a demandé ses buts affichés et sa profession de foi d'historien ; au victorin, quelle conscience il avait du passé de sa communauté religieuse ; à l'un et à l'autre, quelle affirmation de soi, individuelle et collective, ils voulaient manifester. Puis, on a interrogé le maître d'œuvre d'une des dernières histoires universelles à être écrite avant la Guerre de Cent Ans sur les raisons qui l'avaient poussé au choix d'un genre qui pouvait paraître quelque peu archaïsant. Enfin, les opinions du contemporain des derniers Capétiens directs ont été sondées à propos du roi, du royaume, des progrès de l'Etat.

CHAPITRE IX

Les prologues : une déclaration d'intentions

Rédiger un prologue n'était pas une obligation pour un historien. Par modestie ou parce qu'ils avaient pris conscience que ce passage de l'œuvre intéressait finalement assez peu le lecteur, bien des auteurs en avaient fait l'économie[1]. Depuis le XIIe siècle cependant[2], nombre d'entre eux, de plus en plus sûrs de l'autonomie et de la maîtrise de leur travail, éprouvaient le besoin d'expliquer à leur public quels avaient été leurs objectifs, les difficultés qu'ils avaient pu rencontrer et les solutions qu'ils avaient retenues. Jean de Saint-Victor est de ceux-là. Après avoir réfléchi à ce qu'il allait faire, après avoir élaboré les grandes lignes de son projet, après avoir sans doute mis son équipe à la tâche de compilation et de copie, il prend lui-même la plume et compose son *prologus*[3]. Cette «unité textuelle indépendante (...) est l'espace dans lequel, lui, l'auteur, reconstruit son travail et sa démarche en y mettant un peu de lui-même»[4]. En fait, ces quelques lignes, ce folio d'introduction, lui tiennent si fort au cœur qu'il juge nécessaire de le réécrire après avoir achevé la seconde version de son *Memoriale*[5]. A nouvelle œuvre, nouveau prologue.

---

[1] B. GUENÉE, *Histoire et culture historique dans l'Occident médiéval*, 2e éd., Paris, 1991, p. 200.

[2] Sur les circonstances de ce tournant de l'historiographie, voir B. GUENÉE, *L'histoire entre l'éloquence et la science. Quelques remarques sur le prologue de Guillaume de Malmesbury à ses Gesta Regum Anglorum*, in : *CRAIBL*, 1982, p. 357-370.

[3] C'est le terme par lequel il désigne a posteriori ce passage : «Ordita jam tela narracionis nostre, deinceps textura sequatur ; id est, prologo et exordio de pluribus regnis et regionibus generali tractatu.»

[4] I. HEULLANT-DONAT, *Entrer dans l'histoire : Paolo da Venezia et les prologues de ses chroniques universelles*, in : *MEFRM*, 105 (1993), 1, p. 381-442.

[5] Ces deux prologues sont édités à la suite de cette étude (Annexe IIIa et b).

A – La place du prologue

On s'attendrait tout naturellement à trouver ce prologue en tête de l'ouvrage. Tel est bien le cas dans le manuscrit *A*, unique témoin de la première version du *Memoriale historiarum*. En revanche, si l'on considère la seconde version, c'est-à-dire l'histoire universelle, représentée par le couple de manuscrits *BC* ou encore *G*, il faut bien constater que le prologue n'est pas placé en ouverture de l'ensemble de l'œuvre mais en introduction à la troisième partie, celle qui relate et organise les événements de Jules César aux *tempora moderna*. Cet emplacement curieux du prologue par rapport au corps général de l'œuvre est-il dû à une mauvaise coordination des différents éléments du texte ou à une négligence de l'auteur qui aurait omis de déplacer le prologue en tête de la partie ajoutée afin qu'il serve d'introduction à l'ensemble nouvellement constitué?

Plusieurs raisons incitent à rejeter ces hypothèses. D'une part, aucune modification apportée au contenu du prologue ne va dans le sens d'une préface à une histoire universelle. Il n'y a pas non plus la moindre référence aux deux premières parties de l'œuvre, toutes les allusions renvoient au texte qui suit, c'est-à-dire la chronique qui commence avec Jules César. De plus, le prologue forme un bloc textuel qui, avec le petit passage *Ordita iam tela narracionis*[6], encadre le *Tractatus de divisione regnorum* et précède, selon les mots mêmes de Jean, la *specialem narrationem primum intentam de gestis particularibus historicis cum assignacione certi temporis ...*[7] Il y a là une sorte de *prohemium*[8], un chapitre introductif à la chronique. Enfin, les premiers manuscrits édités par les victorins, certains peut-être sous le contrôle de l'auteur ou de son équipe, témoignent que l'on a très vite mis en valeur cette unité textuelle au moyen d'éléments décoratifs[9]. A n'en pas douter, la place du prologue en ouverture de la dernière partie de l'histoire universelle relève d'un choix de l'auteur.

Ce choix semble double. D'une part, il indique que Jean n'a pas jugé bon de rédiger un prologue pour l'ensemble de son œuvre. Peut-être a-t-il considéré que le récit de la Création, *in exordio rerum*

---

[6] Cf. annexe IIIc.
[7] BnF, lat. 15011, fol. 36.
[8] Tel est le titre noté en haut du fol. 4 du manuscrit BnF, lat. 15011.
[9] Cf. au chapitre I, les mentions d'initiales décorées.

et inicio creaturum ... [10], était en lui-même un prologue bien suffisant en regard duquel ses propres mots auraient paru vains ou préten- tieux. Il y aurait dans cette absence d'introduction la marque d'une réelle modestie, celle de l'auteur qui s'efface devant le Créateur de toutes choses ... Il y a sans doute une seconde explication, qui ne s'oppose pas forcément à la première. En conservant la place ini- tiale du prologue, en ouverture de la chronique, Jean indique clai- rement l'élément fondamental de l'ouvrage, celui dont il tient à assurer la diffusion. Et, par la suite, les copistes respectèrent ce choix.

B – Le prologue : un espace de liberté codifié [11]

1. L'adresse au public

Le prologue du *Memoriale historiarum* invite à une triple remarque : l'auteur y exprime ses intentions, choisit délibérement de l'insérer dans le cœur de l'ouvrage et juge nécessaire de le réécrire. La comparaison des deux versions offre la possibilité de voir l'évolution de la pensée et sa maturation. Mais le rôle de ce texte est d'abord d'établir une communication, – bien qu'à sens unique –, entre l'auteur de l'œuvre et ceux qu'il espère toucher.

Le prologue du *Memoriale historiarum* ne comporte pas de lettre dédicatoire, ne se recommande d'aucun patronage. Depuis le XIIᵉ siè- cle et l'attitude novatrice de Guillaume de Malmesbury [12], l'autono- mie de l'auteur est progressivement entrée dans les mœurs. Mais Jean ne rédige pas non plus un simple avant-propos qui ne s'adresserait à personne en particulier. Il s'agit plutôt d'une préface directement destinée au lecteur. Celui-ci est l'interlocuteur privilégié, celui à qui l'œuvre doit plaire (*vos autem qui hoc opusculum legere volueritis ...*, *vos quibus hoc opusculum placebit legere ...*). Si le premier public de Jean, disons son public naturel, est constitué par ses frères victorins, par les étudiants qui fréquentent l'abbaye, l'œuvre a l'ambition d'atteindre un lectorat plus vaste. En effet, à la différence de Vincent

---

[10] BnF, lat. 15010, fol. 1.

[11] Pour reprendre la définition proposée par I. Heullant-Donat, *art. cit.*, p. 382.

[12] B. Guenée, *art. cit.*, p. 360. L'auteur remarque que Guillaume de Malmesbury est sans doute le premier chroniqueur à ne pas rédiger de lettre dédicatoire en tête de son texte et y voit là une marque supplémentaire de la prise de conscience par les histo- riens de leur autonomie.

de Beauvais par exemple, qui dans ses prologues[13] évoque la pression, l'attente de ses *fratres et amici*, Jean englobe ses lecteurs dans un *vos* qui a l'avantage de lui laisser toutes les portes ouvertes.

La conquête d'un large public réclame que l'on ait su capter son attention. Parce qu'il a lu les Anciens, en particulier Salluste et son *Catilina*[14], Jean de Saint-Victor a appris que tout prologue devait faire place à la rhétorique, à l'éloquence, afin justement de prédisposer l'oreille et l'esprit de celui à qui on s'adresse. C'est pourquoi, comme beaucoup de ses prédécesseurs et de ses contemporains, il organise ses propos selon un plan codifié que l'on retrouve dans l'une et l'autre version : dans une première partie, *extra rem*, les développements rhétoriques tournent autour du sujet ; puis viennent, *ante rem*, les précisions techniques qui introduisent directement l'œuvre[15].

2. La *captatio benevolentiae*

a) *La mission assignée à l'histoire*

Labilis est hominum memoria : l'incipit donne immédiatement le ton de la partie *extra rem*. Il introduit trois idées traditionnelles pour ne pas dire banales : l'histoire est un remède à la brièveté de la mémoire humaine. Les sages (*sapientes*, *antecessores nostri*), ont toujours lutté contre l'oubli afin de transmettre aux générations suivantes le souvenir des actions humaines dignes de mémoire (*gesta hominum digna memoria*). A ce titre, l'histoire est d'abord <u>instructive</u>. Mais elle n'a pas seulement un rôle de conservation des faits des Anciens, sa lecture ou sa narration doit aussi charmer le lecteur, lui procurer un certain <u>plaisir</u> (*delectantur*). Par ses deux missions, elle est <u>utile</u>, comme est utile le petit ouvrage présenté ici par son auteur même si la modestie de convenance nécessite qu'il en souligne le peu de valeur (*opusculum quantulicumque sit reputandum precii*)[16].

---

[13] Pour l'édition et l'étude des prologues de Vincent de Beauvais, voir S. LUSIGNAN, *Préface au Speculum maius de Vincent de Beauvais : réfraction et diffraction*, (*Cahiers d'études médiévales*, 5), Montréal, 1979 et M. PAULMIER-FOUCART, *Histoire ecclésiastique et histoire universelle : le Memoriale temporum*, in : M. PAULMIER-FOUCART, S. LUSIGNAN, A. NADEAU (Dir.), *Vincent de Beauvais : intentions et réceptions d'une œuvre encyclopédique au Moyen Age*. Actes du XIVᵉ colloque de l'Institut d'études médiévales organisé conjointement par l'Atelier Vincent de Beauvais (Nancy II) et l'Institut d'études médiévales (Université de Montréal) du 27 avril au 30 avril 1988, Montréal, 1990, p. 87-110 et édition du prologue du *Memoriale temporum* en annexe 1 p. 109.

[14] B. SMALLEY, *Sallust in the Middle Ages*, in : R. R. BOLGAR (Ed.), *Classical influences on European Culture, A.D. 500-1500*, Cambridge, 1971, p. 165-175.

[15] B. GUENÉE, *art. cit.*, p. 360.

[16] T. JANSON, *Latin Prose Prefaces, Study in litterary Conventions*, Stockholm, 1964.

Si la concession aux usages de la rhétorique est très rapide dans la première version du prologue, elle est enrichie d'éléments nouveaux dans la version définitive. La leçon que l'on peut tirer de l'histoire est précisée, son sens moral affirmé : «l'oubli est mère d'ignorance», les Anciens ont fait œuvre d'historiens afin que les générations suivantes aient sous les yeux, aux oreilles, le récit des «actes qu'il faut éviter parce qu'ils sont mauvais, et de ceux qu'il faut imiter parce qu'ils sont dignes de louange»[17]. D'instructive, l'histoire, et avec elle la mission de l'historien, devient ainsi éducative. Si l'histoire peut éduquer, c'est qu'elle est la servante de la vérité, *lux veritatis* aurait dit Cicéron[18]. Sans citer les propos de l'auteur antique, Jean, qui n'avait rien dit de tel dans la première version, en reprend l'idée et y revient à plusieurs reprises dans son texte définitif. Avec saint Bernard et Odon de Cluny, il affirme que le récit simple et bref a pour but de manifester la vérité ; justifiant le système de datation et l'organisation chronologique de sa matière historique, il explique que seule cette dernière permet de passer d'une connaissance superficielle (*superficialis cognicio*) à un savoir plus parfait (*ad perfectiorem noticiam veritatis*); il s'agit de ne pas quitter le chemin de la vérité (*deviasse a tramite veritatis*)[19]. L'histoire a pour objet un récit simple et vrai.

b) Un «tissu» de citations

Des citations viennent étayer ces considérations rhétoriques. Les *Etymologies* d'Isidore de Séville appréciées de tous ces historiens passionnés par l'*origo vocabularum*[20], offrent bien à propos une justification aux histoires et à leur rédaction[21]. Ces emprunts à Isidore n'apportent rien sur le fond, ils ne font que reproduire le vieux poncif : «les paroles s'envolent, les écrits restent». Mais Jean les reprend à son compte car il n'est pas de prologue sérieux sans eux. Le lecteur attend cette référence aux autorités.

---

[17] BnF, lat. 15011, fol. 4 : «Visa enim et audita faciliter excidunt a memoria citoque subrepit mater ignorancie oblivio nisi scripture inspectione vel vive vocis repetitione subsidium conferatur. (...) Scripserunt itaque veteres pro sua suorumque successorum utilitate gesta virorum illustrium memoranda, ne possent oblivione deleri sed perhenni memoria conservari.»

[18] CICÉRON, *De oratore*, II, 36 : «Historia vero testis temporum, lux veritatis ...». Sur le succès de cette citation chez les historiens du Moyen Age, voir B. GUENÉE, *op. cit.*, p. 18-19.

[19] BnF, lat. 15011, fol. 4v.

[20] B. GUENÉE, *op. cit.*, p. 184.

[21] BnF, lat. 15011, fol. 4 (cf. annexe IIIb).

La seconde citation proposée par Jean est tirée d'une lettre-préface d'Odon de Cluny : *Plus conabor verax, quam eloquens inveniri*[22]. Il faut noter que ce texte n'est pas une source du *Memoriale* et que l'exemplaire que possède Saint-Victor de ce sermon date du xve siècle[23]. Jean ne l'a vraisemblablement pas lu directement. Une troisième citation est extraite de la fin du premier livre du *De Consideratione*. L'auteur, Bernard de Clairvaux, s'adressant à son fils spirituel, le pape Eugène III, le met en garde contre des avocats qui plaideraient devant lui des causes douteuses[24]. Bernard est incontestablement une autorité et son *De Consideratione* l'un des ouvrages les plus lus à la fin du Moyen Age. Il appartient assurément à la culture courante d'un victorin. On sait en effet que l'abbaye possédait au moins quatre exemplaires de cette œuvre[25]. Sa présence dans le prologue du *Memoriale* témoigne peut-être des affinités intellectuelles et spirituelles entretenues entre Cîteaux et Saint-Victor[26]. Néanmoins, Jean ne retient ici que la dernière phrase du passage cité et il tire le texte dans une direction bien éloignée du sens originel. Il ne semble pas que nous ayons affaire à une réminiscence de lecture, d'étude, de méditation du texte de Bernard qui, comme Isidore et Odon, sert uniquement, en cette occasion, de caution rhétorique. Une telle pratique n'est d'ailleurs pas isolée. Au même moment Paulin de Venise, dans le prologue de l'*Epithoma*, utilise lui aussi une citation de Bernard, empruntée au commentaire sur le *Cantique des Cantiques*[27].

---

[22] ODON DE CLUNY, *De reversione beati Martini a Burgundia*, PL 133, col. 813. Il s'agit d'un extrait de la lettre-préface adressée à Foulque, comte d'Angers : «Parebo itaque non eloquens erudito, sed ut amico amicissimus. Plus verax, quam eloquens, inveniri conabor.»

[23] Ars. 1030.

[24] BERNARD DE CLAIRVAUX, *De Consideratione*, I, 10, PL 182, col. 740 : «Corrige pravum morem, et praecide linguas vaniloquas, et labia dolosa claude. Hi sunt qui docuerunt linguas suas loqui mendacium, diserti adversus justitiam, eruditi pro falsitate. Sapientes sunt ut faciant malum, eloquentes ut impugnent verum. Hi sunt qui instruunt a quibus fuerant instruendi; adstruunt non comperta, sed sua ; struunt de proprio calumnias innocentiae; destruunt simplicitatem veritatis, obstruunt judicii vias. Nichil ita absque labore manifestam facit veritatem ut brevis et pura narratio.»

[25] G. OUY, *Les manuscrits de l'abbaye de Saint-Victor. Catalogue établi sur la base du répertoire de Claude de Grandrue (1514)*, 2 vol., (*Bibliotheca Victorina*, 10), Paris, 1999. Deux de ces manuscrits sont datés du xiie siècle, un troisième du xiiie siècle, le quatrième étant signalé «perdu».

[26] F. BONNARD, *Histoire de l'abbaye royale et de l'ordre des chanoines réguliers de Saint-Victor de Paris*, 2 vol., Paris, 1904-1908, I, p. 49-50 et 90-91.

[27] I. HEULLANT-DONAT, *art. cit.*, p. 405-406. Le prologue de l'*Epithoma* est édité en annexe II, p. 436-437. L'auteur donne à ce texte le *terminus ante quem* de 1313, p. 393.

Quelques années plus tard, vers 1334-1342, à Avignon, dans un de ces traités de rhétorique ecclésiastique destinés aux diplomates de la Curie, on retrouve, à quelques variantes près, la citation bernardine du *Memoriale historiarum*[28]. Il semble bien que certaines phrases de l'abbé de Clairvaux soient ainsi tombées dans une sorte de fonds commun de la rhétorique.

La quatrième citation que l'on rencontre dans le prologue de Jean (*Gaudent enim brevitate moderni*) est une citation «tue» : à la différence de celles que nous venons de relever, l'auteur n'est pas nommé. Or, on la retrouve dans l'une des sources utilisées par le *Memoriale* : la chronique de Geoffroi de Courlon[29]. Enfin, on relève un emprunt au prologue du livre III de Hugues de Fleury[30]. Ce passage sert de relais à la distinction que la rhétorique classique avait mise en valeur entre l'*historia* qui dit la vérité et la *fabula* dont le récit n'est ni vrai ni même vraisemblable[31].

Comme nous le verrons plus loin, cette dernière citation est à mettre en relation directe avec le *Speculum historiale* de Vincent de Beauvais. En revanche, les trois premières sont sans doute extraites de florilèges ou de recueils de citations. Certes, Jean de Saint-Victor connaît et a lu les *Etymologies* d'Isidore de Séville et tout ou partie de l'œuvre de saint Bernard, ces deux auteurs sont bien représentés dans la bibliothèque de l'abbaye. Mais le choix des citations et l'usage qui en est fait, suggère plutôt le recours à des manuels de rhétorique, où

---

[28] B. Smalley, *English friars and Antiquity in the early fourteenth century*, Oxford, 1960, p. 240 et p. 246 : «Ea propter presenti memoriali cogitam inserere auctoritates scripture cum processibus paucis et brevibus, que possunt valere ad talia. Nichil enim prorsus tam reddit gratifica proponentis intenta et sua verba tunc proponenda, sicut verba sapienter assumpta et ordinate premissa de veneranda scriptura, cuius propositum omnino est auctoritatem prestare, negotio gratiam prebere eloquio et efficatiam parare proposito, sicut habetur in libro Proverbiorum XXII, et aliis multis locis. Nichil etiam tam manifestam facit veritatem, sicut premissa scripture auctoritate congruente, materia brevis et pura ad propositum propositio, sicut beatus Bernardus, primo De Consideratione.»

[29] *Chronique* de Geoffroi de Courlon, p. 172 : «Omnia ista supradicta prolixius in Pentheon, in cronica Martini et in actibus Romanorum continentur; sed quia gaudent brevitate moderni brevitater annotati». Ce passage n'est pas dans le prologue de la chronique mais dans un des ces petits textes de transition que l'auteur place entre chaque table consacrée à un évêque de Sens.

[30] «Ille res geste que nulla regum ac temporum certitudine commandantur, non pro historia recipiuntur, sed aniles fabulas deputantur.»

[31] B. Guenée, *op. cit.*, p. 19. La distinction est en fait triple. Le troisième élément est l'*argumentum* qui dit le vraisemblable. Mais remarque B. Guenée «dans leur ensemble, les auteurs du Moyen Age n'ont retenu que l'opposition fondamentale entre (...) la vérité historique et la fiction.»

la matière est sélectionnée, classée par thèmes ou par ordre alphabétique afin d'en permettre un meilleur accès[32].

c) Un exercice de style

Outre l'insistance sur la leçon morale de l'histoire et les références à des autorités, la seconde version se distingue, dans sa partie *extra rem,* par une attention plus grande à la qualité littéraire du texte. Le souci affiché de la *pura narracio* ne doit pas tromper, le prologue a été repris, réécrit pour aboutir à un beau morceau d'éloquence. Certains passages ont disparu pour éviter les redites ou dans un souci d'allègement du texte. L'auteur supprime ainsi la phrase : *Si igitur in hiis maximis et famosissimis numeris diversificantur magni, multo magis in aliis minoribus numeris debet cogitari posse quedam contraria repperiri,* jugeant qu'elle n'apportait rien d'essentiel à son propos. Même dans la partie commune l'ordre des mots a subi de subtils bouleversements afin de mettre en valeur une expression ou une idée. D'une version à l'autre certains termes, certaines expressions se répondent. Dans l'extrait reproduit ci-dessous, les passages en italiques sont destinés à mettre en valeur les changements apportés par l'auteur lors de la rédaction de la seconde version :

1ere version : *A* (Ars. 1117)	2eme version : *C* (BnF, lat. 15011)
Propter quod antecessores nostri provide gesta hominum digna memoria pro se ipsis scripserunt. (...)	Labilis est hominum memoria, ut sapientes testantur et *in seipso* quilibet experitur. (...)
Quantum ad hoc igitur opusculum, quantulicumque sit reputandum precii,...	Quantum ad hoc igitur presens opusculum, *quantumcumque modici sit reputandum valoris...*
Vos autem quibus hoc opusculum placebit legere, queso, non turbetur cor vestrum si (...)	*Vos autem qui hoc opusculum legere volueritis, non turbetur cor vestrum, queso, si (...)*

Tout au long de la seconde version on note également l'emploi de figures de style, telle la *repetitio* : *Per ipsum enim tamquam per memoriale quoddam, potuerunt historie <u>a diversis auctoribus, in diversis temporibus, de diversis nacionibus</u> hactenus edite.* Dans cette phrase, comme dans le reste de ce paragraphe de transition, apparaissent quelques doublets : *prologo et exordio, regnis et regionibus, seriei (...)et decursus, inutile vel ineptum, regum vel imperatorum.* Il ne s'agit pas de doublets synonymiques à proprement parler, mais l'insistance du procédé

---

[32] Néanmoins, un sondage dans les *Flores seu sententiae ex s. Bernardi operibus depromptae,* PL 183, col. 1197-1204, n'a pas permis de repérer la citation en question.

témoigne d'une volonté de structurer des phrases assez longues. Chacune de ces phrases, chaque mot de ce prologue est pesé, savamment ordonné, non seulement pour répondre à l'objectif affirmé de clarté, mais aussi par goût profond pour la beauté de la langue. C'est une façon pour l'auteur de mettre en valeur la réflexion sur le métier d'historien.

3. Un historien face à son métier

Après ce détour par la rhétorique viennent les paragraphes introduisant directement le sujet, ce que l'on appelle la partie *ante rem*. C'est là que Jean exprime le plus librement sa pensée, qu'il montre à son lecteur ce qui lui tient réellement à cœur dans son œuvre. Et pour le dire, il emploie naturellement le «je»: *arbitror, volo premittere ego, queso, nostre est intencionis*. Ici, il parle en maître d'œuvre et développe trois thèmes: l'histoire est devenue un savoir difficile et complexe; il veut offrir au lecteur un manuel lui permettant de maîtriser la chronologie et d'avoir accès aux textes authentiques qui fondent les connaissances historiques; il explique ensuite sa méthodologie et donne le mode d'emploi de l'ouvrage.

a) *Propter profunditatem sciencie, fecunditatem materie et prolixitatem sentencie*

Les Anciens attendaient avant tout de l'histoire qu'elle leur procure détente et plaisir. Mais peu à peu, et surtout depuis le XIIe siècle, son statut avait évolué. Hugues de Saint-Victor avait d'ailleurs été l'un des principaux artisans de cette évolution. Certes, lorsque, dans son *Didascalicon*, il avait entrepris de classer les connaissances de son temps dans un ensemble dénommé «philosophie», il n'avait pas envisagé d'accorder une place spécifique à l'histoire aux côtés des arts libéraux ou des arts mécaniques. Ce faisant, il déniait à l'histoire le statut de discipline. A ses yeux, son contenu n'était pas à proprement parler une *scientia* comme l'était, par exemple, celui de la dialectique (*dialectica est scientia*)[33]. Cela Jean ne pouvait l'ignorer. Et s'il emploie à propos de l'histoire le terme de *scientia*, c'est dans un sens beaucoup plus large, rencontré également chez Hugues, celui d'un savoir

---

[33] HUGUES DE SAINT-VICTOR, *Didascalicon*, II, 30. Sur cette question, voir L. GIARD, *Logique et système de savoir selon Hugues de Saint-Victor*, in: *Thales*, 16 (1979-1981), p. 3-32 et du même auteur, *Hugues de Saint-Victor, cartographe du savoir*, in: J. LONGÈRE (Ed.), *L'abbaye parisienne de Saint-Victor au Moyen Age*, (*Bibliotheca Victorina*, 1), Turnhout, 1991, p. 253-269.

qu'un individu possède (*Is quid scit aliquid scientiam habet*)[34]. Mais à ce savoir historique Hugues avait donné une mission, celle d'être le fondement de la *lectio divina*, la science, la sagesse par excellence. Il avait fait de l'histoire une sorte de science auxiliaire indispensable à l'étude de la *sacra pagina* et, pour sanctionner ce rôle, il lui avait consacré le chapitre 3 du livre VI du *Didascalicon*. Dès lors, même si elle n'était pas reconnue comme élément du cursus universitaire, l'histoire s'affirmait comme un savoir nécessaire, en même temps qu'elle acquérait progressivement son autonomie[35]. Si Jean de Saint-Victor n'oublie pas les amateurs (*hystoriophili*) pour qui l'histoire est un loisir, il écrit d'abord pour ses frères victorins et pour les étudiants qui fréquentent l'abbaye. A ceux-là, pour qui la *lectio divina* demeure la principale préoccupation, il dit clairement que l'histoire est une affaire de spécialistes *(experti)*, un savoir auquel s'appliquent les méthodes d'apprentissage traditionnelles, fondées sur l'intelligence et la mémoire. L'objet de l'ouvrage de Jean, tel qu'il le présente dans son prologue, est bien une *scientia*, qu'il propose à son lecteur de comprendre (*intellegere*) et de retenir (*revocari, recordari*).

Or, l'étendue grandissante du savoir historique entraîne comme corollaire la prise de conscience de nouvelles exigences épistémologiques. Est-il vraiment possible de maîtriser «la profondeur» de cette science? Si pour le savant du XIIe siècle, il était assez facile de faire le tour du corpus historiographique, au début du XIVe siècle, l'étudiant se trouve confronté à la multiplicité des ouvrages, des auteurs et des genres. De cette masse il lui faut à la fois extraire les livres authentiques et, parallèlement, veiller au caractère «universel», «encyclopédique» de ses connaissances historiques. Jean de Saint-Victor, comme son lecteur supposé, appartient encore à ce XIIIe siècle affamé de savoir et désireux de tout apprendre.

Aux amateurs, l'auteur du *Memoriale* propose des extraits choisis et ordonnés, aux étudiants, il offre un instrument de travail, aux uns et aux autres, une sorte de mémento.

b) Liber autem presens poterit Memoriale historiarum appellari

Le titre que Jean souhaite pour son ouvrage n'apparaît pas dans les premiers mots du prologue. A lire la première version il semble même qu'il ait hésité à en donner expressément un. Il se contente de parler d'un *memoriale quoddam hystorie*. Ce n'est que dans le corps de la seconde version, qu'il se décide à donner un nom à son œuvre:

---

[34] HUGUES DE SAINT-VICTOR, *op. cit.*, II, 30.
[35] B. GUENÉE, *art. cit.*, p. 367 et *op. cit.*, p. 328.

liber autem presens poterit Memoriale historiarum appellari. Il est souligné par la rubrique présente dans les marges de *C*: *nomen hujus libri.* Ce titre s'inscrit en conclusion du paragraphe précédent. L'auteur y faisait la démonstration de l'utilité de son ouvrage. Il en justifiait l'existence. On a souvent évoqué la modestie feinte des chroniqueurs du Moyen Age. Jean ne manque pas à la règle. Lorsqu'il désigne son ouvrage dans le prologue, il emploie généralement le mot *opusculum.* Il n'oublie pas de mettre en avant la médiocrité de son travail : *quantumcumque modici sit reputandum valoris ...* Mais il ne cherche pas à duper son public et affirme immédiatement en contre-poids l'utilité de son entreprise.

Son ouvrage est utile parce qu'il est pratique. Il représente à lui seul une mini-bibliothèque. Celui qui le lira n'aura pas à regretter de ne pas posséder tous les livres publiés ; et celui qui a à sa disposition une bibliothèque s'en servira, parce qu'il est plus maniable. C'est un manuel. Il offre à la fois une vision «panoramique» de l'histoire et un florilège des meilleurs historiens, bref, un mémento, un aide-mémoire, permettant d'acquérir les connaissances historiques nécessaires et suffisantes sans y passer trop de temps, ni y consacrer trop d'efforts. Dans la formule *saltem breviter et in summa* réside la force de son livre. Jean l'oppose à l'expression *diffusius et difficilius* et décourage du même coup celui qui entreprendrait la consultation de nombreux livres. Ces arguments n'ont rien de bien original et l'auteur reconnaît d'ailleurs explicitement que le choix et le succès du genre adopté viennent des goûts imposés par le public : *Gaudent enim brevitate moderni.*

Comme tant d'autres ouvrages d'histoire écrits avant, au même moment et après lui, le *Memoriale historiarum* est finalement une somme abrégée. La décision de l'auteur d'inscrire son œuvre dans ce genre historiographique impliquait, tout naturellement, une méthode de travail : la compilation. Jean se dit *hujus operis compilator.* Et il oppose aussitôt ce terme à celui d'*inventor.* Ce dernier mot se rencontre assez rarement dans les prologues[36]. Appartenant au latin classique, on le trouve chez Cicéron et chez César ; il signifie celui qui trouve, celui qui découvre par son observation, directement, sans médiation des autorités. Jean n'a-t-il pas en fait aussi choisi ce terme pour traduire celui de «trouvère»? Car le trouvère est bien celui dont le métier est de composer des chansons, c'est un homme qui de

---

[36] Paulin de Venise l'utilise dans son prologue à la *Satyrica hystoria.* C'est pour lui un mode d'acquisition de la connaissance qu'il oppose à la révélation divine et à l'érudition. Voir le commentaire d'I. HEULLANT-DONAT, *art. cit.*, p. 416-417.

«trouver entend vivre», qui «fait et trouve les livres»[37]. Jean connaît ces hommes, il utilise même à l'occasion leurs œuvres, mais bien des choses le séparent d'eux : sa profession monastique, son choix de la prose, sa méthode de travail surtout : l'objet de son étude étant le passé, la médiation des autorités lui est indispensable. Il lui est difficile de considérer ces trouvères comme des historiens à part entière. Si une comparaison est nécessaire, il préfère incontestablement celle du notaire, du greffier dont il partage le souci de rigueur comme le rappelle les trois occurences du verbe *notare*[38] toujours accompagné d'un adverbe de manière (*diligenter, breviter, sollicite*). La comparaison du métier de compilateur avec le notariat, où les initiatives personnelles sont assez limitées, n'est pas le signe d'une modestie excessive mais l'affirmation d'un travail sérieux. Le compilateur doit s'informer, rassembler la documentation disponible et sûre (*in libris autenticis*), se garder du danger de l'éloquence, à laquelle il préférera la concision garante de vérité. Et ce n'est pas chose facile.

La citation de Bernard de Clairvaux vient fort à propos témoigner que le compilateur est celui qui manifeste la vérité par son effort (*labor*)[39]. Depuis le XIIIe siècle, le compilateur ne se contente plus de faire des extraits mais il compose son texte en utilisant ce que d'autres ont écrit. Cela peut aller jusqu'à réaliser une œuvre personnelle, originale, dont il assume l'entière responsabilité, comme le ferait un auteur[40]. Jean ne se dit pas ouvertement «auteur», mais il évoque «les plus grands auteurs l'ayant précédé». Une sorte de lapsus très significatif de la conscience qu'il a de lui-même et de sa tâche : il s'inscrit implicitement dans la lignée des auteurs, il est un maillon dans la chaîne des historiens, au fond de lui-même il est certainement fier d'appartenir pleinement à leur «société»[41]. Par ailleurs, il emploie ce mot dans la même phrase où il s'est défini comme un *compilator* et non un *inventor*. Il ne s'est pas interrogé sur l'essence de son métier (être ou ne pas être un auteur?) mais plutôt sur des critères techni-

---

[37] Interprétation proposée par G. Duby à propos de l'auteur de la chanson sur Guillaume le Maréchal dans *Guillaume le Maréchal ou le meilleur chevalier du monde*, Paris, 1984, p. 41.

[38] BnF, lat. 15011, fol. 4v : «Chronice autem proceditur ubi continuando iuxta ordinem temporum et seriem, annum, diem vel horam diligenter notando, res breviter notantur et succincte.» Dans le passage situé après le *Tractatus de divisione regnorum*, fol. 36 : «... et de tribus tetrarchiis et summis sacerdotibus ad declaranda dicenda certum tempus chronice premittitur et sollicite notatur.»

[39] Sur l'apparition de ce mot dans les prologues, voir B. Guenée, *art. cit.*, p. 366.

[40] B. Guenée, *L'historien par les mots*, in : B. Guenée (Dir.), *Le métier d'historien au Moyen Age. Etudes sur l'historiographie médiévale*, Paris, 1977, p. 1-17.

[41] B. Guenée, *art. cit.* (1977), p. 6-12.

ques (quel genre d'auteur faut-il être?). «Un compilateur» a-t-il
répondu puis, le mot «auteur» lui a échappé ...

La réflexion sur le métier d'historien s'est considérablement affi-
née et affirmée entre la première et la seconde version du prologue.
Et parce qu'il a conscience de sa responsabilité d'auteur, Jean de
Saint-Victor peut, dans la seconde version, après avoir expliqué en
quoi consistait cette responsabilité, nommer son œuvre : *liber autem
presens poterit Memoriale historiarum appellari*[42].

4. *Partim historice ... partim chronice*

L'historien s'est donc défini avant tout comme un technicien. Il lui
faut à présent entrer plus avant dans son sujet et présenter au lecteur la
matière qu'il entend traiter et le genre adopté pour le faire.

a) *Materia*

C'est par ce mot que Jean désigne le contenu de son œuvre
historique : *Antequam vero principalem materiam inchoamus ...*[43] Sacri-
fiant à la rhétorique, il évoque dans le premier paragraphe du prologue
les *gesta virorum illustrium* mais, dans le cours de son propos, il se fait
plus précis. Dans la première version il affirme que la narration historique doit retenir les *personae*, les *loca* et les *tempora*. Nous retrouvons
ici la définition même du domaine historique élaborée par Hugues de
Saint-Victor : «les personnes par qui les événements arrivent, les lieux
où ils arrivent et les temps où ils arrivent»[44]. Ce passage n'est pas repris
dans la seconde version et le fond de l'ouvrage est moins facile à discerner, noyé sous les flots de la rhétorique. Il faut attendre le petit avertissement après le *Tractatus de divisione regnorum* pour que l'auteur y
revienne : ... *restat specialem narracionem primum intentam de gestis particularibus hystoricis cum assignacione certi temporis inchoare.* Bref, il va rappeler (*ad memoriam reducere*) les grands faits de l'histoire humaine en
les situant dans l'espace et surtout dans le temps.

b) *Le modus mixtus*

La matière historique ne peut être livrée brute. Elle doit être
organisée. Jean avait le choix entre deux genres principaux : la
chronique ou l'histoire[45]. La première privilégiait la brièveté, la

---

[42] B. Guenée, *op. cit.*, p. 200-202.

[43] B. Guenée, *art. cit.* (1982), p. 369.

[44] W. M. Green, *Hugo of St Victor, De tribus maximis circumstanciis gestorum*, in : *Speculum*, 18 (1943), p. 484-493, ici, p. 491.

[45] B. Guenée, *op. cit.*, p. 203-207. A l'heure où Jean compose le *Memoriale*, le genre
des annales s'est définitivement fondu dans celui de la chronique.

seconde le récit. Jean entend en fait dépasser la question. D'une part, il décide de se servir et des chroniques et des histoires (... *tam ergo de istis quam de illis* ...), comme de sources ayant même autorité. D'autre part, quant au genre à adopter pour son œuvre, il affirme qu'il procèdera *partim historice, partim chronice*. Chacune des composantes de ce «mode mixte» lui est familière. Il sait et rappelle qu'Isidore de Séville les a toutes deux définies dans ses *Etymologies*[46]. Sans doute est-il conscient que la distinction «chronique/histoire» «est un cliché cent fois repris»[47]. Il n'ose dans son prologue en faire l'économie, il tranche par son titre en faveur d'*historia* mais en fait, il essaye, comme ses prédécesseurs depuis deux siècles, de dépasser le modèle hérité d'Eusèbe de Césarée, il refuse de couler son texte dans l'un ou l'autre des deux moules, mais entend plutôt combiner la rigueur chronologique des chroniques avec le récit exhaustif de l'histoire.

Respect pour les autorités, mais également bon sens et technicité, souci de clarté et de brièveté, volonté d'offrir à son public un ouvrage pratique, conscience de l'utilité de son œuvre, voilà les grands traits du message de Jean de Saint-Victor, communs aux deux versions du prologue. Les soucis techniques de l'auteur ont cependant des limites. Contrairement à certains auteurs du XIIe ou du XIIIe siècles, il ne dit mot de ses sources, les quelques noms qui apparaissent dans le prologue étant plutôt ceux d'autorités «obligées» auxquelles il se réfère sans en faire pour autant des sources de sa chronique : la Septante, Eusèbe, Jérôme, Denis le Petit, Isidore, Marian Scot[48]. Aucun nom nouveau entre ces pères fondateurs de l'histoire et lui-même. En cela, il est en retrait par rapport à son maître victorin, Hugues, qui avait fourni une liste de grands historiens, d'ailleurs reprise par d'autres après lui[49]. A moins peut-être que Jean n'ait considérée cette liste, à juste titre, comme très incomplète.

A l'intérieur d'un cadre aux formes largement stéréotypées, le prologue est le lieu par excellence où l'auteur dit ses intentions, où il s'exprime personnellement et librement. Néanmoins, cet espace de liberté ne se construit pas *ex nihilo*, mais se nourrit de modèles intellectuels. Pour rédiger son prologue, Jean a lu des prologues. Entre la

---

[46] ISIDORE DE SÉVILLE, *Etymologies*, I, 40-43 et V, 28.

[47] B. GUENÉE, *op. cit.*, p. 207.

[48] Il ne connaît Marian Scot que par l'intermédiaire de Guillaume de Malmesbury qui s'y réfère, cf. A. GRANSDEN, *Historical writing in England c. 550 to c. 1307,* Ithaca-New-York, 1974, p. 176.

[49] Éditée par G. WAITZ, in : *Archiv,* 11 (1858), p. 307-308, d'après le manuscrit BnF, lat. 15009.

première et la seconde version, il a subi de nouvelles influences, fait de nouvelles lectures.

C – Les modèles : de Hugues de Saint-Victor à Vincent de Beauvais

1. Le premier prologue : un hommage à Hugues

On a souligné plus haut que Jean entendait avoir un champ d'étude similaire à celui de Hugues : les *personae,* les *tempora,* les *loca.* Sans citer nommément le maître victorin, Jean reprend ses mots, son enseignement. On sait le rôle déterminant joué par Hugues dans les progrès techniques qu'a fait la science historique au XIIᵉ siècle. On peut voir en lui le «père fondateur» de l'histoire universelle[50]. Chez les victorins son *Chronicon* continue d'être lu. Jean l'a étudié, il le connaît parfaitement, il en fait un large usage. C'est même la première autorité à laquelle il se réfère dans le manuscrit Ars. 1117, lorsque, après avoir achevé son prologue, il introduit sa présentation des premiers royaumes au lendemain du Déluge[51]. On ne compte pas les citations faites *secundum magistrum Hugonem* ... Il n'est donc pas très surprenant que le prologue du *Memoriale,* du moins dans sa première version, entretienne des rapports étroits avec le *De tribus maximis circumstanciis gestorum* qui ouvre la chronique de Hugues. Voici quelques extraits mis en parallèle. Les mots et expressions communs aux deux textes apparaissent en caractères italiques :

De tribus maximis circumstanciis gestorum (W.M. Green éd., p. 491-493)	*Memoriale historiarum* (A, Ars. 1117 et C, BnF, lat. 15011)
Fili, *sapientia* thesaurus est et cor tuum archa. Quando *sapientiam* discis, thesaurizas tibi thesauros bonos, thesauros immortales, thesauros incorruptibiles, qui nunquam veterascunt, nec speciem claritatis suae amittunt. In thesauris *sapientiae* variae sunt opum species et in archa cordis tui conditoria multa. (...)	Labilis est hominum memoria ut *sapientes* testantur ... (*A,* fol. 1 et *C,* fol. 4)

---

[50] M. Chazan, *L'idée d'Empire dans les chroniques universelles écrites en France de la fin du XIIᵉ siècle au début du XIVᵉ siècle* (1995), exemplaire dactylographié, p. 1197-1198.

[51] Ars. 1117, fol. 1v : «Incipit narracio. Post diluvium jam multiplicatis hominibus in mundo quatuor excellentia regna exorta sunt ut tangit magister Hugo de Sancto Victore ... » En fait, Jean se réfère ici au *Liber Exceptionum* de Richard de Saint-Victor.

Confusio *ignorantiae et oblivionis mater* est, discretio autem intelligentiam illuminat *et memoriam* confirmat. (...)

Visa enim et audita faciliter excidunt a *memoria* citoque subrepit *mater ignorancie oblivio* nisi scripture inspectione vel vive vocis repetitione subsidium conferatur. (*C*, fol. 4)

Redi ergo, fili, ad *cor tuum* ...

Vos autem qui hoc opusculum legere volueritis, non turbetur *cor vestrum*, queso, (...) (*A*, fol. 1 et *C*, fol. 4v)

Tribus modis discernanda sunt in animo ea quae discuntur, secundum numerum, secundum *locum*, et secundum *tempus*, ita omnia quae *audieris* et *facile intellecta* capies et diu *memoria retinebis* ...

Nunc quoque hystoriophili qui in audiendo ac legendo hystorias et gesta antiquorum insignia delectantur, in quibus, inquam, historiis seu gestorum narrationibus multimode reperiuntur differentie quantum ad personas, *tempora* et *loca*, bene indigent aliquo scripto de hiis, cujus inspectione possint eorum que indiversis hystoriis legerunt vel a diversis *audierunt* narrari *facilius memorari*. (...) ita ut faciliter satis possint ab eis etiam qui hystorias non legerunt *intelligi*, et eos qui ipsas legerunt lectorum faciant recordari. (*A*, fol. 1)

Les deux prologues ne s'inscrivent certes pas dans le même registre. Jean ne s'adresse pas, comme le fait Hugues, à un disciple. Il n'évoque ni les trésors de la sagesse, ni ne retient l'image du cœur-arche de cette sagesse. Hugues poursuit comme but ultime la *contemplatio* dont l'étude permet l'accès. Il n'est pas sûr que Jean reprenne à son compte une si haute ambition, une telle perspective spirituelle, sinon mystique[52]. Par ailleurs, les conditions d'enseignement ont évolué en deux siècles : Hugues ne fait allusion qu'à un enseignement oral, ses œuvres sont bien souvent des mises au propre de cours donnés dans le cloître de l'abbaye ; l'œuvre de Jean est conçue dès le début sous la forme d'un *opusculum*, d'un *liber*. Il entend plutôt être ici l'écho de mots (*sapientia*), d'expressions (*mater ignorancie oblivio*), tirés du «trésor» hugonien, et qui résonnent dans son oreille et sa mémoire.

---

[52] P. SICARD, *Hugues de Saint-Victor et son Ecole*, Paris, 1991.

Néanmoins, les quelques exemples donnés ci-dessus dépassent la simple complicité des mots, ils révèlent une parenté intellectuelle, une commune méthode d'acquisition des connaissances, un même souci du public guidé par la charité[53] : il faut être bref et clair pour que le lecteur puisse comprendre, il faut lui donner les clefs de la compréhension afin qu'il puisse retenir plus aisément. Dans l'un et l'autre texte, *audire, facile, intellegere, memoria retinere* sont les mots d'ordre. Ici se trouvent les fondements de la pédagogie de Jean, si proche de celle de Hugues. Or, dans cette optique, il est nécessaire de mettre en place une méthode rigoureuse de sélection et de présentation des sujets. Jean, comme Hugues, choisit de s'intéresser aux *personae*, aux *tempora* et aux *loca*. Quant à la présentation, ce que Hugues explique en prenant l'exemple des psaumes et de leur numérotation, Jean le répète à sa façon lorsqu'il montre l'intérêt d'un système de datation externe. Il l'applique concrètement dans sa mise en page de la première version.

2. Les autres modèles

Si la dette envers Hugues est assez facile à établir à la lecture de la première version du prologue du *Memoriale*, chercher les influences qui ont pu inspirer les variantes de la seconde version est moins aisé. L'auteur, dans la mesure où il ne cite pas ses sources, ne nous aide guère. Sans doute a-t-il lu le prologue de Guillaume de Malmesbury. Ce texte, novateur au XIIe siècle, est ensuite devenu un classique. La question du genre de l'œuvre historique (chronique ou histoire) est abordée dès la fin du XIIe siècle par Geoffroi de Viterbe dans son *Memoria saeculorum*[54] ou par Gervais de Canterbury dans sa chronique[55]. Celui-ci, comme Jean, déclare utiliser un *modus mixtus*. Cependant, rien dans la suite de la chronique ne permet de dire que Jean a bien lu ces auteurs. Le terrain en revanche est plus sûr avec Robert d'Auxerre. Sa chronique, largement compilée par le victorin, paraît avoir également inspiré le prologue. De lui vient l'idée déjà présente dans la première version que les sources sont trop nombreuses et trop dispersées pour être toutes connues d'un même individu ;

---

[53] P. SICARD, *op. cit.*, p. 49-50.
[54] GEOFFROY DE VITERBE, *Memoria Seculorum*, MGH, SS, XXII, p. 94-106.
[55] *The Historical Works of Gervase of Canterbury*, éd. W. STUBBS, 2 vol., Londres, 1879-1880.

de lui, encore la remarque des désaccords chronologiques entre les différents historiens[56].

Mais, au bout du compte, la méthode qui consiste à suivre ainsi à la trace les sources du prologue à partir de celles du reste de l'œuvre est incertaine. Un prologue peut très bien avoir été compilé par plusieurs auteurs successifs avant de parvenir jusqu'au nôtre. Pour reprendre l'exemple de Robert d'Auxerre, son prologue a également inspiré celui de Guillaume de Nangis[57]. Or, la chronique de celui-ci est une des principales sources du *Memoriale historiarum*. Il devient alors risqué d'affirmer que le texte de Jean a subi l'influence de l'un plutôt que celle de l'autre.

En revanche, il est clair que la seconde version reprend des idées déjà présentes dans la première, mais étayées de citations qui en étaient absentes. Celles-ci témoignent certes, d'une évolution de style, de construction, d'un souci nouveau de la rhétorique, mais elles renvoient surtout à certaines lectures de l'auteur. Il faut cependant s'interroger sur la façon dont ces lectures ont été effectuées. L'inventaire des sources, on s'en souvient, a mis en évidence le rôle d'intermédiaire joué par le *Speculum historiale* de Vincent de Beauvais. Il est donc légitime de se demander si l'on retrouve le même phénomène dans le prologue. Et en effet, la comparaison avec le *Liber apologeticus*, prologue général au *Speculum maius*[58], révèle plusieurs emprunts du victorin à ce texte particulier de l'encyclopédiste dominicain.

3. Le *Memoriale temporum* et le *Libellus apologeticus*, modèles du premier et du second prologues

«Dans son *Libellus apologeticus*, Vincent de Beauvais dit tout ou presque de son but initial, de ses moyens et du résultat final»[59]. Les scribes avaient pris l'habitude de placer cette préface générale de

---

[56] Robert d'Auxerre, *Chronicon*, MGH, SS, XXVI, p. 219-287, ici p. 219: «Invenimus autem innumeras in dinumeratione annorum dissonentias, quas nimirum frequenter pariunt in scripturis tum imperitia, tum vetustas. Siquidem nichil aeque facile vel antiquitas variat vel scribentium manus imperita depravat. Enim vero, pensantes quia in his sit et parva profecto utilitas et inextricabilis difficultas, arbitrati sumus nequaquam nimis inde curandum, sicubi forte occurrit dissonantia numerorum. Nec solum in numeris, sed in rerum quoque gestarum assignatione advertimus plerumque chronographos discrepare. Si qua perinde istic discrepantia reperiatur, non nostrae imprudentiae deputetur».

[57] GN, I, p. 1-2.

[58] S. Lusignan, *op. cit.*.

[59] M. Paulmier-Foucart et S. Lusignan, *Vincent de Beauvais et l'histoire du «Speculum maius»*, in: *JS*, janvier-juin 1990, p. 97-124, ici, p. 105.

l'œuvre encyclopédique en tête de chaque *Speculum*[60]. Ainsi, celui qui, comme Jean, n'avait à sa disposition que le *Speculum historiale*, pouvait parfaitement prendre connaissance de ce document, qui est peut-être l'un des plus explicites que le Moyen Age ait produit sur les techniques de compilation[61]. Ce texte, plusieurs fois remanié, a donc une autre envergure que le prologue du *Memoriale*. Comme son nom l'indique, c'est une longue apologie, une justification circonstanciée et développée de l'ensemble de l'œuvre. Les différentes versions qu'on lui connaît comportent de douze à dix-neuf chapitres. Les emprunts de Jean sont disséminés ce qui suppose de sa part une lecture attentive et exhaustive.

A cette préface générale, il faut ajouter d'autres prologues rédigés par le dominicain. Le *Speculum historiale* avait un prologue particulier[62]. N'oublions pas non plus les quelques lignes destinées à introduire la courte chronique universelle rédigée par Vincent entre 1242 et 1244 dans le livre VIII du *Speculum naturale*[63] et appelé *Memoriale temporum*. Bien que Jean ne mentionne jamais cette dernière œuvre, on constate quelques similitudes entre les prologues des deux chroniques.

a) *Memoriale temporum, memoriale historiarum*

A notre connaissance, peu d'œuvres historiographiques sont désignées par les termes de *memorialis* ou *memoriale* avant le xve siècle. Il y avait bien un *Liber memorialis* composé par L. Ampélius entre les dernières années du règne d'Hadrien et le tout début du IIIe siècle[64]. L'auteur exprimait son titre dans une dédicace. Le sens qu'il entendait lui donner n'était pas celui d'une collection de choses mémorables mais bien, littéralement, celui d'un «livre qui sert la mémoire»[65]. Pour répondre à une intention pédagogique (l'ouvrage s'adresse à un jeune disciple), la matière – dont une partie est consacrée à une description du monde et une autre à un résumé historique –, est organisée sous forme de réponses à des questions. Plusieurs de ces observa-

---

[60] S. LUSIGNAN, *op. cit.*, p. 33, rappelle que Vincent, prévoyant qu'il serait difficile à tous ses lecteurs de posséder la totalité de l'encyclopédie, avait décidé de donner une certaine indépendance à chacune des parties en la pourvoyant d'un résumé du reste de l'œuvre. L'insertion du *Libellus apologeticus* en tête de chacun des *Speculum* est conforme à ce principe.

[61] C'est l'opinion exprimée par S. LUSIGNAN, *op. cit.*, p. 29.

[62] S. LUSIGNAN, *op. cit.*, p. 31.

[63] M. PAULMIER-FOUCART, *art. cit.*

[64] L. AMPÉLIUS, *Liber memorialis*, texte établi et traduit par M.-P. ARNAUD-LINDET, Paris, 1993.

[65] L. AMPÉLIUS, *op. cit.*, p. VII n. 4.

tions inciteraient à des rapprochements avec le *Memoriale* mais nous n'avons malheureusement aucun indice permettant de supposer que Jean de Saint-Victor ait pu avoir connaissance de cette œuvre antique par ailleurs peu diffusée.

En revanche, il y avait à Saint-Victor un *memoriale quoddam,* brève liste des rois de France des origines à Philippe Auguste, sans doute élaboré par un chanoine victorin. Jean l'a utilisé mais, comme ce document est très succinct et ne comporte pas de prologue, il serait bien hasardeux d'établir une filiation directe entre les deux titres. Tout juste une même volonté de composer des aide-mémoire, de nature et d'ampleur cependant bien différentes.

Rédigé entre 1242 et 1244 le *Memoriale temporum* de Vincent de Beauvais est plus proche dans le temps. Mais cet ouvrage a connu une diffusion très restreinte qui interdit d'affirmer que Jean a bien pu le consulter[66]. Toutefois, il ne pouvait manquer de se sentir quelques affinités avec ce texte tout entier consacré à l'histoire de l'Eglise. Observons donc, par la mise en parallèle des prologues des deux *Memoriale,* les points de contact (indiqués en italique) :

Memoriale temporum (éd. O. Holder-Egger, MGH, SS, XXIV, p. 157)	*Memoriale historiarum* (Ars. 1117, fol. 1r-v)
Omnibus autem pene gratum est *brevitatis compendium* : michi tandem *utile* visum est, ex illo grandi volumine *libellum manualem* excerpere, *in quo totam seriem temporum summatim perstringens, per singulos temporis articulos* gesta famosa breviter annotarem, et eius exemplar fratribus et amicis nostris petentibus non negarem. Quem videlicet *libellum memorialis* vocabulo, eo quod *omnium temporum memoriam brevem* contineat, appelari decrevi, ac per octoginta capitula subiecta distinxi.	Quantum ad hoc igitur presens opusculum, quantulicumque sit reputandum precii, *aliquid utilitatis habere poterit* ut videlicet per ipsum, sicut per *memoriale* quoddam, hystorie, maxime a tempore Julii Cesaris, primi Romanorum imperatoris, usque ad moderna tempora scripte, ad *memoriam* reducantur. Sicut enim sciunt experti, in hystoriis que multe hactenus edite sunt nec a quolibet possunt *omnes* haberi vel perlegi ab eis eciam qui habent eas, nec possunt sem *pre manibus haberi*, multa, inquam, et diversa diffuse tractantur. Similiter in chronicis multis, multa et de multis tanguntur : tam ergo de istis quam de illis, multa in presenti opusculo, *quantum ad*

[66] M. Paulmier-Foucart, *art. cit.,* p. 90, indique trois manuscrits : Wien, Ö. Nat. Bibl. 604 (XIIIᵉ siècle), Paris, BnF, lat. 4936 (XIVᵉ siècle) et Paris, Bibl. Maz. 1549 (XVᵉ siècle).

> *predicta tempora, compendiose et velut in*
> *summa, sub assignatione certi temporis,*
> continentur, ita ut faciliter satis pos-
> sint ab eis eciam qui hystorias non
> legerunt intelligi, et eos qui ipsas lege-
> runt lectorum faciant recordari.

Les extraits choisis ont le même rôle dans les deux prologues : montrer l'utilité de l'œuvre et justifier son titre. Le premier argument des deux auteurs est d'ordre matériel : ils ont rédigé des manuels parce que ce type d'ouvrage est plus pratique, plus maniable. Le *Memoriale temporum* se présente comme un abrégé d'une œuvre historique plus volumineuse : *michi tandem utile visum est, ex illo grandi volumine libellum manualem excerpere* dit l'auteur, qui reconnaît avoir travaillé sous la pression fraternelle et amicale. Jean, lui, a conçu d'emblée un livre qui voudrait remplacer tous ceux que l'on ne peut avoir en permanence sous la main (*nec possunt semper pre manibus haberi*). Le second argument également commun aux deux textes défend la qualité du contenu de l'œuvre : ces résumés (*compendium, compendiose*) visent l'exhaustivité des connaissances (*summatim, summa*) sous une présentation qui allie brièveté (*breviter*) et facilité (*faciliter*). Troisième argument : les deux auteurs organiseront la matière historique en respectant une chronologie rigoureuse (*in quo totam seriem temporum summatim perstringens, per singulos temporis articulos, sub assignatione certi temporis*). Toutes ces précautions doivent permettre au lecteur de se souvenir chez Vincent des *tempora*, chez Jean, des *historiae* et des *chronica*. Bref, l'un et l'autre proposent un manuel aide-mémoire (*videlicet libellum memorialis, sicut per memoriale quoddam*).

Des similitudes d'intention et d'expression existent entre ces deux textes. Certes, elles ne portent jamais sur des thèmes très originaux. Bien d'autres prologues les reprennent. Cependant, dans l'un et l'autre cas, ces thèmes sont des arguments destinés à justifier un titre et ce titre est le même : *memoriale*. En revanche, les emprunts que fait Jean au *Memoriale temporum* ne vont pas au-delà du prologue. Cette œuvre de Vincent de Beauvais a peut-être servi de modèle pour l'espace textuel particulier qu'est le prologue, non de source pour le reste de la chronique.

b) *Le Libellus apologeticus et la seconde version*

Rédigeant sa préface générale, Vincent s'inspire, lui aussi, des prologues antérieurs. Comme ses prédécesseurs, il présente l'histoire comme un remède à la *memorie labilitas* ; elle est à la fois utile et agréable (*Haec et alia multa in illis historiis utilia simul ac delectabilia cernens*)[67] ; comme dans tant d'autres prologues, il évoque les livres innombrables (*multitudo librorum*) qu'il est devenu impossible de posséder et de consulter. Lisant le premier chapitre du *libellus*, Jean ne pouvait que trouver confirmation de ses idées premières. Mais il choisit parfois de les exprimer avec les mots de Vincent, comme le montre cet argument supplémentaire en faveur de l'utilité d'un *compendium* tiré du chapitre 3 du *Libellus* :

Libellus apologeticus (éd. S. Lusignan, p. 118)	*Memoriale historiarum* (BnF, lat. 15011, fol. 4 r-v)
Porro, ne quis in hoc opere vel de novitate vel de nimia *prolixitate* ne extimet argumentum, quoniam hoc ipsum novum opus quidem est simul et antiquum, *breve quoque simul et prolixum* : antiquum certe materia et auctoritate, novum vero compilatione seu partium aggregatione, breve quoque propter multorum dictorum in brevi perstrictionem, longum vero nihilominus propter *immensam materie multitudinem*.	Illi quoque qui nec audierunt eas recitari, propter facilitatem sermonis intellegere poterunt haec scripta, *saltem breviter et in summa*, que in pluribus aliis libris autenticis per partes invenirentur diffusius et difficilius propter profunditatem sciencie, *fecunditatem materie et prolixitatem* sentencie tractatuum et scriptorum. Gaudent enim brevitate moderni.

Vincent, à la différence de Jean, consacre trois ou quatre chapitres de son prologue à la présentation de ses sources, à leur valeur respective, au degré de confiance que l'on peut attribuer aux divers types de livres cités[68]. L'auteur du *Memoriale* retient au moins deux éléments de la lecture de ces chapitres mais les utilise assez indirectement. Ainsi, le titre du chapitre 11 du *Liber apologeticus* a pu inspirer la mention des *libris autenticis* et ce d'autant plus que l'expression apparaît dans une phrase dont nous avons vu plus haut ce qu'elle devait à Vincent. Du chapitre précédent, intitulé par le dominicain *de ordine dignitatis eorumdem*[69], il retient les noms d'Isidore de Séville et de saint Bernard. Ces noms sont extraits d'une liste sans être accompagnés d'aucune citation. Comment Jean a-t-il associé les unes aux autres ? A coup sûr les citations de ces deux auteurs ne sont pas tirées du *Liber apologeticus*. Les œuvres d'Isidore et de Bernard de Clairvaux, nous l'avons dit, étaient présentes dans la bibliothèque de

---

[67] *L. A.*, ch. 1. Les citations sont faites d'après l'édition de S. LUSIGNAN, *op. cit.*, p. 116.
[68] *L. A.*, ch. 9, 10, 11 et 12.
[69] *L. A.*, ch. 10.

l'abbaye et, d'autre part, elles avaient fait l'objet de florilèges[70]. On peut imaginer que la présence de ces docteurs dans le *Libellus apologeticus* l'a incité à insérer dans son propre prologue des citations qu'il connaissait par ailleurs, dans un florilège par exemple.

Le cas de Hugues de Fleury est un peu différent. Jean ne le cite pas dans le prologue à proprement parler mais dans le petit passage qui sert de transition entre le *Tractatus de divisione regnorum* et le début de la chronique. Ayant eu recours à l'œuvre de Hugues dès la première version de son travail, il n'a pu manquer de lire ces quelques lignes qui introduisent le livre III de l'*Historia ecclesiastica*. Il est d'ailleurs parfaitement capable d'en donner les références[71]. Et pourtant il n'avait pas retenu ce texte pour la première version de son prologue. Sans doute n'y avait-il pas prêté attention, mais lorsqu'il la lit au chapitre 4 du prologue de Vincent[72], il choisit d'en reproduire mot-à-mot la seconde phrase, tout en développant longuement la première partie à l'aide d'exemples pris non seulement chez Luc mais chez tous les évangélistes et étendant même la démonstration à l'Ancien Testament[73]. Le *Libellus apologeticus* joue ici un triple rôle : il sert de «réservoir à citations autorisées» ; il offre un texte situé exactement dans un contexte semblable à celui dans lequel se place Jean (la justification d'un système de datation) ; enfin, cet emprunt est vraisemblablement à l'origine de ce paragraphe ajouté à la seconde version du *Memoriale,* puisqu'il constitue en fait un commentaire de la citation d'Hugues de Fleury.

Il y a indéniablement des transferts du *Libellus apologeticus* vers le second prologue du *Memoriale Historiarum,* sans cependant que Vincent de Beauvais soit explicitement nommé. Bien que son *Speculum* commence à être, au moment où Jean écrit, plus largement diffusé, il

---

[70] Le nom d'Isidore apparaît cinq fois dans le *Libellus apologeticus,* cf. M. PAULMIER-FOUCART, *Les Etymologies d'Isidore de Séville dans le Speculum Maius de Vincent de Beauvais,* in : J. Fontaine (Ed.), *L'Europe héritière de l'Espagne wisigothique.* Colloque international du CNRS, Paris 1992, p. 269-283. Vincent lui-même proposait des florilèges de ces auteurs : les citations d'Isidore reprises par Jean dans son prologue se trouvent dans le *Speculum doctrinale,* II, 4-5 et III, 127. Quant aux *flores Bernardini* Vincent les a insérées dans le livre XXVIII du *Speculum historiale.* La citation du prologue se trouve au ch. 66.

[71] Ce que ne fait pas Vincent.

[72] *L. A.,* ch. 4, p. 119 : «Lucas nempe, cum incarnationis dominice hystoriam texeret, in ipso Ewangelii sui principio de Herode rege et post pauca de Augusto Cesare mentionem fecit, ut illa que minus nota erant hominibus, ab hiis que pene apud omnes fama celebri ferebantur, confirmarentur et roborarentur. Ille quippe res geste, ut dicit Hugo Floriacensis, que nulla regum ac temporum certitudine commandantur, non pro hystorias recipiuntur, sed aniles fabulas deputantur.»

[73] BnF, lat. 15011, fol. 35v : (cf. annexe IIIc).

demeure une autorité trop récente pour être citée dans un prologue. En revanche, il est vraisemblable que la préface rédigée par Vincent a influencé l'auteur du *Memoriale* au-delà des emprunts textuels qu'il pouvait y faire. La lecture de ces pages à travers lesquelles le dominicain se livrait à son lecteur, lui avouant les difficultés rencontrées et justifiant avec autorité ses choix techniques et intellectuels, n'a pu que conforter Jean de Saint-Victor dans sa prise de conscience d'être, lui aussi, un auteur, un maître d'œuvre. Ce n'est sans doute pas un hasard si, après cette lecture, il ose, comme Vincent, nommer son œuvre et prendre la parole en disant «je».

Si au terme de l'étude nous essayons de rassembler les éléments de la comparaison, nous constatons que d'une version à l'autre nous passons d'un «prologue-mode d'emploi» à un prologue littéraire, d'un avant-propos de manuel destiné aux étudiants de l'abbaye à un prologue ouvrant à l'œuvre une destinée plus large et ambitieuse; d'un prologue rédigé selon le moule traditionnel de l'historiographie victorine – et particulièrement marqué par Hugues – à un texte influencé par des auteurs extérieurs à Saint-Victor au premier rang desquels on trouve Vincent de Beauvais; enfin d'un ouvrage qui n'ose pas dire son nom à une œuvre dont l'auteur est pleinement responsable et fier. Mais, si dans cet espace particulier qu'est le prologue, Jean se reconnaît des modèles, revendique des compétences techniques (nous les avons vues à l'œuvre), s'il affirme avec force l'utilité de son ouvrage, il ne révèle pas vraiment le contenu de celui-ci. Ce prologue, qui met nettement l'accent sur les aspects *extra rem*, proclame bien l'intérêt théorique de l'histoire, ne dit finalement rien des *personae, loca* et *tempora* qui la font.

CHAPITRE X

Jean, historien de Saint-Victor : un bref regard sur un passé brillant

Quel regard les victorins portaient-ils sur leur histoire? Dans le cours de sa chronique Jean rencontre inévitablement la fondation de son ordre et quelques-unes de ses plus grandes figures. On pourrait imaginer qu'il ait profité de l'occasion pour écrire une histoire apologétique de Saint-Victor. On pourrait croire que son abbé et ses frères l'aient fortement incité à rappeler le glorieux passé victorin comme pour conjurer la période de crise et de déclin que l'abbaye traversait. Il n'en est rien. Le projet est avant tout d'écrire une histoire universelle, dans laquelle Saint-Victor et ses héros ont certes une place, mais sûrement pas la principale. Le *Memoriale* n'est pas scandé, comme le sont d'autres chroniques monastiques[1], par les successions des abbés. Si Jean se fait historien de Saint-Victor, c'est avec beaucoup de discrétion. Une discrétion si grande que les historiens de Saint-Victor eurent tendance à oublier sa contribution à l'histoire des origines[2].

---

[1] Celle de Geoffroi de Courlon par exemple, une des sources du *Memoriale*, qui est rythmée d'une part par les successions sur le siège abbatial de Saint-Pierre-le-Vif, d'autre part par les successions des évêques de Sens.

[2] Il n'est que de relire le jugement sévère de Jean CHÂTILLON, grand spécialiste de l'école victorine: «Cet univers intellectuel si riche et si complexe a déconcerté longtemps les historiens. Les victorins de l'Ancien Régime, il est vrai, n'avaient laissé sur ce point que de mauvais exemples. De leur abbaye ils n'avaient même pas été capables d'écrire l'histoire et ne nous ont laissé que d'illisibles chroniques dont aucun livre n'a pu jamais sortir», *De Guillaume de Champeaux à Thomas Gallus, chronique d'histoire littéraire et doctrinale de l'école Saint-Victor*, in: *RMAL*, 8 (1952), p. 139-162 et p. 248-272.

Et pourtant cette contribution existe[3]. Et elle est le fruit d'une volonté qui se traduit dans le recours à deux types de sources quasiment inexploités dans le reste de l'œuvre : les archives[4] et le nécrologe, livre de la mémoire par excellence.

Les dix-neuf références à l'histoire victorine se répartissent comme suit dans le cours chronologique du récit : quatorze pour le XIIe siècle, cinq pour le XIIIe siècle et aucune pour le XIVe siècle. Ce bilan quantitatif suffirait à prouver que Jean n'a pas eu l'intention d'écrire une histoire de sa maison. Le fait est confirmé par l'absence de toute référence contemporaine. La dernière mention de Saint-Victor est donnée à l'occasion de la retraite d'Adenulphe d'Anagni, puis de sa sépulture dans l'abbaye en 1289[5]. En fait, l'enseignement principal de ce relevé est le déséquilibre dans la répartition des notations, déséquilibre qui met en valeur la volonté d'écrire une histoire des origines.

A – UNE FONDATION ROYALE

La lecture que fait Jean des débuts de Saint-Victor est assez différente de celle que feront les historiens victorins des XVIIe-XVIIIe siècles[6]. Alors que ceux-ci insisteront sur le rôle de Guillaume de Champeaux, l'auteur du *Memoriale*, lui, n'en souffle mot et attribue toute l'initiative à Louis VI. Après avoir installé des chanoines réguliers à Puiseaux[7], le roi concède en 1113 une charte de fondation qui marque les débuts matériels (dotation) et institutionnels (Gilduin,

---

[3] Ch. SAMARAN en a donné quelques extraits, *Jean de Saint-Victor, chroniqueur*, in : *HLF*, 41 (1981), p. 1-30, appendice p. 24-26.

[4] Cf. supra chapitre V.

[5] BnF, lat. 15011, fol. 459.

[6] J. P. WILLESME, *Les origines de l'abbaye Saint-Victor de Paris à travers ses historiens des XVIIe et XVIIIe siècles*, in : J. LONGÈRE (Ed.), *L'abbaye parisienne de Saint-Victor au Moyen Age*, (Bibliotheca Victorina, 1) Turnhout, 1991, p. 101-114.

[7] BnF, lat. 15011, fol. 371 (1111) : «Hoc anno rex Francorum Ludovicus Grossus construxit ab ipsis fundamentis monasterium Beate Marie de Puteolis in Vastineto, in quo constituit canonicos regulares qui sub priore conventuali degentes ordinem et modum vivendi a monasterio Sancti Quintini Belvacensis in quo Yvo, ut supra tactum est, ordinem Sancti Augustini reformaverat, acceperunt; ipsosque canonicos terris et possessionibus sufficienter dotavit de consilio episcoporum, procerum et maiorum regni sui et hoc apparet in privilegio eisdem canonicis hoc anno concesso in capella Parisiensi episcopi, presente Daymberto archiepiscopo Senonensi, qui eisdem concessit curam seu parrochiam dicte ville cum capella Sancti Sulpicii.» Puiseaux est situé dans le Loiret, ar. de Pithiviers. Sur cette possession victorine, voir M. SCHOEBEL, *Archiv und Besitz der Abtei St. Viktor in Paris*, (Pariser historische Studien, 31), Bonn, 1991, p. 85-98.

d'abord prieur, devient abbé)[8]. La mention du roi en tête de chacun de ces extraits montre que cette initiative royale n'est pas une circonstance de la fondation mais la cause première. On retrouve un schéma similaire dans le récit de donation de l'église Saint Guénaud de Corbeil[9]. Le souvenir du roi-fondateur est enfin rappelé dans la transcription de l'épitaphe gravée au pied de sa statue[10].

Après avoir fait indirectement allusion aux faveurs royales dont bénéficia l'abbaye victorine sous le règne de Louis VII[11], Jean rappelle qu'après Bouvines Philippe Auguste fit construire l'abbaye de la Victoire, près de Senlis et qu'il en confia la direction aux chanoines de Saint-Victor de Paris[12]. C'est une façon pour lui de souligner la place prise par son monastère dans le destin «national». C'est une tentative également d'établir un contre-poids aux faveurs grandissantes dont Saint-Denis est l'objet. Ainsi, utilisant le nécrologe, il lie les deux fondations royales dans l'éloge funèbre de celui qui «doubla le territoire du royaume» :

«Hoc eciam anno obiit Philippus rex Francorum ab aliquibus Augustus cognominatus, huius nominis secundus, vir fortunatissimus, qui regnum Francorum fere duplo ampliavit. Hic in omnibus actibus felix, ecclesia-

---

[8] BnF, lat. 15011, fol. 372 (1113) : «Hic <Ludovicus Grossus> de consilio procerum et prelatorum regni sui juxta Parisius monasterium in honore sancti Victoris construxit ; in quo posuit canonicos regulares et eodem anno, conventu regali apud Cathalaunum congregato, dictus rex associavit canonicos de Putheolis in Vastineto, quos ibi de Putheolis concesserat utrisque associatis concessit, primusque prelatus dicti monasterii iuxta Parisius constitutus est Gilduinus prius prior conventualis, postea crescente numero fratrum, idem vocatus abbas. Ibique cepit ordo sancti Augustini reflorere et regularis observancie disciplina ; fecit etiam rex dictus omnia privilegia que predictis canonicis concesserat a papa Pascali confirmari.»

[9] BnF, lat. 15011, fol. 381 (1135) : «Hoc etiam anno rex Ludovicus Grossus dedit ecclesiam Sancti Guenayli de Corbolio cum omnibus ad eam pertinentibus, consensu Ludovici filii sui iam regis, et precibus regine Adelaydis, per manum Stephani Parisiensis episcopi, ecclesie beati Victoris.»

[10] BnF, lat. 15011, fol. 381 : «Illustris genitor Ludovici rex Ludovicus /Vir clemens, Christi servorum semper amicus /Institui fecit pastorem canonicorum /In Cella Veteri transflumen Parisiorum /Hanc vir magnanimis magni Victoris amore /Auro, reliquiis ornavit, rebus, honore /Sancti Dionisii, quid servas corpus humatum, / Martyr et Antistes, Ludovici solve reatum. /Christi centenis cum mille decem et tribus annis /Templum hoc Victoris struxit regalis honoris.»

[11] BnF, lat. 15011, fol. 382v : «Unde hic annus primus regni eius dicitur fuisse et in privilegiis et in chronicis ...»

[12] BnF, lat. 15011, fol. 432v : «Hoc tempore rex Francie Philippus in territorio Silvanectensis abbaciam construi fecerat postquam de Bello Bovino redierat, et ob victoriam sibi a Deo datam, abbaciam illam Victoriam nuncupavit et ibidem posuit canonicos regulares de ordine Sancti Victoris Parisiensis, eosque et abbatem ipsorum abbati Sancti Victoris subiectos esse voluit, ipsosque rebus et edificiis et privilegiis satis competenter ditavit.» Il s'agit en fait d'une charte de Louis VIII (Arch. Nat., LL 1450, fol. 206).

rum et religiosarum personarum amator et fautor et specialiter ecclesia-rum Sancti Dionysii et Sancti Victoris Parisiensis[13]. (Necr. II Ydus Iulii)»

Avec le règne de Louis IX les mentions de donations royales dis-paraissent du *Memoriale*, non que ces donations cessent en réalité, nous l'avons montré[14], mais parce que la faveur royale est moins manifeste.

Au plus loin de sa mémoire Saint-Victor se pense comme une fondation royale. Or, lorsqu'au début du XIVe siècle, Guillaume de Rebais et Jean de Palaiseau se donnent pour mission de mettre un terme au déclin, de donner un regain intellectuel, matériel et poli-tique à l'ordre victorin, Jean est certainement sollicité pour en être le chantre. Il commence alors par inventorier le trésor accumulé depuis la fondation afin de montrer à quel passé prestigieux se rattache sa communauté.

B – Donations et privilèges

De la faveur royale donations et privilèges découlent. Les évoquer, c'est dessiner le cercle des amis et protecteurs de l'abbaye : les papes[15], les évêques de Paris[16], l'entourage royal[17], de grands prélats[18].

Evoquer donations et privilèges, c'est aussi en raviver le souvenir, réaffirmer leur authenticité. Ceci est particulièrement nécessaire lors-que surgit une contestation ou un conflit. En 1135, Mathieu 1er de Montmorency, voulant peut-être imiter en cela le roi capétien, donna aux victorins le prieuré du Bois-Saint-Père. Quelques années plus tard il renouvela ses bienfaits en leur attribuant une prébende au sein du chapitre nouvellement créé de Saint-Martin de Montmorency, à charge pour eux de prier pour lui et les siens[19]. Or, en 1309, les cha-noines de Saint-Victor se voient contester la jouissance de cette pré-bende[20]. Sachant cela, on comprend mieux alors le contexte particu-lier qui incite notre auteur à démontrer l'ancienneté et la légitimité

---

[13] BnF, lat. 15011, fol. 434.

[14] Voir plus haut, chapitre III.

[15] BnF, lat. 15011 : Pascal II, fol. 372 (1113) ; Innocent II, fol. 379v (1132) ; Lu-cius II, fol. 385 (1143).

[16] BnF, lat. 15011 : Etienne, fol. 379 (1130) ; Maurice de Sully, fol. 409v (1196).

[17] Henri, frère de Louis VII, BnF, lat. 15011, fol. 387 (1147).

[18] L'archevêque de Sens, Michel, BnF, lat. 15011, fol. 408 (1194).

[19] B. BEDOS, *La châtellenie de Montmorency des origines à 1368, aspects féodaux, sociaux, économiques*, Pontoise, 1980. Voir aussi M. SCHOEBEL, *op. cit.*, p. 204-205.

[20] F. BONNARD, *Histoire de l'abbaye royale et de l'ordre des chanoines réguliers de Saint-Victor de Paris*, 2 vol., Paris, 1904-1908, I, p. 192, n. 3.

des droits de son ordre à Montmorency. Pour ce faire, il recherche à travers le cartulaire le fil conducteur de la généalogie : en 1174, il ajoute à la mention de la mort de Pierre de Tarentaise :

> «Hoc anno precedenti dedicaverat capellam domini Buchardi de Monte Maurenciaco[21].»

Huit ans plus tard, il revient sur cette famille de Montmorency à propos de la succession de Bouchard :

> «Hic post obitum Buchardi absque liberis, factus dominus Montis Maurenciaci frater ejus Mattheus, habens fratres Herveum decanum Ecclesie Parisiensis, Theobaldum monachum Vallis Sancte Marie Cisterciensis ordinis[22].»

Néanmoins, nous devons constater que ce cas est unique dans le *Memoriale* alors que les conflits auxquels les chanoines devaient faire face étaient bien plus nombreux. Les intérêts matériels de l'abbaye sont importants parce qu'ils sont un moyen pour elle de tenir sa place dans l'histoire de l'Eglise. Cet aspect-là de la vie victorine retient bien davantage l'attention du chroniqueur.

C – La place de Saint-Victor dans l'histoire de l'Eglise

Saint-Victor n'est pas seulement une fondation royale isolée qui bénéficie de la protection des plus grands et du pape. C'est aussi un élément dynamique du renouveau de l'Eglise au XIIᵉ siècle. Telle est l'affirmation au service de laquelle Jean met tout son art de compilateur, recoupant très adroitement le peu que lui offrent les sources historiographiques générales avec les sources de la tradition victorine. Les premières[23] permettent de planter le décor dans lequel est apparu et s'est développé l'ordre et ainsi de le rattacher à l'histoire universelle. Elles servent aussi, le cas échéant, à ramener dans le giron

---

[21] BnF, lat. 15011, fol. 394v. Sur ce passage précis voir Fourier BONNARD, *op. cit.*, I, p. 249, note 3 : Bouchard approuve en fait la cession de dix arpents de bois donnés au prieuré de Bois-Saint-Père par Mathieu de Roissy, Richilde, sœur de celui-ci et Gui de Groslay, à la demande de l'archevêque Pierre de Tarentaise, le jour-même où celui-ci consacrait la chapelle de Montmorency en 1174.

[22] BnF, lat. 15011, fol. 396v.

[23] De ses sources générales l'auteur a tiré le maximum, c'est à dire peu de choses. Cela se résume à un bref passage de la chronique de Robert d'Auxerre et à divers éléments pris dans les livres XXVII et XXIX du *Speculum historiale* de Vincent de Beauvais, qui paye là la dette qu'il a contractée envers les grands théologiens victorins, cf. S. LUSIGNAN, *Le Speculum doctrinale, livre III : Etude de la logique dans le miroir des sciences de Vincent de Beauvais*, thèse de doctorat présentée à l'Institut d'études médiévales de Montréal, 1971.

victorin des personnages s'étant illustrés par ailleurs (Maurice de Sully par exemple). Les secondes donnent les informations directes qui viennent compléter les lacunes des sources générales et nourrir le récit. Mais voyons plutôt le résultat. Le paragraphe suivant se place en 1130, les sources utilisées sont indiquées entre parenthèses, les passages propres à Jean de Saint-Victor sont en italique :

> «Hiis diebus totus mundus diversis religionibus illuminabatur Cluniacensis, Cisterciensis, Premonstracensis, Cartusiensis, Hospitalariis quoque et Templariis (VB, *Spec. hist.*, XXVII, 12), *ordoque canonicus apud Sanctum Victorem Parisiensem nuper fundatus incipiebat viriliter reflorere.* Ubi venerabilis abbas Guildinus, vita et scientia laudabilis, enitebat (Nécr. Id. Aprilis), *Thomas quoque prior postmodum martir* et magister Hugo de Saxonia religione et sciencia clarissimus (VB, *Spec. hist.*, XXVII, 18) in arcium liberalium pericia et vivacitate ingenii et sensus subtilitate. In tempore suo parem non habens (RA, *Chron.*, MGH, SS, XXVI, p. 235) *sicut eius opera seu tractatus qui habentur communiter manifeste declarant, cui sanctus Bernardus tunc epistolas familiariter mittebat et e converso de sentenciis scripturarum et questionibus ad invicem colloquentes.* Magister quoque Richardus iam in dicto ordine professus, nacione Scotus, iam incipiebat clarere. Hic postea prior fuit et multa utilia et subtilia scripsit, pluresque alii ibidem simpliciter et religiose (VB, *Spec. hist.*, XXVII, 48) sub Guilduino abbate militantes famam sue sanctitatis et sciencie per totum urbem spergebant. *Vigebatque ibidem studium redditusque et possessiones, privilegia quoque et libertates eis a regibus et episcopis conferebantur, a summis pontificibus confirmata.* Monachi quoque Carthusienses paulatim pullulabant...» (VB, *Spec. hist.*, XVII, 7)[24].

Avec les autres grands ordres monastiques fondés ou restaurés au XIIe siècle Saint-Victor participe au renouveau de l'Eglise universelle ; comme eux, l'ordre victorin fait preuve de dynamisme en essaimant à partir de la fondation parisienne :

> «Ibique cepit ordo sancti Augustini reflorere et regularis observancie disciplina[25].»

Pour Jean, le véritable bienfait du roi Louis VI est sa contribution à la restauration de la vie canoniale selon la règle de saint Augustin. A partir de là, d'autres fondations vont pouvoir s'agréger à ce modèle rénové. Il ne manque pas de les noter : le bienheureux Laurent de Dublin est enterré dans l'église Notre-Dame d'Eu, abbatiale victorine[26] ; parmi les différentes fondations de Maurice de Sully, Herivaux appartient à

---

[24] BnF, lat. 15011, fol. 380.
[25] BnF, lat. 15011, fol. 372.
[26] BnF, lat. 15011, fol. 406 : «Sepultusque est in ecclesia Sancte Marie Augensis, in qua est abbacia canonicorum Sancti Victoris Parisiensis.»

Saint-Victor[27]; Philippe Auguste, fondant l'abbaye de la Victoire, voulut qu'elle soit dans la dépendance des victorins de Paris[28]. Ailleurs, complétant un passage dans lequel Vincent de Beauvais évoque les grandes figures de l'Eglise de France au XIIe siècle, l'auteur du *Memoriale,* puisant dans la tradition historiographique victorine, rappelle que le couvent parisien fut, lui aussi, un vivier de prélats[29].

Saint-Victor a donné à l'Eglise des saints et des chefs, le *Memoriale* s'en souvient. Mais cet ordre a également joué un rôle fédérateur, rassemblant en son sein de nombreuses communautés qui aspiraient à la réforme, attirant les nouvelles fondations: l'ordre a essaimé comme une vigne généreuse (*velud vitis fecunda palmites proferens transplantandos*)! Sans doute n'est-il pas inutile de rappeler cette fécondité victorine, quelques années après le chapitre général de Juilly (1298) où des dissidences ont menacé la cohésion de l'ordre[30]. Il y a là une sorte de discrète plaidoirie en faveur du maintien de l'unité autour de l'abbaye parisienne et sous son autorité.

D – Tradition et rayonnement intellectuel de l'ordre

Néanmoins, aux yeux de Jean, c'est avant tout par son rayonnement intellectuel que Saint-Victor a marqué l'histoire de l'Eglise. Il ne fait guère de doute que la vocation victorine de cet homme repose,

---

[27] BnF, lat. 15011, fol. 409v: «Tunc obiit Parisiensis episcopus bone memorie, Mauricius, qui plura monasteria in dyocese Parisiensi fundavit scilicet Herivallem *de ordine Sancti Victoris Parisiensis* ...» Ce détail n'est pas donné par la source: VB, *Spec. hist.,* XXIX, 58.

[28] Cf. supra n. 12.

[29] BnF, lat. 15011, fol. 383: «Clarebat circa hoc tempus ordo canonicus Sancti Victoris Parisiensis celebris, quia fama per orbem habebatur, precipue propter famosas quasdam et insignes personas moribus et scienciis adornatas quas in diversis diversarum mundi parcium ecclesiis spersit velud vitis fecunda, palmites proferens transplantandos ...» Ce passage fait suite à un extrait de VB, *Spec. hist.,* XXVII, 16. Les sources en sont ou la *chronica abbreviata* du ms. BnF, lat. 15009 ou le texte que l'on connaît par la copie du BnF, lat. 15065.

[30] Cf. chapitre III. Sur les premiers développements de l'ordre victorin, voir R.-H. Bautier, *Les origines et les premiers développements de l'abbaye Saint-Victor de Paris,* in: J. Longère (Ed.), *L'abbaye parisienne de Saint-Victor au Moyen Age,* (*Bibliotheca Victorina,* 1), Turnhout, 1991, p. 23-52. Sur le chapitre de Juilly, voir J. P. Willesme, *Saint-Victor et la famille victorine,* in: N. Bouter (Ed.), *Naissance et fonctionnement des réseaux monastiques et canoniaux,* Saint-Etienne, 1991, p. 175-194, ici p. 193: si tous les abbés présents sont bien membres de l'Ordre de Saint-Victor, l'abbaye parisienne n'est pas représentée. Le point commun est l'appartenance à l'ordre des chanoines réguliers sans référence particulière à Saint-Victor de Paris. En 1339, Benoît XII sanctionne le déclin du rayonnement de Saint-Victor auprès des chanoines réguliers des autres abbayes en mettant fin à l'existence de l'Ordre de Saint-Victor.

au moins en partie, sur l'attrait de la tradition intellectuelle de
l'ordre. Sur la vingtaine de passages relevés, les plus longs, les plus
nourris, ont trait aux grands intellectuels. L'auteur note avec soin les
listes d'ouvrages écrits par Hugues ou Richard. Du premier il dit,
glosant sa source, que ce sont ses œuvres écrites (*opera, tractatus*) qui
témoignent qu'il n'avait pas d'égal parmi ses contemporains (*parem
non habens*), si ce n'est peut-être saint Bernard. Dans l'énumération
des tâches que Richard a accomplies en tant que prieur, les études
(*studium*) tiennent la première position, revenus, possessions et privilèges ne venant qu'en second lieu. Il retient avec raison la tradition
qui attribue à Richard le *Liber Exceptionum*[31]. Plus loin, parlant du
concile de Latran IV à l'année 1215, il retient plus particulièrement
les ouvrages confirmés par cette assemblée, à savoir ceux d'Anselme
de Canterbury, de Hugues, d'Adam et de Richard. Il y ajoute l'œuvre
de Pierre Lombard et celle de Pierre le Mangeur qui, dit-il, est
enterré à Saint-Victor[32]. Si l'on excepte quelques lignes supplémentaires sur la confirmation des nouveaux ordres (les Mendiants),
voilà ce qu'il retient de ce concile, la reconnaissance de l'autorité
intellectuelle des victorins ou de ceux qui ont choisi de partager leur
repos spirituel. La dimension intellectuelle est ce qui le retient le plus
chez un homme, aussi prestigieuses puissent être les fonctions qu'il
occupe par ailleurs. Ainsi, lorsqu'il présente en 1194 Michel, archevêque de Sens, établit-il une hiérarchie de ses titres :

«... vir hic, theologus, in regendis scholaribus Parisiensibus floridus, hic
parum ante fuerat electus patriarcha Iherosolimitanus ; hic dedit ecclesie
Sancti Victoris locum de Monte Beonis in quo nunc est prioratus[33].»

Le patriarche de Jérusalem, le donateur de Saint-Victor viennent
loin derrière le théologien, le régent des écoles. A ses yeux, la gloire de
Saint-Victor est d'avoir engendré de tels hommes ou de les avoir atti-
rés, jusqu'au plus prestigieux d'entre eux, saint Bernard, dont il lie intimement la vie et l'œuvre au destin de sa maison.

Arrêtons-nous quelques instants sur la place accordée à ce personnage dans le *Memoriale historiarum*. Pour un auteur du XIVe siècle
ce «monument» que représente saint Bernard était bien sûr incontournable, mais Jean en fait surtout un ami de Saint-Victor. Ainsi
fait-il précéder le récit de la fondation de l'abbaye parisienne d'un

---

[31] J. CHÂTILLON, *Le contenu, l'authenticité et la date du Liber Exceptionum et des Sermones centum de Richard de Saint-Victor*, in : *RMAL*, 4 (1948), p. 365.
[32] BnF, lat., fol. 428.
[33] BnF, lat. 15011, fol. 408.

très long passage sur la jeunesse de saint Bernard et son entrée à Cîteaux[34]. En cela il respecte certes la chronologie mais montre également la proximité, sinon la simultanéité des événements, et la communauté d'esprit. Jean souscrit volontiers à la tradition victorine en rapportant l'intervention de Bernard auprès du pape après l'assassinat du prieur Thomas[35]. Usant de toute son autorité, l'abbé de Clairvaux avait non seulement dénoncé les coupables et exigé leur châtiment mais plus encore il avait décerné à la victime un titre de martyr dont Saint-Victor allait par la suite pouvoir s'enorgueillir[36].

En revanche, Jean tait la concurrence de recrutement[37] qui exista entre les deux fondations et préfère mettre en avant (faisant ici preuve d'originalité par rapport à ses sources) la correspondance familière que Bernard et Hugues entretenaient à propos des Ecritures (... *cui sanctus Bernardus tunc epistolas familiariter mittebat et e converso de sentenciis scriptarum et questionibus ad invicem colloquentes*). Il y revient au moment de la mort de Bernard, lorsqu'il établit le catalogue de ses œuvres[38]. Mais il suit alors le texte de Vincent de Beauvais : *Scripsit autem (...) ad Hugonem de Sancto Victore librum unum*. Sans doute s'agit-il ici du dialogue engagé entre les deux hommes à propos du sermon de saint Bernard sur le *Missus*[39]. Ce texte avait en effet fait l'objet de critiques. Nous savons par Aubri de Trois Fontaines que Bernard répondit à la lettre de Hugues en rectifiant quelques erreurs de citations et en priant ce dernier d'expliquer sa pensée à ses frères victorins.

Si l'on considère le *Memoriale* comme un témoignage du regard que les victorins portent sur leur passé, force est de constater que celui-ci n'est pas une obsession. Un lien se noue avec le passé rhétorique de l'ordre sans qu'il soit nécessaire pour autant d'en entreprendre une histoire systématique. De là sans doute l'exploitation

---

[34] BnF, lat. 15011, fol. 371v-372.

[35] Le prieur Thomas fut tué le 30 août 1133 sur les terres du comte de Meulan alors qu'il se rendait à Chelles pour y réformer de force l'abbaye de moniales. Ses assassins, dont les neveux de l'archidiacre de Paris, Thibaud, appartenait au clan «Garlande» qui s'était opposé à plusieurs reprises aux entreprises menées conjointement par Saint-Victor et l'évêque de Paris en vue d'installer des chanoines réguliers sur des prébendes canoniales tenues jusque-là par des séculiers. Sur cet épisode, voir F. BONNARD, *op. cit.*, I, p. 31-40 et R.-H. BAUTIER, *Les origines et les premiers développements de l'abbaye Saint-Victor de Paris*, in : J. LONGÈRE (Ed.), *L'abbaye parisienne de Saint-Victor au Moyen Age*, (*Bibliotheca Victorina*, 1) Turnhout, 1991, p.37-44.

[36] R.-H. BAUTIER, *art. cit.*, p. 44.

[37] F. BONNARD, *op. cit.*, I, p. 49.

[38] BnF, lat. 15011, fol. 389.

[39] F. BONNARD, *op. cit.*, I, p. 90-91.

très partielle des sources victorines dans le *Memoriale*[40]. Pour traiter les points principaux de cette histoire de Saint-Victor, Jean s'est finalement contenté de reprendre ce que disait l'historiographie victorine. L'existence de celle-ci le dispensait en quelque sorte d'une enquête plus approfondie mais onéreuse en temps. Elle proposait aussi une tradition fixée de longue date à laquelle les chanoines continuent à adhérer au début du XIVe siècle et qu'ils n'envisagent pas de remettre en question. Dans ce cadre, établi vraisemblablement d'un commun accord entre le chroniqueur et la communauté, les apports de Jean se sont limités à deux aspects : une habile insertion d'une documentation victorine, élargie pour l'occasion à des sources de natures diverses (chroniques, archives, nécrologe ...) dans un contexte plus vaste tracé par les sources historiographiques générales et le choix dans cette histoire victorine de quelques traits que l'auteur souhaitait particulièrement souligner (fondation royale, rôle au sein de l'Eglise, rayonnement intellectuel ...). Bien qu'évoqués brièvement, la signification de ces thèmes va au-delà de leur banalité apparente. Ainsi, à l'heure où les privilèges des grands établissements parisiens se trouvent menacés du fait de la reprise en mains de la capitale par le prévôt[41], le rappel de la fondation royale est une façon de protester et de montrer clairement où est son devoir à un roi qui distribue des faveurs trop parcimonieuses.

---

[40] Ainsi, lorsqu'il note, en utilisant le nécrologe, la mort et la sépulture à Saint-Victor de maître Adenulphus, il ne retient pas la longue liste des donations faites à l'abbaye par le défunt et que le nécrologe avait soigneusement enregistrées (Nécr. IV nonas Aprilis); même constation dans l'utilisation faite de la *chronica abbreviata* compilée à la fin du XIIe siècle à Saint-Victor. Jean néglige curieusement dans son récit du martyr de l'évêque de Canterbury un compte rendu détaillé que donne cette chronique de la visite de Thomas Becket à Saint-Victor, BnF, lat. 15009, fol. 77v.

[41] R. CAZELLES, *Paris de la fin du règne de Philippe-Auguste à la mort de Charles V (1223-1380)*, Paris, 1972 mais surtout R.-H. BAUTIER, *Diplomatique et histoire politique : ce que la critique diplomatique nous apprend sur la personnalité de Philippe le Bel*, in : *RH* 249, 1 (1978), p. 3-27. Pour un exemple concret des relations entre le prévôt de Paris et l'abbaye, voir F. BONNARD, *op. cit.*, I, p. 341 : en 1306, Saint-Victor réclame devant le Parlement un homme prévenu de meurtre que le prévôt de Paris avait tenté de soustraire à la justice de l'abbé.

CHAPITRE XI

Une histoire universelle

Examinant tour à tour les deux manuscrits de Jean de Saint-Victor entrés dans la bibliothèque de Matthieu Parker, Jocelin, son secrétaire, en nommait l'un *Memoriale historiarum* et l'autre *Historia universalis Johannis Parisiensis*[1]. Or, le premier de ces manuscrits correspond à la chronique allant de Jules César à 1322, introduite par un prologue ; le second contient en outre un extrait de la première partie, copié à partir de la version du BnF, lat. 15010. Pour les érudits du XVIe siècle il est donc clair que Jean de Saint-Victor est l'auteur et d'une chronique et d'une histoire universelle, la première étant en réalité un élément de la seconde. Le témoignage de Simon Gourdan au XVIIIe siècle vient en confirmation :

> «Sa science devint si étendue et l'Histoire sainte lui devint si naturelle qu'il composa un abrégé d'annales depuis la création du monde jusqu'en 1322, en parcourant tous les événements de l'Ancien et du Nouveau Testament, aussi bien que ceux de l'Eglise et des Etats[2] ...»

Jocelin tire ces conclusions de ses observations du contenu des manuscrits, non de ce que l'auteur aurait pu dire à propos de son travail ou du genre dans lequel il entendait l'inscrire. Le secrétaire de Matthieu Parker avait donc à l'esprit – notons-le au passage – une claire définition de l'histoire universelle dont il faut chercher les éléments dans les vingt-deux feuillets qui précèdent, dans le manuscrit

---

[1] C.C.C.C. 60 (*G*) : «Hic liber quamvis in principio differt a libro qui memoriale historiarum dicitur, tamen in fine habentur eadem verba et sic fere in medio processu omnia consimilia, quam hic liber habet 22. fol. plura ; Ii-2-18 : Hic liber quamvis in principio differt a libro qui Historia universalis Johannis Parisiensis dicitur, tamen in fine habentur eadem verba et sic fere in medio processu omnia consimilia.»

[2] Bibl. Mazarine, ms. 3350, p. 647-648.

C.C.C. 60, le prologue et la chronique proprement dite. On y lit le récit de la Création et l'histoire des premiers temps de l'humanité jusqu'à la dispersion des fils de Noé. Ce point de départ, parce qu'il concerne l'humanité dans son ensemble, est l'une des caractéristiques qui permet d'inscrire le *Memoriale* dans la catégorie des histoires universelles[3]. Il implique que l'auteur se fixe pour but de saisir l'histoire des hommes à travers l'espace et le temps[4]. C'est donc selon ces deux axes qu'il convient d'explorer le texte de Jean de Saint-Victor.

A – La chronologie : une question de crédibilité

1. Les avertissements du prologue

a) La chronologie comme garante de vérité

La première version du *Memoriale* n'est pas une histoire universelle. Jean de Saint-Victor y présente pourtant la chronologie comme le premier devoir de l'historien :

> «... tam ergo de istis (hystoriis) quam de illis (chronicis), multa in presenti opusculo, quantum ad predicta tempora, compendiose et velut in summa, sub assignatione certi temporis, continentur[5] ...»

Il n'insiste pas plus tant cette tâche d'ordonner les événements à l'intérieur d'une trame chronologique lui paraît évidente. En revanche, dans la seconde version, il revient à plusieurs reprises sur cette question, au point d'en faire l'axe principal de son prologue. On pourrait s'interroger sur les raisons de ce développement : est-ce un simple effet de rhétorique, faut-il y voir l'influence du prologue du *Speculum maius*, ou cela correspond-t-il plutôt à la prise de conscience de la nécessité de justifier la mise en place d'éléments de datation, justification qui n'était pas apparue comme indispensable jusque-là. La première hypothèse n'est certainement pas à écarter. Mais il est également possible que le genre adopté par l'auteur du *Memoriale*, une histoire universelle, soit considéré, au moment où il écrit, comme un genre quelque peu archaïsant, d'où la nécessité pour l'auteur de justifier ses choix, d'en rappeler la méthode et les difficultés.

---

[3] M. Paulmier-Foucart et M. Schmidt-Chazan, *La datation dans les chroniques universelles françaises du XIIe au XIVe siècle*, in : *CRAIBL*, nov.-déc. 1982, p. 778-819, ici p. 780.

[4] C'est la définition donnée par A. D. von den Brincken et citée par K. H. Krüger, *Die Universalchroniken*, (*Typologie des sources du Moyen Age occidental*, 16), Turnhout, 1976, mise à jour (1985), p. 13-16.

[5] Ars. 1117, fol. 1.

Dans la seconde version du prologue le souci de la chronologie apparaît à deux endroits. Il s'agit tout d'abord d'expliquer le rapport au temps de chacun des genres historiques, l'histoire et la chronique. Dans les deux cas, référence est faite aux définitions données par Isidore de Séville : l'histoire renvoie plutôt à une *summa retrotemporum annorumque supputacio* et la chronique aux *ordines et series temporum,* genre sans doute plus rigoureux puiqu'il faut noter avec soin l'année, le jour et même l'heure des événements[6]. Comme obsédé par cette question, Jean y revient dans une sorte d'appendice au prologue placé après le *Tractatus de divisione regnorum* et avant la narration proprement dite. Ce petit texte est centré sur la chronologie. Il sert directement à introduire les systèmes de datation que le lecteur va rencontrer dans le corps de la chronique[7]. L'expression *cum assignatione certi temporis* établit un lien évident avec ce que l'auteur avait déjà affirmé et entrepris dans la première version du *Memoriale*. C'est également un texte de justification. L'enjeu de la chronologie n'est rien moins que la vérité (*noticiam veritatis, a tramite veritatis*). Les auteurs inspirés de l'Ecriture sainte, tant ceux de l'Ancien Testament que les évangélistes, offrent cette garantie de vérité : ils ont replacé l'histoire sainte dans un cadre chronologique précis, indiquant les noms des rois, des empereurs, des tétrarques, des grands prêtres, sous les règnes desquels Dieu s'est manifesté. Cette méthode rigoureuse, dont les auteurs sacrés ont donné l'exemple, doit être exigée de tout texte d'histoire. C'est le critère qui permet de distinguer les fables de vieilles femmes (*aniles fabulas* selon l'expression de Hugues de Fleury) et les textes qui offrent une garantie de vérité[8].

---

[6] BnF, lat. 15011, fol. 4v : «Chronice autem proceditur ubi continuando iuxta ordinem temporum et seriem, annum, diem et horam diligenter notando, res ipse breviter notantur et succincte.»

[7] BnF, lat. 15011, fol. 35v : «... restat specialem narracionem primum intentam de gestis particularibus hystoriciis cum assignatione certi temporis inchoare.»

[8] BnF, lat. 15011, fol. 35v-36 : «Nec videatur alicui inutile vel ineptum secundum regum vel imperatorum annos vel tempora hystorias ordinari vel gesta narrari; hunc enim modum eciam in sacra scriptura sepius invenimus sicut apparet in Ysaïe Ezechielis, Danielis, Esdre, Machabeorum libris. Immo et in evangeliis, precipue Mathei et Luce, fit de tempore regis Herodis et imperatorum mencio, cum de sacra Christi nativitate debet hystoria vel misterium propalari, ut patet Mathei II° et Luce I° capitulo et II°; et III° specialius fit sermo cuius imperatoris tempore et quoto anno imperii; et de tribus tetrarchis et summis sacerdotibus ad declaranda dicenda certum tempus chronice premittitur et sollicite notatur. Modus ergo iste non est reprobandus in nobis vel aliis sed approbandus. Sic enim dicit Hugo Floriacensis in prologo III[tii] libris sue historie : "ille res gesteque nulla regum ac temporum certitudine commandantur, non pro hystoria recipiuntur, sed aniles fabulas reputantur".»

b) Un consensus difficile

Dater les événements avec précision, les ordonner suivant une chronologie est donc le premier effort auquel s'astreint celui qui entreprend de rédiger une chronique ou une histoire universelle[9]. Ecrivant au début du XIVe siècle, Jean de Saint-Victor bénéficie de tous les matériaux de datation rassemblés par les chroniqueurs à la suite d'Eusèbe de Césarée et de Jérôme. Depuis longtemps déjà on sait la difficulté de leur maniement, tant sont grandes les divergences entre les différents systèmes de comput. Si ce problème passionnait un Sigebert de Gembloux au début du XIIe siècle, il n'est plus vraiment d'actualité à l'heure où est rédigé le *Memoriale*. Cependant, en avertir le lecteur est devenu un lieu commun auquel Jean n'échappe pas : «Les divergences les plus importantes et les mieux connues», dit-il, «sont, pour la période qui va de la Création du monde à la naissance du Christ, entre la Septante et le texte hébreu, divergences que l'on retrouve chez Eusèbe et Jérôme ; de même en ce qui concerne la chronologie depuis l'Incarnation jusqu'à nous, il existe des différences entre le comput de Denis et celui de Marian Scot»[10].

c) Une «ratio temporum» prudente

Bien qu'il ait pris la précaution d'avertir son lecteur qu'il suivra, quant à lui, les chiffres retenus le plus communément ou du moins donnés par plusieurs auteurs[11], son honnêteté intellectuelle, son souci d'exhaustivité, le poussent souvent à indiquer les contradictions entre les sources dont il dispose. Mais il le fait de manière sensiblement différente selon les cas. Il se contente généralement de

---

[9] K. H. KRÜGER, *op. cit.*, p. 16.

[10] BnF, lat. 15011, fol. 4v : «Vos autem qui hoc opusculum legere volueritis, non turbetur cor vestrum, queso, si quantum ad tempora seu annos regum vel pontificum vel eciam sanctorum, inter hoc opusculum et alia quedam maiora aliquam inveniatis dissonanciam; sed advertite quod de omnibus historiographis et chronographis qui fuerunt, vix duo maxime, quantum ad numeros et tempora, possunt inveniri concordantes. Et hoc satis potest perpendi ex hoc quod in assignacione temporum vel annorum a creatione mundi usque ad nativitatem Christi, secundum LXX interpretes et secundum Hebraycam veritatem diversitas reperitur, ut patet per Eusebium et Ieronimum. Item in computacione annorum ab incarnacione Christi usque ad nos, diversitas est inter numerum Dionisii abbatis et numerum Mariani Scoti et quorumdam aliorum dicentium suam computacionem convenire euvangelice veritati.» Sur ces divergences dans le calcul des dates et des durées, voir B. GUENÉE, *Histoire et culture historique dans l'Occident médiéval*, 2e éd., Paris, 1991, p. 148-154 et M. CHAZAN, *L'idée d'Empire dans les chroniques universelles écrites en France de la fin du XIIe siècle au début du XIVe siècle* (1995), exemplaire dactylographié, p. 782.

[11] Ars. 1117, fol. 1v : «In hoc autem opusculo numerus ponitur qui tenetur communius vel a pluribus approbatur.»

noter les variantes sans préciser celle qu'il retient, ni tenter d'expliquer comment les auteurs sont parvenus à ces résultats divergents : «Le royaume des Athéniens a duré 870 ans d'après Eusèbe ou 954 ans selon Hugues de Saint-Victor»[12] ; «Ptolémée Philadelphe a régné 281 ans avant la naissance du Christ si l'on en croit Eusèbe, 341 ans avant si l'on suit Pierre Comestor»[13]. Dans le traitement de la chronologie du *Tractatus de divisione regnorum* on constate une évolution entre la première et la seconde version : alors qu'il se contentait jusque-là de suivre les données d'Hugues et de Richard de Saint-Victor, il entreprend dans sa seconde version de leur opposer les variantes rencontrées chez Eusèbe. Cette nouvelle pratique témoigne d'un souci renforcé à l'égard de la chronologie.

Parfois, tout en donnant les variantes, il laisse percer ses préférences : «Le premier âge du monde» dit-il «qui va de la création du monde au déluge, a duré 2242 ans selon la chronique de Jérôme et le vi[e] livre des *Etymologies* d'Isidore de Séville, bien que» ajoute-t-il «certains auteurs, qui suivent le texte hébreu indiquent un nombre plus petit»[14] ; «Marseille a été fondée au temps du prophète Daniel dit Eusèbe, ou au temps de Cyrus selon d'autres»[15]. L'imprécision, l'anonymat (*quidam authorum, alii*), sont ici opposés à des autorités que le bon sens encourage à préférer. Le genre du texte peut jouer le même rôle : la *Legenda aurea* ne place pas la mort de saint Ambroise à la même date que Sigebert de Gembloux dans sa chronique ou Vincent de Beauvais dans le *Speculum historiale*, mais le premier de ces textes s'apparente davantage aux *aniles fabula*, sa chronologie n'est pas bien fiable, on se contente de l'indiquer «pour information»[16].

---

[12] BnF, lat. 15011, fol. 8 : «... et duravit regnum secundum Eusebium DCCCLXX annis vel secundum mag. Hugo DCCCCLIIII.»

[13] BnF, lat. 15011, fol. 13v : «Post istum Ptholomeum regnavit Ptholomeus Philadelphus anno ante incarnacionem Christi secundum Eusebium CCLXXXI, secundum magistrum Petrum in Hystoria CCCXLI.»

[14] BnF, lat. 15011, fol. 5 : «Etatis prime de curso tempore scilicet a creacione mundi usque ad diluvium per annos IIM CCXLII secundum Ieronimum in chronicis et Ysidorum VI° Ethimologiarum, licet quidam authorum ponant numerum pauciorem secundum hebraicam veritatem...»

[15] BnF, lat. 15011, fol. 16 : «Huius tempore clarere ceperunt in Babilonia Daniel, Ananias, Azarias et Mysael. Eius tempore urbs Massilia condita est ut dicit Eusebius, vel tempore Cyri secundum alios.» Suit le récit de la fondation de Marseille que fait Isidore de Séville dans le livre XV des *Etymologies*, récit dans lequel il mentionne effectivement le rôle de Cyrus.

[16] BnF, lat. 15011, fol. 163 : «Hoc anno (403) obiit beatus Ambrosius .... secundum Sigibertum et Vincencium, tamen in legenda eius dicitur quod vixit per triennium solum post Theodosium». En l'occurence c'est la *Legenda aurea* qui est la plus proche de la vérité puisqu'Ambroise de Milan est mort en 397.

Comme il l'avait annoncé dans le prologue, la concordance de plusieurs sources lui semble une garantie: chez Prosper et Sigebert la mort de saint Martin est notée la cinquième année d'Arcadius et Honorius et la seizième depuis la mort de Priscillien, bien que selon d'autres il soit mort trois ans auparavant[17]. Si le comput ou l'usage liturgique confirment les données d'une source, c'est un gage supplémentaire: ainsi la date de la conception du Christ proposée par Hugues de Fleury est-elle heureusement approuvée par le comput[18]; pour dater avec précision l'appel des premiers disciples, mieux vaut suivre l'usage de l'Eglise, – avec lequel concorde d'ailleurs la chronologie d'Eusèbe –, que les dates proposées par Bède et l'*Historia scolastica*[19]; le nombre et l'autorité font donc la différence. Ils servent également de recours dans les cas difficiles: l'auteur ne cache pas sa méconnaissance de l'histoire du royaume d'Espagne et les lacunes de sa documentation. «Aussi» dit-il «nous plaçons ce royaume dans le système externe de datation à l'année 60 de notre ère comme l'ont fait les autres auteurs et, comme Vincent et Sigebert, nous l'indiquons avec les autres royaumes jusqu'en 720»[20].

Lors du récit de la naissance du Christ le ralliement à la chronologie eusébienne est confirmé, en même temps qu'est annoncée avec clarté et autorité la mise en place de l'année de l'Incarnation pour la suite de la chronique[21]. Jean se contente en général d'opérer des choix parmi les systèmes connus. De l'étude de ces choix on peut retenir deux éléments: la préférence donnée à la chronologie d'Eusèbe contre celle de Bède et le souci de l'usage retenu par la tradition liturgique. Jean n'ignore pas que ces questions de *supputacio* et

---

[17] BnF, lat. 15011, fol. 162v: «Sanctus Martinus Turonensis obiit secundum Prosperum et Sigibertum anno V° Archadii et Honorii et XVI° a morte Prisciliani, licet secundum alios anno tercio ante obiit.»

[18] BnF, lat. 15011, fol. 43: «... angelo beate virgini in Nazareth nunciante et hoc VIII° kal. Aprilis feria sexta luna XIIII ut dicit Hug. Flor. et probant computiste.»

[19] BnF, lat. 15011, fol. 48: «Hoc anno secundum hebraicam veritatem fuit completi ... a principio mundi ... ut dicit Beda et idem dicit mag. in Hystoria, secundum LXX^a vero sunt anni VMCCXXVI, secundum communem usum ecclesie VMCCXXIX et Eusebius satis concordat secundum eiusdem Eusebium ab Abraha fluxerant anni IIMXLIIII ...»

[20] BnF, lat. 15011, fol. 34v: «Regnum Hyspanie multo tempore reges proprie nacionis habuit quorum nobis nomina sunt ignota sed anno Domini DX regum Hyspanie assignavimus lineam sic alii scriptores fecerunt et cum Vicencio et Sigiberto usque ad annum DCCXX cum aliis perducemus.»

[21] BnF, lat. 15011, fol. 43v: «... imperii Augusti Cesare Octaviani anno XLI° finito et XLII° intrante et XXXII° regni Herodis et inchoato secundum Eusebium Cesariensem quem precipue sequimur in assignatione annorum licet multi aliorum videntur dixisse. Deinceps cumque annos Domini annotabimus ab ipso die dominice nativitatis, secundum usum romanorum, anni principium inchoantes.»

de *ratio temporum* continuent d'agiter ses contemporains. Il se fait l'écho de certaines de ces nouvelles recherches, sans toujours bien les connaître, mais reste en général prudent quant à la confiance qu'on peut leur accorder. Il évoque ainsi, à propos des divergences sur la durée du second âge du monde, un «récent livre *de temporibus et collationibus annorum* dans lequel un «certain frère» aurait beaucoup travaillé sur cette question» pour aboutir à une remise en cause de la tradition. Pour Jean, la raison commande de suivre les autorités[22].

Sa prudence n'est pourtant pas synonyme de servilité : le relevé quasi-systématique des variantes témoigne (une fois de plus) qu'il domine très bien ses sources[23] et que le souci de la chronologie, annoncé dans le prologue, guide vraiment la réalisation de son travail d'historien. Ses efforts pour maîtriser le temps apparaissent encore mieux grâce aux différents éléments utilisés pour en rendre compte dans le corps de l'œuvre.

2. Les éléments du système de datation : la *distinctio temporum* et la structure de l'histoire universelle

Rédigeant une histoire universelle, Jean de Saint-Victor avait besoin d'une périodisation qui puisse scander son récit. Parmi les nombreuses expériences de maîtrise du temps tentées depuis les débuts de l'historiographie chrétienne, il n'avait que l'embarras du choix. Pour comprendre le parti finalement adopté, il faut considérer ici le *Memoriale* dans sa totalité.

a) Les âges du monde et l'histoire sainte

Dans la première partie de l'œuvre, la trame est avant tout celle de l'Histoire sainte. La périodisation la plus régulière que l'on puisse rencontrer est celle des six âges du monde, empruntée à saint Augustin. La «théorie» de cette périodisation est en quelque sorte rappelée au chapitre 10, intitulé *De VI etatibus mundi et translatione Ade in paradisium terrestrem*. Avec l'auteur de *La Cité de Dieu*, il compare ces six âges du monde aux six jours de la création et aux six âges de l'homme, avec Grégoire le Grand, il fait le rapprochement avec les douze heures du jour[24]. Il se pose ici en héritier, met ses pas dans ceux des Pères et se

---

[22] BnF, lat. 15010, fol. 120-121v. Il a été impossible d'identifier cette source.

[23] Jean pousse le travail de vérification jusqu'à comparer les dates données par Eusèbe dans ses deux œuvres historiques, la chronique et l'*Historia ecclesiastica*, cf. BnF, lat. 15011, fol. 14v-15 : «Tunc ergo regnum Babilonie et Persarum regna simul sic unita imperio romano multis annis fuerunt subiecta cum aliis. Utrum tamen ut dicit Eusebius et in chronicis et in Hystoria ecclesiastica annum CCLIX.»

[24] BnF, lat. 15010, fol. 11.

contente donc, dans le cours de son récit, de signaler le début de chacun des âges[25]. Mais la structure générale de son œuvre n'est pas tributaire de ce système : la passion du Christ, qui inaugure traditionnellement le sixième âge, est renvoyée dans la troisième partie, c'est-à-dire dans la chronique dont Jules César est le point de départ[26].

b) La chronologie des royaumes

Le *Tractatus de divisione regnorum* connaît un système de datation différent. Jean déroule à nouveau le cours de l'histoire en repartant du premier âge du monde[27]. Mais, cette fois, il abandonne vite les six âges augustiniens qui correspondent mal au propos qu'il se fixe dans cet *exordium*. Il inaugure sa description historique de l'organisation politique de l'humanité par l'image de quatre royaumes initiaux. Il n'évoque pas ici les quatre royaumes dont Daniel avait eu la vision[28], mais se réfère expressément au *Liber Exceptionum* de Richard de Saint-Victor[29]. Il témoigne ainsi de l'oubli dans lequel est tombée la périodisation venue du prophète, de sa caducité à structurer une histoire universelle rédigée au début du XIVᵉ siècle.

Ce texte répond en fait à un «schéma historique»[30] défini par l'auteur : il s'agit pour lui de donner quelques éléments sur l'origine

---

[25] BnF, lat. 15010 : fol. 119v : *prima etas ;* fol. 121, ca° CXXIIII : *secunda etas ;* BnF, lat. 15011, verso du 3ᵉ folio non numéroté : *quinta etas.* Il manque la mention du 4ᵉ âge, qui commence normalement avec le règne de David. Lorsqu'il place cet événement, l'auteur indique simplement (avec un retrait par rapport à l'alignement général du texte) le nombre d'années écoulées depuis la création du monde, BnF, lat. 15011, recto du 2ᵉ folio non numéroté : *Anno ab orbe condito ter millesimo C°XXX° David factus rex Iude regnavit annis XL.* Il commet une erreur puisque le total est de 4124 ans, du moins d'après le calcul d'Isidore de Séville.

[26] BnF, lat. 15011, fol. 49v, pas de mention d'entrée dans le 6ᵉ âge du monde.

[27] BnF, lat. 15011, fol. 5, cf. n. 14.

[28] Cf. Dan. II, 31-45 et VII. Sur l'usage et le sens de cette prophétie, voir M. PAULMIER-FOUCART et M. SCHMIDT-CHAZAN, *art. cit.,* p. 779 et B. GUENÉE, *op. cit.,* p. 148-149 et notes 80 à 83.

[29] Ars. 1117, fol. 1v : «Post diluvium iam multiplicatis hominibus in mundo, quatuor excellenciora regna exorta sunt ut tangit magister Hugo de Sancto Victore ...»; BnF, lat. 15011, fol. 5v : «Tunc igitur ut tangit magister Hugo de Sancto Victore in primo Vᵗⁱ libri Excepcionum suarum, paulatim quatuor regna, ceteris priora et potestate excellenciora, a quatuor mundi partibus sunt exorta.» Ces quatre royaumes originels sont, au nord celui des Scythes, à l'est celui des Assyriens, au sud celui des Egyptiens et à l'ouest celui des Sicyoniens.

[30] M. SCHMIDT-CHAZAN, *L'idée d'Empire dans le Memoriale historiarum de Jean de Saint-Victor,* in : J.-Ph. GENET (Ed.), *L'historiographie médiévale en Europe.* Actes du colloque organisé par la Fondation européenne pour la Science au Centre de Recherches historiques et juridiques de l'Université de Paris I du 29 mars au 1ᵉʳ avril 1989, Paris, 1991, p. 301-319, ici p. 304.

et la disparition des divers royaumes issus des quatre royaumes originels. Ces royaumes sont regroupés en deux catégories : ceux dont on connaît l'origine et la fin et ceux dont on ne connaît pas avec certitude soit l'origine soit la fin[31]. Pour chacun d'entre eux Jean s'efforce – avec une précision relative (emploi fréquent de *circa, circiter*) – de fournir la date d'apparition, le terme, la durée et le nombre de rois. Ces renseignements proviennent de ses sources. Or, c'est ici qu'intervient une distinction nécessaire entre la première et la seconde version du *Memoriale*. Dans la première version, bien que les sources de l'*exordium* soient rarement citées, il semble que le *Liber Exceptionum* et surtout la chronique d'Eusèbe-Jérôme fournissent l'essentiel des données. Celles-ci ont généralement pour point de référence, de comparaison l'Histoire sainte (la naissance d'Abraham est le repère-clef), plus rarement les Olympiades. Dans la seconde version, on note le recours à la chronique de Sigebert de Gembloux comme la suite naturelle d'Eusèbe-Jérôme pour le second groupe de royaumes, ceux dont on ne connait pas avec certitude soit l'origine soit la fin[32] ; de plus, grâce aux *Etymologies* d'Isidore de Séville on mentionne pour le premier groupe les années écoulées depuis la création du monde.

Si Jean passe en revue les royaumes du premier groupe en suivant l'ordre des tableaux chronologiques de la chronique d'Eusèbe-Jérôme[33], il est davantage livré à lui-même pour l'examen du second groupe. Il rassemble çà et là les informations chronologiques : le royaume des Bretons est apparu «peu après la destruction de Troie»[34] ; la treizième année du règne impérial de Valens a vu la naissance du royaume d'Espagne et des royaumes constitués par les peuples venus de Scythie[35] ; en croisant plusieurs sources, on relève une trace des Burgondes sur les rives du Rhône sous les règnes de Valentinien III et Théodose II et du quatrième roi des Francs, Clodion, c'est-à-dire aux environs de l'année 434[36]. Au-delà des difficultés à trouver une datation sûre dans les sources, on peut voir dans la

---

[31] Comme l'a noté M. SCHMIDT-CHAZAN, *art. cit.*(1991), p. 304 et note 13, en se référant au fol. 21 du ms BnF, lat. 15011. Ajoutons à cette remarque que si la distinction entre ces deux groupes existe de fait dans la première version (l'ordre dans lequel sont abordés les différents royaumes est le même), elle n'est pas explicite.

[32] Voici un exemple pris dans BnF, lat. 15011, fol. 27 : «Duravit enim regnum eorum multum potencius in gravamine Christianorum annis CXL secundum Sigibertum, sub regibus IX, quorum primus fuit Bataias et ultimus Chrunnus cessabitque regnum Bulgarorum tempore Ludovici Pii filii Karoli Magni.»

[33] M. SCHMIDT-CHAZAN, *art. cit.* (1991), p. 304.

[34] Ars. 1117, fol. 6 et BnF, lat. 15011, fol. 21v.

[35] Ars. 1117, fol. 7.

[36] Ars. 1117, fol. 8.

variété des solutions adoptées, le souci constant d'expliquer au lecteur l'apparition et/ou la disparition de telle ou telle ligne chronologique royale qu'il va rencontrer dans la chronique. Mais la rédaction du *Tractatus* ne répond pas uniquement à une préoccupation pédagogique. Dès cette introduction à sa chronique, Jean pose un principe de sa vision de l'histoire : l'Empire, comme les royaumes, est une réalité «mortelle». Avant l'Empire, il y avait des royaumes, très vite l'Empire a coexisté avec des royaumes indépendants de lui, ceux-ci ont survécu à sa disparition[37].

Les derniers royaumes évoqués sont ceux qui sont apparus plus tardivement sur la «scène du monde», ceux également qui ont fait l'histoire récente. L'auteur utilise spontanément l'année de l'Incarnation pour dater ces royaumes constitués après la naissance du Christ. Parce qu'ils apparaissent dans un monde déjà marqué par le Salut, parce que leur histoire croise d'emblée l'histoire de l'Eglise, Jean s'efforce de noter la date de leur conversion, comme étant celle de leur entrée dans cette ère du Salut[38]. L'histoire universelle, telle que la conçoit Jean de Saint-Victor, est d'abord une histoire sainte, une histoire de l'Eglise. Cette conception se retrouve dans les différents éléments des systèmes de datation dont la chronique est dotée.

c) Les systèmes de datation interne et externe dans la chronique

On appelle système externe l'ensemble des éléments disposés à l'extérieur du texte rédigé et système interne l'ensemble des éléments qui apparaissent à l'intérieur du texte, dans la structure des phrases[39]. La chronique de Jean de Saint-Victor connaît simultanément ces deux systèmes de datation.

C'est dans la première version que nous saisissons le mieux le système externe adopté par l'auteur. Il a sans doute fait l'objet d'un travail préparatoire de mise en page[40]. Il se présente sous forme de lignes

---

[37] M. CHAZAN, *op. cit.*, p. 843-844.

[38] Ars. 1117, fol. 7, la conversion des Bretons : «Post suscesserunt reges plures usque ad tempus illud quo, imperante Romanis Marcho Anthonino Vero, Lucius rex Britonum cum omni populo suo et regibus vel comitibus regionum et urbium Britannie subditarum fidem Christi suscepit et a legatis Eleutheri pape XIII baptizati sunt omnes et extunc usque nunc christiani sunt.» Ibid., fol. 7v, la conversion des Normands : «Rollo quoque eorum princeps ducta Gisla in uxorem baptizatus est et vocatus Robertus anno Domini DCCCCXXII° et regni Karoli Simplicis XV° sed de hiis infra.» Ibid., fol. 7v, la conversion des Burgondes : «... circa annum Domini CCCCXXXIIII facti sunt christiani ut possent vincere Hunos qui eos infestabant et ita sunt sed de hiis infra.»

[39] M. PAULMIER-FOUCART et M. SCHMIDT-CHAZAN, *art. cit.*, p. 783.

[40] Ars. 1117, fol. 218 : Une main a tracé d'une petite écriture l'année de l'Incarnation (DCCXL) que le scribe (ou le rubricateur) a ensuite recopiée en rouge.

verticales encadrant le texte de part et d'autre. Dans les premiers feuillets le cadre est très rigide et accorde peu de place au texte. Chaque année constitue alors un bloc, le passage à l'année suivante entraîne la correction de tous les termes du système de datation externe. Au contraire, dès le folio 216 (milieu du VIIIe siècle), dans la marge de droite les lignes verticales ne sont plus continues et, à partir du fol. 224 (après le règne de Charlemagne), si on en remarque encore le traçage préparatoire à la mine de plomb, on constate que le scribe ne s'est plus donné la peine de mettre au propre un tableau complet. Ces modifications dans la présentation constituent un tournant dans la composition du manuscrit et de l'œuvre. Le texte l'emporte alors sur le système de datation et celui-ci doit se contenter d'un espace réduit, inversement proportionnel au développement textuel. La disparition de certains éléments chronologiques n'a pas d'autres justifications[41]. Ce phénomène se produit, sans hasard aucun, au moment où l'auteur aborde le récit des temps carolingiens pour lesquels ses sources sont assurément plus riches que pour les périodes antérieures.

Voici comment se présente le tableau du système de datation externe dans la première version du *Memoriale* : à l'extrême-gauche la ligne pontificale, puis l'année de l'Incarnation, tracée en rouge alors que les autres lignes le sont en noir. A droite, en allant du texte vers la marge, on note l'année impériale, puis celle des différents royaumes. L'ensemble du système est mis à jour année par année, au moins au début, par la suite lors d'événements importants (changement de règne par exemple). Il peut ainsi être modifié jusqu'à quatre reprises sur le même feuillet[42].

Le système externe de la seconde version est beaucoup moins facile à décrire car nous ne possédons pas de mise au propre aussi soignée que celle que constitue Ars. 1117 pour la première version. Des deux manuscrits victorins de la seconde version les plus proches de l'auteur (BnF, lat. 15011 et BnF, lat. 14626), nous pouvons retenir les éléments suivants : les années pontificale, de l'Incarnation, impériale et royales, sont présentes comme dans la première version. Elles sont rarement indiquées sous forme de lignes mais plutôt en haut des feuillets et dans les marges. La mention la plus régulière reste celle de l'année de l'Incarnation, sur chaque feuillet, les autres intervenant avec irrégularité. Mais il faut tenir compte que le système est ou

---

[41] Ainsi la colonne *Soldanus* disparaît-elle à partir de l'avènement des Carolingiens sans que cette disposition soit, comme l'auteur en a l'habitude, justifiée dans le corps du texte.

[42] Ars. 1117, fol. 145 pour les années 429, 430, 431 et 432 (Fig. 4).

incomplet (BnF, lat. 15011) ou qu'il a peut-être été malmené par le copiste (BnF, lat. 14626).

Le système interne occupe, lui, une place secondaire dans l'une et l'autre version. Les articulations chronologiques du récit sont rares. *Anno imperii* apparaît sous le règne des empereurs romains mais disparaît ensuite. Dans le reste du texte, on rencontre fréquemment les expressions *eodem tempore, circa etiam hoc tempus, hoc anno, hoc tempore ...*, on ne peut les comprendre qu'en les mettant en relation avec le système externe. C'est très facile dans la première version, les indications chronologiques étant situées le plus souvent à la même hauteur dans la marge, en revanche c'est une plus grande source de confusion dans les manuscrits de la seconde version car le système externe est, on l'a dit, beaucoup moins régulier et, de plus, tributaire des erreurs et des oublis des copistes.

Il est à noter qu'il n'y a pas dans le *Memoriale historiarum* de découpage du texte[43], à moins tout simplement qu'il ne s'agisse d'un découpage annuel comme semble le suggérer la formule *hoc anno* au début d'une année. Ce découpage annuel serait alors plus fréquent dans la partie de la chronique contemporaine de l'auteur.

En revanche, il faut souligner la présence de chronogrammes en quelques occasions. Ainsi dans la première version au moment de l'avènement de César :

«Apud Romanos primus optinuit dominium singulare et primus imperator re et nomine fuit Julius Gayus Cesar, transactis a creatione mundi annis circiter VMCLII, a nativitate autem Abrahe secundum Eusebium Cesariensem MDCCCCLXVII, a destructione vero Troie MCXXVIII et a conditione Rome DCCVque secundum Magistrum in Hystoriis vel DCC et III sec. alios, Romane enim rei publice prefuerant reges VII, Romulus videlicet et VI alii annis CC et XLII et postea consules annis CCCCLXII. Item a transmigratione Babylonis DXXXVIII, a reditu vero Iudeorum de transmigratione CCCC et LXVIII. A morte quoque Alexandri Magni, qui fuit primus monarchiam totius orbis optinens CCLXV[44].»

De même, lors de la naissance du Christ :

«Natus est autem Dominus anno imperii Octaviani XLII°, regni vero Herodis XXXI°, anno quoque a creatione mundi VMCCI ut tenetur communius et satis concordant Eusebius, Ieronimus, Dyonisius abbas, Magister tamen in Hystoriis ponit anno VMCXCVI, anno scilicet a conditione Rome DCCLII°, a reditu autem de transmigratione DXV[45].»

---

[43] M. PAULMIER-FOUCART et M. SCHMIDT-CHAZAN, *art. cit.*, p. 787.
[44] Ars. 1117, fol. 8v.
[45] Ars. 1117, fol. 12r-v.

César, le Christ figurent ainsi des moments-clés de l'histoire, pour lesquels l'auteur juge nécessaire de rassembler le plus grand nombre d'indications chronologiques possibles. L'absence de chronogramme à l'avènement de Charlemagne relativise fortement la place de l'Empire dans le système de datation et dans l'histoire universelle en général. En revanche, l'insertion dans la seconde version d'un chronogramme au moment du récit de l'appel des douze apôtres par le Christ[46] met l'accent sur le rôle joué par l'Eglise.

d) Le système de datation : le modèle sigebertien et ses amendements

Car la mise en place d'un système de datation n'est jamais neutre. Elle révèle à la fois une conception de l'histoire et des sensibilités. Un système de datation n'est jamais construit de toutes pièces mais à partir de systèmes antérieurs qu'il imite, module ou rejette selon les propres convictions de l'auteur. Jean de Saint-Victor, comme Robert d'Auxerre ou Aubri de Trois-Fontaines développe son système de datation sous l'influence de celui de Sigebert de Gembloux[47].

Rédigée au début du XIIe siècle, la chronique de Sigebert de Gembloux est munie d'un système de datation externe extrêmement précis : «le texte de chaque année est précédé d'une ligne chronologique qui donne toujours en première position l'année de règne de l'empereur, puis l'année de règne de différents rois (huit royaumes en début de chronique, trois seulement à la fin : France, Angleterre, Royaume de Jérusalem) ; dans la marge, de dix ans en dix ans dans le manuscrit autographe, est signalée l'année de l'Incarnation»[48]. Cette œuvre eut une grande influence dans le royaume de France entre le début du XIIIe siècle et le premier quart du XIVe siècle. Le *Memoriale* fait partie de ces chroniques universelles inspirées par l'historien lotharingien. Jean de Saint-Victor l'utilise dès la première version à la fois comme source et comme référence pour établir son propre système de datation.

A Sigebert, Jean emprunte la conception d'un texte encadré par un système de datation externe, une tendance à présenter son récit dans des blocs-années plus ou moins rigides, bien qu'il ait choisi, lui, de disposer les données chronologiques dans les marges et non au début de chaque année. De Sigebert encore, il apprend l'exigence de

---

[46] BnF, lat. 15011, fol. 48.

[47] M. Paulmier-Foucart et M. Schmidt-Chazan, *art. cit.*, p. 815-819. Ces réflexions doivent aussi beaucoup aux travaux de M. Chazan, à ses communications faites dans le cadre du séminaire de B. Guenée et à sa thèse, *op. cit.*, p. 777-855, dans laquelle elle analyse les lectures et les interprétations de la chronique de Sigebert de Gembloux par les auteurs de chroniques universelles en France entre le XIIe et le début du XIVe siècle.

[48] M. Paulmier-Foucart et M. Schmidt-Chazan, *art. cit.* p. 782.

justification de chacune des lignes chronologiques attribuées à tel ou tel royaume. Néanmoins, il ne se sent pas lié au système sigebertien et, lorsqu'il peut en combler les lacunes, il n'hésite pas à le faire : si en 735, Sigebert se déclare incapable de noter plus avant les années du royaume des Angles, Jean, lui, poursuit sans souligner la moindre rupture[49].

L'analyse de l'influence de Sigebert de Gembloux sur le système de datation de Jean de Saint-Victor serait incomplète ou erronée sans l'examen de la copie utilisée par l'auteur du *Memoriale*. On sait en effet que bien souvent les scribes ont malmené ou tout simplement réinterprété les systèmes de datation des œuvres qu'ils étaient chargés de reproduire. Par chance ce manuscrit de la chronique de Sigebert est parfaitement identifié. Il s'agit de l'exemplaire, copié et enluminé à Troyes entre 1162-3 et 1175 et offert par Henri de France à l'abbaye victorine[50]. Comme dans la plupart des manuscrits médiévaux de cette œuvre, le texte a été redaté des années de l'Incarnation[51]. Par ailleurs, cette famille du manuscrit de Beauvais (exécuté vers 1150 pour Henri) présente un autre catalogue pontifical que celui donné par Sigebert et indique dans les marges les successions pontificales[52]. Ces variantes visaient sans doute à retirer à la chronique de Sigebert ses caractères d'hostilité à la papauté. Toujours est-il que cette version paraît avoir directement inspiré les indications régulières que fait le *Memoriale* des années pontificales. Jean ajoute encore à cette optique cléricale – ou du moins ecclésiale – en notant en haut de certains feuillets la réunion des conciles des IVe-Ve siècles.

C'est par la lettre R que Sigebert indique l'année impériale. Cette donnée vient en tête de son système de datation et ne subit aucune modification : l'empire romain est et demeure le cadre immuable de l'histoire universelle. Pour comprendre les différences de traitement et d'interprétation proposées par Jean, examinons rapidement quelques dates-ruptures de l'histoire impériale.

Dès le IVe siècle, le *Memoriale* tient compte du partage de l'Empire et, à côté de la colonne réservée à *Romanus imperator*, il en trace une autre consacrée à l'*imperator Constantinopolitanus*. Cette seconde colonne n'existe ni dans le texte-natif de Sigebert ni dans la copie

---

[49] Ars. 11117, fol. 218. SG, *Chron.*, MGH, SS, VI, p. 331 : «Abhinc regnum Anglorum annotare supersedeo, quia hystorias majorum quas sequar, non habeo.»

[50] BnF, lat. 14624.

[51] M. Paulmier-Foucart et M. Schmidt-Chazan, *art. cit.*, p. 784.

[52] Voir en dernier lieu M. Chazan, *op. cit.*, p. 483 et 785-799.

conservée à Saint-Victor. En 476, survient l'effondrement de
l'empire romain d'Occident. Jean en prend note, donne date à son
lecteur pour le rétablissement de l'Empire dans cette région sous le
règne de Charlemagne et déclare qu'il va continuer à suivre l'*imperium constantinopolitanum*[53]. Ces propos répondent à la prise de position toute différente de Sigebert, qui avait choisi, lui, de faire de 476
une sorte de non-événement impérial[54]. Il ne commentait pas non
plus la conquête de l'Italie par Justinien en 535, alors que Jean y voit
bien une tentative de réunification[55].

Arrivent l'année 800 et le couronnement impérial de Charlemagne.
Dans le texte, Jean replace l'événement par rapport aux années du
règne d'Irène et, dans le système de datation externe, il place Charlemagne, *imperator romanorum et rex francorum,* dans la colonne qui suit
celle des empereurs de Constantinople. Il maintient d'ailleurs la présence de ces derniers beaucoup plus loin que Sigebert qui, en 978,
l'interrompait[56]. En ce qui concerne les empereurs d'Occident, Jean
en poursuit la colonne jusqu'à Othon III, non sans toutefois connaître des hésitations que l'on devine à travers les nombreux grattages et
corrections. Après 1008, nous n'avons plus que la seconde version
pour comprendre le traitement de l'année impériale. Comme
d'autres compilateurs, Jean de Saint-Victor paraît cependant confronté aux difficultés techniques suscitées par la distorsion dans le
temps entre l'avènement royal et le couronnement impérial[57]. Passé

---

[53] Ars. 1117, fol. 157: «Olibrius solum VIII mensibus Rome imperavit et post
Lutherius vel Gliterius secundum alios sed solum uno anno, unde, quia multis mutatio-
nibus misere hiis temporibus dilaniatum est imperium romanum, numerum imperatorum huc usque servatum relinquimus quod fere usque ad tempora Karoli magni qui
romanum rexerunt imperium vel brevi tempore duraverant et quia reges non imperato-
res fuerunt vel extranei reges fuerunt unde nomina et numerum tamquam regum Ytalie
postea resumemus; sed imperium Constantinopolitanum semper duravit inde imperato-
res cum incepto numero annumerabimus.» C'est la première version qui est ici citée, le
texte de la seconde version est sensiblement le même, voir M. CHAZAN, *art. cit.* (1991),
p. 839.

[54] En 474, SG écrit, *Chron.,* MGH, SS, VI, p. 311: «Augustulus imperium deponit,
quod arripiens, 14 annis nullo inquietante obtinuit. Zenon imperator Theodericum Os-
trogothorum regem consulem ordinarium facit, quae post imperialem dignitatem prima
est dignitas; et equestrem statuam auream ante regiam illi collocat.»

[55] SG, *Chron.,* MGH, SS, VI, p. 316(534): «Bilisarius Neapolim exterminat; Romam, fugientibus Gothis, intrat. Witigis Romam obsidet; fames Italiam urget. Witigis capitur, et imperatori dirigitur.» Ars. 1117, fol. 174 (536): «Wyrtige capto et perempto, tunc
romanum seu Ytalie regnum optinuit constanter imperator et sic reunitum est utrumque
imperium quod multis annis prius divisum fuerat.»

[56] SG, *Chron.,* MGH, SS, VI, p. 352.

[57] M. PAULMIER-FOUCART et M. SCHMIDT-CHAZAN, *art. cit.,* p. 804-805.

le premier tiers de la chronique, la ligne chronologique se transforme en un simple catalogue impérial qui se contente de mentionner les avènements impériaux et royaux jusqu'en 1245, date à laquelle, après la déposition de Frédéric II, Jean annonce et justifie la disparition de la lignée et du compte des empereurs[58]. Le couronnement impérial d'Henri VII le 8 novembre 1311, parce qu'il ne garantit pas un règne de paix universelle, ne le fait pas revenir sur sa décision : L'Empire est définitivement mort et l'histoire continue son chemin, dans le cadre des royaumes.

Contrairement à Sigebert, qui fait de l'Empire le centre de son œuvre et de la fonction impériale le pilier de l'ordre du monde, Jean de Saint-Victor considère que l'Empire est une réalité transitoire, qui a permis l'Incarnation du Sauveur et, au cours des quatre premiers siècles de l'ère chrétienne, le rayonnement de l'Eglise mais qui devient caduque lorsqu'elle n'est plus capable d'assurer la paix universelle. La *divisio imperii* réalisée en 800 par le pape et les Romains avait pour but de rétablir l'empire romain. Mais en 1245 le pape et le Concile ont mis fin à l'expérience en déposant l'empereur. Depuis, aucun roi d'Allemagne n'est parvenu à réunir autour de lui tous les électeurs et tous ceux qui lui doivent hommage ; aucun d'entre eux n'a réussi à se faire approuver par la papauté ; aucun d'entre eux n'a régné pacifiquement. Or, dit Jean, la réunion de ces trois conditions est à la base de la dignité impériale. Dès lors, la chrétienté demeure divisée en royaumes, chaque prince assurant la mission de défense de l'Eglise et d'arbitre de la paix[59]. Par ailleurs, l'Empire peut faire défaut, l'histoire universelle continue, le principe d'unité et d'universalité étant alors pleinement assumé par l'Eglise. Cette conception est traduite dans le système de datation externe du *Memoriale* par le maintien assez régulier des années pontificales aux côtés de l'année de l'Incarnation.

Au-delà des nécessités idéologiques, à la réflexion et à l'usage, la datation selon les années des règnes n'offrait sûrement pas les meilleures garanties de clarté et d'exactitude. Ce n'est pas un hasard si, à mesure que l'on avance dans le manuscrit de la première version, on constate un manque de soin grandissant dans ce type de notation.

---

[58] BnF, lat. 15011, fol. 439 : «Post depositionem Frederici imperatoris factus est imperator a papa et cardinalibus non ab omnibus illis ad quos electio de consuetudine pertinebat landegravius Thoringie sed quia solum quatuor annos vixit et non in pace nec rite fuerat electus nec post eum usque ad nostra tempora fuit imperator alius pacifice regens imperium. Ideo cessabit linea et computatio imperatorum.», cf. M. CHAZAN, *op. cit.*, p. 841.

[59] M. CHAZAN, *op. cit.*, p. 1175-1176.

Le scribe est las de concentrer son attention sur des données chronologiques devenues trop complexes et obsolètes pour la compréhension des événements. En revanche, l'année de l'Incarnation se
maintient. Cette attitude est confirmée dans le manuscrit BnF, lat.
15011, considéré comme à l'origine de la seconde version. Les
années des règnes sont remplacées par un catalogue dont les données
sont inscrites en haut des feuillets, alors que l'année de l'Incarnation
(et les années pontificales) continuent d'encadrer le texte, indispensables à sa lecture. Pour Jean, «le monde va finalement d'année en
année, dans une longue durée et non plus de règne en règne dans une
durée à l'échelle humaine ; l'eschatologie – qui est toujours présente
à l'esprit – est liée à la présence du Christ dans l'histoire et non plus
à celle d'un empereur»[60] ou de tout autre souverain.

La naissance du Christ est pour le victorin l'articulation fondamentale de l'histoire, avec un avant et un après. Ainsi, cet événement
est-il l'occasion de mettre en place un système de datation élaboré.
L'examen codicologique du manuscrit de la première version
apporte une fois encore un élément d'explication : sur les feuillets 1 à
12 (de l'avènement de Jules César à la brève description du monde
habité au moment de la naissance de Jean-Baptiste), les années des
règnes sont simplement rubriquées dans les marges et non organisées
en un tableau aux colonnes parallèles ; sur le folio 12 des lignes verticales ont été préparées, visiblement destinées à un tableau chronologique synoptique. Les empires et les royaumes existaient avant le
Christ, mais leur histoire était en attente d'une finalité. L'Incarnation
en inaugure l'accomplissement, l'histoire de l'Eglise, mise en relief
par la notation des années pontificales, en devient le cadre privilégié
et universel.

Le passage de la première à la seconde version témoigne de cette
primauté grandissante de l'année de l'Incarnation sur les autres éléments de datation. Elle seule se maintient très régulièrement
jusqu'au bout de la chronique au détriment des *tempora* dont la notation se fait rare et sporadique. Dans la partie contemporaine de la
chronique, l'année rythme le récit et devient le cadre de référence.
Jean y recourt spontanément lorsqu'il veut se reporter de plus d'une
année en arrière ou faire allusion à des faits extérieurs au contexte
chronologique de l'année en cours. Un seul exemple suffirait à le
montrer : il raconte qu'à la fin de l'hiver 1308-1309, sans doute au
mois de mars de cette même année, on publia à travers le royaume

---

[60] M. Paulmier-Foucart et M. Schmidt-Chazan, *art. cit.*, p. 818.

une indulgence de Clément V destinée à relancer la croisade et il ajoute qu'elle avait été concédée en 1307 (*Anno Domini MCCCVII*), alors que le pape résidait à Poitiers[61]. Lorsque viennent les *tempora nostra,* c'est dans le cadre de l'année que s'organisent les souvenirs. Le temps est alors mesuré sur une autre échelle. Il a semblé nécessaire de la prendre également en considération car elle constitue un élément de la conscience du temps chez l'auteur et ses contemporains.

3. Sanctoral, mois et saisons, les autres échelles d'un temps qui anime l'histoire universelle

Lorsqu'il témoigne de mémoire, lorsqu'il note des événements, comment le chroniqueur exprime-t-il les dates? Quels sont ses repères chronologiques, les jalons de sa mémoire? Reprenons ici les investigations mises en œuvre plus haut, dans le chapitre sur la quête des sources, et relisons le récit des quarante dernières années de la chronique, en ayant toujours le même soin de distinguer ce qui est propre à l'auteur de ce qu'il tire de ses sources.

a) Le calendrier liturgique

Pour dater les événements d'une année donnée, «le calendrier liturgique est le cadre ordinaire de la référence chronologique»[62] et ce, quel que soit le fait à dater: en 1303, une tempête ravagea la Beauce le jour de la fête des saints Jacques et Christophe[63]; le mariage d'Isabelle de France et d'Edouard, roi d'Angleterre, eut lieu en janvier, le jour de la Conversion de saint Paul[64]; avant d'être consacré comme évêque d'Auxerre, Pierre de Grès fut ordonné prêtre le jour de la fête de l'apôtre Thomas[65]. Cette familiarité avec le calendrier liturgique permet bien souvent d'être plus précis: Jean croit se souvenir que Guillaume d'Aurillac fut consacré évêque de Paris «à la mi-janvier», mais il est sûr que c'était le jour de la fête de Saint-Sulpice (le 17 janvier)[66]; le siège épiscopal parisien avait d'ailleurs été vacant jusqu'au «sixième jour de la semaine qui avait précédé la fête de saint

---

[61] *RHF,* XXI, p. 653. Guillaume de Nangis, I, p. 371, ne date pas la publication de l'indulgence et situe sa concession à Poitiers *anno praecedenti.*

[62] N. COULET, *Quel âge a-t-il? Jalons et relais de la mémoire, Manosque 1289*, in: *Histoire et Société. Mélanges offerts à Georges Duby*, IV, *La mémoire, l'écriture et l'histoire*, Aix-en-Provence, 1992, p. 9-20, ici p. 10.

[63] *RHF,* XXI, p. 642.

[64] *RHF,* XXI, p. 650.

[65] *RHF,* XXI, p. 652.

[66] *RHF,* XXI, p. 642.

Mathieu apôtre»[67] ; il rappelle que l'ordination épiscopale de Pierre de Grès eut lieu le premier dimanche de janvier, mais pour être certain d'être compris, il ajoute que c'était la veille de l'Epiphanie[68]. Ces détails propres au temps liturgique nous paraissent aujourd'hui relever d'une gymnastique cérébrale inutile. Jean, lui, parcourt ce temps liturgique avec aisance. Il y trouve des points de repère familiers car se répétant d'année en année. Les grandes fêtes de l'Eglise constituent d'ailleurs les pivots autour desquels s'organise sa mémoire lorsqu'il s'efforce de rassembler les souvenirs d'une année écoulée[69] : il ne peut situer avec certitude la date de la mort de Boniface VIII mais se souvient qu'elle survint *infra festum Omnium Sanctorum*[70], de même le décès du comte de la Marche se produisit *circa festum Omnium Sanctorum*[71] ; la grève à l'Université de Paris dut avoir lieu «autour de la Toussaint, puisque les leçons reprirent le mardi qui suivit cette fête»[72].

Pâques arrive en tête de ces fêtes-repères (quatre occurrences) et il faut lui ajouter les références à l'Ascension et à la Pentecôte, bien souvent jointes[73]. On arrive alors à un total de neuf occurrences qui mettent bien en évidence l'unité du temps pascal, sans doute vécu comme un moment exceptionnel dans l'année liturgique. Vient ensuite la Toussaint, évoquée par trois fois. Cette fête était la quatrième des quatre fêtes les plus solennelles de l'année liturgique. Elle était particulièrement populaire à la fin du Moyen Age. On pourrait également suggérer qu'elle marquait dans les esprits l'entrée dans l'hiver, dont les jours plus courts et les nuits plus longues imposaient sans doute un changement dans le rythme de la vie quotidienne et liturgique. Par comparaison, Noël (2), la fête de la Circoncision (1) et celle de l'Epiphanie (1) paraissent avoir une place moins importante.

Au sein du sanctoral trois saints offrent, par leur célébration, des repères dans le cours de l'année : la fête de Marie-Madeleine, le 22

---

[67] *RHF*, XXI, p. 642.

[68] *RHF*, XXI, p. 652-653.

[69] Cf. supra ch. V, n. 52.

[70] *RHF*, XXI, p. 641.

[71] *RHF*, XXI, p. 642.

[72] *RHF*, XXI, p. 642 : «Et hoc fuit *circa festum Omnium Sanctorum; die namque Martis (3 nov. 1304) post festum Omnium Sanctorum* facta est resumptio lectionum.» Les passages en italique sont propres à l'auteur.

[73] *RHF*, XXI, p. 640 : «... circa Ascensionem et Pentecosten ...»; *RHF*, XXI, p. 654 : «Eodem anno, inter Pascha et Pentecosten ...» Il s'agit dans le premier cas d'une convocation par Philippe le Bel des prélats du royaume en 1303 et, dans le second cas de l'enquête sur les Templiers. Il semble que les sept semaines du temps pascal constituaient un laps de temps, aux limites bien marquées, facile à utiliser.

juillet, marque une étape dans le cours de l'été[74]; moins fréquentes, la Saint-Denis (le 09 octobre) et la Saint-Jean-Baptiste (le 24 juin) servent aussi à l'occasion de point de repère dans le temps[75]. On aurait pensé la référence au second de ces saints plus familière. En revanche, on rencontre trois occurences de la Saint-Denis. Cette date était, semble-t-il, importante pour les Parisiens, qui profitaient parfois dans l'octave de cette fête des derniers feux de l'été. Ils évoquaient alors «l'été de la Saint-Denis»[76]. Mais les références à la Saint-Denis pourraient aussi évoquer une conscience royale et nationale que la fréquentation de l'abbaye ne suffit pas à expliquer. Il semble en effet que Philippe le Bel ait particulièrement honoré celui que l'on considère depuis le XIIe siècle comme le saint patron du roi et du royaume. Or, sur les trente-cinq séjours qu'il fit à Saint-Denis, vingt eurent lieu au mois d'octobre. Le roi demeurait sans doute dans les murs de l'abbaye du 5 (date-anniversaire de la mort de son père) au 9 octobre (fête du saint)[77]. La régularité, la durée et la solennité de ces séjours n'ont pu manquer de marquer ses contemporains. Notons, pour conclure ce tour d'horizon, l'absence de références à des fêtes liturgiques propres à Saint-Victor.

Le calendrier liturgique est donc le cadre dans lequel Jean vit ses rapports quotidiens avec le temps. Pour ce chanoine de Saint-Victor, dont les offices rythment les journées, les semaines, les mois, les années, la vie entière, la mémoire fonctionne indéniablement sur un

---

[74] *RHF*, XXI, p. 655 : «Ludovicus, primogenitus regis Francorum, rex Navarrae, duxit in Junio validum Francorum exercitum in Burgundiam contra archiepiscopum Lugdunensem, regi, patris ejus, prout videbatur, rebellem, eumque captum adduxit *circa festum Mariae Magdalenae* (1310); coegitque eum parere regiae potestati.» Et un peu plus loin : «Eodem anno (1311)duxit Guido, juvenis comes Blesensis, uxorem unam filiarum Karoli, fratris regis, *circa Magdalene*, eorumque nuptiae cum magno festo apud Silvanectum sunt factae.»

[75] La Saint-Denis apparaît une fois par l'intermédiaire de la continuation de la chronique de Guillaume de Nangis (*RHF*, XXI, p. 649) mais la mention de cette fête est dans deux autres cas un ajout de Jean de Saint-Victor, *RHF*, XXI, p. 652 : «*Dominica (6 oct 1308) ante festum sancti Dionysii in Octobri*, facta congregatio populi et cleri in virgulto regis ...»; et à la même page : «Dissensione orta inter nobiles viros, sed aetate juvenes novosque milites, Odardum, dominum Montis Acuti, et Erardum, dominum Sancti Verani, natione Burgundos, commissum est bellum ipso (9 oct. 1308) *die sancti Dionysii in Octobri*, in comitatu Nivernensi ...»

[76] P. Perdrizet, *Le calendrier parisien à la fin du Moyen Age d'après le bréviaire et les livres d'heures*, Paris, 1933, p. 239.

[77] Voir sur cette question l'article de B. Guenée, *Le vœu de Charles VI. Essai sur la dévotion des rois de France aux XIIIe et XIVe siècles*, in : *JS*, janv-juin 1996, p. 67-135. On aura noté que Jean précise toujours qu'il s'agit de la Saint-Denis d'Octobre. En effet, on fêtait également le 24 février la dédicace de l'abbatiale.

mode liturgique qui est une autre façon de vivre l'universalité de l'histoire.

b) Jours, mois et saisons

Ce mode de fonctionnement n'est cependant pas exclusif. Les jours de la semaine sont en général indiqués par leur nom (dix-huit fois) et non par le terme *feria* (quatre fois). Ils servent de repères dans des cas de datation floue : *die Veneris quadam, in medio Iunii* ...[78] Ils rythment les récits qui se déroulent sur plusieurs jours, tel celui de l'arrestation des Templiers : *in crastino captionis eorum, die scilicet Sabbati* ...[79]

Sur les soixante événements datés, quatorze le sont par référence au mois seul, à l'exclusion de tout autre élément de datation. Cette forme est utilisée pour des faits très variés : mariages[80], conciles locaux[81], expulsion des juifs[82], décès de Pierre de Belleperche[83] ... Onze de ces événements ont lieu durant les mois de juillet, août et septembre. On peut suggérer que cette façon différente de se repérer dans le temps relaye un calendrier liturgique assez creux pendant la période estivale. Le renvoi au mois permet également d'exprimer une durée : durant tout le mois de juillet 1306 des conciles se tinrent un peu partout en France pour organiser la résistance à l'oppression fiscale du pape[84] ; la même année, l'expulsion des juifs ne fut pas, comme le laisse entendre le continuateur de Guillaume de Nangis[85], une mesure ponctuelle prise dans le courant du mois d'août, mais une affaire qui occupa l'opinion publique tout l'été et jusqu'au mois de septembre[86]. La datation par le mois est encore la référence propre aux déplacements militaires du roi ou de ses parents : en 1303, Charles de Valois prend la route de la Flandre en juillet et son frère, Philippe le Bel, le suit par Beauvais et Péronne fin août[87]; l'année suivante, c'est vers la mi-juillet que leur armée s'ébranle dans la même direction[88]. Le mois forme donc une

---

[78] *RHF*, XXI, p. 655.
[79] *RHF*, XXI, p. 649.
[80] *RHF*, XXI, p. 643.
[81] *RHF*, XXI, p. 646.
[82] *RHF*, XXI, p. 647.
[83] *RHF*, XXI, p. 648.
[84] *RHF*, XXI, p. 646.
[85] CGN, I, p. 355.
[86] *RHF*, XXI, p. 647 : «Hoc etiam anno (1306), in Augusto *et Septembri*, omnes Judaei, nisi forte pauci qui baptizari voluerunt, de regno Franciae sunt expulsi.»
[87] *RHF*, XXI, p. 641.
[88] *RHF*, XXI, p. 643.

unité relativement familière avec des repères internes : *circa medium Ianuarii, in fine Augusti, dieque Martis prima mensis Februarii ...* Lorsqu'il veut dater un événement avec précision à l'intérieur d'un mois, le chroniqueur recourt de préférence au calendrier antique (sept fois) et n'indique que deux fois le quantième du mois[89]. Ce calendrier antique est celui des nécrologes et des documents ecclésiastiques. Le temps chez Jean de Saint-Victor n'est décidément pas un temps laïque.

Des mois on passe insensiblement aux saisons. Les notations sont rares, elles n'ont rien de systématique[90]. Cependant, Jean, sans être un homme de la campagne, pour qui les phénomènes climatiques seraient fondamentaux, n'est pas indifférent aux changements de rythme qu'apporte chaque saison, aux anomalies climatiques et à leurs conséquences. Ainsi établit-il une relation entre la cherté du grain à Paris en mars 1305 et les tempêtes, la grêle qui sévirent tout au long du printemps et de l'été précédents. Il se souvient que les conditions météorologiques des mois de juin et juillet furent particulièrement dommageables pour les récoltes : grains et grappes pourrissaient sur pied[91]. Les changements de saison aident aussi à situer dans le cours de l'année des déplacements pour lesquels les dates précises lui font défaut : il situe le voyage de Clément V de Poitiers à Bordeaux dans le courant du mois d'août 1308, parce que dans son

---

[89] BnF, lat. 15011, fol. 461v et *RHF*, XXI, p. 642. Il s'agit de décès dans l'un et l'autre cas.

[90] On trouve un exemple de systématisation chez Philippe de Vigneulles au début du XVIe siècle : celui-ci regroupe ses observations dans un paragraphe situé à la fin de la section consacrée à chaque année sous la rubrique «la disposition du temps», cf. S. GUILBERT, *Temps et saisons dans la chronique de Philippe de Vigneulles*, in : Y. BELLENGER (Ed.), *Le temps et la durée dans la littérature au Moyen Age et à la Renaissance*. Actes du Colloque organisé par le Centre de Recherche sur la littérature du Moyen Age et de la Renaissance de l'Université de Reims (novembre 1984), Paris, 1986, p. 125-135. L'observation des données temporelles dans les lettres de rémission constitue un autre point de comparaison intéressant, cf. Cl. GAUVARD, «*De Grace especial*». *Crime, Etat et Société en France à la fin du Moyen Age*, 2 vol., Paris, 1991, II, p. 480-486.

[91] *RHF*, XXI, p. 644 : «*In vere et aestate*, in multis locis Franciae, graves et dampnosae tempestates fuerunt. Nam a lapidibus grandinis de aere cadentibus in pluribus partibus regni, *maxime in Junio et Julio*, segetes cum granis et cum uvis vinae sunt prostratae et vastatae. Maximaque illo anno caristia fuit frugum, ita quod sextarium frumenti centum solidis Parisiensibus et amplius mense Martio vendebatur : unde pauperes maximam penuriam pertulerunt.» Le continuateur de Guillaume de Nangis, I, p. 346, n'établit pas semblable relation entre le prix des céréales et les mauvaises conditions météorologiques.

esprit, il était inenvisageable de se déplacer plus tôt en raison des grosses chaleurs[92] ; de même, c'est sans doute au début du printemps 1309, sitôt les derniers frimas passés, que le pontife dut se mettre en route pour Avignon[93]. Si les références aux saisons permettent dans quelques rares cas de situer un fait, si le souvenir de certaines années est marqué par des conditions climatiques exceptionnelles, anormales, Jean, comme ses contemporains de Manosque[94], ne se sert pas spontanément du temps de la nature et du travail de la terre comme jalons et relais de mémoire.

Calendrier liturgique, calendrier romain, références aux jours, mois et saisons : il y a finalement chez Jean de Saint-Victor plusieurs façons de dater des événements retenus par la mémoire. Les unes et les autres lui sont pareillement familières, il les juxtapose parfois[95], sans faire preuve dans ce domaine d'une quelconque originalité.

Le *Memoriale historiarum* est l'une des dernières grandes chroniques universelles qui soit rédigée avant le grand sommeil que connaît ce genre historique pendant la Guerre de Cent Ans[96]. C'est donc un bon pôle d'observation de la conception du temps que peut avoir un historien au début du XIVe siècle. Or, celui-ci apparaît pris entre deux nécessités : voulant rédiger une chronique universelle, il se sent tenu à la loi du genre que sont les tableaux chronologiques ; mais il n'en est pas l'esclave et n'hésite pas affirmer la caducité du découpage impérial. Si le souci annalistique[97] l'emporte finalement, c'est que l'habitude est prise depuis bientôt deux siècles de penser le temps selon le Christ. Les considérations pratiques ne sont pas absentes,

---

[92] *RHF*, XXI, p. 651. La relation entre la période proposée par Jean et les conditions climatiques est suggérée par la lecture de la continuation de Guillaume de Nangis, I, p. 369, qui ne parle pas du mois d'août mais dit expressément que ce déplacement eut lieu «aestatis fervore transacto». Cependant, il faut peut-être prendre en compte une autre hypothèse. En effet, Jean dit deux folios plus haut que Clément V promulgua une indulgence à Poitiers le trois des ides d'août. Son départ pour Bordeaux ne pouvait donc pas être situé avant cette date.

[93] *RHF*, XXI, p. 653.

[94] N. Coulet, *art. cit.*, p.12. et Cl. Gauvard, *op. cit.*, II, p. 481, arrivent aux mêmes conclusions.

[95] *RHF*, XXI, p. 638, lorsqu'il évoque Courtrai. A sa source, la *Chronique métrique* de Geoffroi de Paris, qui situe la bataille un mercredi, Jean ajoute «in octavis itaque sancti Martini estivalis, scilicet v idus Iulii ...» On retrouve la même «réunion de champs temporels différents» chez les suppliants de Cl. Gauvard, *op. cit.*, II, p. 485.

[96] M. Paulmier-Foucart et M. Schmidt-Chazan, *art. cit.*, p. 783.

[97] BnF, lat. 15011, fol. 35v: «A Julio Cesare primo imperatore seu Romanorum monarchia usque ad tempora nostra, nostre est intencionis gesta quolibet anno digna memoria recitare, quedam solum tangendo et quedam plenius prosequendo.»

Jean est un homme de son époque, mais il faut plus encore prendre en compte chez lui une conception du temps qui s'inscrit profondément dans une perspective eschatologique et ecclésiale.

B – La géographie : la grande innovation de la seconde version

1. Un statut mal défini

a) Le silence du prologue

Revenons une fois de plus au texte fondamental qu'est le prologue, ces quelques pages minutieuses où l'auteur présente son projet. Si la chronologie est bien là, présente comme une obsession, la géographie, ou du moins le souci de l'espace, en est totalement absent. Tout au plus remarque-t-on dans la première version que Jean reprend la fameuse formule de Hugues concernant les *personae*, les *loca* et les *tempora*. Mais il a inversé l'ordre des mots et les *loca* sont reportés à la fin de la phrase comme s'il s'agissait d'une préoccupation moindre. Et dans la seconde version cette phrase a finalement disparu. Or, paradoxalement, il semble bien que la géographie ait constitué un des éléments sur lesquels l'auteur du *Memoriale* a réfléchi avant de mettre en chantier une nouvelle version de son œuvre. Dans la première version, la géographie est en fait presque absente. En ouverture de la chronique, l'auteur annonçait qu'il allait parler de l'origine des royaumes et des régions[98]. Mais, à l'exception de quelques noms de villes et de la provenance de certains peuples, on chercherait en vain dans ces premiers folios des éléments d'une *descriptio orbis terrarum*. En revanche, celle-ci est bien présente dans la seconde version[99].

b) La géographie nécessaire

Si elle n'est ni introduite ni justifiée, la géographie de Jean a sa place au sein d'un plan bien structuré. Elément du premier livre de la première partie, elle traite d'un sujet sur lequel l'auteur n'entend pas revenir dans le reste de l'œuvre. Il prévient d'ailleurs son lecteur au début de son *Tractatus de divisione regnorum* qu'il va énumérer ceux-ci selon l'ordre de leur apparition dans l'histoire parce que, dit-il, il

---

[98] Ars. 1117, fol. 1v : «Antequam vero principalem materiam inchoamus, aliqua de origine et fine diversorum regnorum et regionum cum Dei adiutorio perstringemus.»
[99] BnF, lat. 15010, fol. 35-116v.

les a déjà décrit dans la première partie «selon leur disposition géographique»[100]. Par ailleurs, il fait de constants renvois de cette partie géographique vers le reste de l'œuvre à chaque fois qu'il évoque un royaume ou un événement[101]. Seule est prise en compte dans cette partie la description des *situs terrarum*. En revanche, il faut noter qu'il n'y a chez Jean aucune velléité d'étude cosmographique, la Terre l'intéresse non pour sa situation dans l'univers mais parce qu'elle est le lieu de l'histoire des peuples. A ce titre son étude préalable est indispensable à la mise en place des royaumes et du récit chronologique.

L'absence de la géographie dans la première version a été ressentie comme un manque ou par Jean lui-même ou par ceux qui l'ont lu. Si avant le XIIe siècle une chronique universelle pouvait se passer de la géographie ou se contenter d'un rapide tableau descriptif, ce n'est plus possible ensuite, à Saint-Victor moins qu'ailleurs. Dans le contexte universitaire qui est celui de l'abbaye sous les abbatiats de Guillaume de Rebais et de Jean de Palaiseau, sous la pression du souvenir de Hugues, un texte d'histoire ne pouvait se concevoir sans de solides connaissances de l'*orbis terrarum*. De son plein gré ou sur injonction, Jean dut en tirer les conséquences. Il ne jugea pas pour autant nécessaire d'expliquer ce remaniement ni de conceptualiser les relations instaurées entre les différentes parties de son œuvre. La géographie prenait place dans la seconde version du *Memoriale* sans devenir pour autant un sujet de réflexion. En cela, Jean de Saint-Victor n'est peut-être pas parvenu à la maturité d'un Paulin de Venise ou d'un Ranulf Higden qui précisent, quant à eux, le statut qu'ils entendent accorder à la géographie dans leur œuvre[102].

---

[100] BnF, lat. 15011, fol. 4v: «Iterum aliam divisionem secundum situm terrarum posuimus in prima parte.»

[101] BnF, lat. 15010, fol. 54v, à propos des Goths: «Hoc Sigibertus. Et quedam alia dicit qua infra ponentur cum de regnorum origine fiet sermo»; BnF, lat. 15010, fol. 68v: «Helynandus autem dicit quod ipsos Windelicos populos videlicet Suevis conterminos subegit et tributarios fecit Henricus III christianissimus rex et imperator romanus sed de hoc infra parte III[a] circa annum domini MXLI secundum exigentiam processus tangetur.»

[102] P. GAUTIER DALCHÉ, *L'espace de l'histoire: le rôle de la géographie dans les chroniques universelles*, in: J.-Ph. GENET (Ed.), *L'historiographie médiévale en Europe*. Actes du colloque organisé par la Fondation européenne pour la Science au Centre de Recherches historiques et juridiques de l'Université de Paris I du 29 mars au 1er avril 1989, Paris, 1991, p. 287-300, ici p. 290-291.

c) Digression, tableau ou traité?

La place accordée à la description du monde dans les chroniques universelles peut prendre grosso modo trois formes différentes[103].

Elle peut être une simple digression, genre recommandé par la rhétorique antique afin d'instruire et de détendre le lecteur en lui décrivant un pays, les hommes qui y habitent et ce qu'on y trouve de singulier[104]. Cette digression intervient à l'occasion d'un événement particulier. Par ses thèmes, la description de l'*orbis terrarum* de Jean de Saint-Victor pourrait répondre à la définition de la digression géographique.

Mais l'ampleur de son texte en fait bien plus qu'un *excursus* et renvoie plutôt au genre du tableau géographique placé en un endroit significatif de la chronique universelle, ici, au moment où, après le déluge, les fils de Noé se dispersent sur la surface de la Terre. C'est une place assez banale pour qui veut insérer un tableau géographique dans une histoire universelle. Il s'agit de donner un cadre aux *gesta* des hommes.

Enfin, couvrant quatre-vingt-un feuillets du manuscrit BnF, lat. 15010 qui en compte cent soixante deux et répartie sur quatre-vingt-quatre des cent-soixante-dix chapitres, la place de la géographie est finalement pour moitié dans ce premier livre. Si dans le plan général de l'œuvre, elle ne constitue pas un élément indépendant mais simplement une partie du premier livre, une parenthèse dans le *processus* historique[105], néanmoins, par sa taille, l'ampleur de sa documentation et son organisation interne, ce tableau prend l'allure d'un véritable traité encyclopédique que l'auteur juge nécessaire de distinguer du reste du texte en rédigeant une sorte de petit chapeau introductif qu'il place en regard du début de cette partie géographique :

> «Nota quod de partibus mundi sequuntur capitula lxxxiii in universo, scilicet ab isto XXXV° capitulo usque ad capitulum CXXm exclusive, ita quod de Asia sunt capitula XXVIII de Europa XLVI de Affrica vero IX, sicut manifestum est in processu[106].»

---

[103] P. GAUTIER DALCHÉ, *art. cit.*, p. 291. Voir aussi H. J. WITZEL, *Der geographische Exkurs in den lateinischen Geschichtsquellen des Mittelalters*, Francfort, 1952.

[104] B. GUENÉE, *op. cit.*, p. 166-167.

[105] BnF, lat. 15010, fol. 116v: «cxx. Habito de totius orbis partibus (...) deinceps ad propositam gestorum seriem et generalem hystoriam revertamur. Quam scilicet historiam dimisimus seu intermisimus supra capitulo xxxii° quando tempore Phalech ...»

[106] BnF, lat. 15010, fol. 35. Le terme *processus* que l'on lit fréquemment dans le texte (et que l'on rencontre par ailleurs dans le prologue) incite à penser que cette note est écrite de la main de Jean ou du moins sur son ordre.

Le lecteur est donc invité à lire cette *descriptio orbis terrarum* à la fois comme un élément d'une histoire universelle et comme un traité de géographie autonome, doté d'une grille de lecture particulière.

2. Un texte accessible : soucis du pédagogue, méthode encyclopédique

Ces quelques lignes d'introducion permettent au lecteur d'isoler le texte géographique dans l'ensemble de l'œuvre. Elles constituent aussi une première indication de répartition et de classement de l'information. A vrai dire, aucune autre partie du *Memoriale* ne semble avoir été aussi soigneusement élaborée. L'organisation matérielle du texte révèle chez l'auteur de véritables préoccupations pédagogiques qui, nous l'avons vu, ne furent jamais poussées aussi loin dans le reste de l'œuvre. Il convient donc d'examiner avec soin les différents outils mis à la disposition du lecteur.

a) Des chapitres qui se répondent

La matière textuelle est donc organisée en chapitres (cf. liste, Annexe I). Chacun d'entre eux correspond à peu près à un feuillet recto et verso. Certains sujets que l'auteur veut distinguer, mais sur lesquels son information est moins développée, ne couvrent pas tout à fait cette surface. D'autres auraient tendance à la dépasser ; dans ce cas, plutôt que de se laisser entraîner par ses centres d'intérêt ou l'abondance de ses sources, l'auteur préfère ouvrir un nouveau chapitre sur le même thème : s'apercevant à la fin du chapitre 57, intitulé *De Bactria et Scithia* que son propos sur les Scythes est plus long que prévu, il ouvre le chapitre 58 qu'il appelle tout simplement *De eisdem*[107] ; même constatation lorsqu'il traite de la Sicile : au chapitre 81, *De Sicilia et hiis que sunt in ea*, fait suite le chapitre 82, *Item de Sicilia et hiis que sunt in ea*. En revanche, il n'hésite pas à regrouper au sein du même chapitre plusieurs éléments : dans la partie sur la Grèce, après avoir consacré un chapitre complet à la Macédoine (76), il passe à l'Arcadie et aux autres régions (77)[108], avant de quitter la Grèce continentale pour les îles. Nullement prisonnier de sa matière, il l'organise de manière que chaque chapitre puisse être lu rapidement et indépendamment des autres. Par ailleurs, il les numérote soigneusement de façon à pouvoir faire des renvois de l'un à l'autre :

---

[107] BnF, lat. 15010, fol. 58-59.
[108] BnF, lat. 15010, fol. 75 : «De Archadia et aliis partibus Grecie.»

parlant au chapitre 40, *De Mesopotamia*, de la ville d'Edesse, il renvoie le lecteur au chapitre 32 où il a déjà évoqué sa fondation[109] ; lorsqu'il énumère les différentes provinces de l'Allemagne (ch. 69 : *De Alemania*), il ajoute qu'on peut y rattacher la Saxe et la Souabe mais que lui les a traitées au chapitre 67[110] ; enfin, si dans le cours de sa description il est amené à soulever à nouveau une divergence entre plusieurs sources ou plusieurs acceptions d'un nom, il cite le numéro du chapitre où il a déjà évoqué cette question et exprimé sa position personnelle. Ainsi au chapitre 50 (*De locis que sunt in Iudea*) explique-t-il les difficultés rencontrées pour situer telle ville ou tel lieu en Judée. La raison en est selon lui qu'il y a plusieurs acceptions au mot Judée et de rappeler qu'il a donné les termes du débat au chapitre 45[111].

b) *Titres et transitions : une description ordonnée et hiérarchisée*

Nous avons affaire ici à des éléments externes et internes au texte. Les titres ont été prévus et notés dans la marge ou dans la bordure inférieure afin de guider le rubricateur. Sauf très rares exceptions[112], tous les chapitres portent un titre noté d'une petite écriture, alors que seuls quelques-uns ont reçu la rubrique définitive. Il y a tout lieu de penser que l'auteur a dicté ou fait copier son texte à un scribe en lui demandant de respecter le découpage en chapitres (alinéas, place préparée pour une lettre initiale ornée). A la relecture, il a ensuite noté les titres qu'il entendait donner. Ceux-ci indiquent la matière générale du chapitre. Lorsque celle-ci est importante ou complexe il en précise les subdivisions dans la marge droite :

chapitre 45 : De Iudea et partibus eius
de Iudea et Iudeis
de Iherusalem
de locis circa Iherusalem et intra
de monte Syon

---

[109] BnF, lat. 15010, fol. 40v : «Edessam urbem Mesopotamie condidit Nemroth filius Chus postquam de Babylone migravit, in qua etiam regnavit, que antea Areth cognominata est. Hoc Ysidorus. De ipsa tactum est supra ca° XXXII°.»

[110] BnF, lat. 15010, fol. 68v : «Provincie igitur Alemannie sunt Austria, Thuringia, Hasbania, Ardenna, Lotharingia et quinque inveniuntur associari Saxonia et Suevia secundum modum pretactum quod etiam utrique Theutonico sermone utuntur, sed de hiis supra ca° LXVII°.»

[111] BnF, lat. 15010, fol. 51v : «Intelligendum tamen est iuxta predicta quod Iudea aliquando sumitur large pro tota terra Promissionis et aliquando magis stricte videlicet prout est regio Perse seu provincia Syria generaliter sumpte et pars Palestine distincta contra Samariam et Galyleam et de hoc tactum est iam supra ca° XLV°.»

[112] Les chapitres 71 (fol. 70 r-v), 79 (fol. 76v-77r), 84 (fol. 81v-82r), 87 (fol. 84v-85r), 97 (fol. 94v-95r) et 99 (fol. 97v-98r) n'ont pas de titre. Ce sont en fait des chapitres destinés à dédoubler une matière trop abondante.

Il faut remarquer que ces notes relevées dans la marge sont de la même main que celle qui a préparé les titres. Un même individu (l'auteur ou l'un de ses collaborateurs) a conçu et mis en place l'environnement du texte.

Le relevé des titres met en évidence la démarche intellectuelle de l'auteur. Il mène visiblement son lecteur du général vers le particulier : chacune des trois parties du monde est d'abord présentée *in generali,* avant que ne soient abordées ses grandes composantes (*partes*) ; les plus importantes sont elles-mêmes subdivisées. Par ailleurs, les informations sont hiérarchisées selon le degré d'importance que leur accorde l'auteur et plus généralement la tradition : après avoir évoqué les principales villes d'Egypte, Jean ouvre un chapitre qu'il intitule *De aliis quibusdam urbibus Egypti non ita famosis* ; l'intitulé du chapitre 80, *De Cypro et quibusdam aliis insulis,* indique parfaitement quelle est l'information essentielle du chapitre ; de même, seul le lecteur vraiment curieux et peu pressé s'attardera à lire le chapitre 109 : *De insulis que sunt in Britannia large sumpta non ita famose.* Loin d'être neutres, ces titres, malgré leur brièveté, donnent clairement le contenu du chapitre tout en guidant le lecteur vers ce qu'il doit essentiellement retenir. Grâce à sa disposition en chapitres, le traité de géographie peut être utilisé comme une encyclopédie, à condition bien sûr d'être muni d'une table. On peut imaginer que l'auteur en avait le projet mais qu'il n'a peut-être pas eu le temps de le réaliser car on en conserve aucune trace.

Les connaissances proposées ne sont pas simplement énumérées ou accumulées. Nous avons dit plus haut qu'elles paraissaient ordonnées, hiérarchisées. L'étude du texte même montre que l'auteur, dans sa description de l'*orbis terrarum,* suit un fil directeur. Celui-ci a pour origine le livre XIV des *Etymologies* d'Isidore de Séville, auquel est confronté le plus souvent le *Liber Exceptionum* faussement attribué à Hugues de Saint-Victor. Pour certaines régions le plan est emprunté à une autre source, pour l'Italie par exemple à Hugues de Fleury. Et ce fil directeur est très souvent rappelé en introduction des chapitres[113].

Lorsqu'il aborde un nouvel espace géographique, dont il va parler sur plusieurs chapitres, Jean prévient son lecteur. Ainsi à propos de la Gaule : «Voyons à présent la Gaule selon le plan d'Isidore ; nous traiterons en premier lieu de la Gaule en général pour parler ensuite comme

---

[113] Voici par exemple l'introduction au chapitre 42 (BnF, lat. 15010, fol. 42v) : «Sequitur de Syria iuxta ordinationem tam Ysidori quam magistri Hugonis.»

à l'habitude de ses différentes parties et des éléments qui les composent»[114]. Deux chapitres plus loin il en arrive en effet au découpage de
la Gaule et introduit son nouveau chapitre par une transition : «après ce
que nous avons dit sur la Gaule en général, venons-en aux particularités»[115]. Il rappelle ainsi le plan adopté. Quelques fois, on retrouve ce
genre de transitions à l'intérieur même d'un chapitre. C'est toujours
par volonté d'ordonner le discours : traitant de la Mésopotamie (ch.
40), il tire de ses sources, Isidore de Séville et Richard de Saint-Victor,
les noms de *Chaldea* et de *Babylonia* qui semblent synonymes. Ayant
expliqué que Babylone était la capitale de la Chaldée, il ajoute «qu'il
parlera d'abord de la région de Chaldée puis de Babylone»[116] ; de
même à la fin du chapitre consacré à la Judée amorce-t-il une transition pour évoquer Jérusalem et ses environs[117]. Ce petit paragraphe est
nécessaire à l'exhaustivité du chapitre. Pour la cohérence de l'ensemble l'auteur ressent le besoin de l'introduire et de lui donner sa juste
place, celle d'un complément sur lequel il ne convient pas de s'attarder
(*breviter*).

Enfin, certains chapitres, et plus généralement les grandes subdivisions, sont dotés d'une conclusion. Le plus souvent, celle-ci
renvoie à la chronique ou au *Tractatus de divisione regnorum* où sera
abordée l'histoire événementielle et politique de la région décrite.
Prenons un seul exemple, la fin du chapitre 39 (*De Assyria et
Assyriis*) : «Nous évoquerons en temps voulu la naissance du
royaume des Perses et son évolution, leurs rois et autres choses.
Voilà ce qu'il fallait dire de l'Inde, qui est la première région de
l'Asie et des cinq suivantes situées entre l'Indus et le Tigre»[118]. C'est
encore à cet endroit du chapitre qu'il indique à son lecteur les sources qui pourront lui fournir des compléments d'information qu'il
n'a pas, lui, choisi de retenir. Voudrait-il en savoir davantage sur les
monstres ? La conclusion du chapitre 34 (*De monstruosis hominibus*

---

[114] Introduction du chapitre 90 (BnF, lat. 15010, fol. 87) : «De Gallia deinceps secundum ordinationem Ysidori videamus. Primo in generali et postea de partibus eius et
de hiis que sunt in ea solito more tractantes.»

[115] Introduction au chapitre 92 (BnF, lat. 15010, fol. 89) : «Post hec dicta de Gallia
in generali ad specialia veniamus.»

[116] BnF, lat. 15010, fol. 40 : «Videamus igitur primo de Chaldea regione et post de
Babylone.»

[117] Chapitre 45 (BnF, lat. 15010, fol. 46v) : «Nunc autem aliqua breviter dicamus
de locis famosis qua modo sunt intra Iherusalem et circa secundum quod de eis locuti
sunt auctores qui de hac materia tractaverunt. Primo de monte Syon ...»

[118] BnF, lat. 15010, fol. 40 : «De ortu et processu regni Persarum et de regibus eorum sicut et de ceteris infra suo loco dicemus. Hec dicta sunt de India que est prima regio Asie et de aliis quinque sequentibus que site inter Indum et Tygrim.»

et antipodibus) lui conseille de se reporter aux livres 9 et 11 des *Etymologies* d'Isidore de Séville[119]. De même, celui que l'Inde passionne et que le contenu du chapitre 37 (*De hiis que sunt in India*) laisse insatisfait, pourra combler sa curiosité par la lecture de l'*Hystoria Alexandri*[120]. La conclusion est enfin le lieu où l'auteur résume en une ou deux phrases les propos exposés auparavant, en soulignant ce qui doit être retenu. Ainsi clôt-il son chapitre 66 (*De Wandalis*) : «C'est pourquoi, comme on l'a montré, on compte chez les Scythes au moins quinze ethnies ou sortes de peuples, établis tant dans les îles que sur la terre ferme. De ces régions il suffit de dire qu'elles constituent ce qu'on appelle la terre des Barbares»[121].

c) Le repérage des sources

La même main, que nous avons vue plus haut préparer les titres et subdiviser la matière de certains chapitres, indique systématiquement dans la marge gauche les sources compilées. Le trait de plume, tracé sous le nom de la source, repère exactement le passage qui en est tiré textuellement. Cela correspond à un autre souci exprimé dans le prologue : rassembler en une somme les écrits des autorités que la dispersion matérielle et la complexité intellectuelle rendent d'un accès difficile. Mais ces sources sont nombreuses et sur un même sujet parfois leurs opinions divergent. Là encore, tout en préservant l'encyclopédisme des connaissances, l'auteur indique au lecteur la solution la meilleure : Jérôme, Isidore, Hugues de Saint-Victor ont décrit la division de la Terre entre les fils de Noé mais c'est Hugues qu'il faut suivre car *facilius assignat*[122] ; Isidore, Hugutio, Honorius Augustodunensis, Pomponius Mela, Orose, tous ont traité de la Gaule et de ses différentes parties, mais Orose a sa faveur car la division qu'il propose est plus complète et elle a pour elle la tradition[123].

---

[119] BnF, lat. 15010, fol. 35 : «De multimodo genere monstrorum ac portentorum sive propter habudentiam sive propter defectum vel diversitatem soliti cursus nature bene loquitur Ysidorus XI° Ethim. et eciam libro IX°, tam de pretactis ibi supra quam de aliis.»

[120] BnF, lat. 15010, fol. 37 : «In ipsa siquidem hystoria Alexandri multa alia de India recitantur que dimittantur ad presens.»

[121] BnF, lat. 15010, fol. 66v : «In Scithia itaque prout tactum est sunt gentes seu modi populorum XV^cim vel amplius aut fuerunt in insulis et terris. De quibus sufficiat ista dicta fuisse que tota terra barbarica nominatur.»

[122] BnF, lat. 15010, fol. 32r-v.

[123] BnF, lat. 15010, fol. 87v : «Hec divisio ceteris videtur esse perfectior et est sepius usitata et secundum eam provincias distinguemus.»

Dans le contexte de cette partie géographique, les propos du prologue se traduisent par de réels soucis et outils pédagogiques. A celui qui va aborder l'étude de l'histoire, Jean de Saint-Victor fournit la somme des connaissances géographiques nécessaires, il en organise la matière, la dote d'outils pour permettre au lecteur un maniement plus aisé et guider sa démarche intellectuelle. Pour ce faire, on peut suggérer qu'il a eu deux grands modèles, celui de Hugues[124] qui avait poursuivi en son temps un projet similaire et, plus proche, celui de Vincent de Beauvais à qui il emprunte visiblement une méthode encyclopédique de présentation du savoir. Or, le savoir géographique a ses particularités. L'auteur du *Memoriale* les maîtrise-t-il?

3. Jean de Saint-Victor : un technicien de la géographie?

Sans être au Moyen Age une discipline autonome, la géographie avait donc sa place. Peu à peu, ceux qui avaient «le sens de l'espace et le goût de l'étudier»[125] ont constitué un corpus de sources, élaboré des outils de travail (cartes, listes ...), ébauché des thèmes. Comment ceux-ci sont-ils connus, utilisés, contestés dans le *Memoriale?* Quelle est en retour la contribution de Jean de Saint-Victor à la formation progressive d'une géographie en pleine évolution?

a) Les sources

Un relevé des sources compilées par Jean dans les chapitres géographiques a été publié par Patrick Gautier Dalché dans un article où il étudiait les relations entre le *Memoriale historiarum* et la *Descriptio mappe mundi* de Hugues de Saint-Victor[126]. Dans l'inventaire des sources[127], certaines d'entre elles ont été abordées et évoquée la question du rôle d'intermédiaire joué par le *Speculum historiale* de Vincent de Beauvais. Inutile donc d'y revenir. Cependant, il paraît nécessaire de reprendre rapidement le corpus propre à la partie géographique pour en tirer quelques remarques dans le cadre du présent chapitre.

---

[124] Sur les intentions pédagogiques de Hugues de Saint-Victor, lire l'introduction que P. GAUTIER DALCHÉ donne à son édition de *La «Descriptio mappe mundi» de Hugues de Saint-Victor,* texte inédit avec introduction et commentaire, Paris, 1988, p. 50.

[125] B. GUENÉE, *op. cit.,* p. 166.

[126] P. GAUTIER DALCHÉ, *op. cit.,* p. 153-154.

[127] Cf. supra chapitre VI.

b) Des textes classiques

Abondantes, les sources ne sont pas pour autant originales. Nous retrouvons ici les grands textes classiques des descriptions géographiques : Salluste, César, Solin, Orose, Isidore ... Près de la moitié des textes compilés ont été écrits avant le VIIe siècle ! Le bagage culturel de l'Antiquité est toujours la référence. Et notre auteur sait ce que l'on doit lire lorsque l'on prétend faire œuvre de géographe. Il sait aussi qui sont les autorités plus récentes, celles que le XIIe siècle a engendrées, Hugues et Richard de Saint-Victor par exemple. Mais on chercherait en vain des auteurs plus récents encore, ayant apporté une contribution renouvelée ou élargie à la connaissance géographique.

On remarque dans ce traité une trentaine de références également présentes dans la chronique. La spécificité des matières histoire/géographie ne passe pas par le choix des sources, ce qui ne doit pas surprendre puisque la géographie n'existe pas en tant que telle. Jean a soigneusement extrait des sources historiques tout ce qui pouvait lui servir pour rédiger cette *descriptio orbis terrarum*. Sur le plan strictement méthodique cette constatation renvoie une fois encore à l'élaboration préalable de dossiers et à la nécessité d'un travail d'équipe. Le but assigné ici aux sources historiques est de compléter, de mettre à jour les connaissances des Anciens. Ainsi voit-on Foucher de Chartres et Baudri de Bourgueil actualiser la description de la Terre Sainte donnée par Jérôme au IVe siècle de notre ère[128].

Néanmoins, on rencontre au sein de ce corpus des œuvres absentes du reste du *Memoriale*. Le caractère spécifiquement géographique du *De natura rerum* d'Isidore de Séville, du *De nuptiis Philologiae et Mercurii* de Martianus Capella ou encore du *De chorographia* de Pomponius Mela, est une explication suffisante. En revanche, on ne peut en dire autant de Valère-Maxime et de ses *Facta et dicta memorabilia*. A la lecture de la chronique de Jean de Saint-Victor on aurait pu s'étonner de n'y pas trouver trace de ce «best-seller». Nous avons ici la certitude que cette absence n'est pas le fait de l'ignorance de l'auteur. Est-ce à dire que le texte de Valère-Maxime ne constitue pas, à ses yeux, une source historique ? Cette hypothèse, qu'il est bien difficile de vérifier, trouverait peut-être un début de confirmation dans le classement ultérieur de la bibliothèque. En effet, le manuscrit du XIIe siècle possédé par les victorins ne fut pas rangé par Claude de

---

[128] Sources du chap. 45 : «De Iudea et partibus eius» : Ysidorus XIV°; Bede; Ysidore IX°; magister Petrus Comestor; Josephe; Provinciale; Ysidore XIV°; Josephe; Bede; Guillaume de Malmesb.; Bernardus monachus; Baldricus.

Grandrue avec les œuvres historiques mais bien au pupitre HHH avec les œuvres rhétoriques. De plus, le caractère anecdotique de cette œuvre le prédestinait davantage à être une source descriptive qu'une source historique dont Jean attend en général davantage de rigueur.

Les textes hagiographiques sont très faiblement représentés dans cette liste alors que leur présence est banale dans la chronique. En fait, à y regarder de près, elles ne sont pas totalement absentes. Elles apparaissent dans le corps du texte comme éléments du commentaire de l'auteur. Celui-ci met à profit les informations fournies par les sources pour éclairer les localisations rencontrées dans les *vitae sanctorum*. Ainsi, décrivant au chapitre 62 la Pamphilie, Jean en vient à la Lycie. Il utilise d'abord les textes d'Isidore et de Bède, puis, à propos de Patara, il cite le chapitre XXI des Actes des apôtres et enfin, mentionne la légende de saint Nicolas[129]. Plus loin, le martyrologe lui permet de situer en Lycie la ville de Samo, théâtre de la passion de saint Christophe[130]. On saisit alors un des objectifs de la géographie de Jean : inscrire dans l'espace les textes bibliques et hagiographiques. La géographie contribue ici au sens littéral de l'Ecriture. Par ailleurs, entrant dans la réalité géographique, les textes hagiographiques acquièrent une plus grande crédibilité, semblable à celle que leur confère la chronologie[131]. Passés au travers de ce double crible, le texte hagiographique peut alors figurer parmi les sources historiques.

Nombre de ces sources, rappelons-le, sont en fait compilées par l'intermédiaire du *Speculum historiale* de Vincent de Beauvais. Le savoir géographique de Jean est, encore plus que le savoir historique, un savoir de seconde main. Mais l'utilisation de listes et de cartes révèle, en revanche, une pratique plus originale et plus novatrice.

c) Listes et cartes

Parmi les divers types de sources relevés il y en a deux qu'il convient de traiter à part. Il s'agit tout d'abord du *Provincial*. Jean l'appelle aussi *Cathalogus archiepiscoporum et episcoporum catholicorum*

---

[129] BnF, lat. 15010, fol. 62v-63 : «De hac fuit ortus beatus Nicholaus Mirre urbis que etiam est in Licia, pontifex gloriosus. De hiis duabus habentur actus XXI : "autem venimus Rhodum" dicit Lucas "et in Pateram deinde Mirram". De eisdem quoque et de prefato monte ignem exalante qui est prope Pateram habetur in legenda sancti Nicholai.»

[130] BnF, lat. 15010, fol. 63 : «Item civitas est in Licia secundum Martyrologium dicta Samo in qua passus est sanctus Christophorus martir.»

[131] Dans le passage qui clôt l'*exordium*, tout entier consacré à la nécessité de la chronologie, Jean fait une allusion très claire aux textes hagiographiques : BnF, lat. 15011, fol. 35v (cf. annexe IIIc).

Romane ecclesie subiectorum[132]. Comme ce titre l'indique, le document rassemble, sous forme de listes, l'ensemble des provinces ecclésiastiques de la chrétienté, subdivisées en évêchés suffragants. Le manuscrit BnF, lat. 14703, exemplaire possédé par Saint-Victor, est fort composite et comprend en fait deux textes pouvant correspondre à un *Provincial*. Le premier (fol.124-128), copié d'une main plus ancienne, doit remonter à la fin du XIIIe siècle ou au tout début du XIVe siècle, car il ne prend pas en compte des modifications intervenues par la suite, telle l'érection du siège de Toulouse comme archevêché indépendant de la province de Narbonne. Il n'est même pas sûr qu'il tienne compte de la séparation de l'archevêché de Bordeaux de la province de Bourges en 1305 par Clément V, tant il semble que l'auteur donne cette information de son propre chef[133]. En revanche, le second texte (fol. 242-255v) est rédigé sous le pontificat de Jean XXII si l'on en croit les nombreuses références à ce pontife, en particulier celle qui concerne l'archevêché de Toulouse. Il comporte de plus à la fin une adresse à Michel Paléologue, sans doute Michel IX qui régna de 1295 à 1320. Les références conjointes à Jean XXII et à Michel IX confirmeraient une date de rédaction de ce document entre 1317 et 1320. Malgré quelques variantes textuelles communes avec ce texte, Jean a vraisemblablement plutôt utilisé le premier, car il ne tient jamais compte des modifications apportées par le second[134]. La présence de ce *Provincial* à Saint-Victor est-elle à mettre en relation avec les rapports que l'abbaye parisienne entretient au même moment avec Avignon? Toujours est-il qu'un tel document reflète bien les préoccupations centralisatrices de la papauté. L'administration pontificale, comme les bureaucraties des Etats, se sert de ces listes, tout imparfaites qu'elles soient, pour essayer de se représenter les territoires à gérer[135]. L'utilisation que fait l'auteur du *Memoriale* de ce document témoigne qu'il partage plus ou moins consciemment ces préoccupations administratives ou du moins qu'elles façonnent son propre regard sur le

---

[132] BnF, lat. 15010, fol. 43.

[133] BnF, lat. 15010, fol. 98v: «Sunt itaque tria genera regionum in Aquitania large sumpta, scilicet Aquitania proprie dicta continens Bituriam et Arverniam. Item Provincia et Wasconia que a ma. Hu. de S. V. Galliam Novempopulana vocatur. In hiis autem sunt VII provincie de quibus per ordinem prosequimur, prima et Bituricensis cuius archiepiscopus solet primas vocari, habebat quippe sub se Burdegalensem archiepiscopum et provinciam eius sed hunc eiusque provinciam papa Clemens V anno Domini M°CCC°V° a pretacta subiectione archiepiscopi Bituricensi exemit.»

[134] Toulouse est, dans le *Memoriale,* un siège suffragant de Narbonne, Saragosse (Cesaraugustus), celui de Taragone (Terraconensis), ce qui n'est plus le cas dans le second *Provincial* où l'on précise que cet archevêché a été érigé en siège indépendant.

[135] B. GUENÉE, *L'Occident aux XIVe et XVe siècles. Les États*, 5e éd., Paris, 1993, p. 203.

monde. En effet, à chaque fois qu'il le peut, il termine sa description en donnant le réseau des circonscriptions ecclésiastiques. Pour lui, comme pour ceux qui le lisent, une carte du monde ne saurait se concevoir sans la lecture qu'en fait la géographie ecclésiastique.

Des traces de cette géographie ecclésiastique apparaissaient sans doute déjà sur la *mappa mundi* de Hugues de Saint-Victor. Or, celle-ci figure dans la liste des sources sous l'appellation *Hugo de Sancto Victore in sensibili totius orbis descriptione que mappa mundi communiter appellatur*. Rappelons brièvement, grâce aux travaux de Patrick Gautier Dalché, ce qu'était cette carte dont le grand victorin s'était servi pour rédiger sa *descriptio* deux siècles plus tôt[136]. Il s'agirait d'une carte dont le modèle original remonterait à l'Antiquité tardive (v^e-vi^e siècle, antérieur à Isidore de Séville) ; elle aurait accompagné un traité de géographie aujourd'hui perdu mais dont l'auteur était visiblement chrétien ; elle aurait subi des remaniements et des ajouts tout au long du Moyen Age (en particulier pour l'Europe occidentale), les dernières étapes de cette transmission se plaçant quelques années seulement avant que Hugues n'entreprenne, vers 1130-1135, sa description. Si l'original est malheureusement perdu, une carte de 27 cm de diamètre, figurant dans un manuscrit du xiie siècle conservé à Munich[137], en donne une idée assez précise. Toutefois il semble que la carte de Hugues était de plus grande dimension «vraisemblablement suspendue au mur, comme les mappemondes d'Ebstorf et de Hereford»[138]. Le terme *sensibilis* utilisé par Jean indique qu'il a sous les yeux la même carte ou une copie. Des parallèles entre son texte et celui de Hugues établissent le fait avec certitude[139]. Toujours présente à Saint-Victor au début du xive siècle, au moins sous une forme fragmentaire[140], cette carte devient le support de la description littéraire de Jean. Les usages qu'il en fait paraissent variables : il transcrit certaines légendes, décrit ce qu'il voit, ajoute un commentaire[141]. Il se peut que la carte guide son commentaire comme elle

---

[136] P. GAUTIER DALCHÉ, *op. cit.* Voir en particulier le chapitre intitulé «Le modèle cartographique de la *Descriptio mappe mundi*», p. 59-86.

[137] Munich, Bayerische Staatsbibliothek, Clm 10058, fol. 154v, référence donnée par P. GAUTIER DALCHÉ, *op. cit.*, p. 81.

[138] P. GAUTIER DALCHÉ, *op. cit.*, p. 85.

[139] Voir la démonstration faite par P. GAUTIER DALCHÉ, *La «Descriptio mappe mundi» de Hugues de Saint-Victor : retractatio et additamenta*, in : J. LONGÈRE (Ed.), *L'abbaye parisienne de Saint-Victor au Moyen Age*, (*Bibliotheca Victorina*, 1), Turnhout, 1991, p. 143-179.

[140] Jean ne la cite en effet que pour la Gaule, l'Espagne et l'Afrique du Nord, cf. P. GAUTIER DALCHÉ, *art. cit.*, p.158.

[141] P. GAUTIER DALCHÉ, *art. cit.*, p. 159 et notes 43, 44 et 45.

guide le regard de l'auditoire, peut-être est-ce là le sens du verbe *videre* dont les occurences sont très fréquentes. Mais la carte renvoie aussi à des textes : si Hugues ne cite pas les sources de sa *descriptio*, Jean, lui, le fait. Or, on constate un bagage commun en particulier d'auteurs de l'Antiquité, tels Martianus Capella, Julius Honorius ou encore Jérôme[142]. Ne peut-on imaginer que Jean ait voulu recourir directement aux sources de la *Descriptio* hugonienne ?

S'il est donc sûr que la carte de Hugues est toujours en usage à Saint-Victor au début du XIVe siècle, il n'est pas si facile d'établir des relations entre la *descriptio* et le texte de Jean. En fait, la carte fonctionne plutôt comme un modèle commun aux deux œuvres. Sur le fond, le texte de Hugues n'influence que très peu le travail de Jean : le plan est différent, les *Etymologies* d'Isidore de Séville, absentes de la *Descriptio,* sont largement présentes dans le *Memoriale*. De plus, Jean s'écarte de la *Descriptio,* voire du modèle cartographique, lorsque celui-ci est trop tributaire de sources dépassées. Alors que Hugues retranscrivait textuellement une légende concernant l'Afrique : *Affrica nostra que Hispaniam respicit et vera Affrica dicitur*[143], Jean, conscient de l'anachronisme d'une telle formule préfère écrire : *Et tunc circa annum Domini CCCCXLVI eam Wandali possederunt et regnaverunt ibi nec postea scriptum repperi eam fuisse ab infidelium manibus liberatam*[144].

En fait, la mention de cette carte parmi les sources du *Memoriale*, outre qu'elle est un élément de poids dans le dossier de la *Descriptio mappe mundi* de Hugues, témoigne surtout de la tradition maintenue au XIVe siècle d'appuyer un commentaire géographique sur une représentation figurée du monde. Constatons que sur ce point Jean s'inscrit une fois de plus dans la lignée tant intellectuelle que pédagogique de son grand prédécesseur.

d) Le poids considérable des autorités

Celui qui a parcouru l'ensemble du *Memoriale* est d'emblée frappé par le relevé des sources dans les marges du traité de géographie. S'il arrive dans la chronique de voir mentionnées certaines sources, si certains noms apparaissent en marge du texte, ce n'est jamais aussi systématique. Ici, dans le traité de géographie, le corpus des sources fait donc partie de l'apparat externe, mais l'auteur a également voulu donner ses références à l'intérieur même du texte.

---

[142] Les contacts de la *Descriptio mappe mundi* avec ces auteurs sont étudiés par P. GAUTIER DALCHÉ, *op. cit.*, p. 66-71.

[143] Citée par P. GAUTIER DALCHÉ, *op. cit.*, p. 65.

[144] BnF, lat. 15010, fol. 114.

Chaque passage compilé est introduit par le terme *secundum* suivi du nom de l'auteur ou par l'expression *de .... dicit* [un tel] *quod ...* ; la formule *hec dicit* [un tel] clôt l'emprunt et le sépare de la référence suivante. La citation est bien souvent faite mot à mot, c'est là encore une différence notable par rapport aux libertés prises dans la chronique. Lorsque l'auteur retranche quelques éléments du texte original, c'est parce que celui-ci ne correspond pas tout à fait aux limites qu'il s'est fixées dans ce traité géographique. Ainsi, pour expliquer les mouvements de peuplement en Europe à partir de la Scythie utilise-t-il la description donnée par Sigebert au début de sa chronique. Mais il interrompt sa compilation dès que le Lotharingien évoque la mise en place des royaumes. Les passages abandonnés sont mis en réserve pour le *Tractatus de divisione regnorum* et pour la chronique. Ce traité de géographie apparait donc comme une juxtaposition d'extraits concernant un même sujet. Cette constatation est confirmée par l'auteur lui-même qui emploie à propos de son travail le verbe *colligere*[145].

On peut s'interroger sur les raisons de ce respect de la lettre des sources. Bien sûr il correspond aux affirmations du prologue : «... dans cet ouvrage (...) aussi souvent que je le pourrai, j'utiliserai non seulement les phrases mais les mots mêmes de la plupart des auteurs m'ayant précédé»[146]. Mais ce principe est bien souvent bafoué dans la chronique. Doit-on considérer que la rédaction d'un traité de géographie fait l'objet d'une plus grande rigueur? C'est possible. Il faut également se souvenir du choix d'une méthode encyclopédique. Il semble enfin que les autorités aient, ici, un poids plus considérable que nulle part ailleurs dans l'œuvre. En effet, trois termes, qui sans être absents de la chronique sont ici beaucoup plus fréquents, reviennent sous la plume de Jean pour désigner ses sources géographiques. Ils renvoient moins à la nature des textes qu'à la qualité de ceux qui les ont écrits, les *scriptores, auctores* ou *doctores*. Le pluriel les désigne comme des groupes distincts. Les trois mots sont-ils équivalents? La réponse est malaisée. On est tenté de la chercher chez Vincent de Beauvais car la mise en valeur de telles distinctions n'est pas sans rappeler la hiérarchie d'autorités établie par le dominicain dans les chapitres 11 et 12 de son *Liber apologeticus*, intitulés respectivement *De*

---

[145] BnF, lat. 15010, fol. 64 : «Nam sicut ex dictis sanctorum et doctorum pretactorum et aliorum colligi potest Europa extenditur a Scithia inferiori et Thanai fluvio usque ad extremas partes Hyspanie.»

[146] BnF, lat. 15011, fol. 4v : «Unum autem volo premittere ego, hujus operis compilator, non inventor, quod in hoc toto tractatu majorum auctorum predecessorum meorum, prout potero, non tamen sentenciis sed eciam verbis utar.»

impari auctoritate eorum que excerpta sunt et *De ordine dignitatis eorumdem*[147]. Mais Vincent ne retenant que le mot *doctores*, la relation entre les deux textes n'est pas évidente. Chez Jean, il semble que *scriptores* renvoie à une définition assez large : ceux qui ont écrit, quelle que soit la nature de leur œuvre[148]. Ces *scriptores* sont rarement nommés et le caractère un peu flou de cette catégorie est parfois renforcé par l'emploi de l'adjectif indéfini *aliqui*[149]. Ils semblent postérieurs et aux Pères de l'Eglise et disons aux autorités de l'Antiquité[150]. Leur prestige est peut-être variable, certains, tel Guillaume de Malmesbury[151], sont plus réputés que d'autres. Néanmoins, tous sont auteurs de «textes authentiques» que l'on peut opposer à une opinion publique peu fiable[152]. Les *auctores* et les *doctores* forment une sous-catégorie du monde des *scriptores*. Ils se distinguent de l'ensemble par leur plus grande autorité. Les adjectifs qui les qualifient sont laudatifs, *sancti, insignes, antiqui*. Ils appartiennent aux temps les plus anciens, leurs œuvres constituent les fondements de la connaissance, les références obligées[153]. A coup sûr, derrière *auctores* il faut lire *auctoritates*. L'autorité des *doctores* a ce mérite supplémentaire d'être celle de l'Eglise. Dans ce groupe trois noms sortent de l'ombre : Jérôme, Isidore de Séville et Hugues de Saint-Victor[154].

---

[147] Texte édité par S. LUSIGNAN, *Préface au Speculum maius de Vincent de Beauvais : réfraction et diffraction*, (*Cahiers d'études médiévales*, 5), Montréal, 1979, p. 125-127.

[148] BnF, lat. 15010, fol. 92 : «De hac nempe Senonensium Gallorum audaci et famosa probitate scriptores plurimi tam sancti quam auctores insignes, gentiles et catholici pariter et poete faciunt.»

[149] BnF, lat. 15010, fol. 67 : «Sciendum autem quod Germania superior ab aliquibus scriptoribus ita large sumitur quod Scithie inferioris partem includit.»

[150] BnF, lat. 15010, fol. 34 : «Unde pretacte regiones a scriptoribus qui post Ieronimum et antiquos doctores fuerunt aliter nominibus scilicet nobis nunc notioribus nominantur ...»

[151] BnF, lat. 15010, fol. 46v : «Guillelmus Malmeberiensis ... anglicus gestorum scriptor famosus ...»

[152] BnF, lat. 15010, fol. 90 : «Urbs (Reims) etiam secundum vulgi opinionem antiqua Rome videlicet ut ferunt coena ut pote a Remo fratre Romuli primum facta. Hoc tamen non assero quia in autenticis scriptis non memini me legisse.» Sur la légende de la fondation de Reims par Remus, voir M. SOT, *Un historien et son Eglise : Flodoard de Reims,* Paris, 1993, p. 357-360. Sur ces notions, voir B. GUENÉE, *op. cit.* (rééd. 1991), p.133-140 et du même auteur, *«Authentique et approuvé». Recherches sur les principes de la critique historique au Moyen Age,* in : *Actes du Colloque international sur la lexicographie du latin médiéval,* (Paris 1978), Paris, 1981, p. 215-229.

[153] Ainsi en matière d'étymologie, BnF, lat. 15010, fol. 69 : «Sciendum est enim de istis quod civitas Argentina seu Argentoria secundum auctores nunc Straburgum vocatur.»

[154] BnF, lat. 15010, fol. 53 : «Nabathea pars est Arabie large sumpte. Ideo sciendum quod plures sunt regiones de quibus faciunt mentionem scripture tamquam de regionibus discretis quam tam sub pretactis regionibus continentur sed prefati doctores quos nunc precipue sequimur Ysidorus scilicet et Magister Hugo minime tangunt eas.»

Etablie de longue date, reconnue par tous, l'autorité de ces auteurs s'impose au compilateur : le plan de sa description suit la trame qu'ils ont tissée avant lui, leurs choix deviennent les siens, il ne saurait évoquer un sujet qu'à travers leurs commentaires[155]. Faut-il voir dans ce parti pris propre au traité de géographie un témoignage de son manque d'assurance sur des questions qui lui sont moins familières ? A moins qu'il ne considère le monde habité comme immuable, stable, décrit une fois pour toutes par ces *auctoritates* ? Oui et non, car tout inévitables qu'elles demeurent, ces sommes géographiques héritées de l'Antiquité ne permettent plus à l'homme du XIVe siècle de rendre compte de l'*orbis terrarum*. Le fossé se creuse entre les connaissances livresques à sa disposition et les évolutions du monde qui font l'objet de son projet historiographique. C'est dans cette prise de conscience plus ou moins nette que se dégage l'image du monde telle que se la représente l'auteur du *Memoriale historiarum*.

4. Une vision du monde entre tradition et modernité

Examinons à présent la représentation du monde, l'*imago mundi*[156] que propose le *Memoriale*. A n'en pas douter la visite de l'*orbis terrarum* à laquelle Jean convie son lecteur est organisée par les Anciens. Les trois grandes étapes, Asie (où est placé le paradis terrestre), Europe et Afrique ont été définies au Ve siècle par Orose dans ses *Historiae adversus paganos*. C'est en suivant l'ordre établi par Isidore de Séville que le victorin énumère les différentes régions traversées.

a) Le monde selon Orose et Isidore

Le but de cette description est une géographie des origines. Elle se rattache au récit de la dispersion des fils de Noé après le déluge. Elle vise donc à l'universalité car elle est le lieu de l'histoire du Salut. Mais la recherche des origines passe aussi par la passion de l'étymologie[157]. Chaque région sera d'abord abordée sous l'angle des mots. Là encore Isidore de Séville est le maître incontesté.

---

[155] BnF, lat. 15010, fol. 46v : «Nunc autem aliqua breviter dicamus de locis famosis qua modo sunt intra Iherusalem et circa secundum quod de eis locuti sunt auctores qui de hac materia tractaverunt.»

[156] A. D. VON DEN BRINCKEN, *Die lateinische Weltchronistik*, in : A. RANDA (Ed.), *Mensch und Weltgeschichte. Zur Geschichte der Universalgeschichtsschreibung*. Internationales Forschungszentrum für Grundfragen der Wissenschaften Salzburg, Salzburg, 1969, p. 56-58. Du même auteur, *Das geographische Weltbild um 1300*, in : *Zeitschrift für historische Forschung*, Beiheft 6, *Das Geographische Weltbild um 1300. Politik im Spannungsfeld von Wissen, Mythos und Fiktion*, Berlin, 1989, p. 9-32.

[157] Selon l'expression de B. GUENÉE, *op. cit.* (rééd. 1991), p.184-191.

La rhétorique antique fournit les centres d'intérêt qui rythment la description et structurent les chapitres[158]. L'auteur décrit chaque région, c'est-à-dire qu'il en indique la position et les limites (*descriptio*), il en fait parfois l'éloge (*laudatio*); il traite ensuite des hommes qui habitent cette région, de leurs mœurs et de leurs rites, avant d'aborder les curiosités locales, ce que la rhétorique appelle les *mirabilia* et qu'il rassemble sous le titre plus simple de *De hiis que sunt in* ...[159]. Il respecte aussi souvent que possible la hiérarchisation proposée par Isidore (*Etym.* XIII) : *provincie, regiones, urbes, insule, montes et fluvii*[160].

Ces auteurs antiques fournissent non seulement le canevas mais aussi la matière des chapitres. Et l'on retrouve Orose et Isidore pour la localisation, les propos de ce dernier complétés à l'aide du *Liber Exceptionum*. Bède et Jérôme restent les références pour la Palestine même si les historiens des croisades sont connus et compilés : lorsque Jean se risque à donner quelques distances, fait suffisamment rare sous sa plume pour qu'on le signale, il juxtapose sans commentaire les données de Jérôme et celles de Baudri de Bourgueil[161]. Veut-il évoquer les Perses? il se réfère à Valère-Maxime[162] et au *Contra Iovinianum* de Jérôme ; avec Pomponius Mela il place les Pygmées parmi les divers peuples d'Arabie[163]. Il arrive qu'il complète un paragraphe par un ajout en marge du texte. Cela ne constitue pas une mise à jour car la matière vient du même corpus antique[164]. Pour les *mirabilia*, Solin et son *De mirabilibus mundi* sont largement mis à contribution. La description de Lyon est celle du poète Juvénal, il traite de Rome avec les mots et les connaissances d'Eusèbe, Bède et Isidore, auxquels il ajoute, il est vrai, des extraits de Godefroid de Parme, dont

---

[158] B. GUENÉE, *op. cit.* (rééd. 1991), p.167-168.

[159] Le terme *mirabilia* n'apparaît qu'au dernier chapitre (119) «De aliis que sunt in Affrica». Cette occurence unique et «in extremis» est, par sa place à la fin de la description, équivalente aux chapitres «De hiis que sunt in ...» Mais elle marque aussi une différence que l'on peut mettre sur le compte de l'étrangeté de ce qui est dit à propos de l'Afrique.

[160] BnF, lat. 15010, fol. 64 : «Porro in Europa secundum modum de Asia expeditum sunt provincie, regiones, urbes, insule, montes et fluvii plures.»

[161] BnF, lat. 15010, fol. 47 à propos de la distance séparant Bethléem de Jérusalem : «Post Effrata inquit est regio Bethleem civitatis David in qua natus est Christus in tribu Iuda iuxta viam ubi sepulta est Rachel quinto miliario a Iherusalem (...) Baldricus autem dicit quod Bethleem civitas David, ubi Christus natus est, distat a Iherusalem IIII^or milibus contra meridiem.»

[162] BnF, lat. 15010, fol. 40 (ch. 40) : «Valerius-Maximus in II° libro factorum et dictorum memorabilium versus finem capituli primi.»

[163] BnF, lat. 15010, fol. 41

[164] BnF, lat. 15010, fol. 37, en marge du chapitre 37, un passage de Valère-Maxime, III, 3, sur les peuples du Caucase qui vivent nus et subissent le feu sans gémir.

l'œuvre appartient au genre des *Mirabilia Romae* qui se développe au XII[165] siècle[165].

Le monde des Anciens, repris dans le *Memoriale*, est un monde statique, peuplé une fois pour toutes. Les apports du XIIe siècle sont pris en compte mais n'ont pas fondamentalement bouleversé l'image du monde : si on fait davantage attention aux mœurs des peuples, on les décrit à l'aide de sources anciennes, comme les *Facta et dicta memorabilia* de Valère-Maxime. Cet intérêt ne va jamais jusqu'à des considérations démographiques ou économiques ou même jusqu'à une simple observation des activités humaines que l'on peut relever, quelques années plus tard, chez un Ranulf Higden ou, plus tard encore, chez un Jean de Mandeville[166].

b) La prise de conscience d'une inadaptation de la géographie traditionnelle au monde moderne

Dans deux domaines au moins Jean est obligé de constater que les connaissances, les usages et la vision globale des géographes de l'Antiquité ont subi des modifications : la toponymie et l'apparition de nouveaux peuples sur la scène du monde. Ces deux questions sont d'ailleurs étroitement liées l'une à l'autre.

L'auteur est parfaitement conscient des évolutions de la toponymie. Il tient même à en avertir son lecteur au tout début de sa description, prenant bien soin de préciser que le phénomène avait déjà été mentionné par Hugues de Saint-Victor. Il choisit de reprendre les noms que l'usage a retenus[167]. Dans les faits, il donne généralement les deux formes mais on voit parfois sa plume hésiter entre l'ancienne et la nouvelle dénomination : énumérant les évêchés suffragants de Mayence, il cite Strasbourg et écrit *Argentinensem*, raye le nom, rajoute dans l'interligne *Strasburgensem* et finalement s'explique dans un renvoi au bas du feuillet : *Sciendum est enim de istis quod civitas Argentina seu Argentoria secundum auctores, nunc Strasburgum*

---

[165] BnF, lat. 15010, fol. 82v, cf. J. B. Ross, *A study of Twelfth-Century Interest in the Antiquities of Rome*, in : J. L. Gate et E. N. Anderson (Ed.), *Medieval and Historical Essays in Honor of J. W. Thompson*, Chicago, 1938, p. 302-321. Voir aussi H. Taviani-Carozzi, *Les voyageurs et la Rome légendaire au Moyen Age*, in : *Voyages, quête, pélerinages, dans la littérature et la civilisation médiévale*, Colloque du CUERMA, Sénéfiance, 2 (1976), p. 9-23.

[166] Jean de Mandeville, *Voyage autour de la Terre*, texte traduit et commenté par Ch. Deluz, Paris, 1993. Sans être le grand voyageur qu'il prétend, Jean de Mandeville connaît personnellement certaines régions, comme le Proche-Orient pour lequel il peut donner un témoignage original. De toute façon, pour les régions qu'il n'a pas lui-même visitées, il utilise le témoignage des voyageurs du XIVe siècle.

[167] BnF, lat. 15010, fol. 34, cf. supra n. 150.

vocatur[168]. On le sent partagé entre les noms donnés par ses sources et l'usage de son époque, entre le goût de l'érudition et les contraintes pédagogiques. Celles-ci l'incitent avant tout à se faire comprendre de lecteurs à qui, depuis le XIIe siècle, les toponymes antiques ont cessé d'être familiers[169]. Il le fait parfois à regret, ainsi à propos de Metz : *Methis que Mediomatricum solet dici*[170] ; de même, citant les villes de la province de Canterbury, il donne des formes latines abâtardies pour Rochester (Rowestria), Colchester (*Clocestria*) mais écrit Douvre en ajoutant *vulgariter appelatur*[171].

Sa capacité à donner les anciens toponymes paraît également dépendre de l'éloignement et de la connaissance personnelle qu'il a des lieux désignés. Enumérant les diocèses qui composent la province ecclésiastique de Sens, il nomme sans difficulté Auxerre (*Autysiodorum*), Chartres (*Carnotum*), Meaux (*Meldis*), Orléans (*Aurelianis*) dont il peut donner grâce à Hugues de Fleury le toponyme gaulois (*Gennabus*) et bien sûr Paris (*Lutecia*). Mais déjà, il écrit Nevers, précisant toutefois, toujours grâce à Hugues de Fleury, qu'on devrait dire *Niverdunus*[172]. En revanche, lorsqu'il aborde des provinces plus méridionales, comme la Gascogne ou le Poitou, on le voit hésiter entre formes latine et française, voire même latiniser des toponymes dont il ignore la forme ancienne : si La Rochelle est appelée *Rupella*, Blaye *Blavia*, Riom *Rionna ou Rioncium*, Loches est dite tout simplement *Loche*[173].

c) Intégrer les nouveaux peuples dans un espace hérité des Anciens

La seconde difficulté rencontrée par notre auteur est provoquée par l'apparition de nouveaux peuples. Et là, ses positions sont beaucoup moins claires et moins avouées. Le problème est en fait une conséquence de la géographie des origines à laquelle Jean de Saint-Victor adhère. Le nombre des peuples issus des trois fils de Noé est connu, leurs noms également, de même les lieux vers lesquels ils se

---

[168] BnF, lat. 15010, fol. 69.

[169] P. GAUTIER DALCHÉ, *Un problème d'histoire culturelle : perception et représentation de l'espace au Moyen Age*, in : *Médiévales*, 18 (1990), p. 5-16.

[170] BnF, lat. 15010, fol. 69.

[171] BnF, lat. 15010, fol. 104v.

[172] BnF, lat. 15010, fol. 93v : «Est autem Senonis metropolis sita inter Burgundiam et Franciam stricte sumptam. Unde etiam VII urbium que sub ea sunt quomodo ad regimen prelationis, quedam in Burgundia, puta Autysiodorum et Nevers que etiam Niverdunus secundum Hugonem Floriacensis solet dici, quedam in Franciam scilicet Carnotum, Aurelianis que etiam Gennabus secundum eumdem, Parisiusque etiam Lutecia et Meldis, quedam in Campania gallica puta Trecas dicuntur communiter esse site.»

[173] BnF, lat. 15010, fol. 101.

sont dispersés[174]. Cette communauté d'origine, cette universalité se révèle dans un espace habité que l'on appelle l'oekoumène. Cette notion est d'autant plus forte qu'elle s'est traduite politiquement par la domination romaine et l'expansion du christianisme qui lui fut conjointe. Dès lors les nouveaux peuples, Hongrois, Mongols, «ne pouvaient être que des peuples déjà connus des Romains, qui avaient simplement changé de nom et d'habitation dans le cours des siècles»[175]. Ceux qui, avant Jean, avaient rencontré ces peuples nouveaux, que leurs sources anciennes ne mentionnaient pas, ne s'étaient que rarement intéressés à la question de leurs origines[176].

Trois exemples tirés du *Memoriale* peuvent donner une idée de la façon dont son auteur traite cette question. Il s'interroge tout d'abord sur certains noms donnés par ses sources. Au chapitre 90 il évoque les diverses divisions de la Gaule et en arrive à celle de Pomponius Mela :

> «Sed et Pomponius ubi supra ponit aliam populorum Gallie divisionem antiquam, scilicet quod populorum Gallie tria in summa nomina sunt terminanturque fluviis ingentibus. Nam a Pireneo ad Garunnam Aquitani, ab eo ad Sequanam Celte. Inde ad Rhenum pertinent Belge. Aquitanorum clarissimi sunt Absci, Celtarum Edui, Belgarum Treveri, et subdit de urbibus pro tempore illo famosis. Urbesque, inquit, opulentissime sunt Treveris Augusta, in Eduis Augustidunum (sic), in Abscis Heliumberrum. Hec ille. Ego autem credo quod ipse Pomponius Abscos vocavit Aquitanos et Heliumberrum Bituricensem urbem[177].»

La dernière phrase témoigne de sa perplexité devant des noms qu'il ne parvenait sans doute pas à situer et la manière dont il a surmonté la difficulté. La solution retenue est adoptée quelques années plus tard par Paulin de Venise dans son *De mapa mundi,* sans la moindre discussion[178].

---

[174] BnF, lat. 15010, fol. 31 (ch. 30) : «Quantum ergo ad presens cum Augustino XVI° de Civitate Dei ca° IIII° dicamus quod in summa omnes progeniti de filiis Noe, id est XV de Japhet, XXXI de Cham, XXVII de Sem, LXXIII fuerunt vel magis LXXII gentes non homines ut consequenter declarat et alii satis concordant et ab hiis disperse sunt insule gencium et gentes in regionibus suis post diluvium super terram.»

[175] P. Gautier Dalché, *art. cit.*, p. 13.

[176] P. Gautier Dalché, *art. cit.* (1989), p. 296-298.

[177] BnF, lat. 15010, fol. 88v.

[178] Les deux extraits sont mis en parallèle par P. Gautier Dalché, *art. cit.* (1991), appendice III, p. 169-173. Cette édition de l'article *Gallia* chez les deux chroniqueurs vient en démonstration de la thèse de l'auteur selon laquelle Paulin de Venise a eu le *Memoriale historiarum* entre les mains. Voici le passage de Paulin : «Pomponius ponit antiquam divisionem populorum Gallie, tria nomina in summa, Aquitanos a Pyreneo usque ad Caronam, ibi Biturim, Celtos a Carona usque ad Sequanam, ibi clarissimi Edui ubi Augustodunum, Belge a Sequana usque Renum, horum clarissimi Treveri, ibi Augusta». On constate qu'il a supprimé la mention des *Abscos* <sic> et celle d'*Heliumberrum*, employant directement *Aquitanos* et *Biturim*.

Le second exemple a trait aux peuples installés en Scythie (ch. 65). Voici ce que Jean écrit à leur sujet :

«Non solum Alani, Gothi et Daci sunt gentes Scythie inferioris, ut ponit Ysidorus ubi supra, sed etiam plures alii secundum magistrum Hugonem et Sigibertum, puta, Gepides, Rugi, Bulgari, Huni vel Hungari, Frisones, Nores et Slavie. Et cum prefatis Sigibertus ubi supra addit Wandalos, Winilos seu Longobardos et Turcos et Ysidorus IX° Ethym. adiungit Bessos et Sarmatas, item Ma. Hugo in chronicis et X° Exceptionum ca° ultimo superaddit Northmannos. Hii omnes quorum plures Romanum imperium et regna gentesque Christianorum nimium vexaverunt et diversis temporibus afflixerunt, sicut infra suo loco patebit[179].»

D'une certaine manière, il constate à travers ce paragraphe que la liste établie par Isidore au début du VIIe siècle est depuis longtemps jugée caduque puisque Sigebert et Hugues de Saint-Victor l'ont modifiée. Néanmoins, il cite ces modifications pêle-mêle sans en donner la chronologie (Sigebert vient avant Isidore), ni surtout les motifs. En fait, il semble que la question de l'origine de ces peuples ne l'intéresse pas ou est trop complexe pour qu'il la traite en détail. La dernière phrase est significative de ce qu'il souhaite que son lecteur retienne : tous ces peuples venus de Scythie, ont été des ennemis de l'empire romain et de la chrétienté. Ils vivent sur les marges dangereuses de l'oekoumène. Il confirme cette opinion en conclusion de son chapitre suivant (ch. 66) en écrivant :

«In Scithia itaque prout tactum est sunt gentes seu modi populorum XV cim vel amplius aut fuerunt in insulis et terris. De quibus sufficiat ista dicta fuisse que tota terra barbarica nominatur[180].»

Bien qu'il n'y ait pas dans le *Memoriale* d'emplois bien distincts entre *gens* et *populus,* on constate dans la partie géographique qu'il nomme ces groupements de population dont l'origine est incertaine *gens*, et qu'ils reçoivent avec parcimonie et méfiance le titre de «peuple» (*populus*).

Mais il est encore d'autres peuples qui ont surgi sur la scène du monde habité depuis les listes données par Sigebert et même par Hugues. Ainsi les Tartares. Là, Jean esquive le problème. En conclusion du chapitre sur l'Inde (ch. 37) il signale simplement qu'ils furent des adversaires du fameux Prêtre Jean et qu'ils s'emparèrent du

---

[179] BnF, lat. 15010, fol. 64v-65.
[180] BnF, lat. 15010, fol. 66v.

richissime royaume d'Inde[181]. L'occasion était pourtant belle de faire une digression sur ce nouveau peuple. Il en avait la matière grâce au *Speculum historiale* de Vincent de Beauvais, dont le livre XXXI contient de longs extraits des œuvres de Jean de Plancarpin et de Simon de Saint-Quentin. De qualité certes inégale, ils offraient du moins l'intérêt d'être le résultat d'observations sur le terrain[182]. Le victorin les écarte-t-il parce qu'il les juge peu dignes de confiance sur certains points? Ce qu'il dit à propos de la lettre du Prêtre Jean (*item de divitiis et gloria sua quorum plura incredibili videntur et falso*) serait alors à mettre sur le compte de ceux qui ont rapporté le contenu de cette missive. On pourrait en fait émettre l'hypothèse suivante: lorsque son époque est concernée et que les autorités textuelles ne sont plus là pour exercer leur pression, il se montre plus pointilleux quant au sérieux de ses moyens d'information, préférant ne rien dire plutôt que de reprendre d'inutiles *mirabilia*. N'ayant pu trouver aux Tartares une place certifiée dans l'*orbis terrarum,* il en renvoie la présentation vers la chronique. Là, en effet, il les mentionne à plusieurs reprises.

Il est malaisé de tirer des conclusions définitives de ces trois exemples. Tout au plus peut-on dire que la question de la mutation des noms de peuples est bien présente. Jean a conscience que de nouveaux peuples apparaissent mais il reste plus que prudent quant à leur origine, préférant s'en tenir à leur intervention dans l'histoire.

Car le rôle de cette histoire est à ses yeux fondamental. C'est elle qui fait bouger les structures du monde qu'il décrit. Sans doute ne dit-il pas les choses ainsi, mais on remarque finalement dans son œuvre la juxtaposition de deux descriptions: celle qu'il hérite des Anciens et que nous venons d'évoquer, selon l'expression de Bernard Guenée, «mer de routine où l'on a jeté quelques gouttes de nouveauté»[183], et une seconde, dont il n'est peut-être pas totalement conscient mais où, d'une plume plus personnelle, il montre le monde qui est le sien. De ce monde il nous reste à parler.

---

[181] BnF, lat. 15010, fol. 37: «Porro de bellis eiusdem presbyteri Ioannis contra Tartaros Indiam invadentes et quomodo ipse primo et post filius eius David et successor in regno sunt a Cigischam rege Tartarorum occisi tuncque regnum opulentissimum Indie in manus Tartarorum devenit tangetur ibidem scilicet III° tercie partis libro.»

[182] B. Guenée, *op. cit.* (rééd. 1991), p. 173-174.

[183] B. Guenée, *op. cit.* (rééd. 1991), p. 175.

5. Le monde selon Jean de Saint-Victor

Quelle géographie intéresse finalement l'auteur du *Memoriale*? Reprenons ce qu'il dit au début de son traité, au chapitre 32 :

> «Hiis habitis specialius videamus quomodo ex pluribus posteris trium filiorum Noe plures distincte gens vel nationes in diversis mundi partibus processerunt. Deinde de tribus mundi partibus in ca° supra nunc pretactis et de regionibus et urbibus pluribus montibusque insulis et fluminibus ipsarum regionum communiter tangemus[184].»

L'évocation successive des régions, des villes, des montagnes et des fleuves constitue donc le noyau de l'information donnée. Les sujets choisis n'ont rien de très original. Ce sont ceux que retenaient déjà les Anciens. Les trois derniers éléments relèvent de ce que nous appelons la géographie physique, les deux premiers de la géographie humaine. Mais il serait dangereux de plaquer une conception moderne de la géographie sur celle d'un homme du XIVe siècle. Disons simplement que la géographie de Jean fait peu de place aux activités humaines. L'agriculture, l'artisanat, le commerce et les déplacements qu'il suscite, sont passés sous silence. Sur ce dernier point son texte paraît même en-deçà de l'intérêt porté par Hugues à la *navigatio*[185]. On chercherait en vain chez lui, même pour les régions dont il est le plus proche, l'équivalent des remarques de Gervais de Tilbury sur les Provençaux ou de la description du travail de la laine en Flandres que font Barthélémy l'Anglais et Ranulf Higden[186]. Nous sommes bien sûr encore plus éloignés des observations faites quelquefois sur le terrain par un Jean de Mandeville, une trentaine d'années plus tard. Comme c'est encore largement le cas au XIVe siècle, le *Memoriale historiarum* nous met «en présence d'une géographie soucieuse des limites, des divisions, des dominations, plus que de la population, des mœurs ou des voies de communication»[187]. Cependant, à travers cette grille de lecture héritée de la tradition, l'auteur décrit un monde en pleine mutation. Il constate que chacun des termes, limites, divisions, dominations, renvoie à des réalités différentes de celles connues des Anciens. Il s'efforce constamment d'indiquer les nouvelles limites, les nouvelles divisions, les nouvelles dominations.

---

[184] BnF, lat. 15010, fol. 32v.

[185] P. GAUTIER DALCHÉ, *op. cit.*, p. 103-111.

[186] Sur cette intégration de la géographie économique, voir P. GAUTIER DALCHÉ, *art. cit.* (1990), p.296.

[187] Ch. DELUZ, *Le livre de Jean de Mandeville : une géographie au XIVe siècle*, Louvain-la-Neuve, 1988, p. 128.

a) Des limites fluctuantes

La description des peuples et de leurs mœurs doit donc beaucoup aux géographes de l'Antiquité et aux mythes qu'ils développèrent. Jean est cependant très attentif aux questions linguistiques et apporte sur ce point sa réflexion personnelle. En introduction à son chapitre 69 intitulé *De Alemannia*, il écrit : «On appelle Allemagne selon l'usage moderne une partie de la Germanie, à savoir la totalité de la Germanie inférieure. On l'appelle aussi *Theutonia* à cause de la langue teutonique que les hommes de cette région utilisent. Les habitants de cette région devaient être appelés Helvètes»[188]. Il reprend le même argument quelques lignes plus bas lorsqu'il énumère les différentes provinces d'Allemagne. «Il faut compter» dit-il, «l'Autriche, la Thuringe, Hesbaye (ou Haspengauw), les Ardennes, la Lotharingie et il arrive qu'on y ajoute la Saxe et la Souabe selon l'usage dont nous avons parlé plus haut, en raison de leur proximité et, parce que dans ces deux régions on parle le teuton»[189]. *Germania* et *Helvetii* sont ici des survivances de l'ancienne géographie savante, ces noms témoignent de l'érudition de l'auteur et de son souci d'établir un lien entre le monde actuel et celui de ses sources, de sa culture livresque. Mais sur le fond, les mots *theutonicus* et *Theutonia,* apparus respectivement aux IXe et XIIe siècles, bien que d'origine populaire, ont définitivement acquis leur sens. Ils servent à identifier une communauté, à la distinguer des autres[190].

Cet exemple permet d'éclairer l'évolution du rôle de la langue. La *descriptio*, insérée dans la chronique universelle au moment de la dispersion des fils de Noé, était tout naturellement précédée de l'épisode de la Tour de Babel[191]. Dans l'épisode biblique, la diversité des langues devenait malédiction. Au XIVe siècle, sous la plume de Jean et de bien d'autres, elle est devenue un élément plus important, plus sûr que la physionomie ou les mœurs pour définir une communauté humaine vivant sur un même territoire. Elle s'impose bientôt

---

[188] BnF, lat. 15010, fol. 68v : «Germanie pars est etiam Alemannia que secundum modernum usum loquandi inferiorem Germaniam totam tenet vocatur et Theutonia propter theutonicum ydioma quo homines illius regionis utuntur. Solebant autem Helvetii regionis illius incole nominari.»

[189] BnF, lat. 15010, fol. 68v : «Provincie igitur Alemannie sunt Austria, Thuringia, Hasbania, Ardenna, Lotharingia invenitur associari Saxonia et Suevia secundum modum pretactum (propter vicinitatem) quod etiam utrique theutonico sermone utuntur ...»

[190] B. Guenée, *op. cit.* (rééd. 1993), p. 114-116.

[191] BnF, lat. 15010, fol. 31 (ch. 30) : «De edificacione turris Babel et confusione linguarum et divisione posteriorum Noe.»

comme le principe unificateur d'une nation[192]. Evoquer le *theutonico sermone*, le *theutonicum ydioma*, désigner ceux qui l'utilisent en les regroupant dans un même ensemble, c'est en fait reléguer le latin au rang de langue seconde par rapport aux langues «maternelles» qui s'affirment, c'est finalement reconnaître la disparition de l'empire univerel au profit de l'émergence des nations.

b) Les divisions: la géographie ecclésiastique, le nouveau cadre de l'universalité

A côté des limites, toujours par souci d'ordonner leur description du monde, les géographes de l'Antiquité avaient pris l'habitude de diviser les parties de l'*orbis terrarum*. Le cadre administratif de l'empire romain leur en avait offert la plus belle possibilité. L'œuvre de Jean de Saint-Victor garde la trace de ces anciennes divisions mais elle témoigne aussi de leur évolution. Il n'est que d'observer les différents sens qu'il propose du mot *provincia*. L'emploi n'en est pas toujours rigoureux comme le montre l'exemple de la Judée: «il faut comprendre de ce qui vient d'être dit que Judée désigne parfois la totalité de la Terre Promise et parfois à plus strictement parler une région de Perse ou rattachée généralement à la province de Syrie et une partie distincte de la Palestine limitrophe de la Samarie et de la Galilée, comme nous l'avons montré plus haut au chapitre 45. Cela peut prêter à confusion lorsqu'il s'agit de situer les villes et les lieux. Car la Judée au sens large comprend une part de l'Arabie et de la Syrie, la Phénicie et la Palestine avec ses trois provinces déjà citées, la Galilée, la Samarie et la Judée proprement dite, et sur cette question on peut interpréter différemment certaines paroles de la Bible et des auteurs»[193]. Au-delà des difficultés qu'engendrent les différentes acceptions du mot Judée, nous retiendrons ici les deux occurences de *provincia*. La première est bien une survivance de l'empire romain, la seconde indique une subdivision quelconque, synonyme de *pars* ou de *regio*.

---

[192] B. GUENÉE, *op. cit.* (rééd. 1993), p. 117-119.

[193] BnF, lat. 15010, fol. 51v: «Intelligendum tamen est iuxta predicta quod Iudea aliquando sumitur large pro terra Promissionis et aliquando magis stricte videlicet prout est regio Perse seu provincia Syrie generaliter sumpte et pars Palestine distincta contra Samariam et Galyleam et de hoc tactum est iam supra ca° XLV°. Hoc potest valere ad determinandum dubia et contra forsitan orientur circa pretactam assignationem urbium et locorum. Iudea namque large sumpta continet partem Arabie et Syrie Feniciamque ac Palestinam cum suis tribus provinciis stricte sumpta et super hoc diversi mode possunt intelligi quadam verba de hac materia Biblie vel auctorum.»

La liste des *provinciae* est fournie par la lecture d'Isidore de Séville et de Hugues de Saint-Victor. Elle constitue aussi une échelle dans le cours de la description après les *partes mundi* et les *regiones*. Mais progressivement, le sens ecclésiastique de *provincia* va se superposer aux autres et finalement l'emporter. Ceci devient tout à fait net lorsque Jean aborde les régions qui lui sont familières. Son découpage de la Gaule correspond à celui des Romains, mais à l'intérieur de ce premier découpage, il en présente un second qui est celui des provinces ecclésiastiques. Après les chapitres traitant de la Gaule en général, il intitule son chapitre 92 *De divisione Gallie et primo de Belgica*[194]. Dans ce chapitre on lit : «La troisième province de la Gaule Belgique est celle de Reims dont la métropole est Reims, ville fameuse ...»[195]. Le choix de la géographie ecclésiastique est confirmé par l'énumération des diocèses de chaque province : «de même, dans le diocèse de Soissons on trouve le château de Compiègne ...»[196].

En fait, les subdivisions administratives de l'Eglise sont précisées à chaque fois que cela est possible. Lorsque l'auteur dispose de l'information, il l'ajoute en fin de chapitre, au moment où il traite des villes. Celles-ci sont avant tout présentées comme des sièges épiscopaux. *Urbs, civitas* et *dyocesis* sont souvent synonymes. La position à l'intérieur du chapitre indique que le découpage ecclésiastique est le stade final, achevé, de la division, celui que les lecteurs doivent retenir.

Il arrive cependant qu'en raison d'invasions ou de troubles divers ce découpage ne corresponde plus à la réalité. Il est néanmoins maintenu par l'auteur qui entend ainsi insister sur la permanence des structures ecclésiales, plus fortes que les aléas passagers de l'histoire. Le cas le plus manifeste est celui de la Terre Sainte. Voici ce qu'il écrit de Jérusalem, dont la perte pour les chrétiens remonte à près de soixante-dix ans : «Jérusalem est la ville principale de Judée, dans laquelle vit un patriarche ayant pour évêques suffragants ceux d'Ebron, de Lydda, de Bethléem et d'Ascalon, dont il a été question plus haut ; il y a également trois archevêques avec leurs suffragants, à savoir celui de Tyr, celui de Césarée et celui de Nazareth»[197]. Le

---

[194] BnF, lat. 15010, fol. 89v.

[195] BnF, lat. 15010, fol. 90 : «Tercia provincia Gallie Belgice est Remensis, cuius metropolis est Remis, urbs famosa ...»

[196] BnF, lat. 15010, fol. 90 (marge) : «Item in dyocese Suessionense est Compendium castrum bonum ...»

[197] BnF, lat. 15010, fol. 46 : «Iherusalem est urbs principalis Iudee, in qua est patriarcham habens episcopos suffraganeos Ebronensem, Liddensem, Bethlemitam et Ascalonensem de quo supra; archiepiscopos etiam habet tres cum suffraganeis suis, videlicet Tyrensem, Cesariensem et Nazarenum.»

temps s'est arrêté en 1244! En revanche, il indique la situation d'Antioche avant sa chute en 1268 : «Nous allons à présent parler d'Antioche de Syrie où siégait le quatrième patriarche lorsque la ville était entre les mains des chrétiens»[198]. Il précise un peu plus loin que ce patriarchat comprenait cent cinquante trois églises cathédrales[199]. L'exemple le plus extrême de la nostalgie ou de l'idéalisation de la chrétienté est sûrement Carthage dont Jean rappelle qu'elle était, au temps de saint Augustin, la métropole de l'Afrique et siège archié-piscopal[200].

Si l'auteur maintient tant bien que mal des régions perdues au sein de la chrétienté, il s'efforce aussi d'y intégrer des territoires récemment conquis au christianisme. Et ce n'est pas toujours simple, car les documents qu'il utilise, essentiellement le *Provincial,* ne sont visiblement pas à jour. Il déplore parfois des lacunes, ainsi à propos de l'Espagne : «Je n'ai rien trouvé de bien certain en ce qui concerne le nombre et les noms des villes d'Espagne, car ni l'histoire de Turpin, ni maître Hugo, ni même le *Provincial* romain ne mentionnent toutes les villes»[201]. Il aurait pourtant souhaité donner une image plus précise de cette Espagne reconquise sur les Sarrasins. Une situation semblable se présente à l'est de l'Europe et on le voit suppléer à sa documentation par des déductions : «En Saxe, il y a un duc catholique mais je n'ai pas trouvé avec précision les noms des villes ou des dio-cèses de cette région, de même pour les régions suivantes, la Bavière, la Bohême et la Pologne, régions dans lesquelles on rencontre des ducs ou des princes et des sujets chrétiens ; si, comme je le pense, leurs villes et diocèses appartiennent aux archevêchés de l'Allemagne au sens large, nous allons en parler au chapitre suivant ; comme les villes de Pologne relèvent de l'archevêché de Magdebourg, de même dit-on que les autres relèvent d'autres archevêchés selon un mode

---

[198] BnF, lat. 15010, fol. 42v : «De Anthyochia Syrie nunc loquimur in qua quando fuit in manus christianorum erat patriarcha IIII^{us}.»

[199] BnF, lat. 15010, fol. 43 : «Nam secundum quod legitur in cathalogo archiepis-coporum et episcoporum catholicorum Romane Ecclesie subiectorum in Antyocheno patriarchatu sunt CLIII ecclesie cathedrales ...»

[200] BnF, lat. 15010, fol. 110v : «Ipsa namque Carthago que tempore sancti Augus-tini et ante erat Affrice metropolis prout tactum est de Hugo Flor., sedes regalis primum et post archiepiscopalis tempore fidei ...»

[201] BnF, lat. 15010, fol. 103 : «De numero et nominibus urbium Hyspanie nichil bene certum inveni quia nec hystoria pretacta Turpini nec Ma. Hugo ubi supra nec eciam Provinciale Romanum commemorant omnes urbes.»

semblable»[202]. Avec l'Espagne et l'Europe centrale il atteint les limites de la chrétienté telle qu'il peut en rendre compte. Prisonnier de ses sources, en particulier d'un *Provincial* peu à jour, il ne dit rien des tout nouveaux évêchés nés des missions en Orient[203].

Néanmoins, son intérêt pour la géographie ecclésiastique amène deux réflexions. La première porte sur la notion d'universalité. Parti d'une origine commune de l'humanité, appelée à un même Salut, l'auteur aboutit tout naturellement à sa traduction terrestre qu'est l'Eglise. De là son effort pour englober le plus largement possible les régions dans un espace marqué par la présence ecclésiastique. D'autre part, l'entreprise doit être replacée dans le cadre de la centralisation pontificale, et plus largement, de la réflexion que mène l'Eglise sur son gouvernement, sur son administration. Depuis le concile de Lyon en 1274, les instances de l'Eglise ont pris conscience de l'espace de la chrétienté, prêtant attention aux mesures, cherchant des frontières, un centre[204]. En près de quarante ans cette nécessité d'une configuration de la chrétienté est devenue chaque jour plus indispensable à son administration. Mais elle est également devenue familière aux intellectuels. Il se peut qu'à partir de 1309, date à laquelle le centre géographique de l'Eglise se déplace de Rome vers Avignon, le souci de se représenter l'espace chrétien, dans sa totalité, dans son ordonnance, se soit davantage fait sentir[205]. Le *Memoriale* serait alors un témoignage de cette prise de conscience.

c) Les dominations : la géopolitique

Le vocabulaire est là qui révèle la préoccupation. Les termes *dominatio, dominium, dominus,* viennent facilement sous la plume de Jean. Le seigneur de Calabre est appelé prince de Tarente, de même

---

[202] BnF, lat. 15010, fol. 67v : «In Saxonia est dux catholicus, urbium vero Saxonie seu dyocesum nomina non inveni distincte, similiter nec aliarum sequentium regionum Baiorie, Boemie et Polonie, in quibus sunt duces seu principes hominesque subditi christiani, earum siquidem, ut arbitror, urbes ac dyoceses sub archiepiscopatibus Alemannie large sumpte, de quibus infra tangemus capitulo proximo ; continentur sicut urbes Polonie sub archiepiscopatu Magdeburgensi contineri dicuntur et alie sub aliis pari modo.»

[203] En 1305, Clément V prend la décision de créer à Khanbalik (Pékin) un archevêché dont le franciscain Jean de Montecorvino devait le premier occuper le siège. L'existence de cette province ecclésiastique sera assez éphémère, elle disparaît vers 1404. Sur cette question, voir J. RICHARD, *La Papauté et les Missions d'Orient au Moyen Age (XIIIᵉ-XVᵉ siècles)*, Rome, 1977.

[204] C'est l'idée développée par J. LE GOFF dans son article, *Le concile et la prise de conscience de l'espace de la Chrétienté*, in : *1274, année charnière. Mutations et continuités.* Colloques internationaux CNRS n° 558, Paris, 1977, p. 481-489.

[205] J. LE GOFF, *art. cit.*, p. 489.

UNE HISTOIRE UNIVERSELLE

qu'il y a en Apulie un duc[206] ; la Corse et la Sardaigne sont sous domination de certaines cités italiennes[207] ; à Constantinople, il y avait depuis Constantin des empereurs chrétiens, mais à présent le pouvoir est aux mains de Demetrius *Peralyologus Grecorum*[208].

A plusieurs reprises, on voit l'auteur définir les structures politiques contemporaines de la région qu'il décrit. Ces commentaires, insérés dans les passages ou chapitres consacrés aux peuples, ont souvent une tournure personnelle. L'information orale, que l'on devine à travers les *ut fertur, dicuntur ...*, remplace ici les sources écrites. Ainsi l'Ecosse a-t-elle son propre roi, alors que l'Irlande, à ce que l'on dit, est sous la coupe du roi d'Angleterre[209]. Jean précise, à la fin de son chapitre *De Saxonibus,* qu'en Saxe il y a un duc catholique tout comme la Pologne a des ducs ou des princes. Les titres sont donnés avec précision : l'Autriche a à sa tête un duc, la Thuringe un landgrave, ailleurs gouvernent des ducs et des comtes[210].

Parmi tous les peuples qu'il évoque, seuls ceux qui sont à l'origine d'un royaume chrétien retiennent son attention. L'espace chrétien se définit aussi par sa traduction politique, un ensemble de royaumes, dont les titulaires se reconnaissent fidèles de l'Eglise. Ceci est particulièrement vrai sur les marges de cet espace, en Saxe, Bavière, Bohème et Pologne, l'Allemagne est la ligne d'avancée vers l'Est, tout comme le sud de l'Italie au contact avec le monde grec orthodoxe, sorti, exclu de la chrétienté depuis 1054 et dont la réintégration dans le giron de Rome paraît de plus en plus improbable.

A travers ces quelques commentaires paraît d'abord confirmé le rôle dévolu à la géographie dans l'ensemble du *Memoriale* : tisser la toile de fond de l'histoire de l'humanité, de l'histoire de l'Eglise et

---

[206] BnF, lat. 15010, fol. 85 : «In Calabria seu Tharento est dominus catholicus qui princeps Tharenti vocatur et in Apulia dux etiam solet esse et ipsis infra aliquando fiet sermo.»

[207] BnF, lat. 15010, fol. 86 : «Et hec insule due nunc sub dominatio civium Pisanorum et quorumdam aliorum Ytalicorum esse dicuntur.»

[208] Cette mention montre bien les limites des informations de l'auteur. Il connaît la dynastie des Paléologues, encore qu'il en écorche le nom, mais il ignore Andronic II qui règne au moment où il écrit. En revanche, il semble connaître son fils, Demètre, alors despote de Thessalie.

[209] BnF, lat. 15010, fol. 107v : «In eis divisis postmodum singuli reges fuerunt et hiis diebus ut fertur rex Anglie tenet regnum Hibernie sed in Scotia proprius rex habetur.» Robert Bruce a été couronné en 1306 et la victoire de Bannockburn en 1314 lui permet d'arracher le contrôle du pays aux mains des Anglais. A partir de 1315, son frère Edouard s'efforce, en vain, de se tailler un royaume en Irlande.

[210] BnF, lat. 15010, fol. 68v : «In pretactis siquidem provinciis sunt duces et comites, archiepiscopi et episcopi plures, Austrie dominatur dux, Thuringie landegravus et similiter in aliis duces et comites principantur.»

des royaumes, donc introduire le propos de la troisième partie, la chronique. Par les renvois constants d'une partie à l'autre de son *Memoriale,* l'auteur rappelle sans cesse la conception globale de son œuvre. Mais se dessine aussi sous sa plume l'espace réel qui sera celui de la chronique. Certes, l'universalité reste la théorie en arrière-plan, elle apparaîtra encore dans le *Tractatus de divisione regnorum* voire dans le système de datation externe, du moins au début. Mais déjà, Jean prend plus ou moins conscience que la chrétienté se replie à l'intérieur des frontières de l'Europe occidentale.

d) Un déplacement du centre de gravité

Sur les quatre-vingt-trois chapitres de la *descriptio orbis terrarum* quarante-six, soit plus de la moitié, sont consacrés à l'Europe. C'est dire le poids que représente cette partie du monde habité aux yeux de l'auteur[211]. Certes, le déséquilibre des sources joue en faveur de l'Europe. Mais on constate par ailleurs une volonté d'accentuer ce phénomène. Ainsi, Jean a symboliquement bouleversé le plan donné par Hugues, pour placer son développement sur l'Europe entre les chapitres sur l'Asie et ceux sur l'Afrique. L'Europe, par son ampleur et sa situation dans le traité, devient le centre de gravité de l'*orbis terrarum.*

Ce n'est pas que l'Asie et l'Afrique aient perdu tout intérêt. Elles gardent leur place car l'objectif avoué est toujours l'universalité. Mais l'Afrique est incontestablement le «parent pauvre» de la description. En neuf chapitres seulement l'auteur a épuisé toute la matière, fort ancienne, sur cette partie du monde. C'est l'espace dont la connaissance a été le moins renouvelée par les curiosités nouvelles, qui a subi le moins de transformations sur les cartes[212]. L'Afrique que nous présente Jean est, à très peu de choses près, celle de saint Augustin.

L'Asie conserve en son sein le Paradis terrestre, les lieux saints où vécut, mourut et ressuscita le Christ. Le souvenir des croisades qui s'y déroulèrent, la nostalgie des Etats chrétiens d'Orient sont suffisamment forts pour que le regard se tourne vers cette partie du monde, au moins de façon ponctuelle. L'Asie est encore d'actualité mais elle n'abrite plus le centre du monde. Jean se souvient que Jérusalem occupait cette place centrale pour Isidore de Séville, mais lui,

---

[211] Poids dont il est tout à fait conscient puisqu'il le note au début de sa *descriptio,* BnF, lat. 15010, fol. 35 : «Nota quod de partibus mundi sequuntur capitula LXXXIII in universo, scilicet ab isto XXXV° capitulo usque ad capitulum CXX^m exclusive, ita quod de Asia sunt capitula XXVIII de Europa XLVI de Affrica vero IX, sicut manifestum est in processu.»

[212] P. GAUTIER DALCHÉ, *op. cit.,* p. 65.

tout comme Hugues déjà près de deux siècles plus tôt, ne dit rien de semblable[213]. En revanche, à la différence de son illustre prédécesseur qui n'accordait pas non plus d'importance particulière à Rome, l'auteur du *Memoriale* fait explicitement de cette ville le centre de gravité, la capitale de la chrétienté[214]. Le *Liber de Imagine mundi* d'Honorius Augustodunensis lui offre une image, presque un syllogisme, qu'il reprend à son compte : la ville de Rome a la forme d'un lion, le lion est le roi des animaux, donc Rome est la reine des villes[215]. Il décrit les voies romaines, unique occasion dans tout le traité d'évoquer un réseau de communications[216]. Il est à noter qu'Avignon n'occupe aucune place particulière si ce n'est d'être l'un des huit évêchés suffragants du siège d'Arles[217] : à l'heure où Jean rédige, l'installation du pape sur les bords du Rhône ne peut être que provisoire ... Le cœur de monde chrétien est et demeure Rome.

e) L'Europe, objet privilégié de la description géographique

Jean apporte aux chapitres sur l'Europe un soin, une rigueur intellectuelle sans pareils. A nul autre moment il ne s'est efforcé de résoudre autant de questions, de difficultés, de repousser les limites de ses sources. C'est sur l'Europe que se jouent les enjeux de sa géographie.

L'Europe, c'est d'abord un espace dont il donne d'emblée les limites, à la différence de ce qu'il avait fait pour l'Asie et l'Afrique[218] : «D'après tout ce que l'on peut lire dans les écrits des saints et des docteurs déjà cités, l'Europe s'étend de la Scythie inférieure et du fleuve Thanaïs jusqu'aux extrémités de l'Espagne ; de même de la Thrace et de l'Illyrie jusqu'aux territoires les plus éloignés de la Bretagne ou Angleterre et aux dernières îles en allant vers l'ouest ; de

---

[213] BnF, lat. 15010, fol. 45v : «Ysidorus dicit XIIII° lib. quod in medio Iudee civitas Iherosolima est quasi umbilicus regionis et totius terre, variarum opum dives, frugibus fertilis, aquis illustris ...» En fait, les mots «et totius terre» constituent une variante du texte d'Isidore. Sur la façon dont Hugues traite de Jérusalem, voir P. GAUTIER DALCHÉ, *op. cit.*, p. 177 n. 60.

[214] BnF, lat. 15010, fol. 82 : «De sublimatione quoque Sancte catholice Ecclesie cuius caput est Roma infra suo loco dicetur.»

[215] BnF, lat. 15010, fol. 82 : «... unde Roma formam leonis habet, qui ceteris bestiis preest et ipsa caput est omnium urbium.»

[216] BnF, lat. 15010, fol. 82v.

[217] BnF, lat. 15010, fol. 99v.

[218] Sur la question des limites données à l'Europe et des significations qui leur sont attachées, voir Ch. CONNOCHIE-BOURGNE, *Des diversités d'Europe : un chapitre obligé des encyclopédies médiévales*, in : B. RIBÉMONT (Dir.), *De la Chrétienté à l'Europe*. Actes du colloque d'Orléans – mai 1993, Orléans, 1994, p. 49-62. Je remercie l'auteur d'avoir aimablement accepté de me communiquer son texte avant sa publication.

même de la Grèce, de la Crète, Chypre et la Sicile jusqu'à l'extrémité de la Germanie[219]. Cet espace ne s'organise pas comme dans la *Descriptio mappe mundi* de Hugues de part et d'autre de l'épine dorsale alpine[220]. Il s'agit plutôt d'un espace défini en deux dimensions, nord-sud et ouest-est, que l'on peut désigner sur la carte, mais aussi un espace fermé vers l'est et le sud-est comme le suggère la dernière phrase de la citation précédente.[221]

A l'intérieur de cet espace tous les lieux ne lui sont pas également familiers. S'il en décrit sans difficultés le cœur (le royaume de France, une partie de l'Allemagne, la Flandre, le royaume d'Angleterre), il connaît moins bien, nous l'avons vu, l'Espagne dont il ne peut donner avec certitude le nom de toutes les villes, l'Europe centrale dont le réseau des provinces ecclésiastiques lui échappe partiellement. Quant à la Bulgarie, par erreur, il en étend les frontières vers l'ouest jusqu'à l'Istrie[222]. Quelques sondages effectués dans la chronique permettent de compléter ces impressions. Jean suit en général assez fidèlement les toponymes donnés par ses sources mais quelques exceptions témoignent de ses ignorances : chez Sigebert, bon connaisseur de l'empire, il supprime Paderborn[223] et Weset[224] mais garde Liège et Ratisbonne. Sur le chemin qui le mène de Jérusalem vers Aix-la-Chapelle, raconte Hélinand, Charlemagne s'est arrêté au château de Ligmedo où un enfant fut guéri grâce aux reliques que l'empereur rapportait. Relatant le même épisode, mais confronté sans doute à la difficulté de situer le lieu avec précision, Jean dit

---

[219] BnF, lat. 15010, fol. 64 : «Nam sicut ex dictis sanctorum et doctorum pretactorum et aliorum colligi potest Europa extenditur a Scithia inferiori et Thanai fluvio usque ad extremas partes Hyspanie. Item a Tracia et Illirico usque ad extremos fines Britannie seu Anglie et insulas ultimas occidentis. Item a Grecia, Creta, Cypro et Sicilia usque ad finem Germanie.»

[220] P. Gautier Dalché, *op. cit.*, p. 113-114.

[221] Certains éléments jouent le rôle de postes avancés de l'Europe et de la Chrétienté. Ainsi Chypre dont Jean rappelle qu'elle servit de refuge aux Chrétiens après la chute d'Acre, BnF, lat. 15010, fol. 78 : «Illucque pervenerunt navigio reliquie Christianorum post destructionem Aconis que fuit anno Domini M°CC°XC°, de quo infra.»

[222] BnF, lat. 15010, fol. 70v, note dans la marge : «Secundum quosdam ipsam Istriam tenent nunc Bulgares et Bulgaria nominatur.»

[223] BnF, lat. 15011, fol. 345.

[224] SG, *Chron.*, MGH, SS, VI, p. 371 : «Imperatore Heinrico morante Leodii, filius ejus Aquasgrani venit; et volens venire Leodium contra patrem suum 5. feria dominicae coenae, premisit suos preoccupare pontem apud Wisatum.» Ce qui donne chez Jean, BnF, lat. 15011, fol. 367v : «Imperatore igitur morante apud Leodium, Henricus filius eius venit Aquisgrani; inde volens venire Leodium contra patrem V. feria Cene Domini, premisit suos occupare pontem quemdam in via ...»

simplement que le miracle eut lieu *in via apud castrum quoddam*[225]. Enfin, lorsque dans un passage dont il est sûr qu'il le rédigea après 1313, il relate le procès fait à Guichard, évêque de Troyes, et son transfert, il est incapable de préciser que l'on choisit le siège de Diakovar en Bosnie[226].

Ses imprécisions sont finalement moins importantes que les efforts qu'il déploie pour rendre compte au mieux de la réalité européenne. Et cette réalité n'a plus grand-chose de commun avec le tableau qu'en faisaient les Anciens. Là plus qu'ailleurs, à sa connaissance, les frontières ont bougé, les peuples se sont déplacés, formant de nouvelles entités. Sa plume traduit la conscience de ces changements par une expression que l'on rencontre à plusieurs reprises mais uniquement dans les chapitres sur l'Europe : *secundum usum (ritum) modernum loquendi*. C'est une façon d'avouer le décalage, l'inadéquation ressentie entre la géographie des Anciens et le monde présent. Pour lui qui veut se faire comprendre, qui a des préoccupations pédagogiques, il faut user du «langage moderne» pour rendre compte d'une situation moderne. Peut-être est-ce plus indispensable à propos de régions dont on suit les événements politiques et religieux au jour le jour comme il le fait dans sa chronique. Pour les terres dont l'intérêt est moins immédiat, la géographie des Anciens suffit. Bref, la géographie de Jean paraît s'adapter sous la pression de la nécessité et de la plus ou moins grande familiarité qu'il entretient avec les régions décrites.

Conclusion

Jean de Saint-Victor a donc voulu écrire une histoire universelle. Il a souhaité s'inscrire dans une filiation qui réunit à travers les siècles les auteurs inspirés des livres historiques de la Bible et les historiens chrétiens. Reprenant un genre historico-littéraire devenu banal au début du xive siècle, il a réaffirmé l'ambition de «ramasser» dans son récit l'histoire de l'humanité comme le Maître du Temps pourrait le faire dans le creux de sa main divine : *In exordio rerum et inicio creaturarum* ...[227].

---

[225] Source : VB, *Spec. hist.*, XXIV, 5 (Hélinand) ; BnF, lat. 15011, fol. 283.

[226] *RHF*, XXI, p. 644 : «... ad aliam sedem ad instantiam Enjoranni» ; le procès eut lieu en 1308 et le transfert au plus tard en janvier 1314, Guichard mourut en 1317, J. FAVIER, *Philippe le Bel*, 2e éd., Paris, 1998, p. 461.

[227] BnF, lat. 15010, fol. 1.

Pour ce faire, il a porté toute son attention aux dimensions temporelle et spatiale dans lesquelles se joue l'histoire du Salut. Mais la lecture du *Memoriale* témoigne d'une maîtrise plus ou moins réussie de chacun de ces deux éléments. Comme bien des chroniqueurs chrétiens, Jean démontre sa compréhension claire, pour ne pas dire instinctive, du temps et de la chronologie, chronologie relativement bien dominée même si elle demeure marquée par la perception liturgique. En revanche, sa géographie ne parvient pas au même degré d'universalité. On ne peut lui en tenir rigueur, bien rares sont ceux, parmi les chroniqueurs médiévaux, qui y parviennent[228]. Pour leur défense, on pourrait évidemment invoquer les lacunes des sources. Jean lui-même reprend cet argument à son compte et a conscience de présenter à son lecteur une *descriptio orbis terrarum* inégale selon les régions. Et tacitement, dans la chronique, l'espace envisagé se réduit très vite à la chrétienté. L'Asie, l'Afrique n'apparaissent plus qu'à l'occasion des croisades, c'est-à-dire que dans une relation avec l'Occident chrétien. Au moment où l'auteur écrit, l'espace géographique réellement perçu se restreint encore : le royaume de France devient le cadre privilégié du récit historique, un royaume certes conçu comme un espace bien particulier, mais dont Jean ne connaît personnellement que les régions situées au nord de la Loire ...

Pression de la documentation ou attraction irrésistible de l'espace royal au détriment de l'espace universel ? Les deux sans doute ont contribué à ce que, au fil de l'œuvre, le regard géographique de l'auteur soit frappé d'une myopie croissante. Et pourtant nul ne peut nier l'intention universaliste : elle est même la clef de la seconde version du *Memoriale*. Mais à considérer avec le recul l'ensemble de l'œuvre, on peut se demander si elle ne tient pas toute entière dans une sorte d'introduction universelle qui, une fois posée dans la *descriptio orbis terrarum*, permet à Jean de Saint-Victor de se consacrer finalement au temps et à l'espace qui sont dans la réalité les siens, ceux de son expérience personnelle. Peut-être trouvons-nous là une explication possible à l'absence de prologue en tête de l'œuvre. En ne déplaçant pas son prologue de sa place initiale (1ère version), l'auteur indique qu'il ne se sent pas totalement lié par le genre de l'histoire

---

[228] Voir sur cette question la démonstration de H. W. GOETZ, *On the universality of universal history*, in : J.-Ph. GENET (Ed.), *L'historiographie médiévale en Europe.* Actes du colloque organisé par la Fondation européenne pour la Science au Centre de Recherches historiques et juridiques de l'Université de Paris I du 29 mars au 1er avril 1989, Paris, 1991, p. 247-261.

universelle dont, dans ce même prologue, il se garde bien de souffler mot. En ne diffusant pas, ou si peu, la *descriptio orbis terrarum*, les victorins ont, bon gré mal gré, adhéré aux intentions premières de leur frère chroniqueur.

CHAPITRE XII

Le royaume et le roi

Travaillant à Paris sous les règnes de Philippe le Bel et de ses fils, au sein d'un monastère dont les débuts ont été fortement marqués par les relations avec le milieu curial, utilisant largement les ressources historiographiques de Saint-Denis, Jean de Saint-Victor ne pouvait manquer d'accorder au royaume et à son histoire une place particulière dans sa chronique universelle. Par ailleurs, le traitement de ce thème pouvait difficilement demeurer indépendant du contexte de bouillonnement intellectuel qui caractérisa les années 1296-1303, période qui précéda immédiatement celle de l'élaboration et de la rédaction du *Memoriale*[1].

Certes, il n'était pas nouveau de penser les origines et la nature du pouvoir temporel et ses relations avec le pouvoir spirituel. Depuis le XIIe siècle, canonistes, théologiens et chroniqueurs[2] avaient déjà largement campé les termes du débat et, à Saint-Victor, Hugues avait contribué, pour sa part, à affirmer la supériorité de l'ordre spirituel[3]. Dans son *De Sacramentis* (II, pars II, c. 4)[4], il tirait de l'Ancien Testament que le sacerdoce avait été institué en premier lieu, puis, en second lieu et par son intermédiaire, la royauté. Il dessinait en traits succincts un système d'après lequel il appartenait à l'Eglise, au nom des Ecritures où s'exprime la volonté positive de Dieu, au nom de sa fin spirituelle interprétée par la raison, d'instituer et de juger le

---

[1] Pour appréhender le contexte, voir J. FAVIER, *Philippe le Bel*, 2e éd., Paris, 1998 mais surtout G. DE LAGARDE, *La naissance de l'esprit laïc au déclin du Moyen Age*, 2e éd., 5 vol., Paris-Louvain, 1956-1963 ou encore J. RIVIÈRE, *Le Problème de l'Eglise et de l'Etat au temps de Philippe le Bel*, Louvain-Paris, 1926.

[2] Le rôle de ces derniers est plus précisément l'objet de la thèse de M. CHAZAN, *L'Empire et l'histoire universelle de Sigebert de Gembloux à Jean de Saint-Victor (XIIe-XIVe siècle)*, Paris, 1999.

[3] J. RIVIÈRE, *op. cit.*, p. 28-29.

[4] HUGUES DE SAINT-VICTOR, *De Sacramentis christiane fidei*, PL 176, col. 173A-618B.

pouvoir civil. La suprématie politique du pouvoir spirituel était ainsi franchement incorporée à la théologie[5]. Parallèlement, et surtout depuis la seconde moitié du XIIIe siècle, les légistes, œuvrant dans une perspective plus utilitaire que doctrinale, cherchaient à extraire du droit romain un ensemble normatif permettant d'asseoir le pouvoir du roi et de construire l'Etat. Ce faisant, ils jetaient cependant les bases théoriques d'une souveraineté royale dégagée de toute dépendance, qu'elle fut interne ou externe au royaume. Dans le second cas, ceci revenait à reconnaître au roi de France la qualité de *princeps* revendiquant des pouvoirs (*imperium, potestas, juridictio*) jusqu'alors détenus par l'empereur. Cette nouvelle vision de la souveraineté sur le plan international ne pouvait manquer d'avoir des conséquences sur les relations avec le pouvoir spirituel souverain du pape[6].

Jusqu'à la fin du XIIIe siècle, le débat resta empreint de sérénité dogmatique. La situation allait changer du tout au tout lorsque, autour des années 1300, le conflit entre Boniface VIII et Philippe le Bel mit, pour reprendre l'expression de Jacques Krynen, «les intelligences en feu»[7]. Il ne s'agit plus alors de part et d'autre que de fourbir des armes pour remporter la victoire. On a parfois décrit ce conflit comme manichéen, opposant les clercs aux laïcs, les premiers brandissant l'Ecriture sainte pour la défense du pouvoir spirituel, les seconds forts d'un droit romain redécouvert et tenants farouches d'un pouvoir temporel parfaitement autonome. En réalité, on sait depuis longtemps et les travaux menés depuis environ vingt-cinq ans sur les idées politiques et l'exercice du pouvoir au Moyen Age l'ont largement confirmé[8], les choses étaient beaucoup moins simples. Elles l'étaient d'autant moins qu'à ce premier débat sur les relations entre le pouvoir spirituel et le pouvoir temporel venait s'ajouter un second suscité par la croissance manifeste de l'Etat et des agents du pouvoir royal dont les interventions paraissaient sans limites. On

---

[5] Selon l'expression de F. VERNET, *Hugues de Saint-Victor,* in: *DTC,* 6 (1927), p. 240-308, ici p. 270-271, reprise dans J. RIVIÈRE, *op. cit.*, p. 29.

[6] A. RIGAUDIÈRE, *Pouvoirs et institutions dans la France médiévale,* II, *Des temps féodaux aux temps de l'Etat,* Paris, 1994, p. 70-79.

[7] J. KRYNEN, *L'empire du roi, Idées et croyances politiques en France XIIIe-XVe siècles,* Paris, 1993, p. 87.

[8] Trois ouvrages ont plus particulièrement guidé la réflexion dans ce chapitre: B. GUENÉE, *L'Occident aux XIVe et XVe siècles. Les États,* publié pour la première fois en 1971, C. BEAUNE, *Naissance de la nation France,* Paris, 1985 et J. KRYNEN, *op. cit.*, auxquels il faut ajouter Ph. BUC, *L'ambiguïté du Livre. Prince, pouvoir, et peuple dans les commentaires de la Bible au Moyen Age,* Paris, 1991, sans écarter pour autant les ouvrages plus anciens mentionnés à la note 1.

peut grossièrement ramener les différentes prises de position à trois courants principaux : celui des théologiens créateur d'une image idéalisée et passéiste du pouvoir royal ; à l'opposé, celui des partisans purs et durs d'un pouvoir souverain solidement fondé sur le droit romain ; entre les deux, un courant plus équilibré, tenant de la concertation, favorable aux assemblées représentatives et dont Jean de Paris peut être considéré comme l'un des représentants. Mais il faut cependant bien avoir à l'esprit qu'aucun de ces trois courants, qui allaient d'ailleurs continuer à s'affronter jusqu'à la fin du xve siècle (cf. le succès du thème du «dialogue entre un clerc et un chevalier»), ne se prétend «laïque» au sens où nous l'entendons aujourd'hui : leurs ténors sont encore bien souvent des hommes d'Eglise, partageant la même foi, baignant dans la même culture religieuse, servant à la fois Dieu et le roi.

En ouvrant la quatrième enquête sur les intentions et les significations du *Memoriale historiarum*, il ne saurait être question de prétendre à une étude exhaustive des idées politiques de Jean de Saint-Victor mais plus sommairement de sonder ses opinions. Le dossier qui sert de pôle d'observation provient des trois parties de l'œuvre : quelques chapitres de la *descriptio orbis terrarum,* le *Tractatus de divisione regnorum* et la chronique dont certains instants-clefs (règne de Clovis, les Carolingiens, 987, la partie contemporaine de la chronique ...) retiennent plus spécialement l'attention. Derrière les noms livrés ou tus, derrière le récit, peut-on repérer les textes connus de l'auteur, évaluer son degré et la qualité de son information, a-t-il une connaissance directe des arguments du débat ou n'en a-t-il que l'écho diffusé dans l'opinion publique ? Dans le travail compilatoire, peut-on déceler le moment où il se démarque – politiquement – de ses sources ? Peut-on considérer qu'il a une culture politique, si oui, quels en sont les éléments, en quelles circonstances, à propos de quels thèmes, de quels événements se manifeste-t-elle ?

A – Le royaume : un espace, des images

1. Un espace difficile à définir : de l'abstraction géographique à la réalité politique

a) La place de la France dans la descriptio orbis terrarum

La *Francia* n'est pas désignée dans le *Memoriale* comme une entité géographique distincte et autonome : aucun chapitre de la *descriptio* ne lui est spécialement consacré, la table de l'*exordium* ne comporte pas d'entrée spécifique à ce nom[9]. La *Francia* est une sub-division de la Gaule. Voici comment Jean l'introduit dans son proces-sus de description : après avoir évoqué la division de la Gaule, il décrit chacune de ses parties commençant par la Gaule Belgique (ch. 92) ; le chapitre 93 est consacré à la *Gallia Lugdunensis* pour laquelle il donne d'abord la description de Hugues de Fleury, puis celle de Hugues de Saint-Victor[10] :

> «Continet autem secundum ma. Hu. et plures alios ipsa Gallia Lugdunensis large sumpta totam Burgundiam ab Alpibus Appenninis et Sabaudia inclu-sive, Cenommaniamque, Andegaviam, Perticum, Turoniam, Britanniam armoricam seu minorem, Franciam quoque usque Matronam et urbem Meldensem. Item Ulcassinum et Normannie regionem usque ad mare. Ita-quod vii archiepiscopatus seu provincie sunt in ea.»

Suivant le plan de son maître victorin, Jean entreprend la descrip-tion détaillée de chaque province ecclésiastique née du découpage de la *Gallia Lugdunensis*. Les provinces de Lyon, Besançon, Vienne et de la Tarentaise font ainsi l'objet d'une rapide notice dans la suite du chapitre 93. Le traitement de la province de Sens nécessite, quant à lui, pas moins de quatre chapitres (94, 95, 96 et 97). Les deux pre-miers sont destinés à montrer la vaillance exceptionnelle du peuple qui occupa cette région et dont la plus glorieuse action fut l'invasion de Rome sous la conduite de Brennus. Après cette digression propre-ment historique, – sur laquelle nous reviendrons un peu plus loin –, l'auteur du *Memoriale* reprend son propos géographique et énumère les sept diocèses dont les titulaires sont les suffragants de l'archevê-que de Sens[11] :

> «Est autem Senonis metropolis sita inter Burgundiam et Franciam stricte sumptam unde et vii urbium que sub ea sunt quo ad regimen prelationis quedam in Burgundia puta Autysiodorum et Nevernis que etiam Niverdunus secundum Hu. Flor. solet dici, quedam in Francia scilicet Car-notum, Aurelianis que etiam Gennabus secundum eumdem, Parisius que etiam Lutecia et Meldis, quedam in Campania gallica puta Trecas dicuntur communiter esse site. Harum siquidem presules suffraganei sunt archiepis-copi Senonensi. In archiepiscopatuque Senonense sunt hec castra seu ville famosa Nantonis, Meldunum, Pruvinum et Stampe. De Aurelianis legitur in chronicis quod Aurelianus imperator romanus anno circiter CC°LXXVIII° a nativitate Christi in Gallis moram faciens Aurelianensem urbem que prius Gennabus dicebatur multum ampliavit et ex suo nomine

---

[9] BnF, lat. 15011, fol. 3. La seule entrée approchante est *Francorum nomen*.
[10] BnF, lat. 15010, fol. 90v-91.
[11] BnF, lat. 15010, fol. 93v.

Aurelianis vocavit. Idemque Divionum castrum in Burgundia tunc construxit. De Parisius deinceps est loquandum sed quoniam ipsa nunc est
caput totius Francie, prius de Francia et Francis que scripta repperi scribere dignum duxi. Dicit Ma. Hu. de Sancto Victore in chronica et tactum
est supra ca° XC° quod pars Gallie que est inter Mosam et Ligerim Neustria quasi nova est Austria que nunc Franconia seu Francia appellatur et
Ysidorus IX° lib° Gallie partem Franci inhabitant.»

Le plan proposé hésite entre la géographie traditionnelle et la réalité contemporaine : Paris, évêché suffragant de la province de Sens
devenu capitale du royaume, fait évoluer la *descriptio* et en bouleverse
le plan. Le poids de la modernité, qui est aussi celui de la vie quotidienne, s'impose finalement face aux enseignements des Anciens.

b) *Gallia et Francia*

On constate également à la lecture de ce passage que *Francia* peut
revêtir plusieurs sens. On rencontre d'abord la *Francia stricte sumpta*,
celle que nous appelons aujourd'hui l'Ile-de-France[12], et la *tota Francia*, qui sert, elle, à désigner l'ensemble du royaume. La dualité de
cette expression n'est pas troublante, elle est encore courante au
début du XIVe siècle. Dans la partie contemporaine de la chronique,
Jean emploie *Francia* dans l'un et l'autre de ces deux sens, sans
apporter de précisions supplémentaires, sûr d'être compris de son
lecteur qui a l'habitude de passer de l'un à l'autre. Le victorin se sert
aussi de *Gallia,* dont le sens est équivalent de celui de *tota Francia*[13].
Mais cette vieille appellation tend à s'effacer devant *Francia* qui
devient progressivement le nom d'usage.

De cette *Francia* Jean n'indique pas les limites, il ne peut en dessiner le contour. Il se contente d'emprunter à Hugues de Saint-Victor
le souvenir du *regnum* mérovingien et du partage de Verdun en 843.
En revanche, il affirme haut et clair que cet espace, cette *Francia,* a
un centre, une capitale, Paris ; et c'est cette primauté qui décide finalement de la suite de sa description : *De Parisius deinceps est loquandum
sed quoniam ipsa nunc est caput totius Francie, prius de Francia et Francis
que scripta repperi scribere dignum duxi.* Cœur de la *Francia,* capitale du
royaume, Paris donne son sens politique à un espace que la
géographie avait du mal à définir.

---

[12] A propos de cette notion voir l'article de M. BLOCH, *L'Ile-de-France*, in: *Mélanges
historiques*, 2e éd., Paris, 1983, II, p. 692-787.
[13] Ex : BnF, lat. 15011, fol. 463: «In tota Gallia fuit copia vini ; sed non fuerunt
multum virtuosa vel bona» ; p. 656 : «Anno MCCCXII fuit in Francia magnus defectus
bladi, vini et fructuum, et magna mortalitas.» On constate la même équivalence entre
Gallici et *Franci.*

c) Le «regnum Francie»

Le *regnum Francie* est en premier lieu un territoire que l'histoire a progressivement façonné. Jean de Saint-Victor le dit de manière très synthétique à la fin du quatrième chapitre consacré à la province de Sens[14]:

> «Item quomodo tempore Clodii vel Clodionis filii eius ipsi Franci de Thuringia venerunt usque Tornacum et Cameracum et deinde usque Sommam fluvium totam terram illam vi conquirentes armorum, item quomodo tempore Chilperici usque Ligerim Gallias ceperunt Aurelianis primo et post Andegavis et circumstantem regionem vastando, item quomodo Clodoveus Suessionis pacifice possedit ibique longo tempore sedem regni sui constituit principalem, deinde regnum suum paulatim usque Sequanam dilatavit et post usque Ligerim, deinde usque Burgundie fines et post usque in fines Provincie Tholosane et usque ad Pyreneos montes ... infra suo loco secundum veridicam auctorum relationem dicetur.»

Cette *dilatatio regni* a abouti à la constitution d'un territoire dont les frontières n'apparaissent guère plus précisément que celle de la *Francia*. Tout juste peut-on tirer du passage cité plus haut que Jean sait – et rappelle – que ce royaume s'étend au sud jusqu'aux Pyrénées. Dans la chronique, à l'année 1321, Il précise que le comté de Looz, que le comte de Flandres veut donner à son fils, est situé en terre d'Empire[15]. Une telle information est exceptionnelle et encore, dans le cas présent, est-elle tirée des *Grandes chroniques de France*. L'effort le plus net pour définir les limites orientales du royaume se trouve en fait dans le paragraphe du *Tractatus de divisione regnorum* consacré à la *Francia*. L'auteur paraît bien y faire une allusion à la rencontre de Vaucouleurs en 1299, au cours de laquelle Philippe le Bel et Albert d'Autriche posèrent les limites du royaume et de l'empire par une série de bornes de cuivre portant d'un côté la fleur de lys et de l'autre l'aigle d'Empire[16].

Même si le dessin des limites reste flou et incomplet, il n'empêche pas pour autant la prise de conscience de l'existence, ni la reconnaissance de frontières. En 1302, au plus fort de la querelle avec Boniface VIII, Philippe le Bel fait surveiller routes et chemins menant

---

[14] BnF, lat. 15010, fol. 95 r-v (ch. 97).

[15] *RHF*, XXI, p. 673.

[16] BnF, lat. 15011, fol. 34 : «Solebat (Lotharingia) autem a Bracbancia usque ad Rhenum et a fine Campanie gallice usque Leodium Lotharingia dici, continens IIII[or] ducatus scilicet Bracbancie, Lovannii, Nanceii, et Mosellanorum comitatusque plures sed nunc strictius sernitur scilicet a Valle Coloris ex una parte et a Mose fluminis cursu versus Franciam usque ad inicium dyocesis Treverensis ... » A propos de cette rencontre de Vaucouleurs, voir B. GUENÉE, *Les limites*, in: M. FRANÇOIS (Ed.), *La France et les Français*, Paris, 1974, p. 56-57.

en Italie afin qu'aucune once de métal précieux ne sorte du royaume (*extra regnum*) sans son autorisation[17]. En 1308, il rappelle que Béraud de Mercœur encourut la prison pour avoir enfreint l'interdiction royale des guerres privées à l'intérieur du royaume (*infra regnum*)[18]. En 1316, des boulangers malhonnêtes sont bannis du royaume[19]. Enfin, en 1321, à la suite de l'affaire des puits empoisonnés, bon nombre de juifs furent définitivement exilés hors du royaume (*extra regnum*)[20]. Dans l'esprit de Jean, sujet de Philippe le Bel, les bornes du royaume sont bien les limites à l'intérieur desquelles la main du roi peut atteindre ou protéger toute personne. A travers le renouveau de la puissance judiciaire, le royaume retrouve «un sens concret, une valeur particulière» à ses limites[21]. Leur description peut bien rester imprécise, méconnue, leur existence est affirmée, et avec elle l'espace de la souveraineté royale.

d) Le découpage interne : une vision ecclésiastique et féodale

Comme les chroniqueurs de Saint-Denis, Jean se réfère aisément au cadre de la géographie ecclésiastique pour préciser la situation d'un lieu ou la provenance d'un personnage : le convers attaqué par le démon appartient à l'abbaye cistercienne des Vaux-de-Cernay, dans le diocèse de Paris[22] ; de même, après avoir dit que la tempête de mai 1308 a touché l'ensemble du royaume, il en décrit les dégâts dans le même diocèse[23]. Le diocèse auquel il appartient est donc une circonscription dont il connaît les limites, les desservants et les autorités. Au-delà, il y a les autres diocèses qui composent la province de Sens. Il peut encore en nommer les évêques, celui d'Orléans, d'Auxerre ou de Troyes. Des provinces voisines, il arrive qu'il mentionne les titulaires des sièges géographiquement les plus proches de Paris : Rouen, Amiens, Cambrai, Tournai, Louvain, Bourges. Il s'agit souvent d'hommes qui ont eu une fonction ecclésiastique à Paris ou qui entourent le roi dans telle ou telle occasion. Jean ne considère pas leur rôle dans leur diocèse respectif. En revanche, il ne connaît pas le nom de l'archevêque de Lyon, Pierre de Savoie, contre

---

[17] *RHF*, XXI, p. 638.

[18] *RHF*, XXI, p. 652.

[19] *RHF*, XXI, p. 663.

[20] *RHF*, XXI, p. 674.

[21] B. GUENÉE, *art. cit.*, p. 56-57.

[22] *RHF*, XXI, p. 642 (1303): «Die Sabbati ante Natale Domini, quidam conversus de Valle Sarnaii, ordinis Cisterciensis, Parisiensis dioecesis, ante auroram equitans cum famulo, vidit daemonem sub quinque figuris.» Le passage est commun à Jean et aux sources dionysiennes.

[23] *RHF*, XXI, p. 651-652. Ce passage appartient aussi aux sources dionysiennes.

qui est envoyée en 1310 une expédition punitive menée par le futur
Louis X. Et s'il parle de l'archevêque de Narbonne, Gilles Aycelin,
dont il tait le nom, c'est pour dire qu'il est transféré au siège de
Rouen[24]. Il fait de même avec Philippe de Marigny, lorsque celui-ci,
élevé à la tête de la province de Sens, est remplacé à Cambrai par
Pierre de Mirepoix, jusqu'alors évêque de Maguelonne[25]. On
retrouve ici le déséquilibre déjà constaté en faveur de la France du
Nord.

La géographie féodale paraît confirmer cet espace. Les duchés
cités sont ceux de Louvain et de Bourgogne. Il fait mention des
comtés de Flandre, de Champagne, de Blois, de Nivernais, de Barre,
d'Artois, de Rethel, de la Marche ...; la baronnie de Donzy apparaît
une fois. Les seigneuries et les principautés du Sud sont absentes.

Selon les sources utilisées, selon le contexte de l'épisode relaté,
l'auteur fait référence à la géographie ecclésiatique ou à la géographie
féodale. L'une et l'autre lui sont familières même si la première lui est
plus naturelle. Il sait qu'elles ne se juxtaposent pas : le combat qui
opposent de jeunes nobles à la Saint-Denis 1308 se déroula dans le
comté de Nevers mais en un lieu qui dépendait du diocèse
d'Auxerre[26].

En revanche, il faut noter la totale absence de la géographie physique et de la géographie administrative. Les mers, les montagnes
n'apparaissent jamais ; les seuls fleuves cités le sont dans le contexte
des guerres contre la Flandre. La France de Jean de Saint-Victor est
un espace sans paysage. Mais pouvait-il en être autrement de la part
d'un homme qui a sans doute très peu bougé ? Quant à la géographie
administrative, il est clair qu'elle est inexistante. Ainsi, ne relève-t-on
aucune expression désignant les ressorts du Parlement, les bailliages,
et bien sûr encore moins les sénéchaussées. L'ignorance de ce type de
découpage ne doit pas trop surprendre : au début du XIVe siècle et

---

[24] *RHF*, XXI, p. 655 (1311): «Eodem anno archiepiscopus Narbonensis, consilia-
rius et magister curiae regis Francorum, de sede Narbonensi translatus est ad Rothoma-
gensis Ecclesiae praesulatum.»

[25] *RHF*, XXI, p. 653 (1309): « ... et eodem anno Philippus de Marrigniaco, natione
Northmannus, de Cameracensi episcopatu translatus est per papam et regem ad metropolitanam sedem Ecclesiae Senonensis. Et successit ei in episcopatu Cameracensi Petrus de Merapicio, prius episcopus Magalonensis.»

[26] *RHF*, XXI, p. 652 : «Dissensione orta inter nobiles viros, sed aetate juvenes novosque milites, Odardum, dominum Montis Acuti, et Erardum, dominum Sancti Verani, natione Burgundos, commissum est bellum ipso die sancti Dionysii in Octobri, in
comitatu Nivernensi, sed *in dioecesi Antissiodorensi*, ubi multi affuerunt ... » La précision
concernant le diocèse d'Auxerre n'est pas donnée par la source.

bien plus tard encore, les gens ne se situent dans un espace administratif que lorsqu'ils en sont requis par les autorités[27].

Le royaume où vit Jean est donc un territoire dont les frontières se dessinent progressivement, essentiellement délimité par l'exercice de l'autorité royale. *Francia* devient son nom d'usage. La réalité de cet espace s'est peu à peu fait une place dans le cadre rigide de la *descriptio* géographique traditionnelle. Mais est-elle à présent une réalité suffisamment forte pour s'imposer à l'esprit par le biais des images?

2. Faiblesses des images, force de la personnification

Dans le *Memoriale historiarum,* le discours précède largement l'image et ne lui laisse guère de place. Jean aurait pu cependant, pour parler de la France, reprendre l'un ou l'autre de ces portraits d'une *domina Francia* tantôt noble et chrétienne, tantôt savante et bien gouvernée[28]. S'il ne cède donc pas aux stéréotypes que ses sources peuvent éventuellement véhiculer, les rares occurences d'images doivent d'autant plus retenir l'attention.

a) *Un territoire nourricier et fertile*

On sait le succès que rencontra dans la littérature de la fin du Moyen Age l'image du jardin de France. Sa naissance est à peu près contemporaine de la rédaction du *Memoriale*[29] et trouve ses racines littéraires dans l'héritage d'Ovide, Virgile et Théocrite, recueilli dès le XIIe siècle par la poésie médiévale[30]. Mais on ne la retrouve pas dans le texte de Jean. A moins d'en voir une variante dans le passage final du chapitre 97 de la première partie. Après avoir évoqué l'extension progressive du royaume, l'auteur revient à la description de Paris qu'il donne d'après la *legenda sancti Dionysii Galliarum doctoris.* Il peint alors un paysage digne du Paradis, un territoire préservé, lové dans les boucles du fleuve, l'air y est pur et la terre féconde; la forêt, la vigne et le fleuve offrent leurs richesses aux habitants. De la terre nourricière à la terre-mère il n'y a qu'un pas. Jean le franchit en

---

[27] Cl. GAUVARD, *«De Grace especial». Crime, Etat et Société en France à la fin du Moyen Age,* 2 vol., Paris, 1991, p. 491-498.

[28] C. BEAUNE, *op. cit.,* p. 309. Ces portraits, reflet des modèles cléricaux et chevaleresques, se développent à partir de la fin du XIIe siècle. Plus tard, vers 1350, ces portraits cèderont la place aux allégories d'une France-en soi.

[29] C. BEAUNE, *op. cit.,* p. 318, cite comme l'un des premiers exemples un passage de l'oeuvre de Gervais du Bus. Or, celui-ci composa son *Roman de Fauvel* entre 1310 et 1314, cf. *DLF,* p. 518-519.

[30] C. BEAUNE, *op. cit.,* p. 319.

faisant suivre cette première citation d'une seconde, empruntée cette fois à Bernard Silvestre : «La Seine prend son cours là où la terre valeureuse a porté les plus beaux bourgeons de la race royale, les fils de Pépin, les fils de Charles»[31]. Jean a clairement dit que Paris était le cœur de la *Francia*, la tête du royaume, comment ne pas imaginer dès lors que cette image idéalisante du paysage parisien ne s'applique pas aussi dans son esprit à l'ensemble du territoire national ?

b) *Personnification du royaume, image de la communauté*

Le peuple unique, né de la fusion des deux vagues d'immigration troyenne, est présenté à plusieurs reprises, dans la partie contemporaine de la chronique, comme une communauté ayant des intérêts propres, capable d'éprouver des sentiments, bref, une personne morale. Ainsi, les mutations monétaires affectent globalement le royaume dont le bien s'oppose aux intérêts des conseillers du roi et à ceux du pape[32]. Quelques lignes plus loin, transposant une phrase de Geoffroi de Paris[33], Jean écrit que l'adultère des brus de Philippe le Bel est un malheur dont le royaume ressent toute l'infamie[34]. L'expression est forte : les sentiments que dut ressentir le roi[35], le royaume les a également éprouvés. L'un et l'autre font corps.

Si l'image de la communauté unie à son roi peut s'exprimer avec une telle force, c'est qu'elle plante des racines profondes dans une tradition ancienne qui met en valeur des origines communes et prestigieuses. La gloire que manifeste aujourd'hui le royaume de France était inscrite dès son berceau troyen.

B – Le discours sur les origines

Dans les chapitres consacrés à la *descriptio* comme dans le *Tractatus de divisione regnorum*, Jean règle finalement les difficultés posées

---

[31] BnF, lat. 15010, fol. 95v : «Sequana prosiliit ubi grandia germina regum, Pipinos, Karolos bellica terra tulit.»

[32] *RHF*, XXI, p. 658 : «Hoc autem anno moneta tam turpiter fuit deformata quod non inveniebant quomodo contractus facerent mercatores. Unde regnum fuit mirabiliter desolatum; sed regis consiliarii totum commodum reportabant : papa eciam partem habuit copiosam.»

[33] GP, v. 5884.

[34] *RHF*, XXI, p. 658 : «Eodem anno , mense Maio, fuit quaedam iniquitas ex qua regno Franciae dedecus provenit.»

[35] E. Brown, *The Prince is Father of the King: the Character and Childhood of Philippe the Fair of France*, in: *The Monarchy of Capetian France and Royal Ceremonial*. Recueil d'articles en français et en anglais publiés de 1976 à 1988, Brookfield, 1991, p. 282-334 (II), plus particulièrement p. 290 et 315.

par la géographie en concluant avec Isidore de Séville et Hugues de Fleury que «la Gaule est à présent habitée par les Francs»[36]. Ce sont eux qui ont «fait» la France, il est donc fondamental de connaître leur histoire.

1. Connaissance et exploitation de la tradition

a) L'origine des Francs

Au moment où Jean écrit, les racines de cette histoire sont incontestablement troyennes. L'auteur du *Memoriale* note dans sa première version un consensus des autorités sur ce point : *Secundum omnes qui de hac materia loquiti sunt, Franci origine Troiani sunt*[37]. Mais derrière cet accord se cache une tradition longue et complexe, qui s'est construite à partir de la fin du VIIe siècle[38]. Jean en prend conscience à l'occasion de la constitution de son dossier thématique, présenté aux chapitres 96 et 97 de la première partie de la seconde version de son œuvre : *De ipsorum Francorum origine et primo adventu in Gallia multi multa dixerunt*[39]. Et d'énumérer les différents éléments de cette tradition en s'efforçant de les regrouper par variantes : le canevas le plus courant[40], qu'il emprunte à Sigebert, se recoupe avec les versions données par Grégoire de Tours, Hugues de Fleury et Hugues de Saint-Victor[41] ; la parenté commune des Francs et des Turcs se retrouve chez Hugues de Saint-Victor et dans l'*Historia Francorum* que Vincent de Beauvais compile au livre III du *Speculum historiale,* version que donne également Baudri de Bourgueil dans son *Historia Ierosolimitana*[42]. Comme beaucoup, Jean se refuse à choisir une variante plutôt qu'une autre ; il se contente de juxtaposer les textes en les introduisant par *quidam dicunt… alii dicunt*. Il livre

---

[36] BnF, lat. 15010, fol. 93v et BnF, lat. 15011, fol. 29v. Ajoutons que la question géographique ne paraît pas avoir effleuré l'auteur lors de la rédaction de la première version du *Tractatus*, cf. Ars. 1117, fol. 7v-8.

[37] Ars. 1117, fol. 7v.

[38] C. Beaune, *op. cit.*, p. 19-20.

[39] BnF, lat. 15010, fol. 94.

[40] C. Beaune, *op. cit.*, p. 19, le résume ainsi: «Francion et ses compagnons quittent Troie en flammes pour fonder la ville de Sycambria. A la demande de l'empereur Valentinien, qui leur accorde dix ans d'exemption de tribut, ils exterminent les Alains réfugiés dans les Palus Méotides. Dix ans plus tard, refusant de reprendre les paiements, ils se retirent en Germanie. Etablis sur le Rhin, ils pénètrent en Gaule avec Marcomir au IVe siècle.»

[41] BnF, lat. 15011, fol. 29v.

[42] BnF, lat. 15010, fol. 94v.

simplement un état de la question qui témoigne de ses recherches et de sa capacité à retrouver une tradition antérieure[43].

Néanmoins, le discours n'est pas tout à fait neutre, ou plutôt peut-on constater qu'il sort de la neutralité à l'occasion de la rédaction de la seconde version. En effet, le passage de l'*exordium* concernant l'origine des Francs, tel qu'on peut le lire dans la première version est des plus classiques : une partie des habitants de Troie a suivi Enée en Italie où elle a fondé un royaume, tandis qu'un autre groupe, sous la direction d'Anthénor, s'est dirigé vers la Pannonie où fut fondée Sycambria ; il vécut là jusqu'au règne de Valentinien. Ayant refusé de reprendre le paiement du tribut dont ils avaient été exemptés pour avoir vaincu les Alains, – combat où ils gagnèrent le nom de *francos vel feroces* –, ces descendants des Troyens furent expulsés de Sycambria et parvinrent, avec leur chef Marcomir, sur les rives du Rhin et séjournèrent un certain temps en Germanie avant de conquérir la Gaule ; selon d'autres auteurs, les Francs durent leur nom à leur premier chef troyen, Francion[44]. Aucun commentaire, aucun sous-entendu ne transparaît dans ce récit. Ouvrons à présent la seconde version afin de lire le dossier des chapitres 96-97 (cf. annexe IV) et le *Tractatus de divisione regnorum*. Le personnage de Francion devient central. Il est dit roi et, ajoute le *Tractatus*, de filiation royale puisque son père Hector était le fils de Priam[45] ; sous sa conduite, les Troyens s'installent entre le Danube et le Rhin, où ils ne voulurent accepter aucun joug jusqu'au temps de Priam, premier roi des Francs. Une variante du *Tractatus* explique que les Francs installés à Sycambria furent soumis au tribut par les Romains entre le règne de Constance et celui de Valentinien I[er46]. Ce passage permet d'établir un lien entre l'affirmation précédente de la liberté franque et l'exemption fiscale qui leur est offerte par Valentinien. La chronologie proposée par l'auteur est extrêmement courte, ramenant le paiement de ce tribut à la dimension d'un accident de l'histoire[47]. Puis vient le fameux

---

[43] C. BEAUNE, *op. cit.*, p. 21, note que cette attitude est encore très courante au xve siècle.

[44] Ars. 1117, fol. 7v-8. Cette version provient essentiellement du *Liber Exceptionum* de Richard de Saint-Victor.

[45] BnF, lat. 15010, fol. 94 et BnF, lat. 15011, fol. 30.

[46] BnF, lat. 15011, fol. 31. L'auteur précise que l'empereur Constance est le fils de Constantin le Grand. Il s'agit donc de Constance II qui régna de 337 à 361. La source de ce passage est la chronique de Sigebert de Gembloux, *Chron.*, MGH, SS, VI, p. 300.

[47] BnF, lat. 15011, fol. 29v. Jean place cette soumission aux Romains en 343 et la proposition faite par Valentinien 34 ans plus tard, la dixième année du règne de cet empereur.

combat contre les Alains. Jean continue de rapporter que les Francs y reçurent leur nom de l'empereur qui reconnut en cette occasion leur vaillance. Mais il donne à l'épisode suivant, celui du refus de reprendre le paiement, un écho amplifié : les Francs justifièrent leur rebellion par le fait qu'ayant payé le «prix du sang» ils estimaient être quittes de tout autre tribut[48] ; et d'ajouter qu'il ne se trouva plus personne par la suite pour leur imposer le joug d'un tribut par droit de guerre[49]. Les Francs avaient définitivement gagné leur liberté. Le thème de l'exemption fiscale obtenue de haute lutte n'est pas nouveau, c'est même l'un des points communs de toutes les sources évoquant le combat contre les Alains[50]. En revanche, l'idée du *precium sanguinis* est moins répandue.

Voilà donc le peuple franc à présent installé en Germanie. Deux cent trente ans plus tard, sa croissance démographique – et sa vaillance, ajoute la seconde version du *Memoriale*[51] –, l'oblige à se déplacer vers des espaces plus accueillants. Alors que la première version présentait l'arrivée en Gaule «comme une migration de masse dans un pays désert ou une conquête»[52], la seconde version, aussi bien dans les chapitres géographiques que dans le *Tractatus*, évoque, comme Rigord et Guillaume le Breton[53], deux vagues successives[54]. Vers 880 avant Jésus-Christ, un premier flot de 23000 Francs[55] fonde la cité de Lutèce sur les bords de la Seine et choisit de se donner le nom de *Parisii* soit en souvenir de Paris, le fils de Priam, ou parce que *parisia* est l'équivalent grec du mot latin *audacia*. Pendant 1290 ans, ces gens-là menèrent une vie simple, sans chef ni roi, se soumettant de bon gré aux Romains. Puis, au IVe siècle arriva, sous la direction de Marcomir, un second groupe que Jean fait peut-être descendre de celui qui s'opposa au paiement du tribut sous le règne de Valenti-

---

[48] BnF, lat. 15010, fol. 94r-v.

[49] BnF, lat. 15010, fol. 94v: «Nec fuit quisquam qui eos iure belli posset redigere sub iugo tributi.»

[50] C. BEAUNE, *op. cit.*, p. 23.

[51] BnF, lat. 15010, fol. 94v: «Additur quoque cum pretactis in hystoria quadam Francorum quod ipse Francio et *populus* eius in tempore David regis in Germaniam versus Danubium profecti, terram ibi magnam occupaverunt, ubi multiplicati sunt numero *et virtute* donec XXIIIM eorum recesserunt inde locum ad commodiorem querentes, revolutis ab eorum adventu primo circiter annis CCXXX[a].»

[52] C. BEAUNE, *op. cit.*, p. 24. Ars. 1117, fol. 7v-8r.

[53] C. BEAUNE, *op. cit.*, p. 24.

[54] BnF, lat. 15010, fol. 94v-95 et BnF, lat. 15011, fol. 30v-31v.

[55] Chez Jean, ces 23000 Troyens n'ont pas de chef, alors que Rigord évoque à cet endroit la figure d'Ybor, dont le nom est emprunté à un chef lombard cité par Prosper d'Aquitaine, cf. C. BEAUNE, *op. cit.*, p. 24.

nien[56]. Et l'on assiste alors à la fusion entre deux peuples qui ont une conscience très aiguë de leur parenté (*affinitas*) profondément ancrée dans le souvenir d'une origine géographique (*patria*) et généalogique (*stirpe*) commune[57]. Celle-ci s'exprime dans la décision de changer le nom de Lutèce pour celui de Paris et de raviver ainsi le souvenir des racines troyennes. La fusion entre les deux peuples est le véritable point de départ du royaume des Francs qui se dote alors d'une organisation avec un roi et une loi (la loi salique)[58].

Et les Gaulois? Ils ne sont pas totalement absents de cette histoire des origines. Depuis Rigord on leur fait porter le nom de *Galli*. La lecture d'Isidore permet de rappeler l'étymologie de leur nom, leur valeur, leur conversion au christianisme par l'apôtre Paul, autant de détails que Jean reprend dans le *Memoriale*. Et, selon Colette Beaune, il serait le premier à leur attribuer les exploits des Gaulois à travers l'évocation de la figure du héros Brennus[59].

b) *Langue et culture*

Les Francs sont aussi à l'origine d'un patrimoine culturel prestigieux. Jean de Saint-Victor note l'étymologie grecque (*attica lingua*) de *Franci*, de *Parisii*[60], nécessaire à la confirmation de l'origine troyenne[61]. Il insiste sur le rôle civilisateur que les Francs jouèrent autour de Lutèce[62]; il rappelle le choix qu'ils firent d'un premier roi et comment celui-ci établit la loi salique. A l'origine des institutions politiques du royaume, il y a un pouvoir séparé de l'empire romain,

---

[56] Les deux textes (BnF, lat. 15010, fol. 95 et BnF, lat. 15011, fol. 31) ne disent pas exactement la même chose : pour le premier, les Francs de la seconde vague sont rattachés à Francion par le nom ; pour le second, la venue en Gaule se fait sous la direction de Marcomir, fils de Priam, sous la conduite duquel les Francs se sont rebellés contre les Romains.

[57] BnF, lat. 15010, fol. 95 : « ... eosque affinitate cognita quia de eadem patria venerant et de eadem stirpe processerant, absque bello, pacifice receperunt, facti itaque populus unus et eidem duci prefato, scilicet Marcomiro, subiecti similiter, deinceps permanserunt hic.»

[58] BnF, lat. 15010, fol. 95 : «Quomodo autem Pharamundum, filium ipsius Marcomiri, super se regem fecerunt, eiusque tempore sicut et alie gentes legibus scriptis cum trans Rhenum et in Galliis habitarent primum uti ceperunt et legem saligam dictaverunt, item quomodo ... »

[59] Ces trois éléments sont repris et dans le *Tractatus* (BnF, lat. 15011, fol. 29 r-v) et dans les chapitres géographiques de la première partie du *Memoriale* (BnF, lat. 15010, fol. 91v-92v, ch. 94). C. Beaune, *op. cit.*, p. 25.

[60] BnF, lat. 15010, fol. 95: «Se autem Parisios ex nomine Paridis filii regis Troie Priami vocaverunt vel a parisia grece quod est audacia latine.»

[61] C. Beaune, *op. cit.*, p. 293-294.

[62] BnF, lat. 15011, fol. 31: «Manserunt igitur in Lutecia et territorio eius in quo villas construxerunt ... »

une autorité païenne capable de légiférer pour son propre compte[63]. Jean rattache encore à ce patrimoine culturel «national» la *translatio studii*[64]. La brève allusion qu'il y fait à la fin du chapitre 97 trahit l'importance et la signification qu'il accorde à cette notion. Même sans faire l'objet d'un développement (remis à plus tard) elle fait partie intégrante de ce qu'il faut savoir sur la France et ses habitants ; il la situe chronologiquement sous le règne de Charlemagne, rejetant de ce fait, tacitement, la solution proposée par Guillaume de Nangis qui consistait à faire de saint Denis l'artisan de cette *translatio*[65] ; Paris, Nouvelle Rome, devient alors la véritable capitale d'un empire et d'un *studium* unis. Au début du XIVe siècle, cette idée, qui se développe depuis le XIIe siècle, est largement intégrée à l'idéologie monarchique et nationale. Elle vient conforter une nouvelle lecture des origines troyennes du royaume.

2. Une lecture politique des origines troyennes

Comme le constate Colette Beaune, «les origines troyennes de la nation et de la dynastie sont évoquées partout»[66]. Il aurait été surprenant que Jean de Saint-Victor ne sacrifiât pas à ce mythe fondateur. Mais ce qui doit retenir davantage la réflexion, ce sont les variantes apportées à la seconde version de son texte. Quelles significations ont-elles ? De quelle théorie politique se font-elles l'écho ?

a) *Portrait d'un peuple exceptionnel*

On trouve en premier lieu chez Jean un portrait très précis de l'ancêtre commun. La double étymologie du nom (Francion, le héros éponyme et *franci/feroces*) met à la fois l'accent sur la parenté du sang et sur les vertus ethniques innées. On rencontre là des traits propres aux généalogies nobiliaires. On peut encore y ajouter la remarque tirée de Baudri de Bourgueil : aucun homme ne peut se dire *miles* par nature, de naissance, si ce n'est les Francs (et les Turcs en raison de leur commune origine)[67]. Ce portrait est-il une forme d'anoblissement

---

[63] C. BEAUNE, *op. cit.*, p. 265. A propos de la loi salique, l'auteur souligne qu'absente de l'histoire nationale et monarchique, elle est paradoxalement présente dans les histoires universelles d'origine monastique.

[64] BnF, lat. 15010, fol. 95v: «Porro de studio generali quomodo primum venit Parisius infra dicetur in III[a] parte tempore Karoli magni.»

[65] C. BEAUNE, *op. cit.*, p. 300-303.

[66] C. BEAUNE, *op. cit.*, p. 38.

[67] BnF, lat. 15010, fol. 94v: «Huic concordat verbum Baldrici Dolensis episcopi dicentis in itinerario transmarino III° libro quod Turci dicunt se esse de genere Francorum et quod nullus homo naturaliter debet esse miles nisi Franci et illi.»

collectif qui fonderait l'unité nationale? Jean ne le dit pas explicitement mais, a contrario, on ne note pas sous sa plume la moindre
trace d'une catégorisation sociale justifiée par l'histoire des origines[68].
Cependant, à la lumière de la dernière partie de la chronique où,
comme Geoffroi de Paris, il se fait l'écho du programme politique des
ligues nobiliaires, on peut se demander s'il ne voit pas d'abord dans
ce peuple de Troyens, les ancêtres des nobles de son temps, de ceux
qui critiquent le plus violemment la politique fiscale du roi, affirmant
d'ailleurs être en cette occasion les porte-paroles de l'ensemble du
peuple[69]. Le thème du *precium sanguinis,* relevé plus haut, pourrait
être un argument en ce sens.

b) *L'indépendance du royaume: une question brûlante, au cœur du conflit entre Philippe le Bel et Boniface VIII*

Le second message, qui transparaît dans ce discours sur les origines troyennes, est celui de l'indépendance du royaume vis-vis de
l'Empire et de l'Eglise. Il faut évidemment le replacer dans le contexte, évoqué au début de ce chapitre, du conflit entre le pape et le roi
de France et de l'intense débat intellectuel qu'il suscita. Celui-ci se
mit en place après la promulgation de la bulle *Ausculta fili* (décembre
1301) et la plupart des textes qui en constituent le dossier furent rédigés au cours de l'année 1302[70]. Du côté du roi, il y eut d'abord
Quaestio in utramque partem, qui plaçait en tête de sa démonstration la
fausse bulle *Deum time* (ou *Scire te volumus*) préparée pour l'assemblée du clergé d'avril 1302. Ce texte avait tous les caractères d'une
discussion théologique universitaire, démontrant d'une manière
didactique que les deux pouvoirs (spirituel et temporel) étaient distincts et que le pape n'avait pas d'empire sur le temporel, l'autorité
ordinaire de l'Eglise se bornant à l'ordre spirituel. A ce texte datant
du printemps 1302, on peut en associer un autre à qui il servit
d'ailleurs de source, la *Quaestio de papae potestate* plus connu sous le
titre de *Rex pacificus*. Construit sur le modèle de la *disputatio*, il n'est
pas sans rappeler la *Disputatio inter clericum et militem* rédigée en 1296
en réponse aux bulles *Clericis laïcos* et *Ineffabilis amoris*. Son auteur

---

[68] Sur ce thème, voir C. BEAUNE, *op. cit.,* p. 38-39.

[69] Ph. CONTAMINE, *De la puissance aux privilèges. Doléances de la noblesse française envers la monarchie aux XIVe et XVe siècles,* in: Ph. CONTAMINE (Ed.), *La Noblesse au Moyen
Age, XIe-XVe siècles. Essais à la mémoire de Robert Boutruche,* 1976, p. 235-260.

[70] J. RIVIÈRE, *op. cit.,* p. 128-155 et J. KRYNEN, *op. cit.,* p. 85-109.

serait plutôt un juriste, en tout cas sans doute le meilleur théoricien que put rencontrer la politique de Philippe le Bel[71]. Pendant ce temps, la défense pontificale s'organisait autour d'Henri de Crémone, dont le *De potentia papae*, témoignant d'une connaissance très étendue du droit canon, s'adressait surtout au clergé ; mais d'un plus grand retentissement fut sans doute le *De ecclesiastica potestate* écrit dans les premiers mois de 1302 et dédié à Boniface VIII par Gilles de Rome, ancien précepteur de Philippe ! Quelques mois plus tard, Jacques de Viterbe, autre interprète du droit pontifical le plus absolu, l'utilisait pour composer son *De regimine christiano* et des passages entiers en furent intégrés l'année suivante dans la bulle *Unam sanctam*. La fin de l'année 1302 et le début de 1303 étaient enfin marqués par deux dernières parutions, une dans chaque camp. Jean de Paris tentait un effort de conciliation dans le *De potestate regia et papali*, tandis que le légat canoniste Jean Lemoine glosant la bulle *Unam sanctam*, promulguée le 18 mars 1303, et négligée par tous les autres écrits, en exagérait encore les thèses. Ces premiers publicistes étaient ou des juristes ou des théologiens et tous recouraient à des sources à la fois bibliques et canoniques.

Voilà donc comment se présentait le débat en 1302 et quelles en étaient les grandes plumes. Le récit qu'en donne le *Memoriale* n'en répercute finalement qu'un écho lointain. Après avoir relaté l'assemblée de Notre-Dame, Jean retient l'annonce de la convocation du concile pour la Toussaint 1302, puis passe aux opérations militaires en Flandres. Aucune mention d'*Ausculta fili* ni des textes qui suivirent, aucun nom de publicistes n'apparaît dans la suite du récit qu'il donne pour cette année-là. 1302 est chez lui l'année de la bataille de Courtrai[72]. Rétrospectivement, ceci peut se comprendre si l'on tient compte du fait que Jean écrit avec un décalage chronologique par rapport aux événements. On peut imaginer qu'avec le recul le souvenir de Courtrai demeurait plus vivace que celui d'un débat d'idées. Par ailleurs, ces toute premières années du XIVe siècle correspondent au moment où Jean entreprend son travail. Sans doute commence-t-il à peine à collecter son information. Sait-il déjà comment il va traiter les *tempora moderna*, ce qui lui faudra retenir des événements qui se déroulent sous ses yeux ?

---

[71] J. RIVIÈRE, *op. cit.*, p. 135-138 et J. KRYNEN, *op. cit.*, p. 88-91.
[72] *RHF*, XXI, p. 638-639.

c) Jean de Saint-Victor, lecteur de Jean de Paris

S'il ne met pas en scène le bouillonnement intellectuel suscité par le conflit entre le pape et le roi, il n'y reste cependant pas hermétique. Il y a d'abord des silences parfois plus éloquents que les paroles, tel celui qui taît le *De ecclesiastica potestate* de Gilles de Rome. Silence d'autant plus surprenant qu'il connaît bien ce cardinal dont il suit la carrière au moins jusqu'en 1305, ce théologien proche de l'augustinisme, ce *doctor egregius* dont il a peut-être suivi l'enseignement, dont il peut en tout cas citer toutes les œuvres, y compris les questions quodlibétiques[73]. Une telle omission dans une liste, qui tend visiblement à l'exhaustivité, ne peut s'expliquer que par un désaccord avec les idées développées par Gilles de Rome ou du moins un malaise ressenti à leur égard.

On rencontre cependant dans le *Memoriale* le nom d'un autre publiciste, hors du contexte évoqué ci-dessus il est vrai, puisque c'est à l'occasion de la condamnation dont il fut l'objet en 1305 pour ses théories sur l'Eucharistie que Jean de Saint-Victor fait l'éloge du théologien dominicain, Jean de Paris. Or, Mireille Chazan a montré la première que si le *De potestate regia et papali* n'était pas cité par le victorin, on relevait la trace de son influence dans l'œuvre de ce dernier[74].

En effet, dans son texte achevé au début de l'année 1303, Jean de Paris consacrait tout un chapitre à la réfutation de la donation de Constantin, dans laquelle les tenants du pouvoir pontifical voyaient une preuve juridique et historique incontestable de la supériorité temporelle du Saint-Siège. Relisant chroniques et histoires, il entendait démontrer à travers le récit des origines troyennes que, même si la donation de Constantin a bien affecté la totalité de l'Empire (ce qu'il contestait), elle n'a pu en aucun cas conférer au pape le moindre pouvoir sur le roi de France. Car, c'est en refusant de reprendre le paiement du tribut exigé par Valentinien que les Francs gagnèrent définitivement leur indépendance vis-à-vis de tout pouvoir universaliste qu'il soit impérial ou pontifical. La grande nouveauté de la

---

[73] Cf. supra le chapitre IV. La liste des œuvres de Gilles de Rome est incomplète dans l'édition donnée par GUIGNIAUT et WAILLY, *RHF*, XXI, p. 634. Sur le *De ecclesiastica potestate*, J. KRYNEN, *op. cit.*, p. 87.

[74] *RHF*, XXI, p. 645 et M. SCHMIDT-CHAZAN, *L'idée d'Empire dans le Memoriale historiarum de Jean de Saint-Victor*, in : J.-Ph. GENET (Ed.), *L'historiographie médiévale en Europe*. Actes du colloque organisé par la Fondation européenne pour la Science au Centre de Recherches historiques et juridiques de l'Université de Paris I du 29 mars au 1er avril 1989, Paris, 1991, p. 301-319, ici p. 307 et n. 24.

démonstration tenait à l'utilisation nouvelle, et pour la première fois politique, d'une tradition textuelle ancienne. Jusque-là, même les *Grandes Chroniques de France* reconnaissaient encore, dans leur prologue, la soumission à Rome. Jean de Saint-Victor ne suit pas à la lettre l'argumentation du publiciste dominicain. Parce que son objectif n'est pas d'écrire une œuvre de propagande, il ne met nommément en cause ni le pape ni l'empereur. Il n'évoque pas la donation de Constantin[75]. Juxtaposant plusieurs sources, il n'est pas catégorique sur la question de la soumission aux Romains. Mais c'est bien dans un même esprit qu'il conclut l'épisode du tribut en affirmant que «par la suite il ne se trouva plus jamais personne pour imposer un tel joug au peuple franc». Et puis, sa prise de position en faveur de l'indépendance à l'égard de tout pouvoir universaliste s'exprime ailleurs : dans la rédaction d'un *Tractatus de divisione regnorum* et dans son silence absolu sur les origines chrétiennes du royaume.

d) Les deux versions du Tractatus de divisione regnorum ou la mort lente de l'idée d'Empire

Lorsque Jean entreprend son histoire universelle, il y a au moins cinquante ans que le monde vit sans empereur. Les jeunes monarchies ont profité de cette vacance de l'*imperium mundi* pour créer un nouveau paysage politique, affirmant «leur réalité territoriale, fortes de la vitalité de leur *populus* et du dynamisme de leur gouvernement»[76]. L'Empire n'a pas disparu pour autant, il occupe toujours les esprits et, à l'aube du XIVe, son principe est même au cœur d'un débat entre théoriciens. La lecture des deux versions du *Memoriale* peut donner une idée du climat dans lequel il se déroule, des questions qui se posent, des hésitations qui se font jour.

La seconde version du *Tractatus* a fait l'objet d'une étude approfondie[77]. Mireille Chazan y rappelait en premier lieu les intentions de l'auteur. Celui-ci explique qu'il veut présenter les différents royaumes existant ou ayant existé, non plus selon l'ordre géographique, largement développé dans la première partie de l'œuvre, mais selon un schéma historique qui tiendrait compte de l'origine et de la fin de chacun d'entre eux. Jean distingue deux groupes : ceux dont on connaît l'origine et la fin et ceux dont on ne connaît pas avec certitude l'origine ou la fin. La lecture du traité, et en particulier la présentation du

---

[75] M. CHAZAN, *L'idée d'Empire dans les chroniques universelles écrites en France de la fin du XIIe siècle au début du XIVe siècle* (1995), exemplaire dactylographié, p. 910-911.

[76] A. RIGAUDIÈRE, *Pouvoirs et institutions dans la France médiévale*, II, *Des temps féodaux aux temps de l'Etat*, Paris, 1994, p. 74.

[77] M. SCHMIDT-CHAZAN, *art. cit.*

second groupe, suggère à l'auteur de l'étude que dès l'introduction, en prologue au récit historique, le chroniqueur veut imposer à son lecteur deux idées : l'antériorité des royaumes par rapport à l'Empire et la coexistence de celui-ci avec des royaumes indépendants de lui. Jean fait de la *divisio regnorum* un principe, une constante de l'histoire de l'humanité, dont la monarchie universelle ne serait qu'un simple moment. D'où le titre qui fut donné par la suite à ce traité dans le manuscrit BnF, lat. 14626 copié à Saint-Victor : *Tractatus de divisione regnorum*. Jean de Saint-Victor apparaît donc bien comme se situant dans ce courant de pensée qui, depuis la fin du XIIe siècle, réunit des juristes et des théologiens (dont Jean de Paris) pour défendre la légitimité d'une pluralité des royaumes dans le monde. Mireille Chazan montre ensuite que la démonstration du victorin aboutit à des conclusions bien plus radicales. En effet, ayant placé le *regnum Romanorum* parmi les royaumes dont l'origine et la fin sont connues, il affirme clairement que l'empire romain a cessé d'exister depuis 1245, date de la déposition de Frédéric II. Cette prise de position, dit-elle, est exceptionnelle parmi les auteurs des chroniques universelles qui préfèrent évoquer la vacance du siège impérial ou maintenir une datation impériale et entretenir ainsi la fiction de l'existence de l'Empire[78]. La première solution fut adoptée par Vincent de Beauvais et ses utilisateurs, la seconde par Guillaume de Nangis. Or, il faut remarquer que sur ce sujet précis Jean de Saint-Victor ne suit aucun de ces deux textes qui constituent pourtant, rappelons-le, des sources importantes de son *Memoriale*. Il préfère adopter une troisième voie où l'on reconnaît davantage l'influence de Jean de Paris[79].

En relisant à présent le début de la première version du *Memoriale*, on retrouve bien, en ouverture de la *narracio* et non dans un *exordium* distinct d'elle comme c'est le cas dans la seconde version, un long passage sur l'origine et la fin des «royaumes et des régions»[80]. Ce dernier terme, qui va disparaître dans la seconde version, suggère que la vocation de ces quelques feuillets était de présenter les royaumes à la veille de l'avènement de Jules César, comme l'avait fait Richard de Saint-Victor dans son *Liber Exceptionum* selon un schéma à la fois historique et géographique. Ce qui s'explique très bien puisque cette première version du *Memoriale* était dépourvue de toute autre *descriptio orbis terrarum*. Jean évoque donc successivement et

---

[78] M. SCHMIDT-CHAZAN, *op. cit.*, p. 308 et notes 32 à 37. Voir en dernier lieu sa thèse, *op. cit.*, p. 856-1006.

[79] M. SCHMIDT-CHAZAN, *art. cit.*, p. 309.

[80] Ars. 1117, fol. 1v-8v.

brièvement tous les royaumes issus des quatre royaumes originaux sans établir de distinction entre ceux dont il connaît l'origine et la fin et ceux pour lesquels ses informations sont moins sûres. Or, le terme de l'histoire de chacun de ces royaumes, (à l'exception notable de celui des Francs) est son entrée dans la monarchie universelle de l'Empire romain ou de sa continuation chrétienne qu'est l'Empire carolingien (les Normands). C'est dire que dans cette première version il insiste davantage sur la notion d'empire universel que sur celle de *divisio regnorum*. Par ailleurs, il n'évoque pas la déposition de Frédéric II. Sa lecture du Grand Interrègne est beaucoup moins définitive qu'elle ne le deviendra quelques années plus tard et, pour l'heure, l'Empire continue d'exister.

La «rétro-lecture» de cette première version témoigne de l'évolution intellectuelle que constitue la seconde version. En quelques années, sans doute après avoir eu connaissance des thèses de Jean de Paris, vraisemblablement influencé par le climat plus favorable au roi de France après l'élection de Clément V[81], Jean de Saint-Victor rédige un *Tractatus de divisione regnorum*, dans lequel il démontre de manière systématique et idéologique que l'Empire n'existe plus.

En outre, une telle affirmation de la disparition de l'Empire signifiait tacitement que toute prétention impériale était déniée au roi de France et aux princes de sa famille. En cela, Jean de Saint-Victor se démarque de Guillaume de Nangis, qui écrivant à Saint-Denis, ne peut pas ignorer les rêves impériaux des Capétiens, ni manquer de les accueillir au sein de son schéma historiographique. Jean, lui, reste très discret sur la question[82]. Une telle attitude ne signifie pas pour

---

[81] Et qui va aboutir en 1311 à la bulle *Rex gloriae* qui lève toutes les condamnations pontificales prononcées depuis 1300 contre Philippe le Bel, cf. J. KRYNEN, *op. cit.*, p. 85-87. Jean de Saint-Victor ne dit rien de cette bulle.

[82] M. CHAZAN, *op. cit.*, p. 732 dit que dans le texte de Guillaume de Nangis, « ... à partir de Louis VI, ce sont les rois de France qui, progressivement, exercent toutes les missions des empereur, jusqu'au règne de saint Louis, véritable successeur de Charlemagne. A l'heure des candidatures françaises à l'Empire, Guillaume de Nangis a doté la monarchie capétienne d'une chronique universelle qui, d'une part, explique la prééminence que la France exerce réellement en Europe et, d'autre part, justifie ses ambitions.» Des différentes tentatives capétiennes, Jean n'évoque que celle de Charles de Valois à l'occasion de son mariage avec Catherine de Courtenay, *RHF*, XXI, p. 637: «Post Natale Domini, Karolus frater regis, duxit uxorem Imperii Constantinopolitani heredem, prius, ut dicitur, ei praestito juramento quod pro viribus suis Imperium Constantinopolitanum, quod scilicet sibi jure hereditario competere dicebat, acquirere laboraret.» Sur cette question, voir G. ZELLER, *Les rois de France candidats à l'empire. Essai sur l'idéologie impériale en France*, in: *RH*, 173 (1934), p. 273-311. Cet auteur note, p. 288, que la candidature de Charles de Valois, à la différence des précédentes, avait fait l'objet d'une plus grande publicité.

autant qu'il minimise l'autorité du roi de France. Bien au contraire, il pense sans doute que celle-ci se suffit à elle-même, qu'elle est de facto celle d'un empereur. Une bénédiction impériale n'y ajouterait rien mais offrirait au pape un témoignage de soumission bien dangereux au moment où le Capétien s'efforce de démontrer son indépendance vis-à-vis du successeur de Pierre.

e) Le silence sur les origines chrétiennes du royaume

L'indépendance du royaume à l'égard de la papauté est, elle aussi, paradoxalement affirmée à travers un silence. Si, dans la chronique, Jean mentionne bien sûr le baptême de Clovis en le replaçant dans le contexte environnant (Rémi, le mariage avec Clotilde, la Sainte Ampoule, la conversion des guerriers ...), en revanche dans ses textes sur les origines (les deux versions du *Tractatus* et les chapitres 96-97 de la première partie), jamais il n'évoque la conversion des Francs au christianisme. Le fait est d'autant plus marquant que lorsqu'il présente les Bretons, les Normands, les Burgondes, il ne manque pas de noter leur passage à la foi chrétienne et le nom du premier de leurs rois à se reconnaître comme chrétien. Clovis, lui, apparaît au chapitre 97[83] comme celui qui étendit son royaume jusqu'aux confins des Pyrénées. Un tel silence sur la fondation chrétienne du royaume n'a rien de l'oubli involontaire. Ce n'est pas non plus une remise en cause des valeurs chrétiennes du royaume, c'est simplement l'illustration par l'histoire des termes posés dans le manifeste gouvernemental *Antequam essent clerici* rédigé en réponse à la décrétale *Clerici laïcos* de 1296 : avant qu'il y eût des clercs (Jean de Paris dit «avant que n'apparurent des chrétiens en France»), il existait des rois de France[84]. Ainsi Jean adhère-t-il à l'idée de l'antériorité originelle de la royauté française. Restait pour lui à démontrer la continuité et la légitimité de ceux qui l'avaient assumée des origines jusqu'au roi, dont lui, Jean, était le sujet.

C – DÉFENSE ET ILLUSTRATION DE LA LÉGITIMITÉ CAPÉTIENNE ?

«Pharamond, fils de Marchomir, fut alors fait premier roi des Francs. Quarante-sept autres rois, ou environ, lui succédèrent jusqu'à nous. Leur succession généalogique, bien que l'on ait pu la croire interrompue avec

---

[83] BnF, lat. 15010, fol. 95.

[84] J. KRYNEN, *op. cit.*, p. 101. *Antequam essent clerici* est la réplique royale à la bulle pontificale *Clericis laïcos*. Elle fut sans doute rédigée par Pierre Flote, sous la forme d'une note non officielle, dans le courant de l'année 1296, cf. J. FAVIER, *op. cit.*, p. 280-281.

Pépin ou Hugues Capet, a pu cependant grâce à la sucession par les femmes, la postérité de la race, Dieu y pourvoyant, être rattachée à la lignée de leurs premiers ancêtres.»[85]

En conclusion à son résumé de l'histoire du royaume des Francs, Jean affirme la continuité du sang royal depuis les origines jusqu'à Philippe le Bel, qui règne alors depuis vingt-quatre ans. Néanmoins, sa formulation laisse percevoir les objections, les contradictions qu'a pu rencontrer, que rencontre encore au début du XIVe siècle, ce principe d'une lignée unique. En effet, de plusieurs côtés viennent des attaques contre la légitimité du petit-fils de saint Louis. En 1290, au début du règne donc, est publiée une satire dans laquelle l'auteur se livre à une comparaison désobligeante entre le gouvernement des Carolingiens d'une part et celui des Capétiens de l'autre[86]. Puis, en 1301, l'évêque de Pamiers, Bernard Saisset, porte une double accusation à l'encontre du roi : celui-ci n'est pas de la vraie race carolingienne. Son père descend du bâtard Hugues Capet et sa mère, Isabelle d'Aragon, d'une famille où l'adultère est monnaie courante. En conséquence de cette hérédité doublement honteuse, le roi doit perdre le trône, car la dixième génération après Hugues Capet est arrivée[87]. Enfin, ultime coup du sort pour un souverain déjà profondément accablé par les épreuves, la découverte d'une longue liaison entretenue par ses brus avec les frères d'Aulnay jette le doute sur la légitimité de sa descendance (Jeanne de France, fille de Louis de Navarre). Si Jean ne dit rien de la satire publiée en 1290, il évoque en revanche ouvertement l'épisode des brus[88], insistant sur le sentiment de honte ressenti par le royaume mais n'en tirant aucune conclusion concernant la légitimité de la descendance royale. Quant aux accusations de Bernard Saisset, peut-être y fait-il allusion au moment où il rappelle l'ascendance carolingienne d'Isabelle de Hainaut, la femme de Philippe Auguste : «Je dis cela», écrit-il, à cause de l'ineptie de certains qui prétendent qu'à cause de Hugues Capet, les rois modernes ne peuvent descendre de la lignée de Clovis et de Charlemagne»[89]. Bref, dans ce climat difficile, le *Memoriale historiarum* semble

---

[85] BnF, lat. 15011, fol. 31v.

[86] *Variétés. Une satire contre Philippe le Bel, 1290*, in: *ABSHF*, 2e série, 1 (1857-1858), cité par E. Brown, *art. cit.*, p. 198 et p. 313 et note 109.

[87] J. Favier, *op. cit.*, p. 319-320 et C. Beaune, *op. cit.*, p. 218.

[88] *RHF*, XXI, p. 658.

[89] BnF, lat. 15011, fol. 404: «Hoc dixi propter quorumdam inerciam qui dicunt modernos reges Francorum ad progeniem Clodovei vel Karoli magni nullatenus propter Hugo Chapet pertinere.»

apporter sa pierre à la construction de la dynastie capétienne. Reste à voir si cela se vérifie sur le plan des principes.

1. Le *genus* royal : la preuve par le sang?

Les défenseurs de la légitimité capétienne avaient à leur disposition tout un arsenal d'arguments progressivement élaborés par la tradition née à la fin du XIIe siècle dans l'entourage de Philippe Auguste[90]. Par l'étendue de ses sources, Jean de Saint-Victor pouvait en avoir une bonne connaissance. Quel usage en fait-il?

a) Des Mérovingiens aux Carolingiens

Pour affirmer un sang unique, il fallait réinterpréter les événements de 751 et de 987 qui, par des coups d'état, avaient fait passer le pouvoir royal d'une famille à une autre. Dès le IXe siècle, les Carolingiens se penchent sur la question et s'efforcent d'établir une généalogie de leur famille qui leur permette de se rattacher aux Mérovingiens[91]. Ils trouvent une solution en la personne de Blitilde, fille supposée de Clotaire II, donc une sœur de Dagobert, qui aurait épousé le «sénateur» Ansbert et aurait eu de lui un fils Arnoldus, lui-même père d'Arnoul de Metz. La mise en place de ce chaînon manquant présentait le double avantage d'unir les deux dynasties et de mettre en valeur l'ascendance prestigieuse du saint ancêtre fondateur – Arnoul de Metz – dont les mérites ne pouvaient que rejaillir sur l'ensemble de la dynastie. Cette construction généalogique rencontra très vite un succès considérable. Dans le *Memoriale historiarum*, Jean l'emprunte aux *Gesta* de Guillaume de Malmesbury et réfute ainsi l'affirmation de Hugues de Fleury selon laquelle, avec la déposition de Childéric, se serait éteinte la succession mérovingienne ou – ajoute-t-il – troyenne[92].

b) La légitimité des Robertiens

Jean connaît assez mal les ancêtres de Hugues. Grâce à Aimoin de Fleury, il peut attribuer à Robert, comte d'Anjou, une ascendance

---

[90] E. Brown, *La notion de la légitimité et la prophétie à la cour de Philippe Auguste,* in: *The Monarchy of Capetian France and Royal Ceremonial.* Recueil d'articles en français et en anglais publiés de 1976 à 1988, Brookfield, 1991, p. 77-110 (I).

[91] L. Theis, *Dagobert,* Paris, 1982, p. 77-81.

[92] BnF, lat. 15011, fol. 277: «Secundum Hugonem et alios finita est successio Merovingorum seu Troainorum sed veras hystorias facile est per feminas reperire et conservare successionem et progeniem regalem: nam Ansbertus filiam Lotharii primi nomine Blitildem duxit uxorem ... » (GM, *Gesta,* I, p. 71).

saxonne[93], mais il ne sait rien des alliances matrimoniales contractées par ses fils, Eudes et Robert. La filiation d'Hugues le Grand n'est donnée qu'en ligne paternelle[94]. L'information généalogique lui a certes fait défaut, mais ce sont les qualités des Robertiens qu'il cherche avant tout à mettre en valeur comme garantie de leur légitimité. Il les dit volontiers *strenui milites*. Face aux Normands, il n'y a pas meilleurs défenseurs du royaume. Par un miracle, la Vierge les a aidés à remporter la victoire lors du siège de Chartres[95]. Ils ont le souci du gouvernement et les aptitudes pour l'assumer. Aussi, lorsque les circonstances ou les coups d'état les font rois, en 890 ou en 922, leur pouvoir est-il légitime. Ainsi Robert Ier : Jean ne tait pas qu'il se soit emparé du trône par la force, il l'inscrit même dans son système de datation sous le titre de *Francorum invasor*. Mais l'important est qu'il l'ait inscrit, qu'il l'ait compté dans la succession des rois légitimes. Ce que certains, tel Vincent de Beauvais, se refusaient à faire[96], préférant taxer Robert de *tyrannus*[97]. Jean explique son choix dans le *Tractatus de divisione regnorum* : au nombre des rois de France qui se sont succédés depuis Pharamond il a compté les usurpateurs (*invasores regni*) qui ont régné en paix assez longtemps[98].

L'argument de la paix, notons-le, n'a rien d'anodin. La foi chrétienne lui donne son sens le plus fort : il s'agit de la paix que le Christ a donné à ses disciples, prélude et reflet de la paix à venir, dans la

---

[93] BnF, lat. 15011, fol. 306v: «Post eiectionem Karoli senioris, imperatoris quondam et regis Francorum, Franci Karolum simplicem, filium Ludovici balbi revocare proposuerunt sed, timore Northmannorum qui Franciam sepe dampnificaverant, dicto Karolo tutorem eligerunt, militem strenuum Odonem, filium Robertis comitis Andegavensis, quem supra diximus interfectum a Northmannis, qui dux esset Francorum, in bello et rei publice gubernator. Erat autem miles strenuus et astutus, ex parte matris Saxonici generis. Sed transacto brevi tempore, ipse innunctus est in regem, semper servans iura et regni integritatem.»

[94] BnF, lat. 15011, fol. 314v: «Hiis diebus contra regem Ludovicum rebellaverunt Francorum proceres, ac super omnes Hugo magnus, comes Parisiensium, filius Roberti a Karolo simplici in bello Suessone perempti, de quo supra.»

[95] BnF, lat. 15011, fol. 309.

[96] BnF, lat. 15011, fol. 312: «Robertus comes Andegavensis, faventibus sibi optimates Francorum, unctus est in regem III° kalendas Iulii et Karolus simplex secedens ad tempus fugit. Et regnavit dictus Robertus in Francia anno uno secundum Hugonem; hoc non secundum Vincentium, nec secundum Sigibertum.»

[97] VB, *Spec. hist.*, XXIV, 69, à propos de Hugues le Grand: « ... qui fuit filius Roberti tyranni ... » Lorsqu'il recopie textuellement ce passage (BnF, lat. 15011, fol. 314v-315), Jean omet ce terme.

[98] BnF, lat. 15011, fol. 31v: « ... cucurrit regnum Francie per annos DCCCCXLI, sub ducibus primo et post sub regibus L[a], computando tamen invasores regni quosdam qui satis pacifice aliquamdiu regnaverunt; quos Vicencius et quidam alii scriptores in legitimorum regum numero ponere noluerunt.»

Jérusalem céleste. Dans la tradition historiographique issue de Sigebert de Gembloux, à laquelle Jean appartient, il désigne l'essence même du pouvoir impérial[99]. Comme l'a montré Mireille Chazan, la paix est le mot-clef de la démonstration que Jean construit pour prouver la disparition de l'Empire après la déposition de Frédéric II. Aussi, l'emploi du même mot à propos des rois de France indique-t-il d'une part que la paix est l'une des sources de légitimité du pouvoir royal reconnue par Jean et, d'autre part, que ce pouvoir des rois de France est égal en dignité à celui des empereurs. A défaut d'une ascendance royale bien assurée, les Robertiens avaient régné en paix. Cela suffisait à légitimer leur pouvoir.

c) L'ascendance ottonienne de Hugues Capet: une dignité égale à celle des Carolingiens

L'ascendance saxonne de la branche masculine, évoquée à propos de Robert le Fort, devient une réalité grâce au mariage de Hugues le Grand avec Hatwide, la sœur d'Othon Ier. A trois reprises, Jean revient sur cette filiation ottonienne de Hugues Capet par sa mère. En 947, annonçant la naissance de Lothaire, le fils de Louis IV, il ajoute qu'à la même époque Hugues le Grand épousa Hatwide, sœur d'Othon, de qui naquit ensuite Hugues Capet qui fut roi des Francs[100]; relatant la rencontre d'Aix-la-Chapelle à la Pentecôte 965, le chroniqueur note la présence des deux sœurs de l'empereur, Gerberge, la mère du roi des Francs Lothaire et de Charles duc de Lorraine, et Hatwide, la mère de Hugues Capet, duc des Francs et comte de Paris[101]; enfin, en 987, au moment de l'usurpation, il rappelle la généalogie de Hugues, fils de Hugues le Grand, né de Hatwide, sœur de l'empereur Othon I[er102].

A Saint-Victor, l'établissement d'une telle relation de parenté avec les empereurs germaniques n'était pas chose nouvelle. En effet, à la fin du XIIe siècle, l'auteur anonyme de la *Cronica abbreviata* y

---

[99] M. SCHMIDT-CHAZAN, *art. cit.*, p. 317.

[100] BnF, lat. 15011, fol. 317v: «Hoc tempore natus est Ludovico filius ex Gerberga eius uxore, sorore Othonis, quem ad preces Ludovici, dux Guillelmus apud Laudunum de sacro fonte suscepit, vocatusque est Lotharius; et eodem tempore Hugo magnus duxit uxorem sororem Othonis Havidem, de qua postea genuit Hugonem Capet qui fuit rex Francorum.»

[101] BnF, lat. 15011, fol. 322v: « ... et ibi inter fuerunt sorores eius, Gerberga mater Lotharii regis Francorum et Karoli ducis Lotharingie et Havuidis mater Hugonis Chapet ducis Francorum et comitis Parisiensium.»

[102] BnF, lat. 15011, fol. 326: « ... regnum usurpavit Hugo Caputius filius Hugonis magni ex Hawide sorore Othonis primi imperatoris ... »

faisait allusion dans des termes quelque peu différents[103] : là où le chanoine anonyme parlait de la *propinquitas* de Hugues avec la lignée impériale, Jean, lui, reprend les mots de Sigebert pour évoquer, lors de la réunion d'Aix-la-Chapelle, la *regalis prosapia*[104]. Mais l'esprit est bien le même. Il s'agissait, face aux détracteurs, de démontrer «que par le sang qui lui venait des Saxons, Hugues était digne du trône»[105].

Néanmoins, Jean propose une lecture approfondie de la parenté impériale de Hugues Capet. Le fondateur de la dynastie capétienne est le neveu de l'empereur Othon Ier, c'est entendu. Mais il est également le cousin de Charles de Lorraine, son compétiteur pour le titre de roi des Francs. Il le dit au moment de l'usurpation de 987[106], mais il a préparé de longue date son lecteur à cette idée. Dans les passages relevés plus haut la mère de Hugues, Hatwide, est toujours mentionnée en compagnie de son fils et à l'intérieur d'un parallèle dont l'autre élément est constitué par Gerberge et son propre fils, Charles de Lorraine. Ce parti-pris est particulièrement manifeste dans le premier exemple cité. Puisant à deux sources différentes[107], Jean rassemble dans une même phrase la naissance de Lothaire et le mariage de Hugues le Grand d'où naîtra par la suite, il l'annonce d'ores et déjà, le futur roi des Francs Hugues Capet. Les deux expressions, *ex Gerberga eius sorore Othonis* et *duxit uxorem sororem Othonis Havidem* permettent le balancement de la séquence, tout en établissant le lien profond entre les deux annonces. Parce que leurs mères sont toutes les deux des sœurs de l'empereur Othon, Charles de Lorraine et Hugues Capet ont un sang d'égale noblesse, ils sont également

---

[103] BnF, lat. 15009, fol. 75v-76r: « ... Et post eum usurpat regnum Hugo qui fuit nepos primi Ottonis imperatoris, qui fuit filius Henrici regis Alemanniae, qui Henricus fuit filius Ottonis Saxonum ducis. Haec propter eos scripsimus qui solent detrahere modernis regibus Francorum quasi non fuerunt de genere regio procreati. Cum iste Hugo de quo superius fecimus mentionem a quo illi descendere et imperiali generi propinquus extiterit.» Ce texte a été analysé par M. SCHMIDT-CHAZAN, *Les origines germaniques d'Hugues Capet dans l'historiographie française du Xe au XVIe siècle*, in: *Religion et Culture autour de l'An Mil, Royaume capétien et Lotharingie*, Paris, 1990, p. 231-244, plus précisément p. 235-236. Voir aussi, E. BROWN, *art. cit.* (I), p. 78 et n. 8.

[104] SG, *Chron.*, MGH, SS, VI, p. 350-351.

[105] M. SCHMIDT-CHAZAN, *art. cit.* (1990), p. 236.

[106] Bnf, lat. 15011, fol. 326v: «Hugo igitur comes Parisiensis et dux Francorum, faventibus scilicet quibusdam, regnum usurpavit itaquod Karolus Lotharingie dux, patruus Ludovici pueri regis deffuncti et cognatus huius Capet quia ex duabus sororibus Othonis primi nati erant ... »

[107] BnF, lat. 15011, fol. 322v. La naissance de Lothaire est tirée de l'*Historia ducum Normannorum* de Guillaume de Jumièges, l. III, ch. 4; la relation matrimoniale entre Hugues le Grand et Hawide vient de la chronique de Sigebert de Gembloux, a. 965.

dignes d'accéder à la fonction royale. C'est par une telle argumentation que Jean entend contourner la question de l'usurpation de 987
et de l'ascendance royale du fondateur de la dynastie capétienne. A
ce stade, le problème d'un ancêtre carolingien ne se pose pas.

d) L'ascendance carolingienne de Philippe Auguste

Les ancêtres robertiens et saxons de Hugues Capet n'étaient finalement pas indispensables à une histoire qui entendait démontrer en
premier lieu la continuité par le sang des trois familles mérovingienne, carolingienne et capétienne. La question des origines immédiates de Hugues Capet était plus délicate et plus déterminante.
Depuis le XIᵉ siècle, on réfléchissait aux moyens d'effacer le souvenir
de l'usurpation de 987.

La prophétie de saint Valéry offrait une solution. Parce qu'il
s'était montré un fidèle serviteur de l'Eglise en restituant les reliques
de saint Valéry et de saint Riquier, Hugues Capet s'était vu promettre par le saint que lui et ses successeurs tiendraient le royaume
jusqu'à la septième génération (ou septième succession)[108]. Par cette
prophétie la volonté divine suppléait au droit héréditaire et substi-
tuait Hugues et ses descendants aux Carolingiens, vrais héritiers du
royaume. Nombreux furent les historiens qui reprirent cette légende.
Elle présentait cependant un inconvénient majeur : elle promettait la
couronne de France à sept générations successives sans assurer durablement l'avenir de la dynastie. Dès l'accession de Louis VIII au
trône, certains tentèrent bien de lire *sempiternam* au lieu de *septimam*,
mais sans y croire vraiment. De plus, arme à double tranchant, elle
pouvait se retourner contre ses bénéficiaires[109]. A partir du XIIIᵉ siècle
son succès est moindre. C'est sans doute parce qu'elle n'est pas suffisamment convaincante que Jean ne l'a pas reprise dans le *Memoriale*
alors qu'il la connaissait par le *Speculum historiale* de Vincent de
Beauvais[110].

C'est en revanche à travers le *Speculum* qu'il découvrit le thème
du *reditus ad stirpem Karoli* inventé par André de Marchiennes dans la
seconde moitié du XIIᵉ siècle. Celui-ci montrait, dans son *Historia suc-
cincta,* comment en la personne de Louis VIII, fils de Philippe
Auguste et d'Isabelle de Hainaut, descendante de Charlemagne, le
royaume des Francs revenait à la souche carolingienne. Cette union

---

[108] E. Brown, *art. cit.* (I), p. 79.
[109] E. Brown, *art. cit.* (I), p. 80.
[110] VB, *Spec. hist.*, XXX, 126.

et son fruit permettaient de lever l'obstacle de la prophétie valérienne et de prolonger le règne des Capétiens au-delà de la mort de Philippe Auguste, septième descendant de Hugues Capet. Cette théorie, qui asseyait la légitimité capétienne en la rattachant aux Carolingiens, triompha au milieu du XIIIe siècle. Vincent de Beauvais l'introduisit, à la demande du roi saint Louis, dans le texte révisé du *Speculum historiale*[111], Primat en fit le thème majeur du *Roman des rois*[112].

Avant même de puiser au mythe du *reditus*, Jean de Saint-Victor fait déjà implicitement de Philippe Auguste un Carolingien. En effet, lorsqu'il relate le troisième mariage de Louis VII, avec Adèle de Champagne, il n'oublie pas de préciser que celle-ci était *de genere Karoli descendentem*[113], mais c'est à l'occasion de la mort d'Isabelle de Hainaut qu'il revient sur le sujet, sous la forme cette fois d'une démonstration qui pourrait bien constituer de sa part un «repentir». En effet, le manuscrit *C* (BnF, lat. 15011) présente à cet endroit une curieuse anomalie. Sur les folios 403v-405, on lit un premier récit de la mort de la reine, de sa sépulture et des fondations pieuses que le roi fit faire pour le repos de son âme. Mais, entre ces deux folios fut ajouté un folio supplémentaire (fol. 404) sur lequel on lit un second récit écrit d'une main différente. On y retrouve l'annonce du décès, la sépulture et la fondation des deux chapelles, mais le texte continue avec le rappel de la généalogie de la reine défunte : fille du comte de Hainaut, nièce de Philippe le Grand, comte de Flandres (dont l'ancêtre Baudoin avait épousé Judith, la fille de Charles le Chauve), son ascendance carolingienne est incontestable. Mère de Louis VIII, elle transmet le sang carolingien et permet le retour à la lignée de Charle-

---

[111] Sur André de Marchiennes, K. F. Werner, *Andreas von Marchiennes und die Geschichtsschreibung von Anchin und Marchiennes in der zweiten Hälfte des 12. Jahrhunderts*, in : *Deutsches Archiv für Erforschung des Mittelalters,* 9 (1952), p. 402-463. Sur l'utilisation du texte d'André par Vincent de Beauvais et sur les circonstances de la révision de l'*Historiale*, voir E. Brown, *Vincent de Beauvais and the «reditus ad stirpem Caroli imperatoris»*, in : S. Lusignan, M. Paulmier-Foucart et A. Nadeau, (Dir.) *Vincent de Beauvais: intentions et réception d'une oeuvre encyclopédique au Moyen Age*. Actes du XIVe colloque de l'Institut d'études médiévales organisé conjointement par l'Atelier Vincent de Beauvais (Nancy II) et l'Institut d'études médiévales (Université de Montréal) du 27 avril au 30 avril 1988, Montréal, 1990, p. 167-196 et dans le même ouvrage, la contribution de M.-Ch. Duchenne, *Autour de 1254 : une révision capétienne de l'Historiale, op. cit.*, p. 141-166.

[112] B. Guenée, *Histoire d'un succès*, in: Fr. Avril, M.-Th. Gousset, B. Guenée, *Les grandes Chroniques de France; reproduction intégrale des miniatures de Fouquet, Manuscrit français 6465 de la Bibliothèque nationale de Paris,* Paris, 1987, p. 81-139, ici p. 119.

[113] BnF, lat. 15011, fol. 391.

magne et de Pépin, et par eux, le rattachement aux origines troyennes[114].

Jean ne va pas plus loin dans la recherche de l'ascendance carolingienne des Capétiens. Rien dans ce qu'il écrit n'indique qu'il a pris conscience des inconvénients du *reditus* : filiation par les femmes, l'impossibilité de prouver l'ascendance carolingienne, et donc la légitimité, des sept premiers Capétiens. Sur ce point, le victorin paraît en retrait par rapport aux nouvelles positions adoptées par les historiographes officiels. En effet, rejetant définitivement la légende valérienne sur l'injonction de Gilles de Pontoise, abbé de Saint-Denis, Guillaume de Nangis, dans la seconde version de sa *Chronique universelle*, et Yves de Saint-Denis dans son *Histoire de la vie et des miracles de saint Denis*, préfèrent remonter l'ascendance carolingienne jusqu'à Mathilde, l'épouse d'Henri l'Oiseleur et mère de Hugues Capet, légitimant ainsi d'un bloc tous les membres de la dynastie[115]. Sachant les liens qu'il a entretenus avec l'atelier historiographique de l'abbaye royale, on a du mal à croire que Jean n'ait pas eu connaissance de l'évolution des historiens dionysiens sur ce point. Aurait-il eu quelques réticences intellectuelles à entrer dans la nouvelle démonstration? Ce n'est pas impossible. Mais il est en revanche tout à fait en accord avec le but ultime de cette démonstration : prouver la continuité du sang royal depuis les origines troyennes jusqu'à Philippe le Bel. A sa manière, il adhère au message que le roi traduit au même moment dans la pierre, en regroupant sur une même rangée de la nécropole de Saint-Denis des tombes carolingiennes et des tombes capétiennes et en installant dans la Grand Salle du Palais de la Cité les statues de ses prédécesseurs depuis Pharamond[116].

---

[114] BnF, lat. 15011, fol. 404r-v: «Hec fuit filia comitis Hannonie, neptis magni comiti Flandrensis Philippi et mater Ludovici vii regis Francorum. In isto Ludovico reducta est linea Karoli magni seu progenies regum veterum, qua per Hugonem Chapet videbatur deviasse nam ipsam predictam Helizabeth ut tactum est de progenie comitum Flandrorum erat et illi de progenie Karoli magni descendebant ac Pipini nam Balduinus primus comes Flandrorum Iudith filiam Karoli calvi rapuit et postea habuit in uxorem cum quam optinuit comitatum. Dicti autem Karolus magnus et Pipinus descenderunt de Troainis originaliter scilicet de Clodoveo et de hoc anno Domini DCCI et DCCLXX.»

[115] E. BROWN, *art. cit.* (II), p. 314-315 et M. CHAZAN, *op. cit.*, p. 721-725.

[116] E. BROWN, *art. cit.* (II), p. 312 et 314. Le bouleversement de l'ordre des tombeaux a eu lieu en 1306-1307, l'installation des statues dans le Palais de la Cité en 1313.

2. Saint Louis ou une nouvelle légitimité

Dans cette galerie des ancêtres du roi, il y avait bien sûr quelques figures plus marquantes, celles-là même dont on pouvait lire les histoires dans les *Grandes Chroniques de France*. Jean les évoque lui aussi : Clovis tout d'abord, dont le portrait devenu classique[117] mettait l'accent sur les vertus guerrières ; Clovis qui par ses conquêtes avait fixé les limites du royaume[118], Clovis dont le mariage avec Clotilde avait préparé la conversion personnelle et celle de son peuple, Clovis enfin, qui par sa fréquentation des saints, favorisait l'épanouissement de l'Eglise. Mais Clovis n'était pas un saint. Charlemagne venait ensuite, restaurateur de l'Empire chrétien. Au cœur de son *Memoriale,* Jean lui consacre un long développement (dix-huit folios dans le BnF, lat. 15011). Il note ses qualités personnelles, son soutien à l'Eglise, son intérêt pour la vie religieuse et liturgique ; avec le Pseudo-Turpin il sacrifie à la légende de la croisade entreprise sur l'ordre de saint Jacques. Malgré cela, l'empereur reste un héros, il n'accède jamais au rang de saint. Pas plus que les premiers Capétiens, dont Jean souligne pourtant régulièrement la dévotion et la générosité envers Dieu et ses églises. Il y a bien Robert le Pieux, auteur de nombreuses hymnes. Jean en parle comme d'un *vir erga Deum et Ecclesiam pius et devotus et clericis devotus*[119], ou bien comme d'un *rex Francorum piussimus*[120]. Louis VI, qui avait permis la restauration de l'ordre canonial et la fondation de l'abbaye victorine, était loué par ces vers :

Vir clemens, Christi
Servorum semper amicus[121],

son fils est dit *ecclesiarum devotissimus gubernator*[122], son petit-fils, Philippe Auguste, est appelé *indefessus pugil Dei*[123]. Sûrement de bons chrétiens, des défenseurs de la foi, mais de sainteté il n'est jamais question. La sainteté de Louis IX est, elle, incontestable et manifeste. Elle fait partie de son règne et de l'histoire du royaume, Jean l'affirme d'entrée de jeu :

---

[117] C. BEAUNE trace ce portrait, *op. cit.*, p. 56-57.
[118] BnF, lat. 15010, fol. 95r-v.
[119] BnF, lat. 15011, fol. 328.
[120] BnF, lat. 15011, fol. 338.
[121] BnF, lat. 15011, fol. 381. Il s'agit d'un extrait de l'épitaphe de Louis VI qui se trouvait à Saint-Victor.
[122] BnF, lat. 15011, fol. 383v.
[123] Voir l'analyse de ce titre par M. CHAZAN, *op. cit.*, p. 1172-1174.

«Habebat (Ludovicus rex) autem quatuor filios ex Blancha regina, Ludovicum primogenitum, qui nunc sanctus habetur et merito ut infra patebit[124] ...»

C'est par saint Louis que la sainteté vint aux Capétiens. Voilà pourquoi ce roi est toujours noté dans le système de datation externe du *Memoriale*[125] précédé du qualificatif *sanctus.*

a) Les sources

Lorsque Jean entreprend son *Memoriale,* dans les toutes premières années du XIVe siècle, la tradition historiographique sur saint Louis n'est pas définitivement fixée[126]. Par l'intermédiaire des *Gesta sanctae memoriae Ludovici* de Guillaume de Nangis, il a eu accès à la biographie composée par le dominicain Geoffroi de Beaulieu entre 1272 et 1275 à la demande du pape. Cet ancien confesseur de saint Louis donne en particulier un beau récit de la seconde croisade, à laquelle il avait participé et où il avait assisté le roi dans ces derniers moments. Ce panégyrique avait été complété par la suite par le chapelain royal, Guillaume de Chartres, qui y avait adjoint une série de miracles. A la suite du procès de canonisation, après 1297 donc, deux autres biographies importantes furent composées : la première, rédigée en 1302-1303, par Guillaume de Saint-Pathus, confesseur de Marguerite de Provence, incorporait de grands extraits du procès de canonisation ; Jean de Joinville, sénéchal de Champagne et ami de saint Louis, écrivait la seconde en 1309. Ces deux ouvrages sont donc exactement contemporains du travail de Jean de Saint-Victor. Il ne les connaît pourtant ni l'un ni l'autre, ce qui n'est pas très étonnant car ils furent assez peu diffusés[127]. On peut aussi se demander s'il ne les a pas écartés parce que ne correspondant pas à son propos, l'un (le texte du franciscain) en raison de son caractère trop nettement hagiographique, le second (celui de Joinville) à cause d'une image du roi trop laïque. Les *Gesta Ludovici* de Guillaume de Nangis avaient manifestement toute sa préférence puisqu'il en a fait sa source principale pour relater le règne du saint roi. Il faut encore mentionner les *Enseignements de saint Louis à son fils* qui paradoxalement ne servent pas à compléter le portrait du

---

[124] BnF, lat. 15011, fol. 435.
[125] Du moins dans le lat. 15011.
[126] C. BEAUNE, *op. cit.,* p. 127-128.
[127] Ainsi ne connaît-on qu'un exemplaire médiéval de l'oeuvre de Joinville, auquel il faut ajouter deux copies postérieures, cf. art. *Jean de Joinville,* in: *DLF,* p. 791-794.

saint roi mais dont on trouve trace dans celui qu'il dresse de son grand-père, Philippe Auguste[128].

b) *Poids du règne, image du roi*

Dans le manuscrit BnF, lat. 15011, le règne de Louis IX couvre quatorze folios (fol. 435-449), soit 2,83% de l'ensemble de la chronique. Le règne de Charlemagne couvrait, lui, dix-huit folios, et surtout l'empereur était le personnage principal de cette partie du récit, presque omniprésent. Quant à Philippe Auguste, le grand-père de saint Louis, Jean consacrait à son règne près de trente-deux folios. Entre 1226 et 1270, le roi Louis n'occupe réellement le devant de la scène qu'à deux reprises : en 1244, lorsqu'il prend la croix pour la première fois, et en 1270 à l'occasion de sa seconde et dernière croisade. Le reste du temps, les séquences le concernant ne sont pas plus longues ni plus nombreuses que les autres. La comparaison avec le récit du règne donné par les *Grandes Chroniques de France* rend encore plus nette cette impression de résumé extrême de la matière, de retenue à l'égard du personnage. Jean n'a pas dérogé ici à l'exigence de brièveté qu'il s'était fixée.

Pour ce faire, il a supprimé systématiquement tous les *exempla* et miracles que pouvaient relater ses sources[129]. Il ne dit rien de la façon dont le roi se dépouilla de ses vêtements d'apparat au moment de partir pour la première fois en Terre Sainte[130] ; après avoir évoqué l'ordonnance de 1254, il ne recopie aucun des passages, communs à tous les biographes et hagiographes, relatant l'*exemplum* du bourgeois blasphémateur, montrant la piété du roi, sa charité, son humilité[131] ... C'est dire si son portrait de saint Louis est loin d'être aussi développé que celui du modèle spirituel proposé au même moment par les frères mendiants dans les sermons et adopté par les *Grandes Chroniques*[132]. Certes, Jean souligne l'éducation donnée par Blanche de

---

[128] BnF, lat. 15011, fol. 434. Il s'agit du paragraphe où Louis IX rappelle à son fils que Philippe Auguste avait dit que pour les grâces reçues de Dieu il préférait accepter les dommages que l'Eglise pouvait lui faire «plutôt qu'il ne s'élevât discorde entre moi et Sainte Eglise». Dans le *Memoriale*, ce passage est transposé au moment de la mort de Philippe Auguste. Jean a sûrement eu connaissance de la version courte des *Enseignement*, une traduction latine abrégée dûe peut-être à Geoffroi de Beaulieu, par l'intermédiaire du texte latin de Guillaume de Nangis dans les *Gesta* qui en découle, cf. art. *Guillaume de Nangis*, in : *DLF*, 961-962 et J. Le Goff, *Saint Louis*, p. 349, 680 et 708.

[129] Il ne conserve qu'un seul récit de miracle, celui de la guérison du roi en décembre 1244.

[130] GN, *Gesta*, *RHF*, XX, p. 356-357.

[131] Voir par exemple dans les *GCF*, VII, les chapitres LXXII à LXXXII.

[132] C. Beaune, *op. cit.*, p. 129-140.

Castille et montre qu'elle fut à la base de la sainteté personnelle et publique de Louis IX[133] ; à l'occasion, il rappelle certains éléments de la dévotion royale : le jeûne, la prière, le cilice revêtu à Nazareth, le pélerinage sur les lieux saints où vécut le Christ ou, avant la promulgation de l'ordonnance de 1254, le refus de tout blasphème contenu dans ce texte[134]. Pour le reste, il raconte finalement un roi aux prises avec les grands féodaux, qui fonde des églises et qui, par deux fois, prend la tête de la croisade ... mais qui avant son départ visite avec respect le pape à Cluny, différence notable d'avec le saint Louis de Joinville qui «oublie», lui, de recommander à son fils la déférence due par le roi au pape[135]. Saint Louis occupe donc dans le *Memoriale* une place relativement modeste et le portrait qui est fait de lui marque par sa sobriété.

c) 1285-1322 : le culte de saint Louis

On sait le succès fulgurant que connut le saint roi jusqu'à la fin du règne de Philippe le Bel[136] ; on sait la part que ce roi a prise dans le développement du culte de saint Louis. On a montré qu'à côté d'une volonté incontestable de capitaliser les mérites du saint au profit de la dynastie, le monarque entendait également mettre ainsi en évidence les liens personnels, spirituels qui l'unissaient à un aïeul dont il se considérait comme l'héritier direct, évinçant son propre père de sa mémoire[137]. Jean a-t-il perçu le message que Philippe le Bel voulait diffuser en développant le culte de son grand-père ?

Entre 1285 et 1322, Jean de Saint-Victor cite seize fois le nom de saint Louis, dont quatorze pour le seul règne de Philippe le Bel. Le culte du saint roi paraît bien associé dans le *Memoriale* à l'action de son petit-fils. Si l'annonce de la canonisation en 1297 n'est pas pour Jean l'occasion de rappeler les pressions exercées par Philippe sur le pape pour obtenir, ou du moins en hâter la décision, en revanche, le *Memoriale* témoigne des initiatives prises aussitôt par le roi pour lancer le culte et en assurer le succès. Il évoque en premier lieu l'élévation des reliques qui eut lieu à Saint-Denis le 25 août 1298[138]. Il ne

---

[133] BnF, lat. 15011, fol. 435.
[134] BnF, lat. 15011, fol. 441v-442.
[135] C. BEAUNE, *op. cit.*, p. 140-153.
[136] C. BEAUNE, *op. cit.*, p. 127.
[137] E. BROWN, *art. cit.* (II), p. 310-315 et 327-333.
[138] *RHF,* XXI, p. 635.

dit rien d'un premier conflit qui paraît avoir opposé en cette occasion le roi aux moines[139]. Il observe semblable réserve en 1306, lorsque le roi l'ayant cette fois emporté, la majeure partie de la tête de saint Louis est portée en procession jusqu'à la Sainte-Chapelle à Paris[140]. Contrairement à un continuateur de Guillaume de Nangis, qui blâme le roi d'avoir ainsi spolié l'abbaye de Saint-Denis et voit un châtiment divin dans le décès subit de son conseiller Pierre de Mornay[141], Jean de Saint-Victor se réjouit de cette translation à laquelle il assiste le 17 mai 1306. En comparaison avec le récit qu'il en donne, le passage consacré à cet événement par le moine de Saint-Denis paraît bien terne[142]. Le victorin insiste sur l'ampleur du faste liturgique déployé, il a encore dans les yeux la procession qui s'avance, sans doute encadrée par les cierges, gros et innombrables (*cereis innumerabilibus grossis*), car pour une telle fête on n'avait pas regardé à la dépense. Il note la présence des Parisiens qui accompagnent la cour et le clergé. Il rappelle l'indulgence accordée par le pape. Il explique surtout le sens profond de cette translation : il est naturel que le chef de saint Louis repose dans cette chapelle qu'il avait fait construire pour abriter les reliques de la Passion pour lesquelles il manifestait une dévotion particulière. Cette explication est très proche des arguments développés par Philippe le Bel dans une lettre écrite peu après à Clément V[143]. On peut suggérer que Jean partage avec le roi la conviction que la tête du saint roi (*caput regis*) doit reposer dans la chapelle qui symbolise le mieux le statut de Paris comme capitale du royaume (*caput regni*). Il précise d'ailleurs que l'institution de la fête de la translation et de l'indulgence qui y fut liée, fut décidée par le pape à la demande expresse de Philippe le Bel (*procurante rege*)[144].

---

[139] E. BROWN, *Philippe le Bel and the Remains of saint Louis*, in: *The Monarchy of Capetian France and Royal Ceremonial*. Recueil d'articles en français et en anglais publiés de 1976 à 1988, Brookfield, 1991, p. 175-182 (III), ici p. 175.

[140] *RHF*, XXI, p. 646.

[141] E. BROWN, *art. cit.* (III), p. 177 et n. 22 et 23.

[142] CGN, I, p. 353-354: «Feria tertia post Ascensionem Domini, Philippus rex Franciae caput beati Ludovici, absque tamen mento et mandibulis inferioribus, necnon unam de costis ipsius, Parisius, cum ingenti cleri plebisque civitatis tripudio transtulit; dictam costam in ecclesia cathedrali beatae Mariae relinquens, caputque suum gloriosum in capella regalis Palatii, quam ipse sanctissimus rex sponte construxerat opere valde pretioso, decenter pariter ac devote reponens. Caeterum ipsum diem Parisius per totam suam dioecesim annuatim in perpetuum instituit, et de caetero firmavit habere solemnem.»

[143] E. BROWN, *art. cit.* (III), p. 176 et n. 20 où l'auteur cite un extrait de cette lettre d'après E. BALUZE, *Vitae paparum Avenionensium*, p. 63.

[144] *RHF*, XXI, p. 646.

Jean approuve donc le roi qui met en œuvre le culte de son ancêtre mais ce faisant, il contribue aussi, par sa description de la cérémonie, par la place accordée à ce culte dans son récit, à créer une image de la royauté chère aux clercs. Il replace les pouvoirs religieux du souverain au cœur d'une liturgie dont ceux-ci entendent bien garder la maîtrise et les codes.

Le second volet du culte de saint Louis apparaît à travers les mentions du couvent des dominicaines de Poissy. Jean de Saint-Victor n'évoque que deux ou trois fois cet établissement mais les occurences sont significatives de l'attention que le roi lui porte. La première mention concerne la fondation[145]. Les éditeurs ont souligné que l'auteur du *Memoriale* se trompait en la datant de 1298 et non de 1304[146]. Sur le plan strictement chronologique, ils avaient raison de relever ce qui semble une erreur manifeste. Cependant, des documents attestent que Philippe le Bel avait conçu ce projet dès 1297, avant même que la canonisation de Louis IX ait été rendue officielle[147]. Jean a pu le savoir et dans son souvenir faire l'amalgame entre l'annonce de ce projet et sa réalisation. Car il semble en effet relier fortement (*tunc*) cette fondation à l'épisode de l'élévation des reliques à Saint-Denis le 25 août 1298. N'oublions pas qu'il rédige ce passage de sa chronique avec une dizaine d'années de décalage par rapport aux événements et que, d'autre part, les années 1290 n'entrent pas dans la période pour laquelle la prise de notes soutient le travail de la mémoire. Erreur de datation ou non, Jean a parfaitement compris les raisons de la fondation royale qui veut ainsi honorer le souvenir de la naissance de saint Louis[148]. Il souligne également l'ampleur des faveurs royales qui distinguent ce monastère (*egregium et famosum*) des autres établissements religieux. Ces deux détails, notons-le, sont absents des sources dionysiennes[149] et témoignent donc de l'opinion personnelle de Jean : Poissy, après la Sainte-Chapelle, est le lieu privilégié de la dévotion de Philippe le Bel envers son grand-père. C'est encore ce qu'il rappelle au moment de la sépulture du cœur du roi en novembre 1314 : *et cor apud Poissiacum, in monasterio dominarum quod fundaverat in honore sancti Ludovici confessoris*, alors que le moine de Saint-Denis, s'il se souvient bien de la

---

[145] *RHF*, XXI, p. 635.
[146] *RHF*, XXI, p. 635, n. 8.
[147] E. Brown, *art. cit.* (II), p. 310 et n. 100.
[148] *RHF*, XXI, p. 635: « ... ubi sanctus Ludovicus natus fuerat ... »
[149] En particulier CGN, I, p. 341.

fondation, en tait le nom du saint dédicataire[150]. Ici aussi, l'approbation des fondations royales n'est pas sans arrière-pensées : aux yeux
d'un chanoine appartenant à une abbaye royale quelque peu
délaissée par les faveurs du roi régnant, la mise en exergue de tels gestes est un moyen de rappeler à Philippe le Bel et à ses successeurs que
la générosité envers les établissements monastiques fait partie des
devoirs auxquels un roi ne peut manquer.

d) Le sang du saint roi

Sur les seize mentions de saint Louis relevées dans le *Memoriale*
entre 1285 et 1322, cinq ont trait à la parenté. Aux yeux de Jean, le
sang de saint Louis confère à ceux qui l'ont en partage une distinction particulière dans la société[151]. En 1305, Louis, le fils aîné de Philippe, épouse Marguerite, fille du duc de Bourgogne et d'une «fille de
saint Louis». Les liens consanguins nécessitent une demande de
dispense[152]; en 1308, Jean de Namur prend pour femme la fille du
comte de Clermont, «fils de saint Louis»[153]; et lorsque cette Marguerite meurt, un an plus tard, Jean rappelle à nouveau sa glorieuse
généalogie[154]; en 1311, c'est son frère Louis, «fils du fils de saint
Louis» qui épouse la sœur du comte de Hainaut[155]; enfin, Marie de
Brabant, qui meurt en 1322, était la seconde femme du roi Philippe,
«fils de saint Louis»[156].

Le victorin ne fait pas preuve d'originalité en relevant ainsi les
liens de parenté avec le roi confesseur. En effet, à partir de la canonisation, la formulation des titulatures change et, dans leurs actes, les
frères, fils, filles de Louis IX rappellent bien volontiers leur parenté
avec le saint. Ainsi Robert de Clermont abandonne-t-il immédiatement le titre de «fils du roi de France» pour celui de «fils de Monsei-
gneur Saint Louis roi de France»[157]. En reprenant ces mêmes titulatures dans sa chronique, Jean témoigne de sa bonne connaissance de

---

[150] CGN, I, p. 415: «Cor autem ipsius, quod Poissiacum ecclesiae monialium sancti
Dominici tumulandum reliquerat, cum eamdem ecclesiam a fundamentis construxisset,
ipso die post corporis sepulturam illic in crastino defertur tumulandum debito cum honore.»

[151] A. W. LEWIS, *Royal Succession in Capetien France: Studies on Familial Older and the
State*, Cambridge, Mass., 1981; trad. fr., *Le Sang royal. La famille capétienne et l'Etat.
France, X^e-XIVe siècles*, Paris, 1986, ici p. 232-234.

[152] *RHF*, XXI, p. 645. Il s'agit d'Agnès, duchesse douairière de Bourgogne.

[153] *RHF*, XXI, p. 650. Il s'agit de Robert, comte de Clermont.

[154] *RHF*, XXI, p. 653.

[155] *RHF*, XXI, p. 655.

[156] *RHF*, XXI, p. 675.

[157] A. W. LEWIS, *op. cit.*, p. 232.

la généalogie royale mais surtout que les nouveaux usages sont largement entrés dans les mœurs, apportant un gage supplémentaire de légitimité aux Capétiens. L'appartenance au lignage de saint Louis n'est cependant jamais utilisée comme un argument politique par le chroniqueur. Exposant la délicate succession de 1316, il ne reprend pas l'affirmation de certains partisans du comte de Poitiers selon laquelle celui-ci avait plus de droits sur la couronne que la petite Jeanne parce qu'il était apparenté à saint Louis de plus près qu'elle ne l'était. Et si dans cette affaire, il montre bien l'opposition d'Agnès, duchesse douairière de Bourgogne, il ne rappelle pas qu'elle brandissait régulièrement contre Philippe son titre de «fille de Saint Louis»[158].

e) Saint Louis : les arrière-pensées d'un modèle politique

Sous Philippe le Bel, saint Louis est donc devenu le patron de la dynastie. Dans de nombreux domaines, le petit-fils revendique la politique menée par son grand-père. On sait, par exemple, que la grande ordonnance de 1303, qui réforme le statut des officiers royaux, se réfère sans cesse aux usages en vigueur au temps de saint Louis[159]. Mais Jean ne fait aucune allusion à ce texte. En revanche, en juin 1306[160], lorsque le roi annonce une réévaluation qui sera effective à la Nativité de la Vierge (8 septembre), Jean a sous les yeux le texte de l'ordonnance royale (...*in scriptis redactum fuit quod* ...) et peut y lire que le roi y affirmait rétablir la bonne monnaie «du temps de saint Louis». Sans être dupe du discours royal, puisqu'il montre immédiatement après les troubles qui suivirent cette mutation monétaire, il est un écho des tentatives de la royauté auprès de l'opinion publique de «récupérer et arguer de la bonne monnaie de saint Louis à chaque renforcement»[161]. C'est vraisemblablement dans le même esprit qu'il relate comment, au début de l'année 1315, Louis X dut promettre de revenir au bon gouvernement de saint Louis, c'est-à-dire sans extorsions fiscales, pour apaiser la révolte des nobles qui menaçait le projet d'expédition en Flandre[162]. Jean, qui n'a pas jugé

---

[158] A. W. LEWIS, *op. cit.*, p. 234.

[159] C. BEAUNE, *op. cit.*, p. 140.

[160] *RHF*, XXI, p. 646. Sur cette mutation monétaire, voir J. FAVIER, *op. cit.*, p. 158.

[161] C. BEAUNE, *op. cit.*, p. 142.

[162] *RHF*, XXI, p. 662 : «Remis autem coronatus, versus Flandriam properavit cum exercitu magno et regni sui baronibus, qui sponte ad ejus rogatum cum apparatu congruo convenerunt. Pacificaverat enim omnes dum esset apud nemus Vicenarum, promiseratque quod subditos in pace regeret sine extorsionibus, et gravaminibus, sicut sanctus fecerat Ludovicus.»

bon de présenter ces ligues nobiliaires ni d'évoquer leur programme politique, même à travers les quelques vers qu'y consacrait Geoffroi de Paris[163], montre plutôt que le roi a sauvé sa campagne militaire par une promesse assez floue, où le souvenir de saint Louis était la seule garantie offerte. Il témoigne ainsi de l'utilisation par le pouvoir du souvenir de Louis IX, mais, ici encore, n'est pas pour autant dupe du discours royal. Certes, comme une large part de l'opinion publique, il croit en partie au mythe du règne de Louis IX «marqué par la conjonction paradisiaque et impossible de la bonne monnaie et de la franchise fiscale»[164]. Mais il va plus loin et tend au roi régnant, Philippe puis chacun de ses fils, un portrait de leur aïeul assez différent de celui qu'ils cherchent à diffuser.

Car derrière la sobriété avec laquelle nous l'avons vu traiter le personnage de Louis IX, se dessine en fait un portrait qui tient davantage du modèle politique. Si l'on reprend le dossier constitué par Jean pour rendre compte du règne de Louis IX, deux passages, très courts, denses et surtout largement indépendants des sources, se dégagent de l'ensemble. Le premier sert d'introduction au récit du règne (les passages propres au victorin sont en italique) :

> «Consecratus est et coronatus sanctus Ludovicus huius nominis VIII[us] ab episcopo Suessonense Iacobo, sedes enim Remensis vacabat.(*Gesta*)Erat enim XII etatis sue et regnavit XLIIII[or] annis cum matre sua Blancha sapientissima et nobilissima domina que eum nomine tutorie (*Gesta*) *regni negocia solliciter et fideliter regebat. Multa etiam filio suo bona documenta dabat ut scilicet peccatum victaret, Deum super omnia diligeret, justiciam exerceret, gentem suam diligenter et amicabiliter tractaret et custodiret, circa pauperes misericors, nobiles et potentes se amabilem exhiberet, bonos consiliarios et veros et magistros curie sue veraces et Deum timentes haberet ...*»[165]

Ce chapeau indique par avance ce qu'il faudra retenir du règne du roi : la sainteté de Louis IX se manifeste avant tout par son gouvernement. Les qualités politiques énumérées dans la suite du paragraphe sont éminemment sanctifiantes, elles permettent d'atteindre un but d'abord moral : *ut scilicet peccatum victaret*. Blanche de Castille est présentée comme la véritable initiatrice de la sainteté de son fils mais derrière sa figure et son rôle, il faut sans doute lire les enseignements proposés par les «miroirs aux princes» rédigés dans la seconde moitié du XIIIe siècle. On retrouve en effet sous la plume du victorin l'énumération des qualités traditionnelles mises en valeur dans ce

---

[163] GP, v. 6403-6413.
[164] C. BEAUNE, *op. cit.*, p. 142.
[165] BnF, lat. 15011, fol. 435.

type d'ouvrages : la vertu morale personnelle, le respect de la loi de Dieu, le gouvernement avec amour du peuple dont le roi est le gardien, l'attention particulière aux plus défavorisés, la magnanimité envers les puissants, la pondération dans l'exercice de la justice, le choix judicieux des conseillers ... L'esprit de ce paragraphe est assez proche de celui que manifeste par exemple Guibert de Tournai dès 1259 dans son *Eruditio regum et principum*[166]. Ce théologien franciscain, chapelain ou lecteur du roi, insistait sur quatre qualités nécessaires au roi : la crainte de Dieu (*reverentia Dei*), l'application personnelle (*diligentia sui*), la discipline à imposer aux puissants et aux officiers (*disciplina debita potestatum et officialium*), l'affection pour les sujets et leur protection (*affectus et protectio subditorum*). L'exigence d'une même *diligentia* dans le service de Dieu et du peuple revient chez Jean de Saint-Victor. Mais la lecture des *Enseignements* de saint Louis à son fils Philippe aurait tout aussi bien pu l'inspirer car le roi y exprimait sa pensée en parfaite conformité avec les enseignements prodigués dans ces miroirs[167]. En revanche, ces quelques lignes semblent ignorer la vision du métier de roi tracée par Gilles de Rome dans son *De regimine principum*, écrit entre 1277 et 1279. Quittant les rives de la culture monastique, l'auteur, largement inspiré par la pensée d'Aristote, y traitait en «philosophe moral» de l'éducation politique du futur roi. Cet ouvrage devait servir de référence constante aux xive-xve siècles[168]. Jean peut le citer parmi les œuvres de Gilles de Rome[169], il ne peut, ou ne veut, rendre compte de son contenu. Car l'image du roi qu'il a à l'esprit est davantage celle de la tradition que celle de la modernité et le portrait qu'il en trace plus idéalisé que réaliste.

Le second paragraphe qui retient l'attention a pour objet l'ordonnance de 1254. Le roi, après s'être rendu à Notre-Dame et à Saint-Denis en pélerinage d'actions de grâce, remet le *pallium* à plusieurs religieux et

«... eorumque consilio aquiescens pacem in regno cum omni sollicitudine reformavit, elemosinasque maximas cotidie faciebat, salubria seu animarum saluti utilia statuta edebat sicut de extirpacione turpium viciorum, unde dedit preceptum de punicione turpiter iurancium de Deo et sanctis et Deum blasfemium. Scorta quoque villarum seu lupanaria per prohibi-

---

[166] J. Krynen, *op. cit.*, p. 170-172.
[167] J. Krynen, *op. cit.*, p. 225-227. Voir supra la note 128.
[168] J. Krynen, *op. cit.*, p.179-187.
[169] *RHF*, XXI, p. 634.

ciones et penas, quantum potuit, impedivit, usurasque Iudeorum et accepcionem numerum a suis propositis et baillivis studuit eliminare[170].»

Ces quelques lignes appellent plusieurs remarques. On y retrouve tout d'abord le thème de la paix, cher à Jean qui y voit une justification fondamentale du pouvoir royal. Cette paix est le but ultime de l'ordonnance, sa recherche passe par des réformes morales et religieuses, décidées en plein accord avec les clercs. Leur rôle de premiers conseillers du roi est symboliquement réaffirmé en tête du passage. Il fait écho à la définition des bons conseillers donnée dans l'introduction au récit du règne : *bonos consiliarios et veros et magistros curie sue veraces et Deum timentes haberet.* Une telle définition offre un contraste voulu avec l'image très négative qu'il présente des conseillers du roi au début du XIVe siècle, préférant leur bien personnel à la paix du roi, du royaume et de tous les sujets[171]. La liste des mesures est curieusement introduite par le rappel des aumônes quotidiennes auxquelles se livrait le saint roi. Jean aurait-il voulu ainsi magnifier un roi qui non seulement comme chez Joinville ne prélevait l'impôt «si ce n'est grande nécessité» (l'impôt est ici, totalement absent), mais plus encore manifestait à tout moment sa générosité. Il opposerait de cette façon un roi (Louis IX) donnant largement, aux pauvres bien sûr mais aussi aux établissements religieux, à un roi (Philippe le Bel) avare de ses privilèges, multipliant les extorsions fiscales. Enfin, les mesures que le victorin retient de l'ordonnance de 1254 sont fortement marquées par leur caractère purificatoire : interdiction du blasphème, fermeture des lupanars, interdiction de l'usure pratiquée par les juifs et limitation du nombre de ceux-ci. Ce dernier élément doit particulièrement retenir l'attention.

Rappelons brièvement en quoi consistaient exactement les mesures de l'ordonnance de 1254 à l'égard de l'usure et des juifs, qui venaient d'ailleurs à la suite d'autres ordonnances de la monarchie capétienne visant à étouffer le crédit juif. L'article 32 exigeait que les juifs cessent «leurs usures, sortilèges et caractères» et l'article 33 interdisait aux barons et aux agents royaux de les aider à recouvrer leurs créances ; il répétait aussi l'obligation faite aux mêmes barons de ne pas retenir sur leurs terres les juifs d'une autre seigneurie et de les empêcher de «prendre des usures» définies comme étant ce qui est

---

[170] BnF, lat. 15011, fol. 441v-442.
[171] *RHF,* XXI, p. 674: «Licet enim praefatus rex in factis personalibus esset mitis, tractabilis et benignus, tamen in regimine regni sui dicebatur nimis faciliter credere aliquarum consilio personarum quae forte paci regis et regni et omnium subditorum proprium commodum praeferebant.»

au-delà du principal. C'était priver le crédit juif de toute existence légale. Les décisions de 1254 furent finalement amendées par Louis IX, partagé entre son devoir de châtier les juifs et celui de protéger ceux qu'il considérait comme ses serfs relevant de son seul pouvoir. En ce qui concerne l'usure, la condamnation fut ainsi étendue aux Lombards et aux cahorsins[172]. Jean de Saint-Victor ne dit rien de ces hésitations tout comme il passe sous silence l'autre aspect de l'article 32 qui prévoyait le brûlement du Talmud. En fait, le compte-rendu qu'il donne de l'ordonnance de 1254 est à lire dans le contexte immédiat qui est celui de la rédaction du *Memoriale,* soit les années qui suivent l'expulsion des juifs du royaume en 1306. Aux yeux de Jean et de ses contemporains, les juifs ne sont pas seulement des infidèles doublés d'exécrables usuriers, ils sont aussi d'une certaine manière des agents d'une fiscalité royale en plein développement[173]. En effet, répercutant sur leurs taux usuraires les lourdes taxes qu'ils doivent au Trésor royal, ils apparaissent comme les instruments d'une fiscalité indirecte pesant sur les chrétiens. Et, lorsque, à l'occasion de leur expulsion en 1306, Philippe le Bel décide de confisquer leurs biens et leurs créances et lance ses officiers dans une opération de recouvrement d'une ampleur jusque-là inconnue, la collusion entre les juifs et les intérêts de la Couronne semblent manifestes. Elle frappe en tout cas les esprits et Jean s'en fait le témoin[174]. Quand en 1315, Louis X réintègre les juifs dans le royaume, les autorisant à recouvrir auprès des débiteurs chrétiens les sommes dues avant leur expulsion, l'impression s'en trouve encore renforcée ; jusqu'à créer un état de tension extrême lorsqu'en 1317, Philippe V ordonne à ses officiers d'aider les juifs dans cette tâche. La croisade des Pastoureaux en 1320 est un aboutissement de cette tension accumulée : en exterminant par le feu les juifs réfugiés dans la protection royale, les Pastoureaux purifient une monarchie qui s'est corrompue au contact des infidèles : ... *sed multi de interitu judaeorum gaudentes, dixerunt quod pro infidelibus contra fideles se opponere non debebant*[175], une monarchie qui a oublié sa mission de défense de la foi. Mission sacrée que saint

---

[172] J. Le Goff, *op. cit.*, p. 793-814.

[173] D. Nirenberg, *Communities of violence. Persecution of Minorities in the Middle Ages*, Princeton, New Jersey, 1996, p. 44-63. Je remercie vivement Claude Gauvard de m'avoir communiqué cette précieuse référence bibliographique.

[174] *RHF*, XXI, p. 647: «Hoc etiam anno, in Augusto et Septembri, omnes Judaei, nisi forte pauci qui baptizari voluerunt, de regno Franciae sunt expulsi ; eorumque bona rex habuit et fecit colligi per ministros, nisi quod cuilibet Judaeo data est portio aliqua pecuniae pro via extra regnum complenda ... »

[175] *RHF*, XXI, p. 671-672.

Louis, roi croisé, avait, quant à lui, accomplie outre-mer et à l'intérieur de son royaume.

Pour Jean de Saint-Victor, l'ordonnance de 1254 est donc
l'ordonnance royale par excellence. Sa mise en valeur dans le *Memoriale* explique sans doute pourquoi, a contrario, il passe sous silence
celle que promulgue Philippe le Bel en 1303. Il traduit ainsi son refus
d'un texte que l'on peut qualifier, en raison des nombreuses copies
dont il fut l'objet par la suite, d'initiateur des ordonnances de réforme
et créateur de l'Etat[176]. A travers ces deux paragraphes d'une grande
concision, le victorin offre à son lecteur une synthèse de ce que doit
être dans l'idéal le gouvernement d'un roi. L'idéal est ici personnifié
sous les traits de saint Louis. Le portrait tracé est à rapprocher des différentes lectures que l'Eglise, la royauté et les nobles pouvaient avoir
du règne et du culte du saint roi dans le premier quart du XIVe siècle.
On relève ainsi quelques similitudes avec celui que propose Joinville
(la bonne justice exercée par de bons officiers soigneusement choisis
et étroitement contrôlés), quelques différences également (le rôle des
clercs comme conseillers du roi). Ces dernières s'expliquent vraisemblablement par la différence de statut social entre les deux auteurs : le
victorin est clerc et sa vie se déroule plus ou moins à l'écart de l'agita-
tion politique dont il ne reçoit que les échos, le vieux compagnons de
Louis IX est laïc, noble et s'est engagé au sein des ligues nobiliaires
dans la lutte contre le progrès de l'autorité royale. Son portrait de
saint Louis remporta un grand succès auprès de la génération 1310-
1340 et trouva sa place dans le programme politique de réformation
des ligues nobiliaires en 1314-1316[177]. Celui de Jean eut moins
d'impact mais il constitue aussi une protestation réfléchie et construite, un avertissement adressé au roi qui cherchait dans la canonisation de son aïeul un surcroît de légitimité.

3. Regards et jugements sur les règnes des derniers Capétiens directs

La lecture faite par Jean du règne de Louis IX n'est pas sans
influer sur le regard et le jugement qu'il porte sur les rois de son

---

[176] Cl. GAUVARD, *Ordonnance de réforme et pouvoir législatif en France au XIVe siècle
(1303-1413)*, in: A. GOURON et A. RIGAUDIÈRE (Dir.), *Renaissance du pouvoir législatif et
genèse de l'Etat*, Montpellier, 1988, p. 89-98.

[177] C. BEAUNE, *op. cit.*, p. 140-153. Sur les perspectives politiques du portrait de
saint Louis établi par Joinville, voir Fr. COLLARD, *Quand l'apologie nourrit le réquisitoire:
une lecture en négatif des mémoires de Joinville*, in: D. QUÉRUEL (Ed.), *Jean de Joinville: de
la Champagne aux royaumes d'outre-mer*, (*Hommes et textes en Champagne*) Reims, 1998,
p. 131-142.

temps. Vivant son âge d'homme sous les règnes de Philippe le Bel et de ses trois fils, il parcourut cette quarantaine d'années (1285-1326) qui marqua des progrès incontestables de l'autorité royale et de la construction de l'Etat. Comment Jean voit-il le roi et quelle image perçoit-il de la royauté ? Quelle conscience a-t-il de la puissance de l'Etat, qui sont pour lui les acteurs de la vie politique? Et enfin, quels sont, dans sa chronique, les symptômes de la première crise de croissance de l'Etat[178]?

a) Portraits de rois

Des trois rois qu'il a connus[179], le victorin n'a laissé aucun véritable portrait. Seules quelques notations, glanées ici ou là, révèlent son attention à la personnalité du souverain. Celle de Philippe le Bel est incontestablement la plus hermétique de toutes. On chercherait en vain dans le *Memoriale* un adjectif, une expression qui renvoie au caractère du roi ou à ses sentiments. Rien lors de la querelle avec Boniface, rien au moment de la mort de la reine Jeanne, rien à propos de la découverte de l'adultère de ses brus ... Tout juste peut-on deviner, au détour du récit de la bataille de Mons-en-Pévèle, – à laquelle Philippe le Bel avait participé –, que Jean ne tenait pas le roi pour un pleutre[180]. De même, lorsqu'en 1306, au Temple, le roi dut faire face aux assauts de la foule parisienne qui demandait à le voir pour protester contre la récente mutation monétaire, Jean dit comme entre parenthèses que celui-ci «ne voulait pas mais qu'il cherchait à se dérober»[181]. Faut-il voir dans cette remarque un jugement sur les capacités de dissimulation de Philippe? Par ailleurs, Elizabeth Brown, dans son étude de la psychologie du roi, a tiré du récit que le chroniqueur victorin fait de l'arrestation et du procès des Templiers deux exemples qui mettent en évidence les scrupules éprouvés par le roi et le besoin qu'il aurait ressenti et de se justifier devant l'opinion publique et d'être conforté dans son action[182].

On le voit, il faut vraiment chercher entre les lignes ces trop rares indices. Paradoxalement, le seul passage où le roi apparaît comme un

---

[178] Pour reprendre le titre d'un chapitre de l'ouvrage de M. BOURIN-DERRUAU, *Temps d'équilibres, temps de ruptures*, (*Nouvelle histoire de la France médiévale*, 4) Paris, 1990, p. 231.

[179] La chronique s'arrêtant au tout début du règne de Charles IV, Jean n'évoque ce personnage qu'en tant que comte de la Marche et jamais comme roi.

[180] *RHF*, XXI, p. 643: «In quo conflictu rex ipse dicebatur laudabiliter se gessisse.» Sur cet épisode voir E. BROWN, *art. cit.* (II), p. 286.

[181] *RHF*, XXI, p. 647: « ... quod rex nolebat sed subterfugiebat ... »

[182] E. BROWN, *art. cit.* (II), p. 295 n. 38, cf. *RHF*, XXI, p. 649 et *RHF*, XXI, p. 650.

personnage vivant, animé, est celui qui relate ses derniers instants[183].
Il est possible que Jean ait bénéficié en cette occasion de témoignages
directs, son récit suit cependant de près celui de Geoffroi de Paris.
C'est-à-dire qu'il s'agit peut-être moins d'un compte-rendu que
d'une construction a posteriori. Sur les bases classiques du récit de la
mort royale, qui oscille entre un pôle chrétien (confession, contrition,
répons des litanies ...) et un pôle royal (transmission de la couronne,
enseignements au successeur...)[184], Jean a rajouté ses propres
reproches : le remords des mutations monétaires qui assaillent
l'âme du roi ne sont-ils pas l'expression d'une critique à peine
voilée? la crainte de la malédiction des pauvres n'est-elle pas une
mise en doute du salut de l'âme du roi? Quant au regret de ne pas
avoir accompli le vœu de croisade, il n'est pas impossible que Philippe l'ait réellement éprouvé, tant son attitude sur cette question
fut ambivalente tout au long du règne[185]. C'est peut-être là la seule
prise en compte dans le *Memoriale* du désir exacerbé du roi de
purifier le royaume et ce plus encore après la mort de Jeanne de
Navarre en 1305[186]. Mais on peut aussi y voir de la part du chroniqueur une attente déçue ou le jugement que le roi n'avait pas été
aussi fidèle qu'il l'aurait voulu au modèle de son grand-père, saint
Louis.

Si l'on compare le portrait que fait Jean de Saint-Victor de Philippe le Bel avec celui que l'on trouve par exemple sous la plume de
Geoffroi de Paris ou de Guillaume de Nangis et de son continuateur,
on peut dire que la connaissance qu'a le victorin de la personne du
roi n'est ni plus mauvaise ni meilleure que la leur. Pour ses contemporains le roi est resté un personnage pour le moins énigmatique. En
revanche, les trois chroniqueurs diffèrent par leur jugement sur le
gouvernement du petit-fils de saint Louis. Sans avoir la virulence et le
ton souvent polémique de Geoffroi, le portrait de Jean est quasiment
dénué d'éloge[187] et fait souvent place à une hostilité à peine dissimu-
lée. Celle-ci le conduit par exemple à observer une certaine réserve à

---

[183] *RHF,* XXI, p. 659.

[184] C. Beaune, *op. cit.,* p. 104-106.

[185] E. Brown, *art. cit.,* (II), p. 297 et du même auteur, *Royal Salvation and Needs of State in Early-Fourteenth-Century France,* in : *The Monarchy of Capetian France and Royal Ceremonial.* Recueil d'articles en français et en anglais publiés de 1976 à 1988, Brook-field, 1991, p. 18-22 (IV).

[186] R.-H. Bautier, *Diplomatique et histoire politique: ce que la critique diplomatique nous apprend sur la personnalité de Philippe le Bel,* in: *RH,* 259, 1 (1978), p. 3-27.

[187] Voir le commentaire de H. Géraud, éditeur de la continuation de Guillaume de Nangis, I, p. 414 n. 2.

l'égard de Philippe dans le récit du conflit qui oppose le roi au pape : contrairement à Guillaume de Nangis et son continuateur, Jean, non seulement ne retranscrit ni ne résume les discours des serviteurs du roi, mais il dénie à celui-ci les titres de *angelus Domini* ou de *fidei pugil et Ecclesiae defensor* dont les chroniqueurs dionysiens, dans le sillage des textes officiels, parent le souverain[188]. Jean reconnaît à Philippe le Bel l'envergure d'un homme d'Etat (il déplore sa mort précoce qui livre le gouvernement à un Louis X inexpérimenté) mais le petit-fils de saint Louis n'a pas su construire son règne à l'image de celui du roi idéal, protecteur de son peuple.

Sur Louis X, le jugement est, de toute évidence, encore plus sévère. En 1313, à peine fait chevalier, le jeune roi de Navarre mène l'ost royal en Flandre, mais à Péronne il se laisse détourner du projet d'attaque, berné par les fausses promesses d'une ambassade flamande[189]. Il est crédule, naïf. Après la mort de son père, il tombe sous la coupe de son oncle Charles de Valois et c'est pour ne pas offenser celui-ci (*sed avunculo nolens adversari*) qu'il fait procéder à l'arrestation d'Enguerran de Marigny[190]. Il est incapable d'exercer seul l'autorité royale. La même année 1315, cédant aux assauts de la chair, il hâte les négociations en vue du mariage avec Clémence de Hongrie. Il subit ses passions et se conduit comme un enfant (*puerilis*), oublieux des mises en garde paternelles[191]. Quelques mois de règne ne parviennent pas à en faire un homme sage et sa conduite déraisonnable (*indiscrete*), dominée par les sens, le mène à une mort absurde[192]. Jean considère vraisemblablement qu'en jouant ainsi avec sa vie et en ouvrant par sa mort une succession délicate parce que mal assurée, le jeune roi a porté un préjudice supplémentaire au royaume.

Le second fils de Philippe le Bel sort de l'ombre à l'annonce de la mort de son frère. Immédiatement, Jean joue sur le contraste de

---

[188] J. Rivière, *op. cit.*, p. 109-113 et CGN, I, p. 336.

[189] *RHF*, XXI, p. 657.

[190] *RHF*, XXI, p. 660.

[191] *RHF*, XXI, p. 661: «Hoc etiam anno, rex novus misit nuncios solempnes ad regem Siciliae, ut sibi mitteret Clementiam, neptem suam, filiam regis Hungariae, fratris sui, proponens eam accipere in uxorem: quam dum diutius expectaret, juvenili ardore accensus fraena incontinentiae laxavit. Largus erat et prodigus et admodum puerilis, licet a patre super hoc fuisset pluries, dum viveret, castigatus.» Sur la responsabilité de Philippe le Bel dans l'éducation de son fils, lire E. Brown, *art. cit.* (II), p. 309 et n. 96.

[192] *RHF*, XXI, p. 663: «Cum sicut puer ad jactum pilae diu laborasset admodumque fuisset calefactus, indiscrete sequens sensibilem appetitum, in quamdam frigidissimam caveam est adductus, et sine mensura bibit vinum; frigus eum usque ad viscera penetravit, et statim decumbens in lecto obiit in vigilia Trinitatis ; et ita vix per triennium miles fuit.»

personnalité avec le défunt. Surmontant le choc de l'annonce qui lui est faite, Philippe, comte de Poitiers, prend conseil et évalue la situation : il n'est pas utile de rester plus longtemps à Lyon, mais il ne faut pas non plus laisser à l'abandon l'élection du pape. Homme de décision, il enferme les cardinaux, rentre à Paris où il s'installe au palais royal, réunit le conseil et se fait très vite prêter hommage comme gouverneur du royaume. Homme de décision, il l'est encore, lorsqu'après la mort du petit Jean, il se fait couronner malgré l'opposition de la duchesse de Bourgogne et de son frère Charles. Il n'hésite pas à employer la force et à mettre Reims, la ville du sacre en état de siège[193]. Pourtant, Jean n'hésite pas à montrer que la légitimité du nouveau roi est sujette à caution ou du moins à discussion[194] mais l'homme et le souverain le fascinent. C'est à propos des circonstances de la mort de Philippe V que Jean rédige les quelques lignes qui approchent le plus un portrait du roi[195].

Les deux séquences de la phrase distinguent la personne privée (*in factis personnalibus*) de la personne publique du monarque (*in regimine regni sui*). Le vocabulaire par lequel il entend définir la personnalité de Philippe appartient au latin classique, ce qui dénote de la part de Jean le soin particulier apporté à son propos. Le roi est doux, ouvert et généreux, de cette générosité (*benignitas*) qui est la vertu première des rois. Mais il peut cependant être abusé (*circumventus*) par les mauvais conseillers[196].

Si Jean a prêté quelque attention aux hommes qui portaient sur leurs épaules le destin du royaume, en revanche, il n'est pas, contrairement aux moines qui écrivent l'histoire à Saint-Denis, un thuriféraire de la majesté royale. Des expressions naturelles à Guillaume de Nangis et à ses continuateurs, telles *regalis munificentia*[197], *ut regalem decebat majestatem*[198], ne viennent jamais sous sa plume. Certes, il note avec soin la présence du roi à une cérémonie, certes le faste des

---

[193] *RHF*, XXI, p. 665.

[194] *RHF*, XXI, p. 665: «Post cujus mortem comes Pictavensis regnum optinuit. Sed dux Burgundie contradixit. Dicebat enim neptis sua tamquam regis filia et fratre suo defuncto propinquior debebat succedere ipso jure. Cui in oppositum dicebatur quod in regno Franciae muliers succedere non debebant. Hoc tamen probari non poterat evidenter.»

[195] *RHF*, XXI, p. 674, cf. supra n. 171.

[196] *RHF*, XXI, p. 666: «Postquam Enjorannus praedictus fuisset in patibulo longo tempore, amici ejus a rege inpetraverunt quod eum deponerent ; permisit rex, nescio cujus consilio circumventus.»

[197] CGN, I, p. 344-345.

[198] CGN, I, p. 414.

fêtes de 1313 sert à honorer le roi (*ad honorandum regem*)[199], mais il ne suit pas systématiquement ses déplacements. Il ne décrit surtout ni sacre, ni sépulture, ni prise d'oriflamme. Il est possible qu'il n'ait pas eu personnellement l'occasion d'assister à de telles cérémonies et qu'il lui soit, de ce fait, difficile de les décrire. Il aurait pu cependant profiter du témoignage de son abbé ou trouver à Saint-Denis une documentation, des témoignages lui permettant de combler ses lacunes. Or, il n'en est rien car, vraisemblablement, la mémoire de la majesté royale n'est pas un thème retenu dans son œuvre. Il laisse cette «chasse gardée» aux spécialistes dionysiens pour concentrer son attention sur l'autorité royale et son exercice.

b) La puissance royale et le gouvernement du royaume

Voyons d'abord les mots qui disent l'autorité royale. La première impression tient à leur fréquence, plus forte, semble-t-il, que dans les sources, que ce soit la continuation de Guillaume de Nangis ou la *Chronique métrique* de Geoffroi de Paris. *Licentia* apparaît en trois occasions qui correspondent chaque fois, chez le continuateur de Guillaume de Nangis, à *decretum* ou *edictum regium*[200]. Ce terme renvoie donc à un acte législatif ou réglementaire émanant du roi, à son pouvoir normatif.

On relève ensuite trois occurrences de la *regis voluntas* ou de la *regia voluntas*. Après la bataille de Mons-en-Pevèle, la Flandre se rend et se soumet au roi[201] ; Béraud de Mercœur, qui a bravé l'interdiction royale des guerres privées, fait sa soumission à la volonté royale avant d'être réconcilié avec Philippe le Bel[202] ; en 1316, les Flamands négocient avec le roi et promettent de se soumettre à sa volonté[203]. Celle-ci triomphe de la rébellion, elle s'exprime dans des rapports de force, elle peut toucher aussi bien à l'autorité législative du roi (interdiction des guerres privées) qu'à sa suzeraineté (la guerre avec les Flamands). Elle signifie la capacité réelle du roi à se faire obéir de tous ses sujets.

Regia potestas est employé dans un sens assez proche. On rencontre cette expression en trois occasions. Le 24 juin 1303, au plus fort de la querelle avec Boniface VIII, Bertaud de Saint-Denis prononce un sermon pour la Saint-Jean-Baptiste. Les vertus du Précurseur lui

---

[199] *RHF,* XXI, p. 656.

[200] Exemple: l'interdiction, donnée en 1302, de faire sortir du royaume tout métal précieux, p. 638, CGN, I, p. 330.

[201] *RHF,* XXI, p. 643-644.

[202] *RHF,* XXI, p. 653.

[203] *RHF,* XXI, p. 662.

servent en fait à démontrer à l'assistance la grandeur et la puissance du roi de France (*ad regis Franciae potentiam et magnitudinem adaptato*)[204]. En 1310, Louis conduit, au nom du roi son père, une expédition contre l'archevêque de Lyon, Pierre de Savoie. Jean dit que le jeune roi de Navarre s'empara du rebelle et le contraignit à obéir à la puissance royale (*coegitque eum parere regiae potestati*)[205]. En 1316, Louis de Nevers accuse son père de vouloir se soumettre au pouvoir du roi de France[206]. Ces trois exemples sont à replacer dans un contexte de conflits : avec le pape (le sermon de 1303), avec l'Empire (l'expédition de 1310 vise à faire basculer Lyon, ville frontière, dans l'orbite politique de la monarchie française), avec un vassal puissant et rebelle (le comte de Flandre). Ils témoignent d'une extension spatiale de la puissance du roi de France, de sa volonté de domination sur le royaume, d'affirmation de son indépendance vis-à-vis de l'Empire et de la papauté. Ils témoignent d'un glissement de la suzeraineté à la souveraineté royale.

Parce qu'ils sont des éléments importants de la réflexion des juristes sur les principes du pouvoir, il faut encore évoquer *auctoritas* et *imperium*. L'un et l'autre sont d'un usage exceptionnel sous la plume de Jean. Le premier ne s'applique jamais au roi de France, il est toujours réservé au pape. Le terme juridique d'*imperium* qui, au Moyen Age, exprime la souveraineté parfaite[207], est attribué une fois à Philippe le Bel, lors de l'arrestation des Templiers[208] : en cette affaire, l'*imperium* du roi précède et complète la volonté de ses ministres. Assimilé au *princeps* romain, Philippe le Bel exerce en cette affaire, qui touche au royaume, les attributs de la souveraineté impériale. Il est «empereur en son royaume» pour rappeler la formule énoncée par Jean de Blanot dès 1256 dans son commentaire au titre IV des *Institutes*.

Or, si le roi de France est effectivement l'égal juridique du *princeps*, l'un des signes les plus clairs de son statut d'indépendance et de la plénitude de son pouvoir est que le *crimen laesae majestatis* peut être commis contre lui[209]. Ce concept romain de trahison, qui du VIe au XIe siècle avait eu une influence négligeable en France, connaît un

---

[204] *RHF*, XXI, p. 641.

[205] *RHF*, XXI, p. 655. Sur cet épisode, voir J. FAVIER, *op. cit.*, p. 300.

[206] *RHF*, XXI, p. 662.

[207] J. KRYNEN, *op. cit.*, p. 385.

[208] *RHF*, XXI, p. 650 : «Alii apud Luparam ducti sunt, alii alibi, secundum regis imperium et ministrorum regalium voluntatem.»

[209] Pour ce qui suit, se reporter à S. H. CUTTLER, *The Law of Treason and Treason Trials in Later Medieval France*, Cambridge, 1981, p. 6-15.

renouveau. C'est Jean de Blanot lui-même qui tire les conséquences du principe affirmé dans son commentaire des *Institutes* : faire la guerre au roi, ce n'est plus seulement faire preuve d'infidélité, c'est commettre contre lui un crime. La réponse à l'offense, définie selon le droit romain, d'actions confinant au sacrilège parce que touchant à la fois la personne privée du roi et sa personne publique, l'Etat[210], passe alors de la vengeance personnelle à une mesure nécessaire pour maintenir l'ordre public. Alors qu'il ne rend pas compte de la condamnation pour trahison dont furent l'objet Guichard de Troyes et les amants des brus du roi[211], c'est à Louis de Nevers que Jean de Saint-Victor applique l'accusation de crime de lèse-majesté[212]. L'occurrence est unique dans la chronique, elle n'en est pas moins significative. En effet, sous le règne de Philippe III et pendant les vingt premières années du gouvernement de Philippe IV, la levée de la guerre ne paraît pas avoir été considérée comme un cas de trahison[213]. Même Guy de Dampierre, comte de Flandre, n'avait pas été traité comme un traître. Mais, dans la seconde décennie du XIVe siècle, on assiste à un tournant dont l'origine est la reprise du conflit entre le roi de France et Robert de Béthune, comte de Flandre depuis la mort de son père en 1305. Une proclamation royale datée du 11 août 1314 déclare que le comte et ses alliés, entrés en rebellion et ayant pris les armes contre le roi, ont commis un acte de trahison. C'est sous ce chef d'accusation que Robert de Béthune est jugé à deux reprises en 1312 et en 1315. En désignant à l'année 1310 Louis de Nevers, le propre fils du comte de Flandre, comme coupable d'un tel crime de lèse-majesté, il n'est pas impossible que Jean commette une confusion entre les personnes. En revanche, il situe parfaitement dans le temps et dans son contexte, le tournant que connaît la notion de trahison, considérée à présent par tous et d'abord par le roi, comme un *crimen de laesae majestatis*.

Le *Memoriale historiarum* porte donc la trace d'un vocabulaire juridique qui se diffuse progressivement depuis la seconde moitié du XIIIe siècle. Néanmoins, il ne faudrait pas tirer de la présence finalement très relative de ce vocabulaire la conclusion d'une culture juridique de l'auteur ni de son adhésion aux thèses du clan des partisans du droit romain. Sa formation, nous l'avons vu, est plutôt celle d'un

---

[210] A. RIGAUDIÈRE, *op. cit.*, p. 92-94.
[211] S. H. CUTTLER, *op. cit.*, p. 29-30.
[212] *RHF*, XXI, p. 654 : « ... Ludovicus, filius comitis Flandrensis ... accusatus apud regem Francie in pluribus criminibus laesae majestatis ... »
[213] S. H. CUTTLER, *op. cit.*, p. 31.

théologien. En fait, l'emploi des mots et des expressions relevés témoigne chez l'auteur d'une lente imprégnation de l'idée des progrès de l'autorité législative et de la souveraineté royale. Et cette imprégnation, nous allons le voir à travers le regard qu'il porte sur le gouvernement quotidien du royaume, se fait parfois bien malgré lui.

Après l'analyse du vocabulaire qui disait le droit et la puissance du roi, il est nécessaire d'évaluer le poids respectif des différents groupes susceptibles de prendre part aux décisions de gouvernement. Un premier groupe a ainsi été défini, familial, composé des frères, fils et oncles des trois rois ayant régné entre 1285 et 1321. Puis, un second groupe rassemblant ceux que Jean Favier appelle les «gens du roi» et qui, dans le *Memoriale* apparaissent sous les termes de *ministri*, *consiliarii* et *officiales*. Enfin un troisième groupe, celui des barons.

Première constatation : le poids relativement faible des «gens du roi». Sur les trente-six années concernées, ils n'apparaissent que quinze fois, dont sept sous le seul règne de Philippe le Bel. Certes, leur rôle paraît capital lors des grandes affaires du règne, conflit avec le pape, expulsion des juifs[214], arrestation des Templiers (Jean les évoque alors à quatre reprises) ... Le chroniqueur en nomme quelques-uns, il estime certains d'entre eux, mais il les voit avant tout comme les responsables et les exécuteurs des exactions fiscales[215] et des mutations monétaires[216]. Ce sont eux qui poussent le roi à prendre ces décisions désastreuses pour le royaume. Il voit souvent en eux des ennemis du bien public. C'est peu dire qu'il ne les aime guère.

Le second groupe, numériquement le plus important avec vingt-neuf occurences, est celui des barons. Le terme désigne un groupe dont les membres ne sont pas individualisés, ce sont, selon l'expression de Jean, les *barones regni*. Il s'agit bien pour lui des grands du royaume, de ceux qui, parce qu'ils sont les vassaux directs du roi, lui doivent conseil.

Ils ont pris leur place dans l'histoire du royaume, telle que la narre le victorin, à partir de la seconde moitié du Xᵉ siècle. Les *barones Francie* apparaissent pour la première fois dans le *Memoriale historiarum* à l'occasion de la trahison fomentée par Hugues le Grand et les Normands à l'encontre du roi Louis IV[217]. L'auteur écrit que la reine Gerberge fit alors appel à eux pour faire libérer son époux. Un peu

---

[214] *RHF*, XXI, p. 647.
[215] *RHF*, XXI, p. 635.
[216] *RHF*, XXI, p. 658.
[217] BnF, lat. 15011, fol. 319v.

plus loin, ils assistent à la réconciliation entre le roi et Hugues le Grand. Ajoutons que dans le texte-source, les *Gesta ducum Normannorum* de Guillaume de Jumièges, le mot retenu était *proceres*. L'emploi de *barones*, s'il n'est pas une création, correspond cependant à un choix délibéré de l'auteur. Cette même volonté le conduit, lorsqu'il relate la cession de la Lotharingie en 984, à opérer semblables retouches de vocabulaire dans le texte d'Aimon de Fleury[218]. Enfin, dit Jean, après le siège de Laon, «Hugues Capet fut reçu par les Parisiens et de nombreux barons qui, lui ayant prêté hommage, se reconnurent ses sujets»[219]. En mettant ainsi en avant les barons, il semble que l'auteur du *Memoriale* ait voulu faire trois suggestions : l'existence et le rôle des barons sont antérieurs à l'existence de la dynastie capétienne (l'épisode de Louis IV) ; cette même dynastie qui n'aurait pu s'emparer du pouvoir sans leur accord (987) ; mais ils sont aussi les garants, selon les circonstances avec ou contre le roi, d'une certaine intégrité du royaume lorsqu'elle menacée (984 : la Lotharingie).

Cette place n'allait cesser de s'affirmer jusqu'au règne de Philippe le Bel. Les barons constituent, dans le *Memoriale*, l'entourage naturel du roi, sa *curia*. Il n'est guère de cérémonies publiques où ils ne soient présents à ses côtés. Et en ces occasions Jean les distingue soigneusement de la *nobilium comitiva* qu'ils dominent[220]. Ils représentent le roi dans des ambassades[221]. Ils sont les premiers convoqués lors des expéditions militaires[222]. Défenseurs naturels de la chrétienté

---

[218] BnF, lat. 15011, fol. 325: « ... ita quod Lotharius ei quitavit Lotharingiam, quod fuit contra voluntatem Hugonis Chapet, ducis Francorum et Henrici fratris eius et aliorum baronium propter quod erat in preiudicium regni Francorum.» Aimoin de Fleury, BnF, lat. 15046, fol. 302, employait les termes d'*exercitus* et de *principes*.

[219] BnF, lat. 15011, fol. 326: « ... dictus Hugo receptus est a civibus parisiensibus et baronibus pluribus tamquam rex, ei facto homagio, a subditis suis, regnavit annis IX secundum Sigibertum.»

[220] *RHF*, XXI, p. 647-648: «In mense Januario, Philippus, regis Franciae Philippi IIII secundogenitus, duxit uxorem Johannam, filiam Othonis, comitis Burgundiae, (...) quorum nuptiae, rege et baronibus Francorum nobiliumque innumerabili comitiva praesentibus, sunt tunc Corbolii, apud Hospitale, cum gaudio mirabili celebratae.» *RHF*, XXI, p. 669: «Hoc anno (19 mai 1319), Sabbato post Ascensionem Domini, obiit vir illustris comes Ebroicensis Ludovicus, regis Franciae Philippi et dominae Mariae reginae filius, et feria tertia post in ecclesia fratrum Praedicatorum honorifice est sepultus. Interfuerunt ejus sepulturae rex et regina cum multis baronibus et nobilibus, missamque celebravit dominus Gaucelinus, tituli Sanctorum Marcellini et Petri presbyter cardinalis.»

[221] *RHF*, XXI, p. 636: Ils escortent, *loco regis*, Marguerite, la soeur de Philippe le Bel, qui part en Angleterre épouser le roi Edouard. P. 650, ils accompagnent Isabelle, la fille du roi, qui épouse en 1308 Edouard II.

[222] *RHF*, XXI, p. 643, p. 661.

ils prennent la croix en 1313[223]. Avec le roi ils constituent la cour féodale, refusant leur grâce au comte de Flandre[224], réconciliant le duc de Brabant et le comte de Luxembourg[225]. Ils prennent leur part des affaires du gouvernement, négociant aux côtés du roi avec Clément V nouvellement élu[226], se réunissant en conseil à Vincennes autour de Louis X[227] ; ils forment la cour de justice devant laquelle comparaît Enguerran de Marigny en 1315[228]. Et surtout, ils jouent un rôle décisif lors de la succession de Louis X en 1316 : à peine rentré à Paris, Philippe de Poitiers les convoque et se fait reconnaître par eux gouverneur du royaume (*regni Francie gubernator*), leur hommage étant la meilleure garantie de son autorité[229] ; ils sont au cœur de la polémique qui oppose le comte de Poitiers à Agnès de Bourgogne, cette dernière mettant tout en œuvre pour les convaincre des droits de sa petite-fille Jeanne de Navarre à la Couronne[230].

Jean de Saint-Victor n'est pas le premier à accorder une telle place aux barons dans le récit de l'histoire nationale. Ainsi a-t-on pu dire que le *Roman aux roys* de Primat était une «épopée des barons»[231]. Mais Primat écrivait en 1274, bien avant que les légistes de Philippe le Bel n'occupent au sein du Conseil une place de plus en plus marquée aux dépens des prérogatives des grands feudataires. Si le *Memoriale historiarum* insiste tant sur la présence et le rôle des barons, n'est-ce pas justement parce qu'il constate, avec un certain mécontentement, leur relatif effacement des centres de décision? Il apparaît une sorte de décalage entre l'image du gouvernement du royaume présentée par Jean de Saint-Victor et ce que nous connaissons par ailleurs de la réalité de l'époque qu'il dépeint.

Le roi a également à ses côtés les princes de son sang, ses frères, ses oncles. *Frater regis*, *filius regis* sont les expressions qui systématiquement rappellent les liens du sang unissant ces personnages au roi. Ces parents agnatiques apparaissent presque aussi souvent que les barons (vingt-sept fois) sur lesquels ils ont la préséance. Jean prend bien soin de toujours le souligner en mettant en évidence une

---

[223] *RHF*, XXI, p. 657.
[224] *RHF*, XXI, p. 637.
[225] *RHF*, XXI, p. 644.
[226] *RHF*, XXI, p. 645.
[227] *RHF*, XXI, p. 659.
[228] *RHF*, XXI, p. 660.
[229] *RHF*, XXI, p. 663.
[230] *RHF*, XXI, p. 665.
[231] B. Guenée, *art. cit.* (1987), p. 112-118.

hiérarchie[232]. Avec les barons, à leur tête, ils jouent le rôle de conseillers, d'ambassadeurs, de chefs militaires[233]. Jean a sans doute eu
quelques occasions de les voir lors de manifestations publiques,
comme la translation des reliques de saint Louis ou encore lors des
fêtes données pour la chevalerie du futur Louis X en 1313. Il est
manifestement réceptif à cette image d'une figure collective de la
royauté, soulignée par le port d'un même vêtement fleurdelisé, par
leur place, la plus proche du roi, dans les processions[234]. A partir de
1316, Jean désigne parfois les princes du sang par le terme de *regales,*
traduction du mot *royaux* emprunté à Geoffroi de Paris, mettant ainsi
l'accent non plus seulement sur leur rang spécifique mais sur le fait
qu'ils constituent au sein du gouvernement du royaume un groupe à
part[235]. Au sein de ce groupe, tous ne jouissent pas de la même autorité. Ainsi, Louis d'Evreux paraît-il jouer un rôle très effacé au regard
de l'imposante personnalité de Charles de Valois. Celui-ci, cité
douze fois, est bien présenté comme le principal appui de Philippe le
Bel[236] et, après la mort de celui-ci, comme le véritable chef du gouvernement. Or, on sait le rôle que joua Charles de Valois dans les
mouvements de révolte qui agitèrent les nobles au lendemain de la
mort de Philippe le Bel[237]. Faut-il établir une corrélation entre ce
mouvement d'opinion et la place importante que l'auteur du *Memoriale* accorde dans son tableau de la vie politique à ce personnage en
particulier et aux barons en général ?

Car Jean n'est pas insensible à la propagande des ligues nobiliaires. Et l'argument de leur discours auquel il est le plus réceptif, –
comme d'ailleurs une large part de l'opinion publique –, est incontestablement celui de l'intolérable pression fiscale. En effet, depuis

---

[232] Lors des cérémonies publiques Jean évoque toujours dans le même ordre: en
premier lieu le roi, puis ses frères et ses fils, puis les barons, puis le reste de la noblesse.
On pourrait multiplier les exemples, voici le passage où est relatée la translation des reliques de saint Louis à la Sainte Chapelle en 1306, *RHF,* XXI, p. 646: «Feria tertia post
Ascensionem, factum est Parisius maximum et solempnissimum festum a praelatis regni
et civibus Parisiensibus, qui cum maximo apparatu et cereis innumerabilibus grossis,
rege praesente et fratribus et baronibus regni, conduxerunt caput sancti Ludovici regis,
in vase pretiosissimo collocatum, a monasterio Sancti Dionysii in Francia usque ad capellam regis Parisiis, in qua cum ceteris reliquiis repositum est cum honore.»

[233] W. S. Lewis, *op. cit.,* p. 229-233.

[234] W. S. Lewis, *op. cit.,* p. 230-232.

[235] *RHF,* XXI, p. 665 (1316): «Et comes Nivernensis, qui tot mala regno intulerat,
in regalium gratiam est receptus, et sui sibi redditi comitatus.»

[236] A propos des liens qui unissent Philippe le Bel à ses frères, voir E. Brown, *art.
cit.* (II), p. 301-311.

[237] J. Petit, *Charles de Valois (1270-1325),* Paris, 1900. Sur les ligues, voir A. Ar-
tonne, *Le mouvement de 1314 et les chartes provinciales de 1315,* Paris, 1912.

Louis IX, les pouvoirs publics, qui doivent assumer de nouvelles charges – notamment militaires – cherchent de nouveaux moyens de financement. Ces recettes supplémentaires ne peuvent être trouvées qu'en dehors d'un domaine royal dont les revenus, rongés par l'inflation, ne suffisent plus aux besoins croissants de la monarchie. Mais les esprits résistent pour qui continue de prévaloir le principe selon lequel «le roi doit vivre du sien». A cette idée largement répandue dans l'opinion publique vient s'ajouter la colère propre aux clercs qui doivent peu peu renoncer à leur statut d'exemptés. Cette exaspération générale devant un impôt, ressenti comme d'autant plus intolérable qu'il devient moins incontournable, est encore renforcée par le désarroi face aux mutations monétaires, particulièrement préjudiciables à ceux dont les revenus sont constitués de rentes à taux fixe. C'était le cas des petits propriétaires parisiens, mais une grande abbaye comme Saint-Victor était également concernée. On trouve trace de cette contestation de la fiscalité chez la plupart des chroniqueurs (les continuateurs de Guillaume de Nangis et de Géraud de Frachet, Geoffroi de Paris ...). Mais Jean y revient sans cesse, c'est finalement le thème central de la partie contemporaine de son récit, autour de deux temps forts : le règne de Philippe le Bel, en particulier les années 1290-1306/7, et l'année 1321 marquée par la tentative de réforme monétaire de Philippe V.

c) Les résistances aux progrès de l'Etat : Philippe, le roi qui «tant tailla, tant tollut que jamais ne sera absolu»[238]

Entre 1285 et 1314, on ne relève pas moins d'une dizaine de mentions de prélèvements fiscaux décidés par le roi ou opérés à son profit. Cette fiscalité vient s'ajouter à celle du pape (cinq mentions), formant avec elle un fléau qui érode peu à peu et de plus en plus les revenus des clercs. Car, dans les années 1290 Jean note exclusivement les prélèvements opérés sur les biens ecclésiastiques, ne manquant jamais de préciser que l'autorisation en a été accordée par le pape[239]. Au cours de ces années, et plus tard encore[239], Philippe le Bel ne paraît pas avoir de meilleur soutien (de plus fidèle complice?) que Boniface VIII pour réaliser son projet de fiscalité. L'auteur du *Memoriale* prend en fait conscience, non sans douleur, que la royauté et la

---

[238] L'expression est de Geoffroi de Paris, v. 6759-6760, p. 218, mais elle est reprise par Jean, *RHF*, XXI, p. 659.

[239] *RHF*, XXI, p. 658: «Hoc autem anno moneta tam turpiter fuit deformata quod non inveniebant quomodo contractus facerent mercatores. Unde regnum fuit mirabiliter desolatum; sed regis consiliarii totum commodum reportabant: papa etiam partem habuit copiosam.»

papauté sont affectées par un même mouvement de centralisation, dont les clercs, en raison de leur double appartenance au royaume et à l'Eglise, sont deux fois les victimes. Nul doute que cette conviction d'un accord entre le roi et le pape explique au moins en partie l'engagement très tiède de Jean en faveur du premier dans le conflit qui l'oppose au second. Il donne une parfaite expression dans son résumé de la situation au printemps 1302 : balloté entre le pape et le roi, partagé entre la peur et les scrupules, le clergé du royaume cherche finalement des compromis avec chacune des parties[240]. On comprend également pourquoi le victorin ne peut voir en Philippe le Bel l'*Ecclesiae defensor*.

Très vite, la fiscalité royale, sur laquelle viennent se greffer les conséquences des mutations monétaires répétées, ne touche plus seulement les églises mais s'abat sur l'ensemble de la population : l'impôt du centième et du cinquantième frappe des gens de toute condition (*omnimodum populum*)[241], les mutations de 1306 acculent les pauvres et les petits (*pauperes et mediocres*), ceux qui voient leur loyer tripler, à se rebeller contre le roi[242], les marchands ne savent plus sur quelles bases établir leurs contrats[243]. Au bout du compte, plus que des individus ou des groupes, c'est le royaume en tant que collectivité qui est touché. Jean le dit expressément à l'occasion des mutations de 1313 : *Unde regnum fuit mirabiliter desolatum*. Mais dès le cinquantième décidé en 1296, il n'hésite pas à évoquer le «joug d'une nouvelle servitude imposé à un peuple auparavant libre» (*gens prius libere*). L'allusion renvoie clairement à l'épisode du tribut romain dont se libérèrent les Francs aux origines de leur histoire nationale. Il faut se souvenir de l'insistance avec laquelle Jean a évoqué, dans le *Tractatus* et dans la première partie du *Memoriale,* les conséquences de cet événement : les Francs ont acquis en cette occasion leur nom, ils ont payé une fois pour toutes le «prix du sang». Les assujettir à l'impôt sans leur consentement reviendrait à ébranler les fondements de l'indépendance et de l'identité nationale. Et celui qui menace ici la cohésion et peut-être l'existence du royaume n'est pas un étranger, c'est celui à qui le peuple a été confié par Dieu, le roi lui-même. Philippe le Bel a donc failli à sa mission la plus sacrée et il s'en repend, du moins sous la plume de Jean, au moment de sa mort : lui qui aurait dû être le consolateur des affligés n'a fait que durcir les

---

[240] *RHF*, XXI, p. 638.
[241] BnF, lat. 15011, fol 463.
[242] *RHF*, XXI, p. 646.
[243] Cf. n. 239.

cœurs contre lui. Oui, vraiment, il doit craindre que les malédictions des pauvres n'attirent sur lui le châtiment divin![244]

d) Les résistances aux progrès de l'Etat : Philippe V, le roi mort de l'impôt

Après le mort de Philippe le Bel, ses contemporains avaient pu penser que la fiscalité royale serait à l'avenir moins pressante. Cependant, le règne de Louis X ne marqua qu'un très court répit et Philippe V allait suivre les voies empruntées par son père[245].

Le récit des premières années du règne a pour objet principal les affaires de Flandre. Jean ne fait alors aucune allusion à la politique fiscale du roi ou à sa politique monétaire. De même qu'il n'avait pas mentionné l'ordonnance de 1315 par laquelle Louis X n'autorisait plus qu'une trentaine des ateliers seigneuriaux à battre encore monnaie et sous la condition expresse que le type et la valeur en seraient fixés par le souverain, il ne dit rien de la saisie du matériel de fabrication ordonnée par le roi à ses baillis et sénéchaux en octobre 1317. Il n'évoque pas non plus la citation de Charles de la Marche, le propre frère du roi, à comparaître en 1320 devant le Parlement pour avoir transgressé la décision royale de 1317[246]. Ce n'est finalement qu'à l'occasion de la mort du roi que la politique fiscale est évoquée. Mais la connaissance du contexte antérieur permet de comprendre le choix délibéré que Jean fait d'aborder ce thème dans un cadre particulièrement dramatique. L'épisode de la mort du roi peut alors être envisagé comme le terme d'une période de tensions politiques intenses. Il est à noter qu'aucun des autres chroniqueurs contemporains ne lie aussi fortement la mort du roi et sa politique fiscale[247]. Si quelques-uns établissent, plus ou moins timidement, une relation entre la maladie qui frappa le roi et la malédiction d'un peuple accablé par l'impôt[248], Jean est le seul à évoquer, sous le couvert de la rumeur, l'empoisonnement comme cause du décès.

En fait, si l'on observe la structure de la séquence narrative, on constate qu'elle s'organise dans un balancement entre deux hypothèses (*Fuit autem opinio aliquorum/Aliorum autem erat opinio quod*) qui

---

[244] *RHF*, XXI, p. 659.

[245] P. Lehugeur, *Histoire de Philippe le Long*, 2 vol., Paris, 1897 et 1931, ici I, p. 327-329.

[246] P. Lehugeur, *op. cit.*, I, p. 328 n. 4.

[247] CGN, II, p. 36-38 ; CGF, *RHF*, XXI, p. 57; GCF, V, p. 360-362 ; *Chronique parisienne anonyme*, p. 60-62 ; BnF, fr. 10132, fol. 403v-404.

[248] C'est le cas du continuateur de Guillaume de Nangis, p. 38, et du continuateur de Primat dans le manuscrit fr. 10132.

reflètent des opinions tout aussi négatives concernant la politique fiscale de Philippe V. Cette construction ne laisse aucune place à une
troisième hypothèse, celle d'une mort naturelle : le roi est bien mort
de l'impôt. Si la seconde hypothèse, celle qui voit dans le décès un
signe de la punition divine, est mentionnée en deux lignes, à la fin du
récit, comme pour mémoire, en revanche, la première hypothèse,
celle de l'empoisonnement, retient toute l'attention du chroniqueur.

Les rumeurs d'empoisonnement ne sont pas exceptionnelles
dans la chronique de Jean de Saint-Victor. Assez rares jusqu'en 1305,
elles se multiplient à partir de cette date. Cinq cas peuvent être
relevés : Blanche, la sœur de Philippe le Bel et la femme de Rodolphe
d'Autriche[249], la reine Jeanne de Navarre[250], l'empereur d'Allemagne,
Henri VII en 1313[251], la tentative avortée sur la personne de Robert
de Béthune en 1320[252] et enfin, l'affaire des puits empoisonnés en
1321[253]. Le chroniqueur rapporte chacune de ces affaires à la
rumeur. Blanche a été empoisonnée *ut communiter credebatur,* la mort
de Jeanne de Navarre est dénoncée comme un empoisonnement par
des gens mal intentionnés (*quidam malivoli*) qui portent des accusations contre l'évêque Guichard de Troyes ; un grand nombre de personnes de l'entourage d'Henri VII (*multi*) dirent que son confesseur
lui avait administré un poison en lui donnant la communion. Il
accorde un crédit très mesuré à ces accusations colportées par la
rumeur : elles peuvent être le fait de la malveillance (Guichard de
Troyes), elles peuvent être contredites (les médecins de l'empereur
affirment qu'il n'a pas été empoisonné); ces rumeurs demandent à
être confirmées par des preuves, difficiles à établir en raison de la
nature même du crime[254] : «On ne put rien prouver» conclut Jean à
propos du prétendu empoisonnement d'Henri VII. Seule l'accusation portée contre l'association des juifs, des lépreux et du roi de Grenade est enregistrée dans le *Memoriale* sans aucune prévenance. Elle
correspond trop bien à des stérérotypes partagés par l'ensemble de la
société pour que l'auteur ait même l'idée de la remettre en question.

Dans chacun de ces cas, l'arme venimeuse comporte des éléments immatériels ou rencontre les frontières du sacré : Guichard de
Troyes aurait fabriqué des images, il aurait utilisé des matières

---

[249] *RHF,* XXI, p. 644.
[250] *RHF,* XXI, p. 644 et 652.
[251] *RHF,* XXI, p. 657-658.
[252] *RHF,* XXI, p. 672-673.
[253] *RHF,* XXI, p. 673-674.
[254] Fr. COLLARD, *Recherches sur le crime de poison au Moyen Age,* in: *JS,* janv.-juin
1992, p. 99-114, ici p. 112.

toxiques (*veneficiis*) ou des sortilèges (*invocatione*) ; le confesseur de l'empereur lui aurait administré le poison sous les saintes espèces ; les empoisonneurs de puits ont mélangé du sang humain, de l'urine, des herbes à des hosties consacrées … ; les portraits des empoisonneurs, tels que la rumeur les transmet, répondent à des traits bien particuliers : les juifs, les lépreux et le roi de Grenade sont des ennemis des chrétiens et des marginaux ; Guichard de Troyes est un personnage de basse extraction qui s'est hissé dans l'échelle sociale, un parvenu ; les empoisonneurs de l'empereur d'Allemagne et de Robert de Béthune sont tous deux les confesseurs de leur victime, ce sont des frères mendiants, ils appartiennent à des ordres que l'on accuse de s'immiscer dans l'entourage des grands. Ces portraits, n'en doutons pas, sont offerts à la rumeur par les accusateurs qui entendent ainsi «les rendre odieux à l'opinion publique», les liquider de la scène sociale et politique, les présenter aux yeux du peuple comme des contre-modèles[255].

Ici, la prise en compte de la rumeur est tout à fait différente et ne semble pas renvoyer aux stéréotypes habituels : le chroniqueur ne livre aucun indice sur la composition du poison, il ne relève aucune trace de sortilèges ; aucun soupçon non plus concernant les commanditaires et leurs exécutants. En fait, les circonstances immédiates du crime ne paraissent pas retenir son attention. Car seuls l'intéressent les circonstances et le processus qui ont rendu possible un tel acte, ou du moins vraisemblable, crédible, la rumeur qui le fait connaître. Contrairement aux autres cas d'empoisonnement, qui n'étaient que des simples «on-dit», qu'il convenait de mentionner sans s'attarder et en faisant preuve d'une certaine circonspection, la rumeur de l'empoisonnement de Philippe V porte une part de vraisemblance qu'il importe d'expliquer, de démontrer. C'est le rôle du long *argumentum* qui suit.

A la différence des cas d'empoisonnement précédents, l'assassinat du roi est présenté comme un acte politique. Nous avons vu ailleurs[256] combien la rumeur et son utilisation étaient décisives dans le processus. La manipulation de l'opinion publique est ici le fait d'un groupe numériquement représentatif (Jean le désigne par *plures* et non par *aliqui*), sans doute constitué par une alliance d'intérêts. Ce groupe est puissant, il a des relais auprès du peuple, il a les moyens de sa propagande. L'acte criminel commandité par le noyau dur de ces

---

[255] Fr. Collard, *art. cit.*, p. 112.
[256] Cf. supra ch. V.

plures (*Quare forte aliquibus fuit visum*) est un acte réfléchi, décidé au terme d'une analyse de la situation politique : le jeu de la rumeur, auquel ils ont contribué, apparaît soudain à ces *plures* comme dangereux, comme pouvant conduire à la guerre sociale (*rebellio contra regem*), à la remise en cause de l'ordre public et de leurs intérêts confondus. Ils craignent de ne plus pouvoir contrôler le mouvement populaire qu'ils ont mis en branle (*unde tot mala evenirent quod vix per hominem aliquem sedarentur*). Il est donc temps pour eux d'y mettre un terme, il est donc temps de choisir et d'exécuter un bouc émissaire[257] : *expediebat ut unus homo moreretur*. En prêtant aux commanditaires de l'assassinat du roi la phrase par laquelle Caïphe recommande au Sanhédrin de livrer le Christ aux Romains (*Jn*, 11, 50), le chroniqueur place la décision dans une situation d'urgence, dans un contexte dramatique.

A qui profite le crime ? Ou plutôt qui cherche à se protéger en supprimant le roi ? Jean ne livre évidemment aucun nom. Paul Lehugueur, le biographe de Philippe V, s'appuyant sur les souscriptions du Trésor des Chartes qui attestent d'un voyage du roi au mois d'août à Crécy chez son frère Charles, suggère que c'est le nom de ce personnage que la rumeur se chargea alors de faire circuler[258]. On se souvient que Charles faisait partie de ce groupe de princes du sang et de grands barons dont les intérêts étaient directement menacés par la politique monétaire du roi. En 1320, il n'avait pas hésité à transgresser l'ordonnance royale qui exigeait la destruction des ateliers monétaires seigneuriaux. Charles de Valois, l'oncle du roi, était dans la même situation. Or, nous avons vu le poids considérable que le victorin accordait au frère de Philippe le Bel dans les dix dernières années de la chronique, le soin avec lequel il mettait en scène de ce personnage de premier plan. Il n'est pas impossible que Jean lui attribue une quelconque responsabilité dans l'assassinat de son neveu. On peut même suggérer qu'il l'imagine assez bien dans le rôle de Caïphe, entraînant l'adhésion des indécis. En 1315, à Vincennes, Charles de Valois, n'avait-il pas désigné Enguerran de Marigny comme l'homme qui mettait en danger toute une communauté, usant pour ce faire de termes assez proches de ceux rapportés par Jean en 1321[259]?

---

[257] Cl. GAUVARD, *Rumeurs et stéréotypes à la fin du Moyen Age,* in: *La circulation des nouvelles au Moyen Age.* Actes du XXIVe congrès de la *SHMESP* (Avignon, juin 1993), Paris, 1994, p. 157-177, ici p. 175.

[258] P. LEHUGEUR, *op. cit.,* I, p. 466.

[259] *RHF,* XXI, p. 660: «Nepos, nos sumus omnes confusi per unum hominem pessimum, qui est inter nos diu conversatus, per cujus maleficia sumus omnes ab omnibus maledicti.»

On peut alors imaginer que les événements s'enchaînèrent ainsi : les premières assemblées réunies par Philippe à ce sujet[260] avaient permis de racheter pour 100 000 livres les monnaies de Chartres et d'Anjou appartenant à Charles de Valois, pour 15 000 livres les monnaies de Clermont et de Bourbon appartenant à Louis de Clermont[261]. Mais la dernière en date (la seule qui soit mentionnée par Jean), celle de Paris le 08 juillet 1321, avait surtout mis en évidence les désaccords et l'existence d'un front du refus dont tous les chroniqueurs se font l'écho. Le *Memoriale historiarum* et la *Chronique parisienne anonyme* ajoutent que les négociations étaient suspendues et qu'une autre réunion était prévue à Orléans à la mi-octobre[262]. L'ampleur de la dépense à engager pour dédommager les seigneurs de la perte du droit de battre monnaie en faisait reculer plus d'un. Les intéressés durent alors constater que la situation était bloquée, qu'ils n'avaient plus rien à espérer des négociations avec les assemblées représentatives, qu'ils avaient tout à perdre dans cette tentative du roi de réaliser l'unité monétaire. L'acharnement du roi à obtenir ce qu'il désirait[263] les forçait à sortir de l'impasse par un autre moyen. Profitant de la suspension des négociations (*pendente negotio*), ils prirent la décision d'éliminer le roi. Une fois le crime accompli, les assassins auraient tenté de se justifier auprès de l'opinion publique, faisant courir la rumeur qu'ils avaient agi en vue du bien commun, de la survie du royaume, que la mort d'un homme, fût-il le roi, valait mieux que le danger menaçant toute une communauté, qu'elle était un moindre mal en regard d'une *rebellio*, d'une remise en cause de l'ordre public.

Tout ceci n'est peut-être qu'un scénario. Le roi fut-il vraiment empoisonné ? Jean de Saint-Victor, en clerc pieux et prudent, remet cette question entre les mains de Dieu. Il serait vain de vouloir aller plus loin que lui et de prétendre condamner ou disculper les éventuels assassins de Philippe V. Tout l'intérêt de cette séquence narrative du *Memoriale* est de lier la présomption d'empoisonnement au refus d'un impôt impopulaire. Cet impôt était d'autant plus impopulaire qu'il semblait injustifié en l'absence de tout danger immédiat. Comment comprendre les demandes du roi alors que le Trésor avait

---

[260] P. Lehugeur, *op. cit.*, I, p. 368, mentionne celles de Pontoise en juin 1320 et de Poitiers en juin 1321.

[261] P. Lehugeur, *op. cit.*, I, p. 329.

[262] *Chronique parisienne anonyme* , p. 62.

[263] E. Brown, *Subsidy and Reform in 1321: the Account of Najac and the Policies of Philip V*, in: *Traditio*, 27 (1971), p. 399-430, ici p. 407, 415, 418.

enregistré des recettes extraordinaires de l'Eglise, des juifs et des Lombards[264]? Le subside, on s'en souvient, était requis pour promouvoir la réforme du royaume. Or, il semble bien que ce projet correspondait à un désir réellement profond d'un roi qui se considérait lui-même comme «le ministre et l'auteur du commun profit»[265]. Il ne semble pas que l'on puisse déceler la moindre trace de supercherie dans les motifs avancés pour obtenir le consentement de ses sujets. Mais ce roi, dont Jean rappelle les qualités personnelles de négociateur (*tractabilis*), avait cru pouvoir mettre en œuvre sa réforme sans consulter ses sujets sur le fond de celle-ci, sans les laisser exprimer une opinion, sans leur permettre de proposer d'autres solutions[266]. De là, le sentiment de méfiance généralisé dont tous les chroniqueurs se font l'écho et que le chroniqueur victorin partage en reprenant à son compte la rumeur d'empoisonnement et en l'étayant longuement. Mais il va plus loin. La phrase de l'évangéliste Jean, par laquelle il clôt son long *argumentum,* est difficile à interpréter. L'application à Philippe V des propos de Caïphe au sujet du Christ (*Jn,* 11, 50) apparaît, à première vue, comme très négative, d'autant plus sous la plume d'un clerc. Toutefois, l'usage qu'en fait Jean est atténué par l'absence de référence explicite au personnage et à la responsabilité de Caïphe. L'emprunt au texte évangélique n'est pas glosé, aucune comparaison n'est clairement établie. Aucun commentaire proprement négatif, aucune condamnation explicite, aucune déploration de la mort du roi, n'accompagnent en fait cette citation. On peut se demander si cette phrase n'est pas tout simplement venue sous la plume de Jean parce qu'elle convenait parfaitement à la situation exposée : comme le Christ, le roi est mort, parce que son message, – ici son projet de réforme, ce que l'on a pu appeler son «grand dessein» –, a été perçu comme irrecevable[267]? Parce qu'il mettait en danger la cohésion politique et sociale du peuple?

La mort du roi est présentée chez Jean comme l'aboutissement inéluctable de deux années de tension croissante marquée par la croisade des Pastoureaux, l'affaire des puits empoisonnés, séquences qui, avec celle qui relate l'empoisonnement présumé de Philippe V, sont particulièrement développées, structurées et forment la partie principale de la fin du récit du victorin. Comme l'a très bien montré David Nirenberg, ces épisodes de violence sont en fait moins anarchiques

---

[264] E. BROWN, *art. cit.,* p. 427.
[265] E. BROWN, *art. cit.,* p. 427.
[266] E. BROWN, *art. cit.,* p. 429-430.
[267] Sur cette irrecevabilité, voir E. BROWN, *art. cit.,* p. 426-430.

qu'il y paraît et sont étroitement liés à la résistance de l'opinion publique au pouvoir royal[268]. Nous l'avons vu plus haut pour les juifs. Les lépreux et le roi jouent des rôles respectifs dans ce que l'on peut appeler «l'économie morale du royaume»: la croyance que l'état moral du corps (social, politique, individuel) se traduit au travers de sa santé physique. Or, la lèpre est considérée comme une maladie de l'âme, due à la corruption morale et au péché. En voulant empoisonner les puits, ou plutôt en acceptant le pacte qui leur était proposé par les juifs, les lépreux ont voulu diffuser leur maladie à l'ensemble du corps social. Est-ce un hasard si le roi a été informé de cette rumeur et des violences contre les lépreux alors qu'il se trouvait à Poitiers en juin 1321 pour mettre en œuvre sa réforme? Non sans doute. En faisant de l'empoisonnement supposé des puits par les lépreux un crime de lèse-majesté, Philippe V tentait bien de reprendre l'initiative et de se présenter comme le médecin de son peuple, mais celui-ci, par ses attaques, lui avait déjà dénié ce pouvoir sacré. Et il avait agi ainsi persuadé que le roi lui-même, par sa polique fiscale et monétaire, était devenu source de corruption. De thaumaturge, il devenait alors le bouc-émissaire parfait et il devenait plausible qu'il soit emporté par le mal qui, à cause de lui, se diffusait dans le corps dont il était la tête.

Conclusion

Au terme de ce chapitre consacré à la place de l'histoire du royaume dans le *Memoriale historiarum,* trois remarques s'imposent. La première concerne le poids de l'histoire nationale dans la chronique universelle de Jean de Saint-Victor. Clerc, l'auteur ne peut penser l'histoire hors du cadre universel du Salut. Contemporain de Philippe le Bel, vivant dans la capitale du royaume, il ne peut manquer de s'intéresser à l'histoire de celui-ci. Mais, le traitement que Jean propose de l'histoire nationale manifeste bien plus qu'un simple penchant pour ce sujet. Celle-ci ne se résume pas à une courte chronologie ou à une généalogie rajoutées en annexe au texte.

La seconde remarque touche aux sources et aux lieux du débat. Les sources écrites, finalement peu nombreuses, renvoient un écho affaibli des discussions universitaires. Jean de Saint-Victor n'en donne pas un compte-rendu exhaustif, loin s'en faut, mais il en connaît les termes généraux et certains ténors. Il emprunte à l'un ou

---

[268] D. NIRENBERG, *op. cit.*, p. 56-63.

l'autre pour exprimer sa pensée politique sans jamais pour autant se couler dans un moule : sa critique est moins acérée et plus intellectuelle que celle de Geoffroi de Paris ; il est moins attentif que les historiens dionysiens à la majesté royale, mais relève plus volontiers quelques expressions juridiques qui la mettent en valeur ; il paraît ouvert aux thèses défendues par Jean de Paris mais sans aller, comme celui-ci, jusqu'à envisager la déposition du pape ; il fait une place, moins attendue peut-être, aux efforts de la propagande royale (le *Deum time*, l'assemblée du 24 juin 1303). Les sources orales révèlent les rumeurs qui montent de la rue, les tendances de l'opinion publique, mais aussi celles de la noblesse qui se sent menacée. On sent ainsi le victorin réceptif aux idées des ligues sans s'engager aussi ouvertement qu'un Joinville en leur faveur ...

En fait, derrière l'auteur du *Memoriale,* c'est sans doute toute la communauté victorine qui réfléchit, débat, cherche ses positions dans une réflexion sur l'Etat en plein renouvellement. Cette réflexion alimente les thèmes retenus par Jean pour illustrer son histoire nationale. C'est avant tout la conscience de plus en plus nette du royaume. Celui-ci apparaît peu à peu comme un territoire aux frontières plus marquées. Mais il est surtout synonyme d'une communauté qui connaît bien ses origines et qui en est fière. Cette communauté s'incarne dans un roi dont la souveraineté est affirmée à la face de l'empereur et même du pape. Le *Memoriale* témoigne d'autre part des progrès inexorables de l'autorité royale qui empiètent sur les privilèges et entament les revenus des établissements religieux. Face à un Etat moderne de plus en plus nettement aux mains des juristes et à qui l'impôt est devenu indispensable, les victorins sont sur la défensive. Pour tenter de sortir de cette situation inconfortable, ils se font menaçants et alimentent la contestation à travers l'œuvre de leur chroniqueur-maison. En contrepoint d'une image idéale de la royauté qu'ils contribuent à forger et à diffuser, ils dépeignent le détenteur contemporain du pouvoir royal comme corrompu et corrupteur du royaume. Cette position n'est ni isolée ni innocente : elle rejoint un courant politique qui, dans les années où Jean écrit, peut croire, à travers la chute d'Enguerran de Marigny (qu'il a provoquée), à travers la mort brutale de Philippe V (qui apparaît comme un jugement de Dieu), avoir arrêté le cours du temps et la croissance de l'Etat. De ce combat d'arrière-garde la chronique de Jean est un excellent miroir et l'auteur y montre une conscience remarquablement intime, aiguë, des mutations de son temps.

CONCLUSION

La richesse de significations du *Memoriale historiarum* est certainement la plus grande surprise réservée au lecteur moderne. Les silences d'un prologue, tout entier tourné vers le métier d'historien, ne laissaient pas deviner les capacités de l'auteur à penser l'histoire. Mais la qualité, la maîtrise de ce prologue se retrouvent parfaitement dans l'originalité et le degré de technicité avec lesquels Jean de Saint-Victor développe sa vision de l'histoire. On a de plus noté combien, sur bien des points, celle-ci avait mûrie, s'était enrichie entre la première et la seconde version de l'œuvre.

Le *Memoriale historiarum* a donc été conçu comme une histoire universelle. Pour respecter les critères imposé par le genre adopté, Jean a d'emblée fait des choix. Il a réduit à sa plus simple expression l'histoire de sa maison, n'en retenant que ce qui lui paraissait essentiel : le trésor intellectuel que les victorins ont offert à l'Eglise. Il a au contraire fait une large place à la géographie, une place bien supérieure à celle que d'autres auteurs avaient accordé dans leur œuvre à la *descriptio orbis terrarum*. La matière géographique est traitée avec un soin particulier, elle forme incontestablement l'une des parties les plus achevées de l'œuvre.

Rédiger une histoire universelle répondait à la volonté de dérouler une fois encore l'histoire du Salut en insistant sur la vocation universelle de l'Eglise, sur son rôle dans le plan éternel de Dieu. Mais chez Jean, ce premier but est doublé d'un second qui dévoile une vision politique. L'histoire universelle des hommes vivant en sociétés organisées et gouvernées est animée par le principe moteur de la *divisio regnorum*. Le victorin consacre tout un élément de sa chronique, le *Tractatus de divisione regnorum*, à la démonstration de ce principe.

La mise en évidence de ce principe lui a permis de ne pas rester enfermé dans son universalité. A l'intérieur de ce cadre universel, qui lui semble toujours nécessaire, l'histoire nationale trouve sa place. Elle est aussi l'occasion d'une réflexion sur l'Etat, réflexion nourrie en partie aux sources du débat intellectuel des années 1280-1320.

Membre d'une communauté religieuse, l'auteur travaille avec l'autorisation de l'abbé, il reçoit l'aide matérielle et intellectuelle de ses frères qui forment aussi son premier public. Sa vision de l'histoire est donc aussi nécessairement celle de Saint-Victor. En tout cas, la richesse de sa pensée rend témoignage de la vie intellectuelle de l'ordre auquel il appartient. Les victorins participent aux débats de leur temps. Ils sont au fait des thèses proposées par Gilles de Rome, par Jean de Paris ... Ils en discutent sans doute à l'intérieur du cloître, puisant dans leur tradition intellectuelle, faisant peu à peu la part entre leur attachement à l'augustinisme politique et l'influence de moins en moins contournable de l'aristotélisme. Le *Memoriale historiarum* est l'écho de leurs certitudes, de leurs hésitations, de leur aptitude à s'engager dans le débat universitaire. Cette constatation, qui s'impose à la lecture de la chronique de Jean, appelle, semble-t-il, la mise en œuvre d'une étude des maîtres en théologie, des prédicateurs victorins au tournant du XIVe siècle. Elle seule permettrait de confirmer le renouveau intellectuel victorin que l'on devine entre les lignes du *Memoriale*.

Néanmoins, il est clair que cette œuvre est politiquement marquée par son caractère passéiste. Certes, l'image du roi en sort apparemment grandie mais elle ne cadre plus avec les réalités de l'Etat moderne aux XIVe et XVe siècles. Si l'on ajoute à cela l'aspect de chronique universelle qui, déjà archaïque, est rendu caduque par la guerre de Cent Ans, on pressent les raisons du succès mitigé du *Memoriale historiarum* à la fin du Moyen Age.

QUATRIÈME PARTIE

LES DESTINÉES DU
MEMORIALE HISTORIARUM

INTRODUCTION

Vient un jour où l'œuvre et l'auteur se séparent. Entre 1326 et 1328, Jean de Saint-Victor cessa de travailler au *Memoriale historiarum* et sans doute mourut-il. Mort «la plume à la main», il est peu probable qu'il vit les fruits de son souci pour les lecteurs, de ses efforts pour leur transmettre la «matière» historique. Ces fruits vinrent plus tard, mais ils vinrent. La chronique survécut au chroniqueur. Echappée de ses mains, elle poursuivit son propre destin. Et cette nouvelle étape, ce *Fortleben*, nous intéresse : où et quand le *Memoriale historiarum* est-il lu ? Quels sont les relais de la diffusion ? ; quel est son public, comment celui-ci le reçoit-il, qu'en retient-il ? En essayant de donner réponse à chacune de ces questions, il est possible de mesurer le succès de l'œuvre.

Avec treize manuscrits médiévaux seulement le *Memoriale historiarum* peut être qualifié d'ouvrage au succès limité[1]. Ce serait cependant une erreur de s'en tenir à cette seule constatation et d'en tirer la conclusion hâtive que l'œuvre de Jean de Saint-Victor est restée ignorée. Prenons un seul exemple : le manuscrit Ars. 1117, témoin d'une ébauche finalement abandonnée du texte, n'était pas destiné à la diffusion. Il a pourtant circulé, puisque cet exemplaire s'est trouvé dans la bibliothèque de Jean Golein, personnage de quelque influence. Celui-ci l'a prêté à son ami Nicolas de Lespoisse avant de le donner par testament au couvent des carmes de la place Maubert. Mesurer le succès d'une œuvre exige donc de prendre en compte bien d'autres paramètres, tels les ex-libris et les notes marginales qui permettent non seulement de connaître quelques-uns des lecteurs mais aussi les motivations de leur lecture. Leur approche est parfois délicate mais ils permettent d'appréhender comment cette œuvre, largement façonnée par la culture antique et médiévale, contribue à son tour à former une génération d'hommes et à «informer» de nouveaux textes historiques.

---

[1] B. Guenée, *histoire et culture historique dans l'Occident médiéval*, 2ᵉ éd., Paris, 1991, p. 255.

CHAPITRE XIII

Production, diffusion, circulation

A – BILAN SPATIO-TEMPOREL DE LA DIFFUSION

1. Les trois temps de la production manuscrite

Prenons d'abord en compte l'aspect quantitatif qui, bien qu'insuffisant pour donner une idée juste du succès de l'œuvre, demeure cependant un critère de départ. Nous avons donc conservé douze exemplaires[1] du *Memoriale* copiés avant le début du XVIe siècle. Auxquels il faut ajouter le manuscrit que possédait en 1410 la bibliothèque de Saint-Magloire et qui fut présenté lors du procès du chef de saint Denis[2]. Le plus ancien est le BnF, lat. 15011, le plus récent sans doute le manuscrit conservé à la Bibliothèque Sainte-Geneviève sous la cote 516. A l'intérieur de ce groupe on peut distinguer deux temps de la production.

Neuf de ces treize manuscrits furent produits au XIVe siècle ou disons avant 1434[3], soit dans la centaine d'années qui suivit la rédaction du *Memoriale*. C'est peu au regard du succès rapide et massif dont jouirent par exemple les œuvres de Vincent de Beauvais ou Ranulf Higden[4]. Cependant, que si l'œuvre rencontra un petit succès de production, ce fut bien à ce moment-là.

Peut-être est-il possible d'affiner le propos et de le mettre en relation avec le contexte de l'époque : sur les neuf manuscrits dénombrés, quatre ont été copiés avant que la Peste Noire et les débuts du conflit franco-anglais freinent, voire interrompent, la production. En revanche, les trois autres exemplaires (C.U.L. Ii-2-18, C.C.C. 60 et Ars. 986), datés plus précisément de la fin du siècle ou du début du siècle

---

[1] Les manuscrits BnF, lat. 15010 et 15011 sont comptés chacun pour une unité.

[2] Cf. chapitre I, la présentation des manuscrits.

[3] Pour Ars. 986.

[4] B. GUENÉE, *Histoire et culture historique dans l'Occident médiéval*, 2e éd., Paris, 1991, p. 250 et 271.

suivant, seraient représentatifs d'une petite reprise de la production historiographique, encouragée par l'exemple de l'entourage de Charles V[5] et les circonstances relativement favorables du début du règne de Charles VI. Cette analyse paraît confortée par l'interruption plus nette que l'on constate dans la production entre les premières années du xve siècle et le dernier quart de ce même siècle qui voit apparaître les quatre exemplaires restants[6]. Les malheurs du temps ont alors de nouveau bouleversé la vie de tous et désorganisé bien des *scriptoria* et des ateliers historiographiques[7]. Puis, avec le retour de la paix et le redressement de la France sous Charles VII et Louis XI, les activités intellectuelles trouvèrent un nouvel essor. L'intérêt pour l'histoire en bénéficia, on copia de nouveau des manuscrits, on fit circuler des exemplaires plus anciens. Ce fut la belle période des *Grandes Chroniques de France*[8], plus modestement celle du *Memoriale historiarum*.

En revanche, on ne connaît qu'un seul manuscrit du xvie siècle et encore est-il sans doute daté des toutes premières années de ce siècle. Mais si la production manuscrite se tarit, l'œuvre, elle, continue à circuler : Nicolas Le Fèvre, Paul Petau, Matthieu Parker, l'abbaye cistercienne de Clairmarais la reçoivent ou en font l'acquisition. Il faut attendre le xviie siècle pour qu'un regain d'intérêt se traduise cette fois par de nouvelles copies – désormais partielles – du texte. Certes, ces manuscrits du xviie siècle n'entrent plus dans le cadre de la culture médiévale, mais ils témoignent d'une connaissance pérennisée du texte, d'un intérêt maintenu ou redécouvert pour l'œuvre. Ils sont les prolongements – différents – d'un même succès.

2. Un rayonnement géographique bien limité

Un espace de la diffusion se dessine également sous nos yeux. Deux manuscrits présents dans des bibliothèques anglaises médiévales, un manuscrit qui arrive au xvie siècle dans l'abbaye cistercienne

---

[5] C'est à cette date que Jean Golein entreprend à la demande de Charles V un grand programme de traduction d'œuvres historiques, en particulier celles de Bernard Gui, cf. J. Nepote, *Jean Golein (1325-1403) : étude du milieu social et biographie, précédées d'une contribution à l'étude de l'évolution du recrutement de la faculté de théologie de l'Université de Paris dans la seconde moitié du xive siècle*, Thèse de 3e cycle dactylographiée, Paris,1976, p. 228.

[6] BnF, lat. 4949 et 4941, Saint-Omer 709 et Sainte-Geneviève 516.

[7] B. Guenée le souligne pour Saint-Denis qui perdit en 1418 une quarantaine de religieux, cf. sa préface à la réédition de la *Chronique du Religieux de Saint-Denis*, CTHS, 1994, I, p. lxix.

[8] B. Guenée, *Histoire d'un succès*, in : Fr. Avril, M.-Th. Gousset, B. Guenée, *Les grandes Chroniques de France ; reproduction intégrale des miniatures de Fouquet, Manuscrit français 6465 de la Bibliothèque nationale de Paris*, Paris, 1987, p. 81-139, ici p. 83-137.

de Clairmarais près de Saint-Omer, un probable passage en Avignon, une trace à Rouen par l'intermédiaire d'une continuation, et l'on a fait le tour des migrations connues ou soupçonnées du *Memoriale historiarum*. Cette relative dispersion est le fait de la période qui précède la Guerre de Cent Ans. Le xve siècle voit en effet un repli sur la seule France du Nord et même en fait sur la capitale, puisque les six manuscrits conservés pour cette période (auxquels il faudrait ajouter l'exemplaire de Saint-Magloire) sont produits à Paris et y demeurent. En fait, on vérifie bien ici qu'une œuvre au succès quantitativement faible a en général un succès géographiquement limité[9]. Et pourtant, il s'en est peut-être fallu de peu que le *Memoriale* se voit offrir une carrière internationale grâce à son passage par Avignon.

3. Le *Memoriale historiarum* en Avignon? Récit d'une occasion manquée

a) Paulin de Venise et Jean de Saint-Victor: une question débattue

On chercherait en vain trace du *Memoriale historiarum* dans les catalogues de la bibliothèque pontificale[10]. Et pourtant, où, si ce n'est à Avignon, Paulin de Venise aurait-il pu le consulter en vue de rédiger son *De Mapa mundi*? Il n'est pas anodin pour notre propos de savoir si le futur évêque de Pouzzoles a réellement eu entre les mains le texte de notre chanoine. En effet, la présence, ou du moins le passage, du *Memoriale* sur les bords du Rhône, témoignerait d'un rayonnement bien plus large que celui que pouvait offrir le microcosme parisien ou même le réseau victorin. La «plaque tournante» avignonnaise offrait sans conteste à une œuvre et à son auteur les voies d'une carrière internationale.

Rappelons ici les données du problème. C'est Patrick Gautier Dalché qui, le premier, a émis l'hypothèse de contacts entre le *De mapa mundi* et le texte de Jean de Saint-Victor[11]. Mettant en parallèle

---

[9] B. GUENÉE, *op. cit .* (rééd. 1991), p. 258-271.

[10] M. FAUCON, *La librairie des papes d'Avignon, sa formation, sa composition, ses catalogues (1316-1420)*, (*BEFAR*, 43, 50), Paris, 1886-1887; J. MONFRIN et M.-H. JULLIEN DE POMMEROL, *La Bibliothèque pontificale à Avignon et à Peniscola pendant le Grand Schisme d'Occident et sa dispersion*, Rome, 1989; des mêmes, *La bibliothèque pontificale à Avignon au xive siècles*, in: A. VERNET (Dir.), *Histoires des bibliothèques françaises. Les bibliothèques médiévales du vi[e] à 1530*, Paris, 1989, p. 147-169.

[11] P. GAUTIER DALCHÉ, *La Descriptio mappe mundi de Hugues de Saint-Victor: retractatio et addimenta*, in: J. LONGÈRE (Ed.), *L'abbaye parisienne de Saint-Victor au Moyen Age*, (*Bibliotheca Victorina*, 1), Turnhout, 1991, p. 143-179, en particulier les p. 155-156 et annexe III, p. 169-173.

Diffusion des manuscrits médiévaux du *Mémoriale historiarum* et de ses continuations

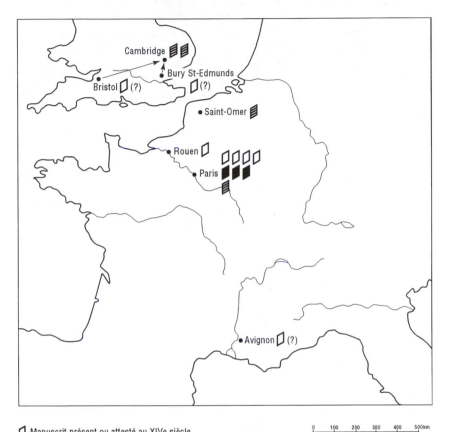

◻ Manuscrit présent ou attesté au XIVe siècle

◼ Manuscrit présent ou attesté au XVe siècle

▤ Manuscrit présent ou attesté au XVIe siècle

les paragraphes concernant la description de la Gaule chez l'un et l'autre auteurs, il a constaté que «des passages entiers du *De mapa mundi* correspondent textuellement au *Memoriale,* y compris dans l'ordre et le découpage des citations d'œuvres antérieures». Il a démontré ensuite que c'était Paulin qui s'était inspiré de Jean et non l'inverse, puisque le Vénitien a raccourci les extraits mais conservé la même disposition ; il a également repris des remarques personnelles de Jean. Patrick Gautier Dalché réfutait enfin l'idée selon laquelle les deux auteurs auraient élaboré indépendamment une matière identique ou auraient eu accès à une source commune, «les correspondances s'étendant tout au long des deux textes». A l'issue de cette démonstration, il affirmait que Paulin, pénitencier du pape en 1316, aurait pu prendre connaissance du *Memoriale* lors de son séjour à Avignon[12]. Il concluait en suggérant une parenté éventuelle plus large entre la *Satyrica historia* et le *Memoriale*.

Dans sa thèse sur Paulin de Venise, Isabelle Heullant-Donat a repris brièvement la question et réfuté les arguments exposés ci-dessus[13]. Son raisonnement porte sur deux points. Elle explique tout d'abord que la date de 1316 ne peut convenir. Cette année-là, Paulin est à Naples, il ne séjournera en Avignon pour la première fois qu'en 1319-1322 et y reviendra en 1324[14]. Or, dit-elle, lors du premier séjour le *Memoriale historiarum* n'est pas achevé et le second séjour a été trop bref pour que Paulin ait eu le loisir de compiler le texte de Jean. Par ailleurs, la comparaison des extraits proposée par Patrick Gautier Dalché ne lui paraît pas probante. Elle remarque en particulier que Paulin attribue expressément à Honorius Augustodunensis le *De ymagine mundi* alors que Jean se contentait de donner le seul nom de l'œuvre. Pourquoi, se demande-t-elle, Paulin aurait-il pris la peine d'effectuer une telle recherche d'auteur ? Elle s'étonne encore que Paulin ait abandonné les passages issus de l'*Historia ecclesiastica* de Hugues de Fleury alors qu'il apprécie et compile souvent cet auteur. Pour son compte, elle propose donc de revenir à l'hypothèse d'une source commune, le fonds commun de la matière géographique n'étant finalement pas si varié que l'on ne puisse envisager cette solution.

Est-il possible d'aller plus loin ? Réexaminons chacun des trois points soulevés par ces deux chercheurs : la comparaison des compilations, l'éventualité d'une source commune et la question de la date.

---

[12] P. Gautier Dalché, *art. cit.*, p. 156, note 32.
[13] I. Heullant-Donat, *«Ab origine mundi». Fra Elemosina et Paolino da Venzia : deux franciscains italiens et l'histoire universelle au XIVᵉ siècle* (1994), Rome, *BEFAR* (à paraître).
[14] I. Heullant-Donat, *op. cit.* (exemplaire dactylographié), p. 45 et 48.

Ecartons tout d'abord l'hypothèse d'une parenté étendue aux textes historiques des deux auteurs. Une rapide comparaison entre les derniers chapitres de la *Satyrica historia*[15] et la fin du *Memoriale* ne permet pas de conserver le moindre doute même si certaines sources, assez facilement repérables, leur sont éventuellement communes. En ce qui concerne le *De mapa mundi*, le parallèle entre les deux textes n'est peut-être pas aussi systématique qu'il y paraît au premier coup d'oeil. Ainsi, si on se place dans la perspective d'une compilation du texte de Jean par Paulin, force est de constater que ce dernier n'a pas seulement raccourci mais qu'il a également pratiqué des coupures. Il écarte par exemple toute allusion faite par le victorin à la carte «sensible» de Hugues (*in sensibili totius orbis descriptione*). Mais cette attitude est assez compréhensible : les propos de Jean faisant référence à un objet que Paulin n'a pas, lui, sous les yeux, les citer aurait été absurde. Le franciscain omet aussi les phrases où Jean prend la parole, où il dit *ego*. Là encore, rien que de très normal, Paulin n'a aucune raison de s'attribuer des réflexions propres à leur auteur et qui ne tiennent plus d'une compilation fidèle de «sources autorisées». Mais, cette remarque va alors à l'encontre de l'observation de Patrick Gautier Dalché rapportée plus haut, selon laquelle Paulin «conservait les remarques personnelles de Jean». En fait, il semble bien que l'exemple proposé en témoignage dans cet article soit une exception. Et l'on peut se demander si l'auteur du *Memoriale* fait réellement preuve d'originalité en déclarant que la division de la Gaule faite par Orose est la meilleure[16]. C'est d'abord une simple question de bon sens en regard des divisions proposées par Isidore de Séville et Hugutio. Paulin ne pouvait qu'y souscrire. C'est ensuite sur cette description, et pas une autre, que s'appuie Hugues de Saint-Victor pour rédiger le chapitre *Item situs Gallie* dans sa *Descriptio mappe mundi*[17]. Il se peut donc tout simplement que l'opinion ait été très tôt admise que la description d'Orose prévalait sur les autres, ou, qu'en l'absence d'une source mieux adaptée, il fallait s'en contenter. Les descriptions géographiques de la Gaule n'étaient finalement pas si nombreuses qu'on ait l'embarras du choix, ni toutes si fiables que l'on ait pu se mettre d'accord sur une sélection approuvée par tous.

---

[15] L. MURATORI, *Antiquitates Italicae Medii Aevii*, IV, Milan, 1741, col. 1017 et suivantes.

[16] Voici, pour mémoire, les propos de Jean à la suite de la description de la Gaule tirée d'Orose: «Hec Orosius. Hec divisio ceteris videtur esse perfectior et est sepius usitata et secundum eam Gallie provincias distinguemus.»

[17] P. GAUTIER DALCHÉ, *art. cit.*, p. 157-158.

Il reste que les deux auteurs semblent émettre ce jugement d'une même plume. A moins bien sûr qu'ils empruntent tous deux cette formule à une source commune, Jean enrichissant cette dernière de quelques détails supplémentaires.

La comparaison des deux compilations serait sans doute plus éloquente si les sources utilisées étaient d'un caractère plus exceptionnel. Las, nous trouvons Isidore de Séville, Hugutio, le *De ymagine mundi*, Orose, Pomponius Mela (la *Descriptio* de Hugues de Saint-Victor est peut-être plus rare), soit le vieux fonds commun auquel ne pouvait échapper celui qui voulait écrire, dans la première moitié du XIVe siècle, un traité de géographie sans prétention particulière[18]. L'attribution du *De ymagine mundi* à Honorius Augustodunensis et l'ajout de l'étymologie de *Belgica* (prise chez Isidore) n'entraînaient pas des recherches si ardues[19]. Paulin pouvait donc sans grande difficulté restituer à Honorius Augustodunensis son *De ymagine mundi*.

Ainsi, même s'il faut sans doute apporter quelques nuances à la démonstration de Patrick Gautier Dalché, il ne semble pas que l'on puisse complètement écarter l'hypothèse selon laquelle Paulin de Venise se serait bien inspiré du *Memoriale historiarum* pour rédiger le *De mapa mundi*. Reste l'éventualité d'une source commune, mais alors laquelle ? En dépit de ses richesses encyclopédiques il faut écarter le *Speculum* de Vincent de Beauvais. Pour la partie géographique écrite par Jean, cette œuvre n'est qu'une source parmi d'autres. Par ailleurs, son organisation et sa matière diffèrent trop de celles du victorin pour expliquer les similitudes réelles entre le *De mapa mundi* et le *Memoriale*. Or, en dehors du réservoir de sources rassemblé par Vincent, on ne voit pas bien quelle œuvre, contenant les mêmes sources (dont la *Descriptio mappe mundi* de Hugues) compilées suivant le même ordre, pourrait faire l'affaire. La difficulté à trouver ce chaînon manquant pourrait bien plaider finalement en faveur d'un emprunt de Paulin au texte de Jean.

b) Quel intermédiaire ?

Mais pour que ce contact ait pu se nouer, il faut impérativement que le *Memoriale* soit parvenu, par un moyen ou par un autre, jusqu'en Avignon. Concrètement, il faut qu'un individu, se rendant dans la cité des Papes, ait transporté le manuscrit de Jean dans ses

---

[18] P. GAUTIER DALCHÉ, *L'espace de l'histoire : le rôle de la géographie dans les chroniques universelles*, in : J.-Ph. GENET (Dir.), *L'historiographie médiévale en Europe*. Actes du colloque organisé par la Fondation Européenne pour la Science (Paris 29 mars-1er avril 1989), Paris, 1991, p. 287-300. B. GUENÉE, *op. cit.* (rééd. 1991), p. 166-178.

[19] P. GAUTIER DALCHÉ, *art. cit.*, p. 155 n. 31.

bagages et qu'il ait rencontré dans les couloirs de la Pénitencerie le Vénitien engrangeant livres et informations en vue de ses projets historiographiques.

Un chanoine de Saint-Victor, ou du moins un représentant de l'abbaye parisienne, serait sans doute le candidat le plus naturel. Mais une fois de plus nous souffrons des lacunes de l'histoire victorine. Il y a bien Gérard de Saint-Victor qui se rendit auprès de Jean XXII pour défendre les intérêts de sa maison et qui mourut en Avignon[20]. Malheureusement pour nous, ce voyage eut lieu un peu tôt, en 1317. Il est antérieur de deux ans au premier séjour de Paulin. Il faudrait donc supposer que le manuscrit serait resté sur les bords du Rhône, – mais où ? –, que Paulin l'aurait consulté entre 1319 et 1322 et que l'on aurait ensuite perdu sa trace. Par ailleurs, on s'en souvient, en 1317, la version définitive de la chronique de Jean n'est pas achevée. Mais on pourrait imaginer que Gérard ait emporté avec lui la seule première partie du *Memoriale*, – sans doute achevée à cette date puisque les chapitres sur la Bretagne, situés à la fin de la description de l'Europe sont écrits en 1313[21]-, qu'il y ait joint des fragments déjà rédigés de la chronique, ou bien un manuscrit de la première version ? Si l'on considère que ce docteur victorin se rendait auprès de la Curie en tant qu'avocat de Saint-Victor, chargé de rappeler à l'administration pontificale l'antiquité des privilèges de l'abbaye, l'autorité, le prestige de ceux qui avaient y enseigné, on peut imaginer qu'il ait ainsi rassemblé les morceaux d'une œuvre en voie d'achèvement afin de présenter un témoignage du renouveau de l'activité intellectuelle victorine. Par ailleurs, les années 1319-1324, fourchette chronologique englobant les deux séjours avignonnais de Paulin, correspondent à l'abbatiat de Jean de Palaiseau, période au cours de laquelle les relations avec la cour pontificale paraissent se renforcer. Jean en tire apparemment profit car son récit est assez bien informé sur le règne de Jean XXII. Mais le contact a également pu se nouer par un intermédiaire extérieur à Saint-Victor. On sait en effet que Paulin de Venise appartient à l'ordre des franciscains. Or, il est certain que Jean est bien au courant de ce qui se passe chez les franciscains parisiens et plus généralement des difficultés rencontrées alors au sein de l'ordre. Un frère mineur, un de ces lecteurs se déplaçant de couvent en couvent, aurait fort bien pu transporter dans sa besace le manuscrit d'une chronique universelle appréciée par ses frères

---

[20] F. BONNARD, *Histoire de l'abbaye royale et de l'ordre des chanoines réguliers de Saint-Victor de Paris*, 2 vol., Paris, 1904-1908, I, p. 347.

[21] Cf. supra le chapitre I.

parisiens jusqu'en Avignon. C'est alors dans le *studium* du couvent franciscain d'Avignon que Paulin, lors d'un de ses deux séjour, aurait consulté ou fait copier des passages du *Memoriale*.

Sans pouvoir trancher avec certitude le débat sur les relations entre le *De mapa mundi* de Paulin de Venise et le *Memoriale historiarum* de Jean de Saint-Victor, il n'est cependant pas du tout improbable que le texte du victorin soit bien parvenu jusque dans la cité des Papes. La chronologie du moins ne s'y oppose pas. Mais il faut bien constater que ce passage par la «plaque tournante» avignonnaise ne lui a pas ouvert, tant s'en faut, les voies d'une carrière internationale ...

B – Un succès très limité : tentatives d'explication

1. Quelles clefs pour la réussite ?

a) Des efforts ambigus de la part de l'auteur

Sans doute est-ce une tendance naturelle pour un auteur que de conquérir un public. Mais nous l'avons vu, Jean n'est pas allé au bout de ce qui était possible dans ce domaine. Les outils propres à aider le lecteur restent sommaires en regard de ce qui se fait ailleurs à la même époque, en regard de ce que le public s'attend à trouver. Bien sûr, le *Memoriale* comporte un prologue, mais le public n'y est jamais désigné, ni d'ailleurs aucun patronage. Ces quelques lignes peuvent très bien être lues comme un simple exercice de style auquel l'auteur se serait adonné, elles peuvent parfaitement n'avoir pour destinataires que ses frères victorins. On pourrait finalement imaginer que Jean ait conçu cette œuvre historiographique pour leur usage exclusif. Conçu comme un instrument de travail, le *Memoriale* aurait présenté le double avantage de rester dans l'esprit de la chronique de Hugues, tout en étant une mise à jour, et, d'offrir parallèlement la matière d'une histoire universelle à l'image d'un *Speculum historiale*, dont le prix élevé et la conception dominicaine pouvaient rendre l'achat difficile. Bref, on peut suggérer que l'ambition de Jean, répondant sans doute à une attente de sa communauté, a été de donner à celle-ci, au moment où elle tente un retour sur la scène universitaire, une sorte de *Speculum historiale* d'esprit et de fabrication «maison». Auquel cas, les ambitions de diffusion étaient d'emblée limitées aux couvents appartenant à l'ordre. La migration avignonnaise devrait alors être envisagée plus comme une manifestation de publicité en faveur de Saint-Victor que comme la tentative de lancer un nouvel ouvrage sur le marché.

b) Un contexte défavorable

De plus, les malheurs du temps, nous l'avons noté plus haut dans l'étude de la production et de la diffusion, ont incontestablement joué contre le *Memoriale*. L'œuvre n'est pas achevée que la Peste, le conflit franco-anglais, s'abattent sur le royaume. Et, lorsque le calme revient, lorsque l'intérêt renouvelé pour l'histoire favorise à nouveau production et diffusion, on peut se demander si ce texte, conçu et rédigé à l'aube du XIVe siècle, sur lequel l'influence du temps de saint Louis est si forte, correspond encore aux goûts, aux attentes d'un public qui lui aussi a changé. Certes, comme nous allons le voir, il rencontre alors un auditoire, mais celui-ci reste très modeste en nombre, très limité socialement et géographiquement. Les chances d'un grand et large succès, orchestré, sont bel et bien définitivement passées.

2. Le rôle des victorins

Si l'auteur, par manque de temps ou de volonté, n'a pas mis en œuvre la diffusion de son texte, ses frères l'ont-ils fait?

a) Quel texte diffuser?

Vers 1326, Jean cesse de travailler et disparaît sans doute peu après. Son équipe se retrouve alors face à un texte inachevé, à la structure quelque peu décousue[22]. Que convenait-il de faire? Abandonner un *Memoriale* orphelin d'auteur? Il paraît bien qu'il n'en a jamais été question. Au contraire, dans les dix à quinze ans qui suivirent, les victorins rassemblèrent les morceaux épars du texte, procédèrent à sa mise au net, le corrigèrent. On peut juger de ce travail d'après trois témoins: les manuscrits BnF, lat. 15010-15011, le manuscrit B.A.V. Reg. lat. 595 et le manuscrit BnF, lat. 14626.

A l'intérieur des deux premiers manuscrits, les victorins ont réuni les pièces ouvragées et celles qui ont servi à la préparation du *Memoriale*: le premier livre de la première partie prêt pour l'édition, les extraits du *Speculum historiale* qui auraient servi à en écrire la suite, le passage intitulé *Moyses cum centum viginti esset annorum …*, l'*exordium* et enfin la chronique de César à 1322. Un lien a été établi entre ces divers éléments a posteriori, mais toujours dans la fourchette chronologique des deux décennies qui ont suivi la fin du travail[23].

---

[22] Cf. supra le chapitre I.

[23] BnF, lat. 14626, fol. 16: «de hec supra in fine secunde partis extracte a Speculo historiali Vincencii.»

Le manuscrit Reg. lat. 595 constitue une belle mise au propre du texte de Jean. Ses folios sont soigneusement numérotés en chiffres romains, les paragraphes marqués par l'emploi de majuscules rubriquées. Cette copie conserve la mémoire de l'intégralité de l'œuvre : le premier folio porte la mention *quoniam aliam divisionem secundum situm terrarum posuimus in prima parte* qui fait référence à la première partie du texte, le passage *Moyses cum centum viginti annorum esset* est présent, tout comme l'*exordium* et la table qui l'accompagne. En revanche, le scribe a laissé en blanc les passages correspondant au morceau arraché (puis rabouté) du folio 493 du manuscrit BnF, lat. 15011. Ce manuscrit, qui ne comporte aucun ex-libris victorin, fut peut-être produit pour diffuser le *Memoriale* en dehors de l'abbaye.

Le manuscrit BnF, lat. 14626 est le manuscrit qui témoigne le mieux des initiatives prises par les victorins à l'égard du texte de Jean. Nous avons affaire à une copie soignée, bien calligraphiée, comportant quelques belles initiales filigranées[24], une alternance de pieds-de-mouche bleus et rouges, des notes marginales rubriquées. Voilà pour la mise au net matérielle. Mais le scribe a également procédé à certains aménagements internes au texte : à la phrase de transition entre le prologue et le *Tractatus de divisione regnorum*[25], il a intégré la note infrapaginale du manuscrit BnF, lat. 15011, *quoniam aliam divisionem secundum situm terrarum in prima parte posuimus*. Il a ensuite fait rubriquer le titre du traité en y ajoutant le mot *liber : Incipit liber tractatus de divisione regnorum*[26] ; enfin, il a fait filigraner l'initiale A de la phrase d'introduction de la chronique, *Anno igitur a creacione mundi ...*[27] Ces détails visent tous à mettre en valeur, – à rétablir –, la structure globale de l'œuvre : le premier renvoie à la première partie, le second individualise le *Tractatus* qui constitue dès lors un livre à part entière, le troisième indique précisément où commence la chronique, c'est-à-dire la troisième partie, comme le souligne la mention notée juste au-dessus, sur le même folio : *de hec supra in fine secunde partis extracte a Speculo historiali Vincencii*. Cette remarque fait allusion au passage communément appelé *Moyses cum centum viginti annorum esset ...* qui n'a pas été repris dans cet exemplaire, comme n'a pas été reprise la table de l'*exordium*. La dernière initiative de l'ordonnateur de ce manuscrit n'est pas la moindre : il a rétabli la glose sur la mort de

---

[24] Fol. 1v et fol. 16.
[25] BnF, lat. 14626, fol. 2v : «Antequam vero principalem materiam inchoamus, aliqua de origine et fine diversorum regnorum cum Dei adiutorio perstringemus ...»
[26] BnF, lat. 14626, fol. 2v.
[27] BnF, lat. 14626, fol. 16.

Philippe V, passage correspondant à la lacune constatée dans le manuscrit du Vatican. Et le texte qu'il en donne paraît bien être celui de Jean, contrairement à celui qui fut plus tard copié sur le morceau de parchemin rabouté du manuscrit BnF, lat. 15011[28]. L'ensemble de ces corrections suggère que, dans les deux décennies qui suivirent l'arrêt de la rédaction du *Memoriale*, un collaborateur de Jean, suffisamment proche de l'auteur pour que son autorité se substitue à la sienne, travaille à une édition du texte propre à la diffusion.

Les collaborateurs de Jean se sont donc efforcés de maintenir la structure de l'œuvre telle que l'auteur l'avait projetée. Nous avons au moins deux indices qu'ils ont bien essayé d'en diffuser la totalité : très vite, du vivant de Jean si l'on en croit la chronologie, Paulin de Venise a vraisemblablement eu entre les mains les chapitres consacrés à la géographie et l'un des deux manuscrits conservés à Cambridge contient les 31 premiers chapitres de la première partie. Dès le départ cependant l'entreprise était vouée à l'échec : le manuscrit C.C.C. 60 est déjà une version abrégée que l'on a expurgée de la *descriptio orbis terrarum*, du prologue, de *Moyses cum centum viginti esset annorum ...*, et de la table de l'*exordium*.

b) Relais : absence d'un réseau, rôle de la bibliothèque

«Pendant des siècles», remarque Bernard Guenée, «les réseaux monastiques furent, pour une œuvre historique, une des voies les plus sûres du succès»[29]. On sait, par exemple, que la diffusion du *Speculum historiale* de Vincent de Beauvais bénéficia largement, au XIVe siècle, du relais des abbayes cisterciennes[30]. Il ne semble pas que la diffusion du *Memoriale* ait rencontré le soutien d'une telle structure.

---

[28] Plusieurs arguments jouent en faveur de cette version comme étant celle de Jean, en dehors de la seule prise en compte de l'antériorité du BnF, lat. 14626 par rapport à la correction apportée au BnF, lat. 15011 : Tout d'abord, seul le lat. 14626 rétablit le balancement des opinions qui se manifestent à l'occasion de la mort du roi, *Fuit autem opinio aliquorum ... aliorum autem erat opinio ...* La formulation d'un tel balancement paraît bien correspondre au style du victorin, on en trouverait aisément d'autres exemples dans le reste de son texte ; par ailleurs, le correcteur du lat. 15011 donne un texte fautif en écrivant *excommunicationis* à la place d'*extorsionis*, ce qui n'a aucun sens ; pour désigner Dieu il emploie le vocable *Altissimus* que l'on ne remarque jamais sous la plume de Jean ; enfin, le manuscrit fr. 10 132, produit très rapidement après et qui comprend la traduction – souvent fidèle – et la continuation du *Memoriale*, donne un texte conforme à celui du lat. 14626, cf. *RHF*, XXI, p. 675, n. 9. Les éditeurs de la fin du *Memoriale* semblent donc avoir donné une édition du texte qui correspond bien à ce que Jean a pu écrire à propos de cet événement.

[29] B. Guenée, *op. cit.* (rééd. 1991), p. 285.

[30] M. Paulmier-Foucart et S. Lusignan, *Vincent de Beauvais et l'histoire du «Speculum maius»*, in : *JS*, janvier-juin 1990, p. 97-124, ici, p. 118-119.

Certes, on peut penser que les deux manuscrits actuellement conservés à Cambridge (C.C.C. 60 et C.U.L. Ii 2-18) proviennent de monastères affiliés à Saint-Victor, mais nous n'en avons aucune certitude. Et, si l'on peut supposer l'existence de telles relations dans les tout premiers temps de la diffusion, on n'en rencontre plus trace par la suite. Si des relations entre ordres ont existé, dans le cas du manuscrit des bénédictins de Saint-Magloire ou dans celui de l'exemplaire de Clairmarais, ou encore dans celui possédés par les génovéfains, elles ne sont pas prouvées et sont restées exceptionnelles. Il faut se souvenir que le *Memoriale* est contemporain d'un éclatement de la confédération victorine qui se confirme en 1339. Sa diffusion aurait pu contribuer à renforcer les liens intellectuels entre les différentes maisons, à donner à l'ordre une certaine conscience, voire une certaine fierté de son identité. Cela n'a pas été le cas, tout simplement peut-être parce que l'abbaye-mère n'avait plus l'autorité, – ou même la volonté –, suffisante pour imposer la diffusion d'un ouvrage auprès de ses filles. La non-diffusion témoigne du contraire et confirme ce tournant de l'histoire de Saint-Victor en tant que chef d'ordre.

Il apparaît en revanche que l'abbaye parisienne est bien demeurée au cœur de la production et de la diffusion de l'œuvre. Quatre au moins des manuscrits copiés au xve siècle (Saint-Omer 709, Sainte-Geneviève 516, BnF, lat. 4949 et BnF, lat. 4941) reprirent les leçons de l'exemplaire victorin réputé le plus ancien : le BnF, lat. 15011. Jusqu'au xviiie siècle, la tradition victorine a toujours eu conscience de l'autorité de ce manuscrit et, tout naturellement, elle le désignait aux copistes[31]. Au xviie siècle, c'est encore de Saint-Victor que sera relancée la production, grâce en particulier à l'initiative de Jean de Thoulouze.

Enfin, lors du classement de la bibliothèque par Claude de Grandrue en 1514, le *Memoriale* se vit assigner une place significative sur les pupitres : le manuscrit BnF, lat. 14626 fut placé à la fin du premier des pupitres consacrés aux livres d'histoire (AAA), là où, à la suite des *Antiquités* de Flavius-Josèphe, on avait regroupé le fonds le plus ancien et le plus prestigieux. Quant au manuscrit BnF lat. 150011, il ouvrait le pupitre suivant (BBB), celui des chroniques produites au Moyen Age. Ce positionnement des exemplaires permettait sans doute au lecteur de repérer plus facilement l'œuvre au sein de la collection historique, il était également destiné à en mettre la valeur

---

[31] BnF, lat. 15063, fol. 181 : «Excerpta ex chronica manuscripta Iohannis de Parisius canonici quod inscribitur Memoriale historiarum in Biblioteca Maiori BBB 1». Cette cote correspond dans le catalogue de Grandrue à l'actuel BnF, lat. 15011.

en évidence. Il devait inciter à la lecture. Ce rôle de relais de transmission assigné par les victorins à leur bibliothèque allait favoriser
une diffusion du *Memoriale* vers l'extérieur de l'abbaye mais, cette
fois, par l'intermédiaire de particuliers.

C – La circulation du *Memoriale* au xve siècle : essai de reconstitution d'un public

Grâce aux ex-libris, aux notes diverses relevées sur les pages de
garde des manuscrits, grâce aussi aux catalogues des bibliothèques
privées et aux testaments, il est possible d'entreprendre une reconstitution du groupe d'individus, extérieurs à Saint-Victor, ayant eu en
leur possession un exemplaire du *Memoriale historiarum*.

1. Huit témoins : tableau récapitulatif et remarques préliminaires

possesseurs	manuscrits possédés	date de production du manuscrit	date de possession
Jean Golein	Ars. 1117	1320-1330	avant 1400
Nicolas de Lespoisse	Ars. 1117	"	avant 1405
Jean Le Fèvre	Ars. 986	avant 1434	entre 1434 et 1440
Pierre de Breban	Ars. 986	"	entre 1440 et 1488
Jean Helé	Ars. 986	"	entre 1451 et 1488
Hugues Le Breton	BnF, lat 4941	"	1484 et après
Ambroise de Cambrai	Ars. 986	avant 1434	entre 1488 et 1496
Io. Beck ou Beyk	C.C.C. 60	fin xiv[e]	2e moitié du xve siècle

tableau n°1 : Possesseurs et manuscrits

Cherchant à cerner le public de la fin du Moyen Age, le tableau
n°1 n'a donc retenu que huit des douze noms de possesseurs connus.
Pour cette raison, Matthieu Parker, unique représentant des possesseurs du xvie siècle, a été écarté. On le retrouvera dans le chapitre suivant consacré aux «lectures». Quant aux trois noms conservés pour le
xviie siècle (Nicolas Le Fèvre, Paul Petau, Mazarin) ils sont avant
tout ceux de bibliophiles. Aucun indice ne permet de dire quel contact réel ces trois hommes ont eu avec le *Memoriale*. Ils témoignent
simplement que l'œuvre a été conservée et transmise dans une continuité ininterrompue.

Ce tableau inspire une réflexion essentielle : par rapport à la production de manuscrits proprement dite, la période de circulation est sensiblement décalée dans le temps. La diffusion ne cesse pas avec l'arrêt de la production de manuscrits et on peut parler d'un succès tardif mais finalement durable pour cette œuvre écrite dans le premier tiers du XIVe siècle ! En effet, mis à part Jean Golein, nous n'avons aucune trace d'un individu ayant possédé le *Memoriale* avant 1400. Cela confirme une moindre diffusion, restreinte au monde victorin, ou disons plus largement au monde monastique (si l'on tient compte de l'exemplaire de Saint-Magloire). En revanche, le XVe siècle apparaît comme le temps fort de la circulation de l'œuvre puisque nous connaissons au moins sept personnages qui ont souhaité l'acquérir pour leur bibliothèque. Ce groupe mérite une étude approfondie. C'est l'objet du second tableau.

possesseurs	formation	carrière
Jean Golein	docteur en théologie	provincial des carmes ; conseiller de Charles V
Nicolas de Lespoisse	artien ou décrétiste ?	membre du Parlement, secrétaire de Charles VI
Jean Le Fèvre	théologie au collège de Navarre (1406-1414)	curé de Saint-Loup de Bromeilles, puis de Saint-Landry à Paris ; abbé de la Grande Confrérie N.D. aux prêtres et aux bourgeois de Paris
Pierre de Breban	artien ou décrétiste ?	conseiller à la Cour des aides ; prévôt puis doyen de la confrérie N-D aux P. et B.
Jean Helé	maître es arts ; décretiste	notaire public ; chanoine de Saint-Merry
Hugues Le Breton	licencié en lois	lieutenant du bailli de Nevers
Ambroise de Cambrai	artien au collège de Navarre en 1441-1443 ;	référendaire ; maître des requêtes ; chanc. de Notre-Dame et de l'Université.
Io. Beck ou Beyk	admis à King's College entre 1445 et 1456	détient une prébende dans le diocèse d'York

tableau n°2 : Profils des possesseurs au XVe siècle

2. Le petit monde des lecteurs au xve siècle

a) Clercs et laïcs

Le tableau n°2 indique en premier lieu que le *Memoriale*, œuvre d'un clerc, a circulé dans un milieu de clercs : cinq des possesseurs sont hommes d'Eglise. Quatre appartiennent au clergé séculier : Jean Helé est clerc du diocèse de Cambrai et chanoine à Saint-Merry de Paris, Jean Le Fèvre est curé de Saint-Landry également à Paris[32], Ambroise de Cambrai est chancelier de l'Université de Paris[33], Io. Beck est prébendier à Bilton dans le diocèse d'York[34]. Un seul est membre d'un ordre régulier : Jean Golein, provincial de l'ordre des carmes pour la France[35]. Les trois autres possesseurs sont des laïcs : Nicolas de Lespoisse, Pierre de Breban, Hugues Le Breton.

b) Des hommes venus du Nord du royaume et installés à Paris

L'origine géographique des possesseurs d'un manuscrit du *Memoriale* confirme la carte de la diffusion que nous avions pu établir. Sur les sept regnicoles de la liste, six sont originaires des diocèses du Nord du royaume : Jean Golein et Jean Le Fèvre sont normands, Nicolas de Lespoisse champenois, la famille de Pierre de Breban est originaire de Cambrai mais installée à Paris, Jean Helé et Ambroise de Cambrai se retrouvent au sein de la nation picarde. Mais leur point de rencontre avec et autour du *Memoriale* est Paris où les uns et les autres sont venus étudier ou servir le roi. Hugues Le Breton, lieutenant du bailli de Nevers est le plus méridional de tous !

c) La formation universitaire

On peut affirmer avec certitude que six de ces possesseurs sont passés par l'Université, pour les deux autres la chose est probable, elle ne peut être prouvée. Quatre d'entre eux ont fait leurs études à Paris. Parmi ces universitaires deux sont «Navarristes» : Jean Le Fèvre était étudiant en théologie au collège de Navarre entre 1406 et 1414, Ambroise de Cambrai y était artien en 1441-1443[36]. Quant à l'Anglais Io. Beck, sa présence est notée parmi les étudiants de King's

---

[32] A. J.V. Leroux de Lincy, *Recherches sur la Grande Confrèrie Notre-Dame aux prêtres et bourgeois de la ville de Paris*, in : *Mémoires de la Société des Antiquaires de France*, 17 (1844), p. 110-111.

[33] *Dictionnaire de biographie française*, II, 1936, col. 540-541.

[34] J. Le Neve, *Fasti Ecclesiae Anglicanae 1300-1541*, VI, 33, Londres, 1963.

[35] J. Nepote, *op. cit.*

[36] N. Gorochov, *Le collège de Navarre de sa fondation (1305) au début du xve siècle (1418). Histoire de l'institution, de sa vie intellectuelle et de son recrutement*, (*Etudes d'histoire médiévale*, 1), Paris-Genève, 1997, p. 142.

College, à Cambridge, dans les années 1445-1456[37]. On repère encore deux théologiens, Jean Golein, qui a le titre de docteur et occupe les fonctions de maître-régent de 1361 à 1363[38] et Jean Le Fèvre, qui apparaît comme maître es arts venant du diocèse de Rouen dans une supplique de la nation normande en 1403. En 1406, l'Université demande pour lui un autre bénéfice. Il poursuit alors des études de théologie[39].

Les juristes sont plus nombreux. La documentation fait défaut en ce qui concerne Nicolas de Lespoisse mais son office postérieur de notaire et secrétaire du roi indique un passage par la faculté des arts, voire par les facultés de droit canon ou de droit civil. Pierre de Breban est dit «licencié en lois» dans sa lettre de nomination à la Cour des aides[40]. Entre mai 1476 et septembre 1482 Jean Helé apparaît dans plusieurs documents concernant la nation picarde[41], la faculté de droit[42], ou l'Université[43]. Qualifié de maître «es arts» dans un document de 1480, le titre de «maître» le désigne presque systématiquement. Y est souvent ajouté le qualificatif *venerabilis* ou *notabilis* et même *scientia ornatus*, ce qui est une dénomination tout à fait ordinaire pour un docteur de l'Université[44]. Sa signature très fréquente au bas des dits documents confirme simplement son rôle actif au sein de l'Université parisienne. Le 9 août 1480, il est nommé par la nation picarde à l'une des deux chapellenies fondées au Châtelet et à la

---

[37] A. B. EMDEN, *Biographical Register of the University of Cambridge to 1500,* Cambridge, 1963, p. 49.

[38] J. NEPOTE, *op. cit.,* p. 213 et 230.

[39] *Chartularium universitatis Parisiensis,* éd. H. DENIFLE et G. CHATELAIN, Paris, 1889-1897, 4 vols, I, p. 106 n. 1.

[40] G. DUPONT-FERRIER, *Le personnel de la Cour ou Chambre des aides de Paris des origines à 1483,* Paris, 1935, p. 60-61. La formation universitaire est sans doute une tradition familiale des Braban ou Breban puisque N. GOROCHOV, *op. cit.,* p. 632, mentionne un Jean Braban, boursier grammairien au collège de Navarre entre 1381 et 1386. Ce personnage, régent de la faculté des arts en 1408, devient ensuite le vicaire de l'évêque de Cambrai, Pierre d'Ailly.

[41] *Auctarium Chartularii universitatis parisiensis,* IV, col. 3, 8, 11, 22, 48, 66, 244, 251.

[42] M. FOURNIER, *la Faculté de décrets de l'Université de Paris au xvᵉ siècle,* Paris, 1895, p.345-346, 405, 434. Jean Helé apparaît dans trois documents émanant de cette faculté sous le décanat d'Ambroise de Cambrai; il s'agit à chaque fois de présenter au chancelier de l'Université les bacheliers jugés aptes à recevoir le grade de licencié en droit canon. Dans le premier, daté du 28 mars 1476, Jean Helé instrumente en tant que notaire public; le 22 mars 1479, il apparaît avec le titre de «maître»; enfin le 11 avril 1480, il est présent avec Jean Cati et tous deux sont dits «maîtres es arts» et originaires du diocèse de Tournai.

[43] *Auctarium Chartularii universitatis parisiensis,* IV, col. 26 et 372.

[44] B. GUENÉE, *Le Religieux et les docteurs. Comment le Religieux de Saint-Denis voyait les professeurs de l'Université de Paris,* in : *CRAIBL,* 1992, p. 675-686.

collation de l'Université[45]. Ambroise de Cambrai est, lui, docteur en droit en 1452 à l'âge de vingt-sept ans. Il devient doyen de cette même faculté quelques années plus tard, puis en 1487-1488, après une lutte âpre, il est élu chancelier de l'Université. Plus modestement, Hugues Le Breton est dit par son cousin Guillaume, copiste du manuscrit, «licencié en lois». Appelé par la suite à exercer des fonctions dans le baillage de Nevers, peut-être est-il possible de voir en lui un ressortissant de l'Université d'Orléans, célèbre pour sa faculté de droit civil[46].

d) Un milieu de serviteurs de l'Etat

Cinq au moins de ces possesseurs ont exercé des charges publiques, quelques-uns accédant même à des postes de hautes responsabilités qui les amenèrent parfois dans l'entourage immédiat du roi. Voyons brièvement leurs carrières.

Jean Golein[47], docteur en théologie et provincial des carmes, dispose d'un réseau d'influence important, à la croisée de plusieurs groupes, normand, champenois, bourguignon et avignonnais. Dès les années 1363-1367, il devient l'un des plus fidèles collaborateurs de Charles V et le restera jusqu'à la mort de celui-ci en 1380. En 1378, au début du Grand Schisme, il soutient la position clémentiste du roi. A partir de 1381 on le retrouve dans l'entourage de Louis d'Anjou. Le 13 mars 1382 il plaide devant le jeune roi la cause des Maillotins révoltés[48]. A la fin des années 1380, il se retire progressivement de la vie publique, chargé d'honneurs ecclésiastiques, mais ne reprenant pas de service dans le gouvernement des Marmousets. La fatigue de l'âge, – il a alors près de soixante-dix ans –, est une explication toute naturelle à cette retraite. Mais on peut se demander dans quelle mesure son engagement irrémédiable en faveur de la «voie de fait», qui l'avait déjà mis au ban de l'Université, n'a pas provoqué une retraite anticipée.

Nicolas de Lespoisse, ami du précédent, commence sa carrière en 1370. Il est alors procureur au Parlement dont il restera membre

---

[45] *Auctarium Chartularii universitatis parisiensis*, note 1 p. 346. A cette date Jean Helé serait aussi licencié en décrets, cf. C. E. Du Boulay, *Historia Universitatis Parisiensis*, 6 vol., Paris, 1665-1673, V, p. 737-738.

[46] Que Charles Vulliez soit remercié d'avoir bien voulu effectuer la recherche à ma demande. Mais il n'a pas pu confirmer la présence de ce personnage à l'Université d'Orléans.

[47] J. Nepote, *op. cit.*, p. 235-254.

[48] Fr. Autrand, *Charles VI: la folie du roi*, Paris, 1986, p. 97.

jusqu'en 1420[49]. Il est anobli par lettres dès 1385 et, en 1388, il devient secrétaire de Charles VI. Lors de la tourmente de l'été 1418, dont il a laissé un récit, compromis par un gendre armagnac, il est un temps écarté avant d'être réintégré au sein du Parlement[50].

Jean Le Fèvre, lui, n'est pas membre du Parlement, mais sa charge d'abbé de la Grande Confrérie de Notre-Dame-aux-prêtres-et-aux-bourgeois de Paris[51] en fait un personnage influent et proche des centres de décision et de pouvoir. N'est-il pas le curé et l'ami de la famille Jouvenel, ami assez sûr pour que Jean Jouvenel lui ait confié son «livre de famille» au moment de quitter Paris en 1418, chassé par les Bourguignons[52]?

Pierre de Breban appartient à une grande famille de changeurs parisiens. Ces derniers, grâce aux fortunes constituées tout au long du XIVe siècle, ont d'abord conquis l'échevinage. Ils poursuivent leur ascension sociale en entrant au service du roi. Pierre, tout comme son frère Jean en 1394, est en 1400 clerc à la Chambre des comptes. Leur frère, Philippe, poursuit lui parallèlement une carrière plus traditionnelle : on le voit prévôt des marchands de 1415 à 1417[53] et il reste changeur au moins jusqu'en 1436[54]. On le compte parmi les membres de la Cour amoureuse de Charles VI[55]. Dès 1438, Pierre est

---

[49] A. TUETEY, *Les testaments enregistrés au Parlement de Paris sous le règne de Charles VI*, in : *Mélanges historiques*, 3 (1880), p. 241-704, ici p. 605.

[50] FR. AUTRAND, *Naissance d'un grand corps de l'Etat : les gens du Parlement de Paris (1345-1454)*, Paris, 1981, p. 179. Sur le récit des événements de 1418, voir N. PONS, *Information et rumeurs : quelques points de vue sur des événement de la Guerre civile en France (1407-1420)*, in : *RH*, 297, 2 (1997), p. 409-433.

[51] A. J. LEROUX DE LINCY, *op. cit.*, p. 110-111. Jean Le Fèvre apparaît dans les statuts de la confrérie en 1420 et 1431. Catherine Vincent a amicalement répondu à mes questions sur cette confrérie et sur le mouvement confraternel en général. Elle m'a également renvoyée à un passage du *Journal d'un bourgeois de Paris*, C. BEAUNE (Ed.), Paris, 1990, p. 321-322. Il y est effectivement fait mention de la présence des prêtres de la Grande Confrérie lors des obsèques de la duchesse de Bedford en 1432.

[52] P. S. LEWIS, *Ecrits politiques de Jean Juvénal des Ursins*, III, *la vie et l'œuvre*, Paris, 1978, p. 254-255. L'auteur reproduit deux certifications faites en 1440 par le curé de Saint-Landry, Jean Le Fèvre. La première certifie que Jean Le Fèvre a baptisé Jacques, le dernier-né de la famille Jouvenel, le mercredi 15 octobre 1410 dans la paroisse de Saint-Landry. La seconde concerne la restitution du «livre de famille» à Michelle de Vitry, veuve de Jean Jouvenel, en 1440.

[53] *Journal d'un bourgeois de Paris*, p. 87. L'éditeur précise (note 23) qu'on le retrouve plus tard maître des monnaies à Paris, donc rallié aux Bourguignons. Il était originaire du Brabant et fils d'un contrôleur des Finances.

[54] J. FAVIER, *Paris au XVe siècle : 1380-1500*, (*Nouvelle histoire de Paris*), Paris, 1974 p. 374.

[55] C. BOZZOLO et H. LOYAU, *La Cour amoureuse dite de Charles VI*, 2 vol., Paris, 1982-1992, III, notice 763, p. 209.

conseiller à la Cour des aides et le restera jusqu'à sa mort en 1451. En 1447, il apparaît dans un document de la Grande Confrérie Notre-Dame-aux-prêtres-et-aux-bourgeois de Paris comme «conseiller du roi en sa chambre des généraux» mais aussi prévôt puis doyen de la dite confrérie. C'est à n'en pas douter un personnage important dans la capitale.

En revanche, Hugues Le Breton est un petit officier du roi, simple lieutenant du bailli de Nevers[56], mais le blason qui figure sur le premier feuillet du manuscrit qui lui est destiné le rattache peut-être à la famille parisienne des Le Breton[57] qui, à la même époque, outre leur présence constante au sein de l'échevinage, donnent au roi Louis XI un maître des comptes et un général des aides[58]. Si lui-même demeure un inconnu, sa famille fait partie de l'entourage du comte de Nevers. Dès 1471 on mentionne un certain Erard mort des suites d'une épidémie. Il était de son vivant «licencié es lois et élu de Nevers»[59]. Vient ensuite Regnaud Le Breton que l'on remarque constamment parmi les conseillers du comte Jean dans les années 1480-90[60]. Toujours cité après Jean de la Rivière, d'abord premier chambellan du comte, puis son bailli pour le Nivernais entre 1483 et 1493, il paraît devoir sa carrière à ce dernier. A travers lui, il devient un homme de Charles VIII et du comte Jean dans cette région. Hugues était-il son fils ou un frère qu'il aurait fait profiter des faveurs de Jean de la Rivière qui avait alors pleins pouvoirs pour instituer les offices de bailliage[61]?

Sur l'ensemble du xve siècle, le cas le plus remarquable est sans nul doute celui d'Ambroise de Cambrai. Son père, Adam, est premier président au Parlement de Poitiers puis à celui de Paris.

---

[56] Sa trace n'a pu être retrouvée ailleurs, en particulier dans la *Gallia Regia*.

[57] *Mss datés*, II, p. 249. La note précise que ce sont *peut-être* les armes de la famille Le Breton: «d'azur à une fasce d'argent côtoyée de deux burelles de sable». Cette description ne correspond pas tout à fait à celle du blason des Le Breton parisiens. Mais les points communs pourraient renvoyer à une branche latérale ou provinciale.

[58] J. Favier, *op. cit.*, p. 374. Voir aussi du même auteur, *Une ville entre deux vocations: la place d'affaires de Paris au xve siècle*, in: *AESC*, 28, 5 (sept-oct. 1973), p. 1245-1279, p. 1269: Denis Le Breton est trésorier des guerres de 1476 à 1482, puis général des aides en 1482.

[59] R. de Lespinasse, *Le Nivernais et les comtes de Nevers*, 3 vol., Paris, 1909-1914, ici III, p. 555 n. 3.

[60] R. de Lespinasse, *op. cit.*, III, p. 584-585 n. 3: Regnaud figure parmi les exécuteurs testamentaires du comte en 1480 et 1487; p. 586: il fait partie des conseillers du comte à l'occasion du troisème mariage de celui-ci avec Françoise d'Albret; p. 589: il est exécuteur testamentaire de la comtesse.

[61] R. de Lespinasse, *op. cit.*, III, p. 605.

Conseiller de Charles VII, il a participé à l'ambassade du Congrès d'Arras en 1435 et à la Conférence de Calais en 1439. Il devient conseiller du dauphin Louis et acquiert de ce dernier la châtellenie de Goncelin en 1444. Ambroise, son fils né en 1425, est l'exact contemporain du futur Louis XI, auquel d'ailleurs sa carrière est liée dès 1453[62]. Après avoir été reçu docteur en droit en 1452, il part à Rome où il exerce les fonctions de référendaire sous le pontificat de Calixte II. Puis, de retour en France, il obtient du dauphin la charge de maître des requêtes de l'Hôtel. Celui-ci soutient aussi sa candidature au siège épiscopal de Châlons dont le titulaire est de droit pair de France et membre du Conseil. Mais Ambroise est victime du conflit qui oppose alors Louis à son père Charles VII et son élection est annulée. Ses autres tentatives, à Langres, Cambrai et Alet, seront tout aussi désastreuses. Sa carrière est de ce fait essentiellement parisienne, entre l'Hôtel, la chancellerie de l'église Notre-Dame et celle de l'Université. C'est avec son accession à ce poste en 1482 que la double chancellerie passe des mains des maîtres en théologie à celles des officiers du roi. Sa nomination provoque des remous et n'est regardée comme définitive qu'en 1488 à la mort de son compétiteur Jean Hue, doyen de la faculté de théologie. Il meurt en 1496, pourvu de nombreux bénéfices et d'une réputation détestable dont Thomas Basin et Robert Gaguin se sont faits les porte-paroles[63].

Tous ces lecteurs du xve siècle ont donc reçu à l'Université la formation qui leur a permis d'assumer par la suite des charges publiques, pour certains prestigieuses. En revanche, aucun d'entre eux ne semble appartenir à la noblesse, à l'exception de Nicolas de Lespoisse qui reçut des lettres d'anoblissement en 1385[64]. Le public du *Memoriale* est socialement différent de celui des *Grandes Chroniques de France* au même moment.

e) Des hommes et des bibliothèques

Ces possesseurs sont des hommes de culture au sens le plus traditionnel du terme : tous sont suffisamment bons latinistes pour pouvoir aborder le *Memoriale historiarum*[65]. Tous aiment les livres. Ceux

---

[62] M. Harsgor, *Recherches sur le personnel du Conseil du Roi sous Charles VIII et Louis XII (1483-1515)*, 4 vol., Paris, 1980, III, p. 1850, 1857.

[63] Cités par M. Harsgor, *op. cit.*, III, p. 1872.

[64] Fr. Autrand, *op. cit.* (1981), p. 179.

[65] Ceci rejoint ce que l'on sait de la diffusion des *Grandes Chroniques de France*, B. Guenée, *Histoire d'un succès, art. cit.* (1987).

qui le peuvent en font copier, tel Jean Le Fèvre qui emploie à cette tâche le clerc Jacques de Camphin. D'autres en achètent comme Ambroise de Cambrai qui acquiert un exemplaire du *Memoriale* pour la somme de 40 sous parisis[66]. Ce n'était pas rien, pour une telle somme, on pouvait avoir un manteau de drap doublé de blanchet[67]. Tous ne pouvaient pas faire ce choix. Malgré la baisse sensible du prix du livre intervenue entre le milieu du XIVe et la fin du XVe siècle, acheter un livre demeurait un investissement. Aussi préfère-t-on bien souvent recourir au prêt. C'est ce que fit Nicolas de Lespoisse auprès de son ami Jean Golein.

L'œuvre de Jean de Saint-Victor entre dans des bibliothèques déjà constituées, d'importance sans doute inégale, organisées parfois selon un classement[68]. L'inventaire de certaines de ces bibliothèques montre quel fut l'intérêt de leur propriétaire pour l'histoire mais aussi pour le renouveau de la culture antique[69]. Sur la centaine d'ouvrages[70] que possède Jean Golein, le *Memoriale* est le seul livre d'histoire. Le testament de Nicolas de Lespoisse en compte davangtage[71] : à côté du *roman d'Alixandre* qu'il donne à son petit neveu «pour esbattre et apprendre à lire ...», à côté du *Policraticon*, des *epistres saint Bernard* et de «son beau livre du *Catholicon*», il possède aussi la *Somme au Breton*, l'*Istoire de Troye la Grant* et les *Histoires d'oultremer*. On a conservé dix-sept manuscrits et huit incunables ayant appartenu à la bibliothèque personnelle d'Ambroise de Cambrai[72], qu'il faut distinguer de celle qu'il constitua pour la faculté de décrets. L'essentiel de

---

[66] Sur la question du prix des livres, voir C. BOZZOLO et E. ORNATO, *Pour une histoire du livre manuscrit au Moyen Age : trois essais de codicologie quantitative*, Paris, 1980-1987.

[67] Cet exemple est tiré d'un inventaire contemporain, celui du cardinal Jean Rolin, à sa mort en 1483, cf. A. DE CHARMASSE, *Mémoires de la Société Eduenne*, 33 (1905), p. 285-304. Pour l'étude de cet inventaire voir I. GUYOT-BACHY, *L'inventaire des livres de Jean Rolin trouvés en son hôtel parisien en 1483*, in : B. MAURICE-CHABORD (Ed.), *La splendeur des Rolin. Un mécénat privé à la cour de Bourgogne*, Paris, 1999, p. 247-254.

[68] J. NEPOTE, *op. cit.*, II, p. 374, note 408, explique que certains manuscrits de Jean Golein révèlent un rangement par banc mais Ars 1117 ne comporte aucune indication de ce type. En revanche la cote A 234 que portait le manuscrit Ars 986 ayant appartenu à Ambroise de Cambrai, renvoie à un classement : droit-histoire peut-être du collège des artiens, cf. I. CHIAVASSA-GOURON, *Les lectures des maîtres et des étudiants du collège de Navarre (1380-1520), un aspect de la vie intellectuelle à l'université de Paris au XVe siècle*, Thèse de l'Ecole des Chartes multigraphiée, 1985, p. 41-42.

[69] Pour Jean Golein, voir la thèse de J. NEPOTE, *op. cit.* ; pour Ambroise de Cambrai, celle d'I. CHIAVASSA-GOURON, *op. cit.*

[70] J. NEPOTE, *op. cit.*, I, p. 260 et II, p. 374, n. 408.

[71] A. TUETEY, *op. cit.*

[72] I. CHIAVASSA-GOURON, *op. cit.*, p. 125-132.

cette bibliothèque est fondé sur le droit, mais montre aussi un intérêt pour les textes d'auteurs antiques et humanistes, à caractère rhétorique et surtout historique. Histoire universelle offrant un vaste panorama de l'histoire ancienne et religieuse tout en faisant une place non négligeable à l'histoire de France, le *Memoriale historiarum* pouvait aussi bien satisfaire les goûts des universitaires, des parlementaires ou autres officiers royaux du règne de Charles VI que ceux d'un public plus large qui, dans la seconde moitié du xve siècle, s'engoue pour l'histoire, lit des livres d'histoire, voire produit à son tour des œuvres historiques[73].

f) Le Memoriale historiarum au cœur d'un réseau de relations

Le livre d'histoire devient alors un moyen de communication, de reconnaissance au sein de ce milieu. C'est aussi un élément de la formation commune qu'on se transmet non seulement d'ami à ami, mais encore de génération à génération.

Deux manuscrits du *Memoriale* offrent de bons exemples de cette «diffusion relationnelle». Vers 1400, Jean Golein prête le manuscrit Ars. 1117 à Nicolas de Lespoisse, son cadet d'une vingtaine d'années. Les deux familles ont peut-être des relations anciennes, les deux hommes, eux, appartiennent à ce réseau proche du pouvoir qui rassemble sous le règne de Charles V, les Normands, dont est Jean et les Champenois, dont est Nicolas[74]. Ce dernier appartient à ce milieu de serviteurs de l'Etat, aux prétentions intellectuelles, dont certains, le moment venu, rejoindront le parti armagnac. Or, à ce milieu, nous savons que Jean Golein fournit des livres[75]. Il n'est pas impossible que Jean Le Fèvre, jeune Normand, ait également connu le *Memoriale historiarum* par ce même Golein. A moins que ce ne fut par Nicolas de Lespoisse qui côtoyait au Parlement de Paris Jean Jouvenel, paroissien et ami du curé de Saint-Landry. Le notaire du roi et l'avocat appartenaient, semble-t-il, au même parti modéré.

Le manuscrit Ars. 986 constitue un second exemple. De sa production à son entrée définitive dans la bibliothèque du collège de Navarre, il ne quitte pas ce réseau relationnel. Il est copié sur commande de Jean Le Fèvre, navarriste et membre de la Grande Confré-

---

[73] B. GUENÉE, *op. cit.* (rééd. 1991), p. 322-323 et C. BEAUNE, *Naissance de la Nation France,* Paris, 1985, p. 345.

[74] J. NEPOTE, *op. cit.,* p. 235.

[75] J. NEPOTE, *op. cit.,* p. 354. L'auteur renvoie à l'article de Fr. AUTRAND, *Culture et mentalité: les librairies des gens du Parlement au temps de Charles VI,* in: *AESC,* 28, 5 (sept-oct. 1973), p. 1219-1244, ici, p. 1222.

rie aux-prêtres-et-aux-bourgeois de Paris. A sa mort, c'est l'un de ses confrères, Pierre de Breban qui rachète le manuscrit. Les deux hommes devaient particulièrement bien se connaître, ayant assumé ensemble les plus hautes charges de la confrérie, le premier comme abbé, le second en tant que prévôt. Après un silence dans la documentation entre 1451 et 1488, nous voyons Ambroise de Cambrai acheter à cette date cet exemplaire du *Memoriale* aux exécuteurs testamentaires de Jean Helé. Celui-ci n'est pas un inconnu pour lui, puisque nous les voyons figurer ensemble sur trois actes de la faculté de droit entre 1476 et 1480. En 1482, Jean Helé appose sa signature sur le procès-verbal de la séance de cette faculté au cours de laquelle Ambroise de Cambrai demande à être reçu comme chancelier de l'Université. On peut penser, sans forcer le document, que Jean Helé, par son autorité, a favorisé la candidature de son doyen contre celle du théologien Jean Hue. Il y a entre eux des liens professionnels et des intérêts communs. Enfin, dernier temps de la transmission, Ambroise de Cambrai décide de léguer son manuscrit au collège de Navarre, en le destinant sans doute aux artiens[76]. Par ce geste, il manifeste une attitude similaire à celle que Françoise Autrand constatait déjà chez les gens du Parlement sous Charles VI : «un esprit de solidarité entre les vieux parvenus et la génération montante, avide de réussir, esprit qui n'est pas sans rappeler les mentalités propres au lignage»[77].

Au cœur de ce réseau de relations, Saint-Victor ne paraît avoir aucune place. Dans le cas des deux manuscrits évoqués ci-dessus, il est impossible de dire qui a fait sortir l'œuvre de la bibliothèque de l'abbaye. A l'exception de Guillaume le Breton, qui avait peut-être des attaches familiales parmi les chanoines[78], jamais les liens avec les victorins n'apparaissent. Ils existent pourtant, selon toute vraisemblance, - Saint-Victor conserve quelque autorité et prestige dans les milieux parisiens au xve siècle –, mais ils ne sont pas décisifs. La circulation du *Memoriale historiarum* échappe alors à son milieu d'origine. Nous en avons d'ailleurs un indice des plus sûrs : les deux manuscrits que nous voyons faire l'objet des échanges les plus nom-

---

[76] C'est ce que suggère I. CHIAVASSA-GOURON, *op. cit.*, p. 41-42.

[77] Fr. AUTRAND, *art. cit.*, p. 1230.

[78] Peut-être Guillaume Le Breton, qui copie le *Memoriale* pour son cousin Hugues en 1484, est-il apparenté à l'un des deux Jean Le Breton, victorins, que l'on connaît au xve siècle. Le premier était abbé de Livry, le second prieur de Corbeil en 1459, puis du Bois Saint-Père en 1460, cf. F. BONNARD, *op. cit.*, II, p. 270, 277, 283.

breux, correspondent à des versions (première version, manuscrit doté d'une table générale des matières) que les victorins n'ont pas souhaité, eux, diffuser. Ce nouveau public, séculier, s'approprie le texte, lui apporte les transformations nécessaires à l'usage qu'il veut en faire. C'est à ce prix que l'œuvre connaît un nouveau succès, certes quantitativement tout aussi limité que le premier, mais sans doute d'une plus grande répercussion sociale.

CHAPITRE XIV

Le *Memoriale historiarum* : lectures

Au Moyen Age, le destin d'un livre d'histoire est aussi d'être «investi» par ses lecteurs, d'être réutilisé, compilé à son tour dans d'autres œuvres historiques ou politiques. Ce remploi est peut-être le signe le plus clair de sa vitalité, de son succès[1]. Dans cette perspective, on peut dire que le *Memoriale* a rencontré un succès plus affirmé que ce que l'examen de la production et de la diffusion manuscrite laissait à penser.

A – Outils de lecture et notes marginales : la prise de possession de l'œuvre par les lecteurs

Pour connaître un certain succès encore fallait-il que l'œuvre de Jean de Saint-Victor répondît aux attentes matérielle et idéologique des lecteurs. Attente matérielle tout d'abord. L'ouvrage doit être d'un maniement aisé, on doit pouvoir trouver vite et facilement le renseignement, le passage recherché[2].

1. D'une table l'autre : à la recherche d'une aide à la lecture plus efficace

a) Le devenir des outils prévus par l'auteur

En ce sens, Jean de Saint-Victor avait veillé à fournir quelques aides à son futur lecteur : sa première version était munie d'un système de datation externe fort pratique. Ce n'est sans doute pas un hasard si cette version, bien que partielle et non diffusée officiellement, a néanmoins circulé. Le chroniqueur avait maintenu ce prin-

---

[1] B. Guenée, *Histoire et culture historique dans l'Occident médiéval*, 2ᵉ éd., Paris, 1991, p. 257.
[2] B. Guenée, *op. cit.*, p. 227-241.

cipe judicieux dans sa seconde version mais dans un cadre matériel moins rigide, indiquant simplement en tête des feuillets les années des différents règnes en cours, et dans la marge les années de l'Incarnation et celles des pontifes romains. Or, ce système de datation a évolué, semble-t-il, au fil de la diffusion manuscrite. La disposition générale de la page l'a d'abord bien souvent confondu avec les manchettes ou les renvois en bas de feuillets. Puis, elle l'a fait disparaître. On peut voir dans ce phénomène un signe de la paresse des copistes, mais sans doute aussi ce système présentait-il un trop grand degré de complexité pour les lecteurs.

L'auteur avait encore rythmé son récit à l'aide de manchettes. Mais leur spécificité fut bientôt obscurcie par la masse croissante et touffue des notes marginales des lecteurs successifs.

Jean avait enfin prévu un index alphabétique des matières de son *Tractatus de divisione regnorum*[3]. Pour chaque entrée, il donnait les renvois aux numéros des folios, précisant par les lettres *a* et *b*, s'il s'agissait du recto ou du verso (BnF, lat. 15011). Ce procédé était pratique pour l'usage du manuscrit pour lequel il avait été conçu. En revanche, il imposait à chaque copiste la tâche fastidieuse de refaire tout le travail de références. Seul le scribe de *D* (B.A.V., Reg. lat. 595), peut-être un victorin, en eut le courage et encore le résultat n'est-il pas exempt d'erreurs. Ceux qui copièrent ensuite le *Memoriale* se contentèrent de reprendre les numéros inscrits par Jean (*I*, BnF, lat. 4949), ou bien abandonnèrent tout simplement cette table, lui préférant à partir du xve siècle celle que l'un des lecteurs élabora ou fit élaborer pour l'ensemble de l'ouvrage (*K* et *J*).

b) Les lecteurs mettent en place de nouveaux outils : la table de Jacques de Camphin

Dans le premier quart du xve siècle, Jean Le Fèvre, possesseur d'un exemplaire du *Memoriale*, demanda à Jacques de Camphin de concevoir l'outil qu'il jugeait indispensable : une table des matières générale de l'œuvre. L'auteur de ce travail n'a livré que son nom, son statut de clerc et son origine artésienne[4], dernier détail largement confirmé par le remplacement systématique du mot *Flandrenses* par *Flamingi* à chaque fois que celui-ci se présente dans le cours de la table.

---

[3] Cf. annexe II.
[4] Ars. 986, fol. I. Il existe deux localités du nom de Camphin : Camphin-en-Carembault, dép. du Nord, ar. Lille, c. Seclin et Camphin-en-Pévèle, dép. du Nord, ar. Lille, c. Cysoing.

La table composée par Jacques de Camphin occupe les neuf premiers folios du manuscrit Ars. 986, numérotés plus tard de A à I[5]. L'ensemble est chapeauté par un texte introductif[6] qui, tel un prologue, dit les intentions de l'auteur, sa technique et les difficultés rencontrées.

Elaborer une table des matières, – Jacques de Camphin emploie le verbe *compilare* –, c'est effectuer un travail bien précis, dont les critères sont connus des lecteurs. Aussi évoque-t-il les *limites et exigenciam operis tabularis,* les *processibus tabularibus.* On aimerait savoir où il a appris cette technique, quelles sont ses références. Certes, dès le XIVe siècle, les tables des matières se multiplient, les méthodes s'affinent, se rationalisent. Il y a déjà quelques décennies que Guillaume Saignet, alors étudiant à Avignon, ajouta un petit résumé-table au manuel d'histoire composé pour Philippe de Valois. Beaucoup plus proche de Jacques de Camphin, le chevalier Jean de Rochefort, en 1406, dressa une table qui donnait feuillet par feuillet les rubriques d'un manuscrit des *Flores historiarum* de Bernard Gui[7]. C'est bien le même procédé que nous retrouvons ici : *talis servabitur ordo quod numerus positus in capitibus linearum correspondit numero foliorum libri sequenti* ... La nécessité d'une table répond à un besoin ressenti par le lecteur de se repérer rapidement à l'intérieur du texte.

Le verbe *tabulare*[8] est dérivé de *tabula,* il peut avoir le sens concret de «construire». Mot ordinaire, classique, il désigne le plus souvent les panneaux contenant des renseignements inscrits sous forme de liste. Progressivement, – les premiers exemples datent justement du XIVe siècle –, il prend le sens de munir un texte d'une table. Ainsi Guillaume Sudbury précise-t-il à la fin du XIVe siècle dans l'incipit du *Liber de potestate papali et regali : quia liber convenienter tabulari non poterit nisi* ... Cinquante ans auparavant, en 1342, on lit dans l'explicit d'une table sur le *Reductorium morale* de Pierre Bersuire : *Explicit liber Reductorii moralis, quod in Avenione fuit factum, Parisius vero correctum et tabulatum anno Domini 1342.* De ces exemples nous pouvons retenir deux ou trois éléments pour éclairer le travail de Jacques de Camphin. La phrase de Guillaume de Sudbury nous apprend qu'un ouvrage doit répondre à certains critères pour être *convenienter tabulari.* Un découpage de l'œuvre en livres lui aurait incontestablement

---

[5] Voir l'édition proposée en annexe V.

[6] Ars. 986, fol. A, cf. annexe V.

[7] Ces deux exemples sont donnés par B. GUENÉE, *op. cit.*, p. 230.

[8] O. WEIJERS (Ed.), *Dictionnaires et répertoires au Moyen Age : une étude du vocabulaire,* Turnhout, 1991, p. 103 et 105.

facilité la tâche. Celle-ci lui semble finalement si vaine et désespérée qu'il laisse inachevé le report de la numérotation des folios en face de chacun des titres de la table. De l'exemple de Pierre Bersuire, retenons que l'élaboration de la table est une étape en elle-même, qui prend sa place après la rédaction ou la copie de l'œuvre, mais en relation avec la correction. On peut se demander si, dans le cas présent, c'est Jacques de Camphin qui a réalisé le travail d'indexation parallèlement à la copie du texte ou si celui-ci résulte de la lecture du commanditaire de la table, Jean Le Fèvre.

En fait, il s'agit avant tout de relever (*notantur*) l'essentiel du contenu de l'œuvre, d'en donner une sorte de dépouillement. Ce relevé se veut concis (*breviter*) et respectueux de l'ordre instauré par l'auteur de l'œuvre (*successive*). Ce dernier terme peut aussi indiquer que Jacques de Camphin avertit son lecteur que son projet n'a pas consisté à élaborer une table thématique ou alphabétique[9], telles celles qui fleurissaient ici ou là au même moment[10]. Sans doute connaissait-il parfaitement ce type de table mais son projet est autre, moins ambitieux. Sa table ne prétend même pas refléter le contenu exhaustif de l'ouvrage, l'immense variété des sujets abordés rendant une telle tentative impossible. Bref, dans la «forêt» d'informations que constitue le *Memoriale*, il s'est efforcé de sélectionner les «essences» principales. Il ne dit rien cependant des critères qui ont guidé son choix. Ils sont pourtant révélateurs de la façon dont il a matériellement et intellectuellement abordé l'œuvre.

c) Les choix révélés par la table des matières

Les rubriques que l'on trouve tout au long des marges du texte apportent un premier élément de réponse : 80% d'entre elles sont à l'origine des titres. Leur brièveté, deux à quatre mots, répond parfaitement au projet de la table et à sa présentation matérielle (trois colonnes sur chaque page). L'intitulé est le même, seul le cas change, passant du nominatif à l'ablatif précédé de *de, Laus Augusti* devient *de laude Augusti, Beata Martha* est notée *de beata Martha*. Le passage d'un cas à l'autre n'est cependant pas systématique, un certain nombre de titres sont notés au nominatif dans la table des matières sans que l'on puisse pour autant déceler une règle. En revanche, il est sûr que plusieurs rubriques ont été abrégées car ne correspondant pas à l'exigence annoncée de brièveté. Ainsi la rubrique *Pompeius unus*

---

[9] O. WEIJERS, *op. cit.*, p. 100 : dans le contexte des index, *tabula* ne renvoie pas nécessairement à une table alphabétique.

[10] Voir les exemples relevés par B. GUENÉE, *op. cit.*, p. 237.

senatorum adversarius Iulii se retrouve dans la table des matières intitulée *De Pompeio senatore romano* ; de même l'auteur a-t-il jugé que les sources d'où étaient tirées les informations n'avaient pas leur place dans la table : *Iozephus de morte Pylati* devient *de morte Pylati* ; même exemple un peu plus loin à propos d'un passage tiré toujours de Flavius-Josèphe relatant les calamités subies par les juifs : *de angustia Iudeorum* pour *Iozephus de calamitatibus Iudeorum*. La transformation de la rubrique, sa réécriture, est donc guidée en partie par des contraintes matérielles : le texte doit tenir dans l'une des trois étroites colonnes de la page.

Le souci de concision cède parfois devant celui de la précision : le titre *de causa destructionis Iherusalem* renvoie à la rubrique *quare Vespasianus contra Iudeos ire motus fuit*. C'est encore la précision qui fait préférer *Marcus passus est* à *obiit Marcus euvangelista*. Plus souvent, l'intérêt transparaît à l'ajout d'un détail : *Iherusalem destructur* est transformée en *de captione Iherusalem per Tytum*, la rubrique *Tyberius* en *de obitu Tyberii imperatore* et *Seneca obiit* devient *Seneca magister Neronis obiit*. Le titre adopté est alors inscrit sur plusieurs lignes de la même colonne.

Lorsque, sur une section du texte, les rubriques sont en trop petit nombre pour guider le travail, Jacques de Camphin s'astreint à une lecture suivie et bien souvent ses titres correspondent alors au contenu de chacun des paragraphes séparés par un pied-de-mouche. Ce n'est pas très étonnant si, comme il est vraisemblable, il est aussi le copiste de l'ensemble du manuscrit. L'opération préalable de copie lui a permis une connaissance interne du texte bien utile au moment d'en composer la table des matières. La lecture est parfois rapide : le regard accroche un élément du système de datation externe recopié en rouge dans les marges de ce manuscrit. Ainsi la table des matières comprend-t-elle des mentions de pape, d'empereur ou de roi, au moment de leur avènement, à une année précise de leur règne ou encore suivies de leur numéro d'ordre : le titre *de Tennancio duce Cornubie* renvoie à la marge du folio 12 *Britannie Tennancius annus I[us]* ; plus simplement, *de Octaviano imperatore secundo, papa Cletus* ... Autre constante, le repérage systématique du premier et du dernier passage de chaque feuillet. Nous avons parfois le schéma suivant : le premier thème, éventuellement le second, puis l'ensemble du folio est survolé en quelques mentions avant la notation précise du dernier paragraphe figurant au verso. Ceci indépendamment de l'intérêt qu'il pouvait présenter mais plutôt comme un repère pour structurer la table.

La lecture de celle-ci montre de grandes variations du nombre de titres par feuillet. Il serait hâtif d'en conclure à une irrégularité dans l'intérêt ou l'attention de l'auteur. Celui-ci est somme toute, ici, tributaire de la longueur même des séquences compilées par Jean de Saint-Victor[11]. Remarquons simplement qu'il ne tente presque jamais de fragmenter des blocs narratifs. Ce n'est pas là la tâche qu'il s'est fixée dans son introduction.

d) Élaboration d'une grille de lecture

C'est par comparaison avec l'étude des notes de lecteurs que l'on comprend mieux l'esprit du travail de Jacques de Camphin. Ainsi serait-il vain de voir dans sa table un recueil d'*exempla* destiné à aider un prédicateur en mal d'inspiration. Sur les deux mille cent cinquante titres relevés, seule une petite cinquantaine renvoie explicitement à un *exemplum* ou à une notation morale (vice/vertu). Ces quelques titres, auxquels on peut ajouter une vingtaine de mentions de miracles, sont bien loin de refléter la grille de lecture choisie. En fait, l'auteur de la table a surtout constitué un immense réservoir de noms d'empereurs et de papes, de saints et surtout de rois. Bien sûr, de temps à autre, il relève tel détail concernant l'un ou l'autre, telle anecdote, mais le plus important est à ses yeux de situer ces innombrables personnages dans le temps et dans le cours de l'œuvre. Au lecteur intéressé de puiser ensuite plus ample information en se reportant au feuillet indiqué par la table des matières.

e) Un outil mal adapté, objet de révisions

La table composée par Jacques de Camphin constitue-t-elle réellement un progrès des outils de lecture ? Ce n'est pas sûr. Certes, l'auteur a pris la peine de présenter son travail, d'en expliquer le mode d'emploi. Mais la mise en page suffit à rebuter la bonne volonté du lecteur : la présentation des titres sur trois colonnes donne une impression de masse touffue dans laquelle le regard a du mal à se repérer ; le tracé des accolades manque parfois de rigueur, introduisant un décalage entre les titres réunis sous un même numéro de feuillet et la matière que l'on peut effectivement lire sur ce même feuillet. C'est une source d'erreur pour le lecteur. Enfin, les renvois en chiffres romains s'arrêtent brusquement au numéro 97 (xcvii) alors que l'exemplaire comporte deux cent soixante deux feuillets.

---

[11] Le nombre de titres par folio varie de deux à dix-neuf, mais il se situe le plus souvent entre cinq et onze. Les chiffres les plus bas de cette fourchette correspondent effectivement aux cinquantes derniers folios (Ars. 986) au cours desquels l'auteur, plus souvent original, laisse davantage courir sa plume.

Un lecteur plus tardif essaya bien de compléter la numérotation mais le résultat fut encore plus catastrophique. Une présentation défectueuse, donc. Les choix intellectuels prêtent également à la critique. Beaucoup de titres sont trop vagues : *de imperio romano, de synodo* ; d'autres sont répétitifs, sans que le moindre détail supplémentaire vienne définir un contexte précis. Cette table des matières est finalement inutilisable, sans doute parce que son auteur n'a pas choisi la forme de l'indexation alphabétique.

On peut cependant supposer que cet aide aux lecteurs favorisa le succès du texte. Le manuscrit de Jean Le Fèvre et Jacques de Camphin est, de tous, celui qui a le plus circulé. Il est également à l'origine des trois manuscrits «à table»[12]. Cependant, un examen des variantes présentées par ces copies confirme l'inadéquation de la table à son usage supposé. On retrouve tout d'abord le problème de la foliotation, évoqué plus haut à propos de la table de l'*exordium*. Les copistes de *K* et de *J* ont tout simplement reculé devant cette tâche fastidieuse. Ils rendaient de ce fait la table inutilisable au point qu'un lecteur de *K* refait dans la marge du manuscrit, au fil des pages, l'inventaire du contenu de l'œuvre. Seul le scribe de *L* indique le feuillet de référence pour chaque groupe d'éléments mais il ne copie la table qu'à partir du règne d'Othon II, ce qui correspond au folio F de *H*. Sa tâche était sérieusement allégée ! Parallèlement, les copistes modifient le texte même de la table. Certains titres, séparés dans la table originale, sont regroupés, parfois avec bonheur[13], parfois en introduisant des erreurs[14]. D'autres sont complétés[15]. Ces copistes commettent aussi des fautes de lecture, oublient des titres. Mais ils en ajoutent également, témoignages de leur lecture personnelle du texte de Jean de Saint-Victor et de leurs propres centres d'intérêt[16].

---

[12] Saint-Omer 709 (*K*), BnF, lat. 4941 (*J*), Sainte-Geneviève 516 (*L*).

[13] Sans doute en raison de l'étroitesse de la colonne, le copiste de *H* (Ars. 986, fol. I, col. 1) écrit sur deux lignes : *Nicolaus IIII papa/de ordine minorum,* ce qui n'a aucun sens puisque le *Memoriale* n'évoque pas à cet endroit de la chronique l'ordre franciscain. *H* et *J* reproduisent cette erreur. En revanche, *L* rétablit sur une seule ligne : *Nicolaus IIII papa de ordine minorum.*

[14] *De Medis/Et de Augusto multa* (*H*, fol. Av, col. 3) devient dans *J, De Medis et de Augusto multa.*

[15] Le scribe de *J* écrit *synodus Meldensis,* là où Jacques de Camphin se contentait de *synodus* (*H*, fol. F, col. 3)

[16] *L* ajoute un bloc de six mentions entre deux lignes de la table initiale, cf. annexe V, fol. 6v, col. 2.

La table des matières de Jacques de Camphin a visiblement attiré lecteurs et copistes. Elle représentait pour eux un critère de choix parmi les différents exemplaires du *Memoriale* dont ils pouvaient disposer. Mais ils virent vite les limites de cet outil de lecture. Certains s'efforcèrent de le perfectionner, de l'adapter du moins à leur usage personnel, d'autres y renoncèrent. Cet aide très embryonnaire ne semble pas avoir changé radicalement la manière d'aborder l'ouvrage. Tout au plus peut-on constater, avec cependant une certaine prudence, que les notes de lecteurs sont moins nombreuses sur les manuscrits «à table», comme si l'aperçu général du contenu de l'œuvre, tout imparfait qu'il était, dispensait le lecteur d'une lecture intégrale. Mais la question de l'accès à la matière sélectionnée demeurait entière.

2. Notes et grilles de lecture

a) *Remarques préliminaires*

Le traitement des notes de lecteurs qui couvrent les pages des différents manuscrits du *Memoriale* appelle quelques remarques méthodologiques. Devant leur abondance et leur variété la vigilance est de rigueur. Une confusion est toujours possible entre les manchettes qui rubriquent le texte et les annotations personnelles des lecteurs[17]. Par ailleurs, ces dernières sont par nature calligraphiées d'une main très libre et courante, ce qui rend parfois leur lecture difficile, mais surtout très hasardeux un comptage précis du nombre de lecteurs par manuscrit. Difficile aussi de classer les notes de lecteurs suivant une chronologie pour tenter d'établir des grilles de lecture par époque. Il serait en outre présomptueux d'attribuer telle ou telle série de notes à un lecteur précis, dont nous connaissons l'identité. Si on repère avec certitude quelques notes de la main même d'Ambroise de Cambrai, si on peut faire un rapprochement entre Jean Golein, possesseur du manuscrit Ars. 1117 et auteur d'un *Traité du Sacre,* et une note marginale de ce même manuscrit à propos de la Sainte Ampoule[18], il est impossible d'aller plus loin dans la construction d'un système notes/lecteurs. A contrario, l'étude de ces notes marginales permet d'appréhender la lecture de ceux qui sont restés anonymes.

---

[17] Les copistes ont en général pris soin de souligner les premières, ce qui permet donc d'éviter cet écueil.

[18] Ars. 1117, fol. 165v.

b) L'histoire des lecteurs

La première impression est celle d'une extrême dispersion des notes de lecture. Le *Memoriale historiarum,* avec sa masse considérable d'informations, offre des centres d'intérêt variés. Chacun l'aborde avec sa propre grille. Voyons quelques exemples : Les lecteurs du manuscrit C.C.C. 60 sont nombreux, mais par chance certains ont adopté un signe distinctif, une manicule, une couleur d'encre ... Il est ainsi possible de suivre, avec plus ou moins de certitudes, quatre d'entre eux. Le premier, peut-être le copiste ou le correcteur, a rubriqué l'ensemble du texte en indiquant les papes et les rois, les premiers par le dessin d'une tiare, les seconds par celui d'une tête couronnée. Un autre, victorin sans aucun doute, a longuement annoté les pages concernant la fondation de l'ordre et celles parlant de Hugues et de Richard de Saint-Victor ; le même a lu avec attention ce qui avait trait au martyre de Thomas de Canterbury. Un autre encore s'intéresse particulièrement, ses trois petits points noirs dessinés en pyramide dans la marge en témoignent, aux affaires de l'Eglise et à l'Angleterre. Un dernier lecteur enfin est passionné par la guerre de Flandres : au folio 242 il note en face de l'année 1254 : *Ortium guerre inter Flandriam et Hannoniam pro successione comitisse Margarete* et, à partir du folio 248v (1301), il suit et commente très précisément les événements. Ainsi au folio 260v, *incipit bellum apud Courtracum et nota quasi valet superbia in plurimis.* Plus loin : *per superbiam comitis Attrebatensis nostri fuerunt devicti.* Un lecteur du manuscrit BnF, lat. 4941, dont il y a tout lieu de penser qu'il s'agit de Hugues Le Breton, lieutenant du bailli de Nevers et destinataire de cet exemplaire, relève soigneusement tout ce qui concerne cette ville et ses environs. A la fin du xve siècle, un lecteur anonyme du manuscrit BnF, lat. 14626 relève, lui, systématiquement tout ce qui a trait à la Normandie. Le reste ne l'intéresse pas. Il s'agit ici d'une lecture thématique.

Cependant, des tendances générales se dessinent. En premier lieu, l'attention des lecteurs n'est pas régulière. Il y a des périodes de la chronique qui les retiennent plus que d'autres. Des blocs entiers et conséquents de l'œuvre sont délibéremment abandonnés. Il en est ainsi curieusement du prologue et du *Tractatus de divisione regnorum* dont le sens et l'intérêt ne sont pas perçus. Cependant, les rares notes relevées dans cette partie concernent Alexandre le Grand, Jérusalem, l'histoire de la Bretagne, Rome, la Gaule, l'origine du royaume franc, la fondation de Lutèce. En tout une douzaine de notes pour l'ensemble des manuscrits consultés.

Les notes commencent à se multiplier avec l'histoire du Christ, de la Vierge et des saints des tout premiers siècles chrétiens. La passion des martyrs remporte tous les suffrages au détriment des Pères de l'Eglise au moins jusqu'à Augustin. Tibère, Néron (et Sénèque), Trajan, Constantin, Théodose, Arius, n'apparaissent que dans la mesure où leur destin est lié à l'histoire du christianisme.

En revanche, de nombreux lecteurs soulignent le début de l'histoire des Francs à travers les noms de Priam et Pharamond. Avec les Mérovingiens nous passons à un rythme d'annotations plus soutenu. Sainte Geneviève, Clovis, Rémi et Frédégonde sont les «héros» de cette période. Pas un lecteur ne manque de relever le baptême de Clovis et certains soulignent expressément la mention de la Sainte Ampoule[19]. Le souvenir des vertus de Geneviève est à mettre sur le compte de lecteurs parisiens. Quant à l'histoire de Frédégonde, c'est sûrement le côté anecdotique qui a retenu l'attention. La fin de la dynastie mérovingienne est survolée. Seul Dagobert sort de l'ombre; les quelques marques d'intérêt se tournent alors vers le monde anglo-saxon, son évangélisation, sa construction politique.

A partir du milieu du VIIIe siècle, parvenue grosso modo à la moitié de l'œuvre et jusqu'à la fin, la lecture est soutenue, intéressée et régulière. Il y a en moyenne quatre ou cinq annotations par feuillets et le même sujet est remarqué par plusieurs lecteurs. On distingue des temps forts: le règne de Charlemagne et surtout la seconde moitié du XIIe siècle (l'essor de Saint-Victor, le règne de Louis VII et les débuts de celui de Philippe Auguste). On note parallèlement deux courtes périodes où l'intérêt paraît se relâcher: la fin des Carolingiens, de Charles le Simple à l'avénement d'Hugues Capet; le règne de Robert le Pieux. On aura remarqué que la courbe de l'intérêt suit étroitement celle de l'histoire de la construction du royaume et de l'affermissement de l'autorité royale.

Suivons à présent le fil thématique: 30% des notes marginales ont trait à des informations religieuses. Ce chiffre se partage assez équitablement entre l'institution (le pape, les conciles ...) et la vie religieuse proprement dite. Cette dernière est largement dominée par l'hagiographie (15,78% de l'ensemble des notes) et par un intérêt particulier pour les *exempla* . Comparativement, la part du royaume et de ses souverains (environ 13%) peut sembler faible. Mais c'est bien plus que les 4% concernant l'Empire. Il est indéniable que

---

[19] C. Beaune, *Naissance de la Nation France,* Paris, 1985, p. 63.

l'histoire de France est, conjointement à l'histoire de l'Eglise, l'un des grands centres d'intérêt poursuivis par les lecteurs du *Memoriale*.

B – LE *MEMORIALE* À LA FIN DU MOYEN AGE : UNE SOURCE AUTORISÉE SINON RECONNUE

Laissons à présent les lecteurs anonymes pour aborder un autre temps de la réception de l'œuvre, celui où la compilation devient à son tour source d'autres textes.

1. La contribution à l'historiographie dionysienne

L'historiographie dionysienne, qui a fourni à Jean de Saint-Victor un certain nombre de ses sources et sans doute de ses informations contemporaines, a su l'utiliser en retour comme l'une de ses sources les plus sûres sur les règnes de Philippe le Bel, Louis X le Hutin, Philippe V le Long. Guillaume Mollat, dans son étude des *Vitae paparum Avenionensium*[20], avait déjà montré que le dernier continuateur de Guillaume de Nangis, qui poursuit le récit de 1317 à 1340, a copié plus ou moins servilement le chroniqueur victorin. Mais d'autres emprunts peuvent être signalés.

a) Le Memoriale et la Chronique des roys de France

Le *Roman aux Roys* que Primat avait rédigé à la demande de Louis IX et qu'il avait offert à Philippe le Hardi en 1274, avait suscité assez peu d'intérêt au cours du dernier quart du XIIIe siècle[21]. Or, en 1318, un libraire parisien, Thomas de Maubeuge reçoit une commande pour une version continuée[22]. Le colophon du manuscrit nomme le commanditaire *Pierre Honnorez du Nuef Chastel en Normendie,* mais ne précise pas davantage son identité. Il y a cependant tout

---

[20] G. MOLLAT, *Etude critique sur les «Vitae paparum Avenionensium» d'Etienne Baluze,* Paris, 1917, p. 91.

[21] B. GUENÉE, *Les Grandes Chroniques de France. Le roman aux roys (1274-1518),* in : P. NORA (Ed.), *Les Lieux de mémoire,* II, *La Nation,* Paris, 1986, p. 189-214, ici p. 195, rappelle que ce texte fut copié pour la première fois aux alentours de 1300, puis une seconde fois vers 1320.

[22] Tous ces renseignements sont donnés par le colophon du manuscrit BnF, fr. 10132. Pour l'étude de ce manuscrit, se reporter à A. D. HEDEMAN, *The Royal Image : illustrations of the «Grandes Chroniques de France»,* Berkeley-Los Angeles-Oxford, 1991, p. 37-47 et 249-251 et à Fr. AVRIL, *Jean Fouquet, illustrateur des Grandes Chroniques,* in : Fr. AVRIL, M.-Th. GOUSSET, B. GUENÉE, *Les grandes Chroniques de France ; reproduction intégrale des miniatures de Fouquet, Manuscrit français 6465 de la Bibliothèque nationale de Paris,* Paris, 1987, p. 11-70, ici p. 51.

lieu de penser qu'il s'agit de ce Pierre Honoré, qui fut entre 1310 et 1316 bailli d'Alençon, puis bailli d'Anjou, dans les domaines de Charles de Valois[23]. Il figure aussi parmi les agents financiers de ce prince[24], dont il fut, semble-t-il, un fidèle serviteur.

Le manuscrit destiné à Pierre Honoré ne fut finalement achevé que dans les années 1330[25]. Il est conservé à la BnF sous la cote fr.10132 et se décompose ainsi : le *Roman aux roys* de Primat jusqu'à la mort de Philippe Auguste (fol. 6-362) puis la chronique abrégée en français de Guillaume de Nangis et sa continuation couvrant les années 1223 à 1316 (fol. 362-400). A cet endroit du manuscrit on constate un changement d'écriture et suit une traduction française de la fin du *Memoriale* (1316-1322) complétée d'une continuation anonyme de l'œuvre relatant les événements jusqu'à l'année 1329.

b) Richard Lescot

1329 est précisément l'année où Richard Lescot, d'origine écossaise, né entre 1310 et 1320, fut reçu comme moine à Saint-Denis. Entre 1340 et 1360, il fit montre d'une intense activité de copiste et d'historien[26].

Entre 1344 et 1356, il rédige une continuation latine de la chronique de Géraud de Frachet qui, jusqu'en 1340, est une compilation des continuations de Guillaume de Nangis. On ne sait exactement si la partie qu'on lui doit commence en 1316 ou en 1322. Dans le premier cas, il aurait fait des emprunts au *Memoriale*. En effet, pour prendre un seul exemple, le récit que donne ce texte des événements qui ont entouré la mort de Philippe V fournit des éléments absents des sources dionysiennes antérieures et que l'on ne retrouve en fait que dans la chronique de Jean de Saint-Victor[27].

Entre 1340 et 1360, Richard se consacra également à la révision et à la mise à jour de l'œuvre de Primat[28]. La première partie du

---

[23] J. PETIT, *Charles de Valois (1270-1325)*, Paris, 1900, p. 284, 292, 298, 308 et 347-350.

[24] J. PETIT, *op. cit.*, p. 316.

[25] Pour la datation de ce manuscrit, voir BORELLI DE SERRES, *Marigny, comte (?) de Longueville*, in : *Recherches sur divers services publics du XIIIe au XVIIe siècle*, 3 vol., Paris, 1895-1909, III, p. 284-291 et surtout A. D. HEDEMAN, *op. cit.* (cf. supra note 22).

[26] Art. *Richard Lescot*, in : *DLF*, p. 1269-1270.

[27] Allusion à un impôt du cinquième qui aurait été décidé par le roi, cf. la continuation de Géraud de Frachet, *RHF*, XXI, p. 57 et *Memoriale, RHF*, XXI, p. 675. Sur les circonstances de la mort de Philippe V, voir plus haut le chapitre XII.

[28] B. GUENÉE, *art. cit.* (1986), p. 197-200 et du même auteur, *art. cit.* (1987) p. 81-139, ici p. 100-101. Voir aussi A. D. HEDEMAN, *op. cit.*, p. 37.

travail consista à ajouter au bloc que formaient le texte de Primat et la *Vita* de Louis VIII, copiée à sa suite dès avant la fin du XIIIᵉ siècle, une traduction de la vie de saint Louis, en remplacement de la *Chronique abrégée* de Guillaume de Nangis. Grâce à l'utilisation de nombreux récits, surtout hagiographiques, on put étoffer ce texte de nombreuses additions. L'ensemble ainsi composé (Londres, B. L., Reg. 16 G. VI) fut offert à Jean, duc de Normandie, avant donc la date de 1350. Parallèlement, pour répondre sans doute à une initiative royale, les moines dionysiens travaillèrent à une seconde traduction de la vie de saint Louis qui faisait la part moins belle à Saint-Denis.

Enfin, Richard Lescot décida de poursuivre le récit de Primat jusqu'à la mort du dernier roi disparu, Philippe VI. La traduction de la chronique universelle de Guillaume de Nangis (jusqu'en 1300), les continuations latines, dont celle qu'il avait, lui Richard, rédigée jusqu'en 1344, furent mises à contribution. Mais il recourut aussi à des textes élaborés en dehors de l'atelier dionysien, tels les *Flores* de Bernard Gui et le *Memoriale* de Jean de Saint-Victor. La chronique du victorin offrit des informations essentiellement pour le règne de Philippe le Long, période pour laquelle l'auteur, témoin direct, avait fait œuvre originale. Ainsi trouve-t-on trace d'emprunts au *Memoriale* dans le premier chapitre consacré au règne de Philippe V, qui relate les circonstances de son avènement[29], dans le chapitre 3, au paragraphe relatif au comte de Nevers[30], dans le chapitre 5, à propos de la conclusion de la paix avec le comte de Flandre[31] et dans le chapitre 7 qui reprend les derniers épisodes du règne (condamnation de Jean de Pouilly, projet de monnaie unique, impôt du cinquième ...)[32].

La comparaison de l'année 1321 dans la continuation de Guillaume de Nangis, la continuation de Géraud de Frachet et les *Grandes chroniques de France,* indique une plus large contribution du texte de Jean de Saint-Victor dans cette dernière œuvre. Une exception notable cependant : les emprunts dionysiens laissent de côté la suspicion de l'empoisonnement du roi, et le «scénario» démontrant les raisons et les mécanismes de la décision d'empoisonnement. Les moines de Saint-Denis, gardiens de la majesté et de la religion royales, ne pouvaient prendre en compte la rumeur d'un tel crime, désignant qui plus est, même à mots couverts ou sous le couvert de la rumeur, des princes des fleurs de lys ...

---

[29] *GCF*, VIII, p. 333-335.
[30] *GCF*, VIII, p. 340-341.
[31] *GCF*, VIII, p. 350-352.
[32] *GCF*, VIII, p. 360-362.

2. Le *Memoriale historiarum* au cœur du procès du chef de Saint-Denis : une œuvre authentique et approuvée ?

En 1406, les moines de Saint-Denis eurent à faire face à «un terrible drame»[33]. En effet, le duc de Berry avait obtenu des chanoines de Notre-Dame de Paris un fragment de la calotte crânienne de Denis, premier évêque de Paris. Cette acquisition ranima un conflit ancien qui opposait aux chanoines les moines de Saint-Denis dont la plus grande fierté était de posséder parmi toutes leurs reliques, le corps et surtout le crâne entier du même Denis, leur fondateur, qu'ils disaient l'Aréopagite. Malgré l'entremise du roi, les appels au calme de Gerson et la modération de Philippe de Villette, abbé de Saint-Denis, l'affaire dégénéra, on en vint même aux mains. Finalement, le 19 avril 1410, un arrêt du Parlement de Paris autorisait les chanoines de Notre-Dame à produire publiquement les preuves écrites de l'authenticité de leur relique. C'était pour eux un moyen de se défendre des accusations jugées diffamatoires que l'on pouvait lire sur certains «tableaux» disposés par les dionysiens dans leur église abbatiale afin de prévenir les visiteurs contre les erreurs des chanoines. En prévision d'un procès, les deux parties rassemblèrent diverses pièces justificatives et préparèrent des mémoires[34]. Cette opération fut l'occasion d'exprimer un certain nombre de règles de la critique historique[35].

Pour constituer leur dossier[36] les chanoines firent faire des extraits d'obituaires, de bréviaires du diocèse et de deux chroniques, ces deux dernières correspondant en fait à deux exemplaires du *Memoriale historiarum* de Jean de Saint-Victor, le premier appartenant à la bibliothèque de Saint-Victor, le second à celle de Saint-Magloire[37]. L'avocat du chapitre, qui présente les pièces justificatives et entend en démontrer la valeur, explique en premier lieu que les chroniques produites ne sont pas «faictes par ceulx de l'église de Paris, ne aussi ne sont pas à ceulx de l'église de Paris». Leur

---

[33] B. GUENÉE, *Michel Pintoin : sa vie, son œuvre*, introduction à la réédition de la *Chronique du Religieux de Saint-Denys* par M. L. BELLAGUET, CTHS, Paris, 1994, p. XVIII-XX.

[34] H.-F. DELABORDE, *Le procès du chef de Saint-Denis en 1410*, in : *MSHPIF*, 11 (1884), p. 297-409, p. 297-335.

[35] B. GUENÉE, *op. cit.* (rééd. 1991), p. 129-147 et plus particulièrement les p. 137-138 et 141 où l'auteur aborde la critique des sources lors du procès du chef de Saint-Denis. Il examine essentiellement les livres rassemblés par les moines et la critique qu'en firent les chanoines.

[36] Arch. Nat., LL 1326 édité par H.-F. DELABORDE, *art. cit.*, p. 371-402.

[37] Cf. supra chapitre I et H.-F. DELABORDE, *art. cit.*, p. 372.

provenance est connue, la réputation, l'autorité des lieux de leur conservation (les abbayes de Saint-Victor et de Saint-Magloire) est tellement évidente que leur seule mention est déjà une garantie d'authenticité. Au contraire, ces chroniques sont «noble et ancienne», «notable et ancienne», c'est-à-dire qu'elles sont connues et reçues depuis longtemps par la tradition. Ceci doit encore ajouter à leur caractère d'authenticité. Enfin, dernier argument du procureur : la chronique dénommée *Ordita quasi tela* doit être tenue pour véridique puisque l'auteur lui-même a fait profession de vérité. Et de citer le paragraphe du *Memoriale* où, après le *Tractatus de divisione regnorum*, Jean de Saint-Victor fait l'apologie de la chronologie comme seule garantie efficace d'un récit vrai[38]. Bref, en rappelant le caractère public des documents qu'ils produisaient, leur notabilité de longue date et le souci de vérité revendiqué par l'auteur, les chanoines de Notre-Dame pensaient sans doute avoir clairement établi leur authenticité. Authentiques, ces documents pouvaient alors donner les preuves de l'authenticité des reliques conservées par le chapitre. La défense des religieux de Saint-Denis allait consister à réfuter tous les points de cette démonstration.

Ils confièrent la constitution de leur dossier à celui d'entre eux qui était le plus compétent pour remplir cette lourde tâche, le chantre de l'abbaye, homme de confiance de l'abbé, personnage d'une grande autorité qui contrôlait à la fois la bibliothèque, les archives et l'atelier historiographique. Ce chantre s'appelait Michel Pintoin[39]. Il était moine de Saint-Denis depuis au moins 1368, puisqu'il se souvenait de la visite que Charles V avait faite aux reliques des saints martyrs «la cinquième année de son règne» afin de faire taire la querelle qui opposait déjà les chanoines aux moines dionysiens[40]. Il avait vite pris des responsabilités dans l'administration du temporel de l'abbaye et, depuis 1400, il remplissait donc l'office de chantre. Mais à cette date, il avait déjà plusieurs années d'activité historiographique à son crédit. En effet, il semble bien que Richard Lescot, qui mourut l'année même où Michel Pintoin devint chantre, avait en fait cessé d'écrire bien plus tôt, dans les années 1360. Après quelques années de moindre activité historiographique dionysienne, – dont le roi Charles V avait profité pour confier à son chancelier Pierre d'Orgemont,

---

[38] «Iocundum est nempe cuilibet sapienti ...» cité par H.-F. Delaborde, *art. cit.*, p. 373.

[39] B. Guenée, *op. cit.* (1994), p. xx.

[40] B. Guenée, *op. cit.* (1994), p. vi. L'auteur renvoie à la *Chronique du Religieux*, III, 442.

l'écriture de l'histoire du règne de son père et du sien propre[41] –, Michel Pintoin prit la relève en composant une grande *Chronique de France* des origines à son temps. De cette entreprise il reste deux éléments : un dossier de documents destinés à couvrir le récit des origines à Charlemagne et la partie rédigée allant de Charlemagne à saint Louis. On sait aussi que Michel Pintoin avait vraisemblablement traité la période 1270-1380. Ce dernier ensemble est aujourd'hui perdu[42]. On ne peut que déplorer cette perte car on aurait aimé savoir si l'auteur de cette nouvelle *Chronique de France* avait, parallèlement à sa compilation des sources dionysiennes, emprunté au *Memoriale historiarum*, comme l'avaient fait ses prédécesseurs. Cela n'aurait pas été inutile pour comprendre son attitude à l'égard de cette œuvre lors du procès de 1410. Sans certitude donc, on peut cependant suggérer qu'il connaissait la chronique du victorin, ne serait-ce que par l'intermédiaire de Richard Lescot qu'il côtoya pendant de longues années et qui devait encore quelques fois s'attarder dans le *scriptorium* de l'abbaye. En effet, à lire le dossier établi par les moines lors du procès, il semble que celui qui a eu la charge de réfuter les arguments des chanoines en faveur du *Memoriale* avait une connaissance intime du texte. Il était en tout cas capable de dire que la chronique avait été rédigée après 1322 et que d'après son contenu, sa compilation n'était pas antérieure de plus de quarante ans[43].

---

[41] B. GUENÉE, *op. cit.* (1994), p. XI.

[42] B. GUENÉE, *op. cit.* (1994), p. XII-XIV.

[43] H.-F. DELABORDE, *art. cit.*, p. 336-337 et 408. A propos de l'annotation marginale citée p. 336 et qui donne la date de *millesimum CCC^{mum} XXXII*, sans doute s'agit-il d'une erreur du copiste. Il faut lire 1322, date à laquelle s'achève effectivement la chronique de Jean. Néanmoins, l'affirmation du mémoire présenté par Saint-Denis et datant le texte du *Memoriale* d'une quarantaine d'années n'est pas sans poser une difficulté, car on ne connaît aucun exemplaire doté d'une continuation allant seulement jusqu'à la fin des années 1360. L'étude des continuations latines témoigne plutôt que la période 1334-1394 constitue un bloc indépendant de l'atelier de Saint-Victor, composé dans les toute dernières années du XIVe siècle et ajouté au texte initial à la fin du XVe siècle. Si l'on s'en tient donc à la lettre du mémoire, il faut supposer l'existence d'une autre continuation latine. Cependant, et sans que l'on puisse aller au-delà de la simple remarque, ce laps de temps correspond approximativement à la visite que Charles V fit en 1368 aux reliques des saints martyrs. Or, ce manuscrit n'avait pas été présenté par les chanoines pour leur défense en 1368, ce qu'ils n'auraient manqué de faire s'ils l'avaient alors eu à leur disposition. Par ailleurs, les années 1360 sont également celles qui virent la fin de l'activité historiographique de Richard Lescot. Le mémoire daterait alors le *Memoriale* sachant l'usage que Richard Lescot en avait fait ... Dans l'un et l'autre cas l'affirmation paraît liée à l'expérience personnelle de Michel Pintoin.

Car les défenseurs de Saint-Denis étudièrent d'abord attentivement le mémoire des chanoines, si l'on en croit les nombreuses annotations dont ils chargèrent les marges[44], avant de rédiger leur propre mémoire, dans la dernière partie duquel ils abordèrent la critique des chroniques qui leur étaient opposées[45].

Les chanoines avaient affirmé l'authenticité de leurs chroniques, les moines s'efforcèrent de démontrer qu'elles étaient apocryphes. Négligeant la provenance connue des ouvrages, ils insistèrent sur le fait que le nom de l'auteur du *Memoriale* était inconnu : «l'intitulacion desdiz volumes (...) qui est tele : Memoriale hystoriarum, sans nommer l'acteur ..., Item l'acteur est inconnu et ne se nomme point»[46]. Quant à la chronique *Ordita quasi tela narracionis nostre*, elle est l'objet de toutes les suspicions puisqu'elle a perdu l'étiquette de couverture où figuraient le titre de l'œuvre et le nom de son auteur[47]. Sans auteur connu les chroniques produites par les chanoines perdaient leur caractère de notabilité et donc d'authenticité. Et les religieux de répéter à plaisir qu'on ne devait de ce fait «y adjouster foy».

Mais les moines allèrent plus loin encore dans leur réfutation. S'attaquant cette fois à l'ancienneté des chroniques proclamée par l'avocat du chapitre, ils montrèrent au contraire que l'on avait à faire à des documents récents. Les livres produits par les chanoines étaient *novi et recenter compositi et scripti*[48]. La critique interne de l'exemplaire du *Memoriale* leur permit d'affirmer qu'il n'y avait pas plus de «XLans que ledit memorial avoit esté compillé, si comme il apparoir par la teneur d'icelluy»[49]. Oeuvre récente, le *Memoriale* était d'autant plus éloigné dans le temps des faits qu'il était supposé prouver. Son auteur ne pouvait en aucun cas avoir été témoin des événements rapportés. C'était là une faiblesse incontestable dans le dossier des chanoines de Notre-Dame. Mais on aurait pu cependant accorder crédit à cette chronique si du moins elle avait cité ses sources, établissant ainsi un relais avec des textes plus anciens, donc plus proches des

---

[44] H.-F. DELABORDE, *art. cit.*, p. 336.

[45] Arch. Nat., LL 465 publié par H.-F. DELABORDE, *art. cit.*, p. 402-409 et plus particulièrement p. 407-409.

[46] H.-F. DELABORDE, *art. cit.*, p. 407-408.

[47] H.-F. DELABORDE, *art. cit.*, p. 409 : «Item oultre plus, il y a suspicion ou livre...pour ce que...en la couverture dessus avoit un pou de corne et un escripteau dessoubz qui désignoit vraysemblablement l'acteur, et ce a esté arrachié de nouvel.»

[48] H.-F. DELABORDE, *art. cit.*, p. 336.

[49] H.-F. DELABORDE, *art. cit.*, p. 408. La clause en question est le passage du *Memoriale* où l'on peut lire l'invention des reliques dans l'église Saint-Etienne-de-Grès en 1217.

faits. Or, les moines soulignent dans leur mémoire que l'auteur du «Memoriale ne dit point sur queles hystoires il a prinse ladite clause»[50]. L'absence de toute référence aux sources était une circonstance aggravante car elle rendait impossible l'établissement d'une concordance avec d'autres textes à l'autorité indiscutable. Les moines le soulignent dès la lecture du mémoire des chanoines : les livres produits sont *sine concordancia*[51]. Ils y reviennent dans leur défense : «Aussi n'est-il hystoire ou monde mesmememt approuvée qui en parle à l'entencion desdiz doyen et chappitre, ne lesdiz doyen et chappitre n'en sauroient monstrer nulle qui ne feist contre eulx»[52].

De la réfutation d'authenticité à l'accusation de faux, il n'y avait qu'un pas que les religieux s'empressèrent de franchir. Leur argumentation prit pour double point de départ l'absence du nom de l'auteur et le silence sur les sources compilées par cet auteur. Si leur auteur ne se nomment pas, disent-ils, c'est peut-être «cauteleusement». Ils suggèrent que derrière un habile anonymat se cache en fait un chanoine qui aurait fabriqué de toutes pièces les chroniques produites. Il aurait alors tout naturellement utilisé les martyrologes, également présents dans le dossier et dont les moines ont démontré au début de leur mémoire qu'ils n'étaient pas des documents «authentiques et approuvés» mais des «escriptures privées, litigieuses et suspettes»[53]. Auteur inconnu + sources non citées ou non approuvées = présomption de faux, CQFD. Pour se préserver de toute nouvelle accusation de diffamation, les moines suggéraient en conclusion que le chapitre de Notre-Dame fournît les originaux des chroniques sur lesquelles il entendait prouver son bon droit[54].

On ne sait pas lequel des deux mémoires aurait emporté le jugement du Parlement de Paris. Celui-ci ne devait jamais rendre d'arrêt sur cette affaire. Pendant que moines et chanoines fourbissaient leurs armes rhétoriques, la guerre civile reprenait de plus belle. La paix de Bicêtre ne fut qu'un court intermède de l'hiver 1410-1411 et dès le printemps les troupes dévastaient à nouveau les environs de Paris. En septembre 1411, Saint-Denis était pillée par les Armagnacs, l'abbé était leur prisonnier. L'heure n'était plus aux procédures, fusse pour défendre l'honneur des saints martyrs et de leurs reliques.

---

[50] H.-F. DELABORDE, *art. cit.*, p. 408.
[51] H.-F. DELABORDE, *art. cit.*, p. 336.
[52] H.-F. DELABORDE, *art. cit.*, p. 408.
[53] H.-F. DELABORDE, *art. cit.*, p. 408.
[54] H.-F. DELABORDE, *art. cit.*, p. 409.

On peut cependant tirer quelques conclusions de la lecture de ces deux mémoires. Elle apporte tout d'abord une information précieuse sur le destin et le statut de l'œuvre de Jean de Saint-Victor au début du xvᵉ siècle. Sa trace est bien établie. Nous avons confirmation que le texte circule à Paris, que l'on sait parfaitement où en trouver des exemplaires. L'épisode nous apprend aussi que le *Memoriale* est une source suffisamment connue pour qu'on songe à la consulter en vue d'un procès.

Ce n'est pas le lieu de discuter ici de la bonne ou de la mauvaise foi dont firent preuve en ces circonstances les dionysiens et leur chantre à l'égard du *Memoriale*. On peut bien sûr imaginer qu'ils avaient perdu le souvenir d'une œuvre dont ils s'étaient largement servi pour leur propre compilation cinquante ans plus tôt. C'est un peu difficile à envisager lorsque l'on sait que les hommes étaient là (Richard Lescot en particulier) pour en assurer la transmission. Les chanoines auraient-ils eu une meilleure mémoire, eux qui se souvenaient parfaitement de l'activité historiographique dudit Richard Lescot[55] ? Il semble que par leur très bonne connaissance du *Memoriale*, les moines se trahissent un peu. Mais la fin justifie peut-être les moyens et il était indispensable que Saint-Denis réfutât les prétentions des chanoines à posséder un fragment du chef de leur saint fondateur.

Il faut bien reconnaître que dans cette bataille d'arguments autour de l'authenticité du *Memoriale* les moines de Saint-Denis l'emportaient largement. Les chanoines s'étaient finalement contentés de présenter leurs chroniques selon les critères de la critique traditionnelle : notabilité, ancienneté, garantie apportée par leur présence dans les bibliothèques de deux grandes abbayes parisiennes. Les moines, forts de leur expérience dans le domaine historiographique, appliquaient un filtre de connaissances plus exigeant : datation du document, recherche de concordance avec d'autres textes ... Ils étaient sûrs aussi que les juges du Parlement seraient sensibles à la rigueur de leur démonstration. Les principes de la nouvelle critique faisaient progressivement leur chemin, plus vite sans doute chez les juristes. Ainsi voit-on les dionysiens déplacer le débat de l'authenticité du *Memoriale* vers celui de sa valeur *in judiciis*. Le Parlement de Paris, «cour capital et exemplaire non mie en ce royaume», ne saurait statuer sur «tels extraiz ou memoriaulx dont telz acteurs peuent estre mains savanz, trop briefs ou favorables».

---

[55] H.-F. Delaborde, *art. cit.*, p. 315-316.

Devant une cour de justice, seuls des documents originaux étaient vraiment recevables, dignes de foi[56].

3. Le *Memoriale,* source historiographique à la fin du Moyen Age

Le procès que menèrent les moines de Saint-Denis contre le *Memoriale historiarum* au sujet du chef de Saint-Denis ne fut, semble-t-il, qu'un avatar dans la carrière de l'œuvre jusqu'à la fin du Moyen Age. Le texte du victorin était jugé suffisamment authentique pour faire l'objet de continuations, pour servir de source à d'autres textes historiographiques.

a) *La première continuation française*

C'est ainsi que Charles Samaran[57] désigne le texte du manuscrit conservé aux Archives départementales de la Seine-Maritime qu'il rapproche de celui contenu dans le manuscrit BnF, fr. 10132, évoqué plus haut, qu'il dénomme «seconde continuation française»[58]. Il s'agit d'un manuscrit-papier, comportant des filigranes qui permettent de donner une fourchette de datation fin XIVe-fin XVe siècle et une localisation dans le Nord de la France. L'ouvrage est relié très sommairement (peau simplement marquée aux plis, sans plats intérieurs). Il évoque un manuel de travail que l'on pouvait emmener avec soi. Si l'on en croit la signature du feuillet de garde, il a appartenu à un juriste (... *iuris utriusque prolites*[59]), dont les intérêts pour la Normandie sont certains (il recopie sur le feuillet de garde de la fin le passage de Jean sur la révolte à Rouen en 1292).

Le manuscrit se compose de deux parties : un registre d'arrêts divers de l'Echiquier de Normandie (1316-1408) et deux autres cahiers copiés d'une seule main. Ils contiennent une traduction du *Memoriale* à partir de l'avènement de Philippe III (1285), puis, pour les années 1322-1323, une version de la chronique française amplifiée de Guillaume de Nangis jusqu'en 1321 avec des articles addi-

---

[56] H.-F. Delaborde, *art. cit.*, p. 408.

[57] Ch. Samaran, *Jean de Saint-Victor, chroniqueur*, in : *HLF*, 41 (1981), p. 1-30, ici p. 22. Cette continuation est première par rapport à celle du BnF, fr. 10132 que nous avons évoquée dans le cadre de l'historiographie dionysienne.

[58] Rouen, Archives Départementales, 1 B 86. Madame M.-Ch. de La Conte, conservateur en chef, m'a permis de retrouver ce manuscrit car la référence donnée par Ch. Samaran, *art. cit.*, p. 22, n. 64, était erronée. Qu'elle soit ici remerciée.

[59] Ce qui précède est illisible.

tionnels menant le récit jusqu'à la mort de Marie de Bohême[60]. Cette traduction-continuation et celle du fr. 10132 ont en fait une source commune mais les emprunts au texte de Jean de Saint-Victor diffèrent à plusieurs reprises.

On ne sait qui a eu l'initiative de ce manuscrit mais, sans établir de relations hasardeuses entre ce manuscrit et le fr. 10132 car il s'agit peut-être tout bonnement d'une simple coïncidence, on peut noter que le second a été copié à la demande d'un Normand, Pierre Honoré de Neufchâtel-en-Bray et que le premier paraît lui aussi lié à la Normandie.

b) La continuation latine

Elle est transmise par les manuscrits BnF, lat.15011 (*C*), BnF, lat. 4949 (*I*)et, partiellement par Saint-Omer 709 (*K*). Il s'agit d'un texte couvrant les années 1334-1464, bien équilibré et informé pour le XIVe siècle, la première moitié du XVe siècle étant, quant à elle, expédiée en quelques pages. Les pontificats servent de grandes divisions, les renseignements politiques, militaires et religieux y sont notés et entremêlés de notations météorologiques; dans la marge, des manchettes rythment et articulent le récit. La clef de cette compilation est en fait donnée par un autre manuscrit victorin, BnF, lat. 14617, présentant un texte très proche pour la période allant du pontificat de Benoît XII (1334) à la mort de Clément VII (1394)[61]. Ce second manuscrit comporte, à la suite de divers textes juridiques, des *cronica martiniana cum continuatione*. Le récit des années 1334-1394 a été composé dans les dernières années du XIVe siècle, il est l'œuvre d'un même auteur, français, peut-être dominicain, sans doute originaire du Midi toulousain, incontestablement «pro-avignonnais». Ce manuscrit, qui a d'abord appartenu à un Toulousain, ancien membre du collège Saint-Martial, entre à la bibliothèque de Saint-Victor au début du XVe siècle. Dans le troisième quart de ce même siècle[62], il est utilisé par un chanoine victorin qui entreprend d'écrire la biographie

---

[60] L. DELISLE, *Mémoires sur les ouvrages de Guillaume de Nangis,* in: *Mémoires de l'Académie des Inscriptions et Belles Lettres,* 27, 2 (1873), p. 355-356. Il s'agit du groupe D des manuscrits s'arrêtant en 1321 mais le ms BnF fr. 4946 contient quelques articles additionnels pour les années 1322 et 1323. Il est daté du 3e tiers du XIVe siècle.

[61] Plutôt qu'à l'article de CH. SAMARAN, *art. cit.,* il faut se reporter, pour l'étude de cette continuation à la réédition des *Vitae paparum Avenionensium* d'Etienne Baluze par G. MOLLAT, Paris, I, 1916, p. 195-209 et du même auteur, *Etude critique sur les «Vitae paparum Avenionensium» d'Etienne Baluze,* Paris 1917, p. 58-82.

[62] D'après G. MOLLAT, *op. cit.* (1916), p. 551, cette compilation a été rédigée postérieurement au 31 août 1464, date de l'avènement de Paul II et probablement du vivant de celui-ci, c'est-à-dire avant 1471.

des successeurs de Clément VII. Ce compilateur est peut-être ce *Petrus Maigret* dont on remarque la signature sur plusieurs folios du lat. 15011. Il n'est, pour le moment, pas autrement repéré dans les archives victorines. Son travail témoigne d'une petite reprise de l'activité historiographique des victorins à l'extrême fin du Moyen Age. Mais ce qui importe davantage pour notre propos, c'est qu'il rattache délibérément sa compilation au *Memoriale* par une douzaine de lignes rubriquées destinées à mettre en évidence l'aspect de continuation qu'il entend donner à son œuvre[63] :

> «Finis Memorialis historiarum est hic ; que vero sequuntur de diversis collegi usque ad modernum papam Paulum IIum, qui prius vocabatur Petrus, nacione Venatus (sic), qui fuit nepos Eugenii Papae quarti, cardinalis Sancti-Marci.»

Ce faisant, il livre, semble-t-il, deux indications. La première est qu'il a sans doute lu les dernières années du récit de Jean comme une *vita* de Jean XXII, présentant une certaine cohérence de plan avec son propre projet et celui de sa source principale. La seconde est qu'à la fin du xve siècle, les victorins ont gardé bonne mémoire du *Memoriale historiarum*, qu'ils jugent ce texte digne de faire l'objet d'une continuation, de porter la tradition historiographique de la maison. En revanche, l'intitulé de la rubrique dit clairement que, dès cette époque, ils ont perdu le souvenir de l'auteur.

Les continuations évoquées appartiennent finalement à deux groupes très différents. Le premier, vraisemblablement le plus ancien, est à rapprocher de l'historiographie dionysienne et en particulier de la chronique française de Guillaume de Nangis et de ses amplifications. Sa rédaction en français le destine visiblement à un public de laïcs, celui-là même qui va s'intéresser de plus en plus aux *Grandes Chroniques de France*. Les ambitions du second en revanche ne prétendent pas dépasser les portes de Saint-Victor.

c) *Robert Gaguin*[64]

L'auteur du *Compendium super Francorum gestis* utilise à trois reprises le *Memoriale historiarum*. Il en tire tout d'abord la précision que le roi Philippe le Bel s'est arrêté à Vitry-en-Artois en revenant vers Paris après la bataille de Courtrai. Puis, dans son récit de la mort du roi, il insère les *ultima verba* telles qu'elles sont rapportées par Jean

---

[63] BnF, lat. 15011, fol. 495.
[64] Que Franck Collard soit ici remercié pour m'avoir indiqué la piste de ce lecteur du *Memoriale*, cf. Fr. COLLARD, *Un historien au travail à la fin du xve siècle : Robert Gaguin*, (*Travaux d'Humanisme et de Renaissance*, 301), Paris, 1996.

de Saint-Victor. Enfin, il cite l'épitaphe de Louis VI. Or, ces trois passages n'apparaissent dans aucune autre de ses sources[65]. Il a donc eu directement accès à l'œuvre du victorin. Le *Memoriale* est «une source incontestable mais exploitée clandestinement»[66].

Robert Gaguin a pu consulter un manuscrit du *Memoriale* à la bibliothèque de Saint-Victor (le lat. 15011 d'après Franck Collard) mais il a pu aussi avoir connaissance de cette œuvre par l'intermédiaire d'un de ses collègues de l'Université. En effet, il est envoyé en 1457 à l'Université de Paris où il est reçu comme docteur en décret en 1480. Il deviendra d'ailleurs doyen de cette même faculté de décret trois ans plus tard et le restera jusqu'à sa démission en 1500[67]. Or, nous l'avons dit, Jean Helé, possesseur du manuscrit Ars. 986, est également présent au sein de la faculté de décret et membre de la nation picarde dans les années 1476-1480. Des origines régionales communes (Robert Gaguin est né à Calonne-en-Artois), une confraternité universitaire, voilà deux bonnes raisons de se prêter des livres. A moins que le trinitaire n'ait emprunté l'ouvrage à celui qui possédait ce même manuscrit à la mort de Jean Helé en 1488 : Ambroise de Cambrai. Des relations, souvent difficiles, entre les deux hommes sont parfaitement attestées[68].

d) Alain Bouchart

L'auteur des *Grandes chroniques de Bretaigne,* publiées à Paris en 1514, cite explicitement à deux reprises le *Memoriale historiarum*[69]. Là encore il faut s'interroger sur les lieux et les personnes qui ont mis en relation l'écrivain et l'œuvre-source. Après des études

---

[65] Fr. COLLARD, *op. cit.*, p. 125-126.

[66] Fr. COLLARD, *op. cit.*, p. 172.

[67] Art. *Robert Gaguin*, in : *DLF,* p. 1285-1287.

[68] Fr. COLLARD, *op. cit.*, p. 125-126.

[69] Bouchart, II, 77, 3 (I, p. 257) : «Toutefoys il (= Arthur) avoit toute son esperance en la Vierge Marie Mère de Dieu, laquelle Vierge, comme recite *Memoriale historiarum*, se apparut lors près de Artur, et, de l'envers de son manteau qui sembloit estre fourré d'ermines, luy couvrit son escu, l'envers dehors; dont Flollo fut moult effrayé et, de ceste vision, il perdit la veue» Bouchart, II, 136, 2 (t. I, p.296) : «Celuy Cadvaladrus fut, selon la cronicque appellee *Memoriale historiarum*, le centiesme roy de la grant Bretaigne depuis Brutus et fut le dernier roy breton de ladicte isle de Bretaigne.» M. L. Auger m'a également aimablement signalé des emprunts tacites faits par Bouchart au *Memoriale*, tel celui qui lui permet de rapporter la révélation de la fête de la conception de la Vierge (Bouchart, I, 41, 3). Le chroniqueur breton préfère alors le résumé élaboré par Jean de Saint-Victor à la source originale (la *Legenda aurea* de Jacques de Voragine), dont il dispose parallèlement. Cf. BOUCHART (A.), *Les Grandes croniques de Bretaigne,* texte établi par M.-L. AUGER et G. JEANNEAU, B. GUENÉE (Dir.), 3 vol., Paris, 1986-1998.

effectuées vraisemblablement dans les facultés des arts ou de décrets des universités ligériennes (Angers ou Orléans), ce fils d'un receveur de Guérande s'est installé comme notaire dans sa ville natale vers 1471[70]. Puis, devenu avocat à Rennes, il commence dans les années 1480 une carrière politique. Admis à la cour du duc de Bretagne comme jurisconsulte et secrétaire du conseil dès 1484. En 1492, après le mariage de la duchesse Anne avec Charles VIII, ce dernier lui donne une charge de conseiller au Grand Conseil. Alain Bouchart se fixe alors à Paris jusqu'à la mort du roi (1498). Après un court séjour en Bretagne, il revient dans la capitale lorsque la duchesse se remarie avec Louis XII (1499) et y poursuit une carrière d'avocat au Parlement. Il meurt entre 1514 et 1531[71]. Il est donc à peu près certain que Bouchart a consulté le *Memoriale* au cours d'un de ses deux séjours dans la capitale. A-t-il rencontré Ambroise de Cambrai ou Robert Gaguin dans les années 1492-1498, ou bien a-t-il tout simplement profité de la large hospitalité de la bibliothèque de Saint-Victor ou de celle du collège de Navarre[72]? Nous sommes malheureusement fort mal renseignés sur ses fréquentations parisiennes.

C – Lectures érudites (xvie-xviie siècle)

1. Matthieu Parker

a) Un lecteur attentif

Dans le dernier quart du xvie siècle, Matthieu Parker est un lecteur pasionné et passionnant. Il lit ou fait lire attentivement le *Memoriale,* un crayon rouge à la main. Le contenu des deux manuscrits en sa possession est ainsi entièrement analysé, surtout le manuscrit C.U.L. Ii-2-18 (*F*) dont les pages sont couvertes d'environ deux cents annotations. Certaines sont constituées d'un simple trait rouge soulignant un passage du texte, d'autres sont uniquement signalées par des petits signes distinctifs. Deux types d'annotation reviennent

---

[70] La biographie d'Alain Bouchart comporte de nombreuses lacunes, en particulier pour les années de jeunesse. Le point des connaissances est donné par J. KERHERVÉ, *Aux origines d'un sentiment national, les chroniqueurs bretons de la fin du Moyen Age,* in : *Bulletin de la Société archéologique du Finistère,* 108 (1980), p.165-206.

[71] La date de sa mort est en effet inconnue. M.-L. Auger m'a suggéré cette fourchette chronologique. Elle la justifie en amont par la correction que l'auteur a effectuée sur la première édition imprimée de son œuvre en 1514, en aval par le fait que l'édition de 1531 est publiée sans contrôle de l'auteur.

[72] C'est en effet à la bibliothèque du collège de Navarre qu'Ambroise de Cambrai donne par testament le manuscrit Ars. 986.

fréquemment : une sorte de trèfle qui désigne, semble-t-il les informations sur l'Eglise (on en compte quarante-neuf), une main qui indique les passages concernant l'histoire de l'Angleterre (elles sont beaucoup plus nombreuses, cent neuf). Une grille de lecture apparaît, d'autant plus précise qu'on la connait par d'autres ouvrages de sa bibliothèque[73].

b) Des centres d'intérêt très précis

Promoteur de la Réforme[74], Matthieu Parker recherche dans l'œuvre de Jean de Saint-Victor des éléments pouvant servir dans les controverses ecclésiastiques de son temps : il souligne dans le texte certains défauts des pontifes romains, tel Clément V qui réunit le concile de Vienne en 1311 *pro extorquenda pecunia* ; la question de la pauvreté des moines retient son attention : on lit au folio 220v dans la marge *Paupertas monachorum* ; plus loin, il relève dans un passage sur le conflit parmi les Frères Mineurs : ... *cum secundum illam <regulam sancti Francesci> paupertas perfecta et victus parcitas vovetur, quibus non concordabat aedificiorum et vestium pretiositas et ciborum copia.* On imagine aisément comment ces détails devinrent par la suite des arguments dans le conflit avec l'Eglise romaine.

Réviseur d'un certain nombre de livres liturgiques, son travail sur l'histoire des rites est tout aussi sérieux : à trois reprises, par exemple, il revient sur l'institution de la messe. Auteur de la *Bible de l'évêque* entre 1563 et 1568, il s'intéresse à l'ordination épiscopale (fol. 213). Théologien, il relève les hérésies et leurs réfutations. Éditeur de nombreux textes latins, d'origine anglaise ou non[75], de traductions en saxon[76], Il collationne scrupuleusement tous les noms d'auteurs cités par le *Memoriale* (pas moins de quarante-huit, d'Ovide à Jean de Paris en passant par Suétone, Sulpice Sévère, Isidore, Eginhard, saint Bernard et tant d'autres) ; il note également la traduction des livres scripturaires ou liturgiques : en 732 (fol.153), *evangelium Iohannis in lingua anglica interpretatus est ...*, en 761 (fol.157v), *Vide hoc psalterium scriptum litteris Saxonicis maiusculis.*

---

[73] R. I. Page, *Matthew Parker, archbischop of Cantorbury, and his books* (*The Sandars lectures in bibliography for 1990*), Kalamazoo (MI), 1993, p. 41-46.

[74] Art. *Matthew Parker*, in : *DNB*, 43 (1895), p. 254-264

[75] *Art. cit.*, p. 261sq. Il édite entre autres les œuvres de Matthieu de Wesminster, Matthieu Paris et Thomas de Walsingham.

[76] *Art. cit.*, p. 261. L'un des objectifs de Matthieu Parker était de faire revivre la langue saxonne ; il fait imprimer en saxon le texte latin d'Asser et a envisagé la compilation d'un lexique saxon.

L'attrait pour l'histoire transparaît partout. Il est confirmé par les nombreuses annotations de l'histoire anglaise. Il n'y a pas grand chose à dire de ces annotations, si ce n'est peut-être qu'elles épargnent curieusement les rois dont les actes sont pourtant traditionnellement condamnés et le sont en tout cas par l'auteur du *Memoriale*. Rien par exemple à propos du règne de Jean sans Terre, ni de son conflit avec les barons. Matthieu Parker est décidément un fidèle serviteur de la monarchie anglaise.

Plus intéressantes sont les notes concernant Canterbury. A la fin du VIe siècle (fol. 127), après l'invasion des Saxons, Matthieu Parker note avec une certaine fierté : *fides inviolata apud Cambros*. Quelques lignes plus loin, il inscrit dans la marge *Lundinum dum metropolis* mais il souligne dans le texte : *sed post passionem sancti Thome dedicata <Cantuariensis ecclesia> est in nomine ipsius sancti martiris et hec est mater omnium ecclesiarum Anglie*. Au dixième siècle (fol.186) à propos de l'abbaye de Ramsey il souligne dans le récit : *Tunc florebat in Anglia Osvaldus nepos Odonis Cantuarensis archiepiscopi qui ante Dustanum fuerat ex monacho Floriacensi factus monachus episcopus Wintonie et post Eboraci archiepiscopus ; Hic Ramesie monasterium in quodam palustri loco edificavit*[77]. Il repère dix noms de titulaires du siège de Canterbury, ajoutant un ou deux détails caractéristiques lorsque le texte de Jean le permet : aux environs de 1030 (fol.199v) Ethelnocus a acheté la relique du bras de saint Augustin pour cent talents d'argent ; en 1066 (fol. 208) il souligne que Guillaume de Normandie *misit vexillum cum sanctorum reliquiis, cepit se secundoque Robertum Cantuarensem archiepiscopum genere Northmannorum* ; en 1196 (fol. 244) Hubert succède à Renaud *et ei missum est pallium a papa Celestino ad petitionem Richardi regis Anglie cum fuit liberatus a prisone imperatoris* ; en 1204 (fol. 249), au contraire, il signale l'intervention pontificale dans l'élection : *Stephanus ab Innocentio episcopus Cantuar. electus*. Il est certain qu'il trouvait là à la fois des arguments de la primatie de Canterbury et des précédents aux circonstances pour le moins houleuses de sa propre élection[78].

c) *Réutilisation des notes de lecture*

Ouvrons à présent le *De Antiquitate Britanniae ecclesiae* que Jocelin rédige sous la direction de Matthieu Parker[79]. Les emprunts au

---

[77] Le passage souligné l'est aussi dans le manuscrit C.U. L. Ii-2-18.
[78] *Art. cit.*, p. 256-258.
[79] L'édition consultée est celle de 1605 présente à la Bibliothèque nationale de France sous la cote Fol. Nf. 11.

Memoriale sont certes moins nombreux que le laissaient présager les abondantes notes de lecture mais ils sont bel et bien confirmés. A trois reprises le *Memoriale* est expréssemment cité parmi les sources en marge du texte : en 669 à propos de la primauté du siège de Cantorbury[80], et deux fois en 1310, au moment du règlement de l'affaire des Templiers par le concile de Vienne[81] et du couronnement impérial d'Henri[82]. Ces notations sont autant de traces d'une lecture érudite qui se poursuit au siècle suivant.

2. 1625-1693 : le Grand Siècle du *Memoriale*

En effet, comme bien d'autres textes le *Memoriale* beneficia à partir du xviie siècle de l'intérêt croissant pour les travaux d'érudition et d'histoire[83]. Ceux qui s'y adonnèrent et ceux qui les lisaient étaient alors des robins, dévoués à la monarchie et à l'Eglise gallicane. Dans ce contexte et jusqu'en 1620-1630[84], les chroniques et les annales continuèrent de retenir leur attention. Mais celle-ci se porta avant tout sur ce qui pouvait «flatter leur orgueil et leurs goûts», les éléments qui répondaient aux événements présents. Ainsi, les lecteurs gallicans se dévoilent à travers les notes en marge des passages relatant la querelle entre Boniface VIII et Philippe le Bel ; l'influence de la Réforme catholique et de la Révocation de l'Edit de Nantes transparaît derrière l'intérêt pour les hérésies. L'histoire du royaume devient primordiale et guide les copistes qui ne prennent plus le texte en amont de 987 et privilégient la période 1270-1322.

a) *Jean de Thoulouze*

Jeune assistant du Père Picard, bibliothécaire de Saint-Victor au début du xviie siècle, Jean de Thoulouze, on s'en souvient[85], était présent en 1610 lorsque Petau montra aux chanoines son exemplaire du *Memoriale*. Quelques années plus tard, il se trouva au cœur de la querelle qui opposa les génovéfains aux victorins et de la lutte menée par ces derniers pour sauvegarder leur indépendance menacée d'un

---

[80] *De Antiquitate Britanniae ecclesiae*, p. 25. Dans la marge : «in Memoriale historiarum an. 669».

[81] *De Antiquitate Britanniae ecclesiae*, p. 210.

[82] *De Antiquitate Britanniae ecclesiae*, p. 210.

[83] H.-J. Martin, *Livre, pouvoirs et société à Paris au xviie siècle (1598-1701)*, 2 vol., Genève, 1969, p. 197-206.

[84] Selon H.-J. Martin, *op. cit.*, leur préférence ira ensuite à des récits d'allure plus littéraire, écrits par les historiographes du roi, qui apparaissent à leur manière comme les disciples des historiens italiens de la Renaissance.

[85] Voir plus haut le chapitre II.

rattachement à la Congrégation de France[86]. Il décide alors de mobiliser toute la tradition victorine. Dès 1625, il transcrit dans ses *Annales* tous les documents ayant trait à Saint-Victor. Elu prieur en 1636, il voit son travail disparaître l'année suivante dans un incendie. Dès lors, il n'a de cesse, jusqu'à sa mort en 1659, de reprendre l'entreprise. Dans cette perspective, il tire du *Memoriale historiarum* tous les éléments concernant l'abbaye. Parallèlement, il les compile avec d'autres pièces dans un manuscrit intitulé *De ecclesia Sancti Victoris*[87]. Enfin, il copie ou fait copier dans le manuscrit BnF, lat. 14359 une partie du *Memoriale* (à partir de 1101) et la *chronica abbreviata*, œuvre d'un chanoine anonyme du XIIe siècle. Il n'est pas impossible qu'on lui doive également les copies des manuscrits BnF, lat. 15012 et 15013.

Jean de Thoulouze contribua de trois façons à la connaissance du *Memoriale* : par la mise en œuvre de copies «modernes» du texte, par les conseils qu'il dut prodiguer très vite aux érudits qui venaient consulter les richesses de la bibliothèque victorine ; enfin, en ouvrant au public, en 1652, la bibliothèque de Saint-Victor, rendant ainsi encore plus facile l'accès aux livres[88].

b) Le Memoriale et quelques érudits

Le rôle de Jean de Thoulouze paraît confirmé par l'emprunt que fait au *Memoriale* Jean Bocquet en 1627, soit deux ans à peine après que le victorin eut achevé la première version de ses *Annales*. Grâce aux mentions de miracles qui s'étaient produits en 1317, 1318, 1319, ce chanoine de l'église de Corbeil put enrichir son histoire de la translation et des miracles de saint Exupère[89].

En 1632, François Bosquet puisait dans la chronique de Jean de Saint-Victor de nombreux passages pour son *Historia Pontificum Romanorum qui in Gallia sederunt ab anno 1305 ad annum 1394*[90]. En 1636, André Duchesne, à son tour, édita quelques feuillets du

---

[86] Sur cette question, lire F. BONNARD, *Histoire de l'abbaye royale et de l'ordre des chanoines réguliers de Saint-Victor de Paris,* 2 vol., Paris, 1904-1908, II, p. 99-119.

[87] Il s'agit du ms BnF, lat. 15063, fol. 181 : «Excerpta ex chronico manuscripto Johannis de Parisius canonici quod inscribitur Memoriale Historiarum in Biblioteca Maiori BBB1» (BnF, lat. 15011) ; les autres documents sont des listes de victorins, des extraits du *Liber Ordinis* (voir l'édition de ce texte par L. JOCQUÉ), des morceaux du rituel en vigueur à Saint-Victor au XVIIe siècle.

[88] F. BONNARD, *op. cit.*, II, p. 152.

[89] *AA SS,* Aug., I, p. 52-55. Le passage dont il est question se trouve dans le manuscrit BnF, lat. 15011, fol. 193v.

[90] FR. BOSQUET, *Pontificum Romanorum quie Gallia oriundi, in ea sederunt historia ab anno 1305 ad annum 1394,* Paris, 1632.

Tractatus de divisione regnorum dans ses *Historiae Francorum scriptores*[91]. En 1646, Jean de Launoy rédigeait une *Dissertation* sur saint Bruno. Il y reproduisait trois passages du *Memoriale*[92]. Mais il ne lui était pas nécessaire de recourir aux exemplaires victorins, puisqu'il pouvait utiliser le manuscrit Ars. 986 conservé alors au collège de Navarre où il avait fait ses études.

Quelques années plus tard, un autre érudit, Jérôme Vignier, protestant converti devenu prêtre de l'Oratoire, préparait au soir de sa vie une *Histoire de l'Eglise gallicane*[93]. On a tout lieu de penser qu'il avait consulté l'œuvre de Jean de Saint-Victor[94].

On a montré plus haut que c'est sans doute grâce au *Memoriale historiarum* (dans la version du ms. Sainte-Geneviève 516) que Sébastien Le Nain de Tillemont (1637-1698) avait fait mention dans sa *Vie de saint Louis, roi de France*, de ces croix érigées en l'honneur de saint Louis entre Paris et Saint-Denis[95]. Or, l'historien de Port-Royal, fils d'un maître des requêtes au Parlement de Paris, avait un frère cadet, Pierre (1640-1713), qui fit avant 1668 un séjour à Saint-Victor. Il quitta ensuite l'abbaye pour entrer à la Trappe mais conserva les liens d'amitié qu'il avait noués avec Simon Gourdan. Ce dernier, on s'en souvient, avait inscrit avec enthousiasme Jean de Saint-Victor parmi ses «hommes illustres» dont la vie et les maximes avaient fait la gloire de l'ordre. On peut tout à fait imaginer avec quel empressement il ouvrit les portes de la bibliothèque à un érudit soucieux de rassembler toutes les sources de première main disponibles et qui était à la fois le frère de son ami et un des ces *Messieurs* pour qui Saint-Victor avait, selon Bruno Neveu, une amitié indubitable[96].

C'est encore au cours du XVIIe siècle, mais à une date inconnue, qu'un certain Jean de Saint-Martin, sans doute originaire d'Orléans ou de ses environs, releva dans le *Memoriale* tous les passages et allusions ayant trait aux saints de Micy[97].

---

[91] A. DUCHESNE, *Historiae Francorum scriptores coaetanei*, I (1636), p. 128-134.

[92] CH. SAMARAN, *art. cit.*, p. 9 n. 19.

[93] Art. *Jérôme Vignier (1606-1661)*, *Biographie universelle*, t. 43, col. 381-382.

[94] Cf. la note de Paul Petau au fol. 9 du B.A.V., Reg. lat. 595 dont le début a malheureusement été rogné par le relieur : ... *habuit Vignerius, cuius frequenter testimonium datur* ...

[95] Cf. supra chapitre IV.

[96] B. NEVEU, *Un historien à l'Ecole de Port-Royal*, La Haye, 1966, p. 25-26.

[97] JEAN DE SAINT-MARTIN, *Rerum Miciacensium promptuarium sextum*, Orléans, Bibl. mun. 729 (Ms. 60), fol. 94v-95. Que Charles Vulliez, qui m'a très aimablement signalé ce lecteur supplémentaire du *Memoriale*, trouve ici l'expression de ma reconnaissance.

Enfin, en 1693, Etienne Baluze publia ses deux volumes des *Vitae paparum Avenionensium*[98]. Son projet reprenait celui mené par François Bosquet soixante ans plus tôt. Mais il donnait cette fois plusieurs vies pour chaque pontife. Ainsi, pour Clément V et Jean XXII avait-il mis bout-à-bout des extraits détachés du *Memoriale.* Pour effectuer cette édition, il avait compilé trois manuscrits, *D, I et J.* On possède sans doute une trace du travail préparatoire dans le manuscrit *Q* (BnF, Baluze 45).

Après 1693, le *Memoriale historiarum* paraît sombrer dans un oubli relatif pendant près de cent cinquante ans, jusqu'à l'édition de Joseph-Daniel Guigniaut et Natalis de Wailly. Un seul manuscrit, une copie de Dom Martène (*S*), est conservé pour le XVIIIe siècle. Simon Gourdan (mort en 1729 à Saint-Victor), les érudits et auteurs de dictionnaires, en font mention, mais aucun, semble-t-il, n'a lu la chronique de Jean de Saint-Victor, ni ne l'a utilisée pour ses propres travaux. La vie historiographique du *Memoriale historiarum* semble bien s'être arrêtée, du moins pour un temps, en 1693.

---

[98] CH. SAMARAN, *art. cit.*, p. 21.

CONCLUSION

Sorti des mains de son auteur le *Memoriale* n'a pas connu un parcours de diffusion linéaire. Cette chronique était-elle promise à un beau succès ? La traduction et la continuation dont elle est l'objet dès avant 1350, les nombreux emprunts que lui font les chroniqueurs dionysiens au XIVe siècle, le laissent à penser. Mais la tentative modeste des victorins pour produire et diffuser cette œuvre laissée inachevée a rapidement été anéantie par les soubresauts de la Peste Noire et de la Guerre de Cent Ans. Le conflit franco-anglais a incontestablement brisé toute ambition internationale. Ses destinées allaient désormais se jouer dans la France du Nord et essentiellement à Paris. Là, au XVe siècle, nous avons vu l'œuvre quitter son berceau victorin et circuler dans un milieu d'universitaires et de serviteurs de l'Etat. Pour le XVIe siècle, l'information est mince, mais nous avons ce témoignage exceptionnel de la lecture de Matthieu Parker. Enfin, avant que vint l'oubli, le XVIIe siècle vit un regain d'intérêt pour le texte du victorin. Et l'on retrouve à ce moment précis le rôle de Saint-Victor puisque la lecture des érudits fut sans doute initiée par Jean de Thoulouze.

Ouvrage d'histoire universelle, le *Memoriale historiarum* fournit à l'amateur pressé, qu'il soit clerc ou officier du roi, juriste ou théologien, un cadre clair et complet des grands événements religieux et civils, accompagné d'une documentation abondante et variée. Et c'est bien là la vocation que lui avait assignée l'auteur. Mais l'érudit et l'historien ont été, eux, beaucoup plus sensibles au témoignage particulièrement riche d'un contemporain des derniers Capétiens directs.

CONCLUSION GÉNÉRALE

Au terme de ce travail une constatation s'impose : le nom de Jean de Saint-Victor, loin de marquer un simple repère dans l'historiographie médiévale, est celui d'un historien à part entière. Parce que le silence était presque total autour de cet auteur et de son œuvre, le texte devait être la base de toute observation, la matière première de l'étude. Or, ce texte a incontestablement dévoilé un auteur, avec ses qualités, sa personnalité, ses idées.

Un projet en deux versions

L'étude des manuscrits conservés a d'abord montré l'existence d'une première version de l'œuvre, un texte suffisamment avancé pour qu'il témoigne déjà de la culture, des méthodes de son auteur, de sa filiation intellectuelle avec Hugues et Richard de Saint-Victor. Parce qu'il ne satisfaisait parfaitement ni son auteur ni la communauté victorine, parce qu'il n'était pas en parfaite adéquation avec leur vision de l'histoire, avec leur évolution intellectuelle, ce premier projet a été abandonné.

Un second projet, d'une toute autre ampleur, fut alors mis en œuvre. Pendant près de vingt ans il a mobilisé l'énergie d'une équipe, – aux effectifs sans doute modestes –, et d'un maître d'œuvre. Tout en réemployant ce qui pouvait l'être de la première version (ex : l'*ordinatio temporum*), la matière, l'organisation, les perspectives du nouveau texte ont fait l'objet d'une réflexion renouvelée. L'œuvre a alors été envisagée comme un ensemble composé de plusieurs parties, elles-mêmes subdivisées en livres, voire en chapitres. Cette nouvelle organisation affirmait plus clairement la vocation d'histoire universelle commençant aux origines de la Création. Elle permettait également de faire une place non négligeable à la *descriptio orbis terrarum*.

Si la mise en œuvre de ce second projet répond bien à l'initiative de l'auteur et de la communauté victorine, sa réalisation doit beaucoup à la rencontre avec une œuvre extérieure à Saint-Victor et, semble-t-il, jusque là inutilisée par les victorins : le *Speculum historiale* du dominicain Vincent de Beauvais. Cette encyclopédie offrait à la fois un immense réservoir de textes, un accès à des sources nouvelles et un modèle d'organisation de la matière. C'est peut-être sur ce dernier point que son influence sur le *Memoriale historiarum* est la plus manifeste : plan en parties, livres et chapitres, effort de calibrage du texte à l'intérieur de ces chapitres, soin nouveau pour donner les références des sources en marge du texte ...

De la quête des sources à l'écriture, la marque constante du maître d'œuvre

Néanmoins, la seconde version du *Memoriale* est loin de se couler dans le moule du *Speculum*. Jean de Saint-Victor a sa propre conception du métier d'historien, conception nettement repérable dans la première version et que le second texte révèle dans sa pleine maturité. Le recours aux livres authentiques est à la base de sa méthode de travail et la bibliothèque de l'abbaye, dont le fonds s'était régulièrement enrichi au cours de deux siècles d'existence, lui permettait de rassembler dans ce domaine une documentation sérieuse et variée. Confronté en certains cas aux limites de sa propre bibliothèque, le chroniqueur n'hésite pas à se tourner vers d'autres centres de culture, tel Saint-Denis. Il lui arrive même de renoncer à ses principes les plus affirmés pour utiliser, quand c'est nécessaire, des livres qu'il est plus difficile de considérer comme «authentiques» : des textes versifiés écrits par des trouvères (la *Branche des royaux lignages* de Guillaume Guiart, la *Chronique métrique* de Geoffroi de Paris). Il évite simplement alors de les citer. Les sources livresques sont primordiales et majoritaires, elles ne sont pas exclusives d'autres types de sources comme les archives ou les inscriptions épigraphiques. Enfin, les sources livresques, utilisées très avant dans la chronique (au moins jusqu'en 1316), cèdent progressivement le pas, sans que l'on puisse repérer la moindre rupture brutale, au témoignage personnel et au travail de la mémoire.

De cette documentation riche et variée l'auteur garde une très grande maîtrise. La lecture du texte comme les traces de travaux préparatoires en portent témoignage. Il inventorie la matière de ses sources principales (indexation du *Speculum historiale*), choisit avec soin les extraits à faire copier, constitue des dossiers sur certains thèmes particulièrement importants (les origines des Francs). Il compare les informations, exerce une certaine critique sur sa documentation.

A la maîtrise des sources répond la maîtrise du récit. Entre les deux versions on a pu observer un rééquilibrage de telle ou telle partie, la réécriture de tel ou tel paragraphe. L'auteur veille également à contrôler la longueur des séquences narratives. Ce contrôle est cependant un peu moins strict dans les dernières années de la chronique. L'organisation du récit répond à des exigences précises que l'auteur paraît s'être fixées et dont il donne l'explication dans ses prologues. La règle première est celle de la chronologie, elle s'exprime dans un système de datation complexe dont témoigne la mise en page de la première version. Ce récit ordonné selon la chronologie et la *series temporum* doit aussi être compréhensible, donc logique. Cette seconde exigence incite fréquemment Jean à remanier le plan des sources utilisées, à insérer un certain nombre de détails permettant de mieux identifier les personnages, de mettre l'accent sur les relations de cause à effet. Ce souci pédagogique de clarté devait aboutir à une mise en page et des outils destinés à faciliter l'utilisation de cet ouvrage conçu, selon les dires mêmes de l'auteur, comme un manuel. Mais il semble que cet aspect du travail n'ait pu être mené à bien. Enfin, la maîtrise du texte se traduit par la langue. La comparaison du prologue dans l'une et l'autre version, l'examen de la compilation, et la lecture des dernières années de la chronique montrent toute l'attention de l'auteur à cette question. On note son effort de concision, son souci du choix du vocabulaire, parfois son intérêt pour le beau style. Cette œuvre de compilation est marquée dans sa réalisation générale, et plus encore dans son écriture, par l'empreinte personnelle de l'auteur.

Ce métier d'historien, dont il dit dans le prologue toute la fierté qu'il ressent à l'exercer, Jean le met au service d'un projet historiographique ambitieux.

Une chronique universelle, cadre d'une réflexion sur l'histoire

Ambitieux, en premier lieu, est le choix du genre : une histoire universelle. Choix un peu archaïsant qui s'explique d'abord par l'appartenance de l'auteur à un ordre religieux. Or, cet ordre, celui des chanoines de Saint-Victor, avait compté dans ses rangs, deux siècles auparavant, celui qui avait donné sa place à l'histoire universelle dans les abbayes et couvents. En effet, non seulement Hugues de Saint-Victor avait fait de la *lectio historica* un fondement de toute interprétation de l'Ecriture au sens large (c'est-à-dire englobant des textes écrits dans les temps post-christiques), mais il avait aussi composé un outil, une liste-chronique des papes et des empereurs destinée à «lire» l'histoire de l'Eglise et des *regna*[1]. Ce manuel, qui avait

---

[1] M. CHAZAN, *L'idée d'Empire dans les chroniques universelles écrites en France de la fin du XIIᵉ siècle au début du XIVᵉ siècle* (1995), exemplaire dactylographié, p. 1197-1198.

rencontré un grand succès aux XIIe et XIIIe siècles, était moins souvent copié au début du XIVe siècle. Mais à Saint-Victor il restait la pierre d'angle de toute construction du savoir historique. Enfin, la justification de l'histoire universelle par Hugues de Saint-Victor avait rencontré dans la chronique de Sigebert «les moyens de réaliser des chroniques qui aient des perspectives réellement universelles»[2]. Cette rencontre est à la source de la floraison des histoires universelles aux XIIe et XIIIe siècles, elle est encore à l'origine du projet de Jean.

Dans ce cadre choisi d'une histoire universelle, Jean pense l'histoire. Et il fait preuve dans ce domaine d'une profonde réflexion et d'une très grande cohérence idéologique. C'est sans doute dans le *Tractatus de divisione regnorum*, placé en tête de la chronique, qu'elles se manifestent le mieux. Comme l'a montré Mireille Chazan, pour le victorin, la *divisio regnorum* est une constante de l'histoire de l'humanité[3], l'Empire, dont le rôle a été par deux fois providentiel (au temps d'Auguste et Constantin et au temps de Charlemagne et Louis le Pieux) n'a pas échappé à cette loi. Depuis la déposition de Frédéric II (1245), l'Empire a disparu. Mais il n'est plus nécessaire car l'état naturel du monde, c'est la *divisio regnorum*. Dans la longue réflexion sur la place de l'Empire, dont les chroniques universelles produites en France entre le XIIe et le XIVe siècles constituent les principales étapes, le *Memoriale historiarum* marque un terme. Il offre une représentation du monde qui s'est inversée depuis le temps de Robert d'Auxerre[4]. Mais, il est à souligner que pour parvenir à ces conclusions, fortement marquées par l'aristotélisme, la pensée de Jean a dû subir des évolutions, un mûrissement. En effet, la lecture de la première version de l'œuvre révèle une conception beaucoup plus augustinienne, dans laquelle le principe – déjà présent bien que moins affirmé –, de la *divisio regnorum*, n'a pas pour conséquence la proclamation de la mort de l'Empire. Dans la première version, Jean semble encore accorder quelque crédit à l'idéal – ou au mythe – de l'unité de l'humanité rassemblée dans l'Empire.

Le renoncement au rôle providentiel de l'Empire, l'acception de l'idée aristotélicienne de la *divisio regnorum* comme ordre naturel du monde laissent intacte la place de l'Eglise dans l'histoire universelle. Avec l'Incarnation du Christ le monde est entré dans l'ère du Salut et l'histoire de l'Eglise devient l'espace temporel dans lequel se joue la réalisation de ce Salut. C'est pourquoi le victorin, dans la mise en

---

[2] M. CHAZAN, *op. cit.*, p. 1198.
[3] M. CHAZAN, *op. cit.*, p. 844.
[4] M. CHAZAN, *op. cit.*, p. 1206-1207.

place de son système chronologique, insiste sur l'année de l'Incarnation et note soigneusement l'année pontificale. Par ailleurs, à ce temps de l'Eglise correspond une géographie ecclésiastique. La *Descriptio orbis terrarum* vise à dessiner un monde unifié par l'administration de l'Eglise, un monde qui cherche à englober dans l'espace chrétien les peuples nouvellement apparus.

Dans ce monde marqué à la fois par la *divisio regnorum* et l'universalité réaffirmée de l'Eglise, le royaume de France et son roi ont une place à part. Logique avec lui-même, Jean de Saint-Victor, à la différence d'un Guillaume de Nangis, dénie au roi de France toute vocation à la monarchie universelle. Mais à l'intérieur de son *regnum*, celui-ci doit assurer la défense de l'Eglise et être l'arbitre de la paix, contre le pape lui-même si nécessaire[5]. Plus qu'un territoire aux frontières bien définies, le *regnum* se présente dans le *Memoriale* comme un espace sur lequel le roi exerce sa souveraineté, sa justice ; c'est aussi le cadre de vie d'un peuple qui se reconnaît dans une histoire commune, qui s'incarne dans une dynastie. Sujet des derniers Capétiens directs, le victorin rend partiellement compte de la façon dont cette dynastie se pense, de l'image qu'elle cherche à donner d'elle-même. Contemporain de Philippe le Bel, Jean de Saint-Victor est également attentif aux mutations de l'Etat et de la pensée politique. Il donne une certain écho des débats de son temps, des théories qui nourrissent ces débats, même s'il connaît finalement peu les hommes qui en sont les promoteurs (Gilles de Rome, Jean de Paris ...). Il est sensible enfin aux résistances qui se manifestent face aux progrès de l'Etat (refus de l'impôt, conflits entre les conseillers du roi et les barons...). En ce sens, il est un très bon témoin des questions et des mouvements de l'opinion publique dans le premier quart du XIVᵉ siècle. Mais il n'est pas un témoin neutre. Son portrait de saint Louis, le jugement critique qu'il porte sur les règnes de Philippe le Bel et de ses fils, montre une communauté victorine inquiète pour ses privilèges et intellectuellement réticente à la genèse de l'Etat moderne.

Le Memoriale historiarum, outil et témoin de l'évolution intellectuelle des victorins

Pour construire sa représentation de l'histoire, Jean de Saint-Victor puise dans une culture historique riche et ancienne. Mais les questions qu'il se pose lui sont largement suggérées par l'actualité politique et intellectuelle de son temps. Le déplacement idéologique constaté de l'augustinisme, traditionnel chez les victorins, à un

---

[5] M. CHAZAN, *op. cit.*, p. 1173 et 1175.

aristotélisme même modéré, représente une évolution suffisamment grave pour qu'elle ne puisse pas être le fait d'un seul individu. Le *Memoriale historiarum* semble né de la rencontre entre un historien aux qualités professionnelles et à la hauteur de pensée incontestables et la volonté d'une communauté et de ses chefs. L'œuvre de Jean de Saint-Victor traduit doublement cette volonté d'un renouveau des études chez les victorins, d'un désir de participer aux débats intellectuels du temps. Elle est d'abord, l'auteur le dit, un manuel, c'est-à-dire un outil offert aux étudiants de l'abbaye. Mais elle constitue aussi une sorte de «mise à jour», de «mise au point» de la pensée victorine sur l'histoire et le monde. Sans doute une telle entreprise intellectuelle a-t-elle été jugée nécessaire pour entériner l'entrée des victorins dans le monde de l'aristotélisme, tout en marquant les limites qu'ils entendaient donner à ce courant de pensée. Par ailleurs, il est étonnant de constater que ces tenants de la théologie ont voulu inaugurer leur retour sur la scène universitaire par un texte historiographique et une réflexion sur l'histoire. Cette démarche a-t-elle été envisagée dans le cadre de la tradition propre à Saint-Victor, comme un retour aux intuitions premières de maître Hugues, même si le but proprement exégétique poursuivi autrefois est ici largement dépassé ? Elle témoigne en tout cas que l'histoire, qui continue d'être considérée comme une science auxiliaire, à qui le cursus universitaire dénie toujours le moindre statut, est en réalité devenue une science nécessaire, indispensable, pour qui veut avoir une intelligence du temps présent et les bases intellectuelles pour construire le monde à venir.

La diffusion : une histoire brisée ?

La communauté victorine et ses abbés (Guillaume de Rebais et Jean de Palaiseau) ont donc soutenu le projet et l'entreprise de Jean. Sans doute ont-ils cherché ensuite à en diffuser le résultat. On imagine mal en effet qu'une telle œuvre ait été destinée au seul usage interne du couvent parisien. Dans les années qui suivirent, l'intérêt manifesté pour la chronique à travers sa traduction en français et ses continuations, dut les conforter dans l'idée qu'il y avait bien un public. Quelques signes laissent à penser qu'il y a eu de réelles ambitions de diffusion : très vite l'équipe s'est efforcée de mettre le texte au net ; Saint-Victor a peut-être cherché à en faire parvenir un exemplaire jusqu'en Avignon ; deux copies ont sans doute été adressées à des abbayes-sœurs en Angleterre. Mais, à ce stade de l'opération, les victorins ont visiblement joué de malchance : l'auteur est sans doute mort sans avoir réalisé la totalité de son projet ni muni son texte d'aides convenables pour le lecteur ; la Guerre de Cent Ans, la Peste

Noire brisèrent ce premier élan de diffusion. Les malheurs des temps mirent sans doute aussi un terme ou du moins un frein à la tentative de renouveau des études à Saint-Victor. Il ne semble pas, en effet, que le *Memoriale historiarum* ait été, dans les décennies qui ont suivi sa rédaction, à l'origine d'autres travaux intellectuels à l'intérieur de l'abbaye. En ce sens, on peut le considérer comme une occasion ratée, sinon un échec.

Un modeste succès vint cependant un peu plus tard, au xve siècle. Il fut exclusivement parisien et assez étranger à Saint-Victor. Il consacra l'abandon de la première partie de l'œuvre et la diffusion de la seule chronique allant de César à 1322. L'abondance des notes de lecteurs, la réalisation par l'un d'entre eux d'une table des matières témoignent de l'intérêt porté à ce texte par un public avide de se forger une culture historique.

Mais au xviie siècle, c'est à Saint-Victor, que le bibliothécaire Jean Picard et surtout le prieur Jean de Thoulouze redécouvrirent le *Memoriale* et son auteur. De Jean, dont ils ne savaient pourtant rien, ils firent bien vite un héros capable de prendre place dans leur entreprise de «défense et illustration» de la glorieuse tradition victorine. En revanche, en portant le texte à la connaissance des érudits et des antiquaires, ils permirent que le *Memoriale* soit pris en compte dans le grand mouvement d'édition de documents anciens et soit enregistré dans les différents dictionnaires et répertoires élaborés au même moment. Dès lors, sa transmission jusqu'à l'époque moderne était assurée. On peut donc dire, qu'au xviie siècle, les victorins ont offert à cette œuvre historiographique, née dans leurs murs trois siècles plus tôt, l'occasion de diffusion dont elle avait été jusqu'alors privée.

ANNEXES

ANNEXE I

Titres des chapitres de la *Descriptio orbis terrarum*

(BnF, lat. 15010)

Table des matières de l'*Exordium*

(2ᵉ version)

BnF, lat. 15011, fol. 3.

Les chiffres romains renvoient aux folios dans le manuscrit BnF, lat. 15011, les lettres a et b indiquant si besoin le recto ou le verso de ces mêmes folios.

Incipit tabula eorum que sunt in exordio

A
Assiriorum regnum primo folio b
Alexandria condita est III a
Arginorum regnum III b
Atheniensium regnum III b
Alexander Magnus VII et VIII et IX
Anthiochia conditur X b
Anglie regnum XVIII a
Alemannia XXIII
Apulia, Calabria, Sicilia XXIX b
Armenia XXX b
Amazonia XXXI
Alani XXII b

B
Beneventum conditur X
Babilonie regnum subditur Romanis X
Britannia subditur Romanis XV
Britannie regnum primum XVII
Britonum rex Brennius XVIII
Britonum rex Cassibellanus
Britannia tributaria fit Romanis XIX
Bulgares XXIII
Burgondiones XXVII
Britonum rex primus christianus XX
Britannie minoris inicium XX
Britania dividitur XXXI
Blesenses comites XXIX

C
Corinthiorum regnum VI a

Cirus rex Medorum, Caldeorum,
 Persarum XII
Crasus consul obiit XVII
Cornubia XVIII
Cantuaria XVIII b
Clocestria conditur XX

D
Daci et alii XXII b

E
Egipti regnum X
Esdras reparat Bibliam VII
Eboracum XVIII

F
Frisones XXIII
Francorum nomen primo XXVII et
 XXVIII
Flandrie inicium XXX

G
Gallorum conditio XXIIII et XXV
 per totum
Gallia dividitur XXV et XXVI
Gallogreci et Galathe XXV
Gothi XXII

(fol. 3v)

H
Hollandia XXII, Huni XXII, Hyspania XXX

I

Interpretes LXX[a] IX
Iudeorum captivitas XI et XII
Iudeorum regnum XII, XIII, XIIII
Iudeorum primus pontifex post
    transmigrationem
Iulius Cesar XVI a-b et XVII et
    XXXII
Iudei sunt tributarii Romanis XVI
Iudeorum regnum defecit XVII
Iherusalem regnant Christiani XXX b
India XXXI

L

Latinorum regnum IIII
Latinorum rex Silvius XIIII
Ladcedemoniorum *(sic)* regnum VI
Liddorum regnum XII
Lundonia conditur XVIII
Lungobardi XXII b
Lotharingia XXX

M

Micenarum regnum III b
Medorum regnum VI
Macedonum regnum VII
Massilia conditur XI
Mensure instituuntur XIIII b
Machabei XV
Merlinus XX

N

Numidie regnum XVII b
Northmanni XXVIII

Northmanni conquisierunt Apuliam
    XXIX

O

Oracius XVI

P

Perse III et VI et VII
Plato, Aristoteles et Socrates VII
Parthorum regnum XVII b
Parisius XXVI et XXVII b

R

Romulus III b et V a-b obiit
Roma conditur V a
Romanorum primus consul XV
Romanorum dilatacio XVI

S

Scitarum regnum I b
Semiramis II a
Scicioniorum regnum III a
Senonenses Galli Romam capiunt
    VII et XXV
Samarie regnum
Scocia XVIII
Suevi XXII et Saxones XXIII

T

Treveris conditur II a
Troia destruitur VI a
Thebarum rex XIII a
Turonis civitas conditur XVIII

W

Wandali I et XXI
Virgilius nascitur XVI

ANNEXE IIIa

Prologue de la première version (*Ars. 1117*)

(fol. 1) Labilis est hominum memoria ut sapientes testantur et quilibet experitur. Visa enim et audita faciliter excidunt a memoria nec ab aliquo longo tempore possunt adeo firmiter retineri ut eorum semper, quando voluerit, celeriter recordetur, nisi scripti recordatione vel vive vocis repetitione juvetur. Propter quod antecessores nostri provide gesta hominum digna memoria pro se ipsis scripserunt et scripta posteris reliquerunt. Nunc quoque hystoriophili qui in audiendo ac legendo hystorias et gesta antiquorum insignia delectantur, in quibus, inquam historiis seu gestorum narrationibus multimode reperiuntur differentie quantum ad personas, tempora et loca, bene indigent aliquo scripto de hiis, cujus inspectione possint eorum que in diversis hystoriis legerunt vel a diversis audierunt narrari facilius memorari. Quantum ad hoc igitur presens opusculum, quantulicumque sit reputandum precii, aliquid utilitatis habere poterit ut videlicet per ipsum, sicut per memoriale quoddam, hystorie, maxime a tempore Julii Cesaris, primi Romanorum imperatoris, usque ad moderna tempora scripte, ad memoriam reducantur. Sicut enim sciunt experti, in hystoriis que multe hactenus edite sunt nec a quolibet possunt omnes haberi, vel perlegi ab eis eciam qui habent eas, nec possunt semper pre manibus haberi, multa, inquam, et diversa diffuse tractantur. Similiter in chronicis multis, multa et de multis tanguntur : tam ergo de istis quam de illis, multa in presenti opusculo, quantum ad predicta tempora, compendiose et velut in summa, sub assignatione certi temporis, continentur, ita ut faciliter satis possint ab eis etiam qui hystorias non legerunt intelligi, et eos qui ipsas legerunt lectorum faciant recordari. Vos autem quibus hoc opusculum placebit legere, queso, non turbetur cor vestrum si, quantum ad tempora seu annos regum vel principum, pontificum vel sanctorum, inter hoc opusculum et alia quedam majora opera aliquam inveniatis dissonanciam, sed advertite quod de omnibus hystoriographis et chronographis qui fuerunt, maxime quantum ad numeros et tempora, vix duo possunt inveniri penitus concordantes. Et quantum ad presens, contrarietas in assignatione temporum satis potest perpendi ex hoc quod in maximis et famosissimis diversitas repperitur, videlicet in assignatione annorum a creatione mundi usque ad nativitatem Christi, secundum LXX interpretes et secundum Hebraicam veritatem, ut patet per Eusebium et Jeronimum. Et in computatione annorum ab incarnatione Christi usque ad nos diversitas est inter Dyonisii abbatis numerum et numerum Mariani Scoti et quorumdam aliorum suam computationem dicentium convenire Euvangelice veritati. Si igitur in hiis maximis et famosissimis numeris diversificantur magni, multo magis in

aliis minoribus numeris debet cogitari posse quedam contraria repperiri. In hoc autem opusculo numerus ponitur qui tenetur communius vel a pluribus approbatur.

Antequam vero principalem materiam inchoemus, aliqua de origine et fine diversorum regnorum et regionum cum Dei adjutorio perstringemus.

Incipit narracio.

ANNEXE IIIb

Prologue de la seconde version *(BnF, lat. 15011)*

Sont indiquées en notes les sources des citations ou des emprunts faits par l'auteur.

(fol. 4) Labilis est hominum memoria, ut sapientes testantur et in seipso quilibet experitur. Visa enim et audita faciliter excidunt a memoria citoque subrepit mater ignorancie oblivio nisi scripture inspectione vel vive vocis repetitione subsidium conferatur. Et propter hoc antecessores nostri utiliter siquidem et provide gesta veterum digna recordacione scripserunt et scripta ad evitandum que mala et imitandum que laude digna gesserunt, posteris dereliquerunt. Unde in primo <*libro*> Ethimologiarum dicit sanctus Ysidorus : «Multi sapientes preterita hominum gesta ad institutionem presencium considerunt historiis». Et post pauca subjungit : «Siquidem per historiam summa retrotemporum annorumque supputacio comprehenditur et per regum successus multa necessaria perscrutantur»[1]. Scripserunt itaque veteres pro sua suorumque successorum utilitate gesta virorum illustrium memoranda, ne possent oblivione deleri sed perhenni memoria conservari. Ob hoc namque, ut dicit Ysidorus in eodem I° libro capitulo «De litteris» : «Usus», inquit, «litterarum repertus est propter memoriam rerum variarum : nam ne oblivione fugiant litteris alligantur. Littere namque sunt indices rerum et signa verborum»[2]. Pro consimili causa, modernis historiophilis qui videlicet in legendo veterum historias gestaque virorum illustrium insignia delectantur, necessarium esse satis arbitror aminiculum habere alicuius tractatus cujus veluti cuiusdam memorialis inspectione iuventur, ad hoc quod eorum que in diversis legerunt historiis vel narrari forsitan audierunt ab aliis, facilius recordantur. Quantum ad hoc igitur presens opusculum, quantumcumque modici sit reputandum valoris, aliquid poterit habere utilitatis. Per ipsum enim tamquam per memoriale quoddam, poterunt historie a diversis auctoribus, in diversis temporibus, de diversis nacionibus hactenus edite, precipue a tempore Iulii primi Romanorum imperatoris usque ad nos, ad memoriam eorum qui eas legerunt vel audierunt faciliter revocari. Illi quoque qui nec audierunt eas recitari, propter facilitatem sermonis, intelligere poterunt hec scripta, saltem breviter et in summa, que in pluribus aliis libris auctenticis per partes invenirentur diffusius et difficilius propter profunditatem sciencie, fecunditatem materie et prolixitatem sentencie tractatuum et scriptorum. Gaudent enim brevitate moderni[3].

---

[1] Isidore de Séville, *Etym.*, I, 43.
[2] Isidore de Séville, *Etym.*, I, 3.
[3] Geoffroi de Courlon, *Chronique*, p. 172.

Unum autem volo premittere ego, huius operis compilator, non inventor, quod in hoc toto tractatu maiorum auctorum predecessorum meorum, prout potero, non tamen sentenciis sed eciam verbis utar. «Plus conabor verax quam eloquens inveniri», ut dicit Odo Cluniacensis in prologo quodam suo[4] et Bernardus in fine primi De Consideracione : «Nichil ita absque labore manifestam facit veritatem ut brevis et pura narracio»[5]. Liber autem presens poterit Memoriale Historiarum appelari. In eo siquidem partim historice et partim chronice procedemus. Ut enim ait Ysidorus : «Ubi res geste prout geste sunt, modo debito et ordine competanti narrantur, historicus est processus». Chronice autem proceditur ubi continuando iuxta ordinem temporum et seriem, annum, diem vel horam diligenter notando, res ipse breviter notantur et succincte. Unde Ysidorus Ethimologiarum V° libro, «chronica grece, latine temporum series appelatur»[6]. Hunc modum mixtum qui tactus est prosecucionis ordo monstrabit. Vos autem qui hoc opusculum legere volueritis, non turbetur cor vestrum, queso, si quantum ad tempora seu annos regum vel pontificum vel eciam sanctorum, inter hoc opusculum et alia quedam maiora aliquam inveniatis dissonanciam ; sed advertite quod de omnibus historiographis et chronographis qui fuerunt, vix duo maxime, quantum ad numeros et tempora, possunt inveniri concordantes. Et hoc satis potest perpendi ex hoc quod in assignacione temporum vel annorum a creatione mundi usque ad nativitatem Christi, secundum LXX interpretes et secundum Hebraycam veritatem diversitas reperitur, ut patet per Eusebium et Ieronimum. Item in computacione annorum ab incarnacione Christi usque ad nos, diversitas est inter numerum Dionisii abbatis et numerum Mariani Scoti et quorumdam aliorum dicentium suam computacionem convenire euvangelice veritati. In hoc autem opusculo numerus ponitur qui a pluribus approbatur.

Antequam vero principalem materiam inchoamus, aliqua de origine et fine diversorum regnorum cum Dei adiutorio perstringemus.

(fol. 5) Incipit exordium

---

[4] ODON DE CLUNY, *De reversione beati Martini a Burgundia*, PL 133, col. 813.
[5] BERNARD DE CLAIRVAUX, *De Consideratione*, PL 182, col. 740.
[6] ISIDORE DE SÉVILLE, *Etym.*, V, 28.

ANNEXE IIIc

«Ordita quasi iam tela narrationis...» *(BnF, lat. 15011)*

(fol. 35v)

Hic explicit quasi prologus.

Explicit divisio regnorum.

Ordita quasi iam tela narracionis nostre, deinceps textura sequatur, id est prologo et exordio de pluribus regnis et regionibus in generali tractatu, velut quibusdam preludiis iam premissis, restat specialem narracionem primum intentam de gestis particularibus historicis cum assignacione certi temporis inchoare. Iocundum est nempe cuilibet sapienti nosse historias quarum sola superficialis cognicio solet ab humanis mentibus nebulas erroris ambigere et eas ad perfectiorem adducere noticiam veritatis. Ob ignoranciam namque seriei temporum ac decursus nonnullos scriptores gestorum principum et legendarum sanctorum, que eciam quandoque in ecclesia leguntur quos gracia pacis exprimere nolumus, deviasse repperimus a tramite veritatis. A Iulio Cesare primo imperatore seu Romanorum monarcha usque ad tempora nostra nostre intencionis est gesta quolibet anno digna memoria recitare, quedam solum tangendo et quedam plenius prosequendo. Nec videatur alicui inutile vel ineptum secundum regum vel imperatorum annos vel tempora historias ordinari vel gesta narrari. Hunc enim modum eciam in Sacra Scriptura sepius invenimus, sicut apparet in Ysaie, *(fol. 36)* Ezechielis, Danielis, Esdre, Machabeorumque libris ; immo et in ewangeliis, precipue Mathei et Luce III°, fit de tempore regis Herodis et imperatorum mentio cum de sacra Christi nativitate debet historia vel misterium propalari ut patet Mathei II° et Luce I° capitulo et II° et III°. Specialius fit sermo cuius imperatoris tempore et quoto anno imperii et de tribus tetrarchis et summis sacerdotibus ad declaranda dicenda certum tempus cronice premittitur et sollicite notatur. Modus ergo iste non est reprobandus in nobis vel aliis, sed approbandus sicut enim dicit Hugo Floriacensis in prologo tercii libri sue historie : «ille res geste que nulla regum vel temporum certitudine commendantur non pro hystorias recipiuntur sed inter aniles fabulas deputantur»[7].

A Iulio ergo Cesare summentes exordium specialis tractatus, primum aliqua de gestis eius antequam imperator fieret premittemus.

---

[7] HUGUES DE FLEURY, *Hist. eccles.*, III, BnF, lat. 15047, fol. 35.

«Dossier» sur l'histoire des origines du peuple franc[1]

BnF, lat. 15011, fol.140v (377)

Circa hoc tempus Valentinianus Saxones et Alanos bello devicit. Alani autem, Meothidas palludes transeuntes, ibi manere voluerunt ; sed rursus Valentinianus ibi eos persequens, dum situ et difficultate locorum impediretur, Troianos, qui Sicambriam sub duce Anthenore habitabant, in suum auxilium convocavit. Quibus tributa per X annos, si dictas palludes possent transire et Alanos feroces superare, indulsit. Quapropter animati, cum essent in labore duri et locorum gnari, eos devicerunt et expulerunt. Quorum virtutem admirans et laudans, imperator eos «Francos», quod attice sonat feroces, appellavit ; quod nomen usque hodie retinent. De hiis infra.

BnF, lat. 15011, fol. 147v (385)

Franci qui a Valentiniano I°, propter victoriam quam habuerant de Alanis fuerant X annis a solito tributo quitati, ut supra dictum est, presumentes de sua fortitudine et victoria habita, transactis etiam illis decem annis, non solum tributum negaverunt sed etiam Romanis rebellare ceperunt. Propter quod Valentinianus frater Graciani, ducens contra eos exercitum, devicit eos et fugere compulit, ibique occisus est Priamus dux eorum secundum Gregorium Turonensem. Tunc igitur Sicambriam, quam diu habitaverant relinquentes, cum liberis et rebus suis Germaniam pecierunt ceperuntque primo circa Rhenum in confino Alemannie et Germanie habitare ; et post Priamum filius eius Marchomirus dux eorum factus est cum adiutorio aliorum duorum ducum, quia valde erant multiplicati *(fol. 148)*, principatus est annis XXXIII, scilicet cum Simmone filio Anthenoris et Genebaudo, secundum Hugonem de Sancto Victore, ceperunt hii tres in Sicambria Francis dominari et inde egressi in Germania.

BnF, lat. 15010, fol. 93v, ch. 96 De Senonense urbe et provincia

(...) Dicit Magister Hugo de Sancto Victore in chronicis et tactum est supra capitulo XC° quod pars Gallie, que est inter Mosam et Ligerim, Neustria quasi «nova» est «Austria» ; que nunc Franconia seu Francia appellatur et Ysidorus IX° libro : «Gallie partem Franci inhabitant. Hii a proprio quodam duce vocati putantur, alii eos a feritate morum nuncupatos existimant. Sunt

---

1 Ce dossier ne comprend pas les extraits du Tractatus de divisione regnorum ayant trait au même sujet. On le trouvera dans la version multigraphiée de mon étude. Par ailleurs, une édition critique de l'ensemble de ce texte, avec traduction, est en préparation.

enim in illis mores inconditi et naturalis ferocitas animorum». Hoc Ysidorus.
De hac materia loquitur amplius Sigibertus et Hystorie Francorum sicut statim tangetur. Hugo Floriacensis in prologo libri V^{ti}: «Galliam nunc Francorum gens incolit. Nec fas est preterire penitus tante gentis virtutem, que
Gallorum gentem asperam, audacem, bellicosam et cunctis regnis terribilem
ipsisque etiam Romanis imperio terrarum florentibus formidabilem, suis armis
potuit subigere et suo sibi sensu retinere». Hoc Hugo Floriacensis.

De ipsorum Francorum origine et primo adventu in Gallia multi multa
dixerunt. Sigibertus chronographiam suam inchoans et de origine regnorum
loquens (*fol. 94*) originem gentis Francorum notificat ex relatu fideli maiorum
sic dicens: «Post illud famosum et cunctis seculis et gentibus notum Troiane
civitatis excidium, victoribus Grecis cedentes reliquie Troianorum, pars
eorum cum Enea ad fundandum Romanum imperium ad Ytaliam perrexit,
pars una, scilicet XII^{m} milia, duce Antenore in finitimas Pannonie partes secus
Meotidas paludes pervenit. Ibique civitatem edificaverunt quam ob sui memoriam Sicambriam vocaverunt, in qua multis annis habitaverunt et in magnam
gentem coaluerunt. Crebrisque incursibus Romanum solum lacescentes
usque ad Gallias ferocitatis sue vestigia dilataverunt. Hos adeo Romanis infes-
tos Constans Cesar, filius Magni Constantini, bello oppressit et tandem
Romano imperio subiectos aliquantulum a sua feritate mansuefieri coegit. Postea
rebellantibus Alanis contra Valentianum imperatorem, cum eos non posset
imperator penitus debellare, eo quod eos intransibiles paludes Meotide tuta-
rentur, proposuit ipse Valentianus, quod si qua gens has paludes intrare et
rebelles Alanos posset conterere, X^{m} annis eos a tributis liberos redderet. Hac
pactione Troiani illecti et fortitudine et prudentia sua confisi, duce Priamo
Meotidas paludes Romanis invias ingressi, Alanorum gentem exterminaverunt
et ita Valentiano satisfecerunt. Valentianusque eorum virtute delectatus, eos
qui prius vocati erant Troiani, deinde Antenoride, et post eciam Sicambri,
Francos Attica lingua appellavit, quod in Latina lingua interpretatur feroces.
Alii Francos cognominatos dicunt a quodam eorum rege Francione qui in
bello fortissimus, dum cum multis gentibus dimicasset, in Europam iter
direxit et inter Danubium et Rhenum consedit ibique progenies eius coaluit
nulliusque iugum suscipere voluit». Hoc Sigibertus.

De eisdem Hugo Floriacensis libro V^{to}: «Sicambri», ait, «quondam Troia a
Grecis expugnata, sicut antiqua tradit hystoria, per altum mare Thanais
ingressi hostia fluminis per Meotidas paludes in finibus Pannoniarum castra-
metati sunt ibique civitatem edificaverunt que Sicambria vocitatur. Deinde
subdit quomodo Valentinianus I^{us}, sicut statim tactum est de Sigiberto, ipsos
Troianos qui Sicambriam inhabitabant contra Alanos rebellantes sibi in auxilium evocavit. Quibus etiam tributa si ei auxiliarentur decennio indulsit. Qua
promissione animati, cum essent gnari locorum eos facile perturbaverunt a
palude. Tunc Augustus, eorum virtutem admiratus, eos a ferocitate «Francos»
appellavit. Verum Valentinianus Augustus, expleto quo contra Alanos Sicambri ei auxilium tulerant, misit qui consueta ab eis exigerent tributa. Quibus
Franci proprii sanguinis precio se tributo solutos respondentes, non soluturos
amplius iudicaverunt. Qua de (*fol. 94v*) re indignatus Augustus contra eos

exercitum instruxit. Tunc Franci viribus et numero freti, Marcomiro, Simmone et Genebaldo ducibus a Sicambria egressi plurima Germanorum oppida secus ripas Rheni fluminis pervaserunt. Quorum numerus cum primo suo adventu in Sicambria vix ad XII milia fuisset, in tantam coaluerat gentem ut esset omnibus formidini et terrori. Unde, sicut dictum est, precio sui sanguinis tributo soluti, nullum vectigal ulterius solvere voluerunt. Nec fuit quisquam qui eos iure belli posset redigere sub iugo tributi». Hoc Hugo Floriacensis.

In Chronicis quoque Magistri Hugonis de Sancto Victore brevius pretacta ponuntur, videlicet quod Franci origine Troiani post eversionem Troie inde disgressi iuxta Traciam super ripas Danubii consederunt et Sicambriam ibi edificaverunt, post inde expulsi a Valentiniano pro eo quod tributa Romanis more ceterarum gentium solvere recusabant, habitaverunt circa ripam Rheni in confinio Germanie et Alemannie. Quos cum multis idem Valentinianus postmodum preliis acceptasset nec vincere potuisset, proprio eos nomine Francos quasi ferancos id est feroces appellavit. Ab illo tempore intantum virtus Francorum excrevit ut totam tandem Germaniam et Galliam usque ad iuga Pyrenei et ultra subiugarent. Hoc Magister Hugo.

ch. 97 Item de eisdem

Aliam quoque opinionem de Francis capitulo supra proximo secundum Sigibertum tactam ponit idem Magister Hugo communiter ibidem, scilicet quod alii Francos a quodam Francione appellatos nolunt. Dicunt namque quod post excidium Troie multitudo magna fugiens inde, ac deinde in duos se populos dividens, alia Francionem quemdam super se regem levaverit, alia Turcum nomine secuta sit, atque ex eo duos populos sumpto nomine Francos et Turcos usque hodie vocari. Hoc Magister Hugo.

De eadem materia scribitur in Hystoria Francorum, sicut refert Vincencius in Speculo hystoriali libro III°, quod tempore Aiot iudicis Israel edificata est Troia et stans CCXXXV annis, tempore Labdon capta est. Post cuius eversionem multitudo magna fugiens et in duos se populos dividens, alia Francionem Hectoris filium et Priami regis Troie nepotem, alia Turcum filium Troili, filii eiusdem Priami, secuta est et inde tradunt quidam duos populos, scilicet Francos et Turcos usque hodie vocari. Hoc ibi. Huic concordat verbum Baldrici Dolensis episcopi dicentis in Itinerario transmarino III° libro quod Turci dicunt se esse de genere Francorum et quod nullus homo naturaliter debet esse miles nisi Franci et illi. Additur quoque cum pretactis in hystoria quadam Francorum quod «ipse Francio et populus eius in tempore David regis in Germaniam versus Danubium profecti, terram ibi magnam occupaverunt, ubi multiplicati sunt numero et virtute donec XXIII^m eorum recesserunt inde locum ad commorandum commodiorem querentes, revolutis ab eorum adventu primo circiter annis CCXXX^a. Hii postmodum totam Germaniam (*fol. 95*) transeuntes in Galliam devenerunt nactique ibi locum amenum et commodum ad manendum super fluvium Sequane, civitatem edificaverunt ibidem quam Luteciam a loci lutositate dixerunt. Se autem Parisios ex nomine Paridis filii regis quondam Troie Priami vocaverunt vel a parisia grece quod est audacia latine. Hoc autem fuit tempore Amasie regis Iuda et Ieroboam regis Israel, annis ante Domini incarnationem circiter DCCC^{tis} XXX^a. Manseruntque Parisii in prefata urbe et in circumstante regione multo tempore simpliciter degentes sine rege vel duce, nisi quod annuos sibi consules creabant secundum consuetudinem Romanorum, quibus sicut et cetere gentes annua persolvebant tributa. Multiplicati itaque ipsi Parisii numero, per territorium vicinum urbi Lutecie sunt dispersi, ubi plures pagos seu villas ad inhabitandum fecerunt, quas Parisias seu villas in Parisia de suo nomine vocaverunt, quo nomine quedam earum etiam hactenus appellantur. Cum igitur sic mansissent illic a tempore pretacto, scilicet Amasie et Ieroboam, usque ad annum CCCXC vel circiter post incarnationem Domini, cum Rome et Constantinopoli Theodosius Magnus et Valentinianus II^{us} imperabant, contigit Francos, qui etiam Troiani erant, sic a Francione vocati, a Germanie partibus, duce Marchomiro, filio Priami, per Gallias usque Luteciam Parisiorum civitatem venire eosque affinitate cognita quia de eadem patria venerant et de eadem stirpe processerant, absque bello pacifice receperunt, facti itaque populus unus et eidem duci, prefato scilicet Marchomiro subiecti, similiter deinceps permanserunt hic. Ante adventus Francorum fuit a tempore urbis Lutecie condite annis circiter MCCXC. Dehinc elapso aliquo temporis intervallo, ipsi Parisii et Franci concorditer urbem suam prius ob luti fetorem Luteciam nuncupatam ex nomine suo et memoria Troianorum Parisius vocaverunt». Hec est sentencia illius hystorie quedam pretacta. Quomodo autem Pharamundum filium ipsius Marcomiri super se regem fecerunt, eiusque tempore, sicut et alie gentes, legibus scriptis, cum trans Rhenum et in Galliis habitarent, primum uti ceperunt et legem saligam dictaverunt, item quomodo tempore Clodii vel Clodionis filii eius ipsi Franci de Thuringia venerunt, usque Tornacum et Cameracum et deinde usque Sommam fluvium, totam terram illam vi conquirentes armorum, item quomodo tempore Chilperici usque Ligerim Gallias ceperunt, Aurelianis primo et post Andegavis et circumstantem regionem vastando, item quomodo Clodoveus Suessionis pacifice possedit ibique longo tempore sedem regni sui constituit principalem, deinde regnum suum paulatim usque Sequanam dilatavit et post usque Ligerim deinde usque Burgundie fines et post usque in fines Provincie Tholosane et usque ad Pyreneos montes, et de (*fol. 95v*) aliis strenuis viris qui postea Wasconiam, Alemanniam, Saxoniam, Hyspaniam, minorem Britanniam immo et Ytaliam cum Romano imperio regno Francie addiderunt, infra suo loco secundum veridicam auctorum relationem dicetur.

Porro de ipsa urbe Parisiaca dicitur in legenda sancti Dionysii Galliarum doctoris quod ipsa Parisiorum civitas tempore quo ipse sanctus Dionysius illuc venit, ut sedes regia et conventu Gallorum ac Germanorum et nobilitate pollebat, quia erat salubris aere, iocunda flumine, fecunda terris, arboribus nemorosa et vineis uberrima, constipata populis, referta commerciis ac variis commeatibus, unda fluminis circumfluente que, inter multa commoditatum genera, et alveo suo magnam piscium copiam civibus ministrabat. Hic ibi.

Boecius quoque in libro de Disciplina scolarium refert se quadam vice, causa commoditatis aeris, ad urbem Parisiorum que Lutecia dicitur advenisse. De Sequana fluvio Francie, secundum Hugonem Floriacensem et Magistrum

Hugonem qui etiam, ut tactum est, variis commeatibus circumfluit dictam urbem, surgens a Burgundia et in Normanniam fluens, tangit Bernardus Silvestris dicens : «Sequana prosiliit ubi grandia germina regum Pipinos, Karolos bellica terra tulit». Fluvii etiam Francie, secundum pretactos Magistrum Hugonem et Hugonem Floriacensem, sunt Materna seu Matrona qui per partem Francie, que Bria seu Briegia dicitur, fluens prope Parisius in Sequanam decidens, nomen perdit, et Ligeris qui apud Aurelianos et Turonie partes currit. De quo idem Bernardus : «Emicuit Ligeris ubi Martinopolis inter Sydereos fluvios pictaque rura sedet». Hec de Francia et Francis dicta sint immo et de tota provincia Senonensis. Porro de studio generali quomodo primum venit Parisius infra dicetur in III^a parte tempore Karoli Magni.

Table des matières compilée par Jacques de Camphin

Ars. 986, fol. A-I (on a donné les variantes principales des manuscrits J, K et L qui comportent aussi cette table) :

(*fol. A*) In presenti tabula talis servabitur ordo qualis numerus positus in capitibus linearum correspondebit numero foliorum libri sequentis, quod Memoriale historiarum nuncupatus est, ita quod ubi 1 ponitur in capite, denotat quod historie sequentes immediate illud 1 ponuntur in primo folio, et ubi 2 ponitur in capite linearum, denotat historias sive cronicas in secundo folio positas, et ubi 3 ponitur in capite linearum, denotat historias de tercio folio, et ubi 4 ponitur, denotat historias in quarto folio, etc... Deinceps de omnibus numeris sequentibus sic quod semper numerus positus in capite linearum representat uniformiter folium illo eodem numero signatum cum eius historiis magis principalibus. Quia in uno et eodem folio est tantus concursus historiarum particularium, quin immo disparatorum (licet tamen respectu eiusdem temporis exstiterunt), quod illas omnes, manendo infra limites et exigenciam operis tabularis, ponere non esset bene possibile : ymmo si omnes ponerentur, hoc presens opusculum tabulare magis sortiretur seu saperet naturam et conditionem libri quam tabule, quod non decet in processibus tabularibus.

De utilitate istius libri	**i/1**[1]	De regno Sithiniorum	
De eius nomine		De Archadia	
De modo procedendi in eo		De regno Argivorum	
De exordio eiusdem, scilicet origine regnorum et diversarum gentium		De Argo	
		De regno Micenarum	
De prima etate mundi		De regno Atheniensium et eius origine	
De diluvio			
De IIII^or regnis primariis, scilicet Scithorum, Assiriorum, Medorum et Egypciorum		De regno Latinorum	
		De Enea primo rege Latinorum	
		De Ascanio filio eius	
De Abraham		De Roma	
De Semiramide regina Medie		De regno Albanorum	
De Treveri civitate		De Remo et Romulo	
De duracione regni Egipti per dynastias XXX^a		De Remensi civitate	
		De Ylia matre eorum	
		Et nota plura de Romulo	
De Persis	**ii/2**	De regno Lacedemoniorum	**iii/3**
De Alexandro Magno			

---

[1] La numérotation des folios est celle du manuscrit *Ars. 986*.

De regno Medorum

De Ezechiele

Et Daniele,

Aggeo et Zacharia

De Cyro rege Persarum

De Cambise eius filio

De Esdra Hebreo

De Neemia

De Iherusalem

De Anaxagora et aliis multis
  philosophis

De Platone

De Senonensibus Gallis

De regno Macedoniorum

De Dyonisio tyrampno

De Alexandro Magno

De adventu eius in Iherusalem

De Ptolomeo   **iiii/4**

De LXX interpretibus

De hoc qui dicitur Ecclesiasticus

De Antiochia

De Benevento

De Massilia

De urbe Cameracensi

De Nabugodonosor

De Daniele

De Suzanna

De rege Caldeorum

De regno Liddorum

De X tribubus Israel

De regno Iudeorum   **v/5**

De Iosue rege eius

De inventione litterarum grecarum

De Troya

De Priamo

De inventione litterarum latinarum

Et de morte Herculis[2]

De David

Regnum Israel deficit

De regno Iuda

De Achia, Semia prophetis

De Tyberino rege

De diversis prophetis

De Nichomedia civitate

De Iuda Machabeo

De Aristaco grammatico   **vi/6**

De Bruto

De Iohanne Hyrcano rege Iuda
  ultimo

De regno Syrie

De Virgilio

De Iulio Cesare

(fol. Av, col. 1)

Oracius poeta grecus <!>

De Crasso

De Antigono

De regno Iudeorum

Regnum Numidie

De regno Parthorum

De regno Britannie vel Anglie

De Londonia et diversis villis
  Anglie

De Iulio Cesare invadente
  Angliam   **vii/7**

De nativitate Christi

De Claudio imperatore

De regibus Britannie

De Merlino

De regno Anglie

De Sithia inferiore

De Wandalis, Gotis, Hunis   **viii/8**

De Lombardis

De Ostrogothis

De Wisigothis

De Hollandia, Zelandia

De regno Hunorum et Gothorum

De Dacis, de Suevis

De Alanis

De Longobardis

De Bulgaribus

De Frisonibus

De Saxonibus

De Alemannia

De Gallia et eius divisione

De Wasconibus   **ix/9**

---

[2] De inventione litterarum latinarum/Et de morte Herculis] De inventione litterarum latinarum et de morte Herculis *K*

De Gallis Senonensibus[3]

De Brennio rege Gallie

De origine regni Francie

De rebellione eorum contra
Romanos

De Francione et Turco

De Turcis   **x/10**

De civitate Parysiensi

De Francione duce Francorum

De Pharamundo primo rege
Francorum

Et de origine regni Francie

(col. 2)

De Burgundis

De baptismo Burgundorum et
rebellione eorum contra
Romanos

De Normannis

De Rollone duce eorum

De comite Blesensi   **xi/11**

De ducibus Apulie

De Guillelmo duce Normannie

De Flandria

De Lotharingia

De regno Hyspanie et divisione
regnorum eius

De minori Britannia

De regno Iherusalem

De regno Cypri

De Armenia

De Amazonia regno mulierum

De India

**Explicit tabula de generali
divisione regnorum**[4]

**Incipit specialis tabula de regnis
et diversis magis particulariter
descendo**

De Pompeio senatore Romano

De Iulio Cesare et eius bellis   **xii/12**

De Tenuancio duce Cornubie

De Hyrcano principe Iudeorum

De morte Iulii

De laude eius   **xiii/13**

De Octaviano imperatore II°

De apparitione trium solium

De Cycerone

De Ovidio

De Cassio

De Antigona

De Herode

De obsidione Iherusalem

De Herode

De Hyrcano principe Iudeorum

De definitione regum Iuda

(col. 3)   **xiiii/14**

De Anthonio

De veste summi pontificis

De prelio inter Ottovianum et
Anthonium

De Herode, Cleopatra

De Egypto

De victoriis Cesaris Octaviani et
nominibus eius

Et de mensibus

De Parthis

De Medis

Et de Augusto multa[5]   **xv/15**

De Augusto refutante monarchiam

De visione Marie et Christi quam
habuit Augustus in sompnis

De Quintilio poeta

De Virgilio

De conceptione beate Marie

De Tyberio imperatore

De Marco Tullio

De conceptione Ioh. Baptiste

De Cathone

De nativitate Christi et loco et hora
eius

De casu Templi romani in ortu
Christi

---

[3] Ici commence la partie conservée de la table de *J*

[4] Cette mention manque dans *K*

[5] De Medis/Et de Augusto multa] De Medis et de Augusto multa *K*

De stella trium regum   **xvi/16**

De fuga Marie in Egyptum

De Herode turbato

De nativitate Ioh. Baptiste

De morbo Herodis

De inclusione Iudeorum per eum

De obitu Herodis

De Archelao rege Iherusalem

De Herode Antippa

De fame romana

De Tyberio Cesare

De Atheniensibus   **xvii/17**

De Ihesu

De fratribus Archelai

De Marco

De laude Augusti

De Tyberio tercio imperatore
    optimo

De obitu Ovidii

De multis poetis

De Herode Antipa

De Pylato, Caypha, Anna

De Ioh. Baptista

De ieiunio et predicatione Christi

(fol. B, col. 1)

De XII^cim apostolis   **xviii/18**

De Herodiade filia Aristoboli

De decollatione s. Iohannis[6]

De quodam fingente se Messiam

De Abgaro rege Edesse

De morte Christi

De Resurrectione eius

De testimonio Iozephi de
    Christo[7]   **xix/19**

De s. Stephano martire

De persecutione fidelium in
    Iherusalem

De Anna matre Iohannis
    Evangeliste

De sancto Paulo

De Pylato

De Herode Agrippa

De predicatione discipulorum
    Christi

De Symone mago

De Pylati epistola quam misit
    imperatori de Christo

De Tyberio amico
    Christianorum   **xx/20**

De s. Petro apostolo

De s. Paulo

De Herode Agrippa et tetrarcha

De imperatore substituto

De incarceratione Herodis

De predicatione Petri

De Iacobo Alphei

De corona clericorum   **xxi/21**

De miraculis Petri

De obitu Tyberii imperatoris

De laude eius

De morte Pylati

De Gayo imperatore IIII°

De synagoga Iudeorum

De libro Sapientie

De Gayo imperatore

De Herode tetrarcha

De exilio Herodis   **xxii/22**

De puella saltante pro capite s.
    Iohannis

De s. Matheo

De obitu Gaii imperatoris

De Claudio imperatore quinto

De Herode Agrippa

De s. Petro

De s. Iacobo maiore

(col. 2)

et eius passione[8]

De incarceratione Petri

De papatu Petri

Assumptio s. Virginis

De s. Marco   **xxiii/23**

De Enodio episcopo Antiochie II°

De fame in Iudea

---

[6] De collatione s. Iohannis *K*

[7] de Christo] *om. K*

[8] et eius passione] De eius passione *J*

De civilitate Claudii

De Armigaro rege Britonum

De Herode Agrippa

Nota ibi de obitu eius

De Paulo et Barnaba

De divisione apostolorum

De Iudeis peremptis   **xxiiii/24**

De s. Saviniano

De Potentiano Senonense[9]

De magna fame

De s. Dionysio

De Paulo ad Corinthios

De Iudeis demoniacis

De Paulo

De Egyptio pseudopropheta **xxv/25**

Philippus apostolus obiit

Claudius imperator obiit[10]

Paulus flagellatur in Iherusalem

Nero VI[us] imperator

Marcus passus est

De Iudeorum persecutione

De Nerone

De miraculis Pauli[11]

De Seneca

De s. Patroclo

De s. Longino   **xxvi/26**

De incarceratione Pauli

De II[a] epistola Pauli

S. Iacobus minor obiit

Persius poeta

De terremotu

Seneca magister Neronis obiit

De Symone mago contra s. Petrum

De malicia Neronis

Lucanus poeta obiit

Patitur s. Barnabas

Symon magus obiit

De s. Dionysio   **xxvii/27**

De martirio Petri et Pauli

(col. 3)

De uxore s. Petri

De Petronilla eius filia

De s. Felicula

S. Nychomedes

De morte Petri

De miraculis[12]

De morte Pauli   **xxviii/28**

De miraculis Pauli

De separatione corporum Petri et
  Pauli

De Lino discipulo Petri, papa II°

De statuto Lini contra mulieres

De s. Vitali

De s. Gervasio et Prothasio

De s. Processo et Martiniano

De s. Tymotheo qui obiit

De obitu Neronis

De Vespasiano imperatore
  VII°   **xxix/29**

De Enodio patriarcha

De Ignacio episcopo

De captione Iherusalem per Tytum

De angustia Iudeorum

De muro perforato Iherusalem
   xxx/30

De causa destructionis Iherusalem

De proprietate Vespasiani

De servitutibus Iudeorum

S. Appolinarus obiit

Beata Maria Magdalena obiit

De s. Lazaro

De s. Maximino

De amore Magdalene ad Christum

De beata Martha   **xxxi/31**

De Clodoveo rege Francorum

S. Maximinus obiit

De Tyto imperatore VIII°

Vespasianus obiit

De moribus eius

---

[9] De s. Savinio/ De Potentiano Senonense] De sancto Saviniano et Potentiano Senonense *JK*

[10] obiit] *om. K*

[11] Pauli] *om. K*

[12] De miraculis] eius *add. J*

Beatus Linus papa obiit
Papa Cletus
Domicianus imperator
Cletus obiit   **xxxii/32**
S. Clemens papa
De epistola eius
De Trophino episcopo
S. Marcialis
S. Ursinus
S. Ursinus obiit

(fol. Bv, col. 1)
S. Gracianus, s. Eutropius et plures
    alii
S. Saturninus   **xxxiii/33**
S. Dionysius venit Parisius
S. Yonius
S. Lucianus
S. Exuperius
Domicianus imperator
S. Iohannes Euvangelista
De s. Dionysio
Dionysius obiit
Domicianus contra Iudeos
Domicianus obiit
Nerva imperator
De Iohanne Euvangelista
De Domicella virgine que obiit
                                 xxxiiii/34
Nerva obiit
De laude Trayani
Iohannes Euvangelista obiit
De passione Andree[13]
S. Thomas obiit
De tribus regibus visitantibus
    Christum
S. Philippus obiit
De Philippo dyacono
De s. Bartholomeo
De Sarracenis Siciliam
    invadentibus   **xxxv/35**
S. Matheus qui post obiit
Et de miraculis eius

De duobus magis scilicet Saroes et
    Arphaxat
De evangelio eius
S. Barnabas obiit
De s. Symone et Iuda
De ymagine Domini
De s. Mathia   **xxxvi/36**
De donis eius
De s. Luca
S. Lucas obiit
De miraculis eius
S. Iohannes evangelista decessit
De Trayano imperatore exulante
    Clementem
Et de miraculis Clementis
Anacletus papa
De discipulis Dyonisii
(col. 2)
De multis sanctis ibidem   **xxxvii/37**
De s. Ignacio
De epistola s. Marie
De institutione antiphonorum
De passione s. Ignacii
De miraculo[14]
De Alexandro papa
De obitu Trayani
Adrianus imperator
De Sixto papa
S. Peregrinus
De Aquila interprete
De Egisippo
De s. Eustachio
De passione martirum
Anthoninus imperator   **xxxviii/38**
De Galieno medico
De Iustino philosopho
De quibusdam hereticis
De Hermete
Syrus papa
De duobus imperatoribus
Franco orator
Persecutio Christianorum
De passione sanctorum

---

[13] De passione Andree] De passione sancti Andree *add. J*
[14] De miraculo] De miraculis *J*

Sother papa
Dyonisius Corinthiorum episcopus
De die Pasche
De Britonibus
De persecutione Christianorum
S. Fortinus **xxxix/39**
De obitu imperatoris
Victor Affricanus papa
Severus imperator
De Pertinace imperatore
De Origene
De passione sanctorum
De obitu Severi imperatoris
Macrinus imperator Romanus
Britonum rex
De Ypolito episcopo
Calixtus papa **xl/40**
Institutio IIII^or temporum
Imperator Alexander
De persecutione Christianorum
De Origene
(col. 3)
De corpore s. Thome
De passione sanctorum Cirici et
   Iulite eius matris[15]
De s. Sicilia
De Tyburcio et Valerio
Urbanus martir
De Maximo imperatore
De Origene
Autherus papa
Gordianus Romanorum
   imperator **xli/41**
Philippus imperator christianus
   primus
De Origene
Decius imperator
Fabianus papa
Cornelius papa
De Origene
Valerius imperator **xlii/42**
Sanctus Cyprianus
Stephanus papa

Sancta Eugenia
De passione martirum
Sixtus papa
S. Basilla
Galienus imperator
De passione Sixti
De passione sanctorum
Dyonisius papa
Galienus imperator occiditur
S. Valentinus
Quintilius imperator
Aurelius imperator et de vestibus eius
De s. Andochio et multis aliis
Papa Felix
S. Columba
De villa Aurelianensi[16]
Tacitus imperator
Florianus imperator
Cacius imperator
Gaius papa
De persecutione Christianorum
                                      xliii/43
De duobus Cesaribus
Et duobus Augustis
De s. Lucia **xliiii/44**
De s. Quintino
Marcellinus papa
De s. Mauricio
S. Adrianus

(fol. C, col. 1)
S. Victor
S. Pelagia
S. Fides
S. Marcellinus papa
Paulus primus heremita **xlv/45**
S. Cucufas
S. Panthaleon
Sebastianus
Vincentius
Blasius
S. Anastasia
De s. Georgio et multis aliis[17]

---

[15] Cette ligne est un ajout de *J*
[16] S. Columba/De villa Aurelianensi] Sancta Columba de villa Aurelianensi *J*

De combustione imperatoris
S. Vitus
S. Christiana — **xlvi/46**
Gregorius martir
S. Iustina
S. Cosmas et Damianus
S. Crispinus
S. Quintinus
De s. Firmino
De Belvacensibus et
  Ambianensibus
De s. Theodoro
S. Grisogonus
S. Marcellianus
S. Maturinus et alii — **xlvii/47**
De Constancio rege Britonum
S. Lucia
S. Agatha
S. Agnes
De obitu Constancii
De Constantino imperatore
Marcellus papa
Eusebius papa
Traheu rex Britonum — **xlviii/48**
S. Katherina
De monacho Rothomagensi
S. Quirinus episcopus
Silvester papa
Galerius Maximus
De bello Constantini — **xlix/49**
Dyoclecianus
Lactancius doctor
De Constantino et eius baptismo
Alexander patriarcha[18]
Alexandrinus
De laude Constantini — **l/50**
(col. 2)
De translatione s. Stephani
De Anthonio heremita
De Arrio heretico
De inventione s. Crucis — **li/51**
Quomodo crux sancta fuit cognita

De cruce que est Parysius
S. Helena obiit
Porfirius
Silvester papa
Marchus papa
De unione ecclesie per
  Constantinum — **lii/52**
De Eusebio
De quodam statuto in Ecclesia
De persecutione Christianorum a
  rege Persarum
Iulius papa
De obitu Constantini
De Constantino II° — **liii/53**
De Constante imperatore
De Iulio papa
De constitutione canonum
De Anastasio
De heresi
De expulsione Anastasii ab
  Alexandria
De Sapore rege Persarum — **liiii/54**
Hylarius Pictavensis
Iulius papa obiit
De Magnacio tyrampno
De heresi Arianorum
Liberius papa
Constancius imperator
De Gallo
De concilio super heresi
Donatus grammaticus — **lv/55**
Liberius papa
De Constancio imperatore
De s. Anthonio
De laude eius[19]
De s. Martino
S. Hylarius
De ossibus s. Andree et Luce
De cantu Ecclesie
Constancius contra regem
  Persarum
Felix papa — **lvi/56**

---

[17] Georgio] Gregorio *K*
[18] patriarcha] papa *K*
[19] De s. Anthonio/De laude eius] De sancto Anthonio et laude eius *JK*

De concilio in divinis
(col. 3)
Constancius obiit
Iulianus imperator apostata
De Gallo fratre eius
De s. Cruce
De Porphirio
De Iuliano apostata
Theodericus martir   **lvii/57**
Tres martyres
Ossa s. Ioh. Baptiste
De digito eius
De Prisciano grammatico
De Maximo rege Britonum
S. Donatus
S. Epimachus
S. Gordianus obiit
S. Ioh. et Paulus ob.
S. Martinus   **lviii/58**
Liberius papa
De statua Iuliani
De Lybanio sophista
De s. Quiriaco
De Iuliano et Persis
De obitu Iuliani apostate   **lix/59**
De blasphemiis eius
Iovinianus imperator
De Ioviniano imperatore
    christianissimo
S. Nycholaus obiit
De angelis apparentibus in obitu
    eius[20]
Iovinianus imperator obiit   **lx/60**
Valentinianus imperator obiit[21]
De s. Ambrosio[22]
De Macedonianiis
Damasius papa
De tyrampnia Lucii   **lxi/61**
De orthodoxis
De Valentiniano imperatore

S. Hylarius obiit
De Leone papa
De Arriano et morte eius
    turpissima[23]
De urbe Nicensi
De fidelibus congregatis in
    Mesopotamia
De Athalarico rege Gothorum   **lxii/62**
De Basilio
De capite s. Iohannis
De Arrianis
De Valentiniano

(fol. Cv, col. 1)
S. Dydimus
De Gregorio Pontico *(sic)*,
    discipulo Origenis
S. Macharius
Iohannes heremita   **lxiii/63**
S. Helyas
Ysidorus presbyter
S. Pyamon
S. Martinus episcopus Turonensis
De Burgundis
S. Anastasius obiit
De Saxonibus
Damasus papa
Themixtius[24]
De Valente imperatore
Gratianus imperator
Britonum Maximus
De quodam monacho   **lxiiii/64**
S. Cassianus
S. Basilius
De Gothis, Wandalis, Hunis
S. Margareta obiit
Valens obiit[25]   **lxv/65**
De Gothis
De laude Theodosii
Priamus primus dux Francie

---

[20] obitu] morte *K*
[21] obiit] *om. K*
[22] De s. Ambrosio] *om. J*
[23] De Arriano et morte eius turpissima] *add. J*
[24] Themixtius] philosophus *add. J*
[25] S. Valens] *add. K*

De Theodosio
S. Cassianus
De psalterio triplici
De Theodosio
S. Firminus episcopus **lxvi/66**
Athalaricus rex Gothorum
Maximus rex Britonum
Gratianus imperator
Ambrosius
De Francis
De Valentiniano
De synodo
De institutione "Credo in Deum"
De hympnis[26] **lxvii/67**
De Prisciliano episcopo
De Marcomiro duce Francie
De Parisius
(col. 2)
Cyricius papa
S. Paula
De s. Martino
S. Gervasius et Prothasius
Priscilianus hereticus
De dilatatione Francorum
De s. Sarra
De exercitu Theodosii
De Britonibus **lxviii/68**
S. Augustinus[27]
De s. Ambrosio contra
  imperatorem Theodosium
De conversione Augustini **lxix/69**
De libris Augustini
De Gregorio Nazianzeo
S. Placella imperatrix
De Theodosio
Claudianus poeta **lxx/70**
Britannia vastatur
Prudentius poeta
Syrius papa
Digitus s. Ioh.
Ioh. Damascenus

S. Patricius
De secretario Theodosii **lxxi/71**
S. Arsenius
S. Ieronimus
De XI[cim] milibus virginum
De Heraclide religioso
De Theodosio
Valentinianus II obiit
De laude Theodosii
De monstro **lxxii/72**
De Gothis
De s. Augustino
De Ioh. Crisostomo
De s. Melania
S. Siricius
Ioh. Patriarcha
Alter Donatus
Augustinus episcopus
Orosius
Translatio sancti Stephani[28]
S. Martinus **lxxiii/73**
Generus episcopus Coloniensis[29]
S. Bricius
Exemplum bonum
(col. 3)
Syricius papa
De Euvangelio
Ambrosius obiit
Simplicianus successor eius
De Paulino
Innocentius papa
Institutio ieiunii in sabbato
Heresis pelagiana
De Arrianis
De questione facta de Deo utrum
  sit corporeus
De Theophilo heretico
De Ioh. Crisostomo **lxxiiii/74**
Rollo dux Sithie
Alexius devotus
De Ioh. Crisostomo

---

[26] De hympnis] *om. K*
[27] S. Augustinus] De sancto Augustino *J*
[28] Translatio sancti Stephani] *add. J*
[29] Generus episcopus Coloniensis] *om. J*

S. Paula
De Radagaiso rege Scithie   lxxv/75
Gyconius Affer
De adventu Gothorum
Ioh. Crisostomus
Omelia Iohannis
S. Eutropius
Libri Ioh. Crisostomi
De obitu eius
De Wandalis
Archadius imperator
De Hunis
De Hunis
S. Desiderius passus est   lxxvi/76
De Gothis et Wandalis
Roma lucratur a Gothis
De Francis contra Wandalos
De Athenulpho rego Gothorum
De persecutione Christianorum
De muliere magna   lxxvii/77
De Valencia
Heresis de predestinacione
De Iudeo bis baptizato
S. Honoratus
De die Pasche
Orosius
Translatio s. Stephani
Benedictio cerei
De pace Honorii cum
    Wandalis   lxxviii/78
Pharamundus rex Francorum

(fol. D, col. 1)
Victorinus rethor
Gregorius theologus
De s. Ieronimo et eius libris
Bonifacius papa
De Wandalis, Alanis et Suevis
Celestinus papa   lxxix/79
S. Genovefa
De Wallia rege Wisigothorum
S. Albanus
Gundericus rex Wandalorum
Ioh. heremita

S. Paulinus episcopus
De Hunis
Celestinus papa
Clodius II rex Francorum
Heresis Nestorii
Gensericus rex Wandalorum
    contra Hyspanos   lxxx/80
De Burgundis
Sixtus papa
S. Lupus
De Hattila rege Gothorum
Petrus Ravennensis
S. Hylarius
Dux Saxonum
Translatio Stephani
Rugila rege Hunorum
Synodus
De Theodosio
Severus episcopus
Exemplum de dyabolo
De uxore Theodosii
De cathedra s. Petri
Augustinus obiit   lxxxi/81
Laus Augustini
Eutropius presbiter et de aliis episcopis
Leo papa
Gauranes rex Persarum
De pace inter Wandalos et
    imperatorem
De corpore s. Ioh. Crisostomi
De magno terremotu
De rege Persarum contra Romanos
De rege Britonum   lxxxii/82
De Merlino[30]
Clodius rex Francorum
Theodericus rex Gothorum
(col. 2)
Gensericus rex Wandalorum
Translatio s. Augustini
De Anglicis
De s. Genovefa
De VII^m dormientibus
Leo papa
De s. Germano   lxxxiii/83

---

[30] De Merlino] *add.* 𝔍

S. Remigius
S. Mamertinus
Exemplum de rege Hunorum
De Wandalis
S. Valerianus
Theodosius imperator et de laude ipsius[31]
De Marciano imperatore **lxxxiiii/84**
Nestorius condempnatur
S. Nychasius episcopus Remensis
Attilla rex Hunorum
Theodericus rex Wisigothorum
De vastatione civitatis Remensis
S. Nychasius occiditur
S. Eutropia virgo **lxxxv/85**
Leodium destruitur
S. Servacius
Trecas vastatur
De Attilla rege Hunorum
S. Genovefa
XI^cim M^a virginum
De s. Ursula
Nota de Trinitate
Marcianus imperator
S. Eucherius
S. Hylarius
De obitu Attille
S. Genovefa **lxxxvi/86**
De tyrampnide contra Valentinianum
Leo papa
S. Paulinus
De stella quadam
De Britonibus
Avitus imperator
De capite s. Iohannis
De Hunis **lxxxvii/87**
S. Symeon
Chilpericus rex Francorum
De Ostrogothis
De Heruac rege Hunorum
Hylarius papa
(col. 3)

De pictore
Translatio Helysei
De Ostrogothis
Simplicius papa
Egidius rex Francorum
Institutio rogationum
De rege Hyspanie
De Chilperico rege Francorum[32]
De imperio romano **lxxxviii/88**
De Wisigothis
Translatio s. Marci
S. Remigius Remensis
De Prospero
De Ostrogothis
Zenon imperator
Compilatio Ecclesiastice Historie
De Colonia et Treveri
De rege Ytalie
De Eugenio
S. Semeranus **lxxxix/89**
De Longobardis
De Burgundia
De Wandalis
Dux Saxonie
De quodam senatore
Felix papa
Clodoveus rex Francie
Honoricus rex Wandalorum
S. Remigius
S. Fulgencius
De Theodora matrona
Zenon imperator **xc/90**
Gelasius papa
De s. Michaele
De prefatione misse
De s. Barnaba
De purgatorio Patricii
De Hybernicis
De Clodoveo rege Francorum et eius uxore **xci/91**
De supplicationibus Clotildis et Clodoveo rege
Anastasius papa

---

[31] et de laude eius] *om. K*
[32] Les trois lignes précédentes sont un ajout de *K*

Theodericus gothus rex Ytalie
S. Maximus et alii sancti
Symachus papa
Dissencio papatus
De baptismate filiorum
   Clodovei   **xcii/92**
Anastasius imperator
De Gloria in excelsis
De Clodoveo contra Alemannos

(fol. Dv, col. 1)
De papa Symacho[33]
Clodoveus baptizatur
De miraculis ecclesie Remensis
De papa Symacho
De bello contra Burgundos   **xciii/93**
Boecius
De heresi Trinitatis
Liber de Consolatione Philosophie
De ducibus Burgundie
S. Maxencius
S. Severinus
Alaricus rex Gothorum
Dux Alvernie
Gothi
De Clodoveo
De Vitaliano   **xciiii/94**
Gybrianus Scotus
S. Leonardus
Clodoveus
De synodo
De fundatione ecclesie S.
   Genovefe
S. Arnulphus
S. Genovefa obiit
Hormisda papa
Clodoveus obiit
De IIII[or] filiis eius   **xcv/95**
Iustinus imperator
S. Brigida
Constantinus imperator

Adventus Dacorum
Eraclius archiepiscopus
   Senonensis
Rex Lotharingie
S. Sigismundus
S. Avitus abbas
Rex Wandalorum
Boetius obiit
Ioh. papa
Felix papa
De obitu Theoderici regis Ytalie[34]
                xcvi/96
De Burgundia reducta ad Francos
Athalaricus rex Ytalie
Rex Persarum obiit
S. Scolastica
Synodus
De vicio Lotharii regis Francorum
Franci invadunt Hyspanos et etiam
   Gothos
(col. 2)
Bonifacius papa
De Lothario et fratribus eius
S. Avitus   **xcvii/97**[35]
Iustinus imperator
Cassiodorus
Gregorius episcopus
Nicenus episcopus
Priscianus grammaticus
S. Anthoninus
Eleutherius episcopus et alii plures
S. Clodoaldus
S. Vedastus
Agapitus papa
Agapitus papa
Libri Regum abbreviati[36]
Theodatus rex Ytalie
Heresis
Synodus
Silverius papa   **98**
De Iustiniano imperatore

---

[33] De papa Symacho] *om. K*
[34] Ytalie] Galie *J*
[35] Ici s'achève la numérotation des folios en chiffres romains.
[36] Regum] Legum *J*

Silverius papa
De s. Medardi et Gidaldi fratribus[37]
S. Benedictus
Theodericus rex Metensis obiit
De s. Benedicto
S. Maurus
S. Vigor episcopus Baiocensis[38]   99
S. Benedictus obiit
De s. Mauro
De Lothario rege
De s. viris Ytalie
De Iustiniano contra Bulgares
De fratribus Lotharii
S. Radegundis
De signis diversis   100
De institutione Purificationis beate
  Marie
De Arturo rege Britonum
Albuinus rex Lumbardorum
Totila Gothorum rex
De rege Hyspanie
S. Remigius obiit
S. Ursinus Bituricensis
Totila occiditur   101
De Wisigothis
De bello inter reges Lumbardorum
(col. 3)
Theodericus rex Metensis
S. Arnulphus[39]
Rex Britannie
Synodus
Pelagius papa
De quodam Iudeo
Clotildis obiit
S. Medardus
De VII[m] filiis Lotharii
S. Leonardus   102
S. Leonardus obiit
De Iudeo
S. Gregorius
S. Lannomarus

S. Brandanus Scotus
S. Maclovius
Ecclesia s. Martini Turonensis
  comburitur
De bello inter Lotharium et filium
Particio regni Francie
Iustinus imperator   103
S. Columbanus
S. Veranus
S. Basolus
S. Sanson
De Lumbardis
De luxuria regum Francie
De Hunis fugatis a Francis
S. Germanus   104
De laude s. Germani
De Lumbardis
Ausbertus dux
De Hunis
S. Vedastus
S. Egidius Remensis
De regibus Francie
De equo regis Lumbardorum
De die Pasche
De regina Lumbardorum   105
Benedictus papa
S. Fortunatus
De Saxonibus
De Clodoveo iuniori
Tyberius imperator
S. Maurus
S. Germanus   106
Fredegundis regina Francorum
  pessima
De Lumbardia[40]

(fol. E, col. 1)
Sibilla
Tyberius imperator
Pelagius papa
De Alla rege Norwegie

---

[37] De s. Medardi et Gidaldi fratribus] *add. J*
[38] Vigor] Victor *J*
[39] S. Arnulphus] martir obiit *add. J*
[40] De Lumbardia] De Lombardis *JK*

De Hyspanis   107   *(col. 2)*
De lupis   Mauricius imperator
De Campaniensibus   Gregorius Turonensis
De rege Metense   De Anglis conversis ad fidem   102
De Hyspanis   Focas imperator
De Persis   De Gregorio papa
S. Radegundis regina[41]   De officiis ecclesiasticis
De Antiochia   De libris eius Moralium
De rege Aurelianense   Rex Hunorum contra imperium
De rege Gallacie   De rege Burgundie
Chilpericus rex   Exemplum de libris Gregorii
Auctarich rex Lumbardorum   108   Lethericus rex Hyspanie   103
De Fredegunde regina   Bonifacius III papa
Clavis s. Petri   S. Audoenus
De Fredegunde et Chilperico rege   Theodebertus rex Austrie
De pietate Guntrandi regis   De templo ydolorum
    Aurelianensis   De Longobardis
Filius regis Hyspanie moritur pro   De Persis
    fide   Iohannes Elemosinarius
De magna aqua   109   S. Lupus
Gregorius papa   S. Desiderius
De letania   De s. Ioh. Baptista
Hormisda rex Persarum   S. Amandus   104
De rege Hyspanie   Deusdedit papa
De institutione "Regina celi" et   S. Clodefridis
    aliorum   Rex Scotie vincitur
Agilulphus rex Lumbardorum   110   S. Sulpicius
De episcopis Gallie   Edilbertus rex Anglie
Exemplum de tunica Christi   Theodebertus rex Austrie
Heresis arriana   Nota de rege Francie Theoderico
De Anglis   De malicia Brunechildis   105
De Britannia   De Ioh. Elemosinario
S. Columbanus   Lotharius rex Francie   106
S. Gaar   S. Fara
Guntrannus rex Burgundie   S. Pharo
Recharedus rex Hyspanie[42]   101[43]   Lotharius rex
De Anglis   S. Fiacrius
Childebertus rex Austrie   De rege Cosdroe Persarum
Gregorius papa   De martiribus LXX
S. Felix   S. Columbanus
Augustinus episcopus Anglie   Honorius papa   107
Britannia, id est Anglia, dividitur   De ymagine Dei

---

[41] S. Radegundis regina] et morte eius *add J*
[42] Recharedus] Richardus *JK*
[43] Le compilateur a numéroté deux fois les folios 100 à 110.

S. Arnulphus
S. Eligius
S. Cumbertus
S. Ysidorus
Libri Ysidori
(col. 3)
De heresi
Dagobertus rex Austrie
S. Leodegarius   108
De Persis
De Francis contra Saxones
De Iudeis
Institutio festi exaltationis s. Crucis
Edificatio s. Dyonisii
De Machometo et eius lege[44]
De monacho eius adiutore   109
De Petro Alphonso
De Machometo et eius lege
De morbo eius   110
S. Amandus
De dedicatione ecclesie sancti
    Dyonisii et miraculis
Dagobertus Francorum rex
S. Amandus
S. Salaberga
De Iudeis
S. Palladius
Heresis   111
S. Audoenus
Eraclius imperator
Beda Anglicus
S. Magnabodus
Ioh. IIII papa
S. Amandus
Exemplum
Theodorus papa
Dagobertus rex
S. Eligius
S. Remacus
Iherusalem capitur
S. Lambertus
S. Romaricus

S. Georicus[45]
De Anglis
De Iudeis[46]
De fundatione S. Eligii Parisiensis
S. Arnulphus   112
Exemplum
Heraclius imperator
Dagobertus rex
Osvaldus rex Normannorum
Heraclius imperator

(fol. Ev, col. 1)
Constans imperator
Dagobertus rex Francorum et de
    anima eius
Clodoveus II rex Francorum
Sigibertus rex Austrie   113
Rotarich rex Lumbardorum
S. Furseus
Martinus papa
S. Angadrisma
Aubertus archiepiscopus
S. Recharius
S. Gemmarus   114
S. Landericus
S. Iudocus et de quibusdam aliis
    sanctis
Heresis
S. Foillanus
Constans imperator
De Anglis
Translatio s. Quintini   115
Translatio s. Vedasti
S. Audomarus
Grimoaldus
Eugenius papa
Clodoveus rex Francorum
S. Landericus
S. Minardus
S. Bertharius
S. Berta
Vitalianus papa

---

[44] lege] heresi *K*
[45] Georgicus] Gregorius *K*
[46] De Iudeis] baptizantur *add. J*

Lotharius III rex Francorum
S. Bathildis
S. Leodegarius   116
S. Babolenus
De pigricia regum Francorum
S. Gertrudis
De die Pasche
Childericus rex Francorum
Vitalianus papa
Constans imperator
Osubbi rex Normannorum
S. Preiectus
S. Maxellandis
De Sarracenis
Constantinus imperator III   117
Corpus s. Benedicti
De stella terribili
(col. 2)
De Sarracenis
Childericus rex Francorum
S. Leodegarius
De tonitruis magnis
Constantinus imperator
Donnus papa
Theodoricus II rex Francorum
De Bulgaris
De Ebroino
De ordinatione pape   118
Synodus venerabilis
Agatho papa
S. Wandregisilius
Exemplum s. Ediltrudis
S. Vigilius
De Anglis
Leo papa
Benedictus papa
De Anglis
S. Leodegarius   119
Depositio s. Lamberti
Edrich rex Anglorum
S. Cuthbertus
Iohannes V papa
Constantinus III imperator

Ebroinus princeps Francie
Sanctitas Leodegarii
S. Audoenus
De Sarracenis
Sergius papa
Ultimus rex Britonum
Ethelstanus rex Anglorum[47]
S. Lanfredus   120
Desiderius episcopus
S. Audoenus
Pippinus
S. Lambertus
Karolus Martellus
De Sarracenis contra Romanos
Beda Venerabilis
Sergius papa
S. Wilibrordus
S. Killianus
S. Lambertus
Synodus venerabilis
Absymarus imperator
Childebertus rex Francorum
(col. 3)
Dodo   121
Sanctus Honoratus
Romani contra Sarracenos
S. Tugdualdus
S. Rigomerus
Iohannes VII papa
De papis
De Anglis
De Soldano
Fundatio ecclesie s. Michaelis
Philippus rex Francorum
S. Hubertus
Iustinianus imperator
Grimoaldus filius Pipini
Imperator Arsenius   122
Gregorius II papa[48]
Pipinus princeps Francorum
S. Albinus
Childebertus rex Francorum
S. Egidius

---

[47] Ethelstanus] et Helcanus *J*
[48] Gregorius II] Gregorius VII *H*

De clerico facto rex Francorum
Karolus Martellus
S. Germanus
De Sarracenis
Undatio aquarum
Leo miles
De duce Frisonum
S. Wulfrannus
S. Gericus   123
Gregorius II papa
De Constantinopolitanis
De Hyspania
De parapside Domini
De exercitu contra Karolum
    Martellum
Lotharius II rex Francorum[49]
Karolus contra Alemannos
Discordia inter dominos
    Francorum
Osricus rex Normannorum
Eudo dux Aquitanie
S. Salinus
Translatio s. Firmini
Gregorius III papa
De Venerabili Beda
Theodericus rex
De Lumbardis
Ebo Senonensis archiepiscopus
Avinio capitur
De Sarracenis

(fol. F, col. 1)
Herminus abbas
Childericus rex   124
De Karolo Martello
De Wandalis contra Gallos
Pipinus princeps Francorum
Constantinus IIII imperator
Translatio s. Marie Magdalene
Petrus Damascenus episcopus
S. Killianus
De Turcis   125
Pippinus III rex Francorum
Zacharias papa

Stephanus papa
Adventus pape in Franciam
Unctio Pippini et filiorum eius
De s. Benedicto
Bonifacius episcopus Maguncie
Griffo frater Pippini   126
Synodus
De s. Vito
Caput s. Iohannis
Paulus papa
S. Gengulphus
De rege Anglie
De Soldano
Constantinus imperator
De Turcis
Wayferus dux Aquitanie
De Iudeis
Paulus papa
Philippus papa
Constantinus papa
Amicus et Amelius
Pipinus obiit
Karolus Magnus rex Francorum   127
Synodus
S. Salinus
De Hunaldo
De Karlomanno
Adrianus papa   128
Bructicus rex Anglie
De Karolo contra Lumbardos
De morte Amelii
Regnum Lumbardorum deficit
Synodus
Saxones
(col. 2)
Patriarcha Iohannes
    Ierosolimitanus
De reliquiis per Karolum adductis
De indulgenciis Aqui Grani
Adrianus papa   129
Leo imperator
De Karolo contra Britones et
    Hunos
Aaron soldanus

---

[49] Lotharius II] Lotharius IIII[us] *K*

---

[50] Parisiensis] *om.* K
[51] De obitu Karoli] De obitu eius *J*
[52] Synodus] Meldensis *add. J*

Lotharius imperator 140
De rege Anglie
Nycholaus papa

(fol. Fv, col. 1)
De Dacis
De Anglis
De Britonibus
Corpus Innocencii pape
Lotharius rex Lotharingie
Rex Bulgarorum 141
Translatio sanctorum
De Sarracenis
Corpus s. Maurri
De Dacis
De s. Edmundo
Karolus Calvus
Iohannes VIII papa
De Normannis 142
De locustis
Fames
Fundacio Cluniaci
Karolus Calvus
Comitatus Flandrie incipit
Iohannes Scotus
Lanfrandus martyr obiit
Ludovicus rex Franciorum 143
Milo monachus
Translatio s. Marie Magdalene
De Normannis occisis
Et Dacis pervagantibus
   Alemanniam et Franciam
Karolus imperator
Hincmarus episcopus Remensis
De Rollone duce Normannorum
De Rollone 144
De s. Martino
Karolus III imperator
De bellis Normannorum
Basilius papa
Contentio regnorum Francie et
   Ytalie
De Normannis

Arnulphus imperator 145
Eduardus rex Anglie
Formosus papa
De Normannis
Stephanus papa 146
Theodorus papa
Iohannes IX papa
(col. 2)
De cantu Trinitatis
Benedictus papa
De Hungaris
De Normannis
De baptismate Rollonis 147
Karolus simplex
Sergius papa
Hungari contra Bulgaros
Fames in Gallia
De Rollone duce Normannie
De Hungaris 148
Anastasius tercius papa
Conradus imperator
De Normannis
Karolus simplex rex Francorum
De Sarracenis
De conspiratione contra
   imperatorem
De comite Blesensi
Henricus imperator
Hungari
Robertus rex Francie
De sanguine Christi
Henricus imperator
De bello regum Francorum
Radulphus dux Burgundie[53] 149
De prosperitate Henrici
   imperatoris[54]
Radulphus Francie rex et
   Burgundie
De Ytalicis
De lancea et clavis Domini
De Romanis
De Hungaris
Henricus contra Dacos

---

[53] Radulphus dux Burgundie] *om.* J
[54] De prosperitate Henrici imperatoris] *om.* J

---

[55] S. Edmundus rex Anglie] S. Edmundus rex Francie *J*

[56] Ludovicus rex Francorum] *om. J*

[57] Ici commence la table de *L*. Dans ce manuscrit des traits rouges relient les titres de la table à la mention *quere folium* suivie d'un numéro inscrit en chiffres romains.

[58] De Dacis] De Dacio *J*

[59] Gerbertus] Gilbertus *J*

[60] Rex Chanutus Anglie] *add. J*

[61] Francorum] *om. L*

[62] Otto III imperator] *om. L*

---

[63] Gerbertus papa] nigromanticus *add.* *J*
[64] S. Elfegus/Dux Normanie] S. Elfegus dux Normanie *J*
[65] Richardus III dux Normannie] *om.* *J*
[66] Nota ibi mirum] de ipso *add.* *J*

S. Theobaldus
De Leone papa
De monstro
Corpus regis Anglie
Synodus   170
Fundacio prioratus de Caritate[67]
Gothelo dux Lotharingie
De errore Berengarii
Heresis Grecorum
De dyabolo in missa imperatoris
De imperatore
De duce Guillelmo
Corpus Pallentis
S. Galterus abbas   171
Concilium in Colonia
S. Paternus Scotus
Guillelmus Arcaracensis
Gaufridus comes Andegavensis
Rex Francie contra Normannos
Malgerius archiepiscopus
    Rothomagensis
Episcopus Cantuariensis
Archiepiscopus Coloniensis
Gofridus dux Lotharingie   172
S. Lanfrancus
Eduardus rex Anglie
De peregrinatione ad Iherusalem
Edificatio ecclesie S. Quintini   173
Guillelmus dux Normannie contra
    Anglicos
De Normannis
De festo conceptionis beate
    Marie[68]
Corpus s. Paulini   174
De monacho demoniaco
De confessione
Henricus imperator
Hyldebrandus abbas fit papa   175
Gregorius papa
Synodus
De quodam symoniaco
De bello contra Flamingos

De Normannia
Hungari
Ordo Grandis Montis
Dissencio inter papam et
    imperatorem[69]
De ordine Regularium
Petrus Damianus
S. Arnulphus   176
S. Lanfredus

(fol. Gv, col. 1)
Henricus imperator   177
S. Anselmus
Deposicio pape
Ordo Cartusiensium instituitur
Inundatio aquarum
S. Arnulphus
Toleta convertitur
Translacio s. Nycholai
De filiis Haroldis regis Anglie   178
S. Lanfrancus
Corpus s. Clementis
Robertus dux Apulie
Guillelmus Nothus rex Anglie
Guillelmus Ruffus
Miraculum
Petrus Heremita   179
Discursus stellarum
Hore Nostre Domine
Exercitus christianorum versus
    Iherusalem
Godefrydus de Buyllon
De Roberto duce Normannie
De Turcis   180
De Antiochia
Lanfrancus
Diluvium in Anglia
S. Anselmus
Paschalis II papa
Eclipsis
Sterilitas terre
De comite Flandrie   181

---

[67] Fundacio prioratus de Caritate] *add. J*
[68] De festo conceptionis beate Marie] De conceptione beate Marie *J*
[69] papam] populum *J*

Ordo Cisterciensis
Admiraldus Sarracenorum
De christianis obsessis
De fame in exercitu christianorum
Adamarus episcopus Podiensis   182
Godefridus de Buillon
Captio multarum urbium in Terra
    Sancta
Rex Tripolitanus
Descriptio Iherusalem
Penuria victualium in exercitu
Iherusalem capitur
Balduinus rex frater Godefridi   183
Victoria contra Sarracenos
Guillelmus rex Anglie obiit
(col. 2)
Robertus dux Normannie obiit
Brachium s. Georgii
Accon capitur
Terremotus
Rex Balduinus   184
Comes s. Egidii
Imperator obiit
Petrus Alphonsus
Henricus imperator V
Buyamundus princeps Antiochie
Ordo Cisterciensis
Prioratus s. Martini Parisiensis   185
Ludovicus Grossus rex Francorum
S. Anselmus obiit
Monstrum
Paschalis II papa
De rege Anglie
De imperatore
De ecclesia Laudunensi
Monasterium de Monte
    S. Michaelis[70]   186
Tancredus dux Antiochie
De s. Bernardo
Fundatio S. Victoris prope Parisius

De tempestate
Balduinus rex Iherusalem
Clarevallis fundatio[71]
De Terra Sancta[72]   187
Balduinus rex Iherusalem
Ordo Premonstratensis
De virgine obsessa
Rex Turcie   188
Ordo Templariorum
Calixtus II papa
De prelio contra Sarracenos
Translatio s. Genovefe
Fulco comes Andegavensis
Balduinus II   189
Stephanus episcopus Parisiensis
Henricus quintus imperator
De regibus Iherosolimitanis
Sanctimoniales Sancti Iohannis
Confirmacio Templariorum
Scisma
Stephanus episcopus Parisiensis[73]
Philippus rex Francie
De Novioniensibus
Ludovicus rex Francie   190
De diversis religionibus[74]
Studium in S. Victore
Hugo de S. Victore
(col. 3)
Richardus de eodem
Lotharius imperator
S. Norbertus
Stephanus rex Anglie
Ludovicus rex Francie
Dies Pasche   191
Lotharius imperator
Theobaldus comes Campanie
Ordo S. Victoris
Iohannes de Temporibus
S. Malachias
Gilbertus Porretanus Pictavensis

---

[70] Monasterium de Monte S. Michael] Monstrum de Monte/Sanctus Michael *JK*, Monasterium] *om. L*

[71] Clarevallis fundacio] *om. L*

[72] De Terra Sancta] *om. L*

[73] Les six lignes précédentes sont une addition de *L*

[74] religionibus] regionibus *J*

Libri Hugonis de S. Victore
Innocentius papa
Petrus hereticus							192
De papis
De s. Thoma
De s. Bernardo
Fames
De malicia Iudeorum
De quadam virgine in Alemannia 193
Concilium generale
Disputatio s. Bernardi
Ludovicus rex Francorum
Guillelmus Nivernensis comes
Conradus imperator
De Francis
De tempestate
De s. Victore
Eugenius papa
Rogerus rex Sicilie
Eclipsis
Fredericus imperator
Magister Sententiarum
Gratianus compilator Decretorum
De rege Francie
Libri Bernardi
De regina Iherusalem
De Anglia subiugata					194
Anastasius papa
Adrianus papa[75]
De rege Francie
S. Elizabeth
Rogerus rex Sicilie
Petrus Comestor
Versus de Nostra Domina
Fredericus imperator

(fol. H, col. 1)
Scisma
Petrus Lumbardus episcopus
	Parisiensis
Ludovicus rex Francorum
Fredericus imperator

Alexander papa
Translatio trium regum ad
	Coloniam
S. Thomas Cantuariensis
S. Thomas exul[76]						195
De Ludovico rege
S. Petrus Tharentasiensis
De Philippo filio Ludovici
Fredericus imperator
Henricus rex Anglie
Terremotus
De papatu									196
Ludovicus rex
S. Thomas Cantuariensis occiditur
De obsidione Rothomagi
Fundatio ecclesie Parisiensis
Alexander papa
Fredericus imperator
De scismate
Philippus II coronatur in regem
	Francie									197
Concilium
Prohibicio iuramentorum turpium
Expulsio Iudeorum
Lucius III papa[77]
Clausura nemorum Vincennarum
Parisius pavatur
De filiis regis Anglie
Rex Hungarie								198
Comes Flandrie cum aliis
	conspirat contra regem
Romani contra papam
Dissencio inter papam et
	imperatorem
Rex Anglie
Exemplum
Abbas Ioachim
Expulsio ribaldorum a curia regis
Cimiterium s. Innocentium
Rex Anglie Henricus
Philippus dux Suavie[78]					199
(col. 2)

---

[75] Adrianus papa] *add. KL*
[76] S. Thomas Cantuariensis/S. Thomas exul] S. Thomas Cantuariens. exul *L*
[77] Lucius III] Lucius II *H*

Salhadinus Sarracenus
S. Crux perditur
Accon perditur
Rex Philippus
Iherusalem capitur a Turcis   200
De Pisanis
Gregorius VIII papa
Clemens III papa
De Anglicis fugientibus
Decimacio Ecclesie pro bellis
Guillelmus rex Sicilie   201
Imperator Fredericus submergitur
Henricus rex Alemannie
Modus coronandi imperatorem
De Elisabeth regina Francie
Parisius clauditur   202
Confluxus christianorum versus
   Terram Sanctam
Philippus rex Francie
De Richardo rege Anglie
S. Laurentius
De Ybernia[79]
Miraculum
Eclipsis solis   203
S. Guillelmus
De rege Anglie
De Iudeis[80]
De rege Philippo
De rege Hyspanie
Salhadinus Babilonie obiit
De rege Anglie Richardo
Tancredus rex Sicilie   204
Carnotum comburitur
Fames
Henricus imperator
Inundatio aquarum Parisius
Ordo de Trinitate
Initium discordie inter Francos et
   Flamingos

Rex Philippus[81]   205
De uxore eius
Richardus rex Anglie
Iohannes rex Anglie
Otto imperator
Miraculum[82]
Balduinus comes Flandrie   206
(col. 3)
De Anglicis et Francis   207
De Britonibus et Anglicis
S. Guillelmus abbas
Rex Philippus[83]
Normannia subiugatur Francie
Heresis Albigensium
Inundatio aquarum   208
De tyrampnia Iohannis regis
   Anglie
De Remensibus
Philippus dux Suavie
De imperio
Henricus de Merso
Rex Philippus
De hereticis Parisius combustis   209
S. Franciscus
Fredericus imperator
Fredericus imperator
De Reginaldo comite Bolonie
De rege Francie contra
   Reginaldum
De transito regis Francie
   in Angliam   210
De Ferrando comite Flandrie
De regina Francie
De iuvenibus euntibus in
   Iherusalem
De rege Anglie et papa
De Mediolanensibus[84]   211
Bellum inter Symonem Montis
   Fortis et regem Arragonie[85]

[78] Suavie] Francie K
[79] De Ybernia] om. KL
[80] De Iudeis] combustis add. J
[81] Rex Philippus] revocat Iudeos add. J
[82] Miraculum] de corpore Christi add. J
[83] Philippus] Iohannes K
[84] De Mediolanensibus] om. L

---

[85] Bellum inter Symonem et regem Arragonie] *om. L*
[86] S. Dominicus] *add. J*
[87] obiit] *om. K*
[88] Cette mention est un ajout de *L* dans la marge à la hauteur de ces lignes.

Comes Andegavensis
Karolus subiugat Siciliam
De pace regum Francie et Anglie
Manfredus tyrampnizat
De Tartaris
De Florentinis
Constantinopolis capitur
Licencia audiendi confessionem
    datur Predicatoribus   **226**
De comite Andegavensi
Karolus rex Sicilie
De Sarracenis contra Karolum
De bello Karoli contra
    Conradinum
De rege Ludovico cruce signato **227**
Rex Tunizii
De Terra Sancta
S. Ludovicus obiit   **228**
Karolus <*filius*> S. Ludovici natus est
Eduardus rex Anglie vadit ad
    Terram Sanctam
De crucibus edificatis inter
    Parysius et S. Dyonisium
Archidyaconus Leodiensis eligitur
    in papam   **229**
(col. 3)
Gregorius X papa
Rex Philippus III
Concilium generale
De bigamis
De Grecis[90]
Innocentius papa de ordine
    Predicatorum
Petrus Hyspanus papa
Petrus de Brochia   **230**
Nycholaus II papa
De regno Iherusalem, quomodo
    venit ad regem Sicilie
Soldanus Babilonie
Inundatio aquarum Parisius

De papa
De rege Sicilie
De rebellione Sicilie contra
    Karolum
Princeps Walie rebellat regi
    Anglie   **231**
Dissencio inter Romanos
De nacione Picardie et Anglie
    Parisius
De Petro Arragonie
Rex Arragonie excommunicatur
Karolus Salerne
De habituatis ad modum
    Predicatorum
Petrus Arragonie   **232**
De Francis contra Arragoniam
De bello Tuscie
Karolus Salerne
De decima
Fundacio cordigerarum S.
    Marcelli Parisius[91]
De regno Navarre et comitatu
    Campanie ductis ad Franciam **233**
Rex Sicilie infirmatur
Petrus Arragonensis
Franci contra Arragonenses et de
    bello inter eos
Rex Philippus III obiit
Petrus Arragonie obiit
Discordia inter predicatores et
    monachos[92]   **234**
De bello notabili apud Coloniam

(fol. I, col. 1)
Eduardus rex Anglie venit in
    Franciam
Nycholaus IIII papa
De ordine Minorum[93]
Separacio Grecorum a Romana
    Ecclesia

---

[89] Exemplum/De Machometo] Exemplum de Machometo *KL*
[90] Grecis] Gothis *K*
[91] prope Parisius] *add. K*
[92] Discordia inter predicatores et monachos] de S. Dionysio *add. JK*
[93] Nicholaus IIII/De ordine Minorum] Nicholaus IIII de ordine Minorum *L*

---

[94] Guido comes Flandrie] *om. L*

[95] Sermo contra papam/VI^{us} Decretalium] Sermo contra papam VI/Decretalium *J*

[96] De Flandrensibus] De Flandria *J*

[97] Templariorum] *om. K*

[98] De rege Anglie] *om. KL*

Ludovicus rex Francie
De admiracione regni eius
De demone privato Enjoranni
(col. 3)
De suspendio Enjoranni
Rex coronatur Remis   251
Fames
De Flamingis
Baionenses contra Normannos
De malicia pistorum
Comes Pictaviensis rex Francie
Iohannes XXII papa   252
De Minoribus et heresi eorum
Angustia Flamingorum
De convencione et pactione cum
   Flamingis
Comes Nivernensis   253
Comitissa Attrebatensis
Papa contra Flamingos
Rex Sicilie Robertus

Comes Ebroicensis obiit
De conflictu christianorum in
   Hyspania   254
Comes Flandrie venit Parysius
De tractatu Parysius inter Francos
   et Flamingos[99]
De pastorellis   255
Pastorelli suspenduntur
De filio comitis Valeie
De comite Nivernensi
De leprosis   256
De confessione audienda a
   religiosis[100]
De bulla mendicantium fratrum
Philippus VI rex Francie obiit[101] 257
De moneta
Comes Marchie rex Francie
De separatione regis a regina
Comes Nivernensis

Explicit tabula Memorialis historiarum compilata et scripta per Iacobum de Camphin clericum Attrebatensis dyocesis ad instructionem domini Iohannis Fabri, presbyteri curati Sancti Lupi de Bromilia Senonensis dyocesis, quem Dominus dignetur custodire in statu salutifero et omnes suos. Amen[102].

---

[99] Parysius] pacis *KL*
[100] a] et *K*
[101] Philippus VI] Philippus V *L*
[102] Cet explicit est absent des manuscrits *JKL*

SOURCES ET BIBLIOGRAPHIE

SOURCES MANUSCRITES

PARIS, ARCHIVES NATIONALES
L 888ᴬ-910 (Saint-Victor).
LL 1450 (Cartulaire de Saint-Victor).

PARIS, BIBLIOTHÈQUE NATIONALE DE FRANCE
Cartulaire des prébendes de Saint-Victor, BnF, lat. 15057.
JEAN PICARD, Mémoires et pièces, BnF, lat. 14366, 14367, 14660, 14685.
JEAN DE THOULOUZE, *Annales,* BnF, lat. 14368-14374, 14679-14683.
JEAN DE THOULOUZE, *Antiquitates regalis abbatie Sancti Victoris Libri duode-cim,* BnF, lat. 14375, 14376, 14677-14678.

PARIS, BIBLIOTHÈQUE MAZARINE
SIMON GOURDAN, *Vies et maximes saintes des hommes illustres qui ont fleuri dans l'abbaye de Saint-Victor,* ms. 3350.

N. B. : La liste et les notices des manuscrits du *Memoriale historiarum* font l'objet de la première partie du chapitre I de l'étude. En ce qui concerne les manuscrits utilisés par Jean de Saint-Victor pour sa compilation, se reporter aux tableaux du chapitre VI.

SOURCES IMPRIMÉES

Sources documentaires

Bibliothèques de manuscrits médiévaux en France. Relevé des inventaires du XIIIᵉ au XVIIIᵉ siècle, établi par A.-M. GENEVOIS, J.-F. GENEST (avec la collaboration de M.-J. BEAUDT et A. GUILLAUMONT pour l'informatique), Paris, 1987.
Chartes et documents de l'abbaye de Saint-Magloire, édités et présentés par A. TERROINE et L. FOSSIER, 3 vol., Paris, 1976.
Chartularium universitatis Parisiensis, éd. H. DENIFLE et G. CHATELAIN, 4 vol., Paris, 1889-1897.
Liber ordinis Sancti Victoris Parisiensis, éd. L. JOCQUÉ et L. MILIS, (*CCCM,* 61), Turnhout, 1994.
Obituaire de l'abbaye de Saint-Victor, dans *Obituaires de la province de Sens,* I, éd. A. MOLINIER, *RHF,* 1902, p. 531-608.
OUY (G.), *Les manuscrits de l'abbaye de Saint-Victor. Catalogue établi sur la base du répertoire de Claude de Grandrue (1514),* (*Bibliotheca Victorina,* 10), 2 vol., Turnhout, 1999.

PELLEGRIN (E.), *Manuscrits de l'abbaye de Saint-Victor et d'anciens collèges de Paris à la bibliothèque municipale de Berne, à la bibliothèque Vaticane et à Paris,* in : *BEC,* 103 (1942), p. 69-98.

TUETEY (A.), *Les testaments enregistrés au Parlement de Paris sous le règne de Charles VI,* in : *Mélanges historiques,* 3 (1880), p. 241-704.

VIEILLIARD (Fr.) et MONFRIN (J.), *Manuel bibliographique de la littérature française du Moyen Age,* Paris, 1986.

VOSSIUS (G.-J.), *De historicis latinis libri tres,* Lugduni Batavorum, 1627.

WILKINS (N.), *Catalogue des manuscrits français de la bibliothèque Parker (Parker Library),* Cambridge, 1993.

Sources littéraires

BALUZE (E.), *Vitae paparum Avenionensium,* éd. G. MOLLAT, Paris, I, 1916.

Flores seu sententiae ex S. BERNARDI operibus depromptae, PL 183 (1589), col. 1197-1204.

BOCQUET (J.), *Les vies de sainct Exupère et de sainct Loup, vulgairement appelés saint Spire et saint Leu,* in : *AA SS,* Aug., I, p. 52-55.

BOSQUET (Fr.), *Pontificum Romanorum e gallia oriundi et qui in ea sederunt historia ab anno 1305 ad annum 1394,* Paris, 1632.

BOUCHART (A.), *Les Grandes croniques de Bretaigne,* texte établi par M.-L. AUGER et G. JEANNEAU, B. GUENÉE (Dir.), 3 vol., Paris, 1986-1998.

Chronique parisienne anonyme de 1316 à 1339, précédée d'additions à la chronique française de Guillaume de Nangis, éd. A. HELLOT, in : *MSHPIF,* 11 (1885), p. 1-202.

EGINHARD, *Vie de Charlemagne,* éd. et trad. L. HALPHEN, 4ᵉ éd., Paris, 1967.

EUSÈBE DE CÉSARÉE, *Historia ecclesiastica,* éd. G. BARDY, 3 vol., 3ᵉ éd. revue et corrigée, Paris, 1983-1986.

The Historia Regum Britanniae of GEOFFREY OF MONMOUTH, éd. N. WRIGHT, 2 vol., Cambridge et Woodbridge, 1985-1988.

Chronique de l'abbaye de Saint-Pierre-le-vif de Sens rédigée vers la fin du XIIIᵉ siècle par GEOFFROI DE COURLON, éd. G. JULLIOT, Sens, 1876, introduction p. I-XIV.

GEOFFROI DE PARIS, *Chronique métrique,* éd. A. DIVERRÈS (*Publ. de la Fac. des Lettres de l'Univ. de Strasbourg,* 129), Paris, 1956.

GEOFFROY DE VITERBE, *Memoria Seculorum,* éd. G. H. PERTZ, *MGH, SS,* XXII, Hanovre, 1872, p. 94-106.

GÉRAUD DE FRACHET, *Chronique universelle,* éd. R. RECH, Thèse de l'Ecole nationale des Chartes, 1993.

The Historical Works of GERVASE OF CANTERBURY, éd. W. STUBBS, 2 vol., Londres, 1879-1880.

Les *Grandes Chroniques de France,* éd. J. VIARD, 10 vol., Paris, 1920-1953.

GRÉGOIRE DE TOURS, *Libri Historiarum X,* éd. B. KRUSCH et W. LEVISON, *MGH, SRM,* I, 2ᵉ éd., Hanovre, 1951.

GUILLAUME GUIART, *La Branche des royaux lignages,* éd. N. de WAILLY et L. DELISLE, *RHF,* XXII, Paris, 1865, p. 171-300.

GUILLAUME DE JUMIÈGES, *Gesta Normannorum ducum,* éd. J. MARX (*Soc. de l'Hist. de Normandie*), Rouen, 1914.

GUILLAUME DE MALMESBURY, *Gesta Regum Anglorum*, éd. W. STUBBS, 2 vol., Londres, 1887-1889.

Chronique latine de GUILLAUME DE NANGIS de 1113 à 1300 avec les continuations de cette chronique, éd. H. GÉRAUD, 2 vol., Paris, 1843-1844.

GUILLAUME DE NANGIS, *Gesta sanctae memoriae Ludovici regis Franciae*, éd. P. DAUNOU et J. NAUDET, *RHF*, XX, Paris, 1840, p. 310-464.

GUILLAUME DE TYR, *Chronicon*, éd. R.B.C. HUYGENS, 2 vol., (*CCCM*, 63 et 63A), Turnhout, 1986.

HUGUES DE FLEURY, *Historia ecclesiastica*, éd. G. WAITZ, *MGH*, *SS*, IX, Hanovre, 1851, p. 337-367.

HUGUES DE SAINT-VICTOR, *Didascalicon. De Studio Legendi*, éd. Ch. H. BUTTIMER, Washington, 1939.

HUGUES DE SAINT-VICTOR, *L'art de lire, Didascalicon*, introduction, traduction et notes par M. LEMOINE, Paris, 1991.

La «Descriptio mappe mundi» de HUGUES DE SAINT-VICTOR, texte inédit, introduction et commentaire de P. GAUTIER DALCHÉ, Paris, 1988.

HUGO OF ST VICTOR, *De tribus maximis circumstanciis gestorum*, éd. W. M. GREEN, in : *Speculum*, 18 (1943), p. 484-493.

ISIDORE DE SÉVILLE, *Etymologiarum sive originum libri XX*, éd. W. M. LINDSAY, 2 vol., Oxford, 1911.

JACQUES DE VORAGINE, *Legenda aurea*, éd. Th. GRAESSE, 3ᵉ éd., Dresde-Leipzig, 1890.

JEAN DE MANDEVILLE, *Voyage autour de la Terre*, texte traduit et commenté par Ch. DELUZ, Paris, 1993.

Journal d'un bourgeois de Paris, éd. C. BEAUNE, Paris, 1990.

LENAIN DE TILLEMONT (L.-S.), *Vie de Saint Louis*, éd. et annotation de J. de GAULLE, (*Société de l'histoire de France*) 6 vol., Paris, 1847-51.

NENNIUS, *Historia Brittonum*, éd. Th. MOMMSEN, *MGH*, *AA*, XIII, Berlin, 1898, p. 111-222.

PAUL DIACRE, *Historia Longobardorum*, éd. G. WAITZ, Hanovre, 1878.

PIERRE LE MANGEUR, *Historia scolastica*, *PL* 198 (1855), col. 1054-1722.

Continuateur de PIERRE TUBŒUF, *Historia de via Hierusolymis*, *RHC*, *Historiens Occidentaux*, III, p. 169-229.

POMPONIUS MELA, *Chorographia*, éd. A. SIBERMAN, Paris, 1988.

Chronique du RELIGIEUX DE SAINT-DENIS, éd. M.-L. BELLAGUET, rééd. CTHS avec une préface de B. GUENÉE, Paris, 1994.

RICHARD DE SAINT-VICTOR, *Liber Exceptionum*, éd. J. CHÂTILLON (*Textes philosophiques du Moyen Age*, 5), texte critique avec intro., notes et table, Paris 1958.

Œuvres de RIGORD et de GUILLAUME LE BRETON, historiens de Philippe-Auguste, éd. H-Fr. DELABORDE, 2 vol., Paris, 1882-1885.

ROBERT D'AUXERRE, *Chronicon*, éd. O. HOLDER-EGGER, *MGH*, *SS*, XXVI, Hanovre, 1882, p. 219-287.

ROGER DE HOVEDEN, *Chronique*, éd. W. STUBBS, 4 vol., Londres, 1868-1871.

ROBERT GAGUIN, *Compendium super Francorum gestis*, Paris, 1501.

SIGEBERT DE GEMBLOUX, *Chronographia*, éd. L. C. BETHMANN, *MGH*, *SS*, VI, Hanovre, 1844, p. 268-535.

SOLIN, *Collectanea rerum mirabilium*, éd. Th. MOMMSEN, Berlin, 1895.

VINCENT DE BEAUVAIS, *Speculum historiale*, Douai, 1624 (Graz, 1964).

JEAN HAUTFUNEY, *Tabula super Speculum historiale fratris Vincentii*, éd. M. PAUL-MIER-FOUCART, in : *Spicae, Cahiers de l'Atelier Vincent de Beauvais*, 2 (1980), p. 19-43 et 3 (1981), p. 7-194.

Instruments de travail

Biographie universelle ancienne et moderne, 85 vol., Paris, 1811-1862.

BONDÉELLE-SOUCHIER (A.), *Bibliothèques cisterciennes dans la France médiévale, répertoire des abbayes d'hommes*, CNRS, Paris 1991.

BRIQUET (C.-M.), *Les filigranes. Dictionnaire historique des marques du papier*, 4 vol., Leipzig, 1923.

Catalogue des manuscrits en écriture latine portant des indications de date, de lieu ou de copistes, Ch. SAMARAN (Dir.), 6 vol., Paris, 1959-1968.

CHEVALIER (U.), *Répertoire des sources historiques du Moyen Age : Biobibliographie*, Paris, 1907.

CHEVALIER (U.), *Répertoire des sources historiques du Moyen Age : Topobibliographie*, Paris, 1903-1909.

Complete Peerage of England, Scotland, Ireland etc, G. E. COKAYNE (Dir.), 6 vol., Gloucester, 1982.

DELISLE (L.), *Inventaire des manuscrits latins de l'abbaye de Saint-Victor conservés à la Bibliothèque impériale sous les numéros 14232-15175 du Fonds latin*, in : *BEC*, 4 (1869).

DELISLE (L.), *Le cabinet des manuscrits de la Bibliothèque impériale (nationale)*, 3 vol., Paris, 1861-1881.

DEROLEZ (A.), *Les catalogues de Bibliothèques* (*Typologie des sources du Moyen Age occidental*, 31), Turnhout, 1979 .

Dictionnaire d'histoire et de géographie ecclésiastique, 25 vol. parus, Paris, 1912-1995.

Dictionnaire des auteurs grecs et latins de l'Antiquité et du Moyen Age, (édition traduite et mise à jour), Turnhout, 1991.

Dictionnaire des lettres françaises. Le Moyen Age, G. HASENOHR, M. ZINK, (Dir.), Paris, 1992.

Dictionary of National Biography, 63 vol., Londres, 1885-1901 et Oxford, 1901-1985.

DUPONT-FERRIER (G.), *Gallia Regia ou Etat des officiers royaux des bailliages et des sénéchaussées de 1328 à 1515*, 6 vol., Paris, 1942.

EMDEN (A. B.), *A Biographical Register of the University of Cambridge to 1500*, Cambridge, 1963.

FOURNIER (M.), *La Faculté de droit de l'Université de Paris au XVe siècle*, Paris, 1895.

FRANKLIN (A.), *Les anciennes bibliothèques de Paris. Eglises, monastères, collèges etc...*, I, Paris, 1867.

Gallia Christiana in provincias ecclesiasticas distributa, 16 vol., Paris, 1715-1865.

GLORIEUX (P.), *Le répertoire des maîtres en théologie de Paris au XIIIe siècle*, 2 vols., Paris, 1933-1934.

GODEFROY (F.), *Dictionnaire de l'ancienne langue française*, Paris, 1858.

GRAESSE (Th.), BENEDICT (Fr.), PLECHL (H.), *Orbis latinus, Lexikon lateinischer geographischer Namen des Mittelalters und der Neuzeit*, Budapest, 1972.

Grundriss der romanischen Literaturen des Mittelalters, XI-1, *La littérature historiographique des origines à 1500*, 3 vol., Heidelberg, 1987.

JAMES (Th.), *Ecloga Oxonio-Cantabrigensis in duos libros*, Londres, 1600.

KOHLER (C.), *Catalogue des manuscrits de la Bibliothèque Sainte-Geneviève*, Paris, 1893.

LELONG (J.), *Bibliothèque historique de la France*, Paris, 1768, II, p. 166, n°16985.

LEMAIRE (J.), *Introduction à la codicologie*, Louvain-la-Neuve, 1989.

LEMAÎTRE (J.-L.), *Répertoire des documents nécrologiques français*, 2 vol., Paris, 1980.

LE NEVE (J.), *Fasti Ecclesiae Anglicanae 1300-1541*, VI, 33, Londres, 1963.

MOLINIER (A.), *Les Sources de l'histoire de France au Moyen Age des origines aux guerres d'Italie (1494)*, 6 vol., Paris, 1901-1906.

PERDRIZET (P.), *Le calendrier parisien à la fin du Moyen Age d'après le bréviaire et les livres d'heures*, Paris, 1933.

PHILIPPART (G.), *Les légendiers latins et autres manuscrits hagiographiques* (*Typologie des sources du M. A. occidental*, 24-25), Turnhout, 1977.

STEGMÜLLER (F.), *Repertorium biblicum medii aevi*, 11 vol., Madrid, 1940-1980.

Travaux

AUTRAND (Fr.), *Culture et mentalité : les librairies des gens du Parlement au temps de Charles VI*, in : *AESC*, 28, 5 (sept-oct. 1973), p. 1219-1244.

AUTRAND (Fr.), *Naissance d'un grand corps de l'Etat : les gens du Parlement de Paris (1345-1454)*, Paris, 1981.

AUTRAND (Fr.), *Charles VI : la folie du roi*, Paris, 1986.

AVRIL (Fr.), *Jean Fouquet, illustrateur des Grandes Chroniques*, in : Fr. AVRIL, M.-Th. GOUSSET, B. GUENÉE, *Les grandes Chroniques de France ; reproduction intégrale des miniatures de Fouquet, Manuscrit français 6465 de la Bibliothèque nationale de Paris*, Paris, 1987, p. 11-70.

AVRIL (Fr.) et STIRNEMANN (P.), *Manuscrits enluminés d'origine insulaire, VIIe-XXe siècle*, Paris, 1987.

BALDWIN (J.), *Philippe-Auguste et son gouvernement. Les fondations du pouvoir royal en France au Moyen*, trad. de l'anglais, Paris, 1991.

BARBER (M.), *The Trial of the Templars*, Cambridge, 1978.

BARBICHE (B.), *La papauté et les abbayes de Sainte-Geneviève et de Saint-Victor de Paris au XIIIe siècle*, in : R. GROSSE (Ed.), *L'Eglise de France et la papauté (Xe-XIIIe siècle)*. Actes du XXVIe colloque historique franco-allemand organisé en coopération avec l'Ecole nationale des Chartes par l'Institut historique allemand de Paris (Paris, 17-19 octobre 1990), Bonn, 1993 (*Etudes et documents pour servir à une «Gallia Pontificia»*, publiés par l'Institut historique allemand de Paris et l'Ecole nationale des Chartes), p. 239-262.

BARON (R.), *Hugues de Saint-Victor*, in : *DS*, 7, 1 (1969) Paris, 1969, col. 901-939.

BATAILLON (J.), GUYOT (B. G.) et ROUSE (R. H.), *La production du livre universitaire au Moyen Age : exemplar et pecia*, Paris, 1988.

BAUTIER (R.-H.), *La place de Fleury dans l'historiographie française*, in : *Etudes ligériennes d'histoire et d'archéologie médiévales (1969)*, Auxerre, 1975, p. 25-34.

BAUTIER (R.-H.), *Diplomatique et histoire politique : ce que la critique diplomatique nous apprend sur la personnalité de Philippe le Bel*, in : *RH*, 259, 1 (1978), p. 3-27.

BAZAN (B. C.), WIPPEL (J.W.), FRANSEN (G.) et JACQUART (D.), *Les questions disputées et les questions quodlibétiques dans les facultés de théologie, de droit et de médecine (Typologie des sources du Moyen Age occidental, 44-45)*, Turnhout, 1985.

BEAUNE (C.), *Naissance de la Nation France*, Paris, 1985.

BEAZLEY (R.), *The Dawn of modern Geography*, 3 vol., New York, 1949.

BEDOS (B.), *La châtellenie de Montmorency des origines à 1368. Aspects féodaux, sociaux et économiques*, Pontoise, 1980.

BÉRIOU (N.), *La prédication de Ranulphe de La Houblonnière. Sermons aux clercs et aux simples gens de Paris au XIIIᵉ siècle*, Paris, 1987.

Le Moyen Age et la Bible, P. RICHÉ et G. LOBRICHON (Dir.), Paris, 1984.

BLOCH (M.), *L'Ile-de-France*, in : *Mélanges historiques*, rééd., Paris, 1983, II, p. 692-787

Boniface VIII en procès. Articles d'accusation et dépositions des témoins (1303-1311), édition critique, introduction et notes par J. COSTE, *(Studi e documenti d'archivio, 5)*, Rome, 1995.

BONNARD (F.), *Histoire de l'abbaye royale et de l'ordre des chanoines réguliers de Saint-Victor de Paris*, 2 vol., Paris, 1904-1908.

BORELLI DE SERRES (L.-L.), *Recherches sur divers services publics du XIIIᵉ au XVIIᵉ siècle*, 3 vol., Paris, 1895-1909.

BOUDET (J.-P.), *La culture savante au XIIIᵉ siècle*, in : J.-P. BOUDET, S. GOUGENHEIM et C. VINCENT (Ed.), *L'Europe occidentale chrétienne au XIIIᵉ siècle. Etudes et documents commentés, (Regards sur l'histoire)*, Paris, 1995, p. 113-160.

BOURDÉ (G.) et MARTIN (H.), *Les écoles historiques*, Paris, 1983.

BOURGAIN (P.), *L'édition des manuscrits*, in : H.-J. MARTIN, *Histoire de l'édition française*, I, *Le livre conquérant*, Paris, 1989, p. 53-94.

BOURGAIN (P.), *Les textes historiques*, in : H.-J. MARTIN et J. VEZIN (Dir.), *Mise en page et mise en texte du livre manuscrit*, Paris, 1990, p. 169-172.

BOURGAIN (P.), *Sur l'édition des textes littéraires latins médiévaux*, in : *BEC*, 150 (1992), p. 5-49.

BOURIN-DERRUAU (M.), *Temps d'équilibres, temps de ruptures, (Nouvelle histoire de la France médiévale, 4)*, Paris, 1990.

BOZZOLO (C.) et ORNATO (E.), *Pour une histoire du livre manuscrit au Moyen Age : 3 essais de codicologie quantitative*, Paris, 1980-1987.

BOZZOLO (C.) et LOYAU (H.), *La Cour amoureuse dite de Charles VI*, 2 vol., Paris, 1982-1992.

BRINCKEN (A. D. von den), *Studien zur lateinischen Weltchronistik bis in das Zeitalter Ottos von Freising,* Düsseldorf, 1957.

BRINCKEN (A. D. von den), *Die lateinische Weltchronistik,* in : A. RANDA (Ed.), *Mensch und Weltgeschichte. Zur Geschichte der Universalgeschichtsschreibung,* Salzbourg, 1969, p. 56-58.

BRINCKEN (A. D. von den), *Tabula alphabetica von den Anfängen alphabetischer Registerarbeiten zu Geschichtswerken,* in : *Festschrift für Hermann Heimpel,* II, Göttingen, 1972, p. 900-923.

BRINCKEN (A. D. von den), *Das geographische Weltbild um 1300,* in : *Zeitschrift für historische Forschung,* Beiheft 6, *Das Geographische Weltbild um 1300. Politik im Spannungsfeld von Wissen, Mythos und Fiktion,* Berlin, 1989, p. 9-32.

BROWN (E. A. R.), *Subsidy and Reform in 1321 : the Account of Najac and the Policies of Philip V,* in : *Traditio,* 27 (1971), p. 399-430.

BROWN (E. A. R.), *Politics and Institutions in Capetian France.* Recueil d'articles en français et en anglais publiés de 1971 à 1985, Brookfield, 1991.

BROWN (E. A. R.), *The Monarchy of Capetian France and Royal Ceremonial.* Recueil d'articles en français et en anglais publiés de 1976 à 1988, Brookfield, 1991.

BUC (Ph.), *L'ambiguïté du Livre. Prince, pouvoir, et peuple dans les commentaires de la Bible au Moyen Age,* Paris, 1991.

CAZELLES (R.), *Paris de la fin du règne de Philippe-Auguste à la mort de Charles V (1223-1380),* (*Nouvelle histoire de Paris*), Paris, 1972.

CHÂTILLON (J.), *De Guillaume de Champeaux à Thomas Gallus, chronique d'histoire littéraire et doctrinale de l'école Saint-Victor,* in : *RMAL,* 8 (1952), p. 139-162 et p. 248-272.

CHÂTILLON (J.), *Richard de Saint-Victor,* in : *DS,* 13 (1987), col. 600-601.

CHÂTILLON (J.), *Le mouvement canonial au Moyen Age : réforme de l'Eglise, spiritualité, culture,* Etudes réunies par P. SICARD, (*Bibliotheca victorina,* 3), Paris-Turnhout, 1993.

SCHMIDT-CHAZAN (M.), *La chronique de Sigebert de Gembloux : succès français d'une œuvre lotharingienne, à propos d'un exemplaire de l'édition princeps conservé à la bibliothèque municipale de Metz,* in : *Les Cahiers lorrains,* 1 (mars 1990), p. 1-26.

SCHMIDT-CHAZAN (M.), *Les origines germaniques d'Hugues Capet dans l'historiographie française du Xe au XVIe siècle,* in : *Religion et Culture autour de l'An Mil, Royaume capétien et Lotharingie,* Paris, 1990, p. 231-244.

SCHMIDT-CHAZAN (M.), *L'idée d'Empire dans le Memoriale historiarum de Jean de Saint-Victor,* in : J.-PH. GENET (Ed.), *L'historiographie médiévale en Europe. Actes du colloque organisé par la Fondation européenne pour la Science au Centre de Recherches historiques et juridiques de l'Université de Paris I du 29 mars au 1er avril 1989,* Paris, 1991, p. 301-319.

CHAZAN (M.), *L'Empire et l'histoire universelle de Sigebert de Gembloux à Jean de Saint-Victor (XIIe-XIVe siècle),* (*Etudes d'histoire médiévale,* 3), Paris, 1999.

CHAZAN (M.), *L'usage de la compilation dans les chroniques de Robert d'Auxerre, Aubri de Trois-Fontaines et Jean de Saint-Victor,* in : *JS,* janv.-juin 1999, p. 261-294.

CHERUEL (A.), *Histoire de Rouen pendant la période communale,* Rouen, 1844.

CHIAVASSA-GOURON (I.), *Les lectures des maîtres et des étudiants du collège de Navarre (1380-1520), un aspect de la vie intellectuelle à l'université de Paris au XVe siècle,*Thèse de l'Ecole des Chartes multigraphiée, 1985.

Chroniques nationales et chroniques universelles. Actes du Colloque d'Amiens, 16-17 janv. 1988, D. BUSCHINGER (Ed.), Göppingen, 1990.

COLLARD (Fr.), *Recherches sur le crime de poison au Moyen Age,* in : *JS,* janv.-juin 1992, p. 99-114.

COLLARD (Fr.), *Un historien au travail à la fin du XVe siècle : Robert Gaguin, (Travaux d'Humanisme et de Renaissance,* 301), Paris, 1996.

COLLARD (Fr.), *Quand l'apologie nourrit le réquisitoire : une lecture en négatif des mémoires de Joinville,* in : D. QUÉRUEL (Ed.), *Jean de Joinville : de la Champagne aux royaumes d'outre-mer, (Hommes et textes en Champagne),* Reims, 1998, p. 131-142.

CONNOCHIE-BOURGNE (Ch.), *Des diversités d'Europe : un chapitre obligé des encyclopédies médiévales,* in : B. RIBÉMONT (Dir.), *De la Chrétienté à l'Europe.* Actes du colloque d'Orléans – mai 1993, Orléans, 1994, p. 49-62.

CONTAMINE (Ph.), *De la puissance aux privilèges : Doléances de la noblesse française envers la monarchie aux XIVe et XVe siècles,* in : PH. CONTAMINE (Ed.), *La Noblesse au Moyen Age, XIe-XVe siècles. Essais à la mémoire de Robert Boutruche,* Paris, 1976, p. 235-260.

CORNER (D.), *The earliest surviving manuscripts of Roger of Howden's Chronica,* in : *The English Historical Review,* 98 (1983), p. 297-310.

COULET (N.), *Quel âge a-t-il ? Jalons et relais de la mémoire, Manosque 1289,* in : *Histoire et Société. Mélanges offerts à Georges Duby,* IV, *La mémoire, l'écriture et l'histoire,* Aix-en-Provence, 1992, p. 9-20.

CRAFTER (R. D. A.), *Materials for a Study of the Sources of Guillaume Guiart's La Branche des royaus lignages,* in : *Medium Aevum,* 26 (1957), p. 1-16.

Culture et travail intellectuel dans l'Occident médiéval. Bilan des Colloques d'humanisme médiéval (1960-1980), G. HASENOHR et J. LONGÈRE (Ed.), Paris, 1981.

CUTTLER (S. H.),*The Law of Treason and Treason Trials in Later Medieval France,* Cambridge, 1981.

DELABORDE (H.-Fr.), *Le procès du chef de Saint-Denis en 1410,* in : *MSHPIF,* 11 (1884), p. 297-409.

DELISLE (L.), *Mémoire sur les ouvrages de Guillaume de Nangis,* in : *MSHPIF,* 27, 2 (1873), p. 287-372.

DELUZ (Ch.), *Le livre de Jean de Mandeville : une géographie au XIVe siècle,* Louvain-la-Neuve, 1988.

DELUZ (Ch.), *Des géographes aux voyageurs, l'Europe, une image changeante,* in : B. RIBÉMONT (Dir.), *De la chrétienté à l'Europe.* Actes du colloque d'Orléans – mai 1993, Orléans, 1994, p. 63-73.

DEMURGER (A.),*Vie et mort de l'ordre du Temple,* 2e éd., Paris, 1989.

DICKINSON (J. C.), *The origins of the Austin Canons and their introduction into England,* Londres, 1950.

DOLBEAU (Fr.), *Noms de livres,* in : O. WEIJERS (Ed.),*Vocabulaire du livre et de l'écriture au Moyen Age,*Turnhout, 1989, p. 79-99.

Du Boulay (C.-E.), *Historia Universitatis Parisiensis*, 6 vol., Paris, 1665-1673.

Duchenne (M.-Ch.), Guzman (G. G.), Voorbij (J. B.), *Une liste des manuscrits du Speculum historiale de Vincent de Beauvais*, in : *Scriptorium*, 41 (1987), p. 286-294.

Duchenne (M.-Ch.), *Autour de 1254 : une révision capétienne de l'Historiale*, in : S. Lusignan, M. Paulmier-Foucart et A. Nadeau, (Dir.) *Vincent de Beauvais : intentions et réception d'une œuvre encyclopédique au Moyen Age*. Actes du XIVe colloque de l'Institut d'études médiévales organisé conjointement par l'Atelier Vincent de Beauvais (Nancy II) et l'Institut d'études médiévales (Université de Montréal) du 27 avril au 30 avril 1988, Montréal, 1990, p.141-166.

Dupont-Ferrier (G.), *Le personnel de la Cour ou Chambre des Aides des origines à 1483*, in : *ABSHF*, 1931, p. 219-255 ; 1932, p. 191-297 ; 1933, p. 167-265, repris, Paris, 1935.

Du Pouget (M.), *Recherches sur les chroniques latines de Saint-Denis. Edition critique et commentaire de la Descriptio clavi et corone Domini et de deux séries de textes relatifs à la légende carolingienne*, in : *PTEC*, 1978, p. 41-46.

Dupuy (P.), *Histoire du différend d'entre le pape Boniface VIII et Philippe le Bel, roy de France*, Paris, 1655.

Ehlers (J.), *Hugo von St. Viktor. Studien zum Geschichtsdenken und zur Geschichtsschreibung des 12. Jahrhunderts*, Wiesbaden, 1973.

Erlande-Brandenburg (A.), *Le roi est mort. Etude sur les funérailles, les sépultures et les tombeaux des rois de France jusqu'à la fin du XIIIe siècle*, Paris, 1975.

Faucon (M.), *La librairie des papes d'Avignon, sa formation, sa composition, ses catalogues (1316-1420) (BEFAR, 43, 50)*, Paris, 1886-1887.

Favier (J.), *Un conseiller de Philippe le Bel : Enguerran de Marigny*, Paris, 1963.

Favier (J.), *Une ville entre deux vocations : la place d'affaires de Paris au XVe siècle*, in : *AESC*, 28, 5 (sept.-oct. 1973), p. 1245-1279.

Favier (J.), *Paris au XVe siècle : 1380-1500*, (*Nouvelle histoire de Paris*, 6) Paris, 1974.

Favier (J.), *Philippe le Bel*, 2e éd., Paris, 1998.

Fletcher (W.Y.), *English Book-Collectors*, Londres, 1902.

Franklin (A.), *La bibliothèque des Carmes de la place Maubert*, in : *Bulletin du bibliophile*, 16 (1865), p. 18-26.

Fryde (E. B.), *Humanism and Renaissance Historiography*, Londres, 1983.

Gaiffier (B. De), *A propos des légendiers latins*, in : *Analecta Bollandiana*, 97 (1979), p. 57-68.

Gasparri (Fr.), *Un copiste lettré de l'abbaye Saint-Victor de Paris*, in : *Scriptorium*, 30 (1976), p. 232-237.

Gasparri (Fr.), *La chancellerie du roi Louis VII et ses rapports avec le scriptorium de l'abbaye Saint-Victor de Paris*, in : *Mélanges G. Batelli*, Rome, 1979, II, p. 151-158.

Gasparri (Fr.), *Le scribe <<G>> archiviste et bibliothécaire de l'abbaye Saint-Victor de Paris au XIIe siècle*, in : *Scriptorium*, 37 (1981), p. 92-97.

Gasparri (Fr.), *L'écriture usuelle : reflet d'un enseignement et signification historique*, in : *Médiévales*, 13 (automne 1987), p. 143-165.

GASPARRI (Fr.), *Scriptorium et bureau d'écriture de l'abbaye de Saint-Victor de Paris*, in : J. Longère (Ed.), *L'abbaye parisienne de Saint-Victor au Moyen Age*, (*Bibliotheca Victorina*, 1), Turnhout, 1991, p. 119-139.

GAUTIER DALCHÉ (P.), *Un problème d'histoire culturelle : perception et représentation de l'espace au Moyen Age*, in : *Médiévales*, 18 (1990), p. 5-15.

GAUTIER DALCHÉ (P.), *La Descriptio mappe mundi de Hugues de Saint-Victor : retractatio et addimenta*, in : J. LONGÈRE (Ed.), *L'abbaye parisienne de Saint-Victor au Moyen Age*, (*Bibliotheca Victorina*, 1), Turnhout, 1991, p. 143-179.

GAUVARD (Cl.), *Ordonnance de réforme et pouvoir législatif en France au XIVᵉ siècle (1303-1413)*, in : A. GOURON et A. RIGAUDIÈRE (Dir.), *Renaissance du pouvoir législatif et genèse de l'Etat*, Montpellier, 1988, p. 89-98.

GAUVARD (Cl.), *«De Grace especial». Crime, Etat et Société en France à la fin du Moyen Age*, 2 vol., Paris, 1991.

GAUVARD (Cl.), *Rumeurs et stéréotypes à la fin du Moyen Age*, in : *La circulation des nouvelles au Moyen Age*. Actes du XXIVᵉ congrès de la SHMESP, Avignon (juin 1993), Paris, 1994, p. 157-177.

Géographie du monde au Moyen Age et à la Renaissance, M. PELLETIER (Ed.), Paris, 1989.

GERZ V. BUREN (V.), *Etude des classements de bibliothèques anciennes pour essayer de comprendre le rôle culturel de la bibliothèque Saint-Victor de Paris*, in : *Codices manuscripti*, 12, 1 (1986), p. 1-26.

GIARD (L.), *Logique et système de savoir selon Hugues de Saint-Victor*, in : *Thales*, 16 (1979-1981), p. 3-32.

GIARD (L.), *Hugues de Saint-Victor, cartographe du savoir*, in : J. Longère (Ed.), *L'abbaye parisienne de Saint-Victor au Moyen Age*, (*Bibliotheca Victorina*, 1), Turnhout, 1991, p. 253-269.

GLÉNISSON (J.), *Le livre au Moyen Age*, Paris, 1988.

GLORIEUX (P.), *A propos de «Vatic. lat. 1086», le personnel enseignant de Paris vers 1311-14*, in : *RTAM*, 5 (1933), p. 23-39.

GLORIEUX (P.), *L'enseignement au Moyen Age. Techniques et méthodes en usage à la faculté de théologie de Paris au XIIIᵉ siècle*, in : *AHDLMA*, 35 (1968), p. 65-186.

GOETZ (H. W.), *On the universality of universal history*, in : J.-PH. GENET (Dir.), *L'historiographie médiévale en Europe*. Actes du colloque organisé par la Fondation Européenne pour la Science (Paris 29 mars-1ᵉʳ avril 1989), Paris, 1991, p. 247-261.

GORMLEY (C. M.), ROUSE (M. A.), ROUSE (R. H.), *The medieval Circulation of the Chorographia of Pomponius Mela*, in : *Mediaeval Studies*, 46 (1984), p. 266-320.

GOROCHOV (N.), *Le collège de Navarre de sa fondation (1305) au début du XVᵉ siècle (1418). Histoire de l'institution, de sa vie intellectuelle et de son recrutement*, (*Etudes d'histoire médiévale*, 1), Paris-Genève, 1997.

GRANSDEN (A.), *Historical writing in England c. 550 to c. 1307*, Ithaca-New-York, 1974.

GUENÉE (B.), *Tribunaux et gens de justice dans le bailliage de Senlis à la fin du Moyen Age (vers 1380-vers 1550)*, Paris, 1963.

GUENÉE (B.), *Histoires, annales et chroniques. Essai sur les genres historiques au Moyen Age*, in : *AESC*, 28, 4 (juill.-août 1973), p. 997-1016.

GUENÉE (B.), *Les limites*, in : M. François (Ed.), *La France et les Français*, Paris, 1974, p. 56-57.

GUENÉE (B.), *L'enquête historique ordonnée par Edouard, roi d'Angleterre en 1291*, in : *CRAIBL*,1975, p. 572-584.

GUENÉE (B.), *Temps de l'histoire et temps de la mémoire au Moyen Age*, in : *ABSHF*, 1976-77, p. 25-35.

GUENÉE (B.), *L'historien par les mots*, in : B. GUENÉE (Dir.), *Le métier d'historien au Moyen Age. Etudes sur l'historiographie médiévale*, Paris, 1977, p. 1-17.

GUENÉE (B.), *Les généalogies entre l'histoire et la politique : la fierté d'être Capétien, en France, au Moyen Age*, in : *AESC*, 33 (1978), p. 450-477.

GUENÉE (B.), *«Authentique et approuvé». Recherches sur les principes de la critique historique au Moyen Age*, in : *Actes du Colloque international sur la lexicographie du latin médiéval* (Paris, 1978), Paris, 1981, p. 215-229.

GUENÉE (B.), *Politique et Histoire au Moyen Age. Recueil d'études sur l'histoire politique et l'historiographie médiévales (1956-1980)*, Paris, 1981.

GUENÉE (B.), *L'histoire entre l'éloquence et la science. Quelques remarques sur le prologue de Guillaume de Malmesbury à ses Gesta Regum Anglorum*, in : *CRAIBL*, 1982, p. 357-370.

GUENÉE (B.), *Histoire, mémoire et écriture : contribution à une étude des lieux communs dans les préfaces des œuvres historiques*, in : *CRAIBL*, 1983, p. 441-456.

GUENÉE (B.), *L'âge des personnes authentiques ; ceux qui comptent dans la société médiévale sont-ils jeunes ou vieux ?*, in : Fr. AUTRAND (Ed.), *Prosopographie et genèse de l'Etat moderne*, Paris, 1986, p. 249-279.

GUENÉE (B.), *Les Grandes Chroniques de France. Le roman aux roys (1274-1518)*, in : P. NORA (Ed.), *Les Lieux de mémoire*, II, *La Nation*, Paris, 1986, p. 189-214.

GUENÉE (B.), *Histoire d'un succès*, in : Fr. AVRIL, M.-Th. GOUSSET, B. GUENÉE, *Les grandes Chroniques de France ; reproduction intégrale des miniatures de Fouquet, Manuscrit français 6465 de la Bibliothèque nationale de Paris*, Paris, 1987, p. 81-139.

GUENÉE (B.), *Entre l'Eglise et l'Etat, quatre vies de prélats français à la fin du Moyen Age (XIIIᵉ-XIVᵉ siècles)*, Paris, 1987.

GUENÉE (B.), *Histoire et culture historique dans l'Occident médiéval*, 1980, Paris, 2ᵉ éd, 1991.

GUENÉE (B.), *Le Religieux et les docteurs. Comment le Religieux de Saint-Denis voyait les professeurs de l'Université de Paris*, in : *CRAIBL*, 1992, p. 675-686.

GUENÉE (B.), *L'Occident aux XIVᵉ et XVᵉ siècles. Les États*, 5ᵉ éd., Paris, 1993.

GUENÉE (B.), Préface à la réédition de la *Chronique du Religieux de Saint-Denis* par M.-L. BELLAGUET, CTHS, Paris, 1994.

GUENÉE (B.), *Le vœu de Charles VI. Essai sur la dévotion des rois de France aux XIIIᵉ et XIVᵉ siècles*, in : *JS*, janv-juin 1996, p. 67-135.

GUILBERT (S.), *Temps et saisons dans la chronique de Philippe de Vigneulles*, in : Y. BELLENGER (Ed.), *Le temps et la durée dans la littérature au Moyen Age et à la Renaissance*. Actes du Colloque organisé par le Centre de Recherche sur la littérature du Moyen Age et de la Renaissance de l'Université de Reims (novembre 1984), Paris, 1986, p. 125-135.

GUYOT-BACHY (I.), *L'inventaire des livres de Jean Rolin trouvés en son hôtel parisien en 1483*, in: B. MAURICE-CHABORD (Ed.), *La splendeur des Rolin. Un mécénat privé à la cour de Bourgogne*, Paris, 1999, p. 247-254.

GUYOT-BACHY (I.), *«Expediebat ut unus homo moreretur pro populo»: Jean de Saint-Victor et la mort de Philippe V*, in: Fr. AUTRAND, Cl. GAUVARD et J.-M. MOEGLIN (Ed.), *Saint-Denis et la royauté*. Etudes offertes à Bernard Guenée, Paris, 1999, p. 493-504.

HAMESSE (J.), *Les «Auctoritates Aristotelis». Un florilège médiéval. Etude historique et édition critique (Philosophes médiévaux, 17)*, Louvain-Paris, 1974 .

HARSGOR (M.), *Recherches sur le personnel du Conseil du Roi sous Charles VIII et Louis XII (1483-1515)*, 4 vol., Paris, 1980.

HASKINS (Ch. H.), *Studies in Mediaeval Culture*, 2e éd., New York, 1965.

HATHAWAY (N.), *Compilatio: From Plagiarism to Compiling*, in: *Viator*, 20 (1989), p. 19-44.

HAY (D.), *Annalists and Historians. Western Historiography from the VIIIth to the XVIIIth Century*, Londres, 1977.

HEDEMAN (A. D.), *The Royal Image: illustrations of the «Grandes Chroniques de France»*, Berkeley-Los Angeles-Oxford, 1991.

HEULLANT-DONAT (I.), *Entrer dans l'histoire. Paolino da Venezia et les prologues de ses chroniques universelles*, in: *MEFRM* 105, 1 (1993), p. 381-442.

HEULLANT-DONAT (I.), *«Ab origine mundi». Fra Elemosina et Paolino da Venezia: deux franciscains italiens et l'histoire universelle au XIVe siècle*, 1994, Thèse dactylographiée, (à paraître, Rome, *BEFAR*).

HIGOUNET (Ch.), *A propos de la perception de l'espace au Moyen Age*, in: *Media in Francia*. Recueil de mélanges offerts à K. F. Werner à l'occasion de son 65e anniversaire par ses amis et collègues français, Paris, 1989, p. 257-268.

Histoire des bibliothèques françaises. Les bibliothèques médiévales du VIe à 1530, A. VERNET (Dir.), Paris, 1989.

L'historiographie médiévale en Europe. Actes du colloque organisé par la Fondation Européenne pour la Science (Paris 29 mars-1er avril 1989), J.-Ph. GENET (Ed.), Paris, 1991.

HOLT (J. C.), *The Assizes of Henry II: the texts*, in: D. A. BULLOUGH et R. L. STOREY (Ed.), *The Study of medieval records*. Essays in honour of Kathleen Major, Oxford, 1971, p. 85-106.

HUYGHEBAERT (N.), *Les documents nécrologiques*, (*Typologie des sources du Moyen Age occidental*, 4), Louvain, 1975.

JACKSON (R. A.), *Le Traité du Sacre de Jean Golein*, in: *Proceedings of the American Philosophical Society*, 113 (1969), p. 304-324.

JAMES (M. R.), *The sources of archbishop Parker's collection of Manuscripts at Corpus Christi College Cambridge*, Cambridge, 1899.

JANSON (T.), *Latin Prose Prefaces. Study in literary Conventions*, Stockholm, 1964.

JASSEMIN (H.), *La Chambre des Comptes de Paris au XVe siècle*, Paris, 1933.

KER (N. R.), *Medieval libraries of Great Britain. A list of surviving books*, 2e éd., Londres, 1964.

KER (N. R.), *Books, Collectors and Libraries: Studies in the Medieval Heritage,* A. G. WATSON (Ed.), Londres, 1985.

KRÜGER (K. H.), *Die Universalchroniken (Typologie des sources du Moyen Age occidental,* 16), Turnhout, 1976.

LAGARDE (G. de), *La naissance de l'esprit laïc au déclin du Moyen Age,* 5 vol., 2e éd., Paris-Louvain, 1956-1963.

LALOU (E.), *Les révoltes contre le pouvoir à la fin du XIIIe et au début du XIVe siècle,* in: *Violence et contstation.* Actes du 114e Congrès national des Sociétés savantes (Paris, 1989), Section d'histoire médiévale et de philologie, Paris, 1990, p. 159-183.

LALOU (E.), *Les comptes sur tablettes de cire de la chambre aux deniers de Philippe III et de Philippe IV le Bel (1289-1309),* publiés par E. LALOU sous la dir. de R.-H. BAUTIER, *RHF,* Documents financiers et administratifs, VIII, Paris, 1994.

LAMARRIGUE (A.-M.), *Les méthodes historiques de Bernard Gui d'après la Chronique des rois de France,* in: *Bernard Gui et son monde (Cahiers de Fanjeaux* 16), Toulouse, 1981, p. 205-220.

LAMARRIGUE (A.-M.), *Bernard Gui (1261-1331), un historien et sa méthode,* Paris, 1999.

LAPEYRE (A.) et SCHEURER (R.), *Les notaires et secrétaires du roi sous les règnes de Louis XI, Charles VIII et Louis XII (1461-1515). Notices personnelles et généalogies,* 2 vol., Paris, 1978.

LAPLANE (H. de), *L'abbaye de Clairmarais,* 2 vol., Saint-Omer, 1868.

LE GOFF (J.), *Le concile et la prise de conscience de l'espace de la Chrétienté,* in: *1274, année charnière. Mutations et continuités.* Colloques internationaux CNRS n°558, Paris, 1977, p. 481-489.

LE GOFF (J.), *Les intellectuels au Moyen Age,* 2e éd., Paris, 1985.

LE GOFF (J.), *Saint Louis,* Paris, 1996.

LE ROUX DE LINCY (A. J. V.), *Recherches sur la Grande Confrérie Notre Dame aux prêtres et bourgeois de la ville de Paris,* in: *Mémoires de la Société des Antiquaires de France,* 17 (1844), p.85-103.

LEHUGEUR (P.), *Histoire de Philippe le Long,* 2 vol., Paris, 1897 et 1931.

LELEWEL (J.), *Géographie du Moyen Age,* Bruxelles, 1849-1857.

LEMARIGNIER (J.-F.), *Autour de la royauté française du IXe au XIIIe siècle. Appendice: la continuation d'Aimoin de Fleury et le ms. latin 12711 de la Bibliothèque Nationale,* in: *BEC,* 113 (1955), p. 25-36

LESPINASSE (R.), *Le Nivernais et les comtes de Nevers,* 3 vol., Paris, 1909-1914.

LEWIS (A. W.), *Royal Succession in Capetien France: Studies on Familial Oder and the State,* Cambridge, Mass., 1981; trad. fr., *Le Sang royal. La famille capétienne et l'Etat. France, Xe-XIVe siècles,* Paris, 1986.

LEWIS (P. S.), *Ecrits politiques de Jean Juvénal des Ursins,* III, *la vie et l'œuvre,* Paris, 1978.

La littérature française aux XIVe et XVe siècles, D. POIRION (Dir.), Heidelberg, 1988.

LOMBARD-JOURDAN (A.), *Montjoies et Montjoie dans la plaine de Saint-Denis,* in: *Paris et Ile-de-France,* 25 (1974), p. 141-181.

LONGÈRE (J.), *La fonction pastorale de Saint-Victor à la fin du XIIe et au début du XIIIe siècle*, in : J. LONGÈRE (Ed.), *L'abbaye parisienne de Saint-Victor au Moyen Age*, (*Bibliotheca Victorina*, 1), Turnhout, 1991, p. 291-313.

LUSIGNAN (S.), *Le Speculum doctrinale, livre III : Etude de la logique dans le miroir des sciences de Vincent de Beauvais.* Thèse de doctorat présentée à l'Institut d'études médiévales de Montréal, 1971.

LUSIGNAN (S.), *Préface au Speculum maius de Vincent de Beauvais : réfraction et diffraction, (Cahiers d'études médiévales*, 5), Montréal, 1979.

MAC KISACK (M.), *Medieval history in the Tudor Age*, Oxford, 1971.

Manuels, programmes de cours et techniques d'enseignement dans les Universités médiévales. Actes du colloque international de Louvain-la-Neuve (9-11 sept. 1993), J. HAMESSE (Ed.), Louvain-la-Neuve, 1994.

MARCHELLO-NIZIA (Ch.), *Histoire de la langue française aux XIVe et XVe siècles*, Paris, 1979.

MARCHELLO-NIZIA (Ch.), *L'historien et son prologue : forme littéraire et stratégie discursive*, in : D. POIRION (Ed.), *La chronique et l'histoire au Moyen Age*, Paris, 1984.

MARTIN (H.-J.), *Livre, pouvoirs et société à Paris au XVIIe siècle (1598-1701)*, 2 vol., Genève, 1969.

MARTIN (H-J.) et VEZIN (J.), *Mise en page et mise en texte du livre manuscrit*, Paris, 1990.

Medieval Lives and the Historian Studies in Medieval Prosopography, N. BULST et J.-PH. GENET (Ed.), Kalamazoo, 1986.

MELVILLE (G.), *Spätmittelalterliche Geschichtskompendien, eine Aufgabestellun*, in : *Römische historische Mitteilungen*, 22 (1980), p. 51-105.

MINNIS (A. J.), *Medieval Theory of Authorship. Scholastic Literary Attitudes in the later Middle Ages*, 2e éd., Aldershot, 1988.

MOLLAT (G.), *Etude critique sur les «Vitae paparum Avenionensium» d'Etienne Baluze*, Paris, 1917.

MONFRIN (J.) et JULLIEN DE POMMEROL (M.-H.), *La Bibliothèque pontificale à Avignon et à Peniscola pendant le Grand Schisme d'Occident et sa dispersion*, Rome, 1989.

NEBBIAI-DALLA GUARDA (D.), *La bibliothèque de l'abbaye de Saint-Denis en France du IXe au XVIIIe siècle*, Paris, 1985.

NEBBIAI-DALLA GUARDA (D.), *Le collège de Paris de l'abbaye de Saint-Denis-en-France*, in : *Sous la règle de Saint-Benoît. Structures monastiques et société en France du Moyen Age à l'époque moderne*, Genève-Paris, 1982, p. 461-488.

NEPOTE (J.), *Jean Golein (1325-1403) : étude du milieu social et biographie, précédées d'une contribution à l'étude de l'évolution du recrutement de la faculté de théologie de l'Université de Paris dans la seconde moitié du XIVe siècle.* Thèse de 3e cycle dactylographiée, Paris,1976.

NEVEU (B.), *Un historien à l'Ecole de Port-Royal*, La Haye, 1966.

NIRENBERG (D.), *Communities of Violence. Persecution of Minorities in the Middle Ages*, Princeton, New Jersey, 1996.

OUY (G.), *Simon Plumetot (1371-1443) et sa bibliothèque*, in : P. COCKSHAW, M. C. GARAND et P. JODOGNE (Ed.), *Miscellanea Codicologica F. Masai dicata*, Gand 1979, p. 353-381 et pl. 53-54.

PAGE (R. I.), *Matthew Parker, archbischop of Canterbury, and his books* (*The Sandars lectures in bibliography for 1990*), Kalamazoo (MI), 1993.

PARKES (M. B.), *The influence of the Concept of Ordinatio and Compilatio on the Development of the Book*, in : J. J. ALEXANDER et M. T. GIBSON (Ed.), *Medieval Learning and Literature*. Essays presented to R. W. Hunt, Oxford, 1976, p. 115-141.

PAUL (J.), *Expression et perception du temps d'après l'enquête sur les miracles de Louis d'Anjou*, in : *Temps, mémoire, tradition au Moyen Age*. Actes du XIIIe congrès de la SHMESP, Aix-en-Provence (4-5 juin 1982), Aix-en-Provence, 1983, p. 21-41.

PAULMIER-FOUCART (M.), *Ecrire l'histoire au XIIIe siècle. Vincent de Beauvais et Hélinand de Froidmont*, in : *Annales de l'Est*, 5e série, 33 (1981), p. 49-70.

PAULMIER-FOUCART (M.), SCHMIDT-CHAZAN (M.), *La datation dans les chroniques universelles françaises du XIIe au XIVe siècle*, in : *CRAIBL*, nov.-déc. 1982, p. 778-819.

PAULMIER-FOUCART (M.), LUSIGNAN (S.), *Vincent de Beauvais et l'histoire du «Speculum maius»*, in : *JS*, janvier-juin 1990, p. 97-124.

PAULMIER-FOUCART (M.), *Histoire ecclésiastique et histoire universelle : le Memoriale temporum*, in : M. PAULMIER-FOUCART, S. LUSIGNAN, A. NADEAU (Dir.), *Vincent de Beauvais : intentions et réceptions d'une œuvre encyclopédique au Moyen Age*. Actes du XIVe colloque de l'Institut d'études médiévales organisé conjointement par l'Atelier Vincent de Beauvais (Nancy II) et l'Institut d'études médiévales (Université de Montréal) du 27 avril au 30 avril 1988, Montréal, 1990, p. 87-110.

PAULMIER-FOUCART (M.), *Les Etymologies d'Isidore de Séville dans le Speculum maius de Vincent de Beauvais*, in : J. FONTAINE (Ed.), *L'Europe héritière de l'Espagne wisigothique*. Colloque international du CNRS, Paris 1992, p. 269-283.

PEACE (E. C.), *Matthew Parker*, in : *The Library*, 6 (1905-1906), p. 493-532.

PETIT (E.), *Histoire des ducs de Bourgogne de la race capétienne*, 9 vol., Paris, 1885-1905.

PETIT (J.), *Charles de Valois (1270-1325)*, Paris, 1900.

POIREL (D.), *Philippe le Bel*, Paris, 1991.

POIREL (D.), *Dominicains et victorins à Paris dans la première moitié du XIIIe siècle*, in : S. LUSIGNAN et M. PAULMIER-FOUCART (Dir.), *«Lector et compilator». Vincent de Beauvais, frère prêcheur, un intellectuel et son monde au XIIIe siècle*, Nancy-Royaumont, 1996, p. 169-187.

POIREL (D.), *L'école de Saint-Victor au Moyen Âge : bilan d'un demi-siècle historiographique*, in : *BEC* 156 (1998), p. 187-207.

Pratique de la Culture écrite en France au XVe siècle. Actes du colloque international du CNRS (Paris, 16-18 mai 1992) organisé en l'honneur de Gilbert Ouy par l'unité de recherche «Culture écrite du Moyen Age tardif», M. ORNATO et N. PONS (Ed.), Louvain-la-Neuve, 1995.

Préludes à la Renaissance. Aspects de la vie intellectuelle en France au XVe siècle, Etudes réunies par C. Bozzolo et E. Ornato, Paris, 1992.

Prosopographie et genèse de l'Etat moderne. Actes de la Table ronde, (Paris, 22-23 oct. 1984), Fr. Autrand (Ed.), Paris, 1986.

Rech (R.), *Géraud de Frachet : l'engagement d'un historien au XIIIe siècle. Edition de sa Chronique universelle.* Thèse de l'Ecole nationale des Chartes, 1993.

Reynolds (L. D.) et Wilson (N. G.), *D'Homère à Erasme. La transmission des Classiques grecs et latins*, nouvelle éd. revue et augmentée, traduite par C. Bertrand et mise à jour par P. Petitmengin, Paris, 1984.

Richard (J.), *La Papauté et les Missions d'Orient au Moyen Age (XIIIe-XVe siècles)*, Rome, 1977.

Rigaudière (A.), *Pouvoirs et institutions dans la France médiévale*, II, *Des temps féodaux aux temps de l'Etat*, Paris, 1994.

Rigaudière (A.), *L'essor de la fiscalité royale, du règne de Philippe le Bel (1285-1314) à celui de Philippe VI (1328-1350)*, in : *Europa en los umbrales de la crisis (1250-1350).* XXI semana de estudios medievales, Estella 1994, p. 323-391.

Rigault (A.), *Le procès de Guichard, évêque de Troyes (1308-1313)*, Paris, 1896.

Rivière (J.), *Le Problème de l'Eglise et de l'Etat au temps de Philippe le Bel*, Louvain-Paris, 1926.

Ross (J. B.), *A study of Twelfth-Century Interest in the Antiquities of Rome*, in : J. L. Gate et E.N. Anderson (Ed.), *Medieval and Historical Essays in Honor of J. W. Thompson*, Chicago, 1938, p. 302-321.

Rouse (R. H.), *L'évolution des attitudes envers l'autorité écrite : le développement des instruments de travail au XIIIe siècle*, in : G. Hasenohr et J. Longère (Ed.), *Culture et travail intellectuel dans l'Occident médiéval.* Bilan des Colloques d'Humanisme médiéval (1960-1980), Paris, 1981, p. 115-144.

Rouse (M. A. et R. H.), *La naissance des index*, in : H.-J. Martin (Ed.), *L'histoire de l'édition française*, I, *Le livre conquérant*, Paris, 1989, p. 95-108.

Samaran (Ch.), *Une longue vie d'érudit.* Recueil d'études de Charles Samaran, 2 vol., Paris, 1978.

Samaran (Ch.), *Jean de Saint-Victor, chroniqueur*, in : *HLF,* 41 (1981), p. 1-30.

Schmidt-Chazan (M.), voir Chazan (M.)

Schmitz (Ph.), *Les lectures de table à l'abbaye Saint-Denis-en-France*, in : *Revue bénédictine*, 42 (1930), p. 163-167.

Schoebel (M.), *Archiv und Besitz der Abtei St.Viktor in Paris*, (*Pariser historische Studien*, 31), Bonn, 1991.

Sicard (P.), *Hugues de Saint-Victor et son Ecole*, Paris, 1991.

Smalley (B.), *English friars and Antiquity in the early fourteenth century*, Oxford, 1960.

Smalley (B.), *Sallust in the Middle Ages*, in : R. R. Bolgar (Ed.), *Classical influences on European Culture, A.D. 500-1500*, Cambridge 1971, p. 165-175.

Sot (M.), *Un historien et son Eglise. Flodoard de Reims*, Paris, 1993.

Spiegel (G. M.), *The Chronicle Tradition of Saint-Denis : A Survey*, Brookline, Mass., et Leyde, 1978.

STENTON (L. M.), *Roger of Howden and «Benedict»*, in : *English Historical Review,* 68 (1953), p. 574-582.

STRAYER (J. R.), *The Reign of Philip the Fair,* Princeton, 1980.

TAVIANI-CAROZZI (H.), *Les voyageurs et la Rome légendaire au Moyen Age,* in : *Voyages, quête, pélerinages, dans la littérature et la civilisation médiévale.* Colloque du CUERMA, Sénéfiance, 2 (1976), p. 9-23.

TESSIER (G.) et OUY (G.), *Notaires et secrétaires du roi dans la première moitié du XVe siècle d'après un document inédit,* in : *BPH,* 1963, p. 861-890.

THEIS (L.), *Dagobert,* Paris,1982.

Traduction et traducteurs au Moyen Age. Colloque international (Paris, 26-28 mai 1986), G. CONTAMINE (Ed.), Paris, 1989.

ULLMAN (B. L.), *The Library of the Sorbonne in the Fourteenth Century,* in : *Studies in the Italian Renaissance,* (Storia e Letteratura, 51), Rome, 1955.

VERGER (J.), *Les Universités au Moyen Age,* Paris, 1973.

VERGER (J.), *Histoire des universités en France,* Toulouse, 1986.

VERGER (J.), *Les gens de savoir,* Paris, 1998.

VERNET (A.), *Etudes médiévales,* Paris, 1981.

VERNET (A.), *La diffusion de l'œuvre de Bernard Gui d'après la tradition manuscrite,* in : *Bernard Gui et son monde* (Cahiers de Fanjeaux, 16), Toulouse, 1981, p. 221-242.

VIDIER (A.), *L'historiographie à Saint-Benoît-sur-Loire et les miracles de saint Benoît,* Paris, 1965.

VIEILLIARD (J.), *Les registres de prêt de la bibliothèque de la Sorbonne au XVe siècle,* in : J. PAQUET et J. IJSEWIJN (Ed.), *Les Universités à la fin du Moyen Age.* Actes du congrès international de Louvain (mai 1975), Louvain, 1978, p. 276-292.

VOORBIJ (J. B.), *The Speculum historiale : some aspects of its genesis and manuscript tradition,* in : W. J. AERTS, E. R. SMITS et J. B. VOORBIJ (Ed.), *Vincent of Beauvais and Alexander the Great,* Groningen, 1986, p. 11-55.

WAILLY, (N. de), *Mémoire sur Geoffroi de Paris,* in : *Mémoires de l'Académie des Inscriptions et Belles-Lettres par divers savants,* 18, 2 (1849), p. 495-535.

WEIJERS (O.) (Ed.), *Terminologie des Universités au XIIIe siècle,* Rome, 1987.

WEIJERS (O.) (Ed.), *Vocabulaire du livre et de l'écriture au Moyen Age,* Turnhout, 1989.

WEIJERS (O.) (Ed.), *Méthodes et instruments du travail intellectuel au Moyen Age,* Turnhout, 1990.

WEIJERS (O.) (Ed.), *Dictionnaires et répertoires au Moyen Age : une étude du vocabulaire,* Turnhout, 1991.

WEIJERS (O.) (Ed.), *Vocabulaire des écoles et des méthodes d'enseignement au Moyen Age,* Turnhout, 1992.

WILLESME (J.-P.), *Les origines de l'abbaye de Saint-Victor de Paris à travers ses historiens des XVIIe et XVIIIe siècles,* in : *BPH,* 1977, p. 101-114.

WILLESME (J.-P.), *Saint-Victor et la famille victorine,* in : N. BOUTER (Ed.), *Naissance et fonctionnement des réseaux monastiques et canoniaux,* Saint-Etienne, 1991, p. 175-194.

WITZEL (H. J.), *Der geographische Exkurs in den lateinischen Geschichtsquellen des Mittelalters,* Francfort, 1952.

WRIGHT (J. K.), *The Geographical Lore of the Time of the Crusades. A Study in the History of Medieval Science and Tradition in Western Europe,* New York, 1925.

ZELLER (G.), *Les rois de France candidats à l'Empire. Essai sur l'idéologie impériale en France,* in : *RH,* 173 (1934), p. 273-311.

INDEX

Manuscrits
Noms de personnes
Noms de lieux

MANUSCRITS

NOMS DE PERSONNES

NOMS DE LIEUX

TABLEAUX, CARTES ET FIGURES

TABLEAUX

CARTES

PLANCHES

Pour toutes les planches : cliché Bibliothèque nationale de France, Paris.

TABLE DES MATIÈRES

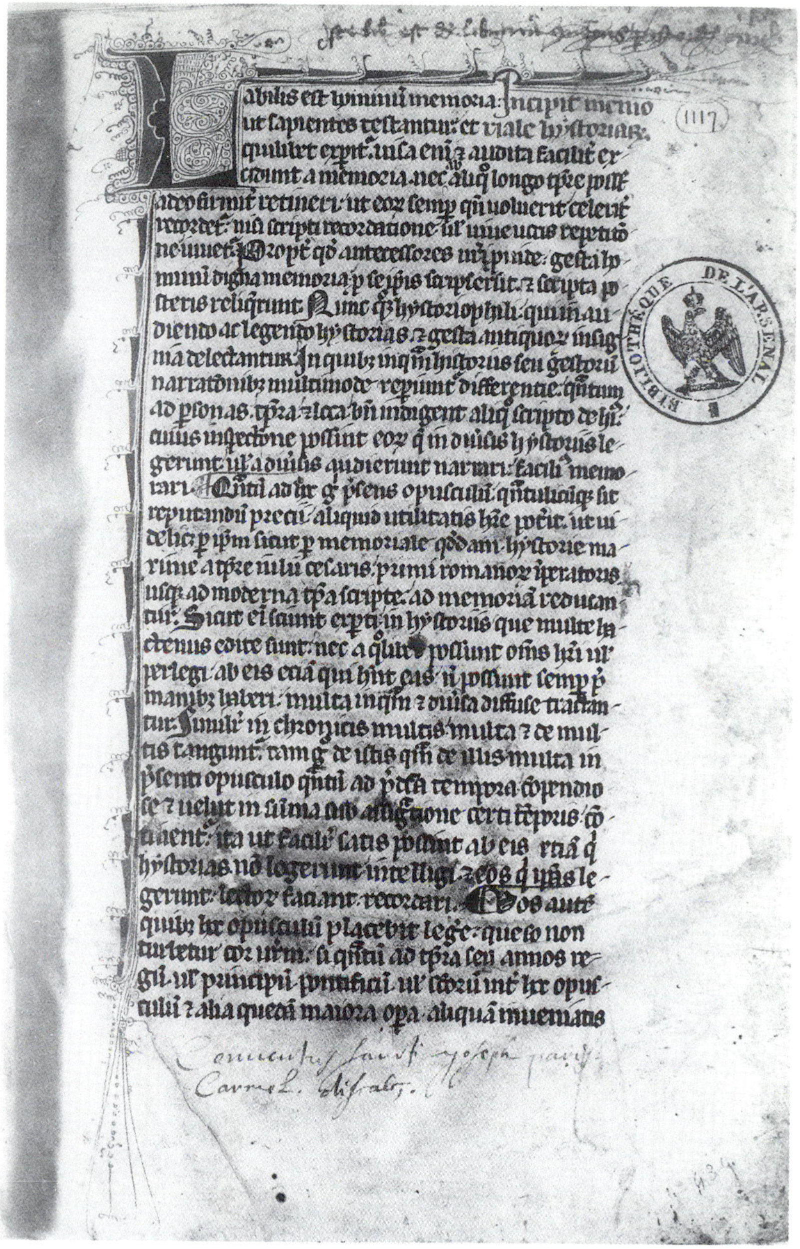

Pl. 1 - Paris, Ars. 1117, fol. 1 : prologue de la première version avec initiale. Ex-libris du couvent des carmes de la place Maubert.

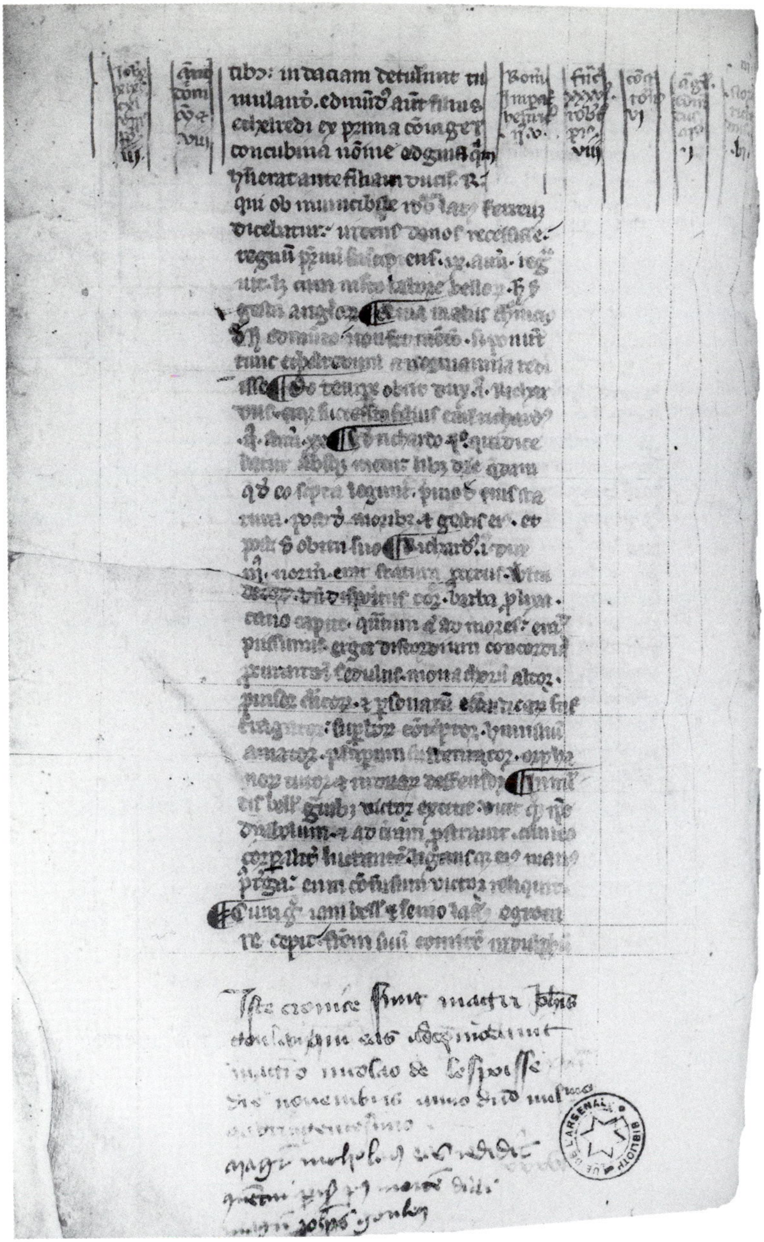

Pl. 2 - Paris, Ars. 1117, fol. 287v : fin du texte de la première version. La suite est perdue. Note du prêt de Jean Golein à Nicolas de Lespoisses.

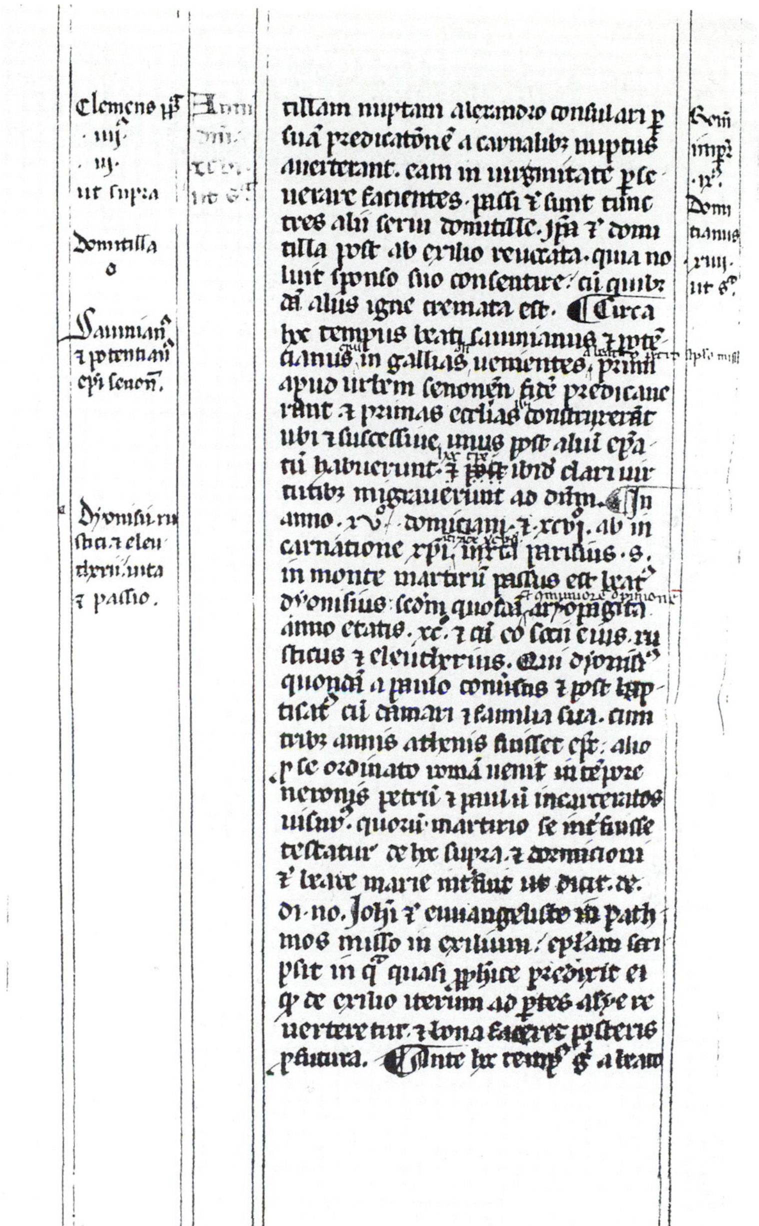

Pl. 3 - Paris, Ars. 1117, fol. 42v : corrections interlinéaires, intégrées par la suite à la seconde version.

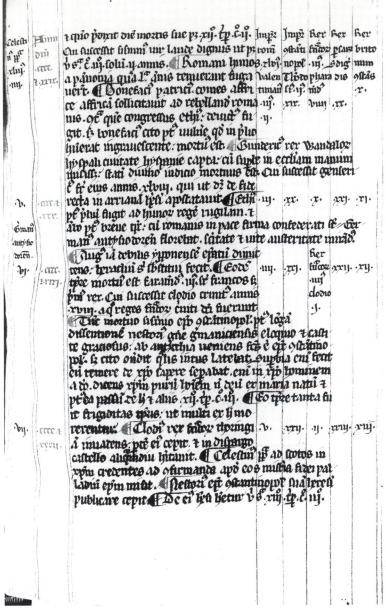

Pl. 4 - Paris, Ars. 1117, fol. 145v : le texte de la première version est encadré par le système de datation externe.

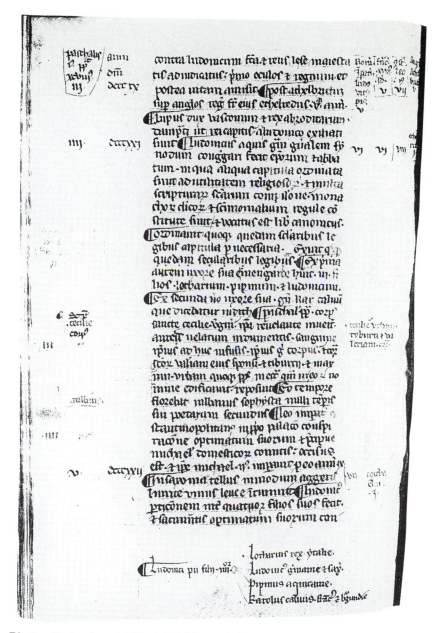

Pl. 5 - Paris, Ars. 1117, fol. 236v: rubrique et croquis généalogique, des aides pour le lecteur.

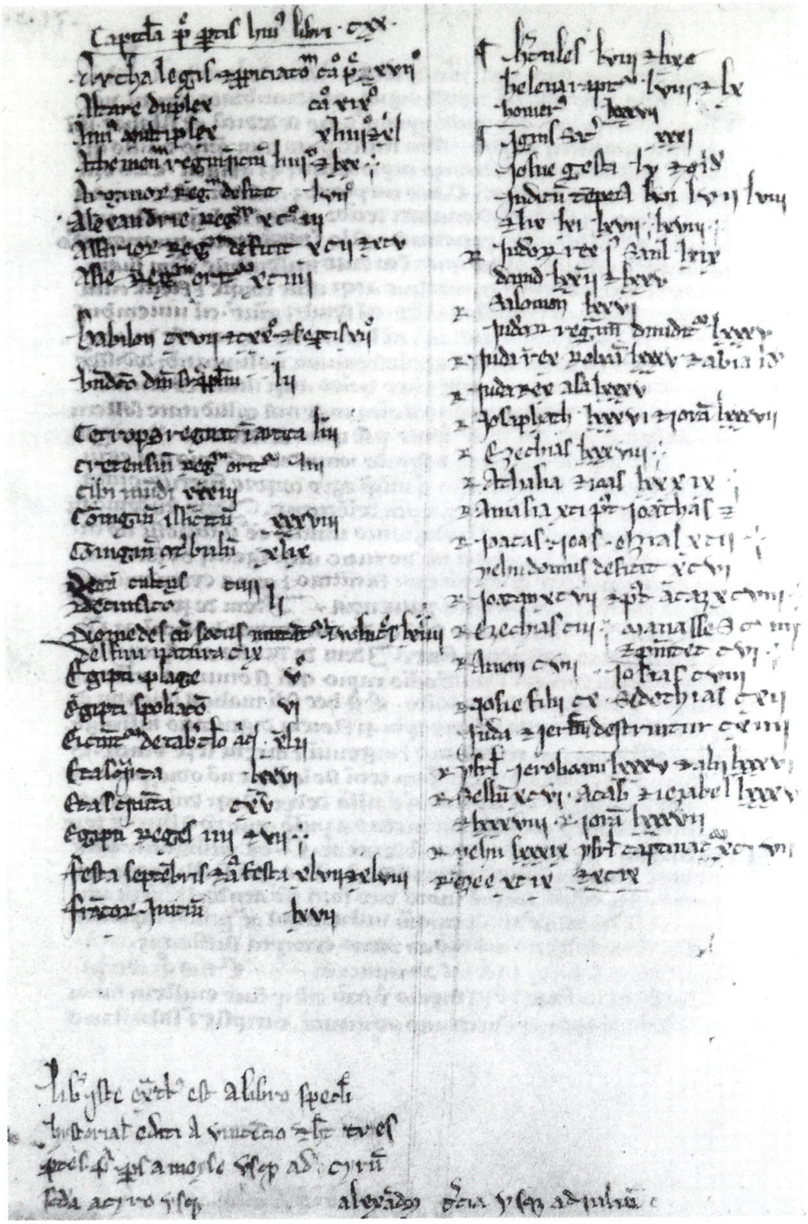

Pl. 6 – Paris, BnF, lat. 15010, fol. 310 v : Un travail préparatoire : indexation des matières des livres I (II) à III (IV) du *Speculum historiale*.

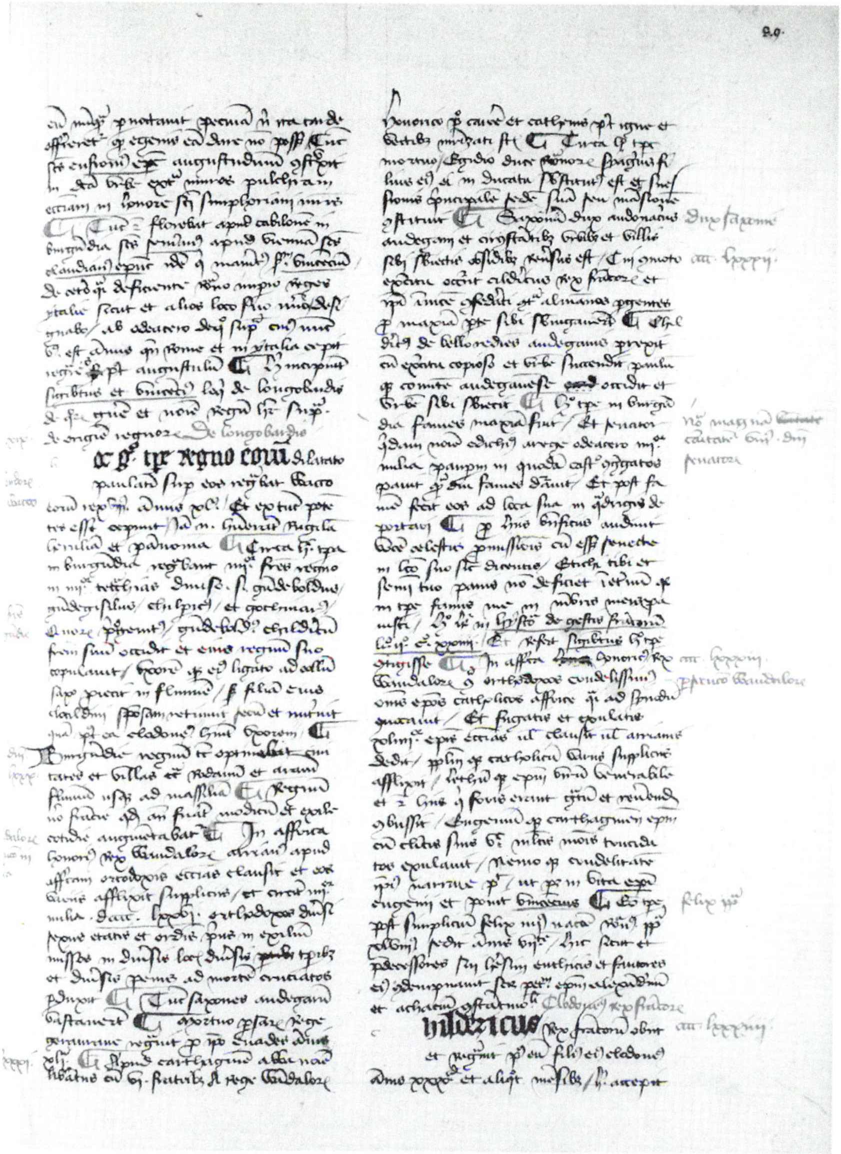

Pl. 7 - Paris, Ars. 986, fol. 89 : Un essai de découpage du texte en chapitres.

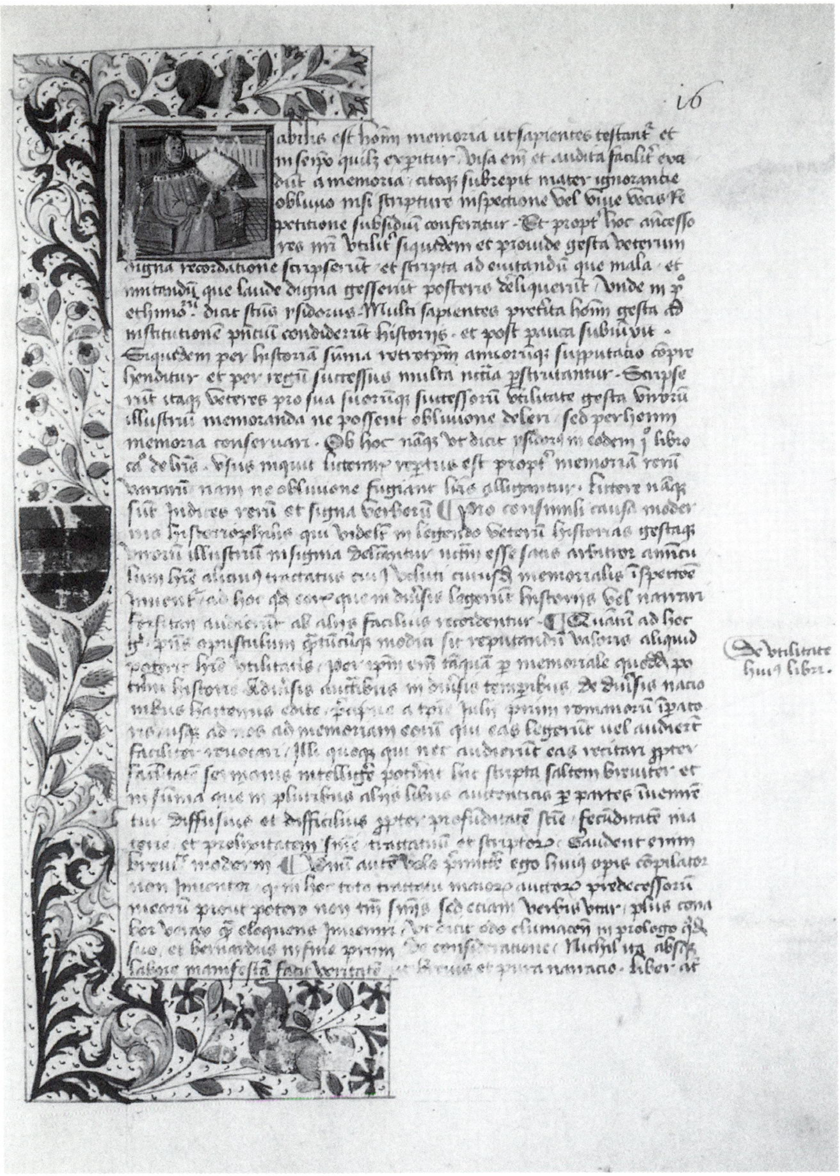

De vtilitate
huius libri.

Pl. 8 - Paris, BnF, lat. 4941, fol. 16 : Initiale enluminée et blason.